A Queda dos Romanov

Mark D. Steinberg
Vladimir M. Khrustalëv

A Queda dos Romanov

A história documentada do cativeiro e execução do último czar russo e sua família

Tradução:
Ruy Jungmann

Jorge Zahar Editor
Rio de Janeiro

Título original:
The Fall of the Romanovs
(Political Dreams and Personal Struggles
in a Time of Revolution)

Tradução autorizada da primeira edição norte-americana
publicada em 1995 por Yale University Press,
de New Haven, EUA

Jorge Zahar Editor Ltda.
rua México 31 sobreloja
20031-144 Rio de Janeiro, RJ
tel.: (021) 240-0226 / fax: (021) 262-5123

Capa: Ana Paula Tavares e Mariana Zahar
Foto de capa: Nicolau II e família. Agência JB

CIP-Brasil. Catalogação-na-fonte
Sindicato Nacional dos Editores de Livros, RJ.

Steinberg, Mark D.

S834q A queda dos Romanov: A história documentada do cativeiro e execução do último czar russo e sua família / Mark D. Steinberg, Vladimir M. Khrustalëv; tradução de Ruy Jungmann. – Rio de Janeiro: Jorge Zahar Ed., 1996

Tradução de: The Fall of the Romanovs: (political dreams and personnal struggles in a time of revolution)

Inclui apêndices e bibliografia

ISBN 85-7110-375-5

1. Rússia – História – Revolução, 1917-1921. 2. Nicolau II, Imperador da Rússia, 1868-1918 – Assassinato. 3. Nicolau II, Imperador da Rússia, 1868-1918 – Família. I. Khrustalëv, Vladimir M. II. Título

CDD – 947.083
96-1581 CDU – 947

Sumário

Lista de ilustrações

Caderno de fotos
entre as páginas 176 e 177

15. Aleksandra bordando enquanto a família (ausente na foto) trabalha na horta. Tsarkoe Tselo, abril de 1917.

16. Tatiana, tendo no colo um cachorrinho de estimação, e Anastásia, com um guarda e serviçais em segundo plano, Tsarkoe Tselo, junho de 1917. Foto tirada por Maria.

Caderno de fotos
entre as páginas 272 e 273

17. Nicolau e Aleksandra no jardim do palácio, Tsarkoe Tselo, junho de 1917. Foto tirada por Maria.

18. Nicolau fumando no parque do palácio, Tsarkoe Tselo, junho de 1917. Foto tirada por Maria.

19. As crianças com as cabeças raspadas em virtude da queda de cabelos provocada pelo sarampo, junho de 1917.

20. Aleksei banhando-se perto da "ilha das crianças", na lagoa do palácio, Tsarkoe Tselo, julho de 1917. Foto tirada por Maria.

21. Tatiana e Anastásia acompanhadas por guardas, Tsarkoe Tselo, julho de 1917.

22. Aleksei e um guarda, Tsarkoe Tselo, julho de 1917.

23. Nicolau posando ao lado de um toco de árvore que ajudou a derrubar, com guardas em segundo plano, Tsarkoe Tselo, julho de 1917.

24. Antiga Casa do Governador, em Tobolski, com a cerca (paliçada) de madeira ainda em construção, agosto de 1917. Local onde a família imperial permaneceu detida de agosto de 1917 a abril de 1918.

25. Soldado da guarda em frente à entrada principal da Casa do Governador, Tobolski, inverno de 1917-18.

26. Soldados da guarda ao lado da Casa do Governador, Tobolski, inverno de 1917-18.

27. Nicolau e Aleksei serrando madeira, Tobolski, inverno de 1917-18.

28. Nicolau e filhas no telhado da estufa de plantas na Casa do Governador, Tobolski, início de 1918.

29. Casa Ipatiev, em Iekaterinburg, durante os primeiros dias em que Nicolau e a família ali estiveram presos, primavera de 1918, antes da construção da segunda cerca.

30. Representantes do Soviete Regional dos Operários e Soldados dos Urais, Iekaterinburg, 1917.

31. Filipp Goloshchekin, comissário militar do Soviete Regional dos Urais.

Facsímiles dos documentos

Mapas

32. Aleksandr Beloborodov, presidente do Soviete Regional dos Urais

33. Iakov Iurovski, comandante da Casa de Finalidade Especial (Casa Ipatiev), julho de 1918

Fac-símiles dos documentos

Documento 3: Primeira página da carta de Alexandra para Nicolau, 25 de fevereiro de 1917

Documento 12: Carta de Nicolau para Alexandra, 27 de fevereiro de 1917

Documento 26: Manifesto de abdicação do trono de Nicolau II, 2 de março de 1917

Documento 30: Diário de Nicolau II, 2 de março de 1917

Documento 57: Carta de Alexandra para sua amiga Anna Vyrubova (?? de agosto de 1917)

Documento 102: Carta de Iakov Sverdlov, presidente do Comitê Executivo Central dos Sovietes de Todas as Rússias, para o Soviete Regional dos Urais (?? de março de 1918)

Documentos 137 e 138: Carta de um "oficial do exército russo" para a família imperial (19 ou 20 de junho de 1918) e a resposta deles (entre 21 e 23 de junho de 1918)

Documento 142: Resposta da família imperial ao "oficial" (27 de junho de 1918)

Documento 144: Telegrama de [illegible], presidente do Soviete de Petrogrado, para Lenin e Sverdlov [illegible] rumores sobre o destino da família real, [illegible] de julho de 1918

Documento 147: Telegrama [illegible] do Soviete Regional dos Urais [illegible] sobre a execução de Nicolau, 17 de julho de 1918

Documento 152: Telegrama criptografado de Aleksandr Beloborodov, presidente do Soviete Regional dos Urais, para o Sovnarkom, Nikolai Gorbunov, sobre o destino da família imperial, 17 de julho de 1918

Documento 155: "A execução de Nicolau Romanov", folheto do Comitê Executivo Central dos Sovietes de Todas as Rússias (posterior a 18 de julho de 1918)

Mapas

1. Rússia Européia e Sibéria Ocidental

2. Região Noroeste da Rússia

3. Os Urais e a Sibéria Ocidental

Prefácio

Em fins da década de 1980, quando a política da *glasnost* liberou o acesso a um material até então considerado confidencial e permitiu a abertura de novos tópicos de pesquisa aos estudiosos soviéticos, Vladimir Mikhailovich Khrustalëv, historiador-arquivista que trabalhava em Moscou no Arquivo Estatal Central da Revolução de Outubro (TsGAOR) — hoje Arquivo Estatal da Federação Russa (GARF) —, começou a selecionar, transcrever e anotar documentos relativos ao destino de membros da dinastia Romanov durante e após as revoluções de 1917. Suas anotações biográficas, que serviram de base ao glossário e às notas explicativas dos documentos contidos neste volume, levaram a uma grande variedade de fontes de arquivo e de referência.

Em 1993, comecei a trabalhar com Khrustalëv no projeto. Durante minhas repetidas viagens a Moscou e através de correio eletrônico, discutimos a metodologia e o enfoque a serem usados. Em consultas com ele, revisei a escolha de documentos, refiz e acrescentei anotações e selecionei novos materiais (incluindo fotografias raras) de arquivos na Rússia e nos Estados Unidos. Escrevi uma introdução geral, introduções a todos os capítulos e outros textos explicativos, e acompanhei o trabalho dos tradutores.

No dia 1º de fevereiro de 1918, a Rússia trocou o calendário juliano, considerado de "estilo antigo", pelo calendário gregoriano, de "estilo novo", que era adiantado 12 dias em relação ao juliano no século XIX e 13 dias a partir de 1º de março de 1900. Na Rússia, o dia seguinte ao 31 de janeiro de 1918, portanto, passou a ser o 14 de fevereiro de 1918. Neste livro, as datas são em geral as que estavam em uso na época. As datas nos calendários juliano e gregoriano, no entanto, são incluídas quando os textos se referem a temas internacionais e, em outras ocasiões, por necessidade de clareza. Nos casos em que datas no estilo antigo são usadas anacronicamente após 31 de janeiro de 1918 — como faz Nicolau —, segue-se a data no novo estilo, entre parênteses.

MARK D. STEINBERG

Agradecimentos

Vladimir Khrustalëv gostaria de agradecer a T.F. Pavlova e a L.I. Tiutiunnik pela ajuda na seleção inicial de documentos e a Yu. A. Buranov, G.Z. Ioffe, V.A. Kozlov e L.A. Likova pelos valiosos conselhos.

Eu gostaria de manifestar minha gratidão a Genrikh Zinovievich Ioffe, Daniel Orlovski, Paul Bushkovich e Nicholas V. Riasanovski pelos conselhos, crítica e conhecimentos especializados, e minha estima por Vladimir Khrustalëv pelo trabalho dedicado e por seu conhecimento histórico. No decorrer de todo o projeto, Jane Hedges foi uma fonte inestimável de estímulo, solidariedade e bom juízo crítico.

Este livro provavelmente não teria existido sem o apoio e a cooperação da Universidade Yale Press e do Arquivo Estatal da Federação Russa (GARF). Na Yale, Jonathan Brent contribuiu com excepcional capacidade de liderança e perseverança para a criação da coleção Annals of Communism e ao apoiar e estimular os autores deste volume. Mary Pasti e Jane Hedges editaram diversos textos com grande competência; elas contribuíram muito para tornar clara e amena a leitura deste livro. Numerosas outras pessoas na Yale nos proporcionaram valiosos conselhos e ajuda — Susan Abel, Sarah Clark, James Johnson, Meryl Lanning, Richard Miller, Paul Royster, John Ryden, Ruth Sachs e Tina Weiner.

O diretor do Arquivo Estatal da Federação Russa, Sergei Vladimirovich Mironenko, tem minha gratidão e respeito por sua bondade e ajuda. Ele vem realizando um grande trabalho para tornar o Arquivo Estatal um modelo de abertura e profissionalismo eruditos, em uma época de profunda crise fiscal, turbulência política e colapso da sociedade civil. Vladimir Aleksandrovich Kozlov, chefe do Centro de Estudos e Publicação de Documentos do GARF, auxiliou o desenvolvimento deste projeto de todas as maneiras possíveis. Zinaida Ivanovna Peregudova ajudou a identificar muitos documentos valiosos. Por último, gostaria de agradecer a Liubov Ivanovna Tiutiunnik, cuja generosa hospitalidade, quando voltei repetidas vezes a Moscou e ocupei um canto em sua sala no Arquivo, suplementou a assistência abalizada e eficiente que me prestou como arquivista encarregada dos documentos Romanov.

Elizabeth Tucker demonstrou grande sensibilidade ao traduzir para o inglês os textos russos constantes deste volume. Documentos escritos principalmente em inglês foram transcritos e, nos casos necessários, "traduzidos" por Richard Miller, que, com grande eficiência, conseguiu decifrar a caligrafia tortuosa e às vezes quase ilegível de Aleksandra. As cartas escritas em francês — na maior parte de autoria de não-nativos e, portanto, um desafio especial para traduzir — foram soberbamente passadas para o inglês por Alyson Waters. Timothy Sergay traduziu com grande perícia as anotações biográficas de Khrustalëv, sobre as quais foi construído o glossário.

Sou grato ao Yale Center for International and Area Studies e ao A. Whitney Griswold Faculty Research Fund, da Universidade Yale, pelo generoso apoio financeiro à minha pesquisa em Moscou, e à Faculty of Arts and Sciences, de Yale, pela concessão de uma bolsa de estudos a professor titular, que me propiciou o tempo necessário para completar a preparação deste livro.

MARK D. STEINBERG

Nota sobre os documentos

A maioria dos documentos incluídos neste volume foi traduzida ou transcrita de originais do Arquivo Estatal da Federação Russa (GARF), em Moscou — procedentes das coleções de arquivos pessoais de Nicolau II, Aleksandra e outros membros e agregados da dinastia Romanov, e de documentos oficiais do Governo Provisório, do Comitê Executivo Central dos Sovietes de Todas as Rússias (VTsIK), do Conselho dos Comissários do Povo (SOVNARKOM) e de outras instituições estatais russas e soviéticas. Documentos adicionais foram consultados no Centro Russo de Preservação e Estudo de Documentos da História Recente (RTsKhIDNI, o antigo Arquivo Central do Partido) e em arquivos regionais russos. Até a reforma procedida em anos recentes nos arquivos soviéticos, a maioria dos documentos apresentados neste livro era inacessível aos pesquisadores. Algumas cartas e fotografias raras pertencem à coleção de material sobre os Romanov da Beinecke Rare Book and Manuscript Library, da Universidade Yale, e do Sokolov Archive, conservados na Houghton Library, da Universidade Harvard. As fontes de arquivos foram suplementadas por materiais extraídos da imprensa da época e — nos casos em que os documentos originais permanecem em mãos privadas ou foram perdidos — por versões publicadas. Uma lista de créditos esclarece a proveniência dos documentos e fotografias aqui apresentados e reproduzidos e fornece outras informações sobre a história ou a forma dos próprios documentos.

Os documentos incluem minutas de reuniões do governo, ordens e instruções oficiais, comunicações telegráficas, apelos feitos pela população, além de cartas pessoais, diários e memórias. A menos que expressamente indicado, os textos são traduções de originais russos.

Quase todos os documentos são apresentados integralmente. Nos casos em que apenas parte de um documento foi incluída, reticências assinalam o ponto em que ocorreu a exclusão de material. Anotações irrelevantes nos documentos — numeração de ordens, carimbos oficiais e informações para fins de arquivamento — foram omitidas sem indicação. Quando nenhuma data aparece no documento original, ela foi determinada pelo conteúdo, pela ordem de colocação em comparação com outros documentos arquivados, ou por outros métodos de análise de fontes, e é incluída entre colchetes. Os documentos são apresentados em ordem cronológica e numerados para facilitar a consulta.

Nos documentos escritos originalmente em inglês, o *itálico* é usado para destacar palavras e nomes escritos em cirílico. Nos documentos traduzidos, o *itálico* é usado em palavras e frases escritas em outras línguas que não a original. Tanto nos documentos transcritos como nos traduzidos, a ênfase é indicada em **negrito**. Nos originais, as palavras podem ter sido sublinhadas uma, duas, ou três vezes.

Erros tipográficos e ortográficos, sintaxe e vocabulário defeituosos em documentos russos e franceses não foram preservados na tradução, embora todo esforço tenha sido feito para transmitir o estilo do original. Todas as cartas escritas em francês, à exceção da carta de autoria de Pierre Gilliard, foram redigidas por russos natos, em um francês rudimentar.

introdução

Nicolau e Aleksandra, um retrato intelectual

A HISTÓRIA DA PRISÃO, do cativeiro e da execução do último czar russo e sua família, em 1917-18, empolga há longo tempo a imaginação popular na Rússia e no Ocidente. Nos Estados Unidos e na Europa ocidental, *émigrés* publicaram dezenas de versões dos fatos — sempre apaixonadas, mas variando em confiabilidade — na primeira década após a Revolução Russa, e escritores e historiadores ocidentais continuaram a pesquisar a história nos anos que se seguiram. Na Rússia, as limitações e preocupações ideológicas soviéticas impediram toda e qualquer discussão franca do destino da família imperial até os primeiros dias da *glasnost.* A partir de então, ocorreu uma explosão de interesse e de trabalhos publicados sobre os Romanov e o destino que tiveram, estimulada por decisões no sentido de permitir o acesso público a documentos de arquivos antes secretos.[1]

A saga dos Romanov é comovente em parte por causa da preeminência histórica das vítimas e da importância decisiva da revolução na qual pereceram. Há um drama inerente à história de um autocrata deposto e em cativeiro, contando as horas que lhe restam enquanto forças políticas e sociais conflitantes discutem o seu destino e o de sua família, e à morte violenta, nas mãos de bolchevistas provincianos, dos antigos czar e czarina, das quatro filhas, do filho hemofílico, e do último remanescente de seu séquito pessoal.

Além da própria história, o manto oficial de sigilo estendido sobre esses documentos durante tantos anos, as incoerências da prova e o pensamento fantasioso, que estimulou fábulas de sobrevivência e fuga, contribuíram para dar a esses eventos as características de um mistério. A história também possui, além disso, interesse moral. Na Rússia, em meio a uma ordem comunista que desmoronava, a revelação da "verdade" sobre o passado recente tornou-se um ato simbólico: a história era invocada como um drama de fundo moral, como meio de identificar vítimas e algozes, de honrar o bem e punir o mal.[2] Autores não-russos, igualmente, descobriram um significado simbólico e moral no assassinato da família imperial russa. Na opinião de um ilustre historiador americano, a execução assinalou a instauração de "um reino moral inteiramente novo" e foi "um prelúdio aos assassinatos em massa do século XX".[3]

Embora este livro ofereça aos leitores a prova documental mais importante a respeito desses fatos e, portanto, um grande drama histórico e matéria-prima para julgamento político e moral, os documentos foram selecionados com outra finalidade em vista. Além de desvendar fatos sobre eventos históricos, esses textos revelam muita coisa sobre as idéias, os valores, as percepções e os sentimentos com que os fatos estiveram entrelaçados. Foi essa dimensão intelectual e valorativa que conferiu aos eventos significado pessoal e histórico para as pessoas envolvidas. Para muitos bolchevistas, a revolução foi uma época de esperança e de imaginação, grande certeza moral e rebelião contra as limitações e indignidades do passado, bem como um tempo de medo, dúvida ocasional e brutalidade. Os documentos mostram essa faceta subjetiva da experiência revolucionária daqueles que contribuíram para escrever essa história. Para Nicolau e Aleksandra, o czar e a czarina, assim como para tantos outros, a revolução foi uma época de profunda crise pessoal e política, e muitos dos documentos aqui reproduzidos mostram como eles enfrentaram essa crise em termos filosóficos, morais e emocionais. Em cartas, diários e conversas, eles refletiram sobre assuntos como autoridade do Estado, identidade nacional, natureza humana, moralidade, guerra, revolução, religião e destino.

A maioria esmagadora dos trabalhos escritos sobre as vidas e destinos de Nicolau e Aleksandra, tanto na Rússia quanto no Ocidente, teve natureza romântica, hagiográfica, apologética, acusatória, bisbilhoteira e trivial.[4] Os autores deste livro selecionaram documentos não com o objetivo de fundamentar quaisquer interpretação ou julgamento histórico únicos, mas para permitir aos leitores pensar, interpretar e, se quiserem, julgar esses fatos, a revolução como um todo e seus principais personagens. A prova deve ser selecionada sem preconceito, mas também deve ser lida criticamente e, mesmo, ceticamente. Os fatos não são tão claros como a maioria dos escritores gostaria que pensássemos. Tais como todos os documentos históricos, esses textos são ambíguos, prestam-se a várias interpretações ou intencionalmente enganam ou permanecem silenciosos sobre fatos importantes. E alguns documentos desapareceram. Não podemos, por exemplo, ter absoluta certeza se Moscou ordenou diretamente o assassinato do czar e de sua família. Esse "fato", freqüentemente afirmado, é, com toda probabilidade, verdadeiro, mas nenhuma prova direta do mesmo jamais veio à tona.[5] Numerosos autores permitiram-se especular sobre fatos que, de forma frustrante, se situam além do alcance da prova documental, e a aceitar, sem um critério crítico, declarações constantes de documentos de arquivo ou memórias (especialmente quando estas concordam com seus próprios pressupostos e julgamentos). O manto oficial de sigilo, por trás do qual documentos foram ocultados, não pode ser tomado como prova de sua veracidade — um truísmo muitas vezes esquecido no entusiasmo que se seguiu à abertura dos arquivos soviéticos. Segredos e verdades não são idênticos.

Os documentos são registros históricos autênticos, mas continuam a ser textos, cujos autores estão entre nós e o passado. A memória, a compreensão, o motivo e a intenção ocultam o fato em si. Ainda assim, é especialmente neste ponto, nos vestígios da visão desses autores, que os documentos são mais eloqüentes. Nos textos introdutórios, apresento os contextos histórico e intelectual nos quais esses documentos foram escritos e examino numerosas questões controversas relativas à sua significação e veracidade. Embora os documentos, mesmo pelo seu valor aparente, sejam freqüentemente muito eloqüentes sobre a experiência humana durante a revolução, tirarão o máximo proveito deles os leitores que abordarem esses textos de forma ponderada e escutarem, com ouvido crítico, tanto o modo como as coisas são ditas como o que é dito, e que dedicarem tanta atenção a observações descuidadas e detalhes aparentemente triviais como à narrativa principal.

A imagem de Nicolau II que domina a memória histórica é a de um governante fraco e ignorante, mal preparado para enfrentar os desafios de levar a Rússia à era moderna. Essa idéia foi sustentada pelo óbvio fracasso da monarquia autocrática durante a longa provação da Primeira Guerra Mundial, embora tivesse origem em opiniões mantidas antes da revolução por numerosos russos de mentalidade liberal. Uma piada da época dizia que a Rússia não precisava de uma monarquia limitada (isto é, constitucional), uma vez que já possuía um monarca limitado. De forma mais generosa, numerosos historiadores e biógrafos descreveram Nicolau como um homem com pouco entendimento de como governar uma Rússia cada vez mais complexa e em transformação, um homem que preferia caçar, fazer excursões a pé, jogar tênis, nadar, andar de bicicleta, remar, montar a cavalo, assistir a paradas militares ou desfrutar a companhia de sua amada família.

Essa imagem não é de todo falsa. Nicolau falava muitas vezes — em seus diários, em cartas, em conversas — sobre seu amor pelo esporte e os exercícios físicos, do desejo de estar com a esposa e os filhos, e de sua antipatia por cansativas reuniões oficiais e pilhas de documentos para estudar.[6] É claro, também, que ele não era intelectualmente tão sofisticado ou tão liberal quanto muitos russos educados teriam desejado ou quanto a Rússia, talvez, necessitasse. Mas isso não quer dizer que Nicolau tivesse sido mediocremente educado. Professores particulares o educaram em uma grande variedade de assuntos, incluindo línguas estrangeiras (inglês, francês, alemão), história, geografia, matemática e química. Desde os 17 anos, ele conviveu com importantes figuras políticas, militares e acadêmicas que foram trazidas para instruí-lo nos assuntos necessários à função de governante, tais como economia política, finanças, direito internacional e civil, e ciência militar. Esses professores lhe davam aulas, recomendavam leituras e, às vezes, o submetiam a exames. Segundo todos os testemunhos, ele foi um estudante inteligente e capaz. Até mesmo Sergei Witte, que serviu a Nicolau II como ministro das Finanças e presidente do Conselho de Ministros e que, de modo geral, pouco teve de positivo a dizer em suas memórias sobre o imperador — especialmente em comparação com seu pai, Alexandre III, a quem ele admirava —, reconheceu que Nicolau era "muito superior ao pai em inteligência e capacidade, bem como em educação".[7]

Quaisquer que tenham sido as habilidades natas de Nicolau, seu desenvolvimento foi prejudicado por uma educação formal que valorizava mais o conhecimento de fatos do que a capacidade de lidar com idéias, e por um ambiente familiar e social que atribuía pouca importância à realização intelectual e muito menos à imaginação. Contemporâneos com acesso à corte registraram as conversas banais, triviais e mesmo vulgares freqüentemente ouvidas das quais participavam Alexandre III e sua família, bem como a ausência geral de quaisquer interesses estéticos e intelectuais autênticos.[8] Nos próprios escritos e discursos de Nicolau, bem como nas memórias de pessoas que trabalharam com ele, podemos observar uma inteligência limitada e convencional. Nicolau não era excepcional nem para sua classe nem para a Rússia, claro. Ele refletia em seu caráter o "declínio cultural e intelectual comum à realeza e à aristocracia do fim do século XIX como um todo".[9] Contra o pano de fundo de uma população cada vez mais educada na Rússia, esse declínio afigurava-se dramático e perigoso.

A imagem convencional de Nicolau como pessoa tragicamente ignorante e fraca não é tanto falsa quanto simplista, obscurecendo crenças e valores que modelaram seu reinado e precipitaram a revolução. A verdadeira tragédia do governo de Nicolau talvez tenha residido menos na ausência de idéias ou no tantas vezes mencionado conflito entre as necessidades políticas da época e sua preocupação com a família e o prazer pessoal, do que no choque entre suas convicções e valores, por um lado, e a necessidade de uma mudança ponderada, por outro. O conflito era complicado pela forte tensão na mente de Nicolau entre ideais opostos de autoridade política. A contribuição de Aleksandra para essa trágica história ocorreu menos na atração para a vida doméstica que exercia sobre Nicolau, ou mesmo em sua interferência danosa na administração do governo, do que no fato de encorajar as convicções políticas anacrônicas do marido. A visão de mundo de Nicolau não era estática e, de fato, aprofundou-se com o tempo e como reação a experiências. Em face do desenvolvimento urbano e industrial da Rússia, das crescentes pressões populares por mudança democrática e da sublevação revolucionária em 1905 que o forçou a conceder reformas constitucionais limitadas, ele e Aleksandra tornaram-se cada vez mais convencidos de que as relações, os valores e as estruturas sociais e políticas tradicionais eram necessários para a sobrevivência e a felicidade da Rússia.

A filosofia política de Nicolau II baseava-se em juízos morais e fé religiosa, e é com isso que temos que começar. Lições de moral foram fundamentais até para sua educação formal. Um historiador moderno observou sarcástica mas acuradamente que o general Grigori Danilovich, que supervisionou a educação de Nicolau desde os 10 anos de idade, era "mais conhecido por sua disciplina militar e obstinada honestidade do que por brilhantismo mental ou amplidão e tolerância de opiniões".[10] O importante, contudo, é que autodisciplina e elevados princípios morais eram considerados virtudes essenciais a instilar no futuro monarca. Toda a prova indica que Nicolau aceitou piamente essas lições.

O método, para Nicolau, era uma virtude fundamental. Seus diários, crônicas sucintas de compromissos e atividades, muitas vezes citados como prova de seu superficialismo intelectual, não eram os meios que Nicolau usava para a reflexão ou para expressar idéias. Ele, na verdade, manifestava essas idéias com grande freqüência em conversas, discursos e cartas. Os diários eram, acima de tudo, um exercício de autodisciplina. Desde o início, ele os usou para registrar as rotinas diárias que lhe estruturavam a existência. Método, sistematização e autodisciplina transferiram-se para seu trabalho como imperador. Como questão de personalidade e princípio, mantinha uma programação rígida e invariável: refeições, leitura de relatórios, reuniões com cortesãos e ministros, exercícios físicos e convívio com a família, tudo isso de acordo com o relógio.[11] Em um espírito semelhante, insistia em realizar todo o seu trabalho de secretariado — o que, indubitavelmente, impedia que ele dedicasse mais tempo a questões de política. Mas, aparentemente, Nicolau encontrava satisfação na disciplina e controle metódico que lhe acompanhavam o trabalho. Até nos menores detalhes da sua vida, ele era, segundo pessoas que conheceram os seus hábitos pessoais, "o mais metódico, o mais sistemático dos homens", que diligentemente mantinha cada caneta e lápis no lugar certo na escrivaninha e cada artigo do banheiro na mais perfeita ordem.[12] O alto valor que atribuía à ordem racional e à disciplina em sua vida pessoal estendia-se aos padrões que observava para a sociedade e para a política.

Esses ideais eram, em muitos aspectos, virtudes militares. Na Rússia, como em outros países, o serviço nas Forças Armadas era a última etapa educacional convencional para os nobres — um ambiente para assimilar o código militar de comando e obediência e para desfrutar a camaradagem, as paradas, os banquetes, as mulheres. Tudo isso fez parte da educação de Nicolau e ele evidentemente sentiu grande prazer em seus anos como jovem oficial. Em um nível mais profundo, a influência dos costumes, cerimônias e símbolos militares reforçou em sua mente o papel fundamental tradicional dos militares na cultura política russa. Grande parte da história do Estado russo, em especial desde que se libertou do domínio dos tártaros, foi uma história de preparativos e expansão militares. Como demonstraram numerosos historiadores, as necessidades e experiências militares foram de importância suprema na modelação das instituições políticas e mesmo das políticas econômicas e sociais na Rússia desde o século XVI.

Em um nível simbólico e ornamental, a importância das Forças Militares na cultura política czarista se refletia na militarização de grande parte da vida pública de Nicolau e de sua família. Por questão de costume, ele, a esposa, as quatro filhas e o filho eram comandantes honorários de vários regimentos de elite. Vestiam sempre os uniformes apropriados, evidentemente com orgulho e prazer, na presença de "seus" soldados. Nicolau dedicava muito tempo a revistas, inspeções e observação de manobras militares — sempre uniformizado, muitas vezes a cavalo e freqüentemente acompanhado pelo filho e herdeiro, à medida que Aleksei crescia. Nicolau jamais se queixou desse fardo do cargo. Ao contrário, escrevia com prazer sobre esses assuntos. "Um mar branco de soldados em um belo campo, em um quente dia de verão — nada pode ser mais lindo para mim, exceto uma esquadra de grandes navios."[13] Repetidamente, referia-se à "beleza" dos uniformes, das cerimônias e das práticas militares, encontrando nessa cultura satisfação emocional e espiritual.[14] Acompanhando grandes manobras realizadas nas proximidades de Kursk em 1902, Nicolau manifestou o desejo de que Aleksandra pudesse compartilhar com ele "as boas e sadias sensações" e o sentido de "tranqüilidade" que estava desfrutando. No fim do ano revolucionário de 1905, confessou à mãe, após ter comparecido à comemoração do 50º aniversário do batalhão de fuzileiros da família imperial: "faz muito tempo desde que senti tanta paz em minha alma".[15]

Até mesmo a guerra conservou, por algum tempo, uma aura romântica na mente de Nicolau. Durante a fatídica Guerra Russo-Japonesa de 1904-5, ele escreveu sobre a "alegria" com que muitos oficiais deixavam suas amadas famílias "por amor a seu País & pela glória de nosso exército", e freqüentemente dirigia-se às tropas que voltavam de batalha com fervorosos elogios por seu "heroísmo", "honra" e "gloriosas façanhas" (*blestiashchie podvigi*).[16] Em 1914, encarou com confiança a aproximação da guerra, insistindo em que uma "guerra justa" estimularia os sentimentos nacionais e tornaria a Rússia mais forte e melhor do que nunca.[17] Durante a própria guerra, escreveu para casa numerosas cartas, extravasando entusiasmo romântico pelo heroísmo e beleza dos guerreiros e da luta. A carta seguinte, escrita em março de 1916, é exemplar: "Você pode imaginar minha agradável surpresa quando cavalguei até as tropas, para passar a grande revista, ver nossos queridos cossacos, que, começando por (*sic*) Zhukov e continuando até o último homem, estavam simplesmente rindo de um canto a outro da boca & mostrando os dentes... Transmiti a eles seus cumprimentos & as saudações das meninas! Eles haviam acabado de chegar das *okopy* (trincheiras)... No dia seguinte, isto é, ontem — passei em revista a uma divisão recém-formada —, ela parecia simplesmente magnífica — homens esplêndidos, de grande estatura — tal como os guardas."[18]

A proibição da venda de álcool durante a guerra, determinada por Nicolau — não obstante a imensa receita que o Estado arrecadava habitualmente com o monopólio de bebidas alcoólicas e a necessidade desesperada de dinheiro para financiar a guerra —, lhe refletia o seu entendimento de que a guerra era uma questão de honra.[19] Para ele, a tradição militar era uma tradição de honra, dever, disciplina e serviço à nação. Seu último discurso público, realizado após a abdicação em março de 1917, foi um pronunciamento que lembrava às tropas esses valores (Documento 39).

A crença nas virtudes da aptidão física e de atividades ao ar livre — um ideal militar, mas também um eco da ética vitoriana e eduardiana do corpo sadio — constituía outra parte essencial da índole moral de Nicolau. Isso era uma tradição de família. O pai, Alexandre III, era um homem extremamente grande e forte, visto freqüentemente em caçadas, partindo e serrando madeira, limpando neve de trilhas e cortando gelo. Ele fazia questão de ensinar aos filhos as virtudes de remover neve com uma pá e cortar madeira morta das árvores dos terrenos do palácio e, em termos mais gerais, a apreciação pela natureza e pelos exercícios.[20] Nicolau aceitou entusiasticamente esse ideal e o transmitiu aos filhos. Voltando para casa após uma longa caminhada a pé, "ensopado de suor", Nicolau escreveu à mãe: "Isso me lembra tanto meu querido papai, o quanto ele adorava suar com a atividade física, e eu agora adoro isso, também."[21] Durante a guerra mundial, quando comandava o exército do quartel do Estado-Maior, aproveitava todas as oportunidades para participar de atividades físicas ao ar livre. Certa ocasião, após uma noite de forte nevasca, escreveu a Aleksandra contando sua satisfação em ter encontrado uma pá de madeira no jardim, com a qual pôde abrir um caminho.[22] Em 1917-18, o trabalho físico e o exercício constituíam parte importante da vida dos membros da família imperial enquanto estavam presos e no exílio, e uma grande causa de queixa quando essas atividades lhes foram proibidas. Para Nicolau, a atividade ao ar livre era mais do que uma diversão agradável. Ela era essencial à sua vida pessoal e moral. Podemos perceber, em suas muitas observações sobre o prazer estimulante e a utilidade da atividade física ao ar livre, tanto a expressão de uma necessidade sensual — igualando-se à paixão física pela esposa, muitas vezes manifestada em sua correspondência do tempo de guerra —, como um juízo de virtude moral.[23]

Idéias sobre as virtudes do trabalho entrelaçavam-se a esses valores. Em uma descrição semi-oficial do reinado de Nicolau, publicada em 1913, que transmitia ao povo a maneira como ele desejava ser visto e, talvez em grande parte, a maneira como ele mesmo se via, um capítulo era dedicado ao "trabalhador coroado" (*ventsenosnyi truzhenik*). Nessa descrição, a recusa de Nicolau em utilizar os serviços de um secretário particular era mostrada como reflexo de uma ética de trabalho árduo. Analogamente, foram mencionadas as muitas horas que ele dedicava a cumprir os deveres do cargo. "Eu faço o trabalho de três homens. Que todos aprendam pelo menos a fazer o trabalho de dois", Nicolau declarou repetidas vezes.[24]

Quando o esporte, o exercício e o trabalho eram atividades da família, mais agradáveis ainda e mais importantes se tornavam para ele. A família era um valor fundamental para Nicolau. Suas cartas transbordam de adoração pela esposa, os filhos, a mãe e os parentes, e essa intimidade com a família se manteve até o fim da vida. Ele gostava de repetir o provérbio russo "É bom fazer visitas, mas melhor ainda ficar em casa."[25] Em todas as ocasiões em que se afastava dos familiares — para observar manobras militares ou inspecionar tropas, em uma viagem ocasional ao exterior ou para comandar o exército durante a Primeira Guerra Mundial (quando suas ausências foram mais longas do que em qualquer outra época) —, as cartas à família eram repletas de expressões de terno amor pela esposa e pelos filhos, tristeza por partir após uma visita ao lar, recordações vívidas do tempo passado juntos e ânsia de voltar.

Nicolau e Aleksandra conheciam bem as infidelidades e divórcios que atormentavam tantos casamentos aristocráticos e reais — na verdade, eles constantemente expressavam tristeza e repulsa com a moral desregrada de suas famílias e classe [26] — e deleitavam-se com seus muitos anos de felicidade conjugal. As cartas que trocavam são fartas em diminutivos sentimentais, invariavelmente escritos em inglês. Para Nicolau, Aleksandra era *Sunny* ("raio de sol", seu apelido de infância), *sweety-mine* ("doçura minha"), *darling little wify* ("querida mulherzinha"), *lovebird* ("periquitinho"), *my sweetest girlie* ("minha garota de mel"), *lovykins* ("esposinha", "amorzinho"); Nicolau era, por sua vez, Nicky (apelido de infância), *huzy* ("maridinho"), *precious one* ("precioso"), *treasure* ("tesouro"), *angel* ("anjo"), *sweetheart* ("namorado"), e *Blue Boy* ("Menino Azul") (de um romance sentimental favorito, de autoria de Florence Barclay, que ambos haviam lido). Beijavam as cartas um do outro, enviavam-se flores e recordavam momentos de paixão. Aleksandra não se controlava: freqüentemente relembrava "carícias ternas", proclamava que o amor de ambos "persistirá através da eternidade" e descrevia-se como cobrindo Nicolau de beijos, "apaixonadamente" e com "infinita ternura".[27] Nicolau respondia à altura, embora, por natureza, fosse mais fleumático (admitiu: "nunca demonstro meus sentimentos" e Aleksandra chegou a censurá-lo por ser "acanhado" ao falar em paixão, exceto nas cartas e "na escuridão").[28] "Como sinto falta de seus doces beijos — sim, Amado, *você sabe* como beijar —, oh, tão travesso! Vibro só em me lembrar."[29] Um benefício da abdicação, reconheceu Nicolau, era que podia passar "muito mais tempo com minha doce família do que em anos mais normais" (Documento 56 [6 de maio de 1917]).

O fato de Nicolau preferir remover com uma pá a neve de trilhas ou desfrutar a companhia da mulher e dos filhos a governar o país tem sido habitualmente interpretado como prova de seu desinteresse pela função de czar. Essa lógica, no entanto, é simplista demais. Quaisquer que fossem suas preferências pessoais, Nicolau possuía forte sentido de dever público e de responsabilidade. Na verdade, o dever constituía para ele uma virtude fundamental e não raro ele julgava a si próprio e a outras pessoas de acordo com esse critério. Seu próprio trabalho como czar, como ele o via, era imposto não só pelas necessidades políticas do momento, mas também pelo "sentido do dever ou, como gostava de dizer o querido papai, *verfluchte Schuldigkeit* (maldito dever)".[30] Nicolau acreditava que os demais deviam sentir a mesma responsabilidade pelo trabalho que lhes competia. Durante a revolução de 1905-6, ele manifestou a certeza de que a desordem social poderia ser contida "se as autoridades cumprissem com honestidade seus deveres" e apelava constantemente a operários e camponeses para que se dedicassem ao "trabalho honesto", que era seu dever.[31]

Mais importante ainda, Nicolau estava convencido de que era seu dever preservar o sistema autocrático da Rússia. Ou como disse ao ministro do Interior, príncipe Piotr Sviatopolk-Mirski, durante importantes discussões sobre a reforma constitucional de 1904: "Não estou defendendo a autocracia por puro prazer. Atuo dessa maneira porque tenho certeza de que ela é necessária para a Rússia. Se fosse apenas por mim, eu viraria com prazer as costas a tudo isso."[32] A autocracia não devia ser preservada por si mesma, afirmava ele com freqüência, mas pela Rússia, Deus, seus antepassados e herdeiros. Da mesma maneira que gostava de lembrar aos soldados que eles estavam continuando o "serviço" de seus "antepassados",[33] ele, também, falava muitas vezes em seu dever de continuar o caminho seguido pelo pai, a fim de preservar as tradições da autocracia.[34] A incapacidade de manter tradições nacionais, acreditava, era uma das causas básicas do declínio das nações. Ou como declarou em seu discurso no dia 21 de junho de 1905 (4 de julho pelo calendário ocidental), dirigido a representantes de várias classes e organizações sociais: "Só é forte e firme o estado que preserva a herança de seu passado (*zavet proshlogo*)."[35] Em sua maneira de pensar, a erupção de protestos cívicos em 1905 não constituía um sinal político da necessidade de reforma democrática, mas um sinal divino da necessidade de voltar a uma autocracia mais pura.

O mesmo sentido de dever moral e serviço à nação o levou a assumir o comando do exército russo em 1915, contrariando o conselho de seus ministros, de sua esposa e até do famoso místico da corte, Rasputin. Em 1904, durante a guerra com o Japão, ele, da mesma maneira, quis se reunir às tropas na frente de batalha: "A consciência às vezes me acusa de estar aqui e não lá, compartilhando do sofrimento, das privações e das provações da batalha, juntamente com o exército." Ele, no entanto, fora informado de que sua "presença na frente de batalha não é necessária nesta guerra".[36] Em 1915, os argumentos contra sua vontade de assumir o comando pessoal da guerra, ou mesmo de passar longos períodos no quartel-general, foram apresentados de forma categórica: agir assim comprometeria sua autoridade, ao associá-lo pessoalmente a derrotas na frente de batalha e ao deixar o controle político diário em mãos de subordinados. Nicolau, no entanto, achava que sua presença inspiraria as tropas. Além do mais, estar com seu exército era seu dever. Tal como muitos czares anteriores, ele achava que seu lugar era junto às tropas em uma época como essa de "provação" nacional (uma palavra que sempre reaparece em suas cartas), que devia participar dos sofrimentos e das vitórias dos soldados.[37] Repetidamente, em cartas a Aleksandra, ele enfatizava o sentido do dever. "É difícil separarmo-nos novamente, depois de termos passado apenas 6 dias juntos. *Dever!* É esta a razão." "Nossa separação é o *nosso próprio* sacrifício pessoal por nosso país nesta época grave e é esse pensamento que torna muito mais fácil para mim suportar a ausência."[38] Paradoxalmente, esse mesmo sentido de dever para com o país pode ter-lhe tornado possível concordar em abdicar. Em seu diário, no dia 2 de março de 1917, ele escreveu: "Minha abdicação é necessária... em nome da salvação da Rússia e da manutenção da tranqüilidade do exército na frente de batalha" (Documento 30).[39]

A preocupação de Nicolau com a conduta moral era modelada por suas atitudes religiosas. Essas foram formadas, por sua vez, por pessoas bem próximas a ele: a mãe, Maria Fiodorovna (ex-princesa Dagmar, da Dinamarca), protestante convertida à Igreja Ortodoxa que se esforçou em inculcar nos filhos uma fé profunda e estimular a prática regular dos rituais; Konstantin Pobedonostsev, procurador-chefe do Santo Sínodo (o chefe leigo da Igreja), um dos preceptores de Nicolau e, mais tarde, conselheiro muito próximo, que constantemente lhe lembrava que o czar era ungido por Deus e era uma fonte divinamente inspirada de sabedoria e ordem; e a esposa, Aleksandra, também protestante convertida à Ortodoxia, que estimulava o misticismo do marido e sua fé na onipotência e orientação pessoal de Deus.

Nicolau encontrava consolo cada vez maior na prática religiosa e na fé. Em 1900, passou a comemorar regularmente a Páscoa com a família nas antigas igrejas e catedrais do Kremlin em Moscou. Nessa primeira Semana Santa em Moscou, escreveu à mãe: "Eu nunca soube que poderia entrar em tal estado de *êxtase religioso* como o que experimentei nesta Quaresma... Tudo aqui contribui para a oração e a paz espiritual."[40] Com a passagem do tempo, seus sentimentos religiosos tornaram-se mais fortes. Durante a Primeira Guerra Mundial, repetidamente manifestou a fé em que Deus protegeria o exército russo e que a presença de ícones sagrados, tal como o de Nossa Senhora de Vladimir, sustentava e apoiava as tropas.[41]

Embora os ritos e imagens fossem ortodoxos, a fé de Nicolau era mais amplamente cristã e pietista. Juntamente com Aleksandra, leu uma grande variedade de obras religiosas, tanto ocidentais quanto orientais. Segundo Anna Virubova, uma amiga íntima, Nicolau e Aleksandra "acreditavam que era possível, fora da igreja e sem a ajuda de bispos e sacerdotes regularmente ordenados, manter comunhão com Deus e com Seu Espírito".[42] Eles acreditavam, além disso, que havia homens santos a quem Deus concedera poderes místicos de cura e profecia. Em 1902-3, os dois receberam no palácio um místico francês, Philippe Nizier-Vachod, que estivera conduzindo um serviço médico espiritualista popular em Lyon e tinha reputação de curandeiro, guia espiritual e clarividente.[43] Para Nicolau e Aleksandra, ele era "nosso Amigo" e uma importante fonte de profecias e consolo.[44] Vários anos depois, outro curandeiro e místico laico, Grigori Rasputin, conquistou a confiança de Nicolau e Aleksandra. Mestres religiosos e curandeiros não-clericais eram figuras respeitadas na tradição religiosa russa, embora as relações entre a igreja oficial e esses homens santos, em geral de origem camponesa, fossem um tanto difíceis. Nicolau, no entanto, parecia acreditar que Deus agia e falava por intermédio deles.

Nicolau não deu atenção a todas as reiteradas advertências de Rasputin. Ignorou-lhe os lúgubres avisos em 1914, de que a guerra traria "o castigo de Deus" sobre a Rússia e "grande destruição e sofrimento sem fim", a despeito da provável vitória sobre a Alemanha.[45] Ignorou seu conselho de que não devia assumir o comando pessoal do exército. Não deu importância a algumas nomeações recomendadas para o governo — "as idéias de nosso Amigo sobre os homens são às vezes esquisitas", escreveu a Aleksandra — e à maioria de suas sugestões de natureza militar.[46] Mas Nicolau rejeitou também advertências de que a presença de Rasputin na corte desacreditava sua própria autoridade. Na verdade, ele achava a presença, as orações e as palavras de Rasputin "sumamente consoladoras".[47] "Quando estou preocupado, em dúvida ou atormentado, basta que eu converse com Grigori durante cinco minutos para me sentir imediatamente tranqüilizado e fortalecido."[48] O poder evidente de Rasputin de estancar as hemorragias causadas pela hemofilia de Aleksei parecia provar que Deus trabalhava por seu intermédio. E os instintos de Nicolau, nos quais ele confiava mais do que em quaisquer outras fontes de conhecimento, aparentemente lhe diziam que esse santo homem do povo, egresso das profundezas da Rússia campesina, era digno de confiança.

A fé religiosa dava a Nicolau a garantia de que tudo correria bem, mas também o ajudava a aceitar o fracasso e a adversidade. O que muitos descreveram como a fraqueza de Nicolau, sua aparente incapacidade de demonstrar determinação e flexibilidade na solução de crises e sua tendência a "fugir (*uskol'zaet*) de tudo que fosse desagradável",[49] não era apenas uma questão de vontade fraca ou de uma mente perturbada, mas de uma espiritualidade fatalista. Nicolau considerava todos os infortúnios como vontade de Deus. Tal como Cristo na Paixão, cuja história o comovia muito,[50] e os diversos santos ortodoxos conhecidos por sua submissão ao sofrimento, a Santa Rússia, ele parecia acreditar, devia aceitar as provações que Deus resolvesse lhe impor. Ao enfrentar infortúnios ou situações desagradáveis de qualquer tipo, era provável que ele declarasse: "Deus sabe o que é bom para nós, temos que curvar nossas cabeças & repetir as palavras sagradas, 'Que seja feita a Tua vontade'."[51] Durante a revolução de 1905, Nicolau, antevendo suas emoções e conduta em 1917-18, insistia sempre que sua "provação" era a vontade de Deus. O ministro das Relações Exteriores, Aleksandr Izvolski, ficou atônito com a maneira tranqüila pela qual Nicolau recebeu a notícia do motim dos marinheiros na Fortaleza de Kronstadt, próxima a São Petersburgo: "Se acha que estou tão pouco perturbado, isso acontece porque tenho a fé firme e absoluta em que o destino da Rússia, meu próprio destino e o de minha família estão nas mãos de Deus Todo-Poderoso, que me colocou onde estou. O que quer que aconteça, eu me curvarei à Sua vontade."[52]

Essa "serenidade" pessoal profunda, como a descreveu Izvolski, era vista por muitos como um defeito político. Seu tio, o grão-duque Sergei, por exemplo, considerava a calma de Nicolau em meio a crises como "dolorosa e lamentável! Ele está em um estado bem-aventurado de... fatalismo".[53] O *leitmotif* de que tudo o que acontecia era vontade de Deus permeava toda a vida de Nicolau. Ele manifestou essa fé quando a morte inesperada do pai o levou ao trono.[54] E expressou a mesma fé quando a revolução o forçou a deixar tal trono. Como deixou implícito no manifesto em que anunciava sua abdicação, a revolução era muito mais do que um fato histórico ou político: "O Senhor Deus achou conveniente impor à Rússia uma nova e dolorosa provação" (Documento 26). Nos meses que se seguiram à abdicação, ele continuou a interpretar os fatos históricos como parte de um plano divino. A agitação revolucionária, o poder bolchevista, os preparativos para uma paz em separado com a Alemanha provocavam — mesmo nas breves anotações de Nicolau nos diários — manifestações de angústia com o sofrimento da Rússia, mas também o inevitável contraponto fatalista: "Ainda assim, não há nada igual a Deus! Que Sua santa vontade seja feita!" (Documento 97, registro 2 [15] de março de 1918). De forma reveladora, nesses meses de cativeiro e exílio, Nicolau decidiu reler toda a Bíblia, juntamente com obras como *La sagesse et la destinée* (Sabedoria e destino), o livro de reflexões estóicas de Maurice Maeterlinck sobre a felicidade, o amor, o sacrifício e a morte.[55]

Todos esses elementos da maneira como Nicolau via o mundo — sua idealização moral da disciplina, a atividade física, a família e o dever, e o consolo e certeza que encontrava em sua fé no poder e na vontade de Deus — tinham contrapartida em suas convicções políticas. Ele não governava por capricho e, certamente, não se curvando aos ventos políticos, mas de acordo com uma clara filosofia de governo monárquico e de sua própria identidade, função e dever. No âmago dessa filosofia política, havia uma tradição herdada de mito político — um conjunto de imagens idealizadas, justificatórias e inspiradoras sobre o czar.

Esse mito de governo, porém, não era estável nem uniforme. Nos dois séculos que precederam o reinado de Nicolau II, as justificativas da autocracia haviam se tornado crescentemente "modernas". A imagem tradicional do soberano como *tsar'batiushka* (czar-pai), um autocrata todo-poderoso que reinava exclusivamente com base em sua vontade pessoal, inspiração divina, moralidade piedosa e amor ao seu povo, recebeu o acréscimo de concepções mais seculares, racionais e legalistas de poder estatal autocrático. Essas idéias enfatizavam as necessidades seculares de autoridade estatal forte, por questões de segurança nacional e progresso, necessidade do Estado agir para mediar racionalmente os interesses particularistas de classe e partido, e a corporificação desses objetivos em leis e instituições impessoais.[56] Essas inovações, especialmente quando realizadas em mutáveis práticas políticas, porém, não foram recebidas em silêncio. Conservadores dentro e fora do governo advertiram que a institucionalização da autoridade pessoal do czar em mandatos legais e corporações burocráticas — sem mencionar as instituições civis participativas que muitos na sociedade exigiam — debilitaria o absolutismo moral sagrado do czar, do qual a Rússia necessitava para sobreviver e permanecer forte.

Na época de Nicolau II, a mais eloqüente e influente voz desse tradicionalismo russo pertencia a Konstantin Pobedonostsev, procurador-chefe do Santo Sínodo e preceptor e conselheiro de Alexandre III e de Nicolau. Em um desafio direto à visão de mundo racionalista do Iluminismo, Pobedonostsev, tal como outros conservadores europeus do século XIX, afirmava o primado da fé, do sentimento, da espiritualidade, da moralidade, da comunidade e da tradição sobre e contra os falsos ideais da teoria abstrata, do racionalismo, especulação intelectual, legalismo, individualismo, soberania popular e reforma. Inspirado pela sabedoria divina, o verdadeiro czar não devia permitir que leis ou instituições, que simplesmente corporificam a fraqueza e a loucura humanas, restringissem sua autoridade pessoal, tampouco admitir que qualquer outra influência, que não seu senso de moralidade e dever, compelisse ou limitasse seus atos. As idéias de Pobedonostsev refletiam não só sua fé na orientação divina, mas também o desprezo, característico dos conservadores do século XIX, pela sabedoria humana. A mais perigosa falácia do pensamento moderno, acreditava Pobedonostsev, era a idéia de que seres humanos são dotados de razão e que, com a razão, podem criar uma sociedade mais perfeita. Insistentemente, ele pregava que, ao contrário, os seres humanos são por natureza moralmente fracos, egoístas e perversos. Os russos, como povo sem cultura, eram especialmente fracos. A única esperança de sobrevivência da sociedade humana (às vezes, Pobedonostsev parecia cético sobre o destino humano em quaisquer condições) era subordinar a vontade dos homens a algum poder moral sagrado, tal como o representado pelo czar autocrático.[57]

Nicolau aceitou como sagrado e moral esse mito da autoridade do czar. Compartilhava a rejeição epistemológica de Pobedonostsev do primado de fontes racionais de verdade, em favor da compreensão do verdadeiro conhecimento que se situa além da razão. Acreditava, como afirmou Dominic Lieven, que "a sabedoria que nasce dos instintos e do coração de um czar era superior a qualquer raciocínio puramente secular".[58] Nicolau tinha certeza de que Deus falava através dele, o que certamente contribuiu para definir sua conduta como governante. "Eu nunca preparo o que vou dizer numa audiência", ele gostava de dizer, "mas, rezando ao Senhor Deus, digo o que me vem à mente."[59] Questões políticas importantes também eram decididas em consulta com a voz divina. Em 1906, por exemplo, Nicolau explicou ao novo presidente do Conselho de Ministros, Piotr Stolipin, que era obrigado a rejeitar uma recomendação (de estender direitos iguais aos judeus), apresentada unanimemente pelo Conselho, porque "uma voz interior me repete, com firmeza cada vez maior, que não devo aceitar essa decisão. Até agora, minha consciência *nunca* me enganou... Sei que o senhor também acredita que 'o coração do czar está nas mãos de Deus'. Que assim seja."[60] Muitos anos depois, ele mencionou a mesma orientação na decisão que tomou, contra todos os conselhos, de assumir o comando do exército: "Lembro-me muito bem que, quando me encontrava em frente ao grande retrato de nosso Salvador, na grande igreja (Catedral Fiodorovski, em Tsarkoe Tselo), uma voz interior como que me disse que me resolvesse & escrevesse imediatamente sobre minha decisão a Nik" (Nikolai Nikolaevich, o comandante-chefe). Uma vez tomada a decisão, ele sentiu, segundo contou, a presença de Deus, "uma espécie de sentimento como o que temos após a Santa Comunhão!"[61]

Mais do que qualquer um de seus predecessores modernos, Nicolau II vinculou a si próprio e o futuro da dinastia ao mito contestado do *tsar'batiushka* — especificamente, o mito do czar como príncipe santificado. Quando seu pai morreu, Nicolau comentou em seu diário: "Essa foi a morte de um santo!"[62] Embora isso esteja muito distante da imagem severa e autoritária de Alexandre III que a maioria dos historiadores ou contemporâneos descreveria, as palavras refletiam não só a admiração de Nicolau pelo pai, mas seu ideal do bom czar. Com objetivo e significado semelhantes, Nicolau deu ao filho e herdeiro, nascido em 1904, o nome do ancestral que mais admirava: o primeiro czar Aleksei, pai de Pedro, o Grande (o governante que Nicolau menos apreciava).[63] Nicolau evocava-lhe a memória como expressão de seu próprio ideal político. O czar Aleksei, que reinou de 1645 a 1676, era chamado de *tishaishii*, ou "sumamente gentil", e era convencionalmente retratado como um homem santo e piedoso, cuja bondade pessoal constituía a fonte e legitimidade de sua autoridade como czar. Essa imagem, evidentemente, tinha menos a ver com as qualidades pessoais reais de Aleksei do que com a promoção e a predominância de certo mito tradicional sobre o bom czar.[64]

Esse ideal teve numerosos paralelos na auto-imagem política de Nicolau. Sua visível preferência pelo convívio com a família ou pela vida ao ar livre, em vez de governar o país — preferência esta exemplificada por sua sempre citada observação, ao saber da morte do pai em 1894, "Não estou preparado para ser o czar, eu jamais quis ser um czar",[65] e pelas queixas freqüentes sobre os fardos do cargo —, refletiam, pelo menos parcialmente, o mito do czar-santo, que tipicamente desdenhava de seu poder secular e do trabalho profano do dia-a-dia do governo. Mais importante era o fato de o czar-santo estar próximo a Deus, que lhe inspirava os atos e palavras e perante o qual o czar era, em última análise, responsável. Por tradição, o czar-santo estava também pronto para sofrer e mesmo se sacrificar por Deus e pela Rússia.[66]

Tal como muitos conservadores russos, Nicolau refletia nostalgicamente sobre a Rússia moscovita antes de Pedro — o tempo anterior à obra de Pedro, o Grande, para modernizar e ocidentalizar o país — como uma era de harmonia social, religiosidade, moralidade e unidade entre czar e povo. No tempo de Nicolau, quando os conflitos entre o imperador e seus súditos, e as exigências de um novo relacionamento (manifestado mesmo por alguns de seus ministros) atingiram níveis sem precedentes, Nicolau se retirava para o passado, adotando uma imagem romântica de si mesmo como um czar moscovita, como um santo *tsar'batiushka.* Esse mito de governante era a pedra de toque que o orientava em suas reações às exigências de reforma e a idéias conflitantes.

Fundamental ao mito era a idéia de um laço especial unindo czar e *narod* — o povo comum, mas também a nação e seus alicerces sociais. Certas imagens sobre o *narod* vibravam de uma forma especial em sua mente e pouco mudaram até o fim de sua vida. No outono de 1902, em carta a Aleksandra, descreveu uma viagem em tróica pelo campo, a caminho de manobras militares: "Passamos por grandes aldeias, onde os bons camponeses nos ofereceram pão caseiro & sal & prostraram-se de joelhos, demonstrando uma alegria infantil e comovente."[67] Nicolau acreditava que o povo comum lhe era tão devotado quanto ele acreditava ser devotado ao povo. De fato, quanto mais distantes dele o grande número de russos educados e outros grupos dissidentes pareciam ficar, mais forte se tornava sua fé nos laços sagrados que o uniam aos russos comuns e mais forte a insistência nesses laços como única definição da nacionalidade russa. Pode-se argumentar que a adoção desse mito por Nicolau constituiu um grande obstáculo à reforma administrativa e constitucional na Rússia.

O mito estava no âmago da idéia popular de uma barreira burocrática entre governante e governados, de uma burocracia interesseira e assessores que interferiam na capacidade do czar de conhecer as necessidades de seu povo e atendê-las. A idéia popular — expressa na frase "Se o czar soubesse!" — tinha um equivalente oficial. Não há a menor dúvida de que Nicolau manifestava desconfiança e mesmo desprezo por seus próprios funcionários e obstinadamente lhes ignorava os ponderados conselhos. Tal como o pai que, segundo se dizia, fez certa vez um brinde à obliteração de todo seu governo,[68] Nicolau acreditava no governo pessoal, patriarcal, do monarca.[69] A fé em sua própria idéia de governança o ajudou a enfrentar com calma confiança a revolução, mas o encorajou também a resistir às propostas de reforma constitucional — fossem elas feitas por instituições civis, como as zemstvos, assembléias rurais locais cujos apelos modestos por representação democrática ele repeliu como sendo "sonhos insensatos", ou pelo seu ministro do Interior, Sviatopolk-Mirski, que sugeriu reformas semelhantes em fins de 1904 —, uma vez que essas reformas teriam colocado representantes eleitos da população entre o czar e seu povo.[70]

Mesmo quando Nicolau concordou, em fevereiro de 1905, em face de maciça agitação popular, em permitir que uma assembléia nacional representativa, ou Duma, fosse eleita e participasse da elaboração de leis, ele explicou essa decisão em termos tradicionais: não como aceitação de uma limitação constitucional ao seu poder autocrático pessoal, mas como reativação de um costume e como meio de ouvir melhor a voz do *narod*. O discurso que fez a uma delegação de representantes de zemstvo e conselhos urbanos em junho foi típico, ao usar como justificação da reforma o ideal tradicional de czar unido com o povo: "Que seja feita, como nos velhos tempos, a união entre czar e toda Rus' (um termo arcaico que evocava a velha Rússia), a comunhão (*obshchenie*), entre Mim e o povo da terra (*zemskie liudi*), que forma o alicerce de uma ordem que corresponde a princípios puramente russos."[71]

Durante todo o ano de 1905 e nos anos que se seguiram, Nicolau lembrou constantemente esse ideal tradicional ao resistir aos planos de reforma. Na verdade, à medida que o comportamento desafiador de numerosos representantes eleitos à Duma estatal lhe aprofundavam o ceticismo sobre os benefícios do processo eleitoral, ele se concentrava cada vez mais em seu próprio papel como guardião do povo. Dessa maneira, ao instruir Stolipin, presidente do Conselho de Ministros, sobre como explicar a suspensão dos trabalhos legislativos da primeira Duma estatal em julho de 1906, insistiu em que "doravante todas as minhas preocupações, como as de um pai pelos filhos, serão dirigidas para a distribuição justa de terra aos camponeses". Ao se dirigir diretamente a representantes do povo, insistia em que "suas necessidades são muito estimadas por Mim e constituem motivo de Meu interesse constante", e ainda em que "as necessidades mais próximas ao Meu coração são as do campesinato, de educar o povo e de lhe promover o bem-estar", e finalmente que "meu desejo mais ardente é ver Meu povo feliz".[72] "O *narod* precisa saber", escreveu a Stolipin em 1911, "que seus sofrimentos e alegrias são caros ao czar."[73] Durante a Primeira Guerra Mundial, Nicolau descreveu como "nauseante" o pensamento de que a guerra trazia tantos sofrimentos ao povo.[74] Até mesmo no momento da abdicação, insistiu em que agia orientado pela devoção ao "bem do povo" (*blago naroda*; Documento 26).

O esforço simbolicamente mais expressivo para evocar e confirmar a unidade do czar e do *narod* foi a celebração, em 1913, do tricentenário da dinastia Romanov. Com entusiasmo, Nicolau refez a jornada do primeiro czar Romanov, Mikhail, através do centro da Rússia, de Kostroma até Moscou. A recepção que teve em Moscou e, especialmente, as que recebeu ao viajar pelo Volga, quando milhares se postaram nas margens e entraram no rio para saudá-lo, confirmavam a opinião de numerosos tradicionalistas, incluindo a família imperial, de que o povo russo ainda adorava seu czar.[75] Até o presidente do Conselho de Ministros na época, Vladimir Kokovtsov, que não compartilhava desses sentimentos, compreendeu que, para Nicolau, tais fatos eram ideologicamente cheios de significação, como promulgações do mito tradicional de governo pessoal, em contraste com as idéias modernas de autoridade institucionalizada: "Os conceitos de Estado e governo deviam ser empurrados para segundo plano e, a personalidade do czar, dominar a cena. A atitude corrente parecia sugerir que o governo era uma barreira entre o czar e o povo, que o considerava, com cega devoção, como ungido por Deus... Os amigos mais íntimos do czar na corte se convenceram de que o Soberano podia fazer qualquer coisa, confiante no amor sem limite e lealdade total do povo."[76]

A fé desses cortesãos parecia justificada pelas demonstrações entusiásticas de apoio popular à guerra durante o verão de 1914. No dia em que a guerra foi declarada, Nicolau e Aleksandra apareceram no terraço do Palácio de Inverno, para cumprimentar a multidão que lotava a praça do palácio. O imperador curvou a cabeça para a multidão, um gesto tradicional de devoção ao povo, e a massa respondeu caindo de joelhos e cantando o hino nacional, "Deus Salve o Czar, Forte e Poderoso". O czar e a czarina se benzeram e, segundo testemunhas, choraram.[77] Essa promulgação do mito de unidade entre o czar e o *narod* aparentemente apagou todas as memórias de conflito e confirmou a visão ideológica tradicionalista de Nicolau. Nesse momento, era ainda menos provável que ele cedesse às exigências de reforma constitucional.

As revoltas populares, a violência revolucionária e até a destruição de seu governo aparentemente não reduziram a fé romântica de Nicolau no povo comum. Conforme observarão os que lerem os documentos aqui reunidos, e como os que conviveram com ele durante o cativeiro notaram freqüentemente, às vezes com espanto, o czar conservou e reiterou a confiança em que o "bom, virtuoso e bondoso *narod*" logo "recuperaria o juízo" e tudo correria bem.[78]

A visão política tradicionalista de Nicolau continha uma forte dose de nacionalismo. Como outros conservadores românticos, ele acreditava que um sistema político e social tem que emergir organicamente do caráter e da história de uma nação. Esse era o motivo pelo qual sentia tanta antipatia por Pedro, o Grande, que, sem espírito crítico, "admirara a cultura européia" e, erroneamente, "eliminara todos os costumes russos puros".[79] Falando sobre a orientação de suas próprias políticas, ele repetidamente se referia à necessidade de que as estruturas sociais e políticas se conformassem a "princípios russos genuínos" (*samobytnye russkie nachala*) e, de forma geral, à lealdade aos "alicerces históricos" da Rússia.[80] Com um argumento menos sofisticado do que os oferecidos por outros ideólogos da autocracia, Nicolau, ainda assim, repetia com exatidão opiniões tradicionalistas enraizadas e românticas, quando afirmava que o caráter e espírito únicos da Rússia e suas características históricas, culturais e mesmo morais a separavam da Europa ocidental, uma diferença representada pelo amor e fé compartilhados que uniam povo e czar.

Quando a dissensão política lhe desafiava a fé tradicionalista, como crescentemente ocorria, Nicolau intensificava o nacionalismo desse mito político. Narrativas autorizadas de sua vida e reinado demoravam-se sobre seu "russianismo" — a preferência pela cozinha russa (leitão, *borshch*, *kasha* e *bliny* eram apresentados como seus pratos favoritos e o *kvas* como a bebida predileta); o amor pela literatura, a música e o teatro russos clássicos; as muitas horas que passava lendo a história russa; o desejo de ter "russos de nascença" em posições de destaque (pessoas com antepassados na Europa ocidental eram numerosas no serviço público russo); e, de modo geral, a "preferência por tudo que é russo".[81] A predileção pela literatura romântica inglesa e francesa (documentada nos diários) e o uso predominante do inglês nas conversas e correspondência com a esposa não eram mencionados. O nacionalismo de Nicolau não era meramente simbólico, claro: era um componente fundamental de seus critérios e estratégias políticas.

Nicolau entendia lealdade e oposição em termos nacionais. Acirrando-se a oposição, e especialmente após o trauma político da revolução aberta de 1905, ele se sentiu atraído para as opiniões daqueles que atribuíam a desordem a indivíduos cujo espírito nacional, talvez até sua nacionalidade e religião, era organicamente estranho. Cada vez mais, Nicolau vinculava a oposição à diferença nacional — e, por extensão, moral. Por isso mesmo, durante a Guerra Russo-Japonesa e a revolução de 1905, insistiu, tanto em particular quanto publicamente, que todas as "pessoas autenticamente russas" (*istinno-russkie liudi*) eram dedicadas à luta contra o inimigo e leais à coroa.[82] Durante a Primeira Guerra Mundial, ele afirmou que se uma pessoa saísse das capitais cosmopolitas e penetrasse no verdadeiro coração da Rússia, onde residia o povo russo autêntico, descobriria que o povo "nenhuma dúvida" tinha em lutar para obter a vitória completa. "As duas únicas exceções são Petrogrado e Moscou — dois pontos marcados com agulhas no mapa de nosso país!"[83]

Nos seus argumentos, nacionalidade e moralidade estavam estreitamente relacionadas. Ao comentar em 1905-6 as greves de ferroviários e ameaças de terrorismo, por exemplo, Nicolau parecia menos preocupado com a ameaça política do que com a "vergonha" e a "ignomínia" que essa conduta trazia sobre a Rússia.[84] Analogamente, durante a Primeira Guerra Mundial, ele interpretava evidentemente a oposição à guerra e ao regime mais com desprezo do que com medo. Uma vez que considerava a oposição em termos morais e nacionais, e não políticos, pouca razão via para reagir politicamente a ela.[85]

Entre todos os grupos que viviam em caráter permanente no Império Russo, os judeus eram os mais prováveis de ser vistos pelos nacionalistas como moral, espiritual e politicamente anti-russos.[86] Podemos supor, com boas razões, que Nicolau compartilhava da opinião, quase universal entre seus contemporâneos, de que os judeus ostentavam uma mácula moral por sua responsabilidade na crucificação de Jesus e pela recusa em aceitar a verdadeira fé e a igreja cristã. Dessa presumida falha moral, julgavam numerosas pessoas, nascia a alienação nacional e política. O envolvimento de numerosos judeus em partidos revolucionários na Rússia aparentemente confirmava as suposições de que a rebelião interna tinha origens anti-russas. Nicolau, ao que tudo indica, concordava com essas opiniões. Em fins de outubro de 1905, escreveu à mãe dizendo que "nos primeiros dias após o manifesto (de outubro), maus elementos ergueram ousadamente a cabeça, mas em seguida ocorreu uma forte reação e levantou-se toda a massa do povo leal... O povo ficou furioso com o descaramento e a insolência dos revolucionários e socialistas, e, uma vez que nove décimos deles são judeus, toda sua fúria voltou-se contra eles — e por isso os *pogroms* contra os judeus". Mas ele acreditava também que outras falhas morais geravam rebelião: "Fazer o mal ocorria não só a judeus, mas também a agitadores russos, engenheiros, advogados e todas as outras más pessoas."[87] Relembrando esses fatos alguns meses depois, reiterou sua opinião de que a revolução fora organizada por estrangeiros — "poloneses e judeus"

— e que a oposição que porventura restava em fins de 1906 era obra da "facção judaica (*zhidovskaia klika*), que mais uma vez voltava a trabalhar para semear a desordem (*smuta*)".[88] Nicolau sempre se sentia gratificado quando o "verdadeiro povo russo" expressava sua indignação contra tais "maus" e estranhos elementos.[89] Sua recusa em revogar quaisquer restrições legais aos direitos das populações judaicas da Rússia, como propusera o Conselho de Ministros em 1906, com o objetivo de pacificar a maioria não-revolucionária dos judeus, deve ser entendida à essa luz.[90] Para Nicolau, a ordem social era primariamente um problema moral, de modo que concessões políticas a pessoas inerentemente "más" dificilmente produziriam um bem considerável.

Durante e após a revolução de 1917, Nicolau continuou a culpar elementos espiritualmente estranhos pelos sofrimentos da Rússia. Em novembro de 1917, conforme podemos ver pela lista que anexou a uma carta dirigida à irmã, mostrava-se impressionado com a prova ostensiva de que, por trás dos pseudônimos russos dos líderes revolucionários, havia judeus ou outros não-russos (Documento 72). Em março de 1918, suas suspeitas sobre os judeus foram reforçadas pela leitura de uma edição do perverso livro de Sergei Nilus, descrevendo uma suposta conspiração judaico-maçônica para destruir a Santa Rússia. Uma grande parte do texto era constituída pelo inventado "Protocolos dos Sábios do Sião", que Nilus publicara inicialmente na Rússia em 1905. "Leitura muito oportuna", escreveu Nicolau em seu diário, no dia 27 de março (9 de abril) de 1918 (Documento 110).[91]

Simbólica e, às vezes, literalmente, Nicolau manifestava sua filosofia política afastando-se da capital imperial de Pedro, o Grande.[92] Para ele, como para outros tradicionalistas, São Petersburgo representava o novo ideal racionalista do Estado e do anti-russianismo, que pareciam ser as causas da crise cada vez mais profunda do país. Planejada cuidadosamente, geometricamente disposta em linhas, quadras, praças e espaços triangulares, e construída em estilo neoclássico, que propositadamente abria uma janela estética para a Europa, São Petersburgo era facilmente vista como centro simbólico da nova autocracia pedrina, com suas aspirações racionalizantes, transformadoras e ocidentalizantes.

Os tradicionalistas reconheciam esse simbolismo e propositadamente manifestavam maior amor pela Moscou medieval, a capital histórica, religiosa e autenticamente nacional — o "coração" da Rússia, que Pedro I extirpou do cérebro quando construiu seu novo centro administrativo. Pobedonostsev enfatizou o conflito filosófico entre as duas capitais quando deu à grande exposição de suas idéias políticas e religiosas o título de *Moskovskii sbornik* (Coleção Moscou). Nicolau, tal como o pai, antipatizava, por motivos simbólicos, morais e políticos, com a capital de Pedro: ela era ocidental demais, decadente demais e desleal e burocrática demais. Como reação, se esforçou para "trazer Moscou para dentro de sua própria vida e à vida da corte de Petersburgo".[93] Passava o mínimo de tempo possível no Palácio de Inverno em São Petersburgo, preferindo a cidade próxima, Tsarkoe Tselo, apesar de ser caracteristicamente provinciana, onde, aliás, mandou construir uma nova igreja, a Catedral Fiodorovski, segundo estilo moscovita e não nos estilos pedrino e catarino que eram típicos da arquitetura religiosa em São Petersburgo e arredores. Dedicava parte de seus momentos de lazer à leitura de relatos sobre os primórdios da história russa e até mesmo estudava antigos documentos.[94] Em 1903, Nicolau ordenou inclusive que, no grande baile que deveria ser realizado no Palácio de Inverno, todos os convidados usassem trajes moscovitas (Nicolau, adequadamente, vestiu-se como o czar Aleksei). Ficou tão satisfeito com esse espetáculo simbólico que, segundo relatos, pensou em tornar a vestimenta do século XVII de uso obrigatório na corte.[95] No início da Primeira Guerra Mundial, tomou outra medida simbólica para russificar São Petersburgo — mudando-lhe o nome do Sankt Peterburg, com seu som europeu, para o eslavo Petrogrado. A mudança de nome, em geral considerada simplesmente como uma medida patriótica ocasionada pela guerra com a Alemanha, deve ser também entendida como um gesto simbólico e ideológico, uma continuação da hostilidade tradicionalista em relação à capital como emblema do ocidentalismo pedrino.

Além de trazer Moscou para São Petersburgo, Nicolau trazia com mais freqüência a corte a Moscou. Iniciou uma peregrinação anual de Páscoa a Moscou, que entendia como uma volta simbólica do czar ao centro sagrado da Santa Rússia: na cidade, o czar podia entrar em comunhão com o *narod*, "com os verdadeiros filhos de nossa amada Igreja, acorrendo em grande número aos templos... (e), na união da oração com Meu povo, retiro novas forças para servir à Rússia". Nicolau dizia se sentir "mais à vontade em Moscou, tranqüilo e confiante".[96]

O tradicionalismo filosófico e político de Nicolau era uma fonte de força tranqüilizadora e esperançosa em épocas de mudança e crises nacionais. Mas era também uma fonte de incerteza, uma vez que o ideal tradicionalista de poder do czar como sagrado, moral e pessoal — o ideal que ele procurava tornar realidade e com o qual resistia às tentativas de racionalizar e institucionalizar sua autoridade — era em si uma imagem rachada. O czar era imaginado ao mesmo tempo como impressionante em poder e força — *groznyi*, o apelido dado a Ivan, o Terrível — e piedoso, santo, bondoso (*tishaishii*), como fora chamado Aleksei. Nicolau estava consciente dessa tradição dividida, reconhecendo que devia ser, por direito e necessidade, tanto *groznyi* quanto *tishaishii*. Sua personalidade, instintos e valores, no entanto — e talvez o reconhecimento da necessidade de legitimar sua autoridade contestada —, o levavam a enfatizar a imagem do czar santo.

A luta pessoal de Nicolau para conciliar esses dois papéis pode ser vista em declarações verbais e escritas, sobretudo em tempos de crise. Na esteira da revolução de 1905, ele mostrou toda a sua disposição de mandar prender, espancar, exilar e enforcar inimigos da autocracia — o que lhe valeu o apelido de Nicolau, o Sanguinário, entre os revolucionários. As cartas que enviou à mãe em 1905-7 vibram com a determinação inflexível de usar a força contra os inimigos. Sendo informado de agitação na Sibéria em 1906, por exemplo, ele achou uma "idéia excelente" enviar "soldados, gendarmes e metralhadores", a fim de "restabelecer a ordem nas estações (ferroviárias) e nas cidades, prendendo todos os rebeldes e punindo-os sem hesitar em ser severo".[97] A vontade de derramar sangue era justificada pela convicção, já mencionada, de que seus inimigos não eram "russos autênticos" nem "boas" pessoas.[98] Às vésperas da revolução, em fins de 1916, Nicolau continuava a acreditar que a principal causa da agitação social era que "os ministros são fracos, como sempre"[99] e, de sua parte, prometeu ser "firme", "vigilante e contundente", até mesmo "frio e desagradável".[100] Mesmo após a abdicação, insistia ainda que a salvação da Rússia estava na "disciplina" e na "ordem" (Documento 56 [25 de julho de 1917]).

Ele, contudo, freqüentemente manifestava desconforto com esse aspecto cruel da tradição do czar russo. Mesmo em particular, como já mencionei, gostava de falar de sua compaixão pelo homem comum e da angústia que os sofrimentos da guerra lhe causavam. Embora, certamente, ele não demonstrasse pena alguma quanto aos sofrimentos que infligia aos inimigos, lamentava que tais métodos tivessem que ser usados. A repressão era necessária, escreveu à mãe em 1905, embora seus efeitos fossem "tristes e dolorosos".[101] Analogamente, a despeito da desconfiança que os judeus lhe inspiravam e da simpatia pelos motivos dos que organizavam os *pogroms*, ele lembrava de forma incisiva a representantes da União do Povo Russo e outras organizações da direita que "é um grande pecado provocar paixões iradas e inimizade mútua".[102]

Constantemente, a imperatriz Aleksandra pedia a Nicolau que vivesse o papel do czar *groznyi*. Nos primeiros anos do governo do marido, ela já insistia para que ele fosse "cordial e severo" no trato com pessoas, de modo que aquelas a quem se dirigia "compreendam que não devem ousar brincar com tua pessoa — e isso é a coisa *principal*".[103] Durante a crise da guerra mundial, ela implorou a Nicolau que demonstrasse "poder de vontade e espírito de decisão", a fim de mostrar que era "o *Samoderzh* (autocrata), sem o qual a Rússia não pode existir".[104] Aleksandra, no entanto, percebia também que Nicolau hesitava em assumir o manto do czar *groznyi*, mesmo quando lutava pela sobrevivência do regime. Reconhecia-lhe o "caráter maravilhosamente suave", sua "bondade angelical, capacidade de perdoar & paciência", sua necessidade de ser "mais seguro de si mesmo".[105] Ela lhe pedia que superasse essas santas fraquezas: "Ah, meu Amor, quando, *finalmente*, tu esmurrarás a mesa & gritarás com Dzhunk (Dzhunkovski) & outros quando eles agirem mal — eles não te temem — e deviam *temer-te*... Oh, meu menino, faça com que tremam diante de ti — apenas amar a ti não é suficiente." E, "Mostra a *todos* que és o *Senhor* & que tua vontade *será* obedecida — o tempo de grande indulgência & suavidade passou — e que agora vigora teu reino de vontade & poder & que eles sejam *obrigados* a *curvar a cabeça* diante de ti e cumprir tuas ordens... Tu os estragaste com tua bondade & leniência." E mais uma vez: "Sê

Pedro, o G., John (Ivan), o Terrível, o Imp. Paulo — esmaga-os sob teus pés — e não te rias, meu traquinas."[106]

A reação de Nicolau a esse discurso político era às vezes compreensiva e grata (em pelo menos uma ocasião, chegou a manter à sua frente as instruções escritas por Aleksandra sobre perguntas a fazer em uma reunião com o ministro do Interior),[107] mas, com grande freqüência, fazia suaves objeções. "O que escreves sobre ser firme — o chefe — é inteira verdade. Não me esqueço disso — podes ter certeza, mas não preciso berrar com as pessoas por qualquer motivo em todos os momentos. Uma observação ou resposta cortante e tranqüila é muitas vezes suficiente para pôr uma ou outra pessoa em seu lugar" (Documento 2). Com mais freqüência, porém, ficava simplesmente calado, ignorando os apelos da esposa, como ignorava tantos conselhos que lhe davam, ou afastando-os com uma suave ironia. "Agradecimentos carinhosos por tua carta de grave repreensão. Li-a com um sorriso, porque falas como a uma criança", "sempre seu maridinho com um leve desejo".[108] Não obstante as ironias, Nicolau não queria dar ao seu povo a impressão de que era um czar *groznyi*. Por essa razão, mesmo quando resolveu, em dezembro de 1916, fechar a Duma, estava determinado a que outra pessoa, o presidente do Conselho de Ministros, se encarregasse do "trabalho sujo", de modo que "toda a responsabilidade & dificuldades recaiam sobre seus ombros".[109] A relutância de Nicolau em ser Pedro, o Grande, Ivan, o Terrível, ou o Imperador Paulo refletia não tanto sua fraqueza como a força de sua auto-identificação com o ideal mítico — ou pelo menos o desejo de ser visto assim — do czar benévolo, *tishaishii*, do czar como "santo".

Como sugere o diálogo acima sobre poder, Aleksandra Fiodorovna trouxe suas próprias idéias e valores para a casa reinante russa. A imagem estereotipada de Aleksandra como a "czarina alemã", que se espalhou pela Rússia nas vésperas da revolução e depois, revela mais sobre as atitudes populares nacionais e políticas do que sobre a própria imperatriz. O germanismo de Aleksandra era superficial mesmo antes de deixar a Alemanha natal para se casar com o herdeiro do trono russo. Em formação e educação, ela era mais inglesa do que alemã. E embora tivesse nascido na Alemanha, seria mais exato descrever-lhe a origem e identidade nacional como hessena. Ela nasceu princesa Alix de Hesse-Darmstadt, no dia 6 de junho de 1872 (25 de maio no calendário russo) em uma Alemanha que fora unificada apenas no ano anterior. Seu pequeno grão-ducado de Hesse-Darmstadt ingressou no novo império com grande hostilidade contra a Prússia dominante. Na Guerra Austro-Prussiana de 1866, Hesse-Darmstadt ficou ao lado da Áustria. Como retaliação, a Prússia vitoriosa anexou uma grande fatia do território hesseno. O fato de Aleksandra ter retido durante longo tempo uma autoconsciente identidade como hessena e, com ela, uma inimizade em relação à Prússia, tornou-se especialmente evidente durante a Primeira Guerra Mundial. Em conversas e cartas, identificou o inimigo como a Prússia, e não como a Alemanha. Ao irromper a guerra, pôs a culpa no "orgulho idiota e na ambição insaciável" dos Hohenzollern. Disse claramente que a "Prússia trouxe a ruína à Alemanha" tanto por iniciar a guerra quanto, em termos mais gerais, por degradá-la moralmente: a Prússia incitara nos alemães "sentimentos de ódio e vingança que são inteiramente estranhos à sua natureza".[110] Continuando a guerra, descreveu os pequenos Estados alemães como vítimas do conflito e culpou as "tropas prussianas" pelos excessos cometidos pelos soldados.[111]

A alienação de Aleksandra em relação ao Império Alemão devia-se não só à sua identidade e experiências como princesa hessena, mas também à sua formação e educação tipicamente britânicas. A mãe de Aleksandra, princesa Alice, segunda filha da rainha Vitória, trouxe um espírito totalmente inglês ao novo lar após casar com o príncipe Louis de Hesse. Um novo palácio foi construído para ela em estilo inglês, com decorações e jardins ingleses. Uma governanta inglesa, Mary Anne Orchard, foi chamada a Hesse para ajudá-la a criar os filhos (a governanta se transferiria depois para a Rússia, a fim de cuidar dos filhos de Aleksandra). Visitas à Inglaterra eram rotineiras durante a infância de Aleksandra. Após 1878, tendo Alice falecido de difteria e a rainha Vitória se encarregado de supervisionar a educação de seus filhos — exigindo inclusive relatórios escritos de cada um dos preceptores —, Alix e os irmãos visitaram a Inglaterra com mais freqüência e por períodos mais longos do que antes.[112]

Após o casamento com Nicolau — para o qual teve que converter-se à Ortodoxia Russa e ser rebatizada com um nome russo —, e após muitos anos na Rússia, a cultura inglesa continuava a ser parte vital de sua vida e, portanto, da vida da família imperial russa. Embora falasse bem o alemão (de fato, ela criticava a propaganda russa do tempo de guerra por sua gramática alemã "abominável"),[113] e tivesse aprendido a falar razoavelmente o idioma russo, a língua que usava diariamente era o inglês. Nicolau e Aleksandra se escreviam e geralmente conversavam em inglês (e conversavam com os filhos em inglês e russo).[114] Aleksandra também correspondia-se e conversava com suas amigas mais íntimas, Anna Virubova e Sofia Buksgevden, principalmente em inglês. A família freqüentemente lia junta literatura inglesa, às vezes em voz alta e, para se divertir, encenava peças inglesas (e também francesas). Durante a guerra mundial e o cativeiro, as cartas e diários confirmam que ela e Nicolau sentiam grande prazer em ler (e, às vezes, reler) romances ingleses. As memórias, sentimentos e gostos estéticos de Aleksandra, tais como os de sua mãe, eram fortemente ingleses. Aleksandra Fiodorovna poderia ter sido chamada de imperatriz inglesa, em vez de czarina alemã. Esse rótulo simples, porém, pouco serve para descrever o complexo ser intelectual, moral e espiritual que ela era.

Mais próxima da verdade foi a observação de Aleksandr Kireiev, em 1904, de que ela era uma inglesa prática na superfície e uma russa mística por baixo (embora seu misticismo fosse mais cosmopolita e universalizante do que gostava o nacionalista Kireiev).[115] O anglicismo prático de Aleksandra, por exemplo, podia ser identificado em sua dedicação a rotinas bem organizadas (em conformidade com o que lhe fora ensinado por Mary Anne Orchard e de acordo, também, com as inclinações do marido, as atividades da família seguiam sempre uma programação detalhada), na participação em obras de caridade (tal como sua mãe, ela era ativa na ajuda a hospitais, em particular) e, especialmente, em sua forte ética de trabalho.

Aleksandra temia e desprezava a indolência. Compartilhava da convicção da mãe de que "a vida foi feita para o trabalho, não para o prazer".[116] Segundo a amiga Anna Virubova, ela odiava ver as filhas sentadas "com mãos ociosas" e as estimulava a se ocuparem com trabalhos de costura, bordado, obras de caridade, leitura e correspondência. Ela mesma se mantinha em contínua atividade. Pouco depois de sua chegada à Rússia, tentou, sem sucesso, criar uma sociedade de mulheres da corte e dos círculos aristocráticos que, com suas próprias mãos, costurariam todos os anos três trajes para distribuir entre os pobres.[117] Valorizava o trabalho como princípio moral, mas também como conforto pessoal. Perturbada pelo sofrimento ocasionado pela guerra mundial, dizia que "o trabalho é o único remédio".[118] Dedicou-se ao trabalho em hospitais (junto com as filhas mais velhas, Olga e Tatiana, e Anna Virubova) e submeteu-se inclusive a treinamento como enfermeira, de modo a poder não só consolar os feridos, mas também ajudar nas operações e tratamentos.[119] "Acho que nunca a vi mais feliz", observou Virubova no dia em que Aleksandra recebeu seu diploma de enfermeira de guerra qualificada.[120]

Olhando a sociedade russa através dessa lente moralista, Aleksandra considerava como intoleravelmente decadente o ambiente em que vivia. Fazia tudo o que lhe era possível para manter a família, em especial as filhas, longe das vidas "ociosas e apáticas", "das bisbilhotices tolas e freqüentemente maldosas" e da "doentiamente precoce... visão de vida" que notava entre os aristocratas russos e mesmo entre muitos membros da Casa dos Romanov.[121] Freqüentemente, falava a Nicolau de seu desalento com a "imundície" geral da vida dos russos da classe alta, incluindo os próprios primos e irmãos do marido: "Oh, esses jovens da família, de má saúde & amor pelo prazer, em vez de pelo dever!"[122] O desprezo que sentia pela alta sociedade, por seu lado, estimulava a propensão da elite russa de vê-la como arrogante e fria. Espalhando-se essa impressão por segmentos mais amplos da população e se transformando em uma imagem de Aleksandra como estrangeira e mesmo traidora, o fato contribuiu em muito para solapar o prestígio pessoal e a autoridade do czar e sua família.

Entre todas as ocupações práticas de Aleksandra, a enfermagem era sem dúvida a de maior conteúdo emocional e poderá nos ajudar a compreendê-la melhor. Aleksandra dedicou-se à enfermagem não só por causa de sua ética de trabalho prático e pela tradição familiar de caridade, mas também por sensibilidade e mesmo atração pelo sofrimento. As amigas mais íntimas de Aleksandra consideravam essa característica como fundamental à sua constituição psicológica: "A doença e o sofrimento eram sempre as chaves certas para abrir o coração da imperatriz"; "o sofrimento sempre tocava fundo o coração da imperatriz".[123] Aos olhos das amigas e segundo sua própria descrição, ela era "maternal" e uma "enfermeira nata",[124] inclinação essa intensificada pela hemofilia do filho, que com freqüência lhe causava dores lancinantes e a sua própria má saúde. Aleksandra dedicou grande parte da vida a cuidar de pessoas que sofriam dores: os filhos e amigas em suas doenças (como o sarampo, que atacou quase todos os moradores do palácio durante a Revolução de Fevereiro); seu filho freqüentemente recolhido ao leito; Anna Virubova, que quase morreu em um acidente de trem (a amizade de Aleksandra com Virubova, filha do chefe da chancelaria privada de Nicolau, começou quando Virubova adoeceu gravemente de tifo); e os feridos durante a guerra. Em suas cartas dessa época, Aleksandra expressava constantemente pena de soldados sofredores, de ambos os lados, especialmente dos feridos que tratava. E ficou muito feliz, pois se ajustava a sua auto-imagem, quando o bispo de Kovno, modificando a palavra russa relativa à enfermeira (*sestra miloserdiia*, "irmã de caridade"), chamou-a de "mãe de caridade".[125]

Se era emocional e pessoal sua preocupação com o sofrimento, era também religiosa e moral e, assim, parte integral da maneira como avaliava e respondia ao seu mundo. Em parte, acreditava que o sofrimento lembrava às pessoas que deviam se voltar para Deus: "Quando estou sozinha com pessoas que sei que sofrem muito", escreveu a Nicolau em 1914 sobre seu trabalho para convencer soldados a receber a Santa Comunhão, "eu sempre toco nesse assunto... fazendo com que compreendam que é uma coisa boa e possível de fazer & que traz alívio e paz".[126] Mas também considerava o sofrimento como sagrado e redentor. Olhando à sua volta a "baixeza da humanidade — Sodoma e Gomorra, na realidade" —, manifestava a esperança de que o sofrimento causado pela guerra pudesse transformar as pessoas.[127] De fato, tendia a considerar a guerra como uma guerra santa — não por causa de seus objetivos políticos e militares, mas pela catarse que provocava: uma experiência "sadia" que despertava os sentimentos e valores positivos das pessoas.[128]

Em sua opinião, a revolução trouxe também virtudes através do sofrimento. Em fevereiro e princípios de março de 1917, assegurou a Nicolau que Deus o recompensaria pela angústia e humilhação (Documentos 1, 31, 34). Quando ela e a família foram presas e realocadas à força, esses temas se tornaram mais pronunciados. O sofrimento, escreveu, unia as almas dos sofredores, permitia-lhes que "olhassem um pouco para o outro mundo" e eles seriam "apreciados" e "recompensados" por Deus, da mesma forma que ele alentou e recompensou Jó (Documentos 52, 57 e 83). Sofrer com paciência, como Jó (em cujo Dia Santo nasceu Nicolau) e tantos outros santos russos — aceitar o sofrimento como vontade de Deus e esperar pela recompensa divina — era a mais alta das virtudes. Aleksandra estimulava todos à sua volta, incluindo Nicolau, a imitar esse modelo. Para ela, como para o marido, o fatalismo era um preceito moral e existencial, um sacramento. "A vida é difícil de entender — '*tak i nado — poterpi* (assim seja, tenha paciência) —, isso é tudo que se pode dizer".[129] Como no trecho acima, Aleksandra e Nicolau freqüentemente incluíam palavras ou frases russas em suas cartas em inglês, quando expressavam uma idéia que parecia, de alguma maneira, culturalmente russa.

É difícil separar a personalidade de Aleksandra de suas atitudes filosóficas e políticas. Ao contrário de Nicolau, que segundo todas as descrições era controlado na manifestação de emoções e lacônico na fala e na escrita, Aleksandra era de temperamento efusivo e mesmo arrebatado. Era a primeira a reconhecer sua expansividade emocional e verbal (e o autocontrole frustrante, mas também calmante, do marido): "Posso dizer tudo em três palavras, mas necessito de pilhas de papel para extravasar tudo"; "Deus me deu um coração que enche todo o meu ser."[130] Cada faceta de sua vida parecia tocada por esse intenso espírito emocional — as amizades, o amor por Nicolau, o amor pelos filhos, o juízo que fazia sobre pessoas, a sensibilidade ao sofrimento, a devoção às tradições políticas autocráticas da Rússia, a fé em Deus.

Era a fé religiosa que lhe dava direção aos sentimentos e, conseqüentemente, significado às experiências e respostas a questões. Quando jovem, Aleksandra fora uma luterana devota como a mãe. Ao contrário de muitas outras princesas européias, que eram obrigadas a mudar de fé religiosa para atender às finalidades do casamento dinástico, ela sofreu muito com a exigência de que se convertesse à ortodoxia. Tendo apenas recentemente sido crismada, considerava a conversão uma hipocrisia. Longas e dolorosas discussões com parentes não puderam convencê-la a se converter. Os esforços de Nicolau — "uma conversa muito difícil", que durou mais de duas horas, escreveu ele à mãe — foram recebidos com lágrimas, interrompidas de vez em quando por um sussurrado "não, eu não posso". Mas, após vários dias de discussões e luta interna, ela capitulou. Um argumento que pode ter ajudado foi sugerido por Ella, irmã de Aleksandra, que se convertera voluntariamente para casar com Sergei, tio de Nicolau. Ela sugeriu que, em sua essência cristã, a ortodoxia não era na realidade tão diferente assim.[131]

Logo que concordou em se converter, Aleksandra trouxe para a ortodoxia a mesma intensidade emocional que dedicara ao luteranismo. Na verdade, a luta provocada pela conversão, os desafios da nova vida e o amor por Nicolau combinaram-se para intensificar o ardor de sua vida religiosa. Aleksandra tornou-se apaixonada e devota na prática ortodoxa; rezava e ia à igreja todos os dias, venerava os santos e suas relíquias e alimentava uma fé inabalável no poder curador dos ícones. Suas cartas, incluindo as constantes desta coleção, provam de sobra o poder e a importância da religião em sua vida. Mas não é menos evidente nelas a forma da fé de Aleksandra — em particular, a interpretação emocional, cultural e teológica.

Os ecos do pietismo luterano persistiram na sensibilidade religiosa de Aleksandra muito depois de sua conversão: o relacionamento do indivíduo com Deus, a responsabilidade pessoal pelo pecado e a prática do bem, o esforço para atingir a autoperfeição moral, a necessidade de praticar, na vida diária, os valores das Escrituras e a inclinação em considerar a fé cristã como fundamentada não na teologia ou na filosofia ética, mas no coração. Suas atitudes refletiam a influência do pietismo ocidental, mas podem ter refletido também a comoção religiosa mais geral em ação na Rússia (como também na Europa ocidental). Um número cada vez maior de russos, especialmente entre os educados (sobretudo em São Petersburgo), estava "buscando Deus", como pessoas da época freqüentemente descreviam esse estado — não só na ortodoxia mas também através do misticismo, das ciências ocultas, da teosofia, do espiritismo, das filosofias orientais, da exaltação do inconsciente e do mítico, além de várias formas de espiritualidade popular.[132] Embora Aleksandra desdenhasse do "espiritismo, mesas que balançam ou alegadas materializações de entidades do além", práticas que atraíam numerosas pessoas,[133] ela compartilhava com muitos outros russos de sua época, que buscavam Deus, de uma inclinação para o misticismo e exploração espiritual muito vasta.

A religiosidade de Aleksandra era tão intensa quanto ecumênica. Segundo Anna Virubova, "O imperador e a imperatriz interessavam-se profundamente pela vida e manifestações religiosas de toda a raça humana. Liam com simpatia e compreensão a literatura religiosa não só da cristandade mas também da Índia, Pérsia e países do Extremo Oriente."[134] Às vezes, Aleksandra procurava orientação espiritual e ajuda com místicos e curandeiros não-ortodoxos, como o místico francês Philippe Nizier-Vachod, o primeiro "querido amigo" de Aleksandra e Nicolau, e Rasputin. Embora a influência de Rasputin seja habitualmente atribuída à sua notória capacidade de aliviar os sofrimentos de Aleksei, causados pela hemofilia, e à promessa de que o rapaz seria curado, Philippe foi trazido ao palácio em 1902, antes do nascimento de Aleksei. A presença de Philippe em Tsarkoe Tselo deu novo estímulo à espiritualidade crescente de Aleksandra: "Como tudo seria insuportável sem Ele", escreveu a Nicolau em 1902. "Como a vida mudou desde que o conhecemos."[135]

Anos depois, Aleksandra, apropriadamente, escolheu a suástica como seu "símbolo" pessoal (Documento 83). Talismã simbólico que prometia "bem-estar" (o significado literal da palavra sânscrita *svastika*), a suástica havia outrora permeado a cultura indo-européia. Aleksandra desenhava suásticas em suas cartas, pintava-as em cartões, bordava-as em tecidos e, em 1918, mandou gravá-las no umbral de uma janela e em uma parede ao chegar à casa em Iekaterinburg, onde seria assassinada.[136] Segundo sua amiga Lili Den, Aleksandra considerava a suástica um símbolo universal de divindade.[137] A universalidade era, sem dúvida, parte de sua atração. Embora a desenhasse com os braços voltados em ambas as direções, ela, com mais freqüência, evitava a suástica virada para a direita (no sentido horário), a cruz gamada — que é em geral encontrada em arte, tumbas e vestimentas cristãs antigas e medievais —, e preferia a voltada para a esquerda, geralmente usada por budistas, hindus e jainas na Índia.

A suástica, no entanto, era apenas um entre muitos símbolos sagrados. Aleksandra também desenhava crucifixos em suas cartas e, onde quer que estivesse residindo ou em viagens, cercava-se, e à sua família, de ícones e outras imagens cristãs. Aceitava a fé ortodoxa nos ícones como meios sagrados através dos quais Deus, Cristo, a Virgem e os santos podiam curar e ajudar pessoas. Comparecia regularmente aos serviços religiosos e tomava a comunhão, venerava e procurava a ajuda de certos ícones e, sempre que podia, visitava locais sagrados ortodoxos e homens santos. Até quando passeava no iate imperial, o *Standart*, ela — juntamente com as filhas e Anna Virubova — cantava às vezes hinos religiosos.[138] O emocionalismo e misticismo da ortodoxia atraíam-na e estimulavam-lhe as inclinações pessoais. Julgava muito atraente, sem a menor dúvida, a reverência ortodoxa pelo sofrimento, como uma experiência que enriquecia o espírito, confirmava a devoção e a fé do indivíduo e o aproximava mais de Cristo e de sua Paixão.

A epistemologia emocional de Aleksandra, no entanto, não se limitava à religião. Tal como Nicolau, embora mais intensamente, achava que conhecimento e verdade residiam não na fria razão, mas nos instintos do coração. Em cartas ao marido, traçava muitas vezes a distinção entre cérebro e alma, deixando claro que ter "um forte sentimento" era mais importante do que ter inteligência ou razão.[139] Além de lhe moldar os juízos sobre religião — "nossa Igreja necessita... de alma & não de cérebro",[140] essa epistemologia condicionava-lhe também a maneira como via a política. Ela, constantemente, insistia com Nicolau para que se deixasse guiar por seu "instinto" e por sua "alma" e lhe garantia que os próprios conselhos dela em matéria de política, que Deus lhe dizia para dar, eram mais sábios do que os da maioria dos conselheiros do marido, porque seu "sentimento" era forte.[141] Esse sentimento, acreditava, era a voz de Deus. Tinha certeza, também, de que, quando Nicolau escutava a própria alma, ele ouvia Deus falando ao seu ungido czar: "Deus te inspirará com as palavras certas"; "foste inspirado pelo alto a dar essa ordem."[142]

Rasputin estimulava essa maneira romântica e instintiva de raciocinar, como ela própria dizia freqüentemente nas cartas. E a presença e influência dele na corte refletiam a certeza de Aleksandra (e de Nicolau) de que esse indivíduo ignorante e quase inteiramente analfabeto estava próximo de Deus e, portanto, da verdade, exatamente por causa de uma espiritualidade carismática. Repetidamente, dizia a Nicolau que "Deus deu-lhe (a Rasputin) mais introvisão, sabedoria & iluminação" do que a todos os conselheiros e peritos do czar.[143] Nas circunstâncias da guerra e da revolução que se aproximava, essa rejeição do conhecimento formal e da racionalidade era perigosa, sobretudo porque reforçava a tendência inata de Nicolau de confiar em uma voz divina interior e ignorar apelos políticos ponderados por parte de numerosos russos educados e de muitos de seus conselheiros e ministros.

Os instintos de Aleksandra, da mesma maneira que os de Nicolau, transmitiam uma mensagem política específica (que Rasputin lhe garantia ser a sabedoria de Deus): a reforma constitucional era desnecessária e perigosa. Essa certeza política era, em espírito e em lógica, moralista e absolutista. Tal como Nicolau, Aleksandra criticava muitas vezes os críticos do regime czarista como sendo indivíduos "maus" e "falsos" — e também politicamente agressivos. Já mencionei acima os apelos que fazia a Nicolau para ser mais autoritário e repressivo, para "esmagar" os inimigos segundo a tradição de czares *groznyi* como Pedro, o Grande, e Ivan, o Terrível. Durante a guerra, manifestou seu "ódio" a membros do governo de Nicolau que não eram inteiramente leais — em especial aos da "esquerda", palavra que, para ela, significava não os revolucionários dos partidos socialistas (ela, aparentemente, mal notou sua existência antes de 1918), mas sim os liberais da Duma e de organizações civis influentes, como a União dos *Zemstvos* e mesmo a União da Nobreza (que ela considerava "vil e inteiramente revolucionária").[144] Em fins de 1916, aconselhou "guerra" contra a Duma e insistiu com Nicolau para que fechasse o legislativo, tratasse toda oposição como culpada de "alta traição" e enviasse "para a Sibéria" os líderes da Duma, Georg Lvov, Pavel Miliukov e Aleksandr Guchkov.[145] Propôs mesmo, talvez em uma meia brincadeira, que os inimigos de Nicolau fossem sumariamente executados: "Guchkov precisa ser pendurado em uma alta árvore"; "Eu poderia enforcar Tr. (Aleksandr Trepov, presidente do Conselho de Ministros) por seus maus conselhos." E, melancolicamente, reconhecia que Nicolau nem sempre via as coisas dessa maneira.[146]

Como Nicolau, Aleksandra tinha certeza de que os russos comuns, o *narod*, amavam e confiavam em seu czar. Ainda mais rancorosamente do que Nicolau, comparava as classes superiores decadentes e desleais (que conhecia melhor) com as massas decentes e leais (que não conhecia, absolutamente). "O futuro da Rússia, ela pensava, estava com os camponeses — com as classes ainda não maculadas pelos venenos da civilização."[147] Como o marido, estava convencida de que a capital não era característica do país como um todo. Em 1905, por exemplo, escreveu à irmã mais velha, Vitória, princesa de Battenberg, que "Petersburgo é uma cidade podre, em nada russa. O povo russo é profunda e sinceramente devotado a seu soberano."[148] Manteve essa convicção até as vésperas da revolução de 1917. "Todos os verdadeiros russos" vêem uma Constituição como "a ruína da Rússia".[149] Sintomaticamente, entre as muitas organizações civis que emergiram na Rússia ao longo dos anos, ela considerava a reacionária e marginal União do Povo Russo — geralmente conhecida como os Cem Negros — como a voz autêntica de russos "sadios, que pensam certo".[150]

Sua idéia de russianismo politicamente autêntico, que lhe estimulava e justificava a oposição à reforma constitucional, refletia não só a aceitação da imagem tradicionalista e romântica que Nicolau formava do relacionamento especial entre czar e *narod*, mas também um estereótipo cultural particular sobre os russos. "Durante muito tempo, anos, pessoas têm me dito a mesma coisa — 'A Rússia adora sentir (o) chicote' — é sua própria natureza — amor terno & mão de ferro para punir & guiar."[151] No auge da revolução, ela advertiu que os russos não estavam prontos para a democracia constitucional. "É estranho que tantas pessoas tenham me dito — queremos sentir o chicote —, mas tal é a natureza escrava (eslava)" (Documento 1).

Esse julgamento condescendente, no entanto, não era feito com a intenção de manifestar desprezo. "Eu amo meu novo país", escreveu à irmã Vitória em 1905. "Ele é tão jovem, tão poderoso, e há tanto bem nele, é apenas inteiramente desequilibrado e infantil."[152] E disse quase as mesmas coisas em cartas de 1917 e 1918. A relação maternal de Aleksandra com as pessoas, incluindo amigos e o marido, estendia-se à Rússia como nação. Achava impossível acreditar que a Rússia pudesse ter superado essa solicitude controladora. Suas idéias repetiam e reforçavam as de Nicolau II, que via o povo russo como simples, devotado e "infantil".[153] Quando essa idéia política simplória foi desafiada pelos fatos de 1917-18, Aleksandra e Nicolau agarraram-se ainda mais a sua fé existencial mais profunda de que Deus corrigiria as coisas. Nicolau nunca teria abdicado se houvesse pensado que o resultado dos fatos dependia exclusivamente dele.

Se temos que falar em tragédia no destino de Nicolau e Aleksandra, a história habitual de um czar fraco e generoso e de sua família inocente caindo vítimas de revolucionários cruéis, isso é demasiado simplista e moralmente estéril. A queda dos Romanov é também uma história de contradição moral e de certezas fatais. A fé cega em uma ideologia que por muito tempo sobrevivera à sua vitalidade e plausibilidade caiu sob os pés de homens e mulheres que proclamavam uma nova fé no mito comunista de liberdade universal e justiça que nasceria da luta de classes. As falsas promessas (e premissas) dessa nova ideologia ainda estavam por ser descobertas.

1
Revolução

BEM ANTES DOS LEVANTES revolucionários de 1917, o desafio democrático às estruturas tradicionais de poder na Rússia preocupavam os conservadores, entre eles Nicolau II. Logo no início de seu reinado, Nicolau reconheceu a proliferação, na sociedade russa, de "sonhos insensatos de participação... em assuntos de administração interna".[1] Inspirando esses sonhos, havia idéias vigorosas e perigosas sobre direitos inalienáveis e necessidade moral e política de liberdade civil. Desde fins do século XVIII, as idéias liberais do Iluminismo europeu vinham se enraizando cada vez mais no pensamento da elite culta russa, incluindo numerosos funcionários públicos. Aumentando o número e a influência social do segmento educado — especialmente à medida que o desenvolvimento econômico de fins do século XIX e princípios do século XX gerava a formação de uma classe média de profissionais liberais e comerciantes —, também haviam se espalhado idéias sobre a necessidade de direitos civis e representação do povo no governo.[2]

Ainda mais inquietante para os defensores da ordem tradicional, os pobres começaram também a usar a linguagem dos direitos democráticos e da igualdade. Pior ainda, eles com freqüência aliavam exigências de inclusão no processo político a expectativas de justiça social e igualdade.[3] O sonho dos camponeses de possuir toda a terra — condição necessária, acreditavam, para lhes remediar a pobreza, e merecida porque eram eles que a cultivavam — sempre encerrara conotações políticas: a terra lhes pertenceria, os camponeses diziam, quando um governante justo dissesse à maioria camponesa que ela devia tomar, de volta dos ricos latifundiários, aquilo que por direito lhes pertencia. Analogamente, quando operários industriais (a maioria deles de origem camponesa e muitos ainda conservando laços com as aldeias) falavam em liberdade e democracia, eles, geralmente, compreendiam essas idéias não só como uma maneira de assegurar liberdades civis e representação política, mas como um meio para lhes remediar a pobreza e pôr um ponto final no tratamento duro e humilhante que recebiam das autoridades. As políticas trabalhistas do governo, que combinavam medidas paternalistas para aliviar a situação dos pobres com medidas firmes para manter a ordem e o controle, tendiam, por sua parte, a encorajar os trabalhadores a considerar o Estado e, portanto, a política, como fator decisivo para a mudança econômica e social.

Para que o sofrimento da classe baixa explodisse em protesto declarado, contudo, camponeses e operários precisavam considerar seus sofrimentos não como o destino inevitável dos pobres, mas como injustiças que podiam ser reparadas. Precisavam de idéias de cunho moral sobre direitos sociais e padrões de justiça e da crença de que existiam alternativas. Nas décadas que precederam a revolução, essas idéias tornaram-se cada vez mais evidentes no pensamento dos russos da classe inferior. A alfabetização cada vez maior, a florescente imprensa e literatura popular foram influências particularmente fortes. Revistas, jornais, panfletos e livros contribuíram muito para propagar idéias sobre direitos universais, igualdade natural de todos os seres humanos e mutabilidade de todas as ordens políticas. Mais sutil, mas não menos subversivo, o próprio ato de ler e tornar-se alguém mais "culto" conferia a muitos homens do povo um senso de auto-estima que tornava mais difícil de suportar as humilhações e dificuldades de vida comuns à classe baixa.

O descontentamento popular, porém, abrangia mais do que justiça, democracia e direitos. Era também uma manifestação de ira e ressentimento. Uma vez despertados para o protesto público, como em 1905-6 e 1917-18, numerosos russos de baixa classe demonstraram não só o desejo de ser tratados como iguais social e politicamente — como "seres humanos", como gostavam de dizer — mas também a vontade de punir e humilhar, e mesmo de agir de forma cruel com os que estavam acima deles e a quem culpavam por seus sofrimentos. Nesse espírito, operários colocaram capatazes e patrões em carrinhos de mão, cobriram-lhes a cabeça com lixo e levaram-nos das fábricas para as ruas ou, menos cerimoniosamente, espancaram-nos, às vezes até a morte. Camponeses invadiram mansões da aristocracia, quebraram objetos e queimaram o que restara. A pobreza gerara sonhos de vingança e inversão da situação, e não só de justiça.[4] Nicolau, Aleksandra e os filhos — símbolos vivos da velha ordem — sentiriam o gume ferino desses sentimentos. Eles não esperavam nem compreendiam a ira da plebe.

Durante o reinado de Nicolau II, a oposição organizada à autocracia era fragmentada em dezenas de partidos e grupos, legais e ilegais, muitos dos quais exerceriam papéis importantes no levante de 1917-18 e no destino final do czar e sua família. À esquerda, alinhava-se uma grande variedade de socialistas. O socialismo populista, a tradição radical mais antiga, fora organizado nos anos anteriores à guerra pelo Partido Socialista Revolucionário (SR), sendo representado na Duma, ou legislativo, pela facção Trudovik (trabalhista). Os populistas consideravam todo o *narod*, o povo comum, como seu colégio eleitoral, e o socialismo como uma ordem baseada nos valores éticos de comunidade e liberdade. Os marxistas, que se tornaram numerosos e influentes, cerravam fileiras principalmente em torno do Partido Social-Democrático dos Operários Russos (RSDRP). Acreditavam que possuíam uma ideologia mais "científica" e racionalista do que a dos populistas. Para eles, o socialismo estava historicamente destinado a suceder o capitalismo como uma ordem mais racional e progressista, e o proletariado industrial era a classe cujos interesses e lutas transformariam em realidade a nova ordem.

Na vida política concreta, porém, os socialistas dividiam-se de forma muito mais complicada do que sugerem essas descrições gerais. Os populistas diferiam entre si sobre questões como o uso do terror, a importância do comunalismo dos camponeses e a formação de uma aliança, se fosse possível, com os liberais. Os marxistas, também, divergiam entre si — não raro com rancor — sobre questões de organização (como, por exemplo, até que ponto o partido devia ser centralizado e autoritário), táticas (se os operários deviam aliar-se a outras classes), estratégia (se a Rússia estava pronta para o socialismo) e filosofia (o quão importantes eram a ética e a fé revolucionárias quando comparadas à razão científica). Muitas dessas divergências entre os marxistas acabaram por levar à cisão, em 1903, do Partido Social-Democrático dos Operários Russos entre menchevistas e bolchevistas. Mas até mesmo esses dois grupos dividiam-se em facções e havia numerosos grupos intermediários entre eles.[5]

A oposição liberal também era uma força muito poderosa, ainda que dividida.[6] Nos anos que se seguiram à revolução de 1905, o Partido Outubrista — oficialmente, União de 17 de Outubro — representou a ala moderada do liberalismo organizado. Fundado por liberais que aceitavam como suficientes as concessões políticas limitadas oferecidas por Nicolau II em seu manifesto de 17 de outubro de 1905, os outubristas em geral cooperavam com o governo do czar. Nas vésperas da Primeira Guerra Mundial, no entanto, até mesmo eles divergiam das políticas de Nicolau e podiam ser ouvidos muitas vezes criticando o governo na Duma, onde formavam o maior bloco isolado de deputados. Essa mudança para a oposição provocou uma cisão entre os deputados outubristas. Conservadores, liderados por Mikhail Rodzianko, desafiavam a liderança mais liberal de Aleksandr Guchkov. Como resultado, Rodzianko o substituiu como presidente da Duma. Mas, em fins de 1916, até mesmo Rodzianko estava se voltando contra Nicolau II e seu governo.[7]

À esquerda do Partido Outubrista ficava o Partido Democrático Constitucional, geralmente abreviado para Partido Cadete, mas conhecido também pelo seu título oficial, Partido da Liberdade Popular, que tinha como líder um professor de História, de Moscou, Pavel Miliukov. Os cadetes consideravam a ordem semiconstitucional, criada após a revolução de 1905, como inacabada e insuficiente. Embora não fossem, em princípio, contrários ao sistema monárquico, os cadetes insistiam em que o governo devia ser responsável perante um parlamento democrático. Em lugar do sistema corrente, que dava ao czar autoridade ilimitada para nomear e demitir ministros, queriam uma estrutura política na qual os ministros estivessem sujeitos à aprovação do Parlamento. E em vez da lei eleitoral vigente, que conferia a grupos sociais peso eleitoral desigual na escolha de deputados à Duma, pediam sufrágio universal, direto, igual e secreto.

Os cadetes queriam também reformas sociais que melhorassem a vida dos russos comuns. Mais do que produto de consciência social ou manobras políticas, o interesse social desse partido era essencial ao seu idealismo político. Ao contrário da maioria dos outubristas, muito atentos às necessidades dos latifundiários, ou dos progressistas, membros de outro partido liberal que defendia os interesses da grande indústria e das finanças, e, com certeza, ao contrário dos socialistas, que representavam o trabalho, os cadetes recusavam-se a defender os interesses de qualquer classe isolada. Insistiam em que estavam "acima de classe" e mesmo "acima de partido". Esse ideal pode ter sido em parte uma auto-ilusão, mas refletia também suas idéias sobre governo e nação. Embora os cadetes defendessem ardorosamente a idéia liberal de direitos individuais, eles consideravam a nação como fundada sobre uma comunidade social livre e solidariedade patriótica, a unidade dominando indivíduo e classe, e achavam que o Estado democrático correto devia atuar de acordo com esse espírito cívico.[8] Essas idéias teriam grandes conseqüências políticas. Eles cultivavam nobres sonhos políticos e coragem política prática. Mas também não toleravam — e mesmo não entendiam — a raiva e as lutas de classes que eram tão gerais na Rússia.

A deflagração da guerra acalmou temporariamente o protesto político e social, focalizando o ressentimento no inimigo externo.[9] A frágil unidade patriótica, porém, pouco durou. Prolongando-se, a guerra exacerbou a maioria dos problemas da vida russa. A economia lutava para funcionar em uma guerra que mobilizava volumes sem precedentes de recursos humanos e materiais. Carências de todos os tipos tornaram-se epidêmicas — de equipamentos e suprimentos militares, combustível e matérias-primas para as fábricas, a alimento para as cidades e as tropas — e os preços dispararam. Na frente de combate, o exército ia mal e os soldados sofriam com a falta de suprimentos, que variavam de botas e comida a canhões e munição. A carnificina na frente de batalha e as dificuldades econômicas na retaguarda contribuíram para reativar e intensificar o protesto popular.

No início da guerra, os liberais apelaram ao czar para estabelecer um "governo de confiança nacional". De acordo com suas tradições, organizaram também associações voluntárias populares, para ajudar o esforço de guerra. Em julho de 1914 (segundo o calendário russo, a guerra foi declarada em 19 de julho), membros da Duma criaram um Comitê Provisório de Ajuda a Soldados Feridos e Doentes (sob a liderança de Rodzianko). Na mesma época e com o mesmo fim, conselhos urbanos e rurais dos municípios, nos quais profissionais liberais desempenharam papel importante, organizaram a União das Zemstvos de Todas as Rússias e a União dos Conselhos de Cidades de Todas as Rússias. Em 1915, essas uniões se fundiram e formaram a União dos Zemstvos e Conselhos de Cidade de Todas as Rússias (conhecida pela abreviatura Zemgor), dirigida por um progressista, príncipe Georg Lvov. Em

1915, foi organizado ainda, com o objetivo de coordenar a produção militar, o Comitê Central Militar-Industrial, com sedes em várias cidades e que incluía representantes das empresas, trabalho, governo e profissionais liberais, presidido pelo líder outubrista Guchkov.

Essas associações, cuja criação o governo estimulou, constituíram fontes importantes de experiência organizacional e força para os liberais, mas tinham também um significado mais profundo e de maiores conseqüências: o aumento da participação popular organizada nos assuntos públicos. O pouco-caso com que a autocracia encarava essa emergente sociedade civil figura entre as principais razões de por que o velho regime foi varrido pela revolução em fevereiro de 1917. Não foi coincidência que muitos líderes dessas organizações populares logo depois ocupassem cargos no primeiro governo pós-Romanov.

No verão de 1915 surgiu na Duma o Bloco Progressista, unificando cadetes, outubristas, progressistas, progressistas nacionalistas e outros grupos liberais. Representando a grande maioria dos deputados da Duma, o bloco exigiu um Gabinete de ministros que merecessem "a confiança do povo" — uma exigência moderada, dado o fato de que numerosos liberais já queriam um Gabinete "responsável perante o legislativo". Em resposta, o Conselho de Ministros, ciente da necessidade de concessões, manifestou boa vontade em negociar uma solução conciliatória. Nicolau II, no entanto, estava resolvido a não cometer o mesmo erro em que incidira em 1905, quando se submetera ao conselho de alguns ministros e concordara em criar a Duma. Em vez disso, ordenou a suspensão dos trabalhos do legislativo. Quando essa decisão foi comunicada ao Conselho de Ministros, em reunião no dia 2 de setembro de 1915, o ministro das Relações Exteriores, Sergei Sazonov, disse que temia uma sublevação política: "Amanhã, sangue correrá nas ruas e a Rússia mergulhará no abismo!"[10] Embora sua previsão fosse prematura, é razoável argumentar que se Nicolau II tivesse aceito as reivindicações moderadas da maioria da Duma — e aquiescido às recomendações de seus ministros —, a revolução que se aproximava poderia ter sido evitada ou, pelo menos, reduzida a sua fúria.

Contra esse pano de fundo de mudança social, descontentamento político crescente, imobilidade autocrática e crise nacional, a manifestação de teimosia autocrática que contemporâneos batizaram de "o pular carniça ministerial" — a nomeação e demissão de ministros em rápida sucessão — pareceu sumamente insultuosa. O poder absoluto do czar de nomear ministros era a limitação mais visível da autoridade da Duma. A situação se agravou durante a guerra mundial, especialmente depois de o czar ter seguido para a frente de batalha como comandante-chefe, ocasião em que o poder de nomear do governo caiu aparentemente nas mãos da imperatriz "alemã", Aleksandra, e seu santo "dissoluto", Rasputin. A descrição de um importante homem historiador da Rússia reflete acuradamente a opinião de muitos contemporâneos: "Uma mulher mentalmente limitada, reacionária, histérica e um camponês ignorante e esquisito... tinham nas mãos os destinos de um império."[11] A qualidade inacreditável das nomeações — eram gerais os boatos de que o ministro do Interior, Aleksandr Protopopov, estava demente, em conseqüência de sífilis avançada — tornou ainda mais irritante a impossibilidade de ser cobrada responsabilidade política dos ministros.

Enquanto isso, o agravamento das condições econômicas e o aumento da frustração popular com a guerra provocaram mais greves e criaram solo fértil para os argumentos dos ativistas socialistas. As cartas de Nicolau e Aleksandra sugerem apenas uma leve percepção da gravidade do descontentamento popular e a tendência persistente de banalizar suas causas. No outono de 1916, Nicolau, por um breve momento, reconheceu os perigos políticos inerentes ao fato de que "o povo está começando a passar fome".[12] Nesses meses finais do velho regime, os servidores públicos, sobretudo os funcionários pela ordem pública (em especial, a polícia secreta), alertaram repetidamente que as dificuldades econômicas — carência de combustível e matérias-primas, que punha em ociosidade milhares de operários, preços em alta, que levavam os pobres próximo à inanição; e falta de pão e de outros alimentos — estavam criando um perigoso estado de espírito entre o povo.[13]

Em princípios de 1917, relatórios de agentes policiais — que viviam e trabalhavam nas várias classes da população e cujos relatórios eram rotineiramente resumidos para os altos funcionários — descreviam com abundância a ameaça popular à ordem social e política: reuniões dentro e fora das fábricas, nas quais oradores se queixavam dos altos preços e carência persistente de pão, da guerra e da inexistência de um governo democrático; exigências de paralisações do trabalho por salários mais altos e fornecimento direto de pão aos trabalhadores; fechamento de fábricas quando os operários diziam que estavam famintos demais para trabalhar e tinham que procurar alimento; disseminação de panfletos e propagandas subversivos por uma espantosa variedade de partidos, sindicatos e comitês; protestos nas ruas, completos com bandeiras vermelhas, hinos e flâmulas revolucionários; violência ocasional contra a polícia e os cossacos; assaltos a lojas, especialmente de alimentos; e o aparecimento de armas de fogo e de outros tipos nas mãos dos trabalhadores. Foram ainda comunicados numerosos assaltos, furtos, suicídios e incêndios. Agentes encarregados de manter sob vigilância "o segmento inclinado para os progressistas e de oposição à sociedade da capital" comunicaram também, em janeiro de 1917, "uma onda de animosidade contra as autoridades em amplos círculos da população". Entre as operárias, que ficavam expostas ao frio nas longas filas para comprar pão em Petrogrado, o estado de espírito era particularmente tenso. De acordo com um relatório de fevereiro, de um agente da Okhrana de Petrogrado, "Essas mães, exaustas de esperar em filas intermináveis e tendo sofrido tanto ao ver os filhos semimortos de fome e doentes, estão talvez mais próximas da revolução do que os srs. Miliukov, Rodichev & Co. (líderes do Partido Cadete) e, claro, elas são muito mais perigosas."[14]

Conservadores e radicais, de forma similar, tentaram deter a aproximação da revolução, forçando a aceitação de reformas. Conforme observou iradamente Aleksandra em cartas a Nicolau, os ataques dos liberais ao governo, tanto na Duma quanto na imprensa, tornavam-se cada vez mais veementes e hostis. Em fins de 1916, passaram a ser comuns, entre os altos círculos sociais, conversas sobre golpes palacianos — entre os grão-duques, entre membros monarquistas do Conselho de Estado, nos salões aristocráticos e no corpo de oficiais do exército.[15] Na prática, o único eco dessas discussões foi o assassinato de Rasputin, em dezembro de 1916, como resultado de uma conspiração que uniu um político direitista importante, um príncipe aparentado por casamento à família do imperador e um dos primos de Nicolau II.

Diante da crise que se agravava, os liberais hesitaram em desafiar a autoridade do czar. A maioria dos liberais — notadamente no Bloco Progressista, que mantinha firme maioria na Duma — era imobilizada por sua própria lógica política: embora previssem uma insurreição política se nada mudasse, estavam comprometidos com princípios de legalidade e, portanto, opunham-se a uma contestação revolucionária ao poder do regime czarista e estavam também justificadamente temerosos de provocar uma revolução nas ruas. Dessa maneira, quando a Duma reiniciou os trabalhos em 14 de fevereiro de 1917, dia marcado também por greves destinadas a lembrar aos deputados o descontentamento popular, o líder do Bloco Progressista, o cadete Pavel Miliukov, falou em plenário contra os que exigiam ação revolucionária. Insistiu em que "a palavra e o voto" deviam continuar a ser as únicas armas dos deputados. A guerra de palavras lançada na Duma aparentemente serviu apenas para salientar a impotência da Casa, enquanto a mesma permanecesse dentro de seu mandato legal. Numerosos deputados liberais tiveram uma trágica premonição: "Os deputados andam ao léu como moscas tontas. Ninguém acredita em coisa nenhuma. Todos perderam a coragem. Todos sentem e reconhecem sua impotência. A situação é irremediável."[16] Só quando a revolução irrompeu nas ruas é que os liberais foram obrigados a iniciar uma ação política séria.

No dia 22 de fevereiro de 1917, após passar dois meses em Petrogrado e no palácio de Tsarkoe Tselo, Nicolau II voltou ao quartel-general em Mogilev, situado perto da frente de batalha (Mapa 1). Chegou confiante em que nenhum desafio sério ameaçava sua autoridade. Aceitou as garantias do ministro do Interior, Aleksandr Protopopov (favorito que fora apoiado por Rasputin), de que a situação estava sob controle. Em contraste, mostrou-se indiferente à multidão interminável de suplicantes que tinham ido ao palácio desde o início do novo ano — grão-duques, nobres provincianos e membros conservadores e liberais da Duma —, a fim de convencê-lo de que a revolução era iminente, se reformas políticas não fossem instituídas. Até mesmo o chefe interino do Estado-Maior, general Vassili Gurko (que substituía o general Mikhail Alekseiev, doente na ocasião), segundo relatos, avisou Nicolau: "Vossa Majestade Imperial está se preparando voluntariamente para a forca. Não esqueça que a multidão não fará cerimônia."[17]

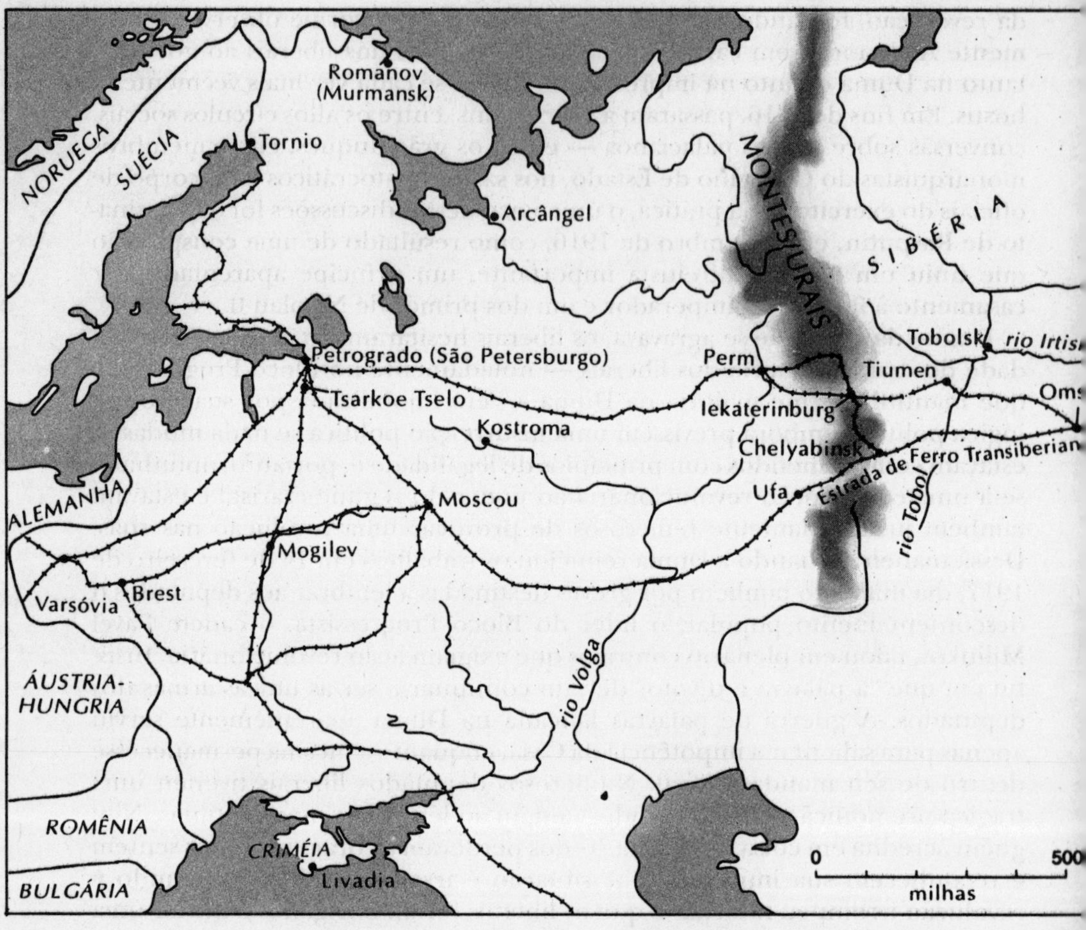

Mapa 1. Rússia européia e Sibéria ocidental.

Na quinta-feira, 23 de fevereiro (8 de março) de 1917, milhares de operárias têxteis fecharam suas fábricas em Petrogrado, parcialmente para comemorar o Dia Internacional da Mulher, mas principalmente para protestar contra a falta de pão, aumentando assim o número já muito grande de homens e mulheres em greve. Os grevistas marcharam pelas ruas aos gritos de "Queremos pão" (*Daite khleb* e *Khleba, khleba*). As multidões se dirigiram para o centro da cidade. Os manifestantes — que estavam em péssimo estado de espírito, segundo relatórios da polícia — quebraram vitrines, pararam bondes e obrigaram outros trabalhadores a se juntar a eles. Nos dois dias seguintes, encorajados por centenas de ativistas socialistas experientes, operários e empregados do comércio em toda a cidade entraram em greve.

No dia 25 de fevereiro, virtualmente todas as indústrias em Petrogrado estavam fechadas, bem como muitas empresas comerciais e de serviços. As exigências — visíveis nas flâmulas e ouvidas nos gritos dos manifestantes e nos discursos em comícios — aumentaram, mais uma vez, com o encorajamento de ativistas, da exigência de pão a apelos pelo fim da guerra e a abolição da autocracia. Os manifestantes marcharam e protestaram com mais ousadia ainda quando a polícia e os cossacos, sob ordens de agir com prudência, hesitaram em detê-los. Estudantes, burocratas e professores juntaram-se aos operários nas ruas e nos comícios. Embora os protestos e reuniões tivessem caráter geralmente pacífico, o potencial de violência da massa mal podia ser contido: alguns trabalhadores carregavam porretes, porcas, parafusos, pedaços de metal e, às vezes, pistolas; as multidões destruíram as vitrines das lojas, especialmente das que vendiam alimentos e pão; os saqueadores tornaram-se mais comuns; manifestantes atacaram e espancaram policiais — provocando-lhes a morte em algumas ocasiões. Embora os ativistas socialistas condenassem a violência e o vandalismo, as explosões tornaram-se mais freqüentes. Enquanto isso, na Duma, deputados liberais e socialistas denunciavam insistentemente o governo e, mais uma vez, exigiam um gabinete de ministros responsável.

Nicolau recebeu informações ambíguas sobre a gravidade dos fatos. Os relatos foram também parcialmente deslocados para segundo plano pela notícia de que seus filhos haviam caído doentes com sarampo, logo depois de sua partida de Tsarkoe Tselo. Nos dias 24 e 25, notícias dos tumultos chegaram a seu conhecimento no quartel-general — em cartas de Aleksandra (Documentos 3 e 5) e em telegramas do ministro da Guerra, Mikhail Beliaev, do ministro do Interior, Protopopov, e do comandante militar de Petrogrado, general Sergei Kabalov. Aleksandra dava pouca importância às perturbações: "É um movimento de *arruaceiros*, rapazolas & mocinhas, correndo de um lado para o outro & gritando que não têm pão, apenas para criar agitação — & também trabalhadores impedindo que outros trabalhem — se estivesse fazendo frio, eles provavelmente ficariam em casa. Mas tudo isso vai passar & se acalmar — se apenas a *Duma* se comportasse" (Documento 5). Embora os relatórios oficiais fossem mais completos na descrição da escala dos distúrbios — a disseminação das greves, as exigências por pão, as gigantescas passeatas na Avenida Nevski (o principal logradouro de Petrogrado e símbolo de sua vida urbana) e os ataques a policiais —, também asseguravam a Nicolau que a polícia e o exército não encontravam dificuldades para controlar as desordens.[18] Essa avaliação estava longe da verdade.

Por volta das 9h do dia 25 de fevereiro, o general Kabalov recebeu um telegrama de Nicolau, o estopim para pôr em movimento medidas que transformariam a inquietação popular em revolução: "Ordeno-lhe que, amanhã, acabe com as desordens na capital, que são inaceitáveis em uma época difícil da guerra com a Alemanha e a Áustria."[19] Reunindo-se com seus comandantes de unidades uma hora depois, Kabalov ordenou-lhes que usassem toda a força necessária para dispersar as turbas, incluindo atirar nos manifestantes. E publicou uma proclamação dirigida à população, divulgada na manhã seguinte, proibindo passeatas e advertindo que essa ordem seria cumprida pela força das armas. E avisou ainda publicamente aos grevistas que eles seriam mobilizados e enviados para a frente de batalha, se não voltassem ao trabalho até o dia 28. Naquela noite, no dia 25 de fevereiro, o Conselho de Ministros foi informado da ordem do czar de uso da força para restabelecer a ordem. A maioria dos ministros ignorou as garantias otimistas de Protopopov de que tudo correria bem, e sugeriu a formação de um novo gabinete em consulta com a Duma, como único meio de pôr fim às desordens. E designou dois membros para iniciar negociações com a Duma.[20]

No dia 26 de fevereiro, tendo os manifestantes invadido novamente as ruas de Petrogrado, a polícia e os soldados, conforme as ordens, atiraram metodicamente contra as multidões, ferindo e matando grande número de pessoas. A demonstração de força convenceu muitos líderes socialistas de que o regime estava determinado e era capaz de restabelecer a ordem.[21] E convenceu também o Conselho de Ministros a abandonar sua tentativa de chegar a um acordo político com a Duma — o que não parecia mais ser necessário. Ao invés disso, o Conselho recomendou a Nicolau que, mais uma vez, suspendesse os trabalhos da Duma, o que ele fez. Após o confiante e eficaz uso da força, o telegrama do presidente da Duma a Nicolau, na noite de 26 de fevereiro (Documento 6), insistindo em que a "autoridade do Estado está inteiramente paralisada e é totalmente incapaz de restabelecer a ordem", parecia chocar-se com os fatos e, em conseqüência, os apelos para formação de um gabinete responsável perante a Duma dificilmente mereciam uma resposta. De fato, Nicolau ignorou o aviso: "Aquele obeso Rodzianko me escreveu toda sorte de absurdos, aos quais nem mesmo responderei."[22] Naquela noite, Rodzianko recebeu a ordem que suspendia os trabalhos da Duma. A confiança do czar, no entanto, era prematura.

Tanto os líderes da rebelião como os do governo subestimaram o efeito psicológico e moral, sobre os próprios soldados, da ordem de atirar em manifestantes civis. A maioria obedeceu à ordem no dia 26. Mas, ao voltar aos quartéis, pensaram, conversaram e se perguntaram se, no dia seguinte, deveriam seguir as ordens ou o que lhes dizia a consciência. A resposta logo emergiu em um regimento após o outro: motim. Na manhã do dia 27, os trabalhadores que invadiram as ruas, muitos então armados para combater as tropas, receberam adesão de soldados insurretos, muitos com fitas vermelhas amarradas às baionetas. Com a desintegração da autoridade militar na capital, a autoridade civil entrou em colapso. As ruas se transformaram no teatro da revolução: soldados e trabalhadores invadiram fábricas de armamentos e arsenais e se armaram; libertaram revolucionários que se encontravam nas prisões e também grande número de criminosos comuns; ocuparam delegacias de polícia, incluindo a sede da polícia central e as incendiaram e atacaram policiais. Caminhões e carros "requisitados" cheios de rebeldes corriam pelas ruas. Por toda parte, soldados, trabalhadores e estudantes circulavam a pé ou em carros, às vezes com cartucheiras cruzadas no peito, carregando armas, muitas vezes mais de uma, e dando tiros para o ar. Ocorreram numerosas mortes e ferimentos acidentais, além das propositais. Tornaram-se comuns também os saques e as pilhagens: arrombamentos de lojas de bebidas, destruição de vitrines de lojas, roubos de mercadorias de vários estabelecimentos e assaltos às casas de pessoas ricas.

Conscientizando-se cada vez mais da gravidade da situação, Kabalov apelou ao czar e ao comando militar para que "enviassem rapidamente unidades de confiança, tiradas da frente de batalha".[23] Embora o ministro da Guerra, Beliaev, continuasse a enviar telegramas ao Estado-Maior do Exército, dizendo que "a calma logo será restabelecida" (Documento 9), ao anoitecer ele também informava ao Quartel-General que "a situação em Petrogrado tornou-se extremamente grave" e apelava para que fossem enviadas tropas do campo de batalha.[24] Nicolau, portanto, não foi mal informado da gravidade dos fatos, pois escreveu a Aleksandra no dia 27: "Vi aqui muitos rostos com expressões de medo" (Documento 11). E, como reação, anunciou sua própria partida para a capital e ordenou a transferência de tropas de confiança para a cidade, sob o comando do general Nikolai Ivanov, para restabelecer a ordem pela força (Documentos 10 e 12).

Embora Nicolau permanecesse calmo, o pânico se espalhou pelo governo e aumentou a pressão para que o czar fizesse concessões. Quando Kabalov compareceu perante o Conselho de Ministros na tarde de 27 de fevereiro, para fazer um relatório sobre a situação na capital, testemunhas disseram que ele tremia visivelmente.[25] Reunindo-se às 7h daquela noite, o Conselho, mais uma vez, resolveu procurar um acordo com a Duma, embora propusesse também uma ditadura militar temporária para restabelecer a ordem. A fim de sinalizar à Duma sua disposição de chegar a um acordo, o Conselho obrigou Protopopov a exonerar-se. Algumas horas depois, cada vez mais assustado, todo o gabinete apresentou pedido de exoneração a Nicolau — que recusou, mas em vão — e mais uma vez propôs a instituição de uma ditadura militar, sugerindo que fosse chefiada pelo grão-duque Mikhail Aleksandrovich.[26] Temendo a violência, os ministros não esperaram pela resposta de Nicolau: fugiram para suas casas ou se esconderam.

Nicolau, igualmente, sofria pressão de seus comandantes militares para que fizesse grandes concessões. Na tarde e noite de 27 de fevereiro, dois altos chefes militares — o general Aleksei Brusilov, comandante da frente Sudoeste, e o general Nikolai Ruzski, comandante da frente Norte, ambos os quais haviam recebido telegramas de Rodzianko — telegrafaram a Nicolau aconselhando-o a adotar "medidas urgentes para apaziguar a população", formar um gabinete responsável perante a Duma, e evitar agravamento "da situação" com medidas repressivas. Enquanto isso, Rodzianko enviava outro telegrama a Nicolau, suplicando-lhe que revogasse a ordem que fechara a Duma, e concluindo sinistramente: "Chegou a hora em que será decidido o vosso destino e o da pátria mãe. Amanhã será tarde demais."[27]

Em seguida, foi a vez dos Romanov importantes se voltarem contra Nicolau. Às 10:30h da noite, o grão-duque Mikhail Aleksandrovich, tendo conferenciado com os assustados Conselho de Ministros e Rodzianko, telegrafou ao Quartel-General e acrescentou sua voz ao coro de apelos. Ele, também, implorou a Nicolau que substituísse todo o gabinete com ministros que merecessem o respeito de grande número de classes. Ofereceu-se mesmo para servir como intermediário de Nicolau e recomendou o príncipe Georg Lvov como chefe do novo gabinete. O czar, falando através do general Alekseiev, rejeitou as sugestões do irmão e reiterou a confiança em que a ordem seria restabelecida pelas tropas, que se aproximavam de Petrogrado, procedentes do campo de batalha.[28] Pouco tempo depois, por volta de 11h da noite, chegou um telegrama do presidente do Conselho de Ministros, Nikolai Golitsin, oferecendo o pedido de exoneração do gabinete. Alekseiev entregou pessoalmente o telegrama a Nicolau, expressando seu apoio à proposta de formação de um novo ministério.[29] Às 2:20h, chegou outro apelo por uma solução conciliatória política: de membros do geralmente conservador Conselho do Estado (Documento 14). Nicolau, no entanto, permaneceu inflexível quanto à necessidade de defender seu poder e as tradições da autocracia.

No Palácio Tauride, em Petrogrado, onde a Duma se reunira e para o qual as multidões começaram a convergir no dia 27 em busca de orientação, duas forças políticas esforçavam-se para preencher o vácuo no poder civil. A primeira emergiu da velha Duma, embora com grande relutância e mesmo dúvidas sobre si mesma. Embora os líderes do Bloco Progressista, em especial Rodzianko, permanecessem fiéis aos princípios de legalidade formal e, portanto, não pudessem desafiar a ordem do czar que suspendera os trabalhos da Duma — tinham esperança, por outro lado, de convencê-lo a revogar o decreto —, ainda assim, um terço dos deputados da assembléia, resolvidos a não permitir que o caos se espalhasse, reuniu-se para um "encontro privado". Às 2:30h da tarde, encontraram-se no Palácio Tauride, escolhendo propositadamente uma sala que não a das sessões regulares da Duma. Rejeitando propostas de declarar essa Duma expurgada como novo governo, ou mesmo como assembléia constituinte que prepararia o terreno para novas eleições e um governo legítimo, resolveram se constituir em um politicamente vago

Comitê Provisório de Membros da Duma do Estado para o Restabelecimento da Ordem na Capital e o Estabelecimento de Relações com Organizações e Instituições Públicas. Enfrentando a crescente desordem popular, contudo, e o aparecimento de um novo grupo que reivindicava autoridade — o Soviete dos Representantes dos Trabalhadores e Soldados, liderado por socialistas —, os membros desse Comitê Provisório da Duma Estatal anunciaram, na manhã do dia 28, que haviam sido "forçados a tomar nas próprias mãos a reimposição do Estado e da ordem social" (Documento 13).

Nos dias seguintes, o Comitê Provisório nomeou novos ministros, mas continuou a hesitar em intitular-se governo, mesmo provisório. Mas era continuamente pressionado a exercer autoridade estatal, às vezes em direções que não pretendia seguir. No dia 28 de fevereiro, por exemplo, turbas insurretas começaram a prender ministros czaristas e outros funcionários, indo muitas vezes detê-los em suas residências. O novo ministro da Justiça, o socialista Aleksandr Kerenski (líder da facção Trudovik na Duma), aprovou pessoalmente essas prisões, embora os outros novos ministros hesitassem. No dia 1º de março, como as prisões continuavam, o novo governo emergente resolveu endossar a iniciativa de Kerenski, com o objetivo de exercer algum controle sobre o processo.[30]

O Comitê Provisório da Duma assumiu de forma relutante o poder, duvidando da legitimidade de sua autoridade e agindo principalmente para evitar a propagação da anarquia e do poder popular. Só em fins do dia 2 de março é que os novos ministros começaram a se referir a si mesmos como governo. O novo Conselho de Ministros do Governo Provisório reconheceu que uma "revolução política" (*gosudarstvennyi perevorot*) havia acontecido e, de acordo com a minuta de sua primeira reunião oficial, tinha que, nesse momento, admitir "a necessidade de definir exatamente o alcance dos poderes do Governo Provisório". Embora o novo governo considerasse como nulas de pleno efeito as velhas leis do Estado russo, deliberou que uma nova ordem constitucional teria que esperar pela convocação da assembléia constituinte.[31] Nos meses que se seguiram, persistiria esse espírito de hesitação política, solapando a capacidade do governo de controlar os fatos — e, especialmente, de deter a subida ao poder de radicais liderados pelos bolchevistas.

O poder efetivo do Comitê Provisório da Duma, e mais tarde do Governo Provisório, foi contestado pela autoridade de uma instituição que alegava representar a vontade dos operários e soldados e que podia, de fato, mobilizar e controlar esses grupos nos primeiros meses da revolução: o Soviete dos Representantes dos Operários e Soldados de Petrogrado, uma organização que influenciaria profundamente o curso dos fatos e o destino dos Romanov. Apelos para a formação de um soviete (conselho) de representantes eleitos dos trabalhadores foram ouvidos desde o início das greves, no dia 23 de fevereiro. O modelo era os conselhos de trabalhadores fundados em dezenas de cidades russas durante a revolução de 1905, incluindo São Petersburgo. Em fevereiro de 1917, trabalhadores em greve elegeram delegados para representá-los e socialistas ativistas começaram a organizar um conselho abrangendo toda a cidade, do qual participariam também representantes dos partidos socialistas. No dia 27 de fevereiro, deputados socialistas da Duma, principalmente os revolucionários menchevistas e os socialistas, tomaram a frente no pedido de eleições em todas as fábricas e, reconhecendo o papel decisivo exercido na revolução pelos soldados, convidaram "as tropas que haviam passado para o lado do povo" a eleger um representante de cada companhia.[32] Naquela noite, ocorreu no Palácio Tauride a primeira sessão do Soviete de Petrogrado, o mesmo local onde tomava forma o governo organizado pelo Comitê Provisório da Duma.

Os líderes do Soviete de Petrogrado não pensavam em tomar nas mãos o poder do Estado. Acreditavam que a Rússia ainda não estava preparada para o socialismo e que era subdesenvolvida demais em termos econômicos, sociais e culturais. Socialistas de quase todos os partidos representados no Soviete de Petrogrado concordavam em que o que a Rússia precisava era de direitos democráticos. Tomando a Europa ocidental como modelo (e, para muitos, os trabalhos de Marx sobre o capitalismo, a burguesia e a história como guia ideológico), supunham que os liberais da Duma (a "burguesia democrática") estavam destinados, e eram os mais qualificados, a trazer a democracia à Rússia semifeudal. De fato, os líderes do Soviete de Petrogrado, que formaram um Comitê Executivo e se reuniram no dia 1º de março para discutir a questão do poder do Estado, resolveram que a tarefa mais urgente que enfrentavam era exatamente obrigar a hesitante "burguesia" a assumir o poder e instituir extensas reformas democráticas (a substituição da monarquia por uma república, a garantia dos direitos civis, o controle democrático da polícia e do Exército, a abolição da discriminação étnica e religiosa, eleições para uma assembléia constituinte, e assim por diante).[33] O Soviete reuniu-se no mesmo prédio que o Comitê da Duma não para concorrer pelo poder do Estado, mas para exercer pressão sobre o governo emergente, para atuar, em outras palavras, como um *lobby* popular democrático.

Tarde da noite do dia 1º de março, representantes do Comitê Executivo do Soviete de Petrogrado reuniram-se com representantes do Comitê Provisório da Duma, a fim de discutir a questão do poder. Os líderes da Duma sabiam que o Soviete podia controlar a multidão, ao passo que eles não podiam, motivo pelo qual lhe pediram o endosso para exercer a autoridade estatal. Os líderes do Soviete de Petrogrado, por sua vez, desejavam influenciar as políticas do novo governo e, portanto, chegaram à reunião dispostos a barganhar. Os representantes da Duma concordaram quase imediatamente com a maioria das condições do Soviete e concederam ainda que o novo governo "levaria em conta as opiniões do Soviete dos Representantes dos Trabalhadores", embora os representantes da Duma estivessem também determinados a impedir "a interferência nas ações do governo", o que criaria "uma situação inaceitável de duplo poder".[34]

Os representantes do Comitê da Duma faziam também restrições a duas exigências do Soviete. Rejeitavam a insistência em que fossem concedidos plenos direitos civis aos soldados, incluindo o direito de eleger os oficiais, alegando que isso destruiria o exército. E recusavam-se a aceitar a exigência de instituição de uma república democrática. O primeiro ponto foi resolvido por uma solução conciliatória: o Soviete concordou em desistir da exigência de eleição dos oficiais e o Comitê da Duma concordou em conceder aos soldados outros direitos civis. Na questão da monarquia, no entanto, o Comitê da Duma mostrou-se inflexível.

Pavel Miliukov, falando em nome do Comitê, argumentou veementemente que a forma de governo não devia ser decidida em caráter preemptivo pelo Soviete ou pelo Comitê, mas que deveria refletir a decisão do povo russo, manifestada através de uma assembléia constituinte devidamente eleita. Insistiu também em que a abolição imediata da monarquia, que fora a base da ordem jurídica e institucional da Rússia durante séculos, resultaria em caos e agitação, em uma nova Era de Provações, tal como a que afligira o país durante a última crise dinástica, no século XVII, e lembrou que os sentimentos monarquistas permaneciam fortes longe de Petrogrado. Ao invés disso, Miliukov propunha que se preservasse a monarquia, com o filho de Nicolau, Aleksei, como czar, e o irmão do imperador, o grão-duque Mikhail Aleksandrovich, como regente. Os representantes do Soviete resolveram não criar um caso com essa questão, concordando em que a forma de governo podia ser decidida por uma assembléia constituinte. Os representantes do Soviete estavam mesmo dispostos a deixar que o novo governo continuasse seus esforços para estabelecer uma monarquia constitucional, mas eles mesmos tencionavam continuar a estimular a opinião pública em prol de uma república democrática e mesmo pelo exílio ou prisão de Nicolau II (Documento 27).[35] O destino da monarquia, porém, não foi decidido por debates entre liberais e socialistas sobre questões de princípio.

Às 5h da manhã do dia 28 de fevereiro, Nicolau deixou o quartel do Estado-Maior em Mogilev, confiante em que sua presença na capital e a chegada de tropas leais restabeleceriam a ordem (Documento 15). Ainda a caminho de Tsarkoe Tselo — indiretamente, através de Smolensk e Bologoe, deixando a rota direta, que passava por Vitebsk e Dno, desimpedida para a passagem do general Ivanov e suas tropas (Mapa 2) —, chegaram notícias de que os rebeldes haviam tomado estações ao longo de todas as linhas que o trem imperial poderia usar para chegar a Tsarkoe Tselo. Os administradores da ferrovia, que estavam em contato com o Comitê da Duma e com Rodzianko, exageraram deliberadamente a ameaça, a fim de manter Nicolau longe de Tsarkoe Tselo, onde sua obstinada resistência a propostas de formação de um ministério responsável perante a Duma seria provavelmente reforçada por Aleksandra. Esse esforço teve resultado e o trem imperial foi desviado para Pskov, quartel-general da frente de batalha norte. Rodzianko combinou um encontro com o czar na estação de Dno, no caminho para Pskov. O sentimento que prevalecia no Comitê da Duma contra a permanência absoluta de

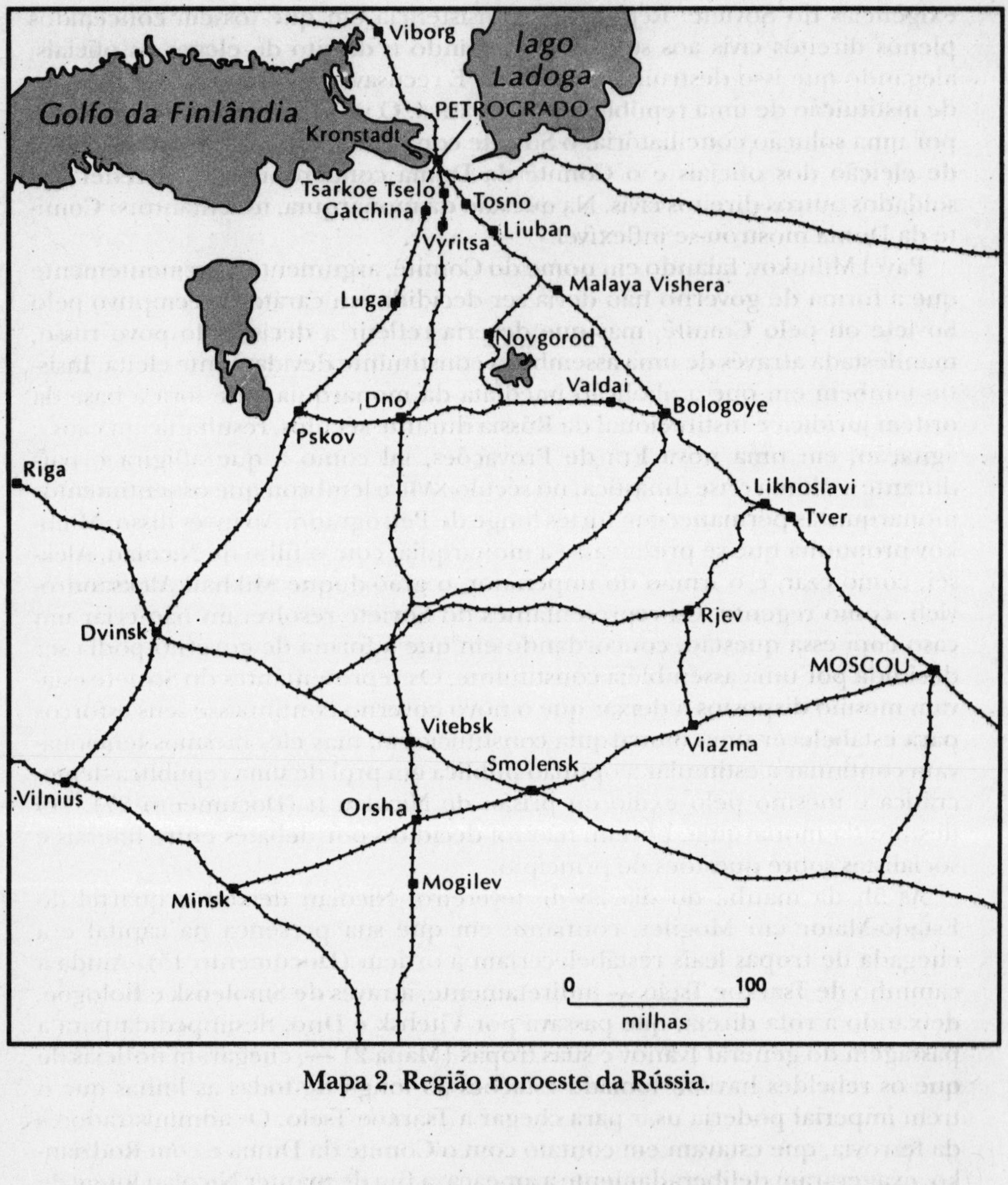

Mapa 2. Região noroeste da Rússia.

Nicolau no trono, porém, impediu que Rodzianko, que ainda estava tentando apenas formar um novo gabinete, deixasse a capital.[36] Na noite de 1º de março, o czar chegou a Pskov — após andar de um lado para o outro na plataforma em Dno, esperando em vão por Rodzianko.

A chegada de Nicolau começou sob maus augúrios. Foi recebido na estação pelo governador de Pskov, mas não fora providenciada a costumeira revista da guarda de honra, e o general Ruzski e outros importantes oficiais do quartel-general da frente Norte, localizado em Pskov, chegaram com vários minutos de atraso. Segundo um membro do séquito do czar, Ruzski apareceu com uma expressão hostil e feroz, e usando galochas de borracha, em um gesto evidente de desrespeito.[37] Embora essa versão possa ser verdadeira, pode refletir também o ponto de vista de um legalista: Ruzski exerceu uma influência perniciosa sobre Nicolau nos dias que precederam sua abdicação. Ruzski era o mais politicamente dissidente de todos os comandantes de frente de guerra: fora o primeiro a alinhar-se com a oposição da Duma e, como vimos, falara antes em favor de concessões políticas e contra a repressão. Ou como comentou um historiador moderno: "Nicolau passou os dois dias mais cruciais de sua vida sob a influência de um comandante militar que era o mais contrário entre todos ao imperador."[38] Ruzski, porém, era apenas a ponta do iceberg da deslealdade militar a Nicolau. Chegando à sede do Estado-Maior a notícia de que o motim dos soldados na retaguarda alcançara Moscou, e enquanto representantes da Duma continuavam a defender, perante o comando militar, a causa de que apenas um governo estabelecido pelo Comitê Provisório poderia trazer tranqüilidade à Rússia e evitar uma derrota catastrófica na guerra, os líderes militares, quase por unanimidade, abandonaram Nicolau.

Na noite de 1º de março, ao encontrar-se com Ruzski, o imperador estava cedendo ante a pressão — mas apenas um pouco. Disse a Ruzski que estava disposto a permitir que Rodzianko formasse um novo governo, mas insistiu em que os ministros permanecessem responsáveis perante ele, e não à Duma. Ruzski, autorizado pelo czar a dizer tudo o que pensava, argumentou longamente em favor de um gabinete responsável perante a Duma. Ruzski lembrou-se mais tarde que Nicolau recusou sua sugestão "calma e friamente, e com uma impressão de convicção profunda".[39] A calma resistência de Nicolau a renunciar às suas prerrogativas autocráticas, porém, estava sendo submetida a um bombardeio excepcional. Ruzski comunicou que o motim se espalhara pelo exército na retaguarda, incluindo Moscou, e contou sobre o desejo de concessões políticas expresso por muitos outros generais. Nicolau tinha à mão a prova da veracidade do relatório de Ruzski. Entre os muitos telegramas que provavelmente leu ao chegar a Pskov, havia um do general Alekseiev ao general Ivanov, cujo exército já se concentrara em Tsarkoe Tselo para reprimir pela força a revolução. O telegrama do chefe do Estado-Maior informava a Ivanov que o czar provavelmente concordaria com "os desejos do povo" de um novo governo, o que, naturalmente, "mudará sua maneira de agir".[40] Essas palavras chegavam às raias da insubordinação. Mais tarde, às 10:20h da noite, uma surpresa estarrecedora chegou diretamente por Alekseiev: um telegrama informando a Nicolau sobre a disseminação da revolução e propondo mesmo o texto de um manifesto, esboçado no Estado-Maior, estabelecendo não só um governo que contasse com a confiança da nação, mas um gabinete formado de ministros responsáveis perante a Duma e dirigido por Rodzianko (Documento 19). Nicolau, nesse momento, mostrou-se disposto a ceder: assinaria o manifesto de Alekseiev. Enviou um telegrama ao general Ivanov, ordenando-lhe que "não tomasse medidas antes de minha chegada e de seu relatório a mim".[41]

A decisão de Nicolau de assinar um manifesto que prometia um ministério responsável constituía um fato dramático e histórico, mas a verdade era que o processo político se adiantara a ele. Nas horas que precederam o amanhecer do dia 2 de março, quando Nicolau já se recolhera ao leito, Ruzski iniciou um diálogo de quatro horas por linha direta com Rodzianko, que estava em Petrogrado, informando-o de que o czar estava disposto a assinar um manifesto que criava um ministério responsável perante a Duma. Nesse momento, foi Ruzski quem foi esmagado pelos fatos. Rodzianko disse-lhe que a situação mudara drasticamente:

> É óbvio que Sua Majestade e o senhor não levaram em conta o que está acontecendo aqui. Começou uma das mais terríveis revoluções, que não será tão fácil assim reprimir... As paixões do povo estão tão inflamadas que dificilmente será possível contê-lo; as tropas estão inteiramente desmoralizadas — não apenas desobedecem, mas assassinam seus oficiais; o ódio à Sua Majestade, a imperatriz, alcançou o auge. A fim de evitar derramamento de sangue, fomos obrigados a mandar prender todos os ministros, exceto os da Guerra e da Marinha, na fortaleza de Pedro e Paulo. Tenho grande receio de ter a mesma sorte, porque protestos são dirigidos contra todos aqueles cujas exigências são mais moderadas ou limitadas. Considero necessário informar ao senhor que o que propôs já é insuficiente e que a questão dinástica foi colocada abertamente em discussão.

Ruzski respondeu que ninguém na frente de batalha sabia que as coisas haviam escapado de tal maneira ao controle e perguntou que solução para o problema dinástico estava sendo proposta. Respondeu Rodzianko:

> Com dor no coração, respondo-lhe agora, Nikolai Vladimirovich. Repito, mais uma vez, que o ódio à dinastia alcançou seu limite... Em toda parte, as tropas passaram para o lado da Duma e do povo, e a exigência terrível de abdicação em nome do filho, sob a regência de Mikhail Aleksandrovich, tornou-se definitiva.[42]

Enquanto Nicolau dormia, o general Alekseiev, a quem fora telegrafada uma cópia dessa conversa, enviou um telegrama-circular a todos os comandantes na frente de batalha, informando-os da conversa e expressando sua própria opinião de que a abdicação de Nicolau em favor do filho, com Mikhail como regente, era a única maneira de salvar o Exército, o país e a dinastia. E pediu aos comandantes que enviassem suas opiniões ao czar, em Pskov, remetendo-lhe cópias.[43] Isso equivalia a um motim do comando militar.

Alekseiev aconselhou Ruzski a acordar o czar. A situação era suficientemente grave para "dispensar toda a etiqueta".[44] Às 10h da manhã, Ruzski leu para Nicolau o texto de sua conversa com Rodzianko. Após ouvi-lo, Nicolau se levantou em silêncio e olhou pela janela. Em seguida, disse a Ruzski que tinha dúvidas se o planejado manifesto ajudaria. Depois, "se for necessário para o bem da Rússia que eu abdique, estou disposto a assim agir".[45] Enquanto Nicolau pensava nesses assuntos, começaram a chegar mensagens dos comandantes dos exércitos, em resposta ao telegrama-circular de Alekseiev. Quase todos eram favoráveis à abdicação. Em princípios da tarde, Alekseiev enviou a Nicolau suas próprias cópias dos apelos dos generais pela abdicação e reiterou que a apoiava (Documento 20).

Nicolau podia ignorar os apelos dos políticos, pelos quais sentia grande desprezo. Mas quando seus generais o aconselhavam a sair do caminho, apelando para seu espírito de patriotismo altruísta, era mais difícil recusar. Após ler os telegramas e escutar mais uma vez os argumentos de Ruzski e de outros generais presentes em Pskov, o czar retirou-se para o vagão onde se alojava e redigiu dois telegramas. Ao quartel do Estado-Maior Geral, escreveu: "Por amor ao bem-estar, paz e salvação da Rússia, que amo apaixonadamente, estou disposto a abdicar do trono em favor de meu filho. Peço a todos vós que o sirvam verdadeira e sinceramente." A Rodzianko, escreveu: "Não há sacrifício que eu não faça pelo autêntico bem e salvação de nossa mãe, a Rússia. Por essa razão, estou pronto a renunciar ao trono em favor de meu filho, supondo que ele permanecerá comigo até a maioridade, sob a regência de meu irmão, o grão-duque Mikhail Aleksandrovich."[46] Telegrafou a Alekseiev no Estado-Maior, pedindo que fosse redigido um manifesto de abdicação. A redação do documento foi entregue a Nikolai Bazili, chefe da chancelaria diplomática no quartel-general, que redigira também o manifesto anterior proposto por Alekseiev. Após fazer algumas alterações na redação, Alekseiev enviou o esboço a Pskov, onde foi recebido às 7:40h da noite, pouco antes da chegada dos emissários do Comitê Provisório da Duma.[47]

Embora os esforços de Rodzianko tivessem sido úteis para provocar as reações dos generais que levaram Nicolau a reconhecer a derrota, a sua própria estrela política entrara em declínio, sem que disso soubessem os chefes do Exército. Considerado conservador demais pelos liberais do Comitê Provisório da Duma, cujo apoio era necessário para formar um novo governo, e pelo Soviete de Petrogrado, ele foi substituído como possível presidente do Conselho de Ministros pelo príncipe Georg Lvov. Quando o Comitê da Duma procurou escolher um emissário para apresentar ao czar seus argumentos em favor da abdicação, não o escolheu, porque muitos temiam que ele pudesse fazer um arranjo com

Nicolau e os generais. Dessa maneira, na manhã de 2 de março, após negociações bem-sucedidas com os líderes do Soviete de Petrogrado, o Comitê da Duma escolheu dois representantes, Aleksandr Guchkov e Vassili Shulgin, para ir a Pskov e convencer o czar a abdicar em favor do filho, com Mikhail como regente. Esses delegados, porém, desconheciam inteiramente as comunicações de Rodzianko com Ruzski e os fatos que os dois haviam posto em movimento. Rodzianko e Ruzski tampouco sabiam que o czar, nesse meio tempo, resolvera alterar os termos do acordo que fizera com eles. Após um encontro com seu médico, que lhe disse que não havia nenhuma esperança clínica de que Aleksei ficasse bom da hemofilia, Nicolau resolveu abdicar em favor do irmão Mikhail.

Ao chegarem às 9:45h da noite para o que supunham ser resistência e mesmo risco de prisão, Shulgin e Guchkov ficaram atônitos ao saber que o czar já havia decidido abdicar. Após uma curta troca de palavras, Nicolau retirou-se para seu vagão particular e, conforme o acordo, procedeu a uma revisão do manifesto que enviara a Alekseiev, a fim de designar Mikhail como seu sucessor, e não Aleksei. Os delegados da Duma pediram-lhe que fizesse um acréscimo importante, com o qual ele também concordou. Às palavras "Incumbimos NOSSO Irmão de dirigir os assuntos do Estado em união completa e inabalável com os representantes do povo nas instituições legislativas, de acordo com os princípios que elas determinarem", Nicolau adicionou "e sobre isto fazer um juramento inviolável". Assinou o manifesto da abdicação no dia 2 de março de 1917, às 11:40h da noite. Por acordo mútuo, 3h da tarde foi escolhida como hora da assinatura — isto é, a hora em que Nicolau resolvera realmente abdicar —, a fim de deixar claro que ele não assinara sob pressão dos deputados do Comitê Provisório da Duma. De todas as maneiras, o Comitê da Duma estava se cercando de tanta legitimidade jurídica quanto possível. Essa preocupação em cercar-se de legitimidade formal levou também Guchkov e Shulgin a pedir a Nicolau que assinasse ordens, encarregando o príncipe Lvov de formar um novo governo e nomeando o grão-duque Nikolai Nikolaevich para o cargo de comandante-chefe do exército. Até que a abdicação fosse formalizada, esses liberais da Duma ainda reconheciam o czar como a fonte da autoridade legítima do Estado (Documentos 25 e 26).[48]

Ao resolver abdicar também em nome do filho e em favor do irmão, Nicolau demonstrou sua afeição paternal por Aleksei e, mais importante, sua concepção inalterável da monarquia como poder autocrático pessoal. Como Shulgin e Guchkov imediatamente reconheceram e se preocuparam abertamente, Nicolau não tinha em absoluto autoridade legal para oferecer o cargo a Mikhail: as Leis Básicas do Estado russo permitiam apenas que o filho mais velho, se vivo, sucedesse o pai e um menor não podia renunciar a seus direitos.[49] Designar Mikhail como herdeiro era, na verdade, duplamente ilegal. Quando casara com uma plebéia (e divorciada) — uma escolha que indignara Nicolau e a mãe —, Mikhail fora obrigado a renunciar a todos os direitos de ascender ao trono. No próprio momento em que abdicava, portanto, Nicolau agira de acordo com sua idéia de autoridade pessoal absoluta do czar.

Não podemos saber quais foram os pensamentos e sentimentos de Nicolau no momento da abdicação. Na companhia de oficiais e figuras públicas, ele permanecia, como sempre, calmo e controlado, até mesmo "sereno".[50] No círculo próximo e leal de seu séquito pessoal e no diário particular, porém, revelou algo das emoções que provavelmente sentiu. Na tarde de 2 de março, quando o comandante da guarda de seu palácio, Vladimir Voeikov, entrou bruscamente no vagão de Nicolau para manifestar sua incredulidade e desalento com a abdicação, o czar apontou para a pilha de telegramas na mesa e disse: "O que mais poderia ter eu feito, quando todos me traíram? E o primeiro entre eles foi Nikolasha" (o grão-duque Nikolai Nikolaevich).[51] No mesmo dia, confiou os mesmos sentimentos ao diário: "Tudo em volta de mim é traição, covardia, decepção!" (Documento 30).

Mas o destino da monarquia continuava ainda longe de ser decidido. Os fatos e considerações políticas estavam tornando o acordo obsoleto mesmo antes de Nicolau assiná-lo. No dia 2 de março, no rastro do trato feito entre o Soviete de Petrogrado e o Comitê Provisório da Duma, e com Guchkov e Shulgin a caminho de Pskov para procurar obter a abdicação do czar, os líderes da Duma prepararam-se para anunciar a formação do Governo Provisório. Com o propósito de testar a reação de operários e soldados, o porta-voz do órgão, Pavel Miliukov, anunciou de início, informalmente, a notícia no Salão Catarina, no Palácio Tauride, onde todos os que desejavam dirigir-se ao "povo" apareciam, em uma reunião que durava virtualmente 24 horas por dia de operários e soldados. Quando alguém na multidão o interrogou sobre o destino da dinastia, Miliukov anunciou que "o velho déspota, que levou o país à beira da ruína, renunciará voluntariamente ao trono ou será deposto. O poder passará a um regente, o grão-duque Mikhail Aleksandrovich. Aleksei será o sucessor." Antes de terminar, porém, suas palavras foram interrompidas por gritos de indignação e berros de "Viva a república!" e "Abaixo a dinastia!" Diante desse bombardeio verbal, Miliukov garantiu à multidão que nada fora decidido antecipadamente — a forma de governo seria, em última análise, resolvida por uma assembléia constituinte. Espalhando-se a notícia dos comentários de Miliukov, aumentou a pressão sobre o Governo Provisório para que abandonasse a esperança de preservar, sob a forma que fosse, a monarquia. Delegações de soldados, operários e outros grupos dirigiram-se para o Palácio Tauride, com o objetivo de protestar contra a preservação da monarquia. Miliukov viu-se obrigado a declarar publicamente que seu discurso fora apenas uma manifestação de opinião pessoal.[52]

O recuo do novo governo no esforço para preservar a monarquia ganhou fôlego com a notícia, chegada ao fim da noite, de que Nicolau II abdicara em favor do irmão. Como Rodzianko disse, temeroso, a Ruzski em uma conversa na manhã de 3 de março, a proclamação de Mikhail como imperador "jogaria óleo na fogueira e começaria a destruição impiedosa de tudo que for possível destruir" (Documento 28). Guchkov dissera a Nicolau: "Havíamos contado com que a figura do pequeno Aleksei Nikolaevich produziria um efeito calmante sobre a transferência de poder" (Documento 25).[53] Em parte influenciados pelos argumentos de Rodzianko e de outros membros do Comitê da Duma, os líderes das Forças Armadas, incluindo o grão-duque Nikolai Nikolaevich, nesse momento comandante-chefe, estavam começando a aceitar a opinião de que a transferência do trono para Mikhail resultaria em derramamento de sangue.[54]

No dia 3 de março, membros do Comitê Provisório da Duma e do Governo Provisório reuniram-se para debater o problema da monarquia. Miliukov foi o único a defender a necessidade de preservar o trono, lembrando aos colegas que o radicalismo das massas de Petrogrado não refletia as atitudes do país como um todo. Para que o Governo Provisório fosse aceito por toda a Rússia, até que uma assembléia constituinte pudesse ser eleita, argumentou, era necessária uma fonte simbólica, histórica e legal de legitimidade. A dinastia Romanov proporcionava justamente isso. Veementemente, Kerenski o repeliu, dizendo que, dado o estado de espírito das massas (que ele sempre alegara, como único socialista no governo, conhecer melhor do que ninguém), a preservação da monarquia provocaria ainda mais inquietação e, dessa maneira, prejudicaria o esforço de guerra e a Rússia. O debate prosseguiu até tarde naquela noite, em proveito do próprio Mikhail, que teria que decidir se aceitava ou não o trono. O argumento que aparentemente causou a maior impressão em Mikhail foi o de Kerenski: "Eu não posso garantir a vida de Vossa Alteza." O próprio Miliukov reconheceu que havia um grande risco pessoal, embora acrescentasse que "esse risco devia ser aceito no interesse da pátria mãe". Mikhail perguntou ao príncipe Lvov, o novo ministro-presidente, e a Rodzianko, com o qual mantinha laços mais estreitos entre os membros da Duma, se lhe podiam garantir a segurança, se aceitasse a coroa. Ambos disseram que não. No fim, Mikhail rejeitou a proposta.[55] Pouca opção real lhe restava: virtualmente todo o Comitê da Duma e até mesmo a maioria dos demais grão-duques eram contrários à sua ascensão ao trono de imperador. Dois juristas, Boris Nolde e Vladimir Nabokov, redigiram-lhe o manifesto de abdicação. Mikhail assinou-o às 6h da noite de 3 de março de 1917 (Documento 29). Apenas quatro anos após a comemoração de seu tricentenário em meio a uma pompa excepcional, a dinastia Romanov extinguiu-se silenciosamente.

· 1 ·

Carta de Aleksandra a Nicolau, 22 de fevereiro de 1917.
Texto original em inglês.

N. 644. *Ts. Ts.*, 22 de fevereiro de 1917 [1]

Meu muitíssimo precioso,

COM ANGÚSTIA & dor profunda, deixei você ir — sozinho, sem a terna, carinhosa, ensolarada companhia do Bebê[2]! E em tempos tão difíceis como este pelo qual estamos passando agora. Estarmos separados torna tudo **tão** mais difícil de suportar — nenhuma possibilidade de lhe fazer uma suave carícia quando pareces cansado, atormentado. Verdadeiramente, Deus te enviou uma cruz terrivelmente pesada para carregar & eu gostaria **tanto** de ajudar-te a carregar o peso. Tu és bravo & paciente, mas minha alma sente & sofre contigo **muito mais** do que posso dizer. Nada posso fazer, senão rezar & rezar. Nosso querido amigo [3] assim o faz no além por ti — lá ele está mais perto de nós —, embora desejemos lhe ouvir a voz de consolo e estímulo. — Deus ajudará, estou convencida, & enviará ainda a grande recompensa por tudo o que suportas — mas quanto tempo esperar ainda! Parece-me que embora as coisas estivessem tomando um rumo melhor — Amor, sê firme, mostra a mão do senhor, é disso que os Russos precisam. Amor & bondade **nunca** deixastes de demonstrar — agora deixa que, às vezes, sintam teu punho. Eles mesmo pedem isso — quantos me disseram — ["]queremos sentir o chicote" — é estranho, mas tal é a natureza escrava [eslava], **grande** firmeza, dureza mesmo — & cálido amor. Desde que, agora, começaram a te "sentir" & *Kalinin*[4], eles começam a se aquietar. Eles precisam aprender a temer-te — o amor não é suficiente. Um filho que adora o pai precisa ainda temer irritá-lo, desagradá-lo ou lhe desobedecer — temos que usar as rédeas, soltá-las & recolhê-las, deixar sempre que a mão do senhor seja sentida; em seguida, eles darão também muito mais valor à bondade — a suavidade apenas eles não compreendem. — Os corações russos são estranhos & não ternos ou suscetíveis nas classes mais altas, estranho dizer isso. Eles precisam de tratamento decidido, especialmente agora. — Sinto-me triste porque não pudemos ficar a sós em nosso último almoço, mas eles são teus, que querem também estar contigo. A pobre pequena Xenia[5], com tais filhos & a filha casada naquela família perversa — & com aquele marido tão falso [6] — sinto uma profunda pena dela. — Há tanta dor & sofrimento em todo o mundo — uma única dor em nosso coração, onde rói incessantemente — essa ânsia tão grande por descanso & paz, apenas para conseguir um pouco de força para continuar a combater & lutar ao longo desta estrada de espinhos em direção à meta dourada.

Eu espero que não tenhas dificuldades ou aborrecimentos com *Alekseiev*[7] & que possas voltar **logo** — e não é por pura saudade egoísta que falo, mas porque vejo bem demais como as "massas ruidosas" se comportam quanto estás por perto — elas te temem & devem temer-te ainda mais, de modo que, onde quer que estejas, elas sintam o mesmo tremor. E quanto aos ministros, tu és uma força **tão** grande & guia — volta logo — entenda, não imploro por mim & pelo Bebê mesmo — porque isso tu sempre sabes. Compreendo que nos casos em que o dever chama — & isto acontece agora **mais** aqui do que aí. De modo que, ponha simplesmente as coisas em movimento & esteja em casa em dez dias — até que as coisas sejam realmente o que devem ser. Tua mulherzinha permanece aqui guardando a retaguarda, embora pouco possa fazer, mas os bons sabem que ela é teu inabalável apoio. — Meus olhos doem de tanto chorar — da estação irei diretamente para *Znamenia*[8], mesmo que eu tenha estado lá contigo antes — para conseguir calma & força & rezar por ti, meu Anjo — ah, Deus, **como** te amo! — Cada vez mais, profundo como o mar, insondável em ternura. Dorme calmo, não tussas — que a mudança de ar possa fazer-te bem novamente. Que os Santos Anjos te guardem, que Cristo esteja próximo de ti & a doce Virgem nunca te deixe — nosso Amigo nos deixou por ela — *Znamenia*. Eu te abençôo +[9], aperto-te fortemente em meus braços & descanso tua cabeça cansada em meu peito. Ah, a solidão das próximas noites — sem Sunny ao teu lado — & tampouco Sunshine [Aleksei]. Todo nosso amor, ardente & carinhoso te envolve, meu maridinho, meu único & tudo, luz de minha vida, o tesouro que me foi dado por Deus Todo-Poderoso. Sente meus braços te envolvendo, sente meus lábios ternamente colados aos teus — sempre juntos, nunca sozinhos. — Até breve, Doce Amado, volta logo — para tua

Sunny

+

Por favor, procura a "Virgem" logo que puderes — rezei **tanto** por ti lá.

1. Aleksandra numerava as cartas que enviava a Nicolau. Tsarkoe Tselo (hoje, Puchkin) situa-se a 24km de Petrogrado (que era conhecida como São Petersburgo até a Primeira Guerra Mundial), a capital da Rússia Imperial. Antes da Revolução de Fevereiro, o Palácio Aleksandrovski, em Tsarkoe Tselo, era a principal residência de Nicolau e família.

2. Aleksei Nikolaevich, o tsarevich (ou caesarevich, como era então chamado), filho de Nicolau e Aleksandra, era o herdeiro do trono. Nasceu em 1904. Em 1915 e 1916, passou muitos meses no quartel-general, em companhia do pai.

3. Grigori Iefimovich Rasputin, o vidente da corte, assassinado por aristocratas em dezembro de 1916.

4. Aleksandr Dmitrievich Protopopov (1866-1918), conhecido em Tsarkoe Tselo como general Kalinin. Protopopov era membro do Partido Outubrista, deputado da III Duma do Estado, e vice-presidente da IV Duma do Estado. No dia 18 de setembro de 1916, com ajuda de Rasputin, foi nomeado ministro do Interior. Era um dos conselheiros em quem Nicolau e Aleksandra depositavam maior confiança.

5. Ksenia Aleksandrovna, grã-duquesa, irmã mais velha de Nicolau.

6. Em 1914, a filha de Ksenia Aleksandrovna, Irina, casou com o príncipe Feliks Iusupov, que participou, em 1916, do assassinato de Rasputin — e daí a execração de Aleksandra.

7. Mikhail Vassilievich Alekseiev, general-ajudante. De agosto de 1915 a março de 1917, foi chefe do Estado-Maior do comandante-chefe do Exército russo.

8. A igreja Znamenski, localizada perto do liceu, em Tsarkoe Tselo, foi construída, em 1747, para abrigar o ícone de Nossa Senhora do Sinal (Ikona Znameniia Bozh'ei Materi). Aleksandra sentia uma veneração especial pela imagem da Virgem, com Cristo no ventre, e que era também a guardiã da Casa dos Romanov e famosa por suas curas milagrosas.

9. Aleksandra freqüentemente desenhava o sinal-da-cruz em suas cartas.

2

Carta de Nicolau a Aleksandra, 23-24 de fevereiro de 1917.
Texto original em inglês.

QG (*Quartel-General*), 23 de fevereiro, 1917

Minha amada Sunny,

CARINHOSOS AGRADECIMENTOS por tua preciosa carta — tu a deixaste em meu compartimento — li-a vorazmente antes de ir dormir. Fez-me um grande bem, em minha solidão, após dois meses juntos, se não ouço tua doce voz, pelo menos sou confortado por essas linhas de terno amor!

Não saí uma única vez desde que chegamos aqui. Hoje sinto-me muito melhor, a voz não está rouca & a tosse está muito mais fraca.

Fazia um dia ensolarado mas frio & fui recebido pelas pessoas habituais — *Alekseiev* à frente. Tivemos uma boa conversa durante uma hora; depois disso arrumei meus aposentos & recebi teu telegrama sobre Olga[1] & o sarampo do Bebê [Aleksei]. Não pude acreditar nos meus próprios olhos — tão inesperada foi a notícia, especialmente depois do telegrama dele próprio, dizendo que estava se sentindo bem! De qualquer modo, é muito cansativo & aborrecido para mim, meu Periquitinho. Talvez seja bom adiares receber tantas pessoas, uma vez que esta é uma razão válida para não receber tantas, por causa das famílias delas.

No 1º & 2º corpo de Cadetes, o número de meninos que pegaram o sarampo está aumentando sem cessar.

Estive com todos os generais estrangeiros no jantar — eles ficaram muito tristes ao saber da notícia. É tão silenciosa esta casa, nenhum murmúrio, nenhum grito animado! Imagino que ele [Aleksei] está dormindo no quarto! Todas as suas pequeninas coisas, fotografias & brinquedos estão sendo mantidos em ordem no quarto & no quarto da janela de sacada!

Basta![2]

Por outro lado, que sorte que ele não veio comigo **desta vez**, apenas para adoecer & ficar de cama nesse nosso pequeno quarto. Queira Deus que o sarampo se desenvolva sem complicações & é melhor que todas as crianças o tenham logo!

Sinto falta de minha meia hora no quebra-cabeças todas as noites. Se tiver um tempo vago aqui, acho que vou voltar a jogar dominó, porque este silêncio em volta de mim é muito depressivo — claro, se não houver trabalho para eu fazer.

O velho *Ivanov*[3] mostrou-se amigável & bondoso ao jantar; meu outro vizinho foi Sir H. Williams[4], que ficou satisfeito em ter encontrado recentemente tantos conterrâneos.

O que escreves sobre ser firme — o senhor — é inteira verdade. Não me esqueço disso — podes ter certeza, mas não preciso berrar com as pessoas por qualquer motivo em todos momentos. Uma observação ou resposta cortante e tranqüila é muitas vezes suficiente para pôr uma ou outra pessoa em seu lugar. —

Agora, meu amor, já é tarde. Boa-noite, Deus abençoe teu sono, dorme bem sem o calor animal.

24 de fevereiro.

Hoje faz um dia cinzento e ventoso, com a neve caindo espessa, nada parecido com a primavera. Acabo de receber teu telegrama sobre a saúde das crianças. Espero que todos peguem logo o sarampo desta vez. Estou enviando, a ti & *Aleksei* cada, uma condecoração concedida pela Rainha & Rei dos belgas — comemorativa da guerra. É melhor que tu mesmo lhes agradeça. E como ele vai ficar satisfeito em ganhar uma nova cruz!

Deus te abençoe, amada Querida! Beijo-te e as queridas crianças com grande ternura. Em pensamentos & orações, sempre com todos vocês.

Teu maridinho
Nicky

1. Olga Nikolaevna, filha mais velha de Nicolau e Aleksandra.

2. Frase russa *Ne nado!* (literalmente, "Não faça"). Nicolau freqüentemente usava essa expressão, como se dizendo a si mesmo para manter maior autocontrole quando estava começando a queixar-se ou ficando excessivamente sentimental.

3. Nikolai Iudovich Ivanov, general-ajudante. De julho de 1914 a março de 1916, foi comandante da frente de batalha do sudoeste. Mais tarde, quando Nicolau assumiu o comando, foi agregado ao Estado-Maior.

4. Sir John Hanbury-Williams, adido britânico ao Estado-Maior Geral.

· 3 ·

Carta de Aleksandra a Nicolau, 24 de fevereiro de 1917.
Texto original em inglês.

N.646. *Tsarkoe Tselo*, 24 de fevereiro de 1917

Meu precioso Amor,

TEMPO mais ameno, 4,5°C. — Ontem houve distúrbios na *V.* [Vassilievski] *Island* & *Nevski* [Avenidas] porque os pobres invadiram as padarias — destruíram inteiramente a *Filipov* & os cossacos foram chamados para reprimi-los.[1] Sei de tudo isso extra-oficialmente. O Bebê estava alegre na noite de ontem & eu li para ele o *Helen's Babies*[2], ou *P.V.P.*[3] leu para ele, 38,1 de febre[4] às 9h — e, às 6h — 38,3. Em ambas as ocasiões Olga estava com 37,7 de febre. — Ela parece menos sadia & cansada. — Ele dormiu bem & teve 37,7 de febre. Às 10h, fui fazer companhia a Ania[5] (parece que ela pegou o sarampo, estava com 37,7, tosse forte, garganta dolorida, talvez seja *angina*) & depois fui ficar um pouco com *Lili, N.P.* & *Rodionov*[6], que ela convidou para jantar no corredor, enquanto ela permanecia na cama. — De modo que, afinal, o *Variag* parte provavelmente hoje para a Inglaterra, onde vai passar 6 meses. Ela [Lili Den] é, claro, valente, mas a gente vê como ela está triste & desapontada & ansiosa por causa da viagem. — Como deve ter sido horrivelmente solitária tua primeira noite — não posso te imaginar aí sem Bebê, meu pobre e doce Anjo. —

Tomara que alguém enforque *Kedrinski*[7] da *Duma*, depois daquele horrível discurso que ele fez, seria a única coisa (lei militar em tempo de guerra) & um exemplo. Anseio e te imploro que mostres **tua** firmeza.

Eu gostaria que tivesses sabido daquela história (que sabemos que é verdadeira & há oficiais de artilharia prontos a jurar que é) sobre *Andrei* & *Kutaisov*[8], de modo a castigar *Andr*: por ousar proibir que [os oficiais] recebessem teu a.d.o. (ajudante-de-ordens) porque cumpriu seu dever. Oh, se não fosse Fred[9]: mais afoito; é o seu dever [*buisiness* (*sic*)]. Penso em *Kut*: em breve ele estará de serviço contigo, mas espero que possas voltar antes. — Lembra-te de escrever a Georgie sobre Buchanan[10], não adies. — Bem, Ania pegou sarampo, às 3h estava com 38,3 de febre — *Tatiana*[11] também & também com 38,3. *Al.* [Aleksei] *Olga* — 37,7, 37,9. Eu ando de um quarto de doente para outro — mandei que Marie & Anastásia[12] voltassem para seus quartos. O sr. Gibbs[13], usando *roupão*, lê para *Aleksei*, o quarto dele tem apenas algumas cortinas cerradas, mas o de O, & T muitas [*sic*], de modo que escrevo perto de um abajur (no sofá). Recebi, durante uma hora e meia, um belga, um siamês, um dinamarquês, um persa, um espanhol, 2 japoneses — *Korf*, *Benkendorf*[14], minhas duas aias, Nastinka[15], que viaja amanhã para o Cáucaso, já que a irmã dela está muito doente — & Isa[16] (sem tocar nela) & *Groten*[17], o amigo *Kalinin* [Protopopov] — distúrbios ainda piores às 10h, à 1h menos, a situação está agora nas mãos de *Khabalov*[18]. Recebi teu *Mufti* às 6h & uma senhora também.

Entrei por um momento para acender velas para todos vocês, meus tesouros — o ar parecia agradável. Não pude receber *M.* & *A.*, uma vez que suas gargantas (& a de *Shura*)[19] mostram claros sinais "*suspeitos*", como os 4 médicos disseram — de modo que foram fazer companhia a Ania. Passo com ela uma hora pela manhã & uma hora à noite — que viagem até o outro lado da casa —, mas fico muito cansada; — ela tosse horrivelmente. O mesmo acontece com Tatiana & a cabeça lhe dói. Olga está com o rosto cheio de pintinhas, Bebê, na maior parte das pernas. Recebi *Bezobrazov* ontem, ele tem **muita** esperança de que tu não o esqueças — eu disse que certamente não o esquecerias, mas ele tem que esperar um pouco para conseguir um bom cargo. Desculpa a carta maçante, mas meus dias são tão nervosos & além disso há um bocado de telefonemas. —

Todas as crianças te enviam carinhosos beijos. O Bebê te beija & pergunta como te sentes & o que *Kulik* (o supervisor) anda fazendo. Tenho que terminar agora, meu feixe de luz, Deus te abençoe + & proteja. Beijo-te sem fim, com terna e verdadeira dedicação e ardente amor. De tua velha

Mulherzinha

+

Descubra o que há sobre a cruz de *N.P.* Ele janta hoje com *Maklakov*, *Kalinin*, *Rimski-Kors*: etc: no *Burdiukov's*.

1. A Avenida Nevski era não só a principal rua comercial de Petrogrado, mas, para muitos russos das classes média e alta, um símbolo da riqueza e civilização da capital. Manifestações de

violência e protesto que ocorriam nesse local eram sempre consideradas como uma grande provocação. Analogamente, a padaria Filippov (Aleksandra escreveu errado o nome) era um estabelecimento muito conhecido, respeitável.

2. John Habberton, *Helen's Babies: With Some Account of Their Ways Innocent, Crafty, Angelic, Impish, Witching, and Repulsive* (Boston, c.1876). Ficção juvenil.

3. Piotr Vassilievich Petrov, o preceptor de língua e literatura russa do czarevich. Petrov também deu aulas às filhas de Aleksandra e Nicolau.

4. Na escala Celsius, 37° é considerado temperatura normal.

5. Anna Aleksandrovna Virubova (Taneieva em solteira), dama de companhia e amiga íntima de Aleksandra.

6. Lili Den (também Dehn; Iulia Aleksandrovna Den, Smonskaia em solteira), esposa de Karl Akimovich Den, comandante do cruzador *Variag*. Era muito amiga de Aleksandra e de Anna Virubova.

Nikolai Pavlovich Sablin, almirante, comandante do Batalhão Naval do Corpo da Guarda, na ocasião comandante do iate imperial, *Standart*.

Nikolai Nikolaevich Rodionov, tenente do Corpo da Guarda.

7. Aleksandra refere-se a Aleksandr Fiodorovich Kerenski, político, advogado, deputado à IV Duma, e líder da facção Trudovik (Trabalhista).

8. Andrei Vladimirovich, grão-duque, primo de Nicolau.

Konstantin Pavlovich Kutaisov, conde, ajudante-de-ordens de Nicolau. Após o assassinato de Rasputin, Kutaisov acompanhou o grão-duque Dmitri Pavlovich, um dos assassinos, ao exílio na frente persa.

9. Vladimir Borisovich Frederiks, conde, general-ajudante, membro do séquito imperial, rico latifundiário, membro do Conselho de Estado, ministro da Corte e Domínio imperial. Um dos conselheiros mais íntimos de Nicolau.

10. George V, rei da Grã-Bretanha.

Sir George Buchanan, embaixador britânico na Rússia (1910-18).

11. Tatiana Nikolaevna, segunda filha de Nicolau e Aleksandra.

12. Maria Nikolaevna, terceira filha de Nicolau e Aleksandra.

Anastásia Nikolaevna, quarta filha de Nicolau e Aleksandra.

13. Sidney Ivanovich Gibbs, inglês que, em 1908, foi convidado a ensinar inglês aos filhos de Aleksandra e Nicolau.

14. Pavel Pavlovich Korf, barão, ministro do Cerimonial da corte imperial.

Pavel Konstantinovich Benkendorf (Benkendorff), conde, general-ajudante, conselheiro de confiança da família do czar.

15. Anastásia Vassilievna Gendrikova, condessa, dama de companhia de Aleksandra.

16. Sofia Karlovna Buksgevden (Buxhoeveden), baronesa, dama de companhia de Aleksandra.

17. Pavel Pavlovich Groten, ajudante-de-ordens, major-general no séquito imperial, comandante do Regimento de Granadeiros da Guarda Montada. Em 1916-17, Groten passou um curto período de tempo em Tsarkoe Tselo como comandante do palácio.

18. Sergei Semionovich Kabalov, tenente-general, comandante do distrito militar de Petrogrado no período de 5 a 28 de fevereiro de 1917.

19. Aleksandra Aleksandrovna Tegleva, membro da nobreza hereditária, babá dos filhos de Aleksandra e Nicolau.

· 4 ·

Carta de Nicolau a Aleksandra, 24-25 de fevereiro de 1917. Texto original em inglês.

Quartel-General Supremo, 24 de fevereiro de 1917

Amada e querida Sunny,

Muitos e carinhosos agradecimentos por tua amada carta. Assim, estamos nós com três crianças & Ania com sarampo! Tente & deixe que Marie & Anastásia o peguem também. Isso seria muito mais simples & melhor para todas elas & para você também!

E tudo isso aconteceu desde que os deixei — há apenas dois dias. *Serg. Petr.*[1] está muito interessado em saber como a doença vai evoluir. Ele acha absolutamente necessário para as crianças & Aleksei, especialmente, uma mudança de clima logo que eles se recuperarem inteiramente — logo após a Páscoa. Quando lhe perguntei que lugar era lugar em que estava pensando [*sic*] — ele disse que era a Criméia. Ele me disse que tem um filho (eu nunca soube disso) que pegou sarampo & que durante um ano o menino continuou tossindo, até que ele o enviou ao sul, o que o curou inteiramente. Ele tinha os olhos cheios de lágrimas enquanto falava sobre esse assunto.

Tenho que dizer que acho excelente o conselho dele — & que descanso seria para ti! Além do mais, os quartos de *Tsarkoe* [Tselo] precisam ser desinfetados mais tarde & você provavelmente não gostaria de ir para Peterhof, de modo que, onde iria morar? Vamos pensar nisso com calma quando eu voltar, o que tenho esperança que não demore muito!

Meu cérebro sente-se repousado aqui — nada de ministros & nada de questões aborrecidas em que pensar — acho que me faz bem, mas apenas ao cérebro. O coração sofre por estar separado & esta separação eu odeio, especialmente em tempos como estes! Não vou ficar ausente por muito tempo — apenas o suficiente para endireitar tanto quanto possível as coisas por aqui & então meu dever terá sido cumprido.

2) 25 de fevereiro.

Acabo de receber teu telegrama desta manhã — graças a Deus por não ter havido ainda complicações. Nos primeiros dias a temperatura é sempre alta & cai lentamente perto do fim. Pobre Ania — posso imaginar o que ela sente & é muito pior do que com as crianças!

Agora, às 2:30 h, antes de sair para meu passeio a pé, passarei no mosteiro & rezarei à Virgem por ti & por eles!

As últimas tempestades de neve, que acabaram ontem juntamente com todas as nossas linhas de trem para o sudoeste, colocaram o exército em situação crítica. Se os trens não puderem correr imediatamente — em 3 ou 4 dias a fome se espalhará entre as tropas. Horrivelmente angustiante!

Adeus, meu verdadeiro amor, minha amada mulherzinha, Deus a abençoe & às crianças. Com terno amor de teu maridinho,

Nicky

1. Sergei Petrovich Fiodorov, médico à disposição do czar e do czarevich no Quartel-General Supremo.

· 5 ·

Carta de Aleksandra a Nicolau, 25 de fevereiro de 1917. Texto original em inglês.

N.647. 25 de fevereiro de 1917

Precioso e Amado Tesouro,

8° [Celsius] & nevando suavemente — até agora tenho dormido muito bem, mas sinto **mais** falta de meu Amor do que palavras podem dizer. — Os distúrbios na cidade e as greves são mais do que apenas irritantes. Eu lhe enviei a carta que *Kal* [Kalinin = Protopopov] me enviou, o papel não é grande coisa, & você receberá outra mais detalhada, com certeza, do *chefe de polícia*. É um movimento de *arruaceiros*, rapazes & mocinhas correndo de um lado para o outro & gritando que não têm pão, apenas para causar agitação & também operários impedindo que outros trabalhem — se estivesse fazendo muito frio eles estariam provavelmente dentro de casa.[1] Mas isto vai passar & a situação acalmar-se — se a *Duma* apenas se comportar — não são publicados os discursos mais ofensivos, mas acho que os discursos antidinásticos deviam ser **imediata** e severamente punidos desde que estamos em guerra, e ainda mais por isso. — Tive a impressão, quando viajastes, que as coisas não iam correr bem. — Mande embora aquele *Batiushin*[2], mas lembre-se de que *Alekseiev* defende-o com grande firmeza. *Bat* escolheu um ajudante-de-ordens agora, um *coronel* que era muito pobre — a esposa trouxe-lhe 15.000 [rublos] e agora ele se tornou muito rico — estranho! *Batiushin* assusta também as pessoas e faz com que lhe paguem grandes somas para não serem mandadas para o exílio (embora inocentes) — livre-se dele, meu amor querido, de *Bat*, quero dizer & logo. O que é que achas de *Alekseiev*? Darás um jeito para que venha o bom *Golovin*, em vez de um desconhecido de que não gostas? Que **teus** desejos sejam cumpridos em primeiro lugar, querido. — É duro não estarmos juntos. — Ania [Virubova] envia muitas lembranças — ela é a que está pior, sofre horrivelmente & uma tosse terrível dia & noite, a erupção é interna & arde muito. Esta manhã ela estava também com 38,6 de febre. Olga, 37,6, *T.* [Tatiana], 37,1. — Bebê ainda está dormindo. Envie-me uma mensagem para passar a Ania, isto fará bem a ela. A bondosa *Lili* veio novamente & mais tarde, quando deixamos A. Às 11h ela me fez companhia & tomou chá até que o trem partiu. É um aborrecimento ter que receber pessoas. Recebi o chinês, o português com 2 filhas — o grego, o argen-

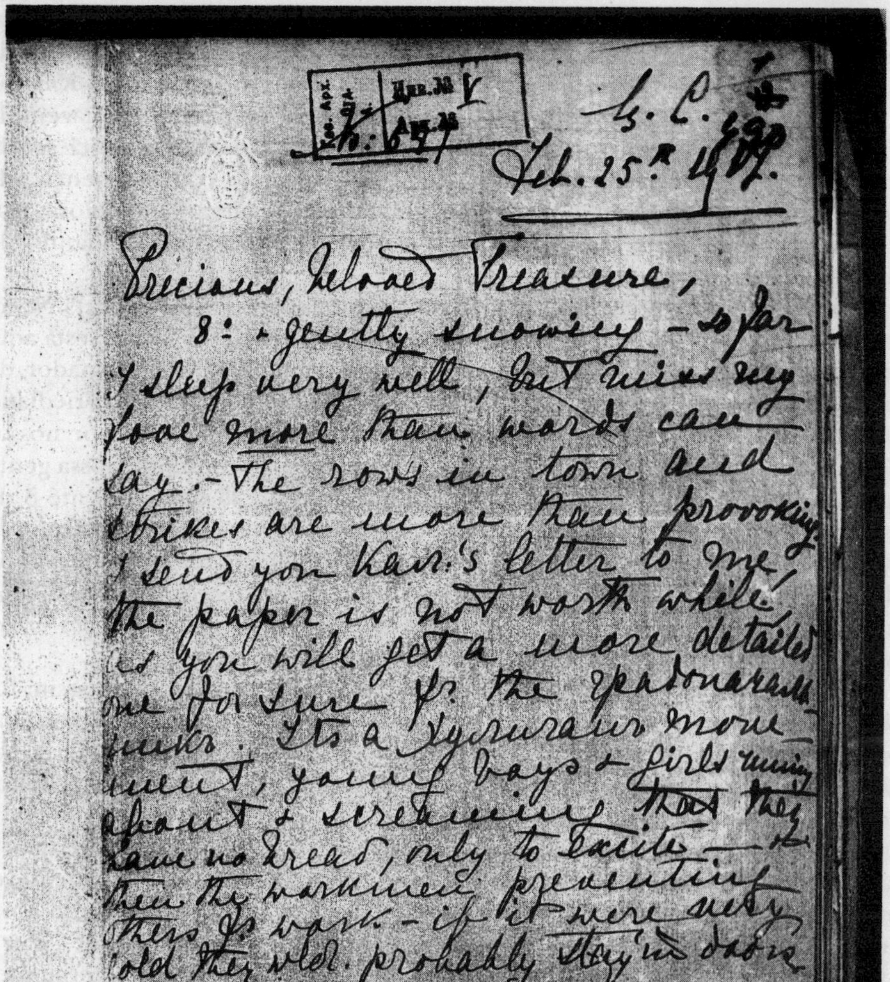
Feb. 25th 1917.

Precious, beloved Treasure,
8° & gently snowing – so far
I sleep very well, but miss my
Love more than words can
say. – The rows in town and
strikes are more than provoking
I send you Kalin's letter to me,
the paper is not worth while
& you will get a more detailed
one for sure fr. the Gradonachalnik.
Its a hooligan movement, young boys & girls running
about & screaming that they
have no bread, only to excite – & then the workmen preventing
others fr. work – if it were very
cold they wld. probably stay in doors

Documento 5. Primeira página da carta de Aleksandra para Nicolau, 25 de fevereiro de 1917.

tino com a esposa. *Boisman* vai para a Criméia — tomara que ele sirva. — Vai logo visitar a Virgem & reza lá tranqüilamente por tua doce pessoa, a fim de ganhar forças para nossa grande & pequena família. O irmão de nosso *Kniazhevich* faleceu em Moscou, era ele quem me ajudava em meu *sklad* [armazém de donativos de guerra]. A velha Mme. *Min* faleceu na cidade, mas está sendo sepultada aqui. — Pensei que Anastásia apareceria hoje com a doença, ela parecia tão predisposta ontem — os médicos acharam a garganta duvidosa, mas a temperatura até agora está inteiramente normal. *Akilina* está cuidando de Ania — todos os médicos, também. —

Estou lendo neste momento um relato do pastor sueco [*sweedish* (*sic*)] Neander, que visitou nossos prisioneiros na Alemanha & Áustria. Ele voltou, está aqui para continuar, nós o receberemos na próxima semana. O ex-governador de Penza, *Gen. Gorainov*, pediu-lhe que visitasse o túmulo de seu filho em Friedland & ele fez isso & achou-o em ordem sob uma cruz de bétula feita por nossos soldados em uma propriedade alemã. Vários morreram lá, enquanto nossa gente organizava um hospital nessa cidade, que funcionou de 25 de agosto até 8 de setembro de 1914. A família perguntou pelas datas de nascimento e nomes de batismo, de modo a poder colocar coroas. Em seguida, ele foi ao cemitério da cidade & encontrou lá muitas de nossas sepulturas & uma marcada *Major-General Makovski, Comandante de Saint-Petersb. Regimento tombado para a glória das armas russas no campo de batalha, nas proximidades de Friedl, 2 de junho de 1807.*

Ania mandou me chamar, sentia-se mal & não podia respirar bem, assim fui visitá-la de 10:30h às 12h. Mais tarde, acalmei-a & ela se sentiu mais tranqüila, implora por suas "santas orações" — ela fica sempre com tanto medo. À 1h, Bebê estava com 38,5, Olga com 38,1, *T.* com 37,4. Fiz companhia a todos enquanto eram mudados os lençóis. Estou escrevendo à luz de um abajur protegido no sofá de Olga. Acendi velas na *Znamenia* [igreja] — cansada após a recepção, conversa com Apraksin & *Boisman*[3]. Claro, este último diz que deveríamos ter aqui um autêntico regimento de cavalaria, que restabeleceria a ordem imediatamente & não as *Reservas*, que consistem de moradores de Petersburgo — por conseguinte *Gurko*[4] não quereria aqui teus lanceiros, poderiam ter sempre controlado a situação, disse *Groten. Boisman* acha que *Kabalov* devia ter usado ~~cozinhas~~, fornos militares & mandado fabricar imediatamente pão, uma vez que *B.* [Boisman] diz que há farinha de trigo [*flower* (*sic*)] em quantidade suficiente. Algumas padarias também entraram em greve. Devíamos ter restabelecido a ordem imediatamente, agora a situação se torna pior a cada dia. Eu disse a *B*: procure *Kalinin* & diga-lhe para falar ~~de~~ com *Kabalov* sobre os fornos militares, porque amanhã, domingo, será ainda pior. Não consigo entender por que não instituíram o sistema de cartões [para racionamento] — & porque não militarizaram todos os fabricos [fábricas], neste caso não haveria desordens, os grevistas diriam para não provocá-los, porque se assim fizessem seriam enviados para a frente de guerra ou severamente castigados. — Nenhum tiro é necessário — apenas ordem & não deixar que cruzem as pontes, como fazem. — Essa questão da alimentação é enfurecedora. Desculpa a carta monótona, mas são tantas as preocupações por aqui. — Beijos & bênçãos +. Sempre tua, de tua velha

Mulherzinha.

+

Ninguém está se sentindo muito mal — Ania é a que sofre & tosse mais. **Todos** te beijam 1.000 vezes.

1. Após semanas de tempo terrivelmente frio, a temperatura em Petrogrado subiu acima do ponto de congelamento no dia 24 de fevereiro, chegando a 8°C no dia 25 e nela permanecendo durante vários dias.

2. Nikolai Stepanovich Batiushin, major-general. Durante a guerra, foi o investigador-chefe do exército na frente norte e, em seguida, nomeado presidente da comissão que investigava crimes financeiros durante a guerra e especulação na retaguarda.

3. Apraksin e Boisman eram membros aristocráticos do séquito imperial.

4. Vassili Iosifovich Gurko, general de cavalaria. Em agosto de 1916, foi nomeado comandante do "Exército Especial". Enquanto o general Mikhail Alekseiev se encontrava enfermo, Gurko desempenhou os deveres de chefe de Estado-Maior do comandante-chefe.

· 6 ·

Telegrama datado de 26 de fevereiro de 1917, de Mikhail Rodzianko[1], presidente da Duma Estatal, a Nicolau II, sobre o início de distúrbios revolucionários em Petrogrado.

Enviado de Petrogrado em 26 de fevereiro de 1917, às 21:52h
Recebido no Quartel-General em 26 de fevereiro de 1917, às 22:40h

À Sua Majestade Imperial, Exército no Campo de Batalha, Quartel-General do Comandante-Chefe

Vosso mais fiel súdito comunica a Vossa Majestade que levantes populares, tendo começado em Petrogrado, estão assumindo dimensões incontroláveis e ameaçadoras. Sua causa é a falta de pão e a entrega irregular de farinha, o que está semeando o pânico, mas a principal razão é a absoluta falta de confiança nas autoridades, que não são competentes para tirar o país da difícil situação em que se encontra. Por esse motivo, surgirão certamente fatos que poderão ser mantidos temporariamente sob controle à custa de sangue derramado de pessoas inocentes, mas que serão impossíveis de conter na eventualidade de sua repetição. Os levantes poderão se estender às estradas de ferro, caso em que a vida do país parará por completo no pior momento possível. As fábricas que trabalham para as forças militares em Petrogrado estão fechando por falta de combustível e matérias-primas, os operários estão sem nada para fazer e multidões famintas, desempregadas, estão tomando o caminho da anarquia desatinada e incontrolável. Em toda a Rússia, as comunicações por estrada de ferro estão em total desordem. Dos nossos 63 altos-fornos no sul, apenas 18 estão funcionando, por falta de entrega de combustível e das necessárias matérias-primas. Entre os 92 altos-fornos nos Urais, 44 estão parados e a produção de ferro-gusa está diminuindo a cada dia, o que implica ameaça de uma grande queda na produção de obuses. Temendo as ordens ineptas das autoridades, o povo não leva seus cereais ao mercado, ocasionando a paralisação dos moinhos e ameaçando o exército e o resto da população com a plena força da carência de farinha de trigo. A autoridade do Estado está totalmente paralisada e é inteiramente incapaz de restabelecer a ordem. Majestade, salve a Rússia. Ela está ameaçada de humilhação e sofrimento. Nessas circunstâncias, a guerra não pode ser levada a uma conclusão vitoriosa, porque a agitação já chegou ao Exército e ameaça crescer, se um fim decisivo não puder ser posto na anarquia e na desordem governamental. Majestade, convoque imediatamente uma pessoa em que todo o país possa ter fé e a encarregue de formar um governo no qual todo o povo possa confiar. Tendo sido novamente inspirada de fé em si mesma e em seus líderes, toda a Rússia obedecerá a tal governo. Nesta hora terrível, sem precedentes em suas sinistras conseqüências, não há outra solução e retardar a tomada de providências é impossível.

Presidente da Duma Estatal
Mikhail Rodzianko

1. Mikhail Vladimirovich Rodzianko, um dos líderes do Partido Outubrista, latifundiário na província de Iekaterinoslav, membro do Conselho de Estado (1906-7), deputado e presidente da III Duma Estatal, presidente da IV Duma Estatal (1912-17). Rodzianko também enviou telegramas, contendo virtualmente o mesmo texto, ao general Alekseiev e aos comandantes das frentes de batalha (ver *Krasnyi arkhiv* 21 [1927]: 5-6, 7*n*2, 13).

· 7 ·

Carta de Aleksandra a Nicolau, 26 de fevereiro de 1917. Texto original em inglês.

N.648. *Ts.Ts.* [Tsarkoe Tselo], 26 de fevereiro de 1917

Meu doce Amado,

QUE ALEGRIA, às 9h desta manhã recebi tua doce carta de 23-24. — Imagine só até aonde foi minha alegria. Obrigada & obrigada novamente por ela — cobri-a de beijos & vou fazer isso muitas outras vezes. É **tão** solitário sem ti — **ninguém** com quem conversar realmente, uma vez que Ania está sofrendo muito, tosse, e febre muito alta — acho que deve ter subido a 40, ela quase nem prega olhos, esta manhã já estava em 39,8. Há um bocado de enfermeiras em volta dela, *Akilina, Fedosia Stepanovna, irmã Tatiana* (do meu séquito), se revezam a cada 2 horas & *Mania* & *Zhuk* (os quatro médicos das crianças pela manhã), em seguida *Ievg. Serg.* & *Vl. Nik.*[1], 2 ou 3 vezes ao dia & o médico dela, que ela ama & e que a ama, até mesmo passou esta noite perto dela. As crianças, 3 vezes por dia, eu, duas vezes, *Lili*, à noite, doce criatura. Tu sabes como ela é difícil & caprichosa como paciente, mas ela sofre, realmente & agora, por sorte, as pintas estão começando a lhe cobrir todo o rosto e peito, é melhor quando elas saem. Fui a *Znam* [igreja Znamenski] ontem & irei hoje, novamente — vou ao serviço inteiramente sozinha, estando cansada & eles precisando de mim — Acho que não preciso. — Deus vê minhas preces daqui. As crianças estão alegres, Anastásia & Marie chamam uma a outra de *enfermeiras auxiliares* [*sidel'ki*] — falam sem parar & telefonam o dia todo — elas são muito prestativas — eu me pergunto se elas também não vão cair de cansaço. *Zhilik*[2] ainda está muito fraco & faz visitas apenas ao Bebê — o sr. Gibbs está com ele. Todos os quartos escuros são depressivos, embora o quarto escuro de Bebê, com as cortinas corridas, seja mais claro. — Hoje, não vou receber ninguém, não posso continuar assim — amanhã, porém, tenho que recomeçar isso. — *Boisman* falou muito bem — apenas aquele horror de *Kniazhevich* será eleito Mar. de Noblesse, o que complicará a situação. Contou-me muita coisa sobre as desordens na cidade (acho que mais de 200.000 pessoas) — acha que não mantemos boa ordem. Mas escrevi tudo sobre isso ontem, perdoe-me, eu sou uma tola. Mas **temos** que organizar um sistema de cartões para distribuição de pão (como todos os países estão fazendo agora), como fizemos em certa ocasião com o açúcar & todos ficam tranqüilos & recebem o suficiente. Nossa gente é composta de idiotas. Obolenski não quer fazer isso, embora Medem[3] deseje, como aconteceu em *Pskov*. Um pobre G. d Arme [gendarme] foi morto pela multidão — e mais algumas outras pessoas. Esse público boquiaberto faz mal, gente bem vestida, soldados feridos & assim por diante — *moças estudantes* etc., que jogam ovos umas nas outras. *Lili* conversa com os *cocheiros* para saber das notícias. Disseram que estudantes os procuraram & disseram que, se saírem para trabalhar pela manhã, serão baleados. Esses tipos nojentos, claro que *cocheiros* & ferroviários freqüentemente entram em greve, mas dizem que agora não é como em 95 [1905], porque todos te adoram & querem **apenas** pão. *Lili* falou em meu nome com *Groten*, já que eu não podia abandonar Ania. Agora, finalmente, posso tomar outra vez meus comprimidos. O tempo está tão ameno — é um aborrecimento que as crianças não possam sair nem em um carro fechado. — O bondoso *Rodionov* enviou a *O*, *T* & Ania um vaso de flores com lírios do vale para cada um — o *Equipage*; o almoço com os fuzileiros não aconteceu, uma vez que o regimento devia estar preparado, em caso de necessidade. —

Tua solidão deve ser horrível, apenas aquele grande silêncio em volta, tão depressivo, pobre amado. —

3 1/2 [3:30h]. Acabo de receber tua doce carta de ontem, os mais carinhosos agradecimentos — meu namorado. Sim, com certeza, uma mudança de ares seria boa depois — apenas *Livadia* [na Criméia] seria dolorosa demais & movimentada demais agora — bem, ainda podemos voltar a pensar nisso. — Os pequeninos passam o tempo todo com os outros & Ania — ainda podem pegar o sarampo. Tatiana tosse horrivelmente, 37,8 de febre. — O., 39,1, *Al.*, 39,6, Ania, 40,1. — Acabo de levar Marie a *Znamenia* para acender velas, fui à sepultura de nosso Amigo — agora a Igreja anda tão cheia que eu podia me ajoelhar & orar ali calmamente por todos vós, sem ser vista pelo *sacristão*. Fomos à casa de *Aleks*: paramos & conversamos com *M. Ivanov*, *Khvoshchinski*, com outras pessoas & o médico. — Tempo ameno, muito ensolarado. — Trouxe para ti este

pedaço de madeira, que encontrei bem em cima da sepultura dele, onde me ajoelhei. —

As coisas correram muito mal ontem na cidade — foram presas 120 pessoas — & 30 pessoas, os principais líderes & *Lelianov*[4] foram detidos para explicar discursos feitos na *Duma Municipal.* Os ministros & alguns membros direitistas da *Duma* reuniram-se em conselho ontem à noite (escreveu-me *Kalinin* às 4h da manhã), com o objetivo de tomar medidas severas — & estão cheios de esperança de que amanhã seja um dia calmo, eles haviam pensado em levantar barricadas etc. Segunda-feira — li uma proclamação vil — mas me parece que tudo vai correr bem — o sol brilha **tanto** — senti tanta paz & tranqüilidade na querida sepultura Dele — Ele morreu para nos salvar. — *Burdiukov* insiste em que eu o receba hoje — Eu esperava **tanto** não ter que receber ninguém. Nastinka [Gendrikova] viaja hoje à noite para *Kislovodsk* — Miechen [grã-duquesa Maria Pavlovna] está reinando lá, é o que dizem. Bebê é uma erupção só, coberto como um leopardo — Olga — grandes pintas lisas, Ania também, por todo o corpo, doem os olhos & gargantas de todos eles. Ania tem 6 médicos & duas enfermeiras, & *Zhuk,* Marie & eu. Enlouquecedor — mas ela gosta disso, acalma seu nervosismo. Becker veio vê-la. Hoje não parece absolutamente um domingo. —

Tenho que voltar para junto deles agora, na escuridão + Bênçãos & beijos sem fim. — Deus queira que o gelo acabe no sul, meu trem Rieman descarrilou perto de *Kiev* por causa do gelo. — Deus ajudará — este parece ser o clímax. Fé & confiança. Tão tranqüilo foste para esse lugar, querida Imagem minha.

Sempre, doce Nicky, a tua velha

Sunny

+

1. Ievgeni Sergeievich Botkin, médico particular de Nicolau e família.

Vladimir Nikolaevich Derevenko, médico que tratava do czarevich Aleksei.

2. Pierre Gilliard, cidadão suíço que ensinava francês aos filhos do imperador e era o preceptor do czarevich Aleksei.

3. Aleksandr Nikolaevich Obolenski, príncipe. De julho de 1914 a novembro de 1916, Obolenski foi o chefe de polícia (*gradonachalnik*) de Petrogrado.

Nikolai Nikolaevich Medem, ex-governador de Pskov e, até maio de 1916, governador de Petrogrado.

4. Pavel Ivanovich Lelianov, membro mais graduado da guilda dos comerciantes, presidente da Duma da Cidade de Petrogrado (1908-12 e 1916-17).

· 8 ·

Carta de Nicolau a Aleksandra, 26 de fevereiro de 1917. Texto original em inglês.

Quartel-General Supremo, 26 de fevereiro de 1917

Minha Bem-Amada,

Os trens estão novamente descontrolados. Tua carta chegou ontem, após as 5h, mas, hoje, a última, a n.647, chegou exatamente antes da hora do almoço. Carinhosos beijos por tua carta. Por favor, não te canses demais, atravessando [*running across* (*sic*)] de um para outro inválido. Visita quando puderes Lili Den — uma boa e sensata amiga.

Fui ontem visitar a imagem da virgem & rezei por ti, meu Amor, pelas queridas crianças & nosso país, e também por Ania. Diga-lhe que vi o broche dela preso à imagem & que esfreguei o nariz nele, enquanto a beijava!

Noite passada estive na igreja; a velha mãe do Bispo agradeceu pelo dinheiro que demos.

Esta manhã, durante o serviço religioso, senti uma dor lancinante no meio do peito, que durou por um quarto de hora. Eu quase não podia me manter em pé & minha testa ficou coberta de gotas de suor. Não consigo entender o que aconteceu, já que não tive taquicardia, mas ela veio & foi embora imediatamente, quando me ajoelhei diante da imagem da virgem!

Se isso acontecer outra vez, terei que conversar com *Fiodorov*. Espero que *Kabalov* saiba como acabar logo com esses distúrbios de rua. *Protopopov* tem que lhe dar instruções claras e categóricas.

Só espero que o velho *Golitsin*[1] não perca a cabeça.

Diga a *Aleksei* que *Kulik* & *Glina*[2] estão bem e pensam nele.

Deus te abençoe, meu Tesouro, nossos filhos & ela!

Beijo-os com grande ternura.

Sempre teu,
Nicky

1. Nikolai Dmitrievich Golitsin, príncipe. De 27 de dezembro de 1916 a 27 de fevereiro de 1917, foi presidente do último Conselho de Ministros.

2. Os cadetes Ievgeni Makarov (Kulik, "Maçarico") e Vassili Ageiev (Glina, "Barro") eram companheiros de brincadeiras do czarevich Aleksei.

· 9 ·

Telegrama do ministro da Guerra, Mikhail Beliaev, ao general Mikhail Alekseiev, chefe do Estado-Maior do comandante-chefe, sobre a adoção de medidas para restabelecer a ordem em Petrogrado, 27 de fevereiro de 1917.

Enviado em 27 de fevereiro [1917], às 13:15h
Recebido em 27 de fevereiro [1917], às 13:20h

A partir desta manhã, companhias e batalhões que permanecem leais ao dever estarão firme e energicamente reprimindo distúrbios em algumas unidades militares. Não foi ainda possível esmagar a rebelião, mas estou firmemente convencido de que a calma logo virá. Medidas implacáveis estão sendo tomadas com esse propósito. As autoridades permanecem inteiramente calmas.

Beliaev

· 10 ·

Telegrama de Nicolau II ao presidente do Conselho de Ministros, príncipe Nikolai Golitsin, sobre medidas tomadas para reprimir os protestos em Petrogrado, 27 de fevereiro de 1917.

Enviado em 27 de fevereiro, às 23:25h

Ao presidente do Conselho de Ministros, Petrogrado.

Dei ordens ao meu chefe de Estado-Maior a respeito de um importante chefe militar para Petrogrado, com instruções para dirigir-se imediatamente à capital.[1] Além disso, em relação às tropas, concedo-lhe pessoalmente todos os poderes necessários para exercer o governo civil. A respeito de mudanças no quadro de pessoal, considero-as, nas atuais circunstâncias, inadmissíveis.

Nicolau

1. O Batalhão Georgievski, formado por soldados e oficiais que haviam se distinguido em batalha e sido condecorados com a Cruz de São Jorge "por bons serviços e bravura", foi enviado do Quartel-General para Petrogrado, juntamente com o general Nikolai Ivanov.

· 11. ·

Carta de Nicolau a Aleksandra, 27 de fevereiro de 1917. Texto original em inglês.

Quartel General Supremo, 27 de fevereiro de 1917

Meu Tesouro,

TERNOS agradecimentos por tua querida carta. Esta será minha última. Como estou feliz com o pensamento de estar contigo dentro de dois dias. Tinha muito o que fazer & por isso esta carta é curta.

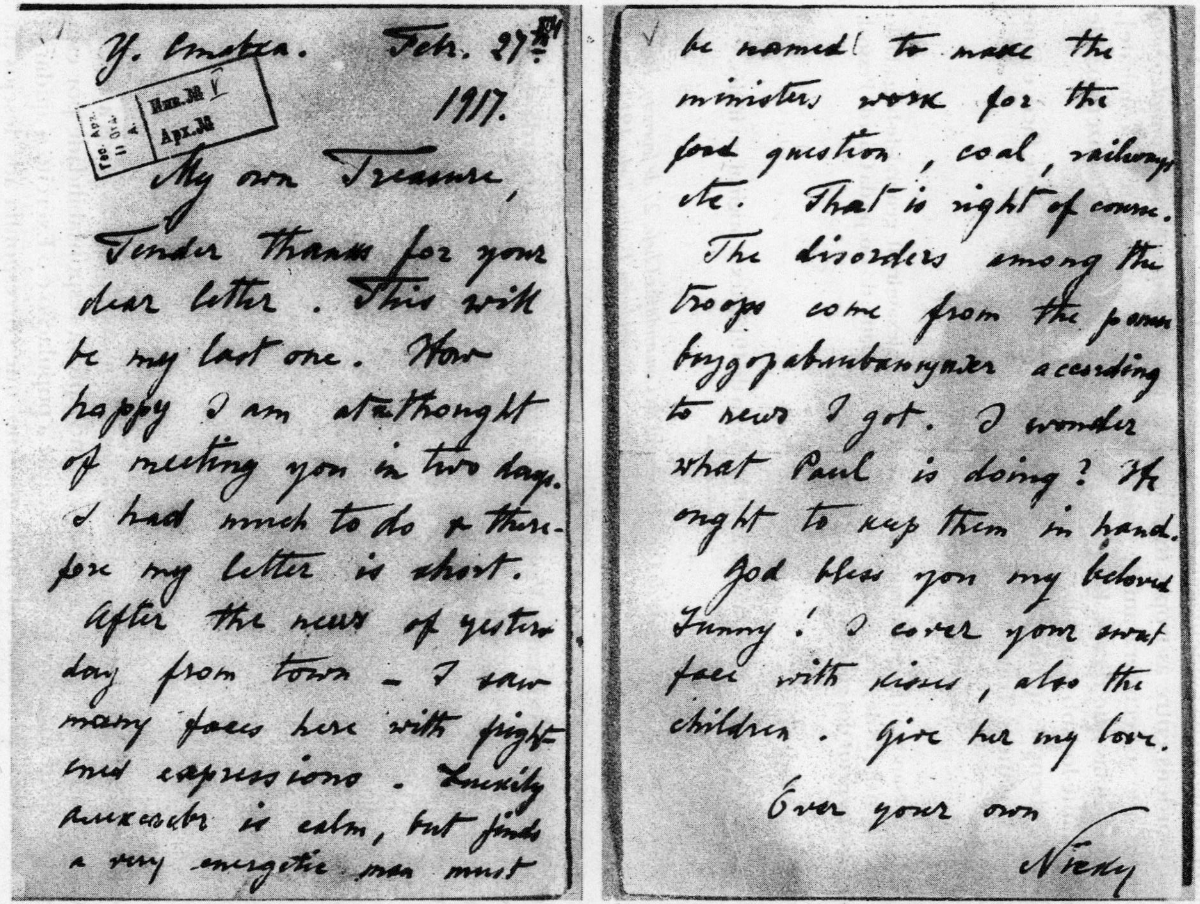

Ц. Ставка. Feb. 27th 1917.

Гос. Арх. II Отд. А. Инв. № V Арх. №

My own Treasure,

Tender thanks for your dear letter. This will be my last one. How happy I am at the thought of meeting you in two days. I had much to do & therefore my letter is short.

After the news of yesterday from town — I saw many faces here with frightened expressions. Luckily Алексеев is calm, but finds a very energetic man must be named to make the ministers work for the food question, coal, railways etc. That is right of course.

The disorders among the troops come from the рота выздоравливающих according to news I got. I wonder what Paul is doing? He ought to keep them in hand.

God bless you my beloved Sunny! I cover your sweet face with kisses, also the children. Give her my love.

Ever your own
Nicky

Documento 11. Carta de Nicolau para Aleksandra, 27 de fevereiro de 1917.

Após as notícias de ontem recebidas da cidade — vi aqui muitos rostos com expressões assustadas. Por sorte, *Alekseiev* está calmo, mas acha que um homem muito enérgico deve ser nomeado para obrigar os ministros a trabalharem para resolver a questão da alimentação, carvão, estradas de ferro etc. Está certo, é claro.

As desordens entre as tropas tiveram origem nas *companhias de convalescentes* [soldados que se recuperavam de ferimentos recebidos na frente de combate], segundo notícias que recebi. Eu gostaria de saber o que Paul[1] está fazendo? Ele deveria mantê-los sob controle.

Deus te abençoe, minha amada Sunny! Cubro de beijos tua doce face, e também as das crianças. Transmita-lhes meu amor.

Sempre teu,
Nicky

1. Pavel Aleksandrovich, grão-duque, filho mais novo de Alexandre II, general-de-brigada do séquito real. No dia 28 de maio de 1916, foi nomeado comandante do Corpo da Guarda Pessoal, e mais tarde inspetor dos guardas.

· 12 ·

Telegrama de Nicolau a Aleksandra, 27 de fevereiro de 1917. Texto original em inglês.

Enviado do Quartel-General do Comandante-Chefe, 27 de fevereiro, 19:06h
Recebido em Tsarkoe Tselo, 1917, 20:02h

A SUA MAJESTADE

Muitos agradecimentos carta. Viajo amanhã 2:30h. Cavalaria da Guarda de Nov [Novgorod] ordem seguir imediatamente cidade [Petrogrado]. Deus conceda ~~vicissim~~ desordens[1] [entre] tropas logo sejam reprimidas. Sempre perto de ti. Terno amor a todos.

Niki

1. A palavra de código *vicissim* foi riscada e decifrada à mão no original.

· 13 ·

Declaração do Comitê Provisório da Duma Estatal, assumindo o poder do Estado, 28 de fevereiro de 1917.

Diante das condições de grave ruína econômica interna, o Comitê Provisório de membros da Duma Estatal é forçado a tomar em suas próprias mãos a restauração do Estado e da ordem social. Aceitando plena responsabilidade por esta decisão, o comitê manifesta a certeza de que a população e o Exército o ajudarão na difícil missão de formar um novo governo, que corresponda aos desejos da população e que possa merecer sua confiança.

Presidente da Duma Estatal,
Rodzianko

· 14 ·

Telegrama dos membros eleitos do Conselho de Estado[1] a Nicolau II, enviado ao Quartel-General, a respeito da situação interna do país e da necessidade de "um governo de confiança", 28 de fevereiro de 1917.

Enviado de Petrogrado em 28 de fevereiro de 1917, à 1:35h
Recebido no Quartel-General em 28 de fevereiro de 1917, às 2:20h

AO IMPERADOR SOBERANO NO QUARTEL-GENERAL
DO EXÉRCITO NO CAMPO DE BATALHA

MAJESTADE IMPERIAL. Nós, os abaixo-assinados, membros eleitos do Conselho de Estado, reconhecendo o perigo terrível que avança sobre a Pátria Mãe, apelamos à VOSSA MAJESTADE, a fim de cumprir nosso dever de consciência para com VOSSA MAJESTADE e com a Rússia. Moinhos e fábricas pararam inteiramente devido à completa desorganização dos transportes e à falta das necessárias matérias-primas. O desemprego forçado e uma intensificação extrema da crise de alimentos, causados pela mencionada desorganização dos transportes, levaram as massas do povo ao desespero. Este sentimento é agravado pelo ódio ao governo e as graves desconfianças em relação às autoridades, que se enraizaram profundamente na alma do povo. Tudo isso se transformou em distúrbios populares [*narodnaia smuta*] de força bruta e as tropas estão agora a eles aderindo. O governo, jamais tendo desfrutado a confiança da Rússia, está inteiramente desacreditado e completamente impotente para enfrentar a grave situação. MAJESTADE, a manutenção no poder do atual governo significa o colapso completo da ordem legal e implica a derrota inevitável na guerra, a extinção da dinastia e a maior de todas as calamidades para a Rússia. Julgamos que o único e decisivo meio é uma mudança decisiva, ordenada por VOSSA MAJESTADE IMPERIAL, no tocante à política interna, de acordo com o desejo repetidamente manifestado de representação popular dos Estados e organizações sociais, à imediata convocação das casas do legislativo, a exoneração do atual Conselho de Ministros, e à designação, por VOSSA MAJESTADE, de uma pessoa que mereça toda a confiança do povo, a fim de apresentar uma lista de novos membros do gabinete, capazes de governar o país em total acordo com a representação popular. Cada hora é importante. Mais demoras e vacilações ameaçam com infortúnios incalculáveis.

Os membros fiéis do Conselho de Estado de VOSSA MAJESTADE IMPERIAL: barão Meller-Zakomelski, Grimm, Guchkov, Iumashev, Savitski, Vernadski, Krim, conde Tolstoi, Vassiliev, Glebov, Zubashev, Lapteve, Oldenburg, Diakonov, Veinshtein, príncipe Trubetskoi, Shumakher, Stakhovich, Stakheiev, Komsin, Shmurlo, príncipe Drutskoi-Sokolinski, Marin.

1. O Conselho de Estado era a Câmara Alta no sistema bicameral estabelecido na Rússia em 1906. Funcionava como contrapeso conservador da Duma.

· 15 ·

Telegrama de Nicolau a Aleksandra, 28 de fevereiro de 1917.
Texto original em inglês.

Enviado de Viazma em 28 de fevereiro de 1917, às 15h
Recebido em Tsarkoe Tselo em 28 de fevereiro de 1917, às 16:49h

A SUA MAJESTADE

Viajei esta manhã às 5h Pensamentos sempre juntos Tempo glorioso [*glorius* (*sic*)] Esperança esteja sentindo-se bem e tranqüila Numerosas tropas enviadas da frente de guerra O mais carinhoso amor

Niki

· 16 ·

Diário de Aleksandra, 28 de fevereiro de 1917.
Texto original em inglês.

28 de fevereiro Terça-feira

12°C
O: [Olga] 39,1. *T: [Tatiana] 39,5* 1/2.
Al: [Aleksei] 37,7. An: [Anastásia] 37,7.
Fiz companhia a A. [Anna Virubova]. —
Benkend: [Benkendorf] *Groten — Borisov* no primeiro andar.
Linevich —
1 hora. Al. 37,3[1] O. 29,8 1/2 T: 39,8 —
Isa
6 horas. O. 40,3. *T.* 39,4. *Al*: 37,1
dia inteiro no primeiro andar refeições com M.O. *Lili* [Den] que dorme novamente aqui.
9 horas. O. 40,2. *T.* 39,7. *Al*: 36,7. Ania 40,1.
passei em revista as tropas no jardim.

1. O último algarismo é seguido pela abreviação sobrescrita *ch.*, significando "o'clock", aparentemente um erro.

· 17 ·

Telegrama de Aleksandra a Nicolau, 1º de março de 1917.

A Sua Majestade, trem imperial
Enviado do Palácio de Tsarkoe Tselo (Aleksandrovski)
Recebido em 1º de março de 1917, às 11:50h

Pensamentos [e] preces não te deixam. O Senhor ajudará. A temperatura das crianças ainda está alta; tossem muito. Todos te beijamos carinhosamente.

Alix

· 18 ·

Manifesto dos Grão-Duques, 1º de março de 1917.[1]

Os Grão-Duques decidiram apresentar este ato, aprovado sem restrições pelos mesmos, a Vossa Majestade Soberana Imperial, para assinatura.

Pela Graça de Deus
Nós, Nicolau, o Segundo

Imperador e Autocrata de Todas as Rússias, Rei da Polônia,
Grão-Duque da Finlândia etc., etc. etc.

Anunciamos a todos os nossos fiéis súditos:

Com a firme intenção de reconstruir a administração governamental no império, na base de ampla representação popular, tencionamos coordenar a adoção de uma nova estrutura do Estado no dia do término da guerra. Nosso antigo governo, que considerava indesejável estabelecer a responsabilidade dos ministros perante a pátria mãe, sob a forma de instituições legislativas, julgou possível retardar indefinidamente essa medida. Os fatos dos últimos dias, no entanto, demonstraram que o governo, que não conta com uma maioria nas instituições legislativas, não pôde prever os distúrbios que surgiram e nem firmemente evitá-los.

É grande nossa tristeza que, nos dias em que o destino da Rússia está sendo decidido no campo de batalha, conflitos internos tenham ocorrido na capital e desviado esforços de defesa tão necessários para uma conclusão vitoriosa da guerra.

Esse conflito não foi semeado sem as intrigas de um inimigo ardiloso e a Rússia é submetida neste momento a graves tribulações. Mas, pondo firmemente nossa confiança na ajuda da Providência divina, temos inteira certeza de que o povo russo, em nome do bem de sua terral natal, superará esses conflitos e jamais permitirá que triunfem as intrigas do inimigo.

Fazendo o sinal-da-cruz, Nós concedemos ao Estado da Rússia uma ordem constitucional e decretamos o reinício das atividades do Conselho de Estado e da Duma Estatal, que foram suspensas por nossa ordem. Delegamos poder ao presidente da Duma Estatal para nomear imediatamente um gabinete provisório que mereça a confiança do país e, em conformidade conosco, providenciar que uma assembléia legislativa seja convocada para examinar sem demora um esboço de novas leis básicas para o Império Russo, que possam ser feitas cumprir pelo governo.

Que esta nova ordem executiva sirva ao mais alto sucesso, glória e felicidade de nossa querida Rússia.

Proclamado em Tsarkoe Tselo, no primeiro dia de março, no ano de Nosso Senhor de 1917, no 23º ano de nosso reinado.

Assinado:

Grão-duque Mikhail Aleksandrovich[2]

Grão-duque Kirill Vladimirovich[3]

Grão-duque Pavel Aleksandrovich

Este ato deverá ser transmitido ao Governo Provisório da Duma do Estado pelo advogado Nikolai Ivanov.

Grão-duque Mikhail

Grão-duque Pavel

Grão-duque Kirill

Cópia autenticada submetida ao Comitê Provisório da Duma do Estado em 1º de março de 1917, dou fé. — P. Miliukov[4]

1. Este manifesto foi redigido pelo Grande Príncipe Pavel Aleksandrovich, tio de Nicolau; Rodzianko; Nikolai Nikiforovich Ivanov, advogado e assessor de Rodzianko; e príncipe Mikhail Putiatin. O plano, elaborado em 28 de fevereiro, era apresentar o manifesto a Nicolau quando ele chegasse a Tsarkoe Tselo. Quando Pavel soube que o trem de Nicolau havia sido desviado para Pskov, procurou obter o endosso de Aleksandra para o manifesto. Ela se recusou e informou a Nicolau sobre "o manifesto idiota sobre constit: depois da guerra", de autoria de Pavel (Documento 24). Quando o manifesto foi levado à Duma no dia 1º de março para aprovação preliminar, e antes de ser submetido a Nicolau (a cópia aqui apresentada é a da Duma), Ivanov e Rodzianko reconheceram que já era tarde demais.

2. Mikhail Aleksandrovich (Misha), irmão mais novo de Nicolau e herdeiro do trono de 1899 até 1904, quando nasceu o czarevich Aleksei.

3. Kirill Vladimirovich, primo em primeiro grau de Nicolau. Na Revolução de Fevereiro, Kirill apoiou o Governo Provisório.

4. Pavel Nikolaevich Miliukov, político, historiador, jornalista, um dos organizadores do Partido Cadete e, a partir de 1907, presidente do Comitê Central. Miliukov foi também editor do jornal *Rech'* (Discurso), e membro da terceira e quarta Dumas Estatais. Durante a Revolução de Fevereiro, defendeu a preservação da monarquia. Ministro das Relações Exteriores do primeiro gabinete do Governo Provisório (até 2 de maio de 1917).

· 19 ·

Telegrama do general Alekseiev a Nicolau II, 1º de março de 1917.

Enviado em 1º de março, às 22:20h

A SUA MAJESTADE IMPERIAL

O perigo cada vez maior de que a anarquia se espalhe por todo o país, a desintegração ininterrupta do Exército, e a impossibilidade de dar prosseguimento à guerra na atual situação, exigem, com urgência, a imediata promulgação de um ato imperial que, mesmo agora, possa acalmar as mentes. Isso só pode ser realizado convocando-se um ministério responsável e delegando sua formação ao presidente da Duma Estatal. Relatórios que chegam dão razão à esperança de que os estadistas da Duma, tendo à frente Rodzianko, possam mesmo agora deter o colapso geral e que possamos ser capazes de trabalhar juntos. Qualquer desperdício de tempo, porém, reduz nossas últimas oportunidades de preservar e restabelecer a ordem e possibilita a tomada do poder por elementos da extrema esquerda. À luz dessa situação, imploro a Vossa Majestade Imperial condescenda em promulgar imediatamente, do Quartel-General, o seguinte manifesto:

"Anunciamos a todos os nossos fiéis súditos: Um pavoroso e cruel inimigo está reunindo suas últimas forças para uma batalha com nossa pátria mãe. A hora decisiva está próxima. O destino da Rússia, de nosso heróico Exército, a felicidade de nosso povo, todo o futuro de nossa querida pátria mãe — todas essas condições exigem que a guerra seja levada, a qualquer custo, a uma conclusão vitoriosa. Em um esforço para unir mais solidamente todas as forças populares, a fim de obter uma rápida vitória, julguei necessário reunir um ministério responsável perante os representantes do povo e encarreguei de sua formação Rodzianko, presidente da Duma Estatal, que escolherá pessoas que mereçam a confiança de toda a Rússia.

Confiamos em que todos os filhos fiéis da Rússia, tendo-se unido solidamente em volta do trono e dos representantes do povo, ajudem de boa vontade nosso glorioso Exército a completar sua grande missão. Em nome de nossa amada pátria mãe, convoco todo o povo russo ao cumprimento de seu sagrado dever para com ela, a fim de que possamos mostrar, mais uma vez, que a Rússia é tão indestrutível como sempre e nenhuma intriga do inimigo a derrotará. Que o Senhor Deus nos ajude."

General-ajudante Alekseiev

1º de março de 1917

· 20 ·

Parte preservada do telegrama do general Mikhail Alekseiev, chefe do Estado-Maior do Comandante-Chefe, enviado a Nicolau II e recebido em Pskov em 2 de março de 1917.

[Recebido às 14:30h]

Vosso mais fiel servidor apresenta a VOSSA MAJESTADE IMPERIAL os telegramas abaixo, por mim pessoalmente recebidos em nome de VOSSA MAJESTADE IMPERIAL:

DO GRÃO-DUQUE NIKOLAI NIKOLAEVICH[1]

"O general-ajudante Alekseiev comunica-me a situação fatal e sem precedentes que surgiu e me solicita que lhe apóie a opinião de que um fim vitorioso para a guerra, tão necessário para a felicidade e o futuro da Rússia e a salvação da dinastia, exige a adoção de medidas extraordinárias. De acordo com o dever e o espírito de meu juramento como súdito leal, acho necessário implorar de joelhos a VOSSA MAJESTADE IMPERIAL para que salve a Rússia e SEU herdeiro, conhecendo vossos sentimentos de santo amor por ele e pela Rússia. Tendo feito sobre si mesmo o sinal-da-cruz, transfira-lhe VOSSO legado. Não há outra saída. Como nunca antes em minha vida, e com uma prece particularmente ardente, imploro a Deus que fortaleça e guie VOSSA MAJESTADE.

General-ajudante Nikolai"

DO GENERAL-AJUDANTE BRUSILOV[2]

"Peço-lhe que comunique a Sua Majestade Imperial minha solicitação, como o mais fiel dos súditos, inspirada por minha lealdade e amor à pátria mãe, que, neste momento, a única maneira de salvar a situação e criar a possibilidade de continuar a combater o inimigo externo, sem a qual a Rússia perecerá, será abdicar ao trono em favor do herdeiro de Sua Majestade, o czarevich, com o grão-duque MIKHAIL ALEKSANDROVICH como regente. Não há outra saída. Mas é necessário agir logo, a fim de que as chamas da inquietação popular, que já cresceram muito, possam ser mais facilmente extinguidas; de outra maneira, esta situação terá conseqüências catastróficas sem fim. Esse ato salvará a própria dinastia na pessoa do herdeiro legítimo.

General-ajudante Brusilov"

DO GENERAL-AJUDANTE EVERT[3]

"O chefe do Estado-Maior de VOSSA MAJESTADE IMPERIAL informou-me da situação que surgiu em Petrogrado, Tsarkoe Tselo, no mar Báltico e em Moscou, e o resultado das conversas entre o general-ajudante Ruzski[4] e o presidente da Duma Estatal. MAJESTADE, contar com o Exército, da forma atualmente constituída, para reprimir as desordens internas é impossível. O Exército pode ser mantido coeso apenas em nome da salvação da Rússia da escravização certa pelo pior inimigo do país, caso seja impossível continuar a luta. Estou tomando todas as medidas para impedir que informações sobre o estado real da situação nas capitais cheguem ao Exército, a fim de prevenir a inevitável agitação. Não há absolutamente meio algum de conter a revolução nas capitais. É necessário que se tome uma decisão imediata, que possa pôr um ponto final às desordens e preservar o Exército para a luta contra o inimigo. Dada a situação que surgiu e não vendo outra saída, vosso súdito, de lealdade sem limite à VOSSA MAJESTADE, solicita a VOSSA MAJESTADE, em nome da salvação da pátria mãe e da dinastia, que tome uma decisão em conformidade com o que foi proposto pelo presidente da Duma Estatal ao general-ajudante Ruzski, como única maneira eficaz de deter a revolução e salvar a Rússia dos horrores da anarquia.

General-ajudante Evert"

Tendo fielmente comunicado o teor desses telegramas a VOSSA MAJESTADE IMPERIAL, imploro-lhe que tome, sem demora, a decisão que o Senhor Deus VOS transmite. A procrastinação ameaça a Rússia com a morte. Conseguimos salvar o Exército da doença que tomou conta de Petrogrado, Moscou, Kronstadt e outras cidades. Mas não podemos garantir a preservação da mais alta disciplina. Qualquer envolvimento do Exército nos assuntos da política interna implicará um fim inevitável à guerra, a desgraça da Rússia, e seu colapso. MAJESTADE IMPERIAL, ame apaixonadamente a pátria mãe e, em nome de sua unidade e independência, em nome da conquista da vitória, digne-se a tomar uma decisão que possa levar a uma solução pacífica e favorável da situação mais do que grave ora surgida. Aguardo novas ordens. 2 de março de 1917, N.1878.

General-ajudante Alekseiev

1. Nikolai Nikolaevich, neto de Nicolau I, primo em primeiro grau do czar, comandante-chefe (20 de julho de 1914 — 23 de agosto de 1915). Exonerado por influência de Aleksandra, que lhe temia a influência crescente. Comandante dos exércitos do Cáucaso e governador-geral do czar na região (24 de agosto de 1915 — 1º de março de 1917). Após a abdicação de Nicolau II, serviu novamente como comandante-chefe (2—11 de março de 1917), mas foi logo depois obrigado a exonerar-se sob pressão do Soviete de Petrogrado e do Governo Provisório.

2. Aleksei Alekseievich Brusilov, general de cavalaria, comandante da frente Sudoeste a partir de março de 1916.

3. Aleksei Iermolaevich Evert, general de infantaria, comandante da frente ocidental a partir de agosto de 1915.

4. Nikolai Vladimirovich Ruzski, general de infantaria, comandante da frente Norte de agosto de 1915 a abril de 1917.

· 21 ·

Carta do grão-duque Pavel Aleksandrovich ao presidente da Duma do Estado, Mikhail Rodzianko, sobre a salvação do trono, [2 de março] 1917.

1917

Muito estimado Mikhail Vladimirovich,

COMO ÚNICO FILHO sobrevivente do Czar-Libertador, rogo-lhe que faça **tudo** em seu poder a fim de preservar o trono constitucional para o czar. Sei que o senhor lhe é fervorosamente dedicado e que todos os seus atos são plenos de profundo patriotismo e amor pela querida pátria mãe. Eu não o incomodaria neste momento, se não tivesse lido o discurso de Miliukov, ministro do Exterior, e suas palavras sobre a regência do grão-duque Mikh. Alek., no [jornal] *Izvestiia*. Julgo opressivo esse pensamento sobre a remoção total do monarca. [Após essas palavras, foram riscadas as palavras: "e venenoso. Pense em que o exército na frente de batalha é profundamente leal a ele. Isto poderia cri[criar]."] Dada uma forma constitucional de governo e suprimentos apropriados ao Exército, o soberano levará sem dúvida as tropas à vitória. Eu gostaria de ir visitá-lo, mas meu carro foi requisitado e não tenho forças para ir a pé até aí. Que o Senhor o ajude e salve nosso querido czar e nossa pátria mãe.

Sincera, respeitosa e
lealmente seu,
G.D. Pavel Aleks.

· 22 ·

Carta do grão-duque Pavel Aleksandrovich ao grão-duque Kirill Vladimirovich, a respeito de sua atitude em relação à regência, 2 de março de 1917.

2 de março de 1917

Querido Kirill,

SABES que estou constantemente em contato com a Duma do Estado através de Nik. Nikif. Ivanov. Antipatizei profundamente com a nova idéia surgida ontem à noite, de nomear Misha [Mikhail Aleksandrovich] como regente. Isto é intolerável e pode ser apenas uma das intrigas de Brasova[1]. [Talvez] sejam apenas boatos, mas temos que estar de sobreaviso e fazer tudo que pudermos, a fim de salvar o trono para Niki. Se Niki assinar o manifesto que aprovamos sobre uma constituição, essa medida atenderá a todas as exigências do povo e do Governo Provisório. Discute o assunto com Rodzianko e lhe mostra minha carta. Conto muito com tua ajuda e abraço-te e a Ducky[2] apertadamente.

Teu tio P.

1. Natalia Sergeievna Brasova (anteriormente, Vulfert), condessa, esposa morganática do grão-duque Mikhail Aleksandrovich, filha de Sergei Sheremetevski, o famoso advogado de Moscou.

2. Vitória Fiodorovna (Ducky), grã-duquesa. No seu primeiro casamento, foi esposa do grão-duque Ernst of Hesse-Darmstadt (irmão de Aleksandra). Casou em 1905 com o grão-duque Kirill Vladimirovich sem a permissão costumeira do czar, como chefe da dinastia. Nicolau reconheceu o casamento em 1907.

· 23 ·

Carta do grão-duque Kirill Vladimirovich ao grão-duque Pavel Aleksandrovich, a respeito da atitude do grão-duque Mikhail Aleksandrovich em relação à regência, 2 de março de 1917.

2 de março de 1917

Querido tio Pavel!

OUVI APENAS boatos sobre a questão que o preocupa. Concordo inteiramente com o senhor, embora Misha, a despeito de meus insistentes pedidos para que clara e exclusivamente trabalhe com nossa família, se esconda e se comunique, em segredo, apenas com Rodzianko. Fiquei totalmente isolado nestes dias difíceis e assumo plena responsabilidade perante Niki e a pátria mãe por tentar salvar a situação e por reconhecer o novo governo.

Abraço-te,
Kirill

· 24 ·

Carta de Aleksandra a Nicolau, 2 de março de 1917. Texto original em inglês.

N.650. 2 de março de 1917

Meu amado, Anjo precioso, luz de minha vida.

MEU CORAÇÃO se dilacera, pensando em ti inteiramente sozinho, passando por toda esta angústia, ansiedade & nada sabemos de ti & nada sabes de nós, de modo que estou enviando *Soloviev* & *Gramotin*, cada um deles com uma carta, na esperança de que pelo menos uma chegue às tuas mãos. Eu quis enviar um aeroplano, mas os aviadores foram embora. Os jovens lhe contarão **tudo**, de modo que não vou dizer nada sobre a situação. É tão anormalmente horrenda & a rapidez com que acontecem as coisas. Mas tenho a firme convicção, que **nada** pode abalar, de que **tudo** se normalizará de alguma maneira, especialmente depois que recebi teu telegrama esta manhã, o primeiro raio de sol neste pântano. Não conhecendo teu paradeiro, eu estava fazendo uma última tentativa através do *Quartel-General. Rodz:* [Rodzianko] finge que não sabe por que foste detido aí. É claro que [ele] sabe, apenas não quer que te reúnas a mim antes de assinares alguns papéis que eles querem, constituição ou algum horror desses. E tu, que estás sozinho, sem um exército às costas, preso como um rato em uma ratoeira, o que podes fazer? Esta é a coisa mais baixa, mais vil, desconhecida na história, deter um soberano. — Agora, P. [Protopopov] não pode ir a teu encontro porque *Luga* [estação ferroviária], foi tomada [pelos revolucionários], derrotaram & desarmaram o *But*: reg; [regimento] & danificaram a linha. — Talvez tu te mostres às tropas em *Pskov* & além & consigas que te apóiem. Se fores forçado a fazer concessões — **nunca** terás obrigação de cumpri-las, porque o costume está acima & abaixo de críticas. Paul [Pavel Aleksandrovich], depois de receber de mim uma colossal espinafração por **nada** fazer com a Guarda, tenta agora trabalhar muito & vai agora nos salvar a todos, muito nobre & tolo. Ele redigiu aquele manifesto idiota sobre a constit: depois da guerra etc. *Boris*[1] partiu para o *Quartel-General*, vi-o pela manhã, ele viajou à noite, tendo recebido ordens urgentes do *Quartel-General* — o maior dos pânicos. *Georg*[2] em *Gatchino* nem sonha em dar qualquer notícia ou novidade. Kirill Xenia Misha não pode sair da cidade. Tua pequena família é digna de seu pai — aos poucos, contei toda a situação aos mais velhos, à Vaca [Virubova] — eles estavam doentes demais antes — têm sarampo horrivelmente forte, que doença, tosses. Representar diante dele foi muito penoso — a Bebê [Aleksei] conto a metade. Ele tem 36,1[3] de febre & está animado, apenas muito triste porque não chegaste. *Lili* [Den] um anjo inseparável, dorme no quarto, Maria comigo, de *camisolas* & cabelo feito. Passei o dia inteiro recebendo pessoas. *Groten perfeito* & *Resin*[4] tranqüilo. O velho casal *Benk*: [Benkendorf] dorme na casa & Apr: [Apraksin][5] chega aqui usando trajes civis. Usou roupas de *Linevich*[6], receio que o tenham detido também na cidade. Nenhum dos nossos pôde vir. Irmãs [enfermeiras], mulheres, funcionários civis, feridos podem passar — nós só podemos telegrafar para o Palácio de I. [Inverno]. *Rataev*[7] comporta-se admiravelmente bem. Estamos todos animados, não nos deixamos abater pelas circunstâncias, apenas angustiados por tua causa & humilhados de forma indescritível por tua paciência de santo. Que o Deus Todo-Poderoso te ajude. — Estive com *Ivanov* ontem à noite, de 1 até 2 1/2, no momento ele permanece em seu trem, eu achei que ele podia ir com o trem dele ao teu encontro em Dno [estação], mas ele poderia passar? Ele gostaria que teu trem tivesse seguido o dele. — Incendiaram a casa de Fred: [Frederik], a família dele está no hosp. de G. â Cheval. Prenderam Grünwald & Stackelberg[8]. Darei a eles um jornal para te levar que recebemos de *N.P.* [Nikolai Pavlovich Sabein] através de um homem que enviamos à cidade. Ele tampouco pode sair de casa — *por causa de* [*na uchete*]. Duas correntes — *Duma* & revolucionários — duas serpentes cujas cabeças eu gostaria de cortar a dentadas, esta seria a salvação da situação. Acho que Deus fará alguma coisa. Que belo dia ensolarado está fazendo hoje — se apenas estivesses aqui! — que pena que até a *Equip*: [Guards Equipage] tenha nos deixado esta noite — eles não compreendem absolutamente **nada**, um micróbio tomou conta deles. Vou guardar aquele jornal para que *Voeik*[9]: o leia, vai magoar você tanto quanto me magoou. *Rodz.* [Rodzianko] não te menciona nem uma única vez — mas quando souberem que não te deixarás dobrar, as tropas se enfurecerão & se levantarão contra todos. Elas acreditam que a *Duma* está contigo & é por ti. Bem, deixem [*puskai*] que eles restabeleçam a ordem & mostrem que servem para alguma coisa — mas fizeram uma fogueira grande demais & como apagá-la agora? — As crianças ficam quietas à noite, Bebê fica com elas durante várias horas após o almoço e dorme. Passo os dias lá em cima & lá recebo também as visitas — o elevador não funciona há 4 dias, um cano estourou. — Olga 37,7 de febre, *T.* 38,9 & ouvido começa a doer — *An.*: 37,2 por causa do remédio que lhe deram para a dor de cabeça, Piramidon. Bebê continua dormindo, Ania, 36,6 — a doença deles tem sido muito cansativa — Deus certamente a enviou por algum bom motivo — eles têm sido tão corajosos todo o tempo — vou sair agora e dizer bom-dia aos soldados que estão em frente à casa. — Não sei o que escrever, impressões demais, coisas demais para dizer. O coração dói muito, mas não lhe presto atenção, estou muito animada e sou igual a um galo. Só sofro dolorosamente demais por tua causa. — Tenho que terminar & escrever outra carta, para o caso de não receberes esta & bastante pequena para que a escondam nas botas ou a queimem. — Deus te abençoe & proteja — envie Seus Anjos para te proteger & guiar — nunca longe de ti, *Lili* & *Ania* enviam terno **amor** & orações. Todos nós te beijamos & beijamos & abençoamos + sem fim. Deus ajudará, ajudará & e tua glória chegará — isto é o clímax do mal. Que horror diante de nossos Aliados! & alegria do inimigo!! — Nada te posso aconselhar, sê apenas teu precioso ser. Se tiveres que dar alguma coisa, Deus te ajudará a tirar proveito dela. Ah, meu santo sofredor. Sou uma só contigo, inseparável.

Velha mulherzinha.

+

Que esta imagem, que beijei, possa levar-te minhas ferventes bênçãos, força, ajuda. Usa a cruz dele [de Rasputin] o tempo todo, mesmo que seja incômoda — para **minha** paz de espírito.
Não vou enviar a Imagem, eles podem facilmente amassar o papel em volta.

1. Boris Vladimirovich, grão-duque, primo de Nicolau.

2. Georg Mikhailovich, grão-duque, filho do grão-duque Mikhail Nikolaevich, general de infantaria que servia no Quartel-General do comandante-chefe durante a Primeira Guerra Mundial.

3. Na escala Celsius, 37° é considerado temperatura normal.

4. Aleksei Alekseievich Resin, comandante do Regimento Misto de Infantaria de Sua Majestade em Tsarkoe Tselo a partir de 14 de agosto de 1914, agregado ao séquito da imperatriz.

5. Piotr Nikolaevich Apraksin, contador do séquito da imperatriz.

6. Aleksandr Nikolaevich Linevich, ajudante-de-ordens do séquito do imperador, tenente na Artilharia da Guarda Montada.

7. Ivan Dmitrievich Rataev, príncipe, chefe do policiamento no Palácio de Inverno.

8. Artur Aleksandrovich fon Grinvald (von Grünwald), general de cavalaria, administrador das cocheiras reais.

Konstantin Karlovich Shtakelberg (Stackelberg), barão, tenente-general da Guarda Pessoal, diretor da orquestra da corte.

9. Vladimir Nikolaevich Voeikov, major-general do séquito do czar, comandante do palácio a partir de 25 de dezembro de 1913. Foi expulso do Quartel-General pelo Governo Provisório durante a Revolução de Fevereiro e preso mais tarde.

· 25 ·

Minuta das conversações entre os deputados da Duma Estatal, Aleksandr Guchkov[1] e Vassili Shulgin[2], e Nicolau II em Pskov, a respeito da assinatura do ato de abdicação ao trono, 2 de março de 1917.

No dia 2 de março, por volta das 10h da noite, Guchkov, membro do Conselho de Estado, e Shulgin, membro da Duma do Estado, chegaram a Pskov. Foram imediatamente convidados para o vagão-salão do trem imperial, onde nesse momento se encontravam reunidas as seguintes pessoas: comandante da frente norte, general-ajudante Ruzski; ministro da corte imperial, conde Frederiks; e o major-general Narishkin[3], chefe do gabinete militar de campanha da comitiva de Sua Majestade Imperial. Após ingressar no salão, Sua Majestade cumprimentou cordialmente as pessoas ali reunidas e, pedindo a todos que se sentassem, preparou-se para escutar a palavra dos deputados recém-chegados.

MEMBRO DO C.E. [Conselho de Estado] GUCHKOV: Vim aqui em companhia de Shulgin, membro da Duma do Estado, a fim de comunicar a Vossa Majestade o que aconteceu em Petrogrado nestes últimos dias e também consultá-lo sobre medidas que poderão salvar a situação. A situação é extremamente ameaçadora: em primeiro lugar, os trabalhadores e, em seguida, as tropas, entraram em ação e as desordens se estenderam aos arrabaldes da cidade. Moscou está inquieta. Isto não é resultado de alguma conspiração ou golpe planejado de antemão, mas um movimento que nasceu do próprio chão e que imediatamente assumiu uma característica anárquica e pôs as autoridades em segundo plano. Procurei o segundo em comando do general Kabalov, o general Zankevich, e lhe perguntei se dispunha de alguma unidade de confiança ou, pelo menos, de alguns indivíduos de patente inferior que merecessem confiança. Ele me respondeu que não dispunha de tais pessoas, que todas as unidades que chegavam à cena dos distúrbios bandeavam-se imediatamente para o lado dos rebeldes. Uma vez que era apavorante que o motim estivesse assumindo uma forma anárquica, formamos o chamado Comitê Provisório da Duma do Estado e começamos a tomar medidas para tentar reempossar os oficiais no comando dos soldados. Pessoalmente, visitei numerosas unidades e tentei convencer os soldados a manter a calma. O comitê do partido dos trabalhadores [O Soviete dos Representantes dos Trabalhadores e Soldados de Petrogrado] reuniu-se também na Duma, e descobrimos que estávamos sob controle e censura desse grupo. Se Petrogrado cair na anarquia, o perigo é que nós, moderados, sejamos varridos para o lado, porque esse movimento já está começando a nos sufocar. Seus slogans falam na proclamação de uma república social. Esse movimento está atraindo as classes inferiores e mesmo os soldados, aos quais promete dar terras. O segundo perigo é que o movimento se estenda à frente de batalha, onde o slogan é: "Afastem seus comandantes e elejam quem quiserem." O mesmo material incendiário está lá presente e o incêndio poderia estender-se a toda a frente de batalha, porque não há uma única unidade militar que não seja imediatamente contaminada pela atmosfera do movimento.

Ontem, representantes do Regimento Misto de Infantaria, do Regimento Ferroviário, da Escolta de Sua Majestade, e da polícia da corte estiveram na Duma e anunciaram sua adesão ao movimento. Receberam ordens de continuar a guardar as pessoas que foram designados para proteger, mas o perigo ainda existe, porque a multidão agora está armada.

O povo acredita profundamente que a situação foi causada pelos erros cometidos pelas autoridades, em especial a mais alta autoridade, e este é o motivo por que algum tipo de ato legal é necessário, que impressione a consciência popular. O único caminho é a transferência da governança suprema para outras mãos. A Rússia pode ser salva, o princípio monárquico pode ser salvo, a dinastia pode ser salva. Se Vossa Majestade anunciar que está transferindo o poder para vosso pequeno filho, se conceder a regência ao grão-duque Mikhail Aleksandrovich, e se, em vosso nome e em nome do regente, instruções forem dadas para a formação de um novo governo, então, talvez, a Rússia será salva. Digo talvez porque os fatos estão se desenvolvendo com tal rapidez que, atualmente, Rodzianko, eu mesmo e outros membros moderados da Duma somos considerados, pelos elementos extremados, como traidores. Claro que são contra tal manobra porque vêem nela a possibilidade de preservação de nossos princípios antiqüíssimos. Assim, Majestade, só nessas condições podemos fazer uma tentativa de restabelecer a ordem. Foi isto o que Shulgin e eu fomos encarregados de dizer a Vossa Majestade. Evidentemente, antes de decidir a agir nessa conformidade, Vossa Majestade deve pensar bem, orar, e tomar uma decisão no mais tardar amanhã, porque, por essa ocasião, não estaremos mais em condições de vos dar conselhos se nos pedir, uma vez que há razões para temer atos agressivos da multidão.

SUA MAJESTADE: Durante toda esta manhã, antes de vossa chegada e após a conversa entre o general-ajudante Ruzski e o presidente da Duma na linha direta, pensei maduramente no caso, e em nome do bem, da paz e da preservação da Rússia, eu estava pronto para abdicar ao trono em favor de meu filho. Agora, porém, tendo mais uma vez pensado na situação, cheguei à conclusão de que, à luz da doença de meu filho, eu devo abdicar em meu nome e em nome dele, simultaneamente, uma vez que não posso me separar dele.

MEMBRO DO C.E. GUCHKOV: Havíamos contado com que a figura do pequeno Aleksei Nikolaevich produzisse um efeito tranqüilizador sobre a transferência de poder.

GENERAL-AJUDANTE RUZSKI: Sua Majestade está preocupado com a possibilidade de que, se o trono for transferido para seu sucessor, seja separado do filho.

MEMBRO DA D.E. [Duma do Estado] SHULGIN: Não posso dar uma resposta categórica a isso, uma vez que viemos aqui propor exatamente o que propusemos.

SUA MAJESTADE: Tendo dado meu consentimento à abdicação, tenho que ter certeza de que os senhores pensaram na impressão que este fato produzirá sobre todo o resto da Rússia. Isso não terá conseqüências perigosas?

MEMBRO DO C.E. GUCHKOV: Não, Majestade, o perigo não está nisso. Temos receio de que, se for anunciada uma república, haverá guerra civil.

MEMBRO DA D.E. SHULGIN: Permita-me esclarecer um pouco em que circunstâncias a Duma terá que trabalhar. No dia 26, uma turba entrou na Duma e, juntamente com soldados armados, ocupou todo o lado direito, enquanto o esquerdo era ocupado pelo público. Conseguimos salvar apenas duas salas, onde o chamado comitê trabalha, muito apertado. Todos os presos estão sendo trazidos para esse local, e é uma boa coisa para eles que os soldados façam isso, pois os poupa da justiça da turba. Soltamos imediatamente alguns dos presos. Estamos preservando o símbolo da governabilidade do país e, só graças a isso, é que alguma aparência de ordem é mantida, com as estradas de ferro operando ininterruptamente. Essas são as condições em que trabalhamos. É um inferno na Duma, um hospício. Vamos ter que iniciar uma batalha decisiva com elementos esquerdistas, e precisamos de algum tipo de base para fazer isso. A respeito do plano de Vossa Majestade, vamos pensar nele por, pelo menos, um quarto de hora. Esse plano tem a vantagem de não conter nenhuma idéia de separação e, por outro lado, pode contribuir para promover a tranqüilidade, se seu irmão, o grão-duque Mikhail Aleksandrovich, como monarca pleno, jurar obediência à constituição, enquanto simultaneamente assume o trono.

MEMBRO DO C.E. GUCHKOV: Todos os trabalhadores e soldados que participaram desses distúrbios têm certeza de que o restabelecimento da velha ordem significará represálias contra eles e que, por conseguinte, uma mudança total é necessária. A imaginação popular precisa ser açoitada com um chicote, de tal maneira que mude tudo. Acho que o ato legal que Vossa Majestade escolheu deve ser acompanhado pela nomeação do príncipe Lvov[4] como presidente do Conselho de Ministros.

SUA MAJESTADE: Eu gostaria de ter uma garantia de que minha partida não servirá como razão nem desculpa para mais derramamento desnecessário de sangue.

MEMBRO DA D.E. SHULGIN: Elementos que comandarão a batalha contra a velha ordem podem praticar tais atos, mas esses elementos não devem ser temidos. Por exemplo, Kiev, uma cidade que conheço bem e que sempre apoiou a monarquia, passou por uma mudança total.

SUA MAJESTADE: E o senhor não acha que poderia haver perturbações nos distritos cossacos?

MEMBRO DO C.E. GUCHKOV: Não, Majestade, todos os cossacos estão ao lado da nova ordem. Majestade, o sentimento humano de pai falou por vós, e a política não tem lugar neste assunto, de modo que não fazemos objeção à vossa proposta.

MEMBRO DA D.E. SHULGIN: É apenas importante que seja declarado no ato de Vossa Majestade que seu sucessor será obrigado a jurar respeitar a constituição.

SUA MAJESTADE: Os senhores gostariam de pensar um pouco mais no assunto?

MEMBRO DO C.E. GUCHKOV: Não, acho que podemos aceitar imediatamente a proposta de Vossa Majestade. Quando poderá Vossa Majestade preparar o esboço final do ato? Eis aqui um esboço que poderá ser útil, no caso de Vossa Majestade querer aproveitar algo dele.

Sua Majestade, tendo declarado que o ato já fora redigido, retirou-se para seus aposentos, onde corrigiu à mão o manifesto de abdicação que fora preparado pela manhã, dizendo que o trono era passado ao grão-duque Mikhail Aleksandrovich, e não ao grão-duque Aleksei Nikolaevich. Tendo ordenado que o ato fosse refeito, Sua Majestade assinou o manifesto, voltou ao vagão-salão às 11:40h e entregou-o a Guchkov. Os deputados solicitaram que fosse inserida uma frase, declarando que o novo imperador juraria defender a constituição, o que Sua Majestade fez de imediato. Simultaneamente, Sua Majestade redigiu de próprio punho os éditos dirigidos ao Senado governante sobre a nomeação do príncipe Lvov como presidente do Conselho de Ministros e a nomeação do grão-duque Nikolai Nikolaevich como comandante-chefe. Para que o ato não fosse interpretado como sendo executado sob pressão dos deputados presentes, e desde que Sua Majestade já tomara mais cedo naquele dia a decisão concreta de abdicar ao trono, a hora da assinatura, por sugestão dos deputados, foi estabelecida como 4h da tarde no manifesto e 2h da tarde nos éditos dirigidos ao Senado governante. Presente também, além das pessoas acima mencionadas, esteve o general Danilov, chefe do Estado-Maior do comandante dos exércitos do Norte, que foi convocado pelo general-ajudante Ruzski.

Finalmente, o membro da Duma Shulgin perguntou a Sua Majestade sobre seus planos futuros. Sua Majestade respondeu que estava se preparando para ir ao Quartel-General, talvez a Kiev, para despedir-se de Sua Majestade, a Imperatriz [Viúva] Maria Fiodorovna, e que em seguida permaneceria em Tsarkoe Tselo até que seus filhos se recuperassem da doença. Os deputados disseram que fariam tudo que fosse possível para facilitar o cumprimento dos planos futuros de Sua Majestade. Os deputados pediram ainda que uma cópia do manifesto fosse assinada e que permanecesse em poder do general Ruzski, no caso de algum infortúnio lhes acontecer. Sua Majestade disse adeus aos deputados e dispensou-os, depois do que despediu-se também do comandante dos exércitos da frente Norte e de seu chefe de Estado-Maior, beijou-os e agradeceu-lhes por terem trabalhado com ele. Em aproximadamente uma hora, uma duplicata do documento foi apresentada a Sua Majestade para assinatura, depois do que todas as quatro assinaturas de Sua Majestade foram autenticadas pelo conde Frederiks, ministro da corte imperial.

1. Aleksandr Ivanovich Guchkov, grande industrial, fundador e líder da União 17 de Outubro, ou Partido Outubrista; membro e presidente da III Duma do Estado; presidente do Comitê Central Militar-Industrial de 1915 a 1917; membro do Conselho de Estado, de 1915 a 1917; ministro da Guerra e Marinha no primeiro Governo Provisório (março-maio de 1917).

2. Vassili Vitalievich Shulgin, jornalista, um dos líderes dos nacionalistas na Duma do Estado, membro do Comitê Provisório.

3. Kirill Anatolievich Narishkin, amigo de infância de Nicolau, major-general do séquito do czar.

4. Georg Ievgenievich Lvov, príncipe, advogado, presidente da União de Zemstvos e Conselhos Urbanos de Todas as Rússias para Ajuda a Soldados Feridos e Doentes, membro da Duma da cidade de Moscou, ministro-presidente dos dois primeiros gabinetes do Governo Provisório após a Revolução de Fevereiro (antes de julho de 1917).

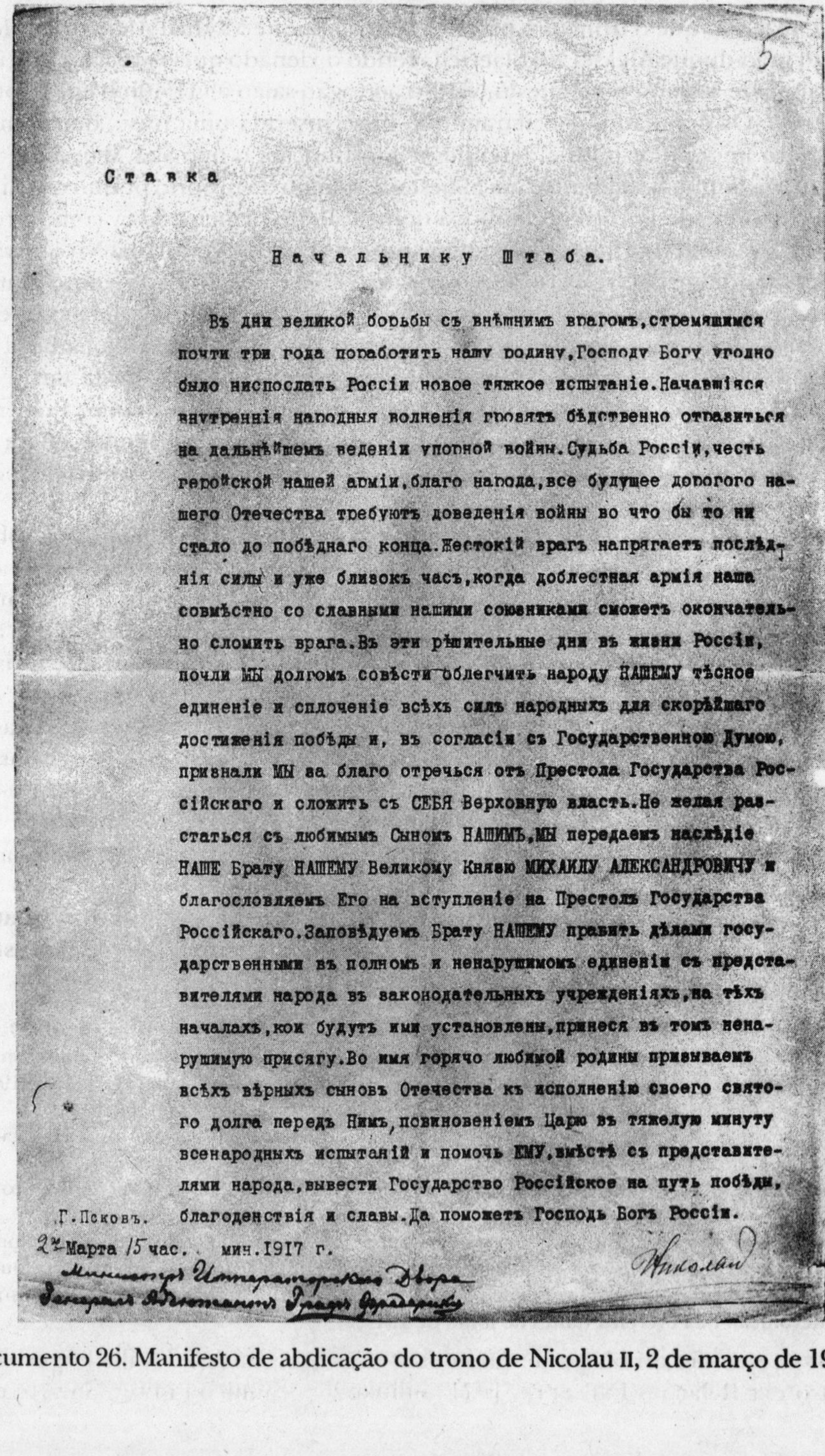
5

Ставка

Начальнику Штаба.

Въ дни великой борьбы съ внѣшнимъ врагомъ, стремящимся почти три года поработить нашу родину, Господу Богу угодно было ниспослать Россіи новое тяжкое испытаніе. Начавшіяся внутреннія народныя волненія грозятъ бѣдственно отразиться на дальнѣйшемъ веденіи упорной войны. Судьба Россіи, честь геройской нашей арміи, благо народа, все будущее дорогого нашего Отечества требуютъ доведенія войны во что бы то ни стало до побѣднаго конца. Жестокій врагъ напрягаетъ послѣднія силы и уже близокъ часъ, когда доблестная армія наша совмѣстно со славными нашими союзниками сможетъ окончательно сломить врага. Въ эти рѣшительные дни въ жизни Россіи, почли МЫ долгомъ совѣсти облегчить народу НАШЕМУ тѣсное единеніе и сплоченіе всѣхъ силъ народныхъ для скорѣйшаго достиженія побѣды и, въ согласіи съ Государственною Думою, признали МЫ за благо отречься отъ Престола Государства Россійскаго и сложить съ СЕБЯ Верховную власть. Не желая разстаться съ любимымъ Сыномъ НАШИМЪ, МЫ передаемъ наслѣдіе НАШЕ Брату НАШЕМУ Великому Князю МИХАИЛУ АЛЕКСАНДРОВИЧУ и благословляемъ Его на вступленіе на Престолъ Государства Россійскаго. Заповѣдуемъ Брату НАШЕМУ править дѣлами государственными въ полномъ и ненарушимомъ единеніи съ представителями народа въ законодательныхъ учрежденіяхъ, на тѣхъ началахъ, кои будутъ ими установлены, принеся въ томъ ненарушимую присягу. Во имя горячо любимой родины призываемъ всѣхъ вѣрныхъ сыновъ Отечества къ исполненію своего святого долга передъ Нимъ, повиновеніемъ Царю въ тяжелую минуту всенародныхъ испытаній и помочь ЕМУ, вмѣстѣ съ представителями народа, вывести Государство Россійское на путь побѣды, благоденствія и славы. Да поможетъ Господь Богъ Россіи.

Г. Псковъ.
2 Марта 15 час. мин. 1917 г.

Николай

Министръ Императорскаго Двора
Генералъ Адъютантъ Графъ Фредерикс

Documento 26. Manifesto de abdicação do trono de Nicolau II, 2 de março de 1917.

· 26 ·

Manifesto de abdicação ao trono de Nicolau II, 2 de março de 1917.

Quartel-General

Ao Chefe do Estado-Maior:

Nestes dias de grande luta contra um inimigo externo, que há quase três anos vem tentando escravizar nosso país, o Senhor Deus julgou conveniente impor à Rússia uma nova e dura provação. As perturbações populares internas em andamento ameaçam produzir um efeito catastrófico sobre o andamento futuro da guerra implacável. O destino da Rússia, a honra de nosso heróico Exército, o bem do povo, todo o futuro de nossa querida pátria mãe exigem que a guerra seja levada, a qualquer preço, a uma conclusão vitoriosa. Um inimigo cruel está convocando suas últimas forças e aproxima-se a hora em que nosso valente Exército, juntamente com nossos renomados aliados, poderão esmagar inteiramente o inimigo. Nestes dias decisivos para a vida da Rússia, NÓS consideramos um dever de consciência facilitar a estreita união de NOSSO povo e a convocação de todas as forças populares, a fim de obter a vitória com tanta rapidez quanto possível e, em acordo com a Duma do Estado, NÓS consideramos que será para o bem geral abdicarmos ao Trono do Estado Russo e entregar o poder supremo. Não desejando separar-nos de NOSSO amado filho, NÓS designamos como NOSSO sucessor NOSSO Irmão, NOSSO Grão-Duque MIKHAIL ALEKSANDROVICH, e abençoamos sua ascensão ao Trono do Estado Russo. Incumbimos NOSSO irmão de conduzir os assuntos do Estado em união completa e inabalável com os representantes do povo nas instituições legislativas, de acordo com princípios que elas determinem, e sobre isso fazer um juramento inviolável. Em nome de nossa pátria mãe profundamente amada, apelamos a todos os seus filhos fiéis para que cumpram seu sagrado dever com esta terra, em obediência ao czar, neste difícil momento de tribulações nacionais e que O ajudem, juntamente com os representantes do povo, a levar o Estado Russo ao longo do caminho da vitória, da prosperidade e da glória. Que o Senhor Deus ajude a Rússia.

Nicolau

Cidade de Pskov
2 de março (15h) de 1917
Ministro da Corte Imperial, general-ajudante conde Frederiks

· 27 ·

Extraído das minutas da primeira sessão do Conselho de Ministros do Governo Provisório, sobre a expulsão dos Romanov, 2 de março de 1917.

Sobre a questão do futuro destino dos membros da antiga família imperial, o ministro das Relações Exteriores [P.N. Miliukov] comunicou que o Soviete dos

Representantes dos Trabalhadores afirmou a necessidade de expulsá-la para além das fronteiras do Estado russo, tanto por motivos políticos quanto por questão de segurança de sua futura residência na Rússia. O Governo Provisório pensa que a extensão dessa medida a todos os membros da família da Casa dos Romanov não é inteiramente justificada, mas que tal medida é totalmente necessária e urgente em relação ao ex-imperador Nicolau II, que abdicou, e ao grão-duque Mikhail Aleksandrovich, bem como às suas famílias. A respeito do local de residência dessas pessoas, não há necessidade de insistir em expulsão para fora da Rússia e, caso elas desejem permanecer em nosso Estado, será necessário apenas limitar-lhes o local de residência dentro de fronteiras conhecidas, e limitar igualmente a possibilidade de seus movimentos.

· 28 ·

Conversa por telégrafo direto entre o general Nikolai Ruzski, em Pskov, e Mikhail Rodzianko e o príncipe Georg Lvov, em Petrogrado, a respeito da transferência do trono para o grão-duque Mikhail Aleksandrovich, 3 de março de 1917.

8:45h

[RUZSKI]: General Ruzski na linha.

[RODZIANKO]: Olá, Excelência. É extremamente importante que o manifesto da abdicação [e] da transferência de poder ao grão-duque Mikhail Aleksandrovich não seja publicado, até a ocasião em que eu informar a Vossa Excelência. O fato é que só com grande esforço conseguimos conter o movimento revolucionário dentro de limites mais ou menos toleráveis, mas a situação ainda não se normalizou, e uma guerra civil é inteiramente possível. A regência do grão-duque com ascensão ao trono do czarevich [Czarevich Aleksei] poderia ser aceita, mas sua ascensão como imperador seria absolutamente inaceitável. Pedimos que tome todas as medidas que lhe for possível para provocar um retardamento da divulgação.

[LVOV]: Rodzianko afastou-se por um momento. Príncipe Lvov na linha.

[RUZSKI]: Muito bem, instruções serão dadas, mas não posso dizer se será possível reter a notícia, porque tempo demais já passou. Lamento muito que os deputados enviados ontem não tivessem sido suficientemente informados a respeito de seu papel e, de modo geral, sobre o motivo por que vieram. De qualquer modo, tudo o que for humanamente possível será feito. Peço-lhe que me faça agora mesmo um relatório completo sobre o que aconteceu ontem e sobre as conseqüências que isso possa produzir em Petrogrado.

[RODZIANKO]: Rodzianko na linha. Mais uma vez, o fato é que os deputados não têm culpa. Um motim de soldados ocorreu inesperadamente, nada igual ao que vi antes, e estes nem mesmo são realmente soldados, claro, mas apenas mujiques [camponeses] comuns, que consideram útil manifestar agora suas reivindicações. A única coisa ouvida na multidão era "Terra e liberdade", "Abaixo a dinastia", "Abaixo os Romanov", "Abaixo os oficiais". O espancamento de oficiais começou em várias unidades; os trabalhadores aderiram e a anarquia atingiu seu apogeu. Após demoradas negociações com representantes dos trabalhadores, foi possível apenas esta noite chegar a um acordo parcial, que consiste em convocar, em futuro próximo, uma assembléia constituinte, de modo que o povo possa manifestar suas idéias sobre a forma de governo. Só então Petrogrado respirou livremente e a noite transcorreu em relativa calma. Aos poucos, as tropas foram controladas durante a noite. Anunciar o grão-duque Mikhail Aleksandrovich como imperador, porém, jogará óleo na fogueira e começará uma destruição implacável de tudo que seja possível destruir. Perderemos e desaparecerá todo nosso poder e não haverá ninguém para reprimir a agitação popular. Na forma proposta, a volta da dinastia não pode ser excluída e é desejável que o Conselho Supremo e o Governo Provisório, que está neste momento colaborando conosco, continuem a operar até aproximadamente o fim da guerra. Tenho absoluta certeza de que, nessas circunstâncias, as coisas poderão ser rapidamente controladas e obtida uma vitória decisiva, uma vez que florescerão os sentimentos patrióticos; tudo está se desenvolvendo em ritmo acelerado e uma vitória pode provavelmente ser conseguida.

[RUZSKI]: Eu dei todas as instruções, mas é extremamente difícil prometer que as informações não vazarão, pois o que tivemos em mente com essa medida foi dar ao Exército a oportunidade de readquirir mais rapidamente a calma na frente interna. Ontem, ou mais exatamente, hoje, porque os fatos ocorreram à noite, o trem imperial partiu para o Quartel-General, via Dvinsk, e, por isso, o centro de negociações adicionais sobre este assunto importante tem que ser transferido para lá, porque, segundo a lei, o chefe do Estado-Maior representa e age em nome do Comandante-Chefe quando este está ausente. Além disso, aparelhos Iuza [telégrafo] têm que ser instalados nos locais onde o novo governo se mantém em sessão em Petrogrado, a fim de criar meios para as comunicações mais rápidas possíveis com o Quartel-General e comigo. Peço também para ser informado duas vezes por dia, em hora preestabelecida, sobre a situação, seja pessoalmente ou através de representantes, cujos nomes eu gostaria de saber.

[RODZIANKO]: Farei exatamente como o senhor pede e os aparelhos Iuza serão instalados, mas no caso de a notícia do manifesto vazar e chegar ao público e ao Exército, peço-lhe que, pelo menos, não se apresse a pedir às tropas que jurem lealdade. Hoje à noite, darei ao senhor e a todos os altos comandantes um informe atualizado e o manterei informado duas vezes por dia sobre o andamento da situação. Diga-me, por favor, quando Guchkov viajou?

[RUZSKI]: Guchkov deixou Pskov hoje à noite, por volta de 3h. Ontem, em Pskov, já dei instruções para suspender o juramento de lealdade. Vou informar imediatamente ao Exército em minha frente e no Quartel-General. O príncipe Lvov estava na linha, acho! Ele deseja falar comigo?

[RODZIANKO]: Nikolai Vladimirovich, tudo foi dito, o príncipe Lvov não pode acrescentar mais coisa alguma. Estamos os dois contando firmemente com a ajuda de Deus, com a grandeza e a força da Rússia, com o valor e determinação do Exército e, não obstante quaisquer obstáculos, com um fim vitorioso da guerra. Adeus.

[RUZSKI]: Mikhail Vladimirovich. Diga-me se o entendi corretamente. Por ora, tudo permanece como está, não importando o que esteja acontecendo com o manifesto ou com as instruções do príncipe Lvov sobre a formação de um ministério. Eu gostaria de conhecer sua opinião a respeito da nomeação do grão-duque Nikolai Nikolaevich como comandante-chefe, por ordem de Sua Majestade, dada ontem em um decreto separado do imperador soberano. Esses decretos foram amplamente divulgados ontem por solicitação dos deputados, mesmo em Moscou e, claro, no Cáucaso.

[RODZIANKO]: Hoje, formamos um governo com o príncipe Lvov à frente, sobre o qual todos os comandantes nas frentes de guerra foram notificados por telegrama. Até que a questão da constituição seja decidida pela Assembléia Constituinte, tudo permanece da seguinte forma: o Conselho Supremo, um ministério responsável perante o parlamento e legislativos em funcionamento. Nada temos contra a divulgação dos decretos sobre a nomeação do grão-duque Nikolai Nikolaevich como comandante-chefe. Adeus.

[RUZSKI]: Diga-me quem preside o Conselho Supremo.

[RODZIANKO]: Eu me enganei: trata-se do Comitê Provisório da Duma do Estado, sob minha presidência, não o Conselho Supremo.

[RUZSKI]: Muito bem. Adeus. Não esqueça de manter informado o Quartel-General, porque novas negociações terão que ser realizadas lá. Preciso apenas ser informado do curso e resultados de tudo isso.

· 29 ·

Ato (manifesto) da abdicação de Mikhail Aleksandrovich Romanov ao trono, 3 de março de 1917.

Por vontade de meu irmão, um pesado fardo me foi imposto, quando fui designado para assumir o Trono Imperial de Todas as Rússias em uma época de guerra e de agitação popular sem precedentes.

Inspirado, como todo povo, pelo pensamento único de que o bem de nossa pátria mãe está acima de tudo, resolvi, com firmeza, assumir o poder supremo apenas se esta for a vontade de nosso grande povo, que será chamado por voto popular, através de seus representantes na Assembléia Constituinte, a criar uma forma de governo e novas leis básicas para o Estado Russo.

Por conseguinte, implorando as bênçãos de Deus, peço a todos os cidadãos do Império Russo [*Derzhava*] que obedeçam ao Governo Provisório, que surgiu por iniciativa da Duma do Estado e foi investido de plenos poderes, até a ocasião em que a Assembléia Constituinte expresse a vontade do povo a respeito de sua forma preferida de governo, após ser convocada no prazo mais curto possível e mediante votação geral, direta, igual e secreta.

Mikhail

3 de março de 1917
Petrogrado

· 30 ·

Diário de Nicolau II, 27 de fevereiro – 3 de março de 1917.

---

27 de fevereiro, segunda-feira. Distúrbios em Petrogrado começaram há alguns dias. Para minha tristeza, as tropas também começaram a participar. É uma sensação horrível estar tão longe e receber fragmentos de más notícias! Passei algum tempo lendo um relatório. À tarde, dei um passeio pela estrada que leva a Orsha. O tempo permaneceu ensolarado. Após o jantar, resolvi voltar logo a Ts.Ts. [Tsarkoe Tselo] e à 1h da manhã tomei o trem.

28 de fevereiro, terça-feira. Fui dormir às 3:15h da manhã, uma vez que conversei longamente com N.I. Ivanov, que estou enviando a Petrogrado com tropas, a fim de restabelecer a ordem. Dormi até 10h. Deixamos Mogilev às 5h da manhã. O tempo estava frio e ensolarado. Durante o dia, passamos por Viazma e Rzhev e, às 9h da manhã, deixamos Likhoslavl para trás.

1º de março, quarta-feira. Durante a noite, voltamos de M. [Malaia Vishera] Vishera porque descobrimos que Liuban e Tosno foram ocupadas pelos rebeldes. Seguimos para Valdai, Dno, e em seguida para Pskov, onde passamos a noite. Recebi Ruzski. Ele, Danilov e Savvich[1] estavam jantando juntos. Descobrimos que Gatchina e Luga foram também ocupadas. Que vergonha e desgraça! Não pudemos seguir o caminho todo até Tsarkoe. Meus pensamentos e sentimentos, porém, estão constantemente lá! Como deve ser difícil para a pobre Alix suportar sozinha esses acontecimentos! Que Deus nos ajude!

2 de março, quinta-feira. Ruzski veio pela manhã e me leu o texto de uma conversa extremamente longa que teve com Rodzianko pelo aparelho [telégrafo]. Segundo sua versão, a situação em Petrogrado é de tal ordem que o ministério da Duma será impotente para fazer alguma coisa, uma vez que o partido soc.-dem. [social-democrata], sob a forma de um comitê de operários, luta contra ele. Minha abdicação é necessária. Ruzski transmitiu essa conversa ao Quartel-General e Alekseiev retransmitiu-a a todos os comandantes de divisão. Às 2:30h chegaram respostas de todos eles. A essência é que, em nome da salvação da Rússia e da manutenção da tranqüilidade do Exército na frente de batalha, é necessário tomar essa medida. Concordei. O esboço do manifesto foi enviado do Quartel-General. Nesta noite, Guchkov e Shulgin chegaram de Petrogrado. Discuti com eles a situação e entreguei-lhes o manifesto, assinado e revisto. À 1h da manhã, deixei Pskov com o coração pesado com o sofrimento de tudo isso.

Por toda parte em volta de mim há traição, covardia e falsidade!

3 de março, sexta-feira. Dormi muito e bem. Acordei já depois de Dvinsk. O dia estava ensolarado e frio. Conversei com os que são mais chegados a mim sobre os acontecimentos de ontem. Li muito sobre Júlio César. Às 8:20h chegamos a Mogilev. Todos os oficiais superiores do Quartel-General estavam na plataforma.

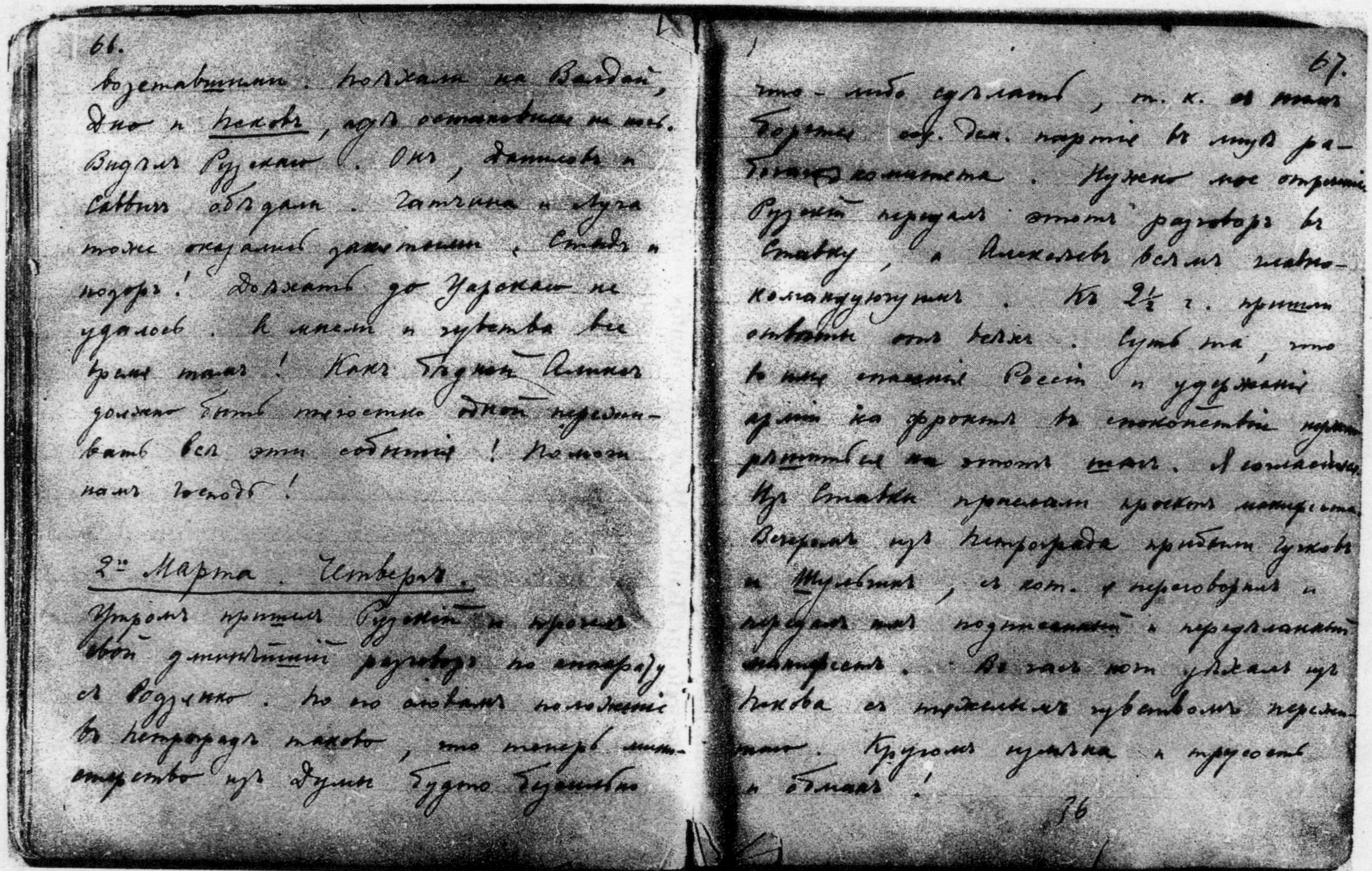

61.
Возставшими. Поѣхали на Валдай,
Дно и Псковъ, гдѣ остановился на ночь.
Видѣлъ Рузскаго. Онъ, Даниловъ и
Савичъ обѣдали. Гатчина и Луга
тоже оказались занятыми. Стыдъ и
позоръ! Доѣхать до Царскаго не
удалось. А мысли и чувства все
время там! Как бѣдной Аликсъ
должно быть тягостно одной пережи-
вать всѣ эти событія! Помоги
намъ Господь!

2-го Марта. Четвергъ.
Утромъ пришелъ Рузскій и прочелъ
свой длиннѣйшій разговоръ по аппарату
съ Родзянко. По его словамъ положеніе
въ Петроградѣ таково, что теперь мини-
стерство изъ Думы будто безсильно

67.
что-либо сдѣлать, т. к. съ нимъ
борется соц.-дем. партія въ лицѣ ра-
бочаго комитета. Нужно мое отреченіе.
Рузскій передалъ этотъ разговоръ въ
Ставку, а Алексѣевъ всѣмъ главно-
командующимъ. Къ 2½ ч. пришли
отвѣты отъ всѣхъ. Суть та, что
во имя спасенія Россіи и удержанія
арміи на фронтѣ въ спокойствіи нужно
рѣшиться на этотъ шагъ. Я согласился.
Изъ Ставки прислали проектъ манифеста.
Вечеромъ изъ Петрограда прибыли Гучковъ
и Шульгинъ, съ кот. я переговорилъ и
передалъ имъ подписанный и передѣланный
манифестъ. Въ часъ ночи уѣхалъ изъ
Пскова съ тяжелымъ чувствомъ пережи-
таго. Кругомъ измѣна и трусость
и обманъ!
76

Documento 30. Diário de Nicolau II, 2 de março de 1917.

Recebi Alekseiev no vagão. Às 9:30h, dirigi-me para a casa. Alekseiev chegou com as últimas notícias recebidas de Rodzianko. Descobrimos que Misha renunciou ao trono. Seu manifesto termina com um floreado sobre eleições para a Assembléia Constituinte, dentro de seis meses. Só Deus sabe quem lhe deu a idéia de apor seu nome a um documento tão repugnante! Os distúrbios cessaram em Petrogrado — e se apenas pudéssemos manter essa situação.

1. Georg Nikiforovich Danilov, general, chefe do Estado-Maior do comandante da frente Norte (general Ruzski).

Sergei Sergeievich Savvich, general de infantaria, chefe de provisões das frentes Norte e Noroeste.

· 31 ·

Carta de Aleksandra a Nicolau, 3 de março de 1917. Texto original em inglês.

N.652. 3 de março de 1917

AMADO, Alma de minh'Alma, meu queridíssimo — ah, como meu coração sangra por ti — é enlouquecedor nada saber exceto os mais vis *boatos,* que me deixam louca. Me pergunto se os dois rapazes chegaram até você com minhas cartas. A esposa de um oficial te levará esta carta — oh, o que eu não daria por uma linha em funcionamento! Nenhuma notícia absolutamente sobre ti, apenas notícias de cortar o coração — & sem dúvida ouves as mesmas coisas. Não vou contar coisa alguma em uma carta. O marido de Nini [Voeikov] está vivo? — Meus 4 inválidos continuam a sofrer — apenas M. levantou-se & está circulando pela casa — calma & minha ajuda tornando-se menor, uma vez que ela nada demonstra do que sente. Todos nós nos ~~ocupamos~~ como habitualmente, todos sepultando dentro de nós a angústia — o coração estoura de dor por ti & tua completa solidão. Receio estar escrevendo demais, uma vez que não sei se qualquer carta pode passar, se não vão revistá-la a caminho — em tal grau todos estão loucos. — Pela manhã, fiz minha inspeção com M., passando pelo povão, para ver todo o nosso pessoal — e me fez bem. *T.* [tia] Olga & Hélène vieram aqui pedir notícias — muito carinhoso da parte delas. — O abominável marido de Ducky [Kirill Vladimirovich] está na cidade, embora finja que trabalha para o Soberano & a Pátria. — Ah, meu Anjo, Deus está acima de todos — só vivo por causa de minha completa fé Nele — Ele é a nossa única esperança. "*O' próprio Deus é compassivo e a todos eles salvará*" como está escrito na grande Imagem. — Assisti a um belo *Te Deum* & *akathistos,* tendo sido a Virgem de Z. [Znamenie] trazida para o quarto verde — onde todos estavam deitados, fez um grande bem a todos nós — nós os confiamos & a ti aos seus Santos cuidados — em seguida Ela passou por todos os cômodos & parou no de Vaca [o quarto de Virubova], onde eu me encontrava. — Amor, meu amor — as coisas correrão bem, têm que correr & não vacilo em minha fé. Doce Anjo, eu te amo tanto — sempre juntos, dia & noite — sinto o que estás passando — & teu pobre coração. Que Deus tenha piedade e te conceda força & sabedoria — Ele **não** te abandonará — Ele ajudará, recompensará este louco sofrimento & separação em uma ocasião como esta, em que precisamos estar juntos. Ontem, chegou do Quartel-General um pacote para ti, contendo mapas, guardei-os em segurança & uma lista de promoções de prêmio, enviada por *Beliaev.*[1] — Ah, quando estaremos juntos novamente — inteiramente isolados de todas as maneiras. Ainda assim, a doença deles é talvez uma salvação, não podem movê-lo. — Não temas por ele, todos nós lutaremos por nosso Sunshine [Aleksei] — estamos todos em nossos lugares. Pauline, bem & calma, embora seu sofrimento seja indescritível, continua na casa também com o seu doente; — como fazem os pais de Vaca. — *Zhilik* [Gilliard] está novamente bem & fiel companheiro & companheiro de brincadeiras — *Sig* [Gibbs] vai & volta quando os trens podem circular. Queixando-se de que prenderam seus dois servos & também o policial militar à sua disposição, & seu auxiliar, aquele que faz sempre uma mesura até o chão. *Lizochka* [Narishkina?] comporta-se bem. Tu compreendes que não posso escrever devidamente — tenho coisas demais no coração & alma. Família Benoiton beija-te sem fim & sofre pelo doce Pai — *Lili* & Vaca enviam-te amor, Sunny [Aleksandra] te abençoa + reza, é apoiada pela fé & por causa de seu Mártir; — não convive com **ninguém**, não recebeu nenhum "daqueles", & jamais se dispôs a receber, de modo que não acredites no que ouvires. Ela é neste momento apenas uma mãe com filhos doentes. Nada pode fazer por medo de prejudicar, uma vez que não tem notícias de seu Namorado. Que dia ensolarado, nenhuma nuvem — isso significa confiança & esperança — tudo está preto como breu em volta, mas Deus está acima de tudo; não conhecemos seus caminhos nem como Ele ajudará — Mas Ele ouvirá todas as preces. Nada sei da guerra, vivo isolada do mundo — sempre notícias, notícias enlouquecedoras — a última que o Pai [Nicolau II] abdicou ao cargo ~~em~~ que ocupa há 23 anos. Poderíamos perder a razão — mas não perderemos — acreditaremos ainda em um futuro ensolarado na terra, lembra-te disso. — Paul acaba de chegar — contou-me **tudo** — compreendo **inteiramente** teu ato — meu verdadeiro herói! Eu **sabia** que não podias assinar nada contra o que juraste em teu coração — nós nos conhecemos bem demais & não necessitamos de palavras — &, enquanto eu viver, nós te veremos de volta ao teu trono, trazido de volta por teu povo & tropas para a glória de teu reinado. Tu salvaste o reino de teu filho & o país & tua santa pureza && (**Judas *Ruzski***), tu serás coroado por Deus nesta terra, em teu país. Aperto-te com força, muita força em meus braços & nunca deixarei que toquem tua Alma iluminada. Beijo-te, beijo-te & te abençôo & sempre te entenderei. **Mulherzinha.** +

1. Mikhail Alekseievich Beliaev, general de infantaria, ministro da Guerra de 3 de janeiro a 27 de fevereiro de 1917.

· 32 ·

Extraído da ata de uma sessão do Comitê Executivo do Soviete de Petrogrado, sobre a prisão dos Romanov, 3 de março de 1917.

Sobre a prisão de Nicolau e outros membros da dinastia Romanov.

DECIDIDO:

1. Informar ao [Soviete dos] Representantes dos Trabalhadores que o Comitê Executivo do Soviete dos R. de T. e S. [Representantes dos Trabalhadores e Soldados] resolveu prender a dinastia Romanov e sugerir que o Governo Provisório execute a prisão, em conjunto com o Soviete dos Representantes dos Trabalhadores. No caso de o mesmo recusar-se, indagar como o Governo Provisório reagiria se o Comitê Executivo executasse por si mesmo a ordem de prisão. A resposta do Governo Provisório será discutida uma segunda vez na sessão do Comitê Executivo.

2. Com relação a Mikhail, prendê-lo, mas anunciar que, oficialmente, ele está apenas sob vigilância do exército revolucionário.

3. Em relação a Nikolai Nikolaevich, dado o perigo de prendê-lo no Cáucaso, convocá-lo preliminarmente a Petrogrado e instituir severa vigilância enquanto ele estiver em trânsito.

4. Prender gradualmente as mulheres da Casa de Romanov, dependendo do papel que cada uma delas desempenhou nas atividades do velho regime.

A questão de como realizar e organizar as prisões deverá ser atribuída à comissão militar do Soviete dos Representantes dos Trabalhadores. Chkheidze e Skobolev[1] devem informar ao governo sobre a decisão tomada pelo Comitê Executivo do Soviete dos Representantes dos Trabalhadores.

1. Nikolai Semionovich Chkheidze, líder menchevista, deputado da província de Tiflis à III e IV Dumas do Estado. De fevereiro a agosto de 1917, Chkheidze foi presidente do Comitê Executivo do Soviete de Petrogrado; mais tarde, presidente do primeiro Comitê Executivo Central dos Sovietes de Todas as Rússias (VTsIK).

Matvei Ivanovich Skobolev, líder menchevista, deputado do Cáucaso à IV Duma do Estado, vice-presidente do Comitê Executivo do Soviete de Petrogrado, ministro do Trabalho (abril-setembro de 1917).

· 33 ·

Bilhete de Nicolau ao general Alekseiev, o conteúdo do qual deveria ser transmitido ao Governo Provisório, 4 de março de 1917.

Solicite ao Governo Provisório as segs. [seguintes] garantias:

1. Que eu e as pessoas que me acompanharem não seremos detidos em nossa viagem para Tsarkoe Tselo.

2. Que a estada em Tsarkoe Tselo será protegida e segura, até que as crianças que acompanharem as pessoas acima estejam inteiramente bem.

3. Que não sejam criadas dificuldades à viagem para Romanov [Murmansk], em Murman, com as mesmas pessoas.

4. Que, ao fim da guerra, poderemos voltar à Rússia para residência permanente na Criméia — em Livadia.

· 34 ·

Carta de Aleksandra a Nicolau, 4 de março de 1917. Texto original em inglês.

N.653. 4.III.1917

Doce, amado Tesouro —

A SENHORA VIAJARÁ hoje, em vez de ontem, e, assim, tenho ocasião para te escrever novamente. **Que** alívio & alegria foi ouvir tua preciosa voz, apenas ouvi tão mal & só agora ouço toda a conversa. E teu querido telegrama esta manhã. Eu te telegrafei ontem à noite, por volta de 9 1/2 [9:30h] & esta manhã antes de 1h. Bebê se inclina sobre a cama & me diz para te enviar um beijo — todos os quatro estão deitados no quarto verde, na escuridão. Marie & eu estamos escrevendo, mal conseguindo ver alguma coisa com as cortinas cerradas. — Só **esta** manhã li o manifesto & mais outro, de M. [Mikhail]. — As pessoas estão exacerbadas de sofrimento & adoração por meu Anjo. Um movimento está começando entre as tropas. Nada temas por Sunny, ela não se move & nem existe. — Sinto apenas & prevejo gloriosos dias ensolarados à frente. — Estou inteiramente repugnada com o marido de Ducky!! — Estão sendo presas pessoas a torto & a direito, oficiais, claro. Só Deus sabe o que está acontecendo — aqui soldados escolhem seus próprios oficiais & se comportam abominavelmente com eles, não prestam continência, fumam na frente deles. — Não quero escrever sobre tudo o que está acontecendo, tão horrendo é. — *N.P.* [Sablin] está preso no *Equipage*, na cidade. Marinheiros vieram buscar os outros. Os inválidos lá em cima & aqui embaixo nada sabem de tua decisão — tenho receio de lhes contar, & além disso ainda não é necessário. *Lili* [Den] tem sido um anjo & me ajuda, sendo como ferro & não perdemos o controle nem uma única vez ainda. Tu, meu Amor, meu Anjo querido, não podes pensar no que tens & no que estás passando — fico louca com isso — oh, Deus, claro que Ele te recompensará 100 vezes mais por tudo que estás sofrendo. Não vou escrever sobre esse assunto, não posso — como te humilharam também, enviando aqueles dois animais [Guchkov e Shulgin] — eu não soube até que me disseste quem havia sido. — Acho que o Exército vai reagir. —

Revolução na Alemanha, G. [Guilherme] morto, filho ferido — vemos por toda parte o movimento dos maçons. — Agora, *An*: temp. 38,6 & mais pintas aparecendo. Olga está com *pleurisia*, Vaca, também. Os ouvidos de *T.* estão melhores,

Sunbeam [Aleksei] melhor, alegre — como eu desejaria que eles estivessem à tua volta, — mas não podem mover-se ainda, & duvido que jamais nos deixassem sair daqui. Gibbs esteve com Emma, Nini[1] & sua mãe em um quarto no hosp. dos oficiais: (inglês). Os quartos deles foram inteiramente destruídos por incêndio; a velha está muito doente. Boné Vermelho continua preso. — Vivo para ti, amo-te & adoro-te. Beijo-te & abraço-te com grande ternura. Deus te abençoe + & te projeta agora & sempre. — Consegue alguém para trazer uma carta — já preparaste mais ou menos seus planos para o momento? —

Deus no céu ajudará, & a nova *krestopoklonnaia* [quarta semana da Quaresma] está chegando. — Agüenta, firme, firme. Tua

Mulherzinha

Apenas **esta manhã** soubemos da abdicação de M. [Mikhail] & Bebê agora está seguro — que conforto.

1. Emma Vladimirovna Frederiks, condessa, dama de companhia, filha do ministro da Corte e Domínio Imperial.
Ievgenia Vladimirovna Voeikova (baronesa Frederiks em solteira), ex-dama de companhia, irmã de Emma Frederiks, esposa do comandante do palácio, Vladimir Voeikov.

· 35 ·

Extraído da ata de uma sessão do Comitê Executivo do Soviete de Petrogrado, sobre a adoção de medidas para prender Nicolau, 6 de março de 1917.

---

7. Declaração de Chkheidze [presidente].

Chkheidze apresenta relatório de suas negociações com o Governo Provisório a respeito do embargo da Casa dos Romanov.

O governo não deu ainda uma resposta definitiva. Foi recebida uma comunicação, através do general Alekseiev, em nome de Nicolau Romanov, sobre seu desejo de seguir para Tsarkoe Tselo. Parece que o Governo Provisório nada tem contra isso. Um dos ministros declarou que se o Comitê Executivo do Soviete dos R. dos T. e S. resolver definitivamente prender Nicolau, o Governo Provisório tudo fará para facilitar o cumprimento dessa tarefa pelo Comitê Executivo.

O Comitê Executivo **resolveu** informar imediatamente à comissão militar do Soviete dos T. e S. sobre a adoção de medidas para prender Nicolau Romanov.

· 36 ·

Declaração de 85 membros do Soviete de Petrogrado, enviada ao Comitê Executivo, com a exigência de que o Governo Provisório prenda todos os membros da Casa dos Romanov, 7 de março de 1917.

Os abaixo-assinados membros do Soviete dos Representantes dos Trabalhadores e Soldados declaram o seguinte ao Comitê Executivo:

1. Reina extrema indignação e receio entre as grandes massas de trabalhadores e soldados, que conquistaram a liberdade para a Rússia, porque o deposto Nicolau II, o Sanguinário; sua traiçoeira esposa; seu filho, Aleksei; sua mãe, Maria Fiodorovna, bem como todos os demais membros da Casa dos Romanov, estão ainda inteiramente livres e viajam à vontade pela Rússia e até pelo teatro das operações militares. Esta situação é inteiramente inadmissível e dificulta perigosamente a restauração da ordem normal e da tranqüilidade no país e no Exército, e a conduta bem-sucedida na missão de defender a Rússia de um inimigo externo.

2. Propomos que o Comitê Executivo exija imediatamente que o Governo Provisório, sem demora, adote as mais decisivas medidas para reunir todos os membros da Casa dos Romanov em uma única localização designada, sob guarda confiável do Exército Revolucionário Popular.

3. Exigimos que esta declaração seja imediatamente submetida a voto na presente sessão do Soviete dos Representantes dos Trabalhadores e Soldados.

Petrogrado
7 de maio de 1917

[85 assinaturas]

· 37 ·

Extraído da ata da décima sessão do Governo Provisório, sobre a prisão de Nicolau e Aleksandra, 7 de março de 1917.

PROPOSTA: Sobre privação da liberdade do abdicante Imperador Nicolau II e sua esposa [*lishenie svobody*].

DECIDIDO:

1. Concordar em privar o abdicante Imperador Nicolau II e sua esposa de sua liberdade e levar o imperador abdicante a Tsarkoe Tselo.

2. Encarregar o general Mikhail Vassilievich Alekseiev de designar um destacamento para guardar o imperador abdicante e que ficará à disposição dos membros da Duma enviados a Mogilev: Aleksandr Aleksandrovich Bublikov, Vassili Mikhailovich Vershinin, Semion Fiodorovich Gribunin e Saveli Andreievich Kalinin.

3. Solicitar aos membros da Duma do Estado designados para acompanhar o imperador abdicante de Mogilev a Tsarkoe Tselo que submetam um relatório escrito sobre o cumprimento de sua missão.

4. Publicar este decreto.

· 38 ·

Discurso de Aleksandr Kerenski perante o Soviete de Moscou [7 de março de 1917].

Nikolai Nikolaevich não será o comandante-chefe. Quanto a Nicolau II, o ex-czar procurou o novo governo com um pedido de proteção. Agora, Nicolau II está em minhas mãos, nas mãos do procurador-geral! Eu lhes digo, camaradas: a Revolução Russa ocorreu sem derramamento de sangue, e não permitirei que coisa alguma obscureça esse fato. Eu nunca serei o Marat da Revolução Russa. Mas, no menor espaço de tempo possível, sob minha supervisão pessoal, Nicolau II será levado ao porto e de lá partirá para a Inglaterra por via marítima.

· 39 ·

Ordem n.371 do chefe do Estado-Maior ao Comandante-chefe, general Mikhail Alekseiev, sobre as palavras de despedidas de Nicolau às tropas, 8 de março de 1917.

Antes de deixar o Exército no campo de batalha, o Imperador Nicolau II, abdicante, dirigiu às tropas as seguintes palavras de despedida:[1]

"Tropas ardentemente amadas, a vós me dirijo pela última vez. Após minha abdicação ao trono da Rússia, em meu nome e de meu filho, o poder foi transferido para o Governo Provisório, estabelecido por iniciativa da Duma do Estado. Que Deus o ajude a levar a Rússia pelo caminho da glória e da prosperidade. Que Deus também vos ajude, tropas valentes, a defender nossa pátria mãe contra o perverso inimigo. No curso dos dois últimos anos e meio, suportastes constantemente o fardo do serviço militar, muito sangue foi derramado, muito esforço despendido, e está próxima a hora em que a Rússia, ligada a seus valentes Aliados por um único propósito comum de obter a vitória, esmagará os últimos esforços do inimigo. Esta guerra sem precedentes tem que ser levada até uma vitória completa.

"Quem quer que pense agora em paz, quem quer que a deseje, é um renegado da pátria, um traidor. Sei que todo combatente honesto acredita nisso. Cumpri vosso dever, defendendo valentemente nossa grande pátria mãe, obedecei ao Governo Provisório, respeitai vossos superiores, e lembrai-vos de que qualquer enfraquecimento da ordem militar facilitará os propósitos do inimigo.

"Acredito firmemente que o amor sem limites à vossa grande pátria mãe não desapareceu de vossos corações. Que o Senhor Deus vos abençoe e que o Vitorioso Martirizado, São Jorge, vos leve à vitória.

Nicolau"

8 de março de 1917
Quartel-General
Assinado: Chefe do Estado-Maior, general Alekseiev

1. Por ordem do Governo Provisório, as unidades do Exército na frente de batalha não foram amplamente informadas do discurso de despedida de Nicolau II, dirigido às tropas.

· 40 ·

Diário de Nicolau II, 8 de março de 1917.

8 de março, quarta-feira. Último dia em Mogilev. Às 10:15h, assinei a ordem de despedida aos exércitos. Às 10:30h, fui à casa das ordens, onde me despedi de todos os oficiais do quadro do Quartel-General e da administração. Em casa, disse adeus aos oficiais e cossacos do Regimento Misto e Escolta — meu coração quase se partiu! Às 12h, dirigi-me ao encontro de Mamãe no vagão-salão, almocei com ela e seu séquito, e lhe fiz companhia até 4:30h. Despedi-me dela, de Sandro[1], Sergei[2], Boris, e Alek[3]. Não deixaram que o pobre Nilov[4] seguisse comigo. Às 4:45h, deixei Mogilev; uma comovente multidão veio despedir-se de mim. Quatro membros da Duma viajarão comigo em meu trem!

Parti para Orsha e Vitebsk.

O tempo está frio e ventoso.

É triste, doloroso e depressivo.

1. Aleksandr Mikhailovich, grão-duque, neto de Nicolau I, vice-almirante, marido da grã-duquesa Ksenia Aleksandrovna.

2. Sergei Mikhailovich, grão-duque, filho do grão-duque Mikhail Nikolaevich, general de artilharia. Em janeiro de 1916, foi nomeado comandante-chefe e inspetor-geral da artilharia de campanha.

3. Aleksandr Petrovich Oldenburgski, príncipe, general-ajudante do séquito imperial, general de infantaria da Guarda Pessoal.

4. Konstantin Dmitrievich Nilov, general-ajudante no séquito imperial, almirante, comandante da nau capitânia. Pertencia ao círculo íntimo de Nicolau II. Foi afastado da família real após a abdicação.

2
Prisão em Tsarkoe Tselo

Inspirados por idéias divergentes sobre o significado e os objetivos da revolução, o Governo Provisório e a poderosa rede nacional de sovietes de representantes de operários e soldados encaravam de forma diferente o destino que deveria ser dado ao czar abdicante e sua família. Os liberais do governo adotavam uma visão abrangente de cidadania que ignorava classe e cargo. Estavam comprometidos com o estabelecimento da união e concórdia nacional e não com o conflito, e hesitavam em punir antigos inimigos. Em seu vocabulário político abundavam palavras como nação, moralidade, lei, dever e direitos. Ao pensar no destino da antiga família imperial, os liberais tendiam a considerá-los como cidadãos e indivíduos e, portanto, a se preocuparem sobretudo com a segurança pessoal dos mesmos. Em contraste, os líderes socialistas dos sovietes e, em especial, a classe baixa urbana — a base dos sovietes, que os intelectuais socialistas moderados que os dirigiam tentavam constantemente controlar — consideravam a revolução como uma oportunidade de corrigir desigualdades passadas e afrontar e castigar seus opressores. Aleksandr Kerenski, o único ministro socialista do primeiro gabinete do Governo Provisório, estava bem consciente do choque entre o entendimento popular e o oficial sobre a Revolução de Fevereiro, quando declarou perante o soviete de Moscou, cujos membros exigiam a prisão e punição de Nicolau II, que se recusava a ser "o Marat da Revolução Russa" (Documento 38). Essas analogias com a Revolução Francesa eram comuns entre os ativistas políticos de todas as correntes. Na verdade, com esse modelo em mente, os liberais do Governo Provisório temiam que a revolução, igualmente, resvalasse do humanismo razoável de 1789 para a revolução social de 1792 — do barrete da liberdade para a guilhotina. Impedir esse resvalo requeria, talvez paradoxalmente, fazer concessões aos sovietes e ao público radical, com vista a preservar a autoridade liberal do governo. O plano de ação em relação ao czar e sua família ocupava o centro dessa política de manobras e contenção.

O governo praticamente ignorou Nicolau II nos primeiros dias que se seguiram à abdicação. Ele tinha liberdade de viajar para o Quartel-General em Mogilev, onde passou vários dias e até mesmo pronunciou um breve discurso (Documento 39). Exigências do povo e dos sovietes para que ele e sua família fossem presos, no entanto, começaram quase imediatamente (Documentos 32, 35 e 36). Como em muitas outras situações, o Governo Provisório teve que agir contra seus desejos iniciais, a fim de manter a autoridade e conservar algum controle sobre a marcha dos acontecimentos. No dia 7 de março, o governo ordenou que Nicolau e Aleksandra "fossem privados... de sua liberdade" e confinados à residência da família em Tsarkoe Tselo (Documento 37).

Nos meses que se seguiram, o destino do czar deposto e sua família constituiu um dos muitos pomos de discórdia entre o governo e os sovietes, bem como causa de nervosa incerteza dentro do próprio governo. Duas questões, em especial, tornaram-se motivo de inflamadas discussões nos primeiros meses da revolução: as condições do confinamento da família e seu destino permanente. Decisões sobre o destino dos Romanov, claro, afetariam a maneira como eles seriam tratados a curto prazo. Essas questões — e as conflitantes idéias de política revolucionária e de justiça a elas subjacentes — permeiam os documentos que se seguem.

O Governo Provisório, sensível à fúria popular contra o velho regime, e na esperança de manter a revolução isenta de atos de crueldade e derramamento de sangue, considerava a proteção como principal responsabilidade do governo em relação à família. Confiná-la em Tsarkoe Tselo era necessário tanto para atender à exigência de que fossem presos, quanto para mantê-los a salvo de atentados. Mas a proximidade do palácio da capital revolucionária e o frágil controle do governo sobre tropas e operários rebelados faziam com que a expatriação da família parecesse a única maneira eficaz de garantir-lhes a segurança. No dia 2 de março, o próprio Soviete de Petrogrado havia sugerido o exílio da família e mencionara também preocupação com a segurança da mesma (Documento 27). Como destino, a Inglaterra era a escolha óbvia: a Grã-Bretanha era aliada na guerra, seu governo dera apoio imediato à revolução e o rei George era primo de Nicolau e Aleksandra.

Nicolau parecia disposto a deixar o país. No dia 4 (17) de março, solicitou que o governo lhe permitisse, à sua família e à sua comitiva um retorno seguro a Tsarkoe Tselo, a residência nesse local até que os filhos se recuperassem da doença e, em seguida, passagem livre ao porto setentrional de Romanov (Murmansk). Embora Nicolau não dissesse tal coisa, a viagem a Romanov implicava a intenção de partir para a Inglaterra; Romanov era importante especialmente como principal conexão marítima da Rússia com a Inglaterra no tempo da guerra. Nicolau desejava também deixar claro, porém, que considerava o exílio como temporário: o quarto ponto em sua lista de solicitações era que tivesse permissão para voltar à Rússia ao fim da guerra "para residência permanente na Criméia — em Livadia" (Documento 33). O general Mikhail Alekseiev, a quem entregou a lista, o representou, por sua solicitação, perante o governo. Ao transmitir as solicitações ao ministro-presidente (presidente do Conselho de Ministros), príncipe Georg Lvov, Alekseiev deixou de lado o último ponto, considerando-o, talvez, uma ingenuidade. De qualquer modo, dois dias depois, no dia 6 (19) de março, Lvov respondeu que o Governo Provisório concordara com as três solicitações.[1]

No dia seguinte, a viagem segura do ex-czar a Tsarkoe Tselo foi transformada em prisão e transporte sob a guarda de comissários do povo designados para escoltá-lo. O acordo permitindo que Nicolau e família partissem para a Inglaterra, porém, permaneceu de pé. De fato, diante das crescentes ameaças do povo contra membros da dinastia deposta, a partida era considerada como necessidade urgente. No dia 6 de março, o novo ministro das Relações Exteriores da Rússia, Pavel Miliukov, informou ao embaixador britânico, George Buchanan, sobre o pedido de Nicolau de chegar a Romanov, e perguntou se o governo britânico estava tomando as medidas necessárias para levar a família desse porto para a Inglaterra. Dois dias depois, o Ministério do Exterior britânico enviou uma resposta hesitante: o governo de Sua Majestade sentia-se muito preocupado com a segurança do czar, mas nenhum convite estava sendo feito. Ao invés disso, Buchanan foi instruído a inquirir se a Dinamarca ou a Suíça não poderiam ser destinos melhores. Na verdade, o Ministério do Exterior britânico sabia, pelo relatório sobre uma conversa entre o adido militar britânico e Aleksandra, no dia 6 de março, que a ex-imperatriz, temendo uma longa viagem por mar, revelara preferência pela Dinamarca. O Governo Provisório, porém, preocupou-se com o fato de que esses países eram próximos demais da Alemanha e que Nicolau talvez caísse nas mãos dos alemães, que poderiam levá-lo de volta à Rússia à frente de uma força contrarevolucionária por eles apoiada.

Ao ser informado da reação britânica no dia 8 (21) de março, Miliukov insistiu ainda mais com Buchanan. Enfatizou a necessidade de ter certeza de que Nicolau permaneceria na Inglaterra até o fim da guerra e frisou sua "ansiedade" com a segurança do czar, advertindo-o, segundo Buchanan, do grande perigo de parte dos "extremistas", que "estavam incitando a opinião pública contra Sua Majestade". Buchanan endossou o apelo de Miliukov, aconselhando o governo britânico no sentido de que "a partida do Imperador certamente fortaleceria o governo russo e contribuiria para que as coisas se acalmassem". No dia seguinte, 9 (22) de março, o secretário do Exterior enviou um cabograma a Petrogrado, informando que o governo britânico concordara em permitir que Nicolau e sua família permanecessem na Inglaterra durante a guerra, desde que o governo russo lhes pagasse as despesas.[2] No dia 10 (23) de março, Buchanan informou a Miliukov a decisão de seu governo.[3] Naquela ocasião, porém, a urgência desaparecera e Miliukov não demonstrou pressa alguma em aceitar o oferecimento inglês.

Quando o Soviete de Petrogrado soube do plano para enviar Nicolau e família à Inglaterra, desencadeou-se uma tempestade de protestos. Os líderes do Soviete eram sensíveis à opinião pública e, àquela altura, haviam retirado seu apoio inicial ao exílio do czar e família. O Comitê Executivo discutiu esses boatos como primeiro assunto em pauta no dia 9 de março, e resolveu mobilizar operários e soldados para ocupar as estações ferroviárias através das quais Nicolau poderia passar, prendendo-o e recolhendo-o à Fortaleza de Pedro e Paulo, em Petrogrado (Documento 41). Boletins urgentes com esse propósito foram expedidos.[4] Mais tarde, naquele mesmo dia, contudo, o presidente do Soviete, Nikolai Chkheidze, comunicou que uma delegação do Comitê Executivo tivera um encontro com Kerenski e outros representantes do governo, que lhes assegurara que Nicolau já estava em Tsarkoe Tselo (ele, de fato, chegara em fins daquela manhã). Chkheidze garantiu aos outros líderes do Soviete que os representantes do governo haviam prometido, "sob pressão do Comitê Executivo", não permitir que Nicolau partisse para a Inglaterra, ou qualquer outro país, sem a permissão do Comitê Executivo (Documento 41). Dado o forte espírito anti-Romanov entre os sovietes, não era provável um acordo desse tipo. Quando, no dia seguinte, Buchanan informou a Miliukov do oferecimento de asilo de seu governo — estipulando que o governo russo deveria pagar os custos, item este que provavelmente irritaria a opinião pública —, Miliukov, indubitavelmente, já sabia que suas mãos estavam atadas.

Enquanto isso, o acordo com a Inglaterra estava deixando de vigorar em virtude da política interna britânica. Boatos sobre o oferecimento de asilo espalharam-se rapidamente e atearam fogo à oposição. Como resultado, o gabinete e o rei passaram a achar que as desvantagens políticas de estar associados aos depostos imperador e imperatriz russos superavam em muito quaisquer benefícios potenciais. No dia 6 de abril (24 de março), o secretário particular do rei, Arthur Stamfordham, informou ao secretário do Exterior britânico que "Sua Majestade recebe cartas de pessoas em todas as situações de vida, conhecidas e desconhecidas, dizendo-lhe o quanto o assunto está sendo discutido, não apenas nos clubes, mas pelos trabalhadores". Stamfordham enviou uma carta ainda mais insistente naquela mesma noite, transmitindo a solicitação do rei de que o secretário do Exterior informasse ao primeiro-ministro que "Por tudo que ele [o rei George] ouve e lê na imprensa, a residência neste país do ex-Imperador e Imperatriz seria motivo de forte ressentimento do povo e, sem a menor dúvida, comprometeria a posição do Rei e da Rainha". O rei aconselhava Buchanan a notificar Miliukov que "temos que solicitar dispensa do consentimento anterior dado à proposta do governo russo".[5] O gabinete, provavelmente, compartilhava das preocupações do rei com a opinião pública; o primeiro-ministro liberal, David Lloyd George, deixou muito clara sua falta de simpatia pelo monarca russo deposto.[6] Nessas condições, no dia 31 de março (13 de abril), Buchanan recebeu um telegrama do Ministério do Exterior, informando-o que o oferecimento de asilo fora retirado — embora sugerindo que ele informasse Miliukov desse fato apenas se os próprios russos retomassem a questão, para evitar se desfazer desnecessariamente de um aliado.[7] Pressões democráticas na Inglaterra e Rússia impediam Nicolau e família de deixarem o país.

As condições do confinamento em Tsarkoe Tselo eram uma mistura mutável de vigilância revolucionária e generosidade liberal. Kerenski, que como ministro da Justiça era oficialmente responsável por cuidar das condições da prisão da família, enfatizaria mais tarde o espírito humanitário do tratamento dado pelo governo, utilizando a mesma linguagem de alto conteúdo moral freqüentemente ouvida em seus discursos durante a revolução: "Eu queria que esse homem soubesse que a revolução era magnânima e humanitária com seus inimigos, não só em palavras, mas em atos. Eu queria que, pelo menos por uma vez na vida, ele se sentisse envergonhado dos horrores que foram perpetrados em seu nome. Essa era a única vingança digna da Grande Revolução, uma vingança nobre, digna do povo soberano."[8] Mas as condições do cativeiro de Nicolau também eram influenciadas pelas exigências do povo e do soviete por tratamento rigoroso, mesmo punitivo, pela necessidade do governo de conservar a confiança popular e pelo comportamento diário dos soldados designados para vigiar a família.[9]

No dia 8 de março, o general Lavr Kornilov, novo comandante do distrito militar de Petrogrado, acompanhado pelo novo comandante da guarda de Tsarkoe Tselo, coronel Ievgeni Kobilinski, e pelo novo comandante do palácio, capitão Pavel Kotsebu, chegaram ao palácio para informar a Aleksandra de sua prisão e anunciar as condições em que ela e sua família viveriam. A guarda do palácio seria substituída por tropas leais ao novo governo. Kornilov disse aos membros do séquito palaciano que tinham liberdade de deixar o local, mas que os que resolvessem voluntariamente permanecer seriam considerados como sob prisão; a maioria foi embora. As portas do Palácio Aleksandrovski, onde residia a família, seriam lacradas, exceto a entrada principal e a porta da cozinha, que ficariam sob guarda armada. Kornilov, inicialmente, tencionava proibir que os prisioneiros saíssem do palácio em qualquer ocasião, mas foi convencido por Pavel Benkendorf, mestre-de-cerimônias principal da corte, a conceder à família uma parte do parque para passeios, acompanhada por guardas. Todas as cartas que chegassem e saíssem do palácio deveriam primeiro ser examinadas pelo comandante do palácio e os telefonemas estavam proibidos (Documento 41), embora esta regra fosse mais tarde modificada e os prisioneiros pudessem falar ao aparelho da sala da guarda, mas apenas em russo e na presença de um guarda.[10] Essas regras foram detalhadas nas instruções fornecidas aos guardas uma semana depois (Documento 44).

Preocupações com a lealdade dos guardas ao novo regime e queixas populares sobre a suavidade das condições de prisão provocavam periódicos endurecimentos das regras. Quando visitou o palácio pela primeira vez, no dia 21 de março, Kerenski ordenou que Anna Virubova, amiga íntima de Aleksandra — que fora vilipendiada na imprensa como amante e principal cúmplice de Rasputin em suas alegadas práticas de ocultismo e devassidão no palácio — fosse retirada de Tsarkoe Tselo e transferida para uma prisão em Petrogrado. Anunciou também a nomeação de um comandante de confiança, seu amigo pessoal Pavel Korovichenko, um procurador da justiça militar que se especializara em defender pessoas acusadas de crimes políticos contra o velho regime. Mais tarde, no mesmo dia, outra das confidentes da imperatriz, Lili Den, foi presa e retirada do palácio. Embora solta dentro de alguns dias, Den não teve mais permissão para voltar a Tsarkoe Tselo. No dia 27 de março, uma semana após a primeira visita, Kerenski voltou e informou a Nicolau e a Aleksandra que eles teriam que ficar separados, exceto por ocasionais encontros durante as refeições e os serviços religiosos. Isso foi feito para atender às exigências mais radicais do povo, que queria que a influência perigosa de Aleksandra sobre Nicolau fosse restringida. A separação durou apenas algumas semanas, mas houve outras restrições: em abril, o direito de passear de bote no lago foi suspenso e o estoque de vodca do palácio foi destruído. Contudo, quando Kobilinski substituiu Korovichenko como comandante do palácio em maio — Korovichenko foi promovido a um posto militar de maior responsabilidade — muitas dessas restrições cessaram. Kobilinski, um oficial da Guarda Pessoal, era visivelmente mais simpático a seus prisioneiros (Documento 52).[11] Sob sua vigilância, correspondência e visitantes eram menos rigorosamente controlados, o lago e uma pequena ilha nele existente foram novamente postos à disposição da família (Aleksei, em especial, gostava de nadar), foram revogadas certas decisões tomadas pelos guardas, como confiscar a espingarda de brinquedo de Aleksei e o tratamento dado à família tornou-se mais respeitoso e solícito.

A vida da família e seu séquito no cativeiro em Tsarkoe Tselo, especialmente após a nomeação de Kobilinski como comandante, caracterizou-se acima de tudo pela monotonia tranqüila e tediosa. Nas palavras do preceptor de Aleksei, Pierre Gilliard, escritas em seu diário, em junho, "Os dias se seguem uns aos outros, todos iguais, divididos entre lições e passeios."[12] Começando em abril, Nicolau e Aleksandra passaram a dar lições aos filhos — Nicolau ensinando suas matérias prediletas, história e geografia, enquanto Aleksandra se encarregava da instrução religiosa. A família e seu séquito iniciaram também a plantação de uma pequena horta perto do palácio e, após completado o trabalho, cortavam lenha, preparando-se para o inverno. Aleksandra bordava e fazia renda, uma vez que não era suficientemente sadia para trabalhar na horta. Muito tempo era reservado à leitura, principalmente para distração e prazer, mas também para obter informação sobre os assuntos políticos (tinham permissão de receber jornais). Todas as noites, Nicolau lia em voz alta para a família. Serviços religiosos eram realizados no palácio e, na Semana Santa, na capela do palácio. Toda a família escrevia cartas, algumas das quais passavam, como fora estabelecido, pelas mãos do comandante, enquanto outras eram contrabandeadas para fora do palácio, às vezes com a ajuda de soldados de confiança.

A revolução, porém, interveio nessa vida calma. Pelos jornais, então virtualmente isentos de censura, os prisioneiros souberam da agitação que se aprofundava nas cidades. Mais dolorosamente, tomavam conhecimento de uma enxurrada de artigos hostis na imprensa, relatando todos os tipos de histórias sobre as vidas pública e privada do czar e da czarina — artigos "imundos" e caluniosos, como os descrevia Aleksandra (Documento 52). Mas eles não precisavam ler os jornais para conhecer o antiautoritarismo irado de muitos russos comuns. Embora alguns dos soldados que os vigiavam fossem bondosos e respeitosos — dirigindo-se a eles como Vossas Majestades e mesmo os ajudando na horta[13] —, outros arranjavam maneiras de expressar sua hostilidade ao velho regime.

Muitos dos soldados da guarda se empenhavam no que equivalia à montagem de um espetáculo teatral diário de desafio, muito parecido com o que estava ocorrendo em fábricas, aldeias e ruas em toda a Rússia. Em trajes, condutas e modo de falar, esses soldados representavam seu novo senso de poder e liberdade, tendo como platéia e alvo o antigo czar, sua família e séquito. Para a família, essas encenações pareciam pouco mais do que grosseira má disciplina. "Os soldados da nova guarda eram um espetáculo horrível de se ver; desarrumados, barulhentos, brigando com todo mundo... Estavam todos impregnados das novas idéias e a nada se furtavam para mostrar que eram os senhores." E, "Eram também relaxados em seus trajes, seus quepes amassados eram colocados tortos em cima de vastas e despenteadas cabeleiras, abotoavam apenas pela metade os casacos e a maneira displicente com que desempenhavam seus deveres militares era motivo de irritação contínua do imperador."[14] Segundo se dizia, soldados andavam à vontade pelo palácio e chegavam mesmo a entrar, sem ser anunciados, nos aposentos particulares da família; usavam uniformes "desleixados" mesmo quando de serviço; queixavam-se de que os oficiais eram respeitosos demais com o soberano deposto; e criticavam os empregados por usarem uniformes e por empurrarem a cadeira de rodas que Aleksandra então freqüentemente usava, por causa do coração fraco e de dores nas pernas. (Segundo Sofia Buksgevden, "Os soldados pareciam principalmente irritados com a cadeira [de Aleksandra] e seu rosto triste, e dirigiam-lhe nomes feios em voz alta porque ela não estava sendo *obrigada* a andar.") Os soldados rabiscavam palavras insultuosas nos bancos e paredes e se mostravam em geral, como lembrou Benkendorf em 1919, "tão grosseiros que era impossível falar com eles".[15] Com poucas exceções, os guardas faziam questão ou de ignorar inteiramente os cumprimentos delicados da família ou respondê-los com hostilidade (Documento 72). Enquanto isso, como uma espécie de pano de fundo dessa conduta, multidões reuniam-se regularmente diante da cerca do palácio — "basbaques", chamou-os desdenhosamente Nicolau em seu diário, no dia 3 de abril — a fim de soltar assovios, berrar insultos ou simplesmente olhar quando apareciam os antigos imperador ou imperatriz (Documento 56).

Houve pequenas cenas curiosas nesse teatro de desafio. Quando Nicolau voltou a Tsarkoe Tselo, procedente da frente de guerra, por exemplo, alguns guardas montaram o que Benkendorf descreveu adequadamente como uma "comédia ofensiva". O comandante da guarda do palácio fingiu não saber quem estava chegando, até que o sentinela gritou: "Nicolau Romanov".[16] Houve também grandes representações revolucionárias, como o enterro cerimonial, na Quinta-Feira Santa (30 de março), de vítimas da revolução, ao longo da avenida que levava ao palácio e, no 1º de maio, Dia Internacional do Trabalho (18 de abril pelo calendário russo), um cortejo para colocar coroas sobre as sepulturas. Ocorreram também pequenas representações burlescas de inversão de papéis sociais: em uma ocasião, soldados provocaram a queda de Nicolau de sua bicicleta, enfiando uma baioneta entre os raios da roda quando ele passou e em seguida riram grosseiramente enquanto o ex-imperador se levantava com dificuldade; em outra ocasião, um dos sentinelas de serviço à porta do palácio deu um jeito de sentar-se no seu posto em uma espreguiçadeira dourada, com almofadas e descanso para os pés, que haviam sido retirados de dentro do palácio.[17]

Um desafio mais grave às condições em que a família estava confinada vinha de fora — dos sovietes e de seu povo. A prisão e encarceramento domiciliar da família imperial e a suspensão dos planos para permitir que a família deixasse o país não acabaram com os apelos populares para que os Romanov tivessem um confinamento mais seguro e punitivo. Grupos de operários e soldados, sovietes locais e mesmo toda a seção de operários do Soviete de Petrogrado requereram em petição ao Soviete que o antigo czar e família fossem recolhidos à prisão da guarnição da base naval de Kronstadt (os marinheiros de Kronstadt eram famosos por sua militância revolucionária) ou à Fortaleza de Pedro e Paulo (onde o regime czarista encarcerara numerosos presos políticos) e que fossem submetidos a julgamento por seus crimes. Muitos julgavam injusto que "Nicolau, o Sanguinário", considerado responsável pelo sofrimento de tantas pessoas, vivesse confortavelmente e impune (Documentos 47, 50 e 51).[18] Incitando a opinião pública — e refletindo-a —, circulavam boatos sobre as tolerantes condições do confinamento. Dizia-se que oficiais da guarda bebiam regularmente com o antigo czar. Acreditava-se também que alguns guardas eram agentes monarquistas. Kerenski, o Governo Provisório, os comandantes diretamente responsáveis pela família, e mesmo o Soviete de Petrogrado eram obrigados a se defender constantemente pela maneira como tratavam os Romanov (Documento 45).[19]

Até mesmo os líderes socialistas dos sovietes, que estavam achando cada vez mais difícil conter e representar a ira de seus eleitores, tentaram acalmar as exigências crescentes de punição. Reconhecendo a "insatisfação geral com o tratamento extremamente suave dado pela revolução vitoriosa à pessoa que era o mais cruel inimigo do povo", o jornal do Soviete de Petrogrado lembrou a seus leitores que "a revolução teria se desmoralizado se tivesse seguido as pegadas do czarismo na questão da punição de seus inimigos... A magnanimidade [*velikodushie*] do povo vitorioso tem origem no fato de ele não temer os inimigos derrubados; despreza-os demais para rebaixar-se a seu nível... A revolução não tem intenção de transformar em mártires seus inimigos. E menos que tudo seus planos incluem transformar em mártir o ex-czar, Nicolau Romanov."[20]

Contra esse pano de fundo de críticas cada vez mais acerbadas, o Governo Provisório resolveu transferir a família de Tsarkoe Tselo e realocá-la em uma cidade isolada no outro lado dos Montes Urais. A ameaça do radicalismo, que Kerenski e o Governo Provisório repetidamente disseram constituir a causa principal da transferência da família, certamente era real. Na segunda semana de julho, quando foi comprovadamente tomada a decisão de transferir a família (Documentos 55 e 56), uma insurreição armada irrompera em Petrogrado.

O Governo Provisório realizou um grande trabalho em seus meses no poder. Em questão de semanas, libertou milhares de presos políticos e recebeu de volta os exilados; proclamou a liberdade de expressão, imprensa, reunião, associação e o direito de greve; aboliu o açoitamento, o exílio na Sibéria e a pena de morte; eliminou restrições legais aos direitos de minorias nacionais e religiosas; realizou preparativos para a convocação de uma assembléia constituinte, na base do voto universal, secreto, direto e igual; e iniciou estudos para a reforma agrária. A guerra, porém, continuava — o governo e seus correligionários consideravam-na como uma luta contra a tirania, ao lado de aliados democratas — e a economia continuava a se desintegrar, em parte porque o governo liberal estava ainda menos disposto do que a autocracia a controlar os preços e a assegurar a produção pela força. Igualmente importante, a reforma agrária continuava a ser apenas uma promessa, uma vez que o governo insistia em que qualquer redistribuição de terra fosse procedida de forma ponderada e legal. De forma não surpreendente, aprofundou-se o descontentamento.

A primeira grande explosão de desafio ao novo governo ocorreu em fins de abril de 1917, quando o Soviete de Petrogrado e o povo souberam, dois dias após o fato, de uma nota diplomática enviada aos Aliados pelo ministro do Exterior, Miliukov, no dia 18 de abril (1º de maio).[21] Miliukov garantia aos Aliados que a Rússia continuava a lutar por "uma vitória decisiva" e tencionava "observar rigorosamente" as obrigações do tratado com eles negociado pelo governo czarista. Falava também na disposição de reimpor "garantias e sanções" após a guerra. Essas declarações foram em geral entendidas como implicando, entre outras coisas, que a Rússia ainda tencionava exigir o controle de Constantinopla e do Estreito de Dardanelos. Miliukov, aliás, já havia declarado abertamente seu apoio a essa reivindicação de guerra, que os Aliados haviam aceito em 1915. A nota de Miliukov chocava-se diretamente com a política externa em que vinha insistindo o Soviete de Petrogrado: no curto prazo, aceitação da guerra apenas para defender a revolução contra o militarismo alemão e, no longo prazo, "paz sem anexação ou indenizações". Os termos da nota pareciam também contradizer a própria Declaração de Objetivos de Guerra do Governo, datada de 27 de março, elaborada de comum acordo com o Soviete de Petrogrado, na qual a Rússia renunciava oficialmente à "dominação de outras nações" e à "tomada de suas possessões nacionais".[22] Muitos pensaram que a nota provava que a declaração havia sido um ato de traição e hipocrisia política. Jornais esquerdistas disseram exatamente isso, em ataques contundentes nos dias 20 e 21 de abril. No dia 21 de abril, grandes multidões de manifestantes (incluindo soldados armados) ocuparam as ruas de Petrogrado e Moscou, denunciando "Miliukov-Dardanelski", todos os "ministros capitalistas" e a "guerra imperialista". Passeatas menores foram feitas em apoio ao governo e à guerra e os dois lados se chocaram violentamente em algumas ocasiões. A sublevação levou Miliukov, o ministro do Exterior, e Guchkov, ministro da Guerra, a se exonerarem em princípio de maio, e também alterou o terreno político de forma mais profunda.

Diante da primeira grande crise política desde a queda da autocracia, os líderes socialistas do Comitê Executivo do Soviete de Petrogrado, que já começara a funcionar nos bastidores como um governo, concordaram, no dia 2 de maio, em formar um governo de coalizão aberta com os liberais. Não querendo assumir diretamente o poder do Estado — a maioria dos menchevistas e dos revolucionários socialistas ainda acreditava que a Rússia não estava pronta para um governo socialista assentado em base proletária —, os líderes do Soviete de Petrogrado resolveram aceitar postos ministeriais no Governo Provisório. Tinham esperança de reforçar o debilitado apoio popular ao governo, mas também aumentar a influência da esquerda sobre a política, mas sem envolver-se também em uma perigosa experiência de poder estatal dos sovietes. Após negociações entre o Comitê Executivo e o Governo Provisório, seis socialistas ingressaram no governo no dia 5 de maio. Simultaneamente, Kerenski substituiu Guchkov como ministro da Guerra, enquanto o liberal não ligado a partidos, Mikhail Tereshchenko, substituía Miliukov como ministro do Exterior.

A partir desse momento, as classes inferiores descontentes enfrentavam um governo do qual os sovietes, nesse momento, faziam parte. A política de participação foi aprovada no primeiro congresso de representantes dos sovietes de todas as Rússias, realizado em princípios de junho, no qual um Comitê Executivo Central Nacional dos Sovietes também foi eleito. A participação de representantes dos sovietes no Governo Provisório teve importantes conseqüências políticas. Após o ingresso de socialistas moderados no governo, os operários e soldados descontentes voltaram-se para o único grande partido nacional que se recusara a aderir ao governo "burguês" — o Partido Bolchevista. O partido aumentou enormemente em filiações após abril e grandes vitórias bolchevistas foram registradas em eleições realizadas em organizações de base, tais como comitês de fábricas, comitês de soldados e sovietes de bairros.

Com a segmentação ininterrupta do poder em toda a sociedade, o Partido Bolchevista ganhou força e a autoridade do governo foi ainda mais corroída. A autoridade foi virada de cabeça para baixo e capturada pelo povo, nos locais onde viviam e trabalhavam. Multidões de operários e outros moradores das cidades, apenas fragilmente controlados pelas organizações políticas, ocupavam regularmente as ruas das cidades com comícios e passeatas de protesto, especialmente em Petrogrado. Em fábricas, oficinas e outros locais de trabalho, operários e empregados exigiram o controle sobre condições de trabalho, salários e mesmo práticas de contratação e dispensa. Com freqüência, operários desafiavam abertamente a autoridade estabelecida, às vezes simplesmente mostrando-se grosseiros com seus chefes e patrões, quando não recusando-se a obedecer ordens e, ocasionalmente, agredindo fisicamente aqueles com poder sobre eles. Os soldados, igualmente, ignoravam as ordens, escarneciam dos oficiais (ou os espancavam), organizavam comitês e, às vezes, até elegiam seus oficiais. Também desertavam em números crescentes. No campo, camponeses ocupavam a terra — da pequena aristocracia e de camponeses ricos — sem esperar pela aprovação legal; tiravam lenha de florestas particulares; roubavam sementes e implementos agrícolas; e ocasionalmente saqueavam ou incendiavam as casas dos latifundiários. Juntamente com esses atos de contestação social, e não sem relação com eles, havia muita embriaguez entre o povo, arruaças, roubos e violência criminosa.[23]

Nos dias 3 e 4 de julho, a crise política e social agravou-se e se transformou em insurreição. Um regimento armado de metralhadoras estacionado em Petrogrado ocupou as ruas, armas na mão — apoiado por milhares de operários e soldados —, a fim de exigir que o Governo Provisório fosse derrubado e que todo poder passasse aos sovietes. Os bolchevistas estimularam o desafio e a rebelião. Os líderes dos sovietes conseguiram finalmente convencer as multidões a parar com as passeatas e o governo respondeu aos "Dias de Julho" prendendo bolchevistas importantes. Mas ninguém pensava que os problemas tinham acabado. Na véspera do início dos protestos, os ministros cadetes do Governo Provisório já haviam anunciado sua renúncia coletiva como protesto contra as políticas de inclinação esquerdista do governo e a incapacidade do mesmo de restabelecer a disciplina e a ordem no Exército e na sociedade. Os ministros socialistas viram na renúncia dos cadetes e na explosão de protesto popular uma oportunidade de reorientar ainda mais para a esquerda o programa do governo — uma necessidade, acreditavam, se queriam minar a popularidade bolchevista. No dia 7 de julho, o ministro-presidente Lvov aceitou a renúncia dos ministros cadetes e em seguida renunciou. Ao anunciar sua decisão, no dia 8 de julho, Lvov criticou severamente os ministros socialistas por "sacrificarem às massas valores nacionais e morais... por fazer jogo para as arquibancadas".[24] Lvov pediu a Kerenski, que era considerado de posição intermediária entre a esquerda socialista e a direita liberal, que o sucedesse como ministro-presidente e organizasse um novo governo. Três dias depois, em 11 de julho, Kerenski viajou a Tsarkoe Tselo, para informar ao ex-czar que ele e sua família e agregados teriam que ser transferidos para mais longe da "capital conflagrada" (Documento 56).

Kerenski disse a Nicolau que eles provavelmente seriam enviados para o Sul, para Livadia. O embaixador britânico, porém, já sabia que o destino mais provável era a pequena cidade siberiana de Tobolski, ou Tomsk (Documento 55). A Sibéria apresentava óbvias vantagens para manter a família segura e sob vigilância. O próprio Kerenski explicou mais tarde: "escolhi Tobolski porque era uma cidadezinha muito atrasada, especialmente no inverno (não contando com serviço ferroviário), possuía uma guarnição militar diminuta, nenhum proletariado industrial, e uma população próspera e contente, para não dizer de costumes antiquados". Além disso, como centro administrativo regional, Tobolski contava com uma residência para o governador, apropriada para hospedar a antiga família imperial. Posteriormente, Kerenski deu-se o trabalho de insistir em que a escolha de Tobolski não fora uma concessão à esquerda.[25] Ainda assim, transferir o ex-imperador, sob escolta, para a Sibéria, parecia a muitos como uma vingança simbólica justa. Algumas pessoas mais chegadas à família com certeza perceberam esse simbolismo. "Que provação e que humilhação!" (Documento 58). Tobolski, contudo, situava-se próxima à aldeia natal de Rasputin, Pokrovskoe. Para Aleksandra, a proximidade parecia um bom augúrio (Documentos 57 e 58).

· 41 ·

Extraído da ata de uma sessão do Comitê Executivo do Soviete de Petrogrado, sobre a adoção de medidas para impedir a partida de Nicolau para a Inglaterra e a necessidade de sua prisão, 9 de março de 1917.

---

1. Sobre a prisão de Nicolau Romanov.

[DECIDIDO]: À luz da informação recebida — de que o Governo Provisório decidira conceder a Nicolau Romanov a oportunidade de partir para a Inglaterra e que atualmente ele se encontra a caminho de Petrogrado —, o Comitê Executivo resolveu adotar imediatamente medidas extraordinárias para sua detenção e prisão. Ordens foram dadas às nossas tropas para que ocupem todas as estações ferroviárias, e comissários com poderes de emergência foram enviados às estações ferroviárias de Tsarkoe Tselo, Tosno e Zvanka. Além disso, decidiu-se enviar telegramas por rádio a todas as cidades com instruções para prender Nicolau Romanov e, de modo geral, adotar uma série de medidas extraordinárias. Juntamente com essas providências, decidiu-se comunicar imediatamente ao Governo Provisório a vontade inabalável do Comitê Executivo de não permitir que Nicolau Romanov viaje à Inglaterra, e prendê-lo. Decidiu-se recolher Nicolau Romanov ao bastião Trubetskoi, na Fortaleza de Pedro e Paulo, substituindo os oficiais ali destacados por novos. Decidiu-se ainda prender Nicolau Romanov, quaisquer que sejam as conseqüências, mesmo que essa medida ameace cortar relações com o Governo Provisório.

...

3. Relatório de Chkheidze [presidente do Comitê Executivo] sobre a visita de delegados do Comitê Executivo ao Governo Provisório.

O camarada Chkheidze comunica que Nicolau Rom. já chegou a Tsarkoe Tselo. Sob pressão do Comitê Executivo, o Governo Provisório rejeitou a idéia de permitir que Nicolau Romanov partisse para a Inglaterra sem consentimento especial do Comitê Executivo. Ele foi deixado temporariamente em Tsarkoe Tselo. O Governo Provisório e o ministro da Justiça, Kerenski, garantem que ele não irá a parte alguma. O Governo Provisório concorda em que o Comitê Executivo designe seu próprio comissário de vigilância em Tsarkoe Tselo, de modo que Nicolau não possa ir a parte alguma. No futuro, a questão sobre Nicolau Romanov será decidida juntamente com o Comitê Executivo.

Tendo ouvido esse relatório, o Comitê Executivo resolveu retirar os guardas de todas as estações ferroviárias, com exceção de Tsarkoe Tselo, enviar comissários às estações de Tsarkoe Tselo e Tosno, discutir definitivamente a questão de Nicolau Romanov e tomar uma decisão amanhã. Além disso, decidiu adotar medidas que permitirão uma mobilização mais rápida de unidades militares no futuro.

...

13. Relatório do representante enviado a Tsarkoe Tselo.

A guarda do palácio está nas mãos das tropas revolucionárias. Foi dada ordem para que ninguém entre ou saia do palácio. Todos os telefones e telégrafos estão desligados. **Há cerca de 300 soldados aqui**. A guarda foi escolhida no segundo contingente do III Regimento de Fuzileiros. Um oficial da escola de equitação de Mikhailovski recusou-se a fornecer carros blindados, julgando que a assinatura do Comitê Executivo não era suficiente sem a contrafirma de Karaulov.[1] No palácio e também considerados sob prisão estão Narishkin, Benkendorf e Dolgorukov[2]. Todas as cartas e telegramas são entregues na casa da guarda. Um representante entrou nos aposentos privativos e viu pessoalmente Nicolau Romanov. O regimento solicitou que fosse informado ao Comitê que manterá guarda constante, a fim de não deixar que ele escape. Os oficiais que guardam o palácio consideram inteiramente aceitável que o Comitê designe seus próprios representantes para supervisionar a missão da guarda. Eles se recusaram a entregar Nicolau Romanov, considerando seu dever cumprir a ordem que lhes foi dada pelo gen. Kornilov[3] de não entregá-lo. Estando certos da confiabilidade dos guardas, os representantes pensam ser possível deixar Nicolau como está. Os fuzileiros insistem na retirada de Tsarkoe Tselo do Regimento Combinado, **inteiramente indigno de confiança**. No relatório do representante dos oficiais-ativistas, um médico de Tsarkoe Tselo é mencionado como tendo dito que está em andamento uma agitação contra o Soviete dos Tr. e Sld., no I Regimento de Reserva. As tropas apóiam uma monarquia constitucional. Os oficiais, em especial, insistem nisso.

Tendo discutido essa informação, o Comitê Executivo **resolveu** designar S.D. Maslovski[4] como comissário do Comitê Executivo, a fim de monitorar [*kontrol'*] os guardas e a organização de todo o assunto.

1. Mikhail Aleksandrovich Karaulov, membro da II e III Dumas do Estado, *ataman* (comandante) cossaco.

2. Kirill Narishkin não estava no palácio. Vassili Aleksandrovich Dolgorukov, príncipe, major-general do séquito imperial, mestre-de-cerimônias principal da corte. Dolgorukov serviu no Quartel-General com Nicolau II durante a Primeira Guerra Mundial.

3. Lavr Georgievich Kornilov foi nomeado comandante do distrito militar de Petrogrado pelo Governo Provisório. Foi designado para prender pessoalmente Aleksandra em Tsarkoe Tselo.

Substituiu o general Mikhail Alekseiev como comandante-chefe em 21 de maio (3 de junho) de 1917.

4. Sergei Dmitrievich Maslovski, socialista revolucionário esquerdista; após a Revolução de Fevereiro, comissário do Soviete de Petrogrado. Tentou prender Nicolau em Tsarkoe Tselo e enviá-lo para a Fortaleza de Pedro e Paulo.

· 42 ·

Diário de Aleksandra, 8-9 de março de 1917. Texto original em inglês.

---

8 de março quarta-feira	14.°C *O*: 36, 1 1/2. *T*: 37,1. *M*. 38,9. *An*: 36,6. *Al*: Ania 36,8. *Gen: Kornilov Comandante Ts.Ts.* [Tsarkoe Tselo] *Kobilinski.*[1] — *Korn*: anunciou que estamos aprisionados *2 horas.* A.D.C. *Benkendorf.* *Zhilik.* De agora em diante somos considerados pris: prisioneiros — não podemos ver ninguém de fora. *Benkend*: *Aprak*: Nastinka *V.E. Zborovski* disse adeus. Queimei cartas com *Lili.* *3 horas. O*: 37. *T*: 37,1. *M*: 38,8. *An*: 36,8. *Al*: 36,5. em companhia de Ania *Resin* — *Lazarev* — ambos disseram adeus. *6. O*: 37. *T* 37. *M*. 39,8. *An*: 37,1 1/2. *Al*: Isa *9 horas. O*: 37,2 1/2. *T*. 37,2 1/2. *M*. 39,8. *An*: 37,7 em companhia de Ania.
9 de março quinta-feira	10°C *O*: 36,3. *T*: 37. *M*. 37,2. *An*: 36,5 *Al*: 36,2. Ania 36,8. 11 3/4 N. chegou almocei com N. & *Aleksei* no *quarto de brinquedos* *3 horas. O*: 36,8. *T*: 37. *M*. 37,6. *An*: 36,8. Fui visitar Ania enquanto estava no jardim. *Lili* faz as refeições com Ania. *6 horas. O*: 37,1 1/2. *T*: 37,2, *M*. 38,6. *An*: 36,9. *Al*: queimou cartas com *Lili* Mme Zizi.[2] Isa & Nastinka. jantei com N. no *quarto de brinquedos.* *9 horas O*: 37. *T*: 37. *M*. 39.

An: 37. *Al:* 36,4.
Nós dois fizemos companhia a Ania & em seguida a *Benkendorf* & Isa, Zizi, Nastinka, *Valia, Apraksin*

1. Ievgeni Stepanovich Kobilinski, coronel, nomeado comandante da guarda de Tsarkoe Tselo em março de 1917.
2. Ielizaveta Alekseievna Narishkina, contadora-chefe do séquito da imperatriz.

· 43 ·

Telegrama do Soviete dos Representantes dos Operários das fábricas de Konstantinovski a Nikolai Chkheidze, presidente do Soviete de Petrogrado, a respeito da prisão imediata de todos os membros da Casa dos Romanov, 13 de março de 1917.

Petrogrado. Recebido no dia 22 de março, às 20:05h
Retardado por acúmulo de serviço [em] Kharkov

Uma vez que queremos ter certeza de que as numerosas vítimas da luta pela liberdade não tombaram em vão, porque compreendemos que apenas uma república democrática atende às necessidades imediatas do proletariado, porque a gravidade deste momento crucial é clara para nós, pedimos urgentemente a prisão imediata de toda a dinastia Romanov, de modo que a possibilidade de restauração da monarquia possa ser eliminada pela raiz. Apelamos para que os traidores sejam tratados como espiões militares.

Soviete dos Representantes dos
Operários das fábricas de
Konstantinovski

· 44 ·

Instruções do comandante do distrito militar de Petrogrado ao comandante da guarnição da cidade de Tsarkoe Tselo, a respeito da guarda do Palácio Aleksandrovski, 17 de março de 1917.

1. Proceda ao revezamento dos sentinelas que guardarão o Palácio Aleksandrovski, selecionando-os em todos os regimentos e batalhões da reserva, da guarnição confiada ao seu comando. Além do destacamento de sentinelas, designe um oficial de serviço no palácio, com revezamento diário, que siga rigorosamente as ordens constantes das instruções.

2. Da ex-Escolta de Sua Majestade, designe apenas patrulhas montadas para guardar a cidade de Tsarkoe Tselo e as vizinhanças mais próximas, para as quais distritos devem ser estabelecidos.

3. Imediatamente substitua de seus postos a polícia do palácio que guardava o local e realizava outros serviços para o extinto ministério da Corte até o dia 8 de março.

4. Permita que o imperador abdicante e a ex-imperatriz saiam para o grande

terraço do palácio e circulem por partes do parque diretamente adjacentes ao palácio, em horas que escolherem, no período entre 8h da manhã e 6h da noite. Durante essas horas designadas, o oficial de serviço acompanhará o imperador abdicante e ex-imperatriz e, de acordo com instruções do chefe da guarda, reforçará a guarda externa do palácio.

Entradas: A entrada central e as de n.2 e 3 para entrar ou sair do palácio devem ser fechadas.

As entradas de n.1 e 4 devem ser deixadas abertas e postos de controle devem ser nelas estabelecidos.

5. As pessoas do antigo séquito, cujos nomes aparecem na lista anexa e que desejarem, por iniciativa própria, permanecer temporariamente no Palácio Aleksandrovski, não terão o direito de deixar o palácio e deverão obedecer às regras estabelecidas pelas presentes instruções relativas ao ingresso no parque.

6. Nenhum encontro com quaisquer pessoas deve ser realizado no Palácio Aleksandrovski sem minha permissão.

7. Contatos por escrito com todos os indivíduos que se encontram no interior do palácio só podem ser permitidos através do capitão Kotsebu[1], que está encarregado de submeter todas as cartas, bilhetes e telegramas a uma rigorosa inspeção e permitir a entrada, em base independente, apenas daqueles necessários ao trato de assuntos ligados à administração doméstica e [divulgação de] informações sobre saúde, assistência médica, e assim por diante. Todos os demais devem ser apresentados por esse comando ao quartel-general do distrito.

8. Os telefones localizados nos aposentos internos do palácio devem ser desligados; conversações telefônicas só serão permitidas no telefone localizado na sala do oficial em serviço, em sua presença ou na presença do capitão Kotsebu.

9. No caso de médicos ou especialistas de Tsarkoe Tselo ou Petrogrado precisarem ser chamados para prestar assistência médica, eles devem ser levados ao palácio pelo oficial em serviço, que os acompanhará em todas as ocasiões.

10. Todas as provisões entregues no palácio devem ser passadas a um serviçal que nele permaneça, na presença do oficial em serviço ou do capitão Kotsebu, cujos deveres incluem não permitir que ocorra qualquer conversa a respeito das pessoas que se encontram no interior do palácio.

11. Os engenheiros Shvede e Legovich e o oficial intendente Donini, que residem fora do palácio, poderão entrar no palácio apenas nos casos em que for necessário inspecionar instalações, mas apenas quando acompanhados do oficial em serviço, caso em que seus contatos com o conde Benkendorf só serão permitidos na presença do capitão Kotsebu ou do oficial em serviço.

12. O comandante do palácio está sob ordens de me comunicar todos os fatos e, além disso, comunicá-los imediatamente por telefone.

Assinado: Comandante das tropas do distrito militar de Petrogrado, tenente-general Kornilov

1. Pavel Pavlovich Kotsebu, oficial do Regimento de Lanceiros da Guarda Pessoal de Sua Majestade, a Rainha. Após a Revolução de Fevereiro, Kotsebu foi nomeado comandante do

Palácio Aleksandrovski, em Tsarkoe Tselo. Tendo começado a circular boatos de condições demasiado brandas no confinamento da família imperial, foi substituído por Pavel Korovichenko, por ordens de Aleksandr Kerenski.

· 45 ·

"A. F. Kerenski fala ao Soviete dos Representantes dos Soldados", extraído do *Kavkazskii krai* (Terra do Cáucaso), 29 de março de 1917.

Petrogrado, 27 de março. Recentemente, no *Izvestiia* [Notícias] *do Soviete dos Representantes dos Operários e Soldados,* apareceram artigos criticando atos de Kerenski em relação ao czar e sua família e manifestando desconfiança no Governo Provisório, por motivo da libertação do general [Nikolai] Ivanov. O *Izvestiia* publicou uma pequena nota sobre a incompreensibilidade da libertação de um inimigo do povo tão perigoso, sem notificação prévia ao Comitê Executivo do Soviete dos Representantes dos Operários e Soldados.

No dia 26 de março, Kerenski compareceu a uma sessão do Soviete dos Representantes dos Soldados, no Palácio Tauride, e aos mesmos se dirigiu nos seguintes termos:

MANIFESTAÇÃO DE DESCONFIANÇA

"Vim aqui após ouvir dizer que estão aparecendo pessoas que ousam manifestar sua desconfiança de mim. Eu e o Governo Provisório estamos sendo criticados por supostamente fazer as vontades do antigo governo e de membros da família do czar. Advirto a todos os presentes que não admitirei ser objeto de desconfiança e tampouco permitirei que a democracia russa, em minha pessoa, seja insultada. Peço aos senhores que ou me excluam de seu meio ou confiem em mim incondicionalmente. Os senhores me acusam de permitir que certas pessoas da família do czar permaneçam em liberdade. Saibam que só os que protestaram contra o velho czarismo e que lutaram contra ele, como os senhores lutaram, permanecem livres. Dmitri Pavlovich[1] permanece livre porque foi o primeiro a lutar contra o czarismo, organizando a conspiração que assassinou Rasputin. Ele tem todo o direito de continuar como oficial comum nas fileiras do Exército russo na Pérsia.

"Mandei soltar o general Ivanov por ato de minha própria autoridade. Ele permanece sob minha supervisão em um apartamento privado. Foi solto porque está doente, é idoso e os médicos dizem que ele não sobreviverá nem por três dias mais no local onde foi inicialmente mantido encarcerado."

O QUE O GOVERNO REPRESENTA?

"Camaradas soldados e oficiais! A missão do Governo Provisório é vasta e urgente. Lembrem-se de que o Governo Provisório defenderá até a morte a liberdade, a lei e a independência russa. Todos nós temos a mesma responsabilidade pelo destino de nossa pátria mãe e, em nome de nosso dever para com ela, temos todos que trabalhar juntos de forma estreitamente unida. Não deve haver lugar para desconfiança. Estive em Tsarkoe Tselo. O comandante do palácio é pessoa que conheço bem[2]. Confio nele inteiramente. A guarnição de Tsarkoe Tselo prometeu seguir exclusivamente minhas ordens. Tudo o que acontece em Tsarkoe Tselo é feito com meu conhecimento. (aplausos)

"Não deixarei este cargo sem estar firmemente convencido de que não haverá outra ordem na Rússia, exceto a república democrática. Em todo o mundo, nenhum exército é hoje tão livre como o russo. O soldado é hoje um cidadão livre, no gozo de todos os direitos.

"No dia 27 de março, terá se completado exatamente um mês desde o momento em que, à frente da primeira unidade de tropas revolucionárias, entrei no Palácio Tauride[3] e nele estacionei uma guarda de honra."

REPRESENTANDO OS INTERESSES DA DEMOCRACIA

"Ingressei no gabinete do Governo Provisório como representante dos interesses dos senhores, e o Governo Provisório lhes ouviu a voz. Nos próximos dias, será publicado um documento declarando que a Rússia renuncia, como objetivo, a conquistas militares. Estou trabalhando tanto quanto posso, enquanto tiver a confiança dos senhores e enquanto as pessoas forem honestas comigo."

TEMOS DE TRABALHAR JUNTOS

"Em nome de nosso dever para com a pátria mãe, temos que trabalhar juntos, e agora, quando começaram a circular boatos destinados a semear a discórdia em nosso meio, tenho que fazer a seguinte declaração: Se quiserem, trabalharei com os senhores, se não quiserem — irei embora.

"Quero saber se os senhores confiam em mim ou não. De outra maneira, não posso trabalhar com os senhores."

O ministro pronunciou essas últimas palavras com grande veemência. O salão vibrou com os aplausos. Ouviram-se gritos: "Pedimos que trabalhe conosco!", "Trabalhe conosco!" "Acreditamos no senhor!" "Todo o Exército de muitos milhões de homens confia em você, Aleksandr Fiodorovich!"

"Vim aqui", concluiu Kerenski, "não para me justificar, mas apenas para dizer que não agirei de uma maneira que atrairia sobre mim todas as suspeitas da democracia russa!" (aplausos fervorosos)

DECLARAÇÃO DO PRESIDENTE

Em nome dos representantes dos soldados, o presidente da sessão declarou que não havia questão alguma sobre confiança. Discursos de certos indivíduos que falaram em desconfiança foram rapidamente interrompidos. ["] O Exército confia no senhor, como toda a democracia russa em geral.["]

No palácio, Kerenski começou a sentir um princípio de desmaio e acomodou-se em uma cadeira. Quando se recuperou, disse o ministro:

"Estou mais do que satisfeito com o que aconteceu aqui. Usarei minhas últimas forças para trabalhar pelo bem-estar dos senhores. Em casos de dúvida, procurem-me, dia e noite, e chegaremos a um entendimento."

O povo levantou Kerenski do chão e levou-o em uma cadeira para fora do salão, em meio a aplausos ensurdecedores.

1. Dmitri Pavlovich, grão-duque, filho do grão-duque Pavel Aleksandrovich. Foi exilado para a Pérsia após participar do assassinato de Rasputin.

2. Pavel Aleksandrovich Korovichenko, procurador da justiça militar, coronel, amigo de Kerenski. De 21 de março a 27 de maio de 1917 foi o comandante do Palácio Aleksandrovski.

3. O Comitê Provisório da Duma do Estado e o Soviete de Petrogrado funcionaram no Palácio Tauride durante a Revolução de Fevereiro. Kerenski era membro de ambos os organismos.

· 46 ·

Diário do Arcipreste Afanasi Beliaev, deão da Catedral Fiodorovski, em Tsarkoe Tselo, 2-31 de março de 1917.[1]

2 de março de 1917. Recebi a visita de Nikolaevich Loman, encarregado da Catedral Fiodorovski, que me transmitiu o convite para ir à Igreja Znamenski, a fim de pegar o ícone milagroso da Czarina Celestial e levá-lo ao Palácio Aleksandrovski para realizar um serviço religioso na ala das crianças do palácio, onde os filhos do czar se encontram acamados com sarampo. Um carro enviado para este fim levou-me à Igreja Znamenski. Tendo entrado na igreja, fui recebido pelo Pai, Arcipreste e Deão Ioann F. Speranski, que já providenciara para que fossem preparadas as vestimentas, aprontado o Ícone da Virgem, e reunidas pessoas para levá-La. Vesti imediatamente os mantos, tomei a cruz e cantei, acompanhado pelo clero da paróquia de Znamenski quando partimos para o palácio, o hino festivo "Teus Servos Te Consideram, ó Virgem Toda Pura, uma Muralha Indestrutível e Fonte de Maravilhas". A entrada no palácio foi realizada com facilidade, a despeito do fato de o prédio estar sendo guardado pelo Regimento Combinado de Infantaria. Passamos pela primeira entrada, subimos para o segundo andar e nos dirigimos para a ala das crianças e, tendo passado por uma fileira de salas iluminadas, chegamos a um quarto espaçoso, na semi-escuridão, onde as crianças doentes se encontravam deitadas, em camas simples, separadas. Colocamos o Ícone na mesa preparada para ele. O quarto estava tão escuro que eu mal conseguia ver as pessoas que se encontravam ali. A imperatriz, vestida como enfermeira, encontrava-se de pé ao lado da cama do herdeiro e, não longe dela, as outras enfermeiras e babás. Umas poucas velas finas de cera foram acesas diante do ícone. Começou o serviço de ação de graças. Oh, que tristeza terrível, inesperada, se abatera sobre a família do czar! Chegara a notícia de que o Soberano, chamado a Tsarkoe Tselo pela imperatriz e vindo às pressas do Quartel-Geral ao encontro da família querida, fora detido na estrada e preso, e é mesmo possível que ele tenha abdicado ao trono. Alguma coisa terrível está acontecendo em Petrogrado: casas estão sendo destruídas e incendiadas; soldados traíram o czar e, tendo se

juntado à turba da massa de operários, estão destruindo delegacias de polícia, expulsando e prendendo seus chefes e ex-representantes das autoridades, soltando criminosos das prisões e declarando liberdade total para todos os que proclamarem a república. Na Nevski [Avenida] tiros de fuzil estrondam e caem vítimas inocentes. Começou uma feroz batalha entre as tropas e a polícia. A própria Tsarkoe Tselo está inquieta. Na parte Sofiiski da cidade, onde estão estacionadas as tropas, podem ser ouvidos ruídos e gritos histéricos; continua o fogo rápido das armas; os soldados estão destruindo e quebrando casas de venda de bebidas e lojas; prédios da polícia estão sendo queimados até o chão; e libertaram os presos de suas celas. Bem podemos imaginar em que circunstâncias se encontra a desamparada imperatriz, uma mãe com cinco filhos gravemente doentes. Reprimindo sua fraqueza feminina e todos os seus padecimentos corporais, dedicando-se de maneira heróica e tranqüila a cuidar dos doentes, com plena confiança na ajuda da Czarina Celestial, ela resolveu, em primeiro lugar, rezar diante do ícone milagroso de Nossa Senhora do Sinal [*Znamenie Bozh'ei Materi*], dando instruções para que o ícone fosse trazido aos quartos das crianças enfermas. Fervorosamente, de joelhos, com lágrimas nos olhos, a czarina terrena pediu à Czarina Celestial ajuda e intervenção. Venerando o ícone e postando-se de pé diante dele, pediu que a imagem fosse levada também aos leitos, de modo que todas as crianças doentes pudessem tocar com os lábios o ícone milagroso. Estendendo a cruz para ser beijada, eu disse: "Fortaleça-se e seja valente, Majestade, pois se o pesadelo é terrível, Deus é compassivo. Em todas as coisas, confie em Sua divina vontade. Creia, confie, e não pare de rezar." O santo ícone foi levado aos quartos de todas as crianças. Descemos e chegamos a um quarto separado, isolado, onde Anna A. Virubova, doente de sarampo e coberta de urticária, encontrava-se deitada. Ali eu apenas li uma oração diante do ícone da Mãe de Deus, ocasião em que a doente, encostando fervorosamente a cabeça ruborizada no ícone santo, não quis deixá-lo escapar das mãos durante longo tempo. A imperatriz, tendo descido dos quartos das crianças por uma escada direta, interna, postou-se ao lado do leito da doente e rezou também fervorosamente. Quando deixamos o local com o ícone, o palácio já estava isolado pelas tropas e descobrimos que todos os que se encontravam lá dentro eram considerados presos.

11 e 12 de março, sábado e domingo. Quando o Soberano chegou a Tsarkoe Tselo no dia 9 de março, procedente do Quartel-General, fui convidado por um telefonema do Palácio Aleksandrovski a lá comparecer e conduzir a vigília [*vsenoshnaia*] e uma longa liturgia na igreja do palácio, juntamente com membros do quadro de pessoal da corte: arquidiácono, leitor dos salmos e membros do coro (quatro). Ao chegar ao palácio, fomos recebidos pelo comandante e o guarda em serviço. Após ingressar no corredor do andar térreo, onde se localizam os aposentos de Suas Majestades, o criado pessoal do Soberano aproximou-se de mim e disse: "Sua Majestade pede-lhe que venha a seu quarto. Ele quer lhe dizer algumas palavras sobre o próximo serviço religioso na igreja do palácio." Em resposta a essas palavras, o jovem aspirante que nos acompanhava disse: "Isso não é permitido", e

voltando-se para mim, declarou: "Tenha a bondade de dirigir-se à igreja. Conversar com ele é proibido." O espantado criado pessoal objetou: "Permita isso ou irei informar à Sua Majestade." O severo guarda, no entanto, mostrou-se categórico: "Pouco me importa. Não posso permitir reunião com pessoa alguma — nenhum contato." Assim, fomos levados à igreja sem nos deter e em total silêncio. Após alguns minutos, ainda antes do início do serviço, o mestre-de-cerimônias da corte imperial, conde Benkendorf, entrou na nave da igreja e, em nome do Soberano, pediu-me para realizar serviços naquele local nos domingos e dias santos. Após o fim da vigília, apelei ao comandante do palácio, com o pedido de que me explicasse o seguinte: Havia algum tipo de instruções para nós sobre a maneira de conduzir os serviços e como agir — por exemplo, como responder ao Soberano, se ele perguntar alguma coisa? De que maneira eu deveria me dirigir a ele? De que modo deveria referir-me a ele durante os serviços, e assim por diante e, de modo geral, de que modo devia me comportar com os empregados do palácio? A essas perguntas, o comandante respondeu: "Não há instruções sobre isso, mas, claro, perguntas feitas pelo Soberano devem ser respondidas, embora a conversa não deva ser política e deva ter lugar na presença do guarda de serviço. É melhor evitar dirigir-se a ele, embora eu o chame de 'Sua Majestade'. Decline de encontros pessoais em seus aposentos particulares e, de modo geral, quanto menos razões para repreensão por parte do guarda, melhor será para os presos." E, realmente, o Soberano e sua esposa são tão refinados e gratos que chegam sozinhos para o serviço quando já estamos paramentados no altar e deixam a igreja, após os serviços, antes de todas as outras pessoas. Na igreja, ficam inteiramente separados, por trás de biombos, ocupando um local muito pequeno em um canto, com uma entrada separada. Na primeira vez na presença do Soberano, após a grande entrada [parte central da liturgia], quando foi necessário falar no Estado Russo e no Governo Provisório, e não no Devoto Imperador Autocrata Soberano, e assim por diante, não pude no início encontrar forças e quase comecei a chorar. Com voz alquebrada, tropeçando nas palavras, terminei as comemorações. Nos dias 24 e 25 de março, conduzi a vigília e a liturgia e, novamente, a vigília no domingo. Após a vigília, dei a cada pessoa um ramo bem pequeno do galho consagrado de salgueiro. Mesmo nisso, o desrespeito e as condições de prisão eram evidentes.

Que Deus abençoe.

...

29 de março. Levantei-me às 7h da manhã, orei a Deus e li as orações preparatórias para a comunhão. Esperei pela liturgia. Acontece que os quartos de Schneider ficam contíguos aos meus e que os servos de Virubova, que estão sedentos de liberdade, ficam do outro lado. A liturgia é realizada na presença de três pessoas. Na última vez, houve grandes reverências. Após a liturgia, li preces para os confessores e pronunciei um curto sermão sobre como devemos entender a questão do arrependimento. A confissão para os serviçais foi marcada para as 2h da tarde. À 1h foi servido o almoço: repolho desfiado com picles e batatas, peixe e *kisel* [manjar-branco]. As confissões começaram às 2h e se prolongaram até as 5h.

Cinqüenta e quatro pessoas se confessaram. Os que ainda faziam jejum, em preparação para a comunhão, foram deixados para o sábado. Às 6:30h, começaram as Matinas, com cantos festivos: "Quando o Glorioso Faz Discípulos". Quatro solistas do coro da corte, vestidos com casacas escarlates, cantaram em todos os serviços. Às 8h o serviço terminou.

Hoje, às 5h, fui visitado pelo comandante do palácio [Korovichenko]. Achei que ele era uma pessoa maravilhosa, inteiramente humanitária e nobre. Ele me informou que eu era uma pessoa livre, que posso andar livremente pelos corredores do palácio e conversar com todas as pessoas que residem na corte, e mesmo sair para o jardim, a fim de respirar ar fresco. Após a vigília, encontrei o [médico] Botkin e conversei com ele. O jantar foi servido às 8h da noite — sopa de cogumelos, peixe, biscoitos secos com geléia doce e uma fatia de abacaxi. Recebi o jornal *Novoe vremia* [Novos Tempos].

30 de março. Andei pelos salões do palácio e fiquei espantado com o luxo e a riqueza. Das janelas do salão circular, vi como estavam sendo preparadas as sepulturas para os que morreram durante os dias dos distúrbios nas casas de vinho em Tsarkoe Tselo. O local escolhido para as sepulturas situa-se em frente ao palácio, em campo aberto.[2] A liturgia, durante a qual a família do czar orou fervorosamente e todos receberam a comunhão, terminou por volta das 12h. Os que estavam em jejum aproximaram-se do cálice sagrado humildemente, e eu disse a eles algumas palavras que também podiam ser ouvidas por todas as pessoas presentes na igreja. Após a liturgia, o lacaio me disse que o padre-confessor, por Anichkov, havia concordado, a despeito de seu estado de saúde, em vir ao palácio ouvir a confissão de Suas Majestades, mas foi informado de que não precisava dar-se o trabalho de vir, porque tudo poderia ser feito sem ele. Ninguém, porém, sabia quem seria convidado para substituir o padre-confessor e ainda não haviam sido dadas instruções sobre o assunto. Parecia que tudo corria suavemente e que o serviço agradava a todos. Trouxeram um pequeno mas maravilhoso Sudário de Cristo da Catedral Fiodorovski e uma mesa especial para o mesmo, um grande livro dos Evangelhos e vestimentas festivas para a Páscoa. O altar e a mesa da oblação foram cobertos para a ocasião com um pano preto, preparando-se também casulas pretas para o clero. A vigília e a leitura do Evangelho foram marcadas para as 6h da noite. À 1h hora, o almoço foi servido, composto de arroz com cogumelos brancos, salmão frito e compota de frutas. Às 4h, abri a janela e [nesse momento] ouvi música militar: estavam sendo tocadas a "Marselhesa" e marchas funerais. Da janela, numerosos soldados podiam ser vistos. É impossível saber o que está sendo feito nas sepulturas, por causa da distância, embora tudo isso esteja ocorrendo em frente ao salão circular do palácio, não muito longe da igreja. E isso na Quinta-Feira Santa, durante a Semana Santa. Na verdade, eles não sabem o que fazem. Às 6h, começou o serviço com a leitura das 12 passagens dos Evangelhos. Os devotos são os mesmos, umas cem pessoas no total, incluindo o séquito e os serviçais, na presença do guarda em serviço. Os membros do coro cantam lindamente — os quatro solistas do coro da corte — especialmente "O Bom Ladrão".

O serviço foi respeitoso e tocante, embora muito resumido: os Evangelhos eram lidos e, após cada leitura, um hino era cantado. O serviço inteiro durou uma hora e 40 minutos. Suas Majestades permaneceram de pé durante todo o serviço. Púlpitos dobráveis com os Evangelhos foram colocados diante deles, de modo que pudessem acompanhar a leitura durante todo o tempo. Todos se levantaram ao fim do serviço e voltaram para seus quartos pelo corredor comum, o que nunca haviam feito antes. Precisamos ver por nós mesmos, estar suficientemente próximos para compreender e sermos convencidos do fervor com que a família do antigo czar ora a Deus, à maneira ortodoxa, e freqüentemente de joelhos. Fazem a adoração com grande respeito, suavidade e humildade, entregando-se inteiramente à vontade de Deus. E eu, um pecador e servo indigno do altar do Senhor, sinto o coração parar de bater e as lágrimas correrem. A despeito da dificuldade opressiva do isolamento, a fartura do Senhor enche minha alma e as palavras da oração fluem, alcançando e penetrando diretamente na alma do devoto. Às 8h foi servido o jantar: sopa de repolho com cogumelos, rosbife e gelatina de amora. Às 9h da noite, começo a me preparar para a Sexta-Feira Santa: haverá procissão com o Sudário de Cristo. Penso no que vou dizer diante da sepultura de nosso inocente sofredor-Salvador. Li hinos maravilhosos, em tradução russa, destinados à Sexta-Feira Santa e comovi-me com seu conteúdo. O que trará o dia de amanhã? Quantas e que pessoas estão se preparando para a confissão?

31 de março. 9h da manhã. Levantei-me cedo, tendo passado uma noite angustiada. A despeito das maravilhosas condições do tempo e de todas as conveniências — faz um dia claro, brilhante, quente e agradável —, o sono insistiu em me evitar. Fiz purificações durante longo tempo, umedeci a cabeça com água fria, orei a Deus e comecei a escrever algumas palavras para a procissão com o Sudário de Cristo. Às 12h, dirigi-me à igreja e tomei a confissão dos que se preparavam para receber a comunhão. Ao confessionário compareceram 42 pessoas, incluindo os dois médicos: Botkin e Derevenko. À 1:30h, recebi o aviso de que sou esperado às 5:30h na ala das crianças, a fim de ouvir a confissão das três princesas doentes e do ex-herdeiro e para prepará-los para a comunhão. Às 2h, começaram as Vésperas e o sudário foi trazido para o centro da igreja. O local destinado ao sudário foi adornado com tapetes e grandes buquês de viçosos lilases brancos e vermelhos, além de muitas rosas. Foi preparado um maravilhoso e elegante canteiro de flores vivas. A mesa trazida da Catedral Fiodorovski para a colocação do sudário foi posta no centro do canteiro. Suas Majestades, duas princesas e o séquito aparecem usando luto fechado — todos eles de preto. As Vésperas transcorreram de maneira respeitosa e muito cerimoniosa. O sudário foi levado para o centro da igreja. Eu pronunciei umas poucas palavras: "Que ato triste, cerimonial, sagrado, está sendo neste momento praticado em todas as Igrejas Ortodoxas! A exposição do sudário. Diante de nós está a sepultura com a imagem sagrada do Divino Sofredor, que morreu pelos pecados de todos nós. Oh, com que força, irresistivelmente, eu, um pecador, sou atraído para me agarrar a esse caixão e, em lugar da pessoa sacramentalmente ungida, derramar lágrimas de arrependimento sobre Seu pu-

ríssimo corpo. Oh, com que clareza ouço Suas últimas palavras, pronunciadas da cruz. Ouço também o grito de morte, rasgando a alma, dirigido ao Pai Celestial: 'Meu Deus, meu Deus, por que Me abandonaste!', E que infindável fonte de dor é ouvida nesse grito! 'Que as pessoas Me deixem, Me abandonem — que amigos e conhecidos se afastem de Mim. Que os que Me são próximos e queridos Me deixem. Mas Tu, Meu Pai Celestial, por que Estás tão irado Comigo? Por que Tu desviaste de mim Teu olhar maravilhoso, refulgente e amoroso?' E que terrível ocorrência, sem precedentes. Dos céus não desce nenhuma voz, nenhuma ordem. Dos céus onde a voz do Pai Celestial era sempre ouvida, 'Este é Meu Filho Bem-Amado, escutai-O', nenhum som é ouvido — que situação terrível sentir, ver-se, em um momento insuportavelmente difícil, abandonado por Deus. E isso com o único filho gerado por Deus. Oh, que grande mistério! Um mistério que está além da compreensão humana. Mas o maravilhoso poder de Deus aparece naquilo que é inacessível à mente humana. E assim, neste inescrutável mistério da redenção, compreendemos que Deus é o maior, o mais eterno e ilimitado Amor. Há aqueles que amam a Deus. Esse amor levou o Filho a aceitar o sofrimento e a morte; esse amor forçou o Pai a abandonar o Filho no momento de seus sofrimentos mais insuportavelmente difíceis. O Amor Divino fez tudo isso a fim de atrair para si todos os pecadores sofredores, perseguidos e igualmente arrependidos. Oh, Senhor, meu Salvador! Que consolo Vertes em meu combalido coração com Teus sofrimentos e morte. Sinto, profundamente, que em todos os meus sofrimentos não estou sozinho. Porque Você, Senhor, está comigo. E caminhando nos Teus passos não temerei nem o mal nem estar no vale da morte." Essas palavras, pronunciadas na igreja, ao lado do sudário, fez com que muitos chorassem. Uma das babás das princesas foi levada para outra sala, a fim de ser acalmada. Essas palavras produziram uma profunda impressão no czar — como ele me disse após a confissão. Chegou também a hora da confissão para os filhos do czar. O lacaio chegou e anunciou: "É tempo de ir. Eles já estão à espera." Vesti a estola, tomei a cruz e os Evangelhos e subi, seguindo o lacaio, que me levou até os quartos das crianças. Esses quartos são decorados de uma maneira espantosamente cristã. Em um canto do quarto, cada princesa colocou uma iconóstase autêntica, repleta de numerosos ícones de diferentes tamanhos e com imagens de santos especialmente venerados. Diante da iconóstase há uma mesa dobrável, coberta com uma toalha e, sobre ela, missais e livros litúrgicos, bem como os Santos Evangelhos e uma cruz. O mobiliário e a arrumação dos quartos refletem uma infância inocente, pura, casta, inconsciente da sujeira do mundo. A fim de escutar as preces antes da confissão, todas as quatro crianças [doentes] foram reunidas em um único quarto, onde se encontrava deitada a enferma Olga Nikolaevna. Aleksei Nikolaevich ocupava uma cadeira, usando um roupão leve azul claro, costurado nas bordas com um galão. Maria Nikolaevna estava semi-reclinada em uma grande cadeira de rodas, que Anastásia Nikolaevna empurrava facilmente de um lugar para outro. Após a leitura das preces e uma rápida palavra antes da confissão, apenas Olga Nikolaevna permaneceu no quarto. O herdeiro saiu sozinho e Anastásia Nikolaevna levou Maria Nikolaevna. Em seguida, entrei em outro quarto e ouvi sucessivamente a confissão dos restantes: Aleksei, Maria e Anastásia Nikolaevna. Não direi como se desenvolveu a confissão. Minha impressão geral foi a seguinte: Senhor, deixai que todas as crianças sejam tão moralmente puras como os filhos do ex-czar. Tal humildade, autocontrole, obediência aos desejos dos pais, devoção tão absoluta à vontade de Deus, a limpeza de seus quartos e a ignorância completa da sujeira do mundo — apaixonada ou pecaminosa — espantaram-me e fiquei inteiramente desarvorado: como confessor, preciso lembrar-lhes pecados que talvez nem conheçam, e como levá-los a confessar pecados que desconhecem? Ouvir a confissão de todos os quatro levou-me 1 hora e 20 minutos. Às 7:30h do sábado, começaram as Matinas. Li as denominadas lamentações sobre o sudário e a procissão religiosa com exposição do sudário foi completada, levando-o através e por trás do altar, chegando ao altar pelas portas do norte e saindo pelas do sul, seguindo em volta dos cômodos próximos das paredes do salão circular e voltando à igreja e às portas reais [no altar] e [retornando] para o centro da igreja. O príncipe Benkendorf e os médicos Botkin e Derevenko carregaram o sudário, atrás deles vinham Nicolau Aleksandrovich, Aleksandra Fiodorovna, Tatiana e Anastásia Nikolaevna, o séquito e um servo com velas acesas. As Matinas terminaram às 8h e começou a confissão das senhoras do séquito: Narishkina, Dolgorukova, Gendrikova e Buksgevden. O lacaio apareceu e anunciou que Suas Majestades estavam à espera para se confessar às 10h, em seus quartos. Fiquei em meu quarto das 9h às 9:30h. O tempo passou rapidamente. Às 9:40h, dirigi-me à igreja, rezei ante o santo altar, venerei o sudário, vesti a estola, peguei a cruz e os Evangelhos, e segui o lacaio até os aposentos de Suas Majestades. Lá, uma dama de companhia levou-me através de salas até o quarto de dormir, onde havia uma grande cama, e apontou para uma pequena saleta no canto, uma capela onde Suas Majestades fariam a confissão. Ainda não havia ninguém no quarto. Nem dois minutos haviam passado quando o ex-Soberano entrou com a esposa e Tatiana Nikolaevna. O Soberano cumprimentou-me, apresentou-me Sua Majestade e, indicando a filha, disse: "Esta é a nossa filha, Tatiana. O senhor, padre, pode começar as orações que são lidas antes da confissão e nós todos rezaremos juntos." A saleta-capela é muito pequena e ocupada de cima a baixo por ícones pendurados ou encostados nas paredes. Lamparinas queimam diante dos ícones. Mais afastado, em um canto, há um santuário especial com colunas esculpidas e lugares para ícones famosos e, diante dele, uma mesa dobrável, sobre a qual foi colocado um antigo livro de Evangelhos de altar, uma cruz e numerosos missais. Não soube onde pôr a cruz e os Evangelhos que havia trazido, de modo que os coloquei em cima dos livros que já estavam ali. Após a leitura das orações, o Soberano e esposa se afastaram e Tatiana Nikolaevna permaneceu para a confissão. Depois dela, veio Sua Majestade a imperatriz, em estado de exaltação, tendo evidentemente rezado com fervor e decidido, de acordo com os ritos ortodoxos e plena consciência da grandeza do sacramento, confessar as doenças de seu coração diante da santa cruz e dos Evangelhos. Sua Majestade, o imperador, veio confessar-se após a esposa. Receber a confissão dos três demorou 1 hora e 20 minutos. Oh, como estou indizivelmente feliz por ter sido favorecido com a graça de Deus, ao me tornar mediador entre o Governante Celestial e o governante terreno. Ao meu lado, estava aquele sobre o qual nenhum homem vivo na Terra se eleva mais alto. Até essa ocasião, este era nosso soberano, escolhido e ungido por Deus, um czar russo ortodoxo que reinara durante 23 anos, de acordo com a lei de sucessão ao trono. E nesse momento, Nicolau, um escravo humilde de Deus, tal como um manso cordeiro, benevolente com todos os seus inimigos, nenhuma ofensa abrigando, orando fervorosamente pela prosperidade da Rússia, acreditando profundamente em seu glorioso futuro, de joelhos, olhando fixo para a cruz e os Evangelhos, na presença de meu desvalor, contando ao Pai Celestial os segredos mais íntimos de sua vida infeliz, prostrando-se diante da grandeza do Czar Celestial, chorosamente pedindo perdão por seus pecados, voluntários e involuntários. Após a leitura da oração final e de beijar a cruz e os Evangelhos, que desajeitadas palavras de conforto e consolação, que alegria eu poderia instilar no coração daquela pessoa que fora maldosamente separada de seu povo e que permanece, neste momento, inteiramente certo da justeza de seus atos, que foram dirigidos para o bem da amada pátria mãe? Quando eu disse, "Ah, Majestade, que bem teríeis feito à Rússia se, em Vosso tempo, lhe tivesses concedido uma Constituição plena, dessa maneira atendendo aos desejos do povo. Todos vos teriam saudado como o Anjo do bem, do amor e da paz." A isso, ele respondeu com espanto: "Isso pode ser verdade! Sim, todos me traíram. Disseram-me que havia anarquia e rebelião em Petrogrado e resolvi voltar: não para Petrogrado, mas para Tsarkoe Tselo e, depois, da linha de Nikolaevski dirigi-me para Pskov, mas a estrada já havia sido cortada. Resolvi voltar à frente de batalha, mas descobri que essa linha também fora cortada. E assim, sozinho, sem um conselheiro íntimo, privado de liberdade como um criminoso na prisão, assinei por mim mesmo e por meu filho o ato de abdicação ao trono. Decidi que, se isso era necessário para o bem da pátria mãe, eu estava pronto para tudo. É triste para minha família." E lágrimas ardentes caíram dos olhos do sofredor de fraca vontade. Mais tarde, a conversa se generalizou. Aleksandra Fiodorovna perguntou como ia de saúde o padre Aleksandr e respondi que, a despeito de todo o seu desejo de vir a Tsarkoe Tselo e oficiar, ele ainda não podia fazer isso porque estava com os nervos profundamente abalados. Sua Majestade disse: "Sinto muito ouvir isso. Transmita-lhe meus respeitos e votos de boa saúde, já que o senhor é parente próximo dele." O czar repetiu os mesmos desejos de boa saúde, perguntou também pela saúde do padre Vassiliev e acrescentou: "Todos nós viemos a amá-lo muito. Atribuo parte da razão do transtorno de seus nervos à perda do filho, que todos nós conhecemos e cuja morte a todos nós muito entristeceu. Transmita-lhe, por favor, minha melhores lembranças." E Nicolau Aleksandrovich ainda me perguntou: "O senhor não oficia mais na Catedral de Iekaterinburg, mas o que me diz de Fiodorovski? Fiquei muito feliz quando soube que o senhor havia concordado em oficiar para nós aqui na Catedral Fiodorovski. E o que está acontecendo agora, qual é a situação dessa maravilhosa catedral?" Respondi que todos os prédios do complexo de Fiodorovski, juntamente com a catedral, haviam sido temporariamente confiados à administração do comissário Golovin. Durante alguns minutos, a conversa prosseguiu sobre a vida familiar. Incidentalmente, Sua Majestade, a Imperatriz, disse: "Fui mal-compreendida. Eu só queria fazer o bem."

1. Afanasi Ivanovich Beliaev, arcipreste, sacerdote mais graduado da Catedral Fiodorovski em Tsarkoe Tselo. De março a julho de 1917, substituiu Aleksei Vassiliev, confessor da família do czar, que adoecera. A Catedral Fiodorovski, em Tsarkoe Tselo, foi construída em 1912, com ajuda direta da família imperial. A catedral era conhecida por seu estilo russo antigo.

2. As "Vítimas da Revolução" foram enterradas ao longo da avenida que leva ao Palácio Aleksandrovski, à vista das janelas, em uma cerimônia realizada na Quinta-Feira Santa, 30 de março de 1917.

· 47 ·

Telegrama de moradores de Kuragino ao Soviete de Petrogrado e ao ministro da Justiça, Aleksandr Kerenski, protestando contra a planejada partida do czar e sua família para a Inglaterra, 5 de abril de 1917.

Recebido em 6 de abril de 1917, às 8:27

A assembléia geral de Kuragino[1] protesta contra a partida de Nicolau Romanov e esposa para a Inglaterra, sem julgamento, à luz da prova de que ambos traíram a pátria mãe. O comitê de segurança está atônito que Sukhomlinov[2] esteja sendo julgado, quando exceções são abertas para seus superiores, que deviam ter mais pelo que responder. As garantias constitucionais são írritas e nulas no caso do ex-czar, porque ele violou a constituição. Pedimos apoio à nossa seguinte exigência: entregue-se Nicolau e esposa à imparcial corte de justiça de Kerenski.[3]

1. Kuragino é uma pequena cidade industrial, na província de Kaluga, Rússia Central.

2. Vladimir Aleksandrovich Sukhomlinov, general de cavalaria, ministro da Guerra, 1909-15. No verão de 1915, foi demitido do cargo após ser acusado de cometer crimes contra o Estado e o assunto submetido à investigação. De abril a outubro de 1916, foi mantido preso na Fortaleza de Pedro e Paulo. Em 1917, foi condenado à prisão perpétua.

3. No dia 5 de março de 1917, o Governo Provisório criou a Comissão Extraordinária de Investigação (ChSK), a fim de passar em revista as atividades de ex-ministros e altos funcionários do czar, por violação das leis.

· 48 ·

Declaração do sargento-ajudante de Cavalaria Aleksandr Danilov ao Soviete de Petrogrado, a respeito de violações no regime de guarda da família imperial no Palácio Aleksandrovski, em Tsarkoe Tselo, 7 de abril de 1917.

DECLARAÇÃO

que faz o sargento-ajudante de Cavalaria Aleksandr Petrovich Danilov, do 18º Regimento da Infantaria da Reserva. Um soldado da IV Companhia do Segundo Batalhão de Fuzileiros da Res. [Reserva] procurou-o com a solicitação de que levasse, a quem de direito, que sua unidade tinha uma importante notícia. Nepomiluev, do Segundo Batalhão de Fuzileiros da Res., comunicou-lhe o fato. Em

Tsarkoe Tselo, os guardas de serviço no Palácio Aleksandrovski permanecem temporariamente em seus postos.

1. Nicolau II cumprimenta os guardas, que lhe respondem exatamente como faziam antes.

2. Os guardas de serviço (o número dos mesmos não foi indicado) deixaram entrar um civ. [civil] não identificado, que conversou com Nicolau II durante algumas horas.

3. Tanto quanto sabemos, o coronel Artobolevski permitiu que entrasse um cavalheiro em trajes civis.

4. O comandante da guarda estava bêbado. Não fomos informados sobre seu sobrenome, mas os guardas que deram serviço com ele podem informar esse ponto.

5. Os soldados do Segundo Batalhão prenderam um oficial da IV Companhia por ousar dizer: "Andaremos até os joelhos em sangue, mas traremos de volta a velha ordem." O oficial foi enviado ao conselho da cidade, mas alguém o libertou, e dizem que ele entrou de licença e viajou para o interior.

Essa informação foi fornecida pessoalmente à Comissão Exec. [Comitê] do Sov. dos Rep. dos S. [Soldados].

Rep. da Comissão
de Agitação no 180º Regimento
da Reserva de Infantaria,
Sargento-ajudante de Cavalaria
Aleksandr Petrovich Danilov

· 49 ·

Poema de Olga, dedicado à mãe, Aleksandra, 23 de abril de 1917.

Tsarkoe Tselo, 23 de abril de 1917

Tu estás cheia de angústia
Pelo sofrimento dos outros.
E o sofrimento de ninguém
Passou por ti sem que notasses.
És implacável
Apenas contigo mesma,
Para sempre fria e implacável.
Mas se apenas pudesses ver
Tua própria tristeza de uma distância,
Apenas uma única vez com alma carinhosa
Oh, como terias pena de ti mesma.
Com que tristeza chorarias.

A minha querida Mamãe

· 50 ·

Resolução tomada pela tripulação do cruzador *Rossia* (Rússia) sobre a transferência de Nicolau para Kronstadt, adotada pela assembléia geral dos marinheiros, 20 de maio de 1917.

---

1. Manifestamos nosso apoio à resolução, aprovada pelo comando dos couraçados *Zaria svobody* (Alvorecer da liberdade) e *Respublika* (República), com uma emenda após as palavras "Exigimos que o Soviete dos R. dos S. e O. [Representantes dos Soldados e Operários] obrigue o ministério de coalizão a transferir imediatamente todas as terras e benfeitorias nas mesmas para a jurisdição dos camponeses" — depois das quais consideramos necessário acrescentar: "Para o uso imediato, livre, dos camponeses e para repartição final de acordo com a legislação da Assembléia Constituinte."

2. O segundo ponto da resolução aprovada pelos navios acima mencionados é aprovado por unanimidade.

3. Tendo discutido as condições adotadas para a prisão de Nicolau, o Sanguinário, e seus sequazes [*oprichniki*], achamos que estão aquém de sua finalidade. Consideramos inadmissível a vida confortável que levam. À luz da santa causa da revolução, nossos camaradas passaram por prisões, definharam durante décadas nas fortalezas de Shlisselburg e Pedro e Paulo, passaram fome e foram torturados de todas as maneiras concebíveis durante o reinado do acima mencionado Nicolau, o Sanguinário, e seus sequazes, e as sentenças de morte contra nossos camaradas eram executadas em até vinte e quatro horas. Nossas exigências de transferência do acima mencionado Nicolau, o Sanguinário, e seus sequazes para Kronstadt não foram, por alguma razão, atendidas nos últimos dois meses.

Considerando que a recusa do Governo Provisório de atender às nossas exigências é uma tentativa de ir contra nossa vontade, exigimos, pela última vez, que o Governo Provisório envie imediatamente Nicolau, o Sanguinário, e seus sequazes, para a Fortaleza de Kronstadt, ao receber esta resolução.

Não consideramos supérfluo acrescentar à nossa resolução o seguinte:

Considerando que a alocação de milhares de pensões às famílias de nossos antigos tiranos-ministros é um sinal de generosidade para com eles, exigimos o cancelamento imediato das acima mencionadas alocações e, por nossa parte, julgamos desnecessário até distribuir a elas as rações que as famílias dos reservistas recebem.

Apelamos a outros navios para que se juntem a nós no apoio a esta resolução.

· 51 ·

Telegrama dos soldados da Bateria Marítima Nikolaevski, da Fortaleza de Ochakovski, ao Comitê Executivo do Soviete de Petrogrado, exigindo a prisão do czar e sua família na Fortaleza de Pedro e Paulo, 21 de maio de 1917.

Recebido em 30 de maio de 1917, às 6:40h
De Petrogrado para Ochakov

O telegrama seguinte foi publicado no número 10421 do *Odesskie novosti* [Notícias de Odessa]: "Os guardas de Nicolau Romanov bebem vinho e, juntamente com eles, os próprios marinheiros levam Aleksandra em passeios." Os soldados da Bateria Marítima Nikolaevski ficaram indignados com essa notícia e pedem a transferência imediata de Nicolau, Aleksandra e família para a Fortaleza de Pedro e Paulo, a fim de instituir rigorosa vigilância e processar, como traidores da liberdade do Estado russo, todos os que são simpáticos aos Romanov. Amizade com Nicolau, da mesma maneira que confraternização na frente de batalha com o inimigo, é fatal para a pátria mãe.

· 52 ·

Carta de Aleksandra a Aleksandr Siroboiarski[1], 29 de maio de 1917.

Tsarkoe Tselo, 29 de maio

MAMÃE [Maria Siroboiarskaia] copiou para mim uma boa prece, que Ela Mesma lê todos os dias. É tão comovente. Não sei por que ela me ama tanto. Seja terno com ela e não se acanhe em compartilhar um pouco mais com ela os seus pensamentos. É mais difícil para ela, como sabe. Tem que ser. Você diz que não sabe como, mas não é esse o caso. Você está simplesmente sem prática e não deseja confiar nela o que pensa sobre as dificuldades da vida. Quer protegê-la, mas uma mãe tem um coração perspicaz e a alma dela sofre com você. Conhecendo seu caráter, sei que não é fácil para você e é por isso que a casa está vazia. Interesses, pensamentos, sonhos diferentes. Ela escreve que o coração melhorou e fiquei tão feliz por isso. É tão difícil ler os jornais. Onde estamos nós? Onde foi que acabamos? Mas Deus ainda salvará a Rússia. Acredito piamente nisso. Mas para aonde foi a disciplina? Escrevem tanta imundície sobre Ele [Nicolau II]: uma mente fraca, e assim por diante. Está cada vez pior, jogo no chão os jornais, dói, dói o tempo todo. Tudo que é bom é esquecido, é tão difícil ler insultos contra a pessoa que mais amamos, a injustiça das pessoas, e nunca uma única palavra bondosa. Eles não deixam que isso seja publicado, é claro, mas você compreende o tipo de dor [que sinto]. Quando escrevem imundícies sobre Mim — que escrevam, começaram a me atormentar há muito tempo, não me incomodo agora, mas eles O caluniam, jogam lama no Soberano Ungido por Deus, e isso está além do suportável. Jó, que por tanto tempo sofreu.[2] Pelo menos Deus Lhe reconhecerá o valor e O recompensará por sua bondade. Como ele sofre por dentro, vendo a ruína. Ninguém percebe isso. Como se Ele fosse mostrar a todos o que se passa dentro Dele. Compreenda, é apavorante amar sua terra natal. Como podemos evitar que a alma seja machucada, quando vemos o que acontece. Nunca pensei que pudesse haver tanta anarquia em três meses, mas preciso agüentar isso até o fim e rezar. Reze para que Ele salve tudo. E o Exército — faz a gente ter vontade de chorar, não posso ler sobre ele, jogo os jornais no chão e me lembro do sofrimento do Salvador; Ele morreu por nós, pecadores, talvez ainda possa ser abrandado. Eu não devia escrever tudo isso, mas esta carta não vai pelo correio, e acredito que o novo comandante-censor [coronel Kobilinski] não me reprovaria por isto. Não perca a fé, você não deve, de maneira nenhuma, simplesmente não deve, ou simplesmente não haverá força suficiente para continuar a viver. Eles verão por si mesmos que a disciplina e a ordem são necessárias, que não devemos temer ser mais fortes do que as forças más e destrutivas que tentam apenas apressar a morte da Rússia. Eles não são patriotas e nada há de santo neles. Esperam uma ofensiva e em seguida retardam tudo novamente. Oh, minha alma está cheia de dor, de dor, mas Ele nos salvará, nos ajudará, ouvirá as preces dos que amam a Rússia. Perdoe-me por escrever tudo isso. Talvez rasguem esta página. Torne sua pobre mãe feliz com sua presença. Você sabe que ela precisa de você — e isso não é bom? Perdi minha mãe quando tinha seis anos de idade e, meu pai, aos dezoito. É um consolo tão grande tê-los, saber que ela sempre nos espera com amor e reza por nós com todas as suas forças. Ela precisa de você. É uma grande pena que eu não possa vê-lo e ter a possibilidade de conversar com você. Seu estado de espírito está tão triste, sombrio, uma maneira desesperançada de olhar para tudo. Se ocasionalmente nos víssemos, então talvez eu poderia ajudá-lo um pouco, ajudar a aliviar as coisas e esclarecê-las, mas não posso fazer isso no papel, não sei como escrever, as palavras não saem certas e parecem vazias. Eu quero tanto ajudar e tentar dissipar a tristeza. Você não deve olhar para tudo dessa maneira, nem tudo está perdido, Deus ainda salvará nossa querida pátria mãe. Teremos que esperar pacientemente (claro, cruzar as mãos é a coisa mais difícil de fazer), mas isso tem que terminar. Você fala na história. Sim, tudo isso aconteceu antes e acontecerá novamente, tudo se repete, mas, às vezes, o Senhor Deus usa meios diferentes para salvar uma pessoa. Você sabe que perdi quase toda a fé nas pessoas, mas, ainda assim, todo meu ser está em Deus, e, aconteça o que acontecer, essa fé não me pode ser tomada. Eu não compreendo, mas sei de fato que Ele compreende e que faz tudo para o bem. As pessoas se tornam cada vez piores. É Sodoma e Gomorra na capital e o que dizer da frente de combate? Dificilmente é melhor do que nas cidades. Por causa disso, há castigo e muitas dessas pessoas já sofreram. Todos aqueles (entre os bons, mas estúpidos e tolos) que julgaram e amaldiçoaram tudo — veja só que confusão eles arrumaram [*kashu zavarili*] e agora temem que os camponeses lhes tomem tudo. Isso lhes parece injusto porque realmente dói. Mas isso é bom para a alma. Para aqueles que acreditam sinceramente em Deus, isso será (não consigo encontrar aqui a palavra certa) como uma provação para lhes aperfeiçoar as almas. Para outros, será um julgamento — e Deus os recompensará, pode acreditar em mim. Conheço um velho que passou muito tempo (na cadeia); soltaram-no e ele pediu para voltar para a prisão, e tornou-se puro, profundamente fiel e nunca perdeu seu amor por Sua M. [Majestade] e a fé Nele e em Deus.[3] Se a recompensa não está aqui, então está lá, no outro mundo, e é para isso que vivemos. Tudo aqui passa, e lá — pura eternidade. Oh, acredite nisso! Você é jovem, é difícil para você pensar nisso, mas sofra uma única vez na vida e achará consolo nisso. Todos precisam de provas e tribulações, mas temos que demonstrar firmeza em tudo e sofrer através de tudo com uma alma forte e fiel. Não há adversidade que não consigamos superar. Deus nos prometeu isso em Sua misericórdia sem fim e sabemos que felicidade inimaginável Ele prepara para aqueles que O amam. Que Ele ajude aqueles que tão humildemente Lhe aceitam a divina vontade. "A noite não cobrirá para sempre o céu, talvez haja um raio de sol." A estrada que ele abriu permanece, de modo que podemos percorrê-la. O caminho é muito espinhoso, mas Ele o percorreu antes de nós — vamos também carregar nossa cruz, como Ele a carregou. Não sou competente em escrever, mas reze ardorosamente, que Ele aliviará seu sofrimento por causa dos outros, que Ele o consolará e fortalecerá. Lembre-se de como seu querido pai suportou toda a crueldade e a injustiça. Sim, às vezes, a vida e a saúde não podem suportar a provação, mas o espírito tem que suportá-la. Você me conhece bem e compreende meu verdadeiro desejo de ajudá-lo. As pessoas são más e Ele castiga, castiga pelo exemplo. Um reino do mal está agora sobre a Terra. Mas Ele está acima de todas as coisas. Ele pode fazer com que tudo mude para melhor. Nós veremos dias melhores. Você é jovem, você ainda verá outras coisas, não seja medroso. Quem quer que tenha uma consciência limpa suporta mais facilmente a calúnia e a injustiça. Vivemos não para nós, mas para os outros, para nossa pátria mãe (é assim que entendemos a situação). Mais do que Ele [Nicolau II] fez é impossível. Dizem que a abdicação foi feita para o bem geral. Mas não acredito que o Senhor não recompense esse ato. E aqueles que agiram de forma tão desprezível, seus olhos serão abertos — e, no caso de muitos, isso já aconteceu. A psicologia das massas é uma coisa terrível. Nosso povo é realmente muito inculto. Por causa disso, segue a onda como um rebanho de ovelhas. Mas se lhe for dado compreender que foi enganado — e tudo poderá tomar uma direção diferente. Essas pessoas são capazes, mas ignorantes, nada compreendem. Que as pessoas que são boas tentem salvar o país, uma vez que, em toda parte, os maus estão trabalhando em nome da destruição. Nosso primeiro dever é nos livrarmos do inimigo externo — mas, com tais tropas, isso se tornou terrivelmente difícil, embora não inteiramente impossível — ainda há patriotas autênticos, ainda há Deus. E nós na frente interna temos que rezar com todas nossas forças debilitadas — e implorar a Ele que salve a Rússia. E Ele ouvirá e será apaziguado. Há muita coisa que ainda teremos que suportar. Os maus não se tornarão melhores, mas também, em algum lugar, há pessoas boas, mas claro, elas são fracas, "gotas no mar", como você as chama, mas, no devido tempo, todas juntas podem transformar-se em uma torrente de água purificadora e lavar toda a sujeira.

Tenho que terminar. Rezo sempre por você. Todos enviam as mais carinhosas lembranças. Que Deus o proteja. Tudo de bom, o melhor, uma pronta recuperação e paz espiritual.

Da velha irmã A.

1. Aleksandr Vladimirovich Siroboiarski. Durante a Primeira Guerra Mundial, Siroboiarski, oficial do Exército russo, foi ferido e enviado ao hospital de Tsarkoe Tselo, onde Aleksandra desenvolveu um interesse particular por ele. A extensa correspondência entre ambos data daquela época.

2. Nicolau nasceu no dia em que a Igreja Ortodoxa Russa celebra o profeta Jó.

3. O general Sukhomlinov, ex-ministro da Guerra, foi encarcerado na Fortaleza de Pedro e Paulo, no período de abril a outubro de 1916, e novamente preso após a Revolução de Fevereiro e sentenciado à prisão perpétua.

· 53 ·

Carta de Olga a Piotr Petrov, 19 de junho de 1917.

Tsarkoe Tselo, 19 de junho de 1917

Velho e querido P.V.P.,

MUITO, muito obrigada por sua carta. Como estou contente porque você está finalmente bem e, mais uma vez, em Tsarkoe. Após a doentia Petrogrado, claro, o ar aqui lhe trará saúde e rapidamente lhe restaurará as forças. Você provavelmente ouviu de Zhilik [Gilliard] um relato da maneira como passamos nossos dias. Passeamos a pé todos os dias, de 2 às 5. Trabalhamos no jardim. Se não estiver abafado demais, Mamãe vem também e deita-se em um sofá sob uma árvore, junto à lagoa. Papai passeia (com muitos outras pessoas) até os limites do jardim, onde derrubam e serram árvores secas. Aleksei brinca na "ilha das crianças", corre descalço e, às vezes, nada no lago. Nunca deixando de andar espigada, Trina [Shneider] tira as ervas daninhas e rega os canteiros de flores. Às vezes, nós também regamos, incluindo as rosas que plantamos próximas, em frente às janelas de vovó [Imperatriz Viúva Maria Fiodorovna]. Os estudos seguem o seu curso. Maria e eu estudamos inglês juntas. Ela lê para mim em voz alta e, se não fizer calor demais, toma um ditado. Ela e eu estudamos história duas vezes por semana. História russa, de acordo com o livro de Nechvolodov.[1] Ele descreve tudo muito bem e em detalhes. Neste momento, paramos nos heróis populares (épicos). Duas vezes por semana, Anastásia e eu lemos a história da Idade Média, segundo o livro-texto de Konst. Amn. Embora isso seja muito mais difícil, uma vez que é horrível minha memória para todos esses fatos, mas a dela não é melhor. Dividi minhas próprias horas (as livres) em leitura (coisas maçantes), história da arte, hist. francesa, hist. geral e lit. russa, segundo o texto de Galakhov. É isso! Acho que é tudo. Mamãe envia lembranças, feliz porque você está melhor, e tudo o mais. Todo mundo envia lembranças.

Tudo de melhor para você,
Sua aluna n.1 O.N.
Obrigada!
N.4 A.N.
[Anastásia Nikolaevna]

1. Aleksandr Dmitrievich Nechvolodov, *Skazaniia o russkoi zemle* (Contos da Terra Russa), 4 vols. (São Petersburgo, 1909-13). Esta obra era uma popular história ilustrada da Rússia.

· 54 ·

Carta de Olga à tia, Olga Aleksandrovna, 21 de junho de 1917.

21 de junho de 1917

Minha querida, queridíssima Madrinha,

FIQUEI profundamente emocionada com sua gentil carta e palavras sinceras. Eu quis ter uma conversa franca com a senhora quando esteve conosco em Kiev, mas não houve oportunidade.

A pobre Mamãe está horrivelmente entediada; não pode, em absoluto, acostumar-se à nova vida e às circunstâncias aqui, embora, no todo, possamos ser gratos pelo fato de que ficaremos juntos e na Criméia.[1] É tão horrivelmente triste pensar em nossas queridas sobrinhas, nos seus pais e em nossa terra natal. Pobres bonequinhas!! Agora a situação é duplamente difícil para a senhora, minha querida tia Olga. Que Deus a proteja.

Um beijo para você e para Mitia. Amo-a sinceramente, com todo o meu coração,

Sua amada afilhada,
Olga

1. No verão de 1917, a família ainda esperava ser enviada para Livadia, a propriedade que possuía na Criméia.

· 55 ·

Telegramas decifrados do embaixador britânico, George Buchanan, em Petrogrado, enviados a Londres sobre a transferência da família do czar para Tobolski, 11 (24) e 12 (25) de julho de 1917. Texto original em inglês.

CÓPIAS PARA O REI E O GABINETE DE GUERRA
Codificador, Sir G. Buchanan (Petrogrado)
D. [Despachado], 21:50h, 24 de julho de 1917
R. [Recebido], 11:48h, 25 de julho de 1917

Confidencial.

Ministro das Relações Exteriores [Mikhail Tereshchenko][1] disse-me confidencialmente hoje que foi decidido enviar o Imperador e sua família para maior segurança à Sibéria, provavelmente a Tobolski ou a Tomsk. Eles residiriam na casa do governador e seriam mais felizes do que em Tsarkoe Tselo, uma vez que teriam mais liberdade pessoal. A razão que levou o Governo a tomar essa medida foi o medo de que, na eventualidade de uma tentativa de contra-revolução, as vidas dos mesmos possam correr perigo.

CÓPIAS PARA O REI E O GABINETE DE GUERRA
RÚSSIA
Codificador: Sir G. Buchanan (Petrogrado)
D. 25 de julho de 1917
R. 26 de julho de 1917, 6:30h

Confidencial.

Meu telegrama confidencial de ontem.

O ministro das Relações Exteriores disse-me hoje que K. [Kerenski], que visitou o Imperador ontem, comunicou-lhe que teria que viajar esta noite para Tobolski. Sua Majestade teria preferido seguir para a Criméia, mas pareceu muito satisfeito com a proposta de mudança de residência.

Manifestei a esperança de que, quando estivesse na Sibéria, os movimentos do Imperador não fossem tão restringidos quanto em Tsarkoe Tselo e que ele pudesse ter permissão de fazer passeios de automóvel. E disse que, a despeito das muitas faltas que cometeu e de seu fraco caráter, o Imperador não era um criminoso e merecia ser tratado com tanta consideração quanto possível. O ministro das Relações Exteriores respondeu que K. está inteiramente ciente desse fato e que estava ansioso para fazer (? o que ele [nota do funcionário decifrador]) pudesse a fim de satisfazer aos desejos de Sua Majestade. Deu-lhe permissão para escolher [*chose* (*sic*)] aqueles que deseja que o acompanhem e lhe disse que teria uma casa muito confortável, com um grande jardim. Se poderia passear ou não de automóvel, dependeria muito do estado de espírito popular em Tobolski. Em Tsarkoe Tselo, teria sido perigoso para ele assim proceder.

A verdadeira razão da transferência do Imperador é, sem dúvida, o receio de uma contra-revolução, que está ganhando espaço entre os socialistas.

Eu disse ao ministro das Relações Exteriores ([código] grupo indecifrável) o medo era, em minha opinião, infundado, no que interessava à restauração da Dinastia. Havia, contudo, forte reação em prol da ordem e de um governo forte, mas isto era assunto inteiramente diferente.

O ministro das Relações Exteriores respondeu que, pessoalmente, estava de pleno acordo comigo.

1. Mikhail Ivanovich Tereshchenko. Após a Revolução de Fevereiro, Tereshchenko foi ministro das Finanças no Governo Provisório. Após a renúncia de Pavel Miliukov, tornou-se ministro das Relações Exteriores e tentou providenciar a ida do czar e família para a Inglaterra.

· 56 ·

Diário de Nicolau II, 9 de março — 31 de julho de 1917.

---

9 de março, quinta-feira. Cheguei rápido e em segurança a Tsarkoe Tselo às 11:30h. Mas, Deus, que diferença, há guardas na rua e dentro do parque em volta do palácio e alguns tipos de aspirantes do lado de dentro da entrada! Subi e lá encontrei minha querida Alix e as queridas crianças. Ela parecia alegre e sadia e elas estavam deitadas no quarto, na escuridão. Todos, porém, sentem-se bem, com exceção de Maria, que apenas recentemente caiu doente com sarampo. Tomamos o café da manhã e jantamos na sala de brinquedos de Aleksei. Estive com o bondoso Benkendorf. Saí para um passeio com Valia Dolg. [Dolgorukov] e trabalhei com ele no jardim, uma vez que não pudemos ir mais longe! Após o chá, desfiz as malas. À noite, visitamos todos os que residem no outro lado [do palácio] e os encontramos todos reunidos.

10 de março, sexta-feira. Dormimos bem. Apesar das condições em que nos encontramos agora, o pensamento de que estamos todos **juntos** alegra e consola. Pela manhã, recebi Benkendorf, em seguida examinei, arrumei e queimei papéis. Fiz companhia às crianças até 2:30h. Saí para um passeio com Valia Dolg., escoltado pelos mesmos dois aspirantes. Hoje eles se mostraram mais corteses. Trabalhamos bem na neve. O tempo permaneceu ensolarado. Passamos a noite juntos.

...

21 de março, terça-feira. Kerenski chegou hoje, inesperadamente; o atual ministro da Justiça andou por todas as salas, desejava ver-nos, conversou comigo durante cinco minutos, apresentou o novo comandante do palácio e, em seguida, foi embora. Ordenou que a pobre Ania fosse presa e levada para a cidade, juntamente com Lili Den. Isso ocorreu enquanto eu estava dando um passeio, entre 3h e 4h. O tempo ficou horrendo e correspondeu ao nosso estado de espírito! Após o jantar, passamos tranqüilamente a noite juntos, nós quatro, com Olga e Tatiana.

...

23 de março, quinta-feira. O tempo clareou depois de 2h e ocorreu um degelo. Dei um passeio rápido pela manhã. Arrumei minhas coisas e papéis e comecei a separar tudo o que vou querer levar comigo, se tivermos que viajar para a Inglaterra. Após o desjejum, dei um passeio com Olga e Tatiana e trabalhei no jardim. Passamos a noite como sempre.

...

27 de março, segunda-feira. Iniciamos um jejum, mas este jejum não estava destinado a trazer a alegria habitual. Após a liturgia, Kerenski chegou e pediu-nos que limitássemos nossos encontros à hora das refeições e que ficássemos separados das crianças. Parece que ele precisava disso para manter calmo o famoso Soviete de Representantes de Operários e Soldados! Ele teve que se submeter, a fim de evitar qualquer tipo de violência.

Saí para um passeio com Tatiana. Olga dormiu novamente, porque sua garganta doía. Os outros sentem-se bem. Às 9:45h subi para meu quarto, Tatiana me fez companhia até as 10:30h. Depois dessa hora, li, tomei chá, tomei um banho e fui dormir em meu divã!

...

2 de abril. Ressurreição do Abençoado Cristo. As Matinas pascais e a liturgia terminaram à 1:40h. Interrompi o jejum em companhia de todos — cerca de 16 pessoas. Não fui dormir imediatamente, uma vez que havia comido vorazmente. Levantei-me por volta das 10h. O dia estava esplêndido, realmente um dia santo. Dei um passeio pela manhã. Antes do desjejum, troquei um triplo beijo [*khristosovalsia*] com todos os serviçais e Alix lhes deu ovos de porcelana, que sobraram de nossas antigas reservas. Só havia 135 pessoas. Durante o dia, começamos a trabalhar na ponte [quebrando o gelo], mas, logo depois, uma multidão de ociosos reuniu-se do outro lado da cerca para nos olhar, embasbacados — tivemos que ir embora e passamos o resto do tempo entediados no jardim. Aleksei e Anastásia saíram de casa e tomaram um pouco de ar fresco pela primeira vez.

As Vésperas foram concluídas no andar superior, na sala de brinquedos, às 7h. Após a ceia, todos nós nos separamos, às 10h. Li em voz alta para Tatiana em meu quarto. Fui dormir cedo.

...

3 de abril, segunda-feira. Dia bom, ensolarado. Às 10h, saí para um passeio com Valia D. [Dolgorukov]. Às 11h, compareci à liturgia com T. [Tatiana] e An. [Anastásia]. Após o desjejum, saí com elas e Aleksei para o parque e passei o tempo todo quebrando gelo em nosso píer de verão. Uma multidão de basbaques ficou novamente do outro lado da cerca, observando-nos do começo ao fim. O sol nos aqueceu bem. Após o chá, examinei uma pilha de postais recentemente recebidos. À noite, joguei cartas com Alix no primeiro andar e, em seguida, li em voz alta em meu quarto, durante algum tempo, para Tatiana.

...

8 de abril, sábado. Tranqüilamente, celebramos o 23º aniversário de nosso noivado!

O tempo permaneceu ensolarado e quente. Pela manhã, dei um longo passeio com Aleksei. Descobrimos por que os guardas de ontem foram tão grosseiros: foram recrutados entre as fileiras dos representantes dos soldados. Mas, em seguida, foram substituídos por uma boa guarda do bat. res. [batalhão da reserva] do IV Regimento de Infantaria. Trabalhamos no píer por causa da multidão e nos deliciamos ao sol quente. Às 6:30h iniciamos a vigília com T., An., e Al. Passamos a noite como sempre.

...

18 de abril, terça-feira. Hoje é 1º de maio no exterior — e é esse o motivo por que nossos estúpidos amigos [*bolvany*] resolveram comemorar este dia com um desfile pelas ruas, acompanhado de música de coro e bandeiras vermelhas. Aparentemente, estiveram em nosso parque e trouxeram coroas para colocar nas sepulturas![1]

O tempo mudou para pior justamente no momento em que estávamos sendo honrados dessa maneira — uma nevasca úmida e espessa começou a cair! Saí para um passeio às 3:45h, depois de terminado tudo e quando o sol se escondeu. Trabalhei durante uma hora e meia com Tatiana. À noite, comecei a ler em voz alta para as crianças *A Millionaire Girl*.

...

22 de abril, sábado. Dia bom e ensolarado. Saí para um passeio de 11 às 12h com Aleksei; ele brincou na ilha, enquanto fuzileiros permaneciam no outro lado do jardim e nos vigiavam.

Durante o dia, trabalhamos no local anterior. O sol estava bom e quente. Às 6:30h, toda a família foi para a vigília. Antes da ceia, Alix recebeu presentes modestos dos "presos", como disse apropriadamente Maria. À noite, li em voz alta.

23 de abril, domingo. A querida Alix conseguiu um tempo maravilhoso para o dia com seu nome. Antes da liturgia, as senhoras e cavalheiros que residem no palácio, bem como as pessoas chegadas a nós, vieram apresentar suas congratulações. Tomamos o desjejum, como sempre, no andar de cima. Às 2h, **toda a família** saiu para o jardim. Trabalhamos na lagoa que cerca a ilha "das crianças", quebramos e espalhamos todo o gelo. Voltamos para casa às 4:30h.

Li em meu quarto antes da ceia e, à noite, em voz alta. Às 9h, a chuva começou a cair.

24 de abril, segunda-feira. Esfriou novamente durante a noite. Tivemos um dia tempestuoso, com sol e neve úmida. Dei um passeio pela manhã, enquanto Aleksei brincava na ilha. Em seguida, dei a ele uma lição de geografia. Durante o dia, trabalhamos na lagoa; o gelo da noite anterior derreteu facilmente. Passamos a noite da forma habitual.

...

1º de maio, segunda-feira. Dia maravilhoso, quente. Dei um bom passeio pela manhã. Aleksei tomou uma lição de geografia, começando às 12h. Durante o dia, trabalhamos novamente em nossa horta. O sol estava realmente forte, mas o trabalho continua indo bem. Li antes da ceia e em voz alta à noite.

Ontem à noite, soubemos da exoneração do general Kornilov, de seu posto de comandante do dist. mil. de Petrog. e, hoje à noite, da renúncia de Guchkov, tudo pela mesma razão: a intromissão irresponsável e o controle do comando militar pelo Sov. dos Representantes dos Op. e outras organizações ainda mais à esquerda.

O que é que a Providência reserva para a pobre Rússia? Que a vontade de Deus nos proteja! +

...

6 de maio, sábado. Completei 49. Não estou longe da marca do meio século! Pensei especialmente na querida Mamãe. É duro não estarmos em condições nem mesmo de nos corresponder. Nada sei sobre ela, exceto através de artigos estúpidos ou vis nos jornais. O dia passou como se fosse um domingo: liturgia, desjejum lá em cima, *quebra-cabeças*! Trabalho agradável na horta; começamos a preparar os canteiros. Após o chá, a vigília, a ceia, e a leitura noturna — estou passando muito mais tempo com minha doce família do que em anos mais normais.

...

14 de maio, domingo. Passamos o 21º aniversário da coroação em circunstâncias diferentes!

O tempo estava excelente — 15 graus à sombra. Antes da liturgia, saí para um passeio com Aleksei. Ficamos de 2h às 4:30h no jardim; andamos de barco, remamos, trabalhamos na horta, onde os novos canteiros estão sendo preparados, e um pouco mais na ilha. Li após o chá e também à noite.

...

17 de maio, quarta-feira. Dia horrivelmente quente — 20 graus à sombra e 33 graus ao sol, com uma leve brisa soprando do sul. Passeei durante mais de uma hora com Aleksei e, em seguida, dei-lhe uma lição de história. Durante o dia passeamos, trabalhamos, remamos na lagoa e sentamo-nos à margem. Antes da ceia, andei de bicicleta com minhas filhas. Por volta de 9:30h, nuvens se acumularam e despejaram na terra a umidade sustenedora de vida de que ela necessita.

...

22 de maio, Segunda-Feira Santa. Dia quente e cinzento. Passeei até as 11h com Olga, Anastásia e Aleksei. Almoçamos às 12h. Durante o dia, passamos três horas no jardim, na ilha e na lagoa. Perto do fim do dia, a chuva começou e durou até 8h. Um aroma extraordinário entrou pela janela.

Hoje é o aniversário do início da ofensiva do Exército na frente sudoeste! Que estado de espírito naquele tempo e o que é agora!

...

3 de junho, sábado. Após o chá matutino, Kerenski chegou inesperadamente de carro, vindo da cidade. Não se demorou comigo: solicitou que certos documentos e cartas relativos à política interna fossem enviados à comissão de inquérito. Após um passeio e antes do jantar, ajudei Korovichenko a classificar esses documentos. Durante o dia, ele continuou nesse serviço com a ajuda de Kobilinski. Terminamos de serrar três troncos que havíamos começado. Foi então que *a indiscrição* [*peché*] aconteceu com a espingarda de Aleksei. Ele estava brincando com ela na ilha. Os fuzileiros que andavam pelo jardim a viram, pediram a um oficial permissão para tomá-la e levaram-na para a casa da guarda. Mais tarde, soubemos que a enviaram, por alguma razão, ao conselho da cidade!

Que oficiais, que não ousam dizer não a soldados!

Estivemos na vigília. Noite — como sempre.

...

9 de junho, sexta-feira. Faz exatamente três meses desde que cheguei de Mogilev e desde esse dia estamos aqui como prisioneiros. É duro ficar sem notícias de minha querida mamãe, mas sinto-me indiferente em relação a tudo o mais. Hoje, o dia foi ainda mais quente — 25° à sombra e 36°ao sol. Sentimos novamente um forte cheiro de queimado. Após o passeio, dei a Aleksei uma lição de história em meu novo gabinete, já que lá é mais fresco. Trabalhamos bem no mesmo lugar, como sempre. Alix não saiu de casa. Antes da ceia, nós cinco demos um passeio.

10 de junho, sábado. Durante a noite e até as 3h da manhã, continuaram o calor e o abafamento. Pela manhã, dei um longo passeio. Refeição, como ontem, na sala

de jantar das crianças. Trabalhamos no mesmo lugar durante o dia. Uma tempestade passou ao largo de nós, caíram apenas algumas gotas de chuva. Por sorte, a temperatura esfriou. Às 6:30h, fomos para a vigília. Às 11h da noite, um tiro foi disparado no jardim. Após um quarto de hora, o chefe dos sentinelas pediu para entrar e explicou que o guarda disparara porque lhe parecera que um sinal estava sendo emitido, com uma lâmpada vermelha, do quarto das crianças. Tendo examinado a colocação das luzes elétricas, e vendo os movimentos da cabeça de Anastásia, sentada junto à janela, um dos oficiais subalternos que viera com ele identificou o problema e, pedindo desculpas, eles se retiraram.

...

19 de junho, segunda-feira. Tempo relativamente frio. O dia passou como sempre. Pouco antes do jantar, chegaram boas notícias sobre o início de uma ofensiva na frente sudoeste. Após dois dias de fogo de art. [artilharia] no setor Zolochovski, nossas tropas irromperam através das posições do inimigo e aprisionaram cerca de 170 oficiais e 10.000 soldados, [e capturaram] 6 peças de artilharia e 24 metralhadoras. Que Deus seja louvado! Que Deus nos conceda boa sorte! Senti-me inteiramente diferente após essas alegres notícias.

20 de junho, terça-feira. A batalha prosseguiu bem ontem: em apenas dois dias, nossas tropas fizeram 18.600 prisioneiros. Um serviço religioso de ação de graças foi realizado na igreja de campanha, antes do desjejum.

Durante o dia, derrubamos quatro árvores secas do outro lado da quadra de tênis e, em seguida, trabalhamos um pouco na horta até 4:30h. Durante o dia, o tempo tornou-se cada vez mais nublado e uma chuva benéfica começou a cair às 4h. Li o tempo todo antes da ceia.

...

25 de junho, domingo. Saí com Aleksei pela manhã. O tempo estava frio. Fomos à liturgia. Saímos para um passeio às 2h. Umas poucas e curtas pancadas de chuva não nos deixaram encharcados. Derrubamos e em seguida serramos um pinheiro. Ficamos observando como nosso pessoal corta a grama. Sentamo-nos na horta e voltamos para casa sem pressa. Li muito antes da ceia.

26 de junho, segunda-feira. O dia hoje esteve magnífico. Nosso bom comandante, coronel Kobilinski, pediu-me que não estendesse a mão aos oficiais na frente de estranhos e que não cumprimentasse os fuzileiros. Antes disso, houve alguns casos em que eles não responderam aos nossos cumprimentos. Dei uma lição de geografia a Aleksei. Derrubamos com uma serra um enorme pinheiro, não muito longe da cerca que fica do outro lado da estufa. Os próprios fuzileiros se ofereceram para nos ajudar no trabalho. À noite, terminei de ler *O conde de Monte-Cristo.*

27 de junho, terça-feira. Esqueci de anotar que, no dia 26 de junho, nossas tropas romperam novamente a frente inimiga e capturaram 131 oficiais e 7.000 soldados, 48 peças de artilharia, entre elas 12 peças pesadas. Pela manhã, todas as filhas saíram para apanhar a grama cortada. Dei meu passeio habitual.

Durante o dia, trabalhamos no mesmo lugar que no dia anterior. Cortamos e serramos dois pinheiros. Antes da ceia, passamos meia hora na horta. À noite, comecei a ler em voz alta *Arsène Lupin contre Sherlock Holmes.*

28 de junho, quarta-feira. Noite passada, tomamos Galich: 3.000 prisioneiros e cerca de 30 peças de artilharia.

Graças a Deus!

O tempo permaneceu cinzento e quente, com uma brisa. Após o passeio, dei uma lição de história a Aleksei. Trabalhamos no mesmo local; cortamos três pinheiros. Li da hora do chá até a ceia.

...

5 de julho, quarta-feira. Choveu a manhã toda, mas, às 2h, o tempo clareou e esfriou perto do anoitecer. Passamos o dia como sempre. Nos últimos dias, houve distúrbios e tiroteio em Petrogrado. Ontem, numerosos soldados e marinheiros chegaram de Kronstadt, a fim de protestar contra o Gov. Provisório! A confusão é total. E onde estão as pessoas que poderiam controlar esse movimento e acabar com as lutas e o derramamento de sangue? A raiz de todo o mal está em Petrogrado, não na própria Rússia.

6 de julho, quinta-feira. Por sorte, a maioria esmagadora das tropas de Petrogrado permanece leal ao dever, e a ordem foi restabelecida nas ruas.[2]

O tempo esteve maravilhoso. Dei um bom passeio com Tatiana e Valia. Durante o dia, trabalhamos bem na floresta — derrubamos e serramos quatro pinheiros. À noite, iniciei a leitura do *Tartarin de Tarascon.*

...

8 de julho, sábado. Dia agradável, quente. Andei pelo parque com Tatiana e Maria. Durante o dia, trabalhamos nos mesmos lugares. Ontem e hoje os guardas dos IV e V Regimentos de Fuzileiros foram meticulosos no cumprimento de seus deveres, e abstiveram-se de andar ao léu pelo jardim, durante nosso passeio. Houve mudança na composição do gov.: o príncipe Lvov renunciou e Kerenski será o presidente do Cons. dos Min. [Conselho dos Ministros], continuando como min. da Guerra e Marinha e assumindo também a direção do min. do Comércio e Ind. [Indústria].

Essa pessoa desempenha um papel positivo em sua atual posição; quanto mais poder tiver, melhor ficarão as coisas

...

11 de julho, terça-feira. Pela manhã, dei um passeio com Aleksei. Ao voltar para casa, soube da chegada de Kerenski. Em nossa conversa, ele disse que, provavelmente, seríamos transferidos para o sul, dada a proximidade de Tsarkoe Tselo da capital tumultuada.

Comparecemos aos serviços religiosos, realizados para celebrar o santo do dia de Olga. Após o desjejum, trabalhamos bem no mesmo lugar; cortamos dois pinheiros — temos já quase sessenta árvores serradas. Acabei de ler a terceira parte da trilogia de Merezhkovski, *Peter*; é bem escrito, mas produz uma impressão melancólica.

...

13 de julho, quinta-feira. Chegaram más notícias recentemente sobre a frente sudoeste.

Após o ataque a Galich, numerosas unidades, inteiramente contaminadas por ensinamentos vis, derrotistas, não só se recusaram a continuar o avanço, como, em alguns lugares, recuaram, mesmo sem qualquer pressão do inimigo. Usando vantajosamente essa circunstância favorável, os alemães e austríacos irromperam através de nossas linhas na direção da Galícia meridional, sem ter que usar muita força, o que poderia fazer com que toda a frente sudoeste tivesse que retirar-se para leste.

Que desgraça e desespero! Finalmente, o Gov. Prov. anunciou hoje que a pena de morte será aplicada a todos, no teatro de operações mil., que forem denunciados e condenados como traidores do Estado. Se apenas essa medida não estivesse sendo tomada tão tarde.

O dia permaneceu cinzento e quente. Trabalhamos no mesmo lugar, ao longo dos lados da clareira na floresta. Cortamos três e serramos duas das árvores caídas. Aos poucos, estou começando a limpar as coisas e os livros.

...

19 de julho, quarta-feira. A Alemanha nos declarou guerra há três anos. Até parece que uma vida inteira se passou nestes últimos três anos. Senhor, ajudai e protegei a Rússia!

Fez muito calor hoje. Passeei com T., M., e A. Mais uma vez, apareceu a escolta inteira de guardas do III Regimento de Fuzileiros. Trabalhei no mesmo local. Derrubamos quatro árvores e terminamos com os três pinheiros derrubados ontem. Agora estou lendo o romance *Alexander I*, de Merezhkovski.

...

21 de julho, sexta-feira. Um dia perfeito desde o amanhecer e também uma maravilhosa noite enluarada. Por alguma razão, eu estava esperando Kerenski esta manhã. Quero saber, de uma vez por todas, para aonde e quando iremos. Demos o passeio habitual, de 11h às 12h. Trabalhamos no mesmo local e terminamos com quatro árvores derrubadas. Após o chá, terminei o primeiro volume de *Alexander I*.

Antes da ceia, Maria ganhou presentes.

...

25 de julho, terça-feira. Foi formado o novo Gov. Provisório, tendo Kerenski como chefe. Veremos se as atividades desse governo serão melhores. A primeira, primeiríssima tarefa, consiste em enrijecer a disciplina do Exército, estimular-lhe a coragem e impor também algum tipo de ordem na situação interna da Rússia!

O tempo esteve muito quente.

Trabalhamos no mesmo local; derrubamos quatro pinheiros e serramos a mesma quantidade.

Terminei de ler *Alexander I*, de Merezhkovski. Os últimos guardas foram bons, graças ao retorno da frente de combate de 300 soldados de cada regimento de fuzileiros e de numerosas companhias de convocados, que deixam os batalhões da reserva.

...

28 de julho, sexta-feira. Um dia maravilhoso. Dei com prazer um passeio. Após o desjejum, soubemos pelo conde Benkendorf que devemos ser enviados não para

a Criméia, mas para uma das distantes cidades provincianas, a três ou quatro dias de viagem para leste! Mas onde, exatamente, não dizem — nem mesmo o comandante sabe. E estávamos ainda contando com uma longa estada em Livadia! Derrubamos e serramos um grande pinheiro ao lado da trilha, na clareira da floresta. Caiu uma chuva rápida e quente.

À noite, vou ler em voz alta o "Um estudo em escarlate", de Conan Doyle.

29 de julho, sábado. O mesmo tempo maravilhoso. Durante o passeio pela manhã, passando pelos portões da estrada que leva diretamente às estufas, vimos um guarda dormindo na grama. O sargento que nos acompanhava foi até o lugar onde estava o homem e tomou-lhe o fuzil.

Durante o dia, derrubamos nove árvores e serramos inteiramente um pinheiro — todos eles bem juntos à estrada. O calor estava escaldante, as nuvens se acumularam e ouvimos som de trovoada, mas à noite o céu ficou claro. Após a vigília, Aleksei recebeu presentes.

Separei e embalei todas as minhas coisas e as salas agora parecem vazias.

30 de julho, domingo. Hoje, o querido Aleksei completou 13 anos. Que Deus lhe dê saúde, paciência e fortaleza de espírito e corpo nestes tempos difíceis!

Fomos à liturgia e, após o desjejum, comparecemos ao serviço religioso, para o qual trouxeram o ícone de Nossa Senhora do Sinal. Por alguma razão, foi especialmente comovente rezar para sua santa imagem, juntamente com as pessoas mais chegadas a nós. Ela foi trazida e levada pelo jardim por guardas do III Regimento.

Trabalhamos na mesma clareira; derrubamos um pinheiro e começamos a serrar dois outros. Fazia um calor terrível. Tudo está nas caixas e engradados agora, exceto os quadros, que deixamos nas paredes. Recebi Benkendorf antes da ceia e o comandante à noite.

31 de julho, segunda-feira. Último dia de nossa estada em Tsarkoe Tselo. O tempo permaneceu maravilhoso. Durante o dia, trabalhamos no mesmo local; derrubamos três árvores, serramos as de ontem. Após a ceia, esperamos que fosse marcada nossa hora, constantemente adiada, de partir. Kerenski chegou inesperadamente e disse que Misha [grão-duque Mikhail Aleksandrovich] apareceria logo. Realmente, por volta de 10:30h, o querido Misha chegou, acompanhado de Ker. e do chefe dos guardas. Foi muito agradável recebê-los, mas constrangedor falar na frente de estranhos. Quando ele foi embora, os fuzileiros do corpo da guarda começaram a levar nossa bagagem para o salão circular. Era lá que estavam à espera Benkendorf, as damas de companhia, as meninas, e nosso pessoal. Andamos de um lado para o outro, esperando que chegassem os caminhões. O segredo sobre nossa partida foi tão bem guardado até então que os carros e o trem receberam ordens de vir somente depois da hora designada. A afronta se revelou colossal. Aleksei queria dormir, mas, logo que se deitava, era acordado. Um falso sinal foi dado algumas vezes: vestíamos nossos casacos, dirigíamo-nos para o terraço, e voltávamos novamente ao salão. Luz cortada inteiramente. Bebemos chá e finalmente, às 5:15h, Ker. apareceu e disse que poderíamos ir. Subimos em

nossos dois carros e dirigimo-nos para a estação de Aleksand. Tomamos o trem no cruzamento. Uma espécie de reg. de cavalaria apareceu galopando às nossas costas, vindo diretamente do parque. I. [Ilia] Tatishchev[3] e dois comissários do gov., que deverão nos acompanhar até Tobolski, receberam-nos à porta. O alvorecer foi belo, no momento em que iniciamos nossa viagem para Petrogrado e, através de um ramal de ligação, tomamos a direção norte. Linha R.R. Às 6:10h da manhã, deixamos para trás Ts.Ts.

1. Essas são as mesmas sepulturas mencionadas pelo Arcipreste Beliaev em seu diário, registro de 30 de março de 1917.

2. No dia 6 de julho de 1917, no rescaldo dos Dias de Julho, o Governo Provisório decretou que indivíduos julgados culpados de "pregar publicamente a desobediência às ordens legais do governo" serão sentenciados, em tempo de paz, a um máximo de três anos de prisão e que, em tempo de guerra, esses atos serão considerados traição. A pena de morte foi restabelecida na frente de batalha em 12 de julho de 1917.

3. Ilia Leonidovich Tatishchev, conde, ajudante-geral do séquito imperial. Tatishchev seguiu a família do czar no exílio em Tobolski.

· 57 ·

Carta de Aleksandra a Anna Virubova [1º de agosto de 1917]. Texto original em inglês.[1]

Minha doce, amada, Preciosa, infantil, pequenina, querida Mártir. Não posso escrever, o coração está pesado **demais**. Eu a amo, nós a amamos, eu a amo — nós agradecemos a você & a abençoamos. Curvo-me diante de você & beijo o ferimento em sua testa,[2] os olhos de sofrimento & a luz interior, não posso encontrar palavras — você **sabe de tudo & eu sei de tudo** — nenhuma distância muda o amor — as almas estão sempre juntas & através do sofrimento se compreendem ainda mais — os meus estão todos bem & beijam-na, beijam-na & abençoam-na & rezam por você sem fim. Sei de sua nova angústia com esta grande distância entre nós — ninguém nos diz para aonde iremos (só o trem sabe) nem por quanto tempo — mas pensamos que é onde você & os nossos[3] estiveram no último verão — nosso Santo [Ioann Tobolski] chama-nos para lá & também nosso amigo [Rasputin] — maravilhoso, não — e você conhece o lugar. Amada, que sofrimento o de ter que pôr tudo em malas — quartos vazios — que dor — a casa de 23 anos — ainda assim, você sofreu muito mais, meu anjo. Adeus, amiga. De alguma maneira, informe a L. que recebeu esta carta — rezamos diante de Znameni [ícone da Virgem] & eu me lembrei de você na última vez em sua cama. Minha Criança, meu tesouro, *Mami*[4] está sempre, para sempre, perto de sua Criança querida — coração e alma despedaçados por ir para longe de casa & de você — passar novamente meses sem notícias é terrível. Deus é *milostiv i miloserden* [generoso e misericordioso]. Ele não a abandonará — & nos reunirá novamente, acredito piamente, em dias mais felizes. Obrigada pela imagem para Bebê [ícone para Aleksei]. +++

1. Embora o texto original não contenha data, a carta foi escrita imediatamente antes de Aleksandra deixar Tsarkoe Tselo na manhã de 1º de agosto de 1917.

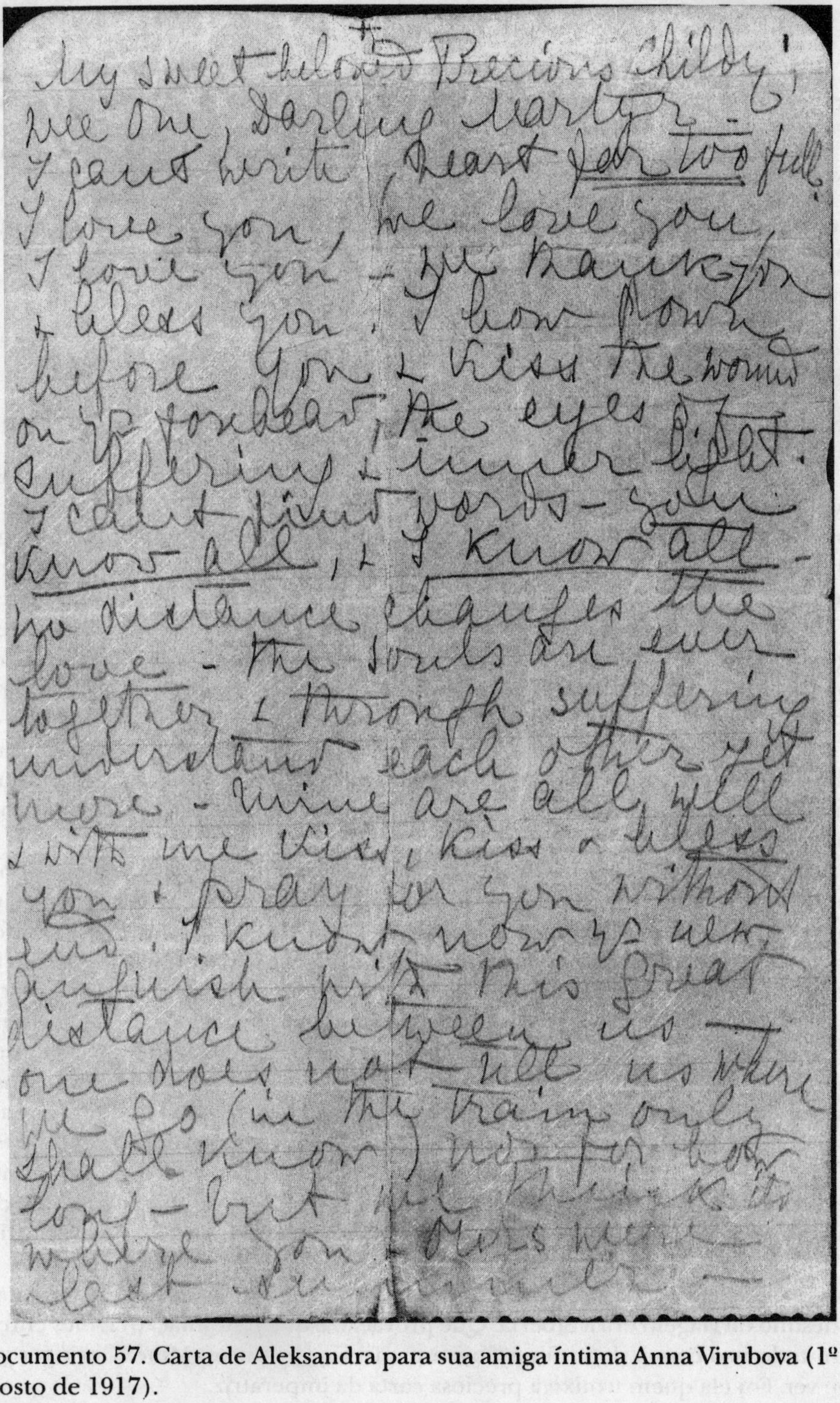

+

My sweet beloved Precious Childy, wee One, Darling Martyr — I can't write, heart far too full. I love you, we love you, I love you — we thank you & bless you. I bow down before you & kiss the wound on yr forehead, the eyes of suffering & inner light. I can't find words — you know all, & I know all — no distance changes the love — the souls are ever together & through suffering understand each other yet more — mine are all well & with me kiss, kiss & bless you & pray for you without end. I kiss not now as we finish with this great distance between us — one does not tell us where we go (in the train only shall know) nor for how long — but we think its where you [illegible] last [illegible] —

Documento 57. Carta de Aleksandra para sua amiga íntima Anna Virubova (1º de agosto de 1917).

2. Esse ferimento foi causado por um dos soldados que guardavam Virubova na Fortaleza de Pedro e Paulo, onde foi mantida depois de sua prisão em 21 de março. O soldado a empurrou contra a porta de ferro da cela.
3. Em 1915, Virubova e Lili Den viajaram a Tobolski, para visitar o santo homem chamado Ioann Tobolski.
4. *Mami* (mamãezinha), escrito em caracteres cirílicos, era um nome carinhoso com que Aleksandra referia-se a si mesma em cartas a Virubova. Ela em geral assinava as cartas a Virubova com a abreviatura "M".

· 58 ·

Diário de Ielizaveta A. Narishkina, contadora-chefe do séquito da imperatriz, 1º de agosto de 1917.

Chorei a manhã toda. Eles os levaram embora! E com que complicações! Eles tiveram que esperar até as 6h da manhã, sentados em cima das valises! Kerenski estava furioso, apressando todo mundo: sentia-se embaraçado por não conseguir organizar o que era feito tão bem durante o antigo regime. Mikhail chegou; Kerenski o recebeu, sentou-se em um canto, inclinou para ele as orelhas e disse: "Fale!" O Soberano estava terrivelmente perturbado. Não disseram nada de sério um ao outro, mas ele ficou muito comovido. A imperatriz me escreveu uma maravilhosa carta de despedida, que termina assim: "Adeus, minha doce, querida amiga; meu coração está pesado demais para que eu continue a escrever."

Os Benkendorf voltaram para sua casa; eles queriam muito que eu os acompanhasse esta noite, mas não estou em condições de fazer uma viagem tão longa. Amanhã, vou ser levada à casa deles em uma cadeira. Iza [Buksgevden] passou o dia inteiro comigo. A notícia foi finalmente revelada: estão levando-os para Tobolski. Iliusha Tatishchev os está acompanhando, em vez de Benkendorf. O Soberano perdeu muito peso e está pálido. A imperatriz mantém o controle de si mesma e continua a alimentar esperanças! Apesar de tudo, ela está satisfeita porque vão para a terra do "querido amigo" de ambos [Rasputin]. E Ania [Virubova] é uma santa, diante de quem temos que nos ajoelhar. Coisa alguma mudou em sua mentalidade! Nastenka [Gendrikova] é maravilhosa. Eles estão sendo acompanhados por alguns vagões cheios de soldados, que farão a guarda, juntamente com membros do Soviete dos Representantes dos Soldados e Operários. A viagem levará cinco dias. O comandante vai com eles e ficará lá; ele recebeu de Valia [Dolgorukov] o cofre de dinheiro e administrará pessoalmente as despesas. Não disseram a ninguém, nem mesmo ao Soberano, aonde o estão levando. Antes, falou-se na Criméia, o local para onde eles se preparavam para ir, mas, dois dias antes da partida, anunciou-se que eles não iriam para o sul e que precisariam levar roupas quentes com eles. Disseram também que eles tinham que fazer um estoque de provisões para cinco dias. Só por esses sinais foi possível imaginar que o destino da viagem era a Sibéria. Que provação e que humilhação! E eles enfrentam tudo isso com a determinação e a mansidão de santos. Mme. Geringer veio me ver. Foi ela quem trouxe a preciosa carta da imperatriz.

3

Cativeiro na Sibéria

A O AMANHECER, no dia 1º de agosto de 1917, o antigo czar e sua família deixaram o palácio de Tsarkoe Tselo pela última vez e, sob forte escolta, tomaram um trem para a Sibéria. Embora o ministro-presidente Aleksandr Kerenski declarasse que Nicolau, a família e os que voluntariamente os acompanhavam deviam ser tratado como "presos" (Documento 59), as condições durante a viagem e no exílio não foram mais difíceis do que em Tsarkoe Tselo. A viagem para a Sibéria foi feita em confortáveis vagões-leito da International Wagon-Lits Company, com um vagão-restaurante — segundo opinião de Nicolau, anotada em seu diário em 1º de agosto — "a cozinha saborosíssima da R.R. Chinesa-Oriental [Transiberiana]". Trinta e nove cortesãos, agregados e serviçais viajaram com a família imperial (vários outros reuniram-se a ela em Tobolski). Uma numerosa escolta armada, de mais de 300 homens, recebeu novas armas, incluindo metralhadoras e outras armas novas. A função da tropa, no entanto, parece ter sido mais a de proteger os prisioneiros de ameaças externas do que evitar que eles escapassem. A fim de impedir interferência, o trem foi marcado com o distintivo de Missão da Cruz Vermelha e viajou sob bandeira japonesa.[1] Ao passar por áreas habitadas e, especialmente, ao cruzar estações, as cortinas eram cerradas e as portas, trancadas. Nicolau, evidentemente sem compreender os receios de seus captores, julgou essa ordem "estúpida e tediosa".[2]

Não obstante essas precauções, logo começaram a surgir problemas. Pouco depois de saírem da cidade de Perm — de acordo com o coronel Ievgeni Kobilinski, comandante da guarnição de Tsarkoe Tselo e encarregado da transferência —, "um indivíduo com uma grande barba grisalha, evidentemente representando algum tipo de baixo escalão dos empregados da estrada de ferro, entrou em meu vagão e, denominando-se presidente dos trabalhadores das estradas de ferro, declarou que os 'camaradas' trabalhadores da ferrovia desejavam saber a finalidade da viagem desse trem e que, até que fossem informados, não permitiriam que o trem prosseguisse viagem".[3] Esse indivíduo se acalmou quando lhe foi mostrada uma carta assinada por Kerenski, declarando que o trem se encontrava em missão especial. O incidente, no entanto, constituiu um lembrete da existência de forças sociais que, cada vez mais, afetariam a vida do czar cativo e sua família. A revolução mobilizara grupos de classe inferior em todo o país, eles sentiam um novo senso de poder e direito legítimo de procurar atingir diretamente o que consideravam como seus interesses e objetivos.

Não está claro se esses trabalhadores locais desconfiavam que o trem conduzia o antigo czar e família. Outros grupos, no entanto, sabiam sem dúvida qual a carga que o trem levava. Em artigos de jornal e discursos em comícios de fábricas, dizia-se que o czar fora "levado secretamente" para longe de Tsarkoe Tselo "sem o conhecimento do povo", e exigia-se também que o governo revelasse para onde estava sendo levada a família.[4] Boatos rapidamente identificaram o trem da Cruz Vermelha que se dirigia para leste como transportando o ex-czar e família. Dizia-se que o trem se dirigia para Harbin, na Mandchúria. Telegramas de cidades e estações ao longo da linha chegaram aos escritórios do Soviete de Petrogrado e à sede, na mesma cidade, do Comitê Executivo Central dos Sovietes de Todas as Rússias (VTsIK), advertindo que esses boatos estavam "provocando agitação" entre a população e perguntando se o trem deveria ser detido (Documento 60).[5] A opinião popular e os boatos sobre o destino do czar e família continuariam a influenciar as circunstâncias de seu cativeiro.

Em Tiumen, a família, a comitiva e os guardas embarcaram em dois vapores no rio Tura, navegaram até o rio Tobol e daí até Tobolski. Em áreas desabitadas, a família tinha permissão de passear pelas margens do rio. Ao longo do caminho, os vapores passaram pela aldeia de Pokrovskoe — a aldeia natal de Rasputin. A família, no tombadilho, olhou para a grande casa de dois andares do místico. De acordo com o preceptor das crianças, Pierre Gilliard, a família acreditou que ver a casa era um augúrio de destino inescapável: "Rasputin previra que seria assim e o destino pareceu, mais uma vez, confirmar-lhe as palavras proféticas."[6]

Após a chegada a Tobolski, na noite do dia 6 de agosto, a família teve que permanecer a bordo dos vapores durante alguns dias, até que os alojamentos fossem preparados. A antiga Casa do Governador ainda estava, observou Nicolau, "vazia, sem móveis, suja e imprestável para receber alguém". Uma cerca de segurança e guaritas para os sentinelas também precisavam ser construídas. A família comentou "em tom de brincadeira a espantosa incapacidade dessas pessoas de providenciar até mesmo alojamentos".[7]

A mansão do governador, para a qual a família e parte da comitiva se mudaram (a parte mais numerosa da comitiva alojou-se em uma casa em frente, que pertencia a um comerciante chamado Kornilov), localizava-se em uma rua que, de acordo com o espírito revolucionário de então, fora rebatizada como Rua da Liberdade. Nessa conformidade, a mansão do governador era chamada às vezes de Casa da Liberdade. Nesse momento, porém, era indubitavelmente uma prisão: havia guardas armados nas entradas e uma alta paliçada de madeira cercava o jardim, estufa e prédios de serviço; guardas marchavam periodicamente em volta do perímetro do recinto fechado e os alojamentos dos soldados ocupavam um terreno mais alto, com vista para o local. Em setembro, mês em que Vassili Pankratov chegou para assumir o comando do cativeiro da família, todos os seus membros e os membros da comitiva foram fotografados, de frente e de perfil, e obrigados a conduzir sempre carteiras de identidade. "Isso nós éramos obrigados a fazer nos velhos dias; agora, é a vez deles", explicou o assistente de Pankratov, Aleksandr Nikolski, que, como seu chefe, fora prisioneiro político durante o governo czarista.[8]

As condições do cativeiro da família, porém, eram relativamente luxuosas. Segundo Ievgeni Kobilinski, comandante da guarda, quando a família e seu séquito deixaram Tsarkoe Tselo, Kerenski lhe dera instruções: "Não esqueça que ele é o ex-imperador. Nem ele nem a família devem passar por quaisquer privações."[9] De fato, todos os relatos concordam sobre o conforto no qual a antiga família imperial foi mantida no cativeiro de Tobolski. Embora passeios fora do pátio cercado lhes fossem negados — evidentemente por receio de que pudessem ser libertados por monarquistas, capturados por radicais ou simplesmente atacados nas ruas (Documentos 68, 70 e 123) —, no fim, o czar e sua família tiveram permissão para comparecer a alguns serviços religiosos em uma igreja próxima; serviçais e membros da comitiva podiam circular livremente pela cidade; e freiras locais e moradores da cidade podiam levar alimentos, bolos e doces à casa. O comandante Kobilinski muito fez pessoalmente para promover o bem-estar dos presos, e a maioria dos soldados da guarda, como informou Nicolau à irmã, era "inteiramente diferente" dos reservistas hostis que haviam guardado a família em Tsarkoe Tselo — tanto, na verdade, que a família "travou conhecimento" com muitos soldados (os "soldados autênticos") e freqüentemente os visitavam no quartel para conversar e jogar damas (Documento 72).[10] Os moradores da cidade mostravam-se também relativamente cordiais. Quando a família se sentava ao terraço, as pessoas que passavam pela rua muitas vezes faziam reverências, tiravam os bonés em saudação, ou os abençoavam com o sinal da cruz.[11] Nos piores casos, as pessoas olhavam silenciosa e curiosamente para a outrora poderosa e distante família imperial — e daí a preferência da família em tomar sol em uma plataforma que Nicolau construiu no telhado da estufa.

O maior de todos os fardos do confinamento era o tédio, embora os membros da família tudo fizessem para evitar a ociosidade e o enfado. Cortavam e serravam madeira; Aleksandra, às vezes acompanhada pelas filhas, costurava; jogavam damas e cartas; liam; as crianças recebiam aulas; e a família representava peças teatrais, principalmente inglesas e francesas. Como comprovam numerosos documentos, Nicolau e Aleksandra também pensavam muitas vezes sobre e, indubitavelmente discutiam, o passado, a revolução, a política interna e externa, o povo russo e seu próprio destino.

Essa existência tranqüila, mas tediosa, porém, era objeto de intrincadas conspirações, pressões políticas e preocupação oficial. O governo recebia relatórios, evidentemente falsos, informando que multidões faziam protestos diante da Casa da Liberdade, agitando bandeiras nacionalistas e cantando o antigo hino nacional, "Deus Salve o Czar". Em meados do verão de 1917, soube-se que certo número de monarquistas influentes, alguns deles em contato em Petrogrado com as amigas íntimas de Aleksandra, Anna Virubova e Lili Den, estavam se organizando para libertar Nicolau e sua família e restaurar a monarquia. Preocupado com as várias conspirações, o governo prendeu e deportou pessoas supostamente contra-revolucionárias, incluindo os grão-duques Mikhail Aleksandrovich e Pavel Aleksandrovich, o general Vassili Gurko, Anna Virubova e outras "*rasputintsy*" (rasputinitas). O exílio de indivíduos suspeitos de serem reacionários foi interrompido quando o Comitê Executivo Central dos Sovietes mandou deter trens na Finlândia e prender os deportados (Documento 62).[12] E foi também nessa época, em fins de agosto de 1917, que Kerenski ordenou que Vassili Pankratov, um socialista revolucionário de confiança e ex-preso político, seguisse para Tobolski e assumisse o comando do cativeiro da antiga família imperial.

O medo de uma contra-revolução, sentido pelo Governo Provisório em fins do verão de 1917, era produto não só de supostas conspirações para libertar o ex-czar, mas também da ameaça política, mais grave, que uma direita ressurgente opunha à sua autoridade. Desde o levante bolchevista de princípios de julho, comandantes militares e líderes populares e políticos exigiam publicamente o restabelecimento de uma "disciplina de ferro" e um "forte poder estatal", a fim de "salvar a pátria mãe e a liberdade".[13] Um dos porta-vozes desse ponto de vista e um herói para seus proponentes era o general Lavr Kornilov, que Kerenski nomeara comandante-chefe do Exército russo em 24 de julho. Em nome da salvação da Rússia da desordem social e da derrota do inimigo na guerra, Kornilov exigiu reformas, como a extensão da pena de morte a tropas indisciplinadas na retaguarda e a aplicação da lei marcial a operários que trabalhassem em indústrias ligadas ao esforço de guerra. Em reuniões nacionais de representantes do comércio, indústria, profissionais liberais, Forças Armadas e partidos conservadores e liberais — na Conferência de Personagens Públicas, realizada em Moscou de 8 a 10 de agosto, e na Conferência do Estado, que teve lugar também em Moscou no período de 12 a 15 do mesmo mês —, Kornilov foi louvado e aplaudido. Simultaneamente, com o objetivo de protestar contra o que era considerado como a política reacionária da Conferência do Estado, os operários virtualmente pararam a cidade de Moscou em uma greve geral. A polarização ideológica e de classe nunca fora tão nítida. Circulavam por toda parte boatos de golpe militar.[14]

No dia 26 de agosto, o general Kornilov tomou a medida que, aparentemente, muitos queriam: exigiu que toda autoridade civil e militar fosse colocada em suas mãos. Tendo obtido o que pensou ser a aprovação de Kerenski, enviou tropas à capital. Kerenski, porém, acusou-o publicamente de traição. Kornilov reagiu, negando-se a reconhecer a autoridade do Governo Provisório que, em suas palavras, "sob pressão da maioria bolchevista nos sovietes, age de completo acordo com os planos do Estado-Maior do Quartel-General alemão".[15] Lutando por sua vida política e pela do Governo Provisório, Kerenski apelou ao Comitê Executivo Central dos Sovietes para ajudá-lo a organizar a resistência armada contra as tropas que se aproximavam da capital, autorizou a distribuição de armas aos operários de Petrogrado e mandou soltar da prisão numerosos líderes bolchevistas. Enfrentando destacamentos armados de operários, tropas da guarnição leais ao Governo Provisório e os sovietes, além da ação direta de empregados das estradas de ferro para retardar o avanço das tropas de Kornilov, o levante fracassou em questão de dias. Nicolau, que acompanhara de Tobolski a marcha dos acontecimentos, ficou desapontado. Segundo Gilliard, ele considerava a tentativa de Kornilov de instaurar uma ditadura militar "como o único meio restante de, talvez, evitar a catástrofe iminente. Eu, nessa ocasião, pela primeira vez, vi o czar lamentar a abdicação. Ele tomara a decisão na esperança de que aqueles que haviam desejado se livrar dele fossem capazes de levar a guerra a um desfecho vitorioso e salvar a Rússia."[16]

Vassili Pankratov, cujas recordações encerram este capítulo (Documento 123), chegou a Tobolski no dia 1º de setembro, trazendo ordens de Kerenski para assumir o controle do cativeiro da família imperial. Um tanto desdenhosamente, Nicolau achou que ele parecia "um operário ou um mestre-escola pobretão".[17] A impressão não era incorreta. Pankratov considerava-se, de muitas maneiras justificavelmente, como encarnando o espírito social e moral da revolução. Em antecedentes sociais, era o epítome do que os radicais chamavam de democracia. Filho analfabeto de camponeses pobres, tornou-se hábil operador de torno no famoso estaleiro Semiannikov e nas oficinas mecânicas de São Petersburgo e, nas horas vagas, adquiriu o que podia em matéria de conhecimento e cultura. Politicamente, tinha uma história como revolucionário que o fazia muito estimado nos círculos esquerdistas. Além de se tornar um veterano nos círculos de estudos populistas, em princípios da década de 1880, e de participar mais tarde das primeiras tentativas de disseminar idéias socialistas entre os operários de São Petersburgo, Moscou e outras cidades, ele, em um ato de bravura revolucionária, matara um policial para defender a honra de uma mulher (ou pelo menos foi isso o que contou a Kobilinski). Preso apenas depois de violenta resistência, foi condenado a 14 anos de reclusão na notória prisão Shlisselburg (onde conheceu um bom número de revolucionários famosos), seguidos de muitos anos de exílio na Sibéria. Solto em 1905, Pankratov voltou imediatamente à atividade no movimento revolucionário e ingressou no Partido Socialista Revolucionário, embora, nos anos mais tranqüilos e repressivos que se seguiram à revolução de 1905, estudasse geologia e trabalhasse profissionalmente como geólogo.[18]

Mais importante que tudo, Pankratov achava que trazia o espírito moral correto do movimento revolucionário ao trabalho de carcereiro do czar. Concordou com Iekaterina Breshko-Breshkovskaia, uma das principais líderes do Partido Socialista Revolucionário, que ele devia aceitar a nomeação porque suas experiências no movimento, na prisão e no exílio o capacitariam a "executar nobremente e com dignidade a tarefa".[19] Por isso mesmo, ao chegar a Tobolski, Pankratov advertiu os guardas que era uma questão de honra revolucionária ser polido e respeitoso com o ex-czar e família. Rudeza e insultos propositais, insistiu, "não são dignos de nós" (Documento 123). Membros da comitiva imperial, Kobilinski e outras testemunhas, sem exceção, disseram em depoimentos ante a comissão do Exército Branco* que investigou o assassinato de Nicolau, que Pankratov era pessoalmente "bondoso", "gentil", "caloroso", "honesto" e "decente".[20] Nas palavras de Gilliard, ele era "o típico fanático iluminado".[21]

Aleksandr Nikolski, o vice-comissário que chegou com Pankratov, representava outro aspecto moral da revolução — ressentimento, fúria plebéia e espírito de vingança. Ele era, segundo todos os relatos, "grosseiro", "ignorante", "teimoso como uma mula", "áspero e distante".[22] A família Romanov já havia conhecido esse espírito hostil e desafiador ao tempo do confinamento em Tsarkoe Tselo e, mais tarde, o sentiria ainda mais intensamente. Esse espírito continuou a inspirar grupos de operários e soldados a exigir do Governo Provisório o recolhimento de Nicolau, o Sanguinário, a uma prisão, (Documento 64). No dia 25 de outubro de 1917, essa raiva e impaciência social contribuíram para derrubar o Governo Provisório e levar os bolchevistas ao poder.

A tomada do poder do Estado pelos bolchevistas ocorreu em meio a uma sublevação social interminável. Ainda mais do que nos primeiros meses após a Revolução de Fevereiro, as exigências das classes inferiores de maior poder na sociedade e no Estado foram acrescidas de declarações categóricas de poder popular e desafio às autoridades constituídas. Números crescentes de operários industriais exigiam controle sobre salários e condições de trabalho e entravam em greve para conseguir esses privilégios. E continuavam a assumir o controle sobre sua vida no dia-a-dia, reagindo com insolência e insubordinação aos capatazes e patrões ou participando de rituais mais elaborados de poder e inversão de poder, tais como retirar das fábricas, em carrinhos de mão, os chefes de seção ou proprietários. Soldados e marinheiros continuavam a desafiar ordens, atacar os superiores, eleger às vezes os oficiais e desertar em números crescentes. Os camponeses, cada vez mais impacientes com o conselho de que deviam esperar que o governo instituísse uma reforma agrária legal, costumavam simplesmente ocupar a terra, que acreditavam necessitar e merecer. E nas ruas de todas as grandes cidades multidões de operários, soldados, estudantes e outros moradores ocupavam praças públicas, avenidas e ruas em comícios, enterros simbólicos, protestos e distúrbios.[23]

* Exércitos Brancos eram formações contra-revolucionárias que, de 1918 a 1921, lutaram para derrubar o novo regime através de operações na Sibéria e na Rússia meridional. (N.E.)

No outono de 1917, uma imensa proporção de trabalhadores urbanos e soldados exigia o controle do Estado. Os bolchevistas formavam o único grande partido político a defender claramente essa exigência. Como resultado, os bolchevistas começaram a ser eleitos em números cada vez maiores para os sovietes locais, comitês de fábricas, diretorias de sindicatos, comitês de soldados e outras organizações. A desconfiança e o ressentimento contra as classes privilegiadas, a pobreza (agravada pela guerra), idéias atraentes sobre igualdade e dignidade natural de todos os seres humanos, idéias religiosas de salvação apocalíptica e juízo final, e o grande medo de que o Governo Provisório fosse fraco demais para resistir à ameaça crescente dos contra-revolucionários, que revogariam até as conquistas obtidas em fevereiro, combinaram-se para estimular russos de classe baixa a abandonar o Governo Provisório liberal-socialista e apoiar a exigência bolchevista de "todo poder aos sovietes".[24]

Com os bolchevistas no poder, a Revolução Russa se transformou em uma sublevação social radical, na qual a luta de classes se tornou uma questão de política pública. A queda do Governo Provisório e a proclamação do "poder aos sovietes" estimularam ainda mais radicalismo nas bases, vingança de classe e inversão de poder, além de visões utópicas de rompimento com toda herança e símbolos do passado, com vista à construção de uma nova ordem. Os Romanov caíram vítimas não só de decisões tomadas pelo novo regime (a história convencional do destino que tiveram) mas também dessa revolução social popular.

"É nauseante ler a descrição dos jornais sobre o que aconteceu há duas semanas em Petrogrado e Moscou!", escreveu Nicolau em seu diário no dia 17 de novembro, quando notícias da revolução chegaram finalmente a Tobolski (Documento 75). Oficialmente, Tobolski permaneceu durante algum tempo fora da revolução. Durante vários meses, a cidade foi governada por seu antigo conselho, e o comissário do Governo Provisório continuou responsável pela família imperial até janeiro de 1918. Até mesmo o soviete de Tobolski — ao contrário dos sovietes de Moscou e Petrogrado e das vizinhas Iekaterinburg e Omsk — conservou sua maioria menchevista e socialista revolucionária até abril de 1918. Antes de o poder soviético e o governo bolchevista chegarem a Tobolski, porém, a revolução foi sentida na Casa da Liberdade.

Os soldados da guarda local começavam a agir como representantes autodesignados da nova ordem. O segundo Regimento de Fuzileiros, considerado desde o início como o menos simpático com a família do que os outros dois regimentos levados de Tsarkoe Tselo para vigiá-los, tornou-se cada vez mais desafiador e agressivo. No final de novembro, foi formado um comitê de soldados que tomou a iniciativa de pressionar Pankratov e Kobilinski a serem mais severos com os Romanov. Em janeiro de 1918, esse comitê se sentiu suficientemente forte para dispensar, em nome de sua autoridade autoproclamada, os comissários Pankratov e Nikolski, e requerer ao governo bolchevista que designasse substitutos.[25] Em fevereiro de 1918, como Aleksandra escreveu a Anna Virubova, a situação havia se deteriorado tanto que "tudo depende dos soldados".[26]

Aos olhos de testemunhas hostis, os soldados — instigados, na opinião de Nicolau, por "cabecilhas de mau caráter" (Documento 88) — "tornaram-se mais rudes", "começaram a se comportar como arruaceiros" e se queixavam cada vez mais que "Nikolashka" (como desdenhosamente chamavam Nicolau) estava sendo tratado com brandura demais.[27] Ocorreram numerosos incidentes banais, mas ameaçadores, concentrados muitas vezes nos símbolos remanescentes da autoridade e da hierarquia da velha ordem. Em setembro, uma remessa de vinho enviada de Tsarkoe Tselo à antiga família imperial teve que ser derramada no rio Irtish, depois que soldados (alguns dos quais desconfiavam que a remessa se destinasse aos oficiais) exigiram iradamente que o carregamento fosse destruído (Documentos 68 e 70).[28] Em dezembro, após uma reunião, o comitê de soldados apresentou um protesto formal contra o padre e o diácono de uma igreja local, onde a família comparecia aos serviços religiosos do Natal, por se dirigirem a ela por seus antigos títulos, ato esse que os soldados consideravam (talvez com alguma justificação) como ligado ao crescimento da agitação monarquista e conspiração dentro e nas cercanias de Tobolski (Documento 85). Uma semana depois, o comitê dos soldados resolveu exigir que todos os guardas e oficiais tirassem as dragonas (Documentos 87 e 88). Nicolau e o filho, Aleksei, também foram pressionados a tirar suas dragonas costumeiras, a fim de evitar provocar os soldados.[29] Em fins de fevereiro, depois de o czar e os filhos terem sido vistos no alto de uma "montanha de neve" que haviam construído no pátio para praticar tobogã, e de onde estavam fazendo acenos de adeus a "bons" soldados que voltavam para casa, o comitê dos soldados ordenou que a montanha fosse demolida ("motivado exclusivamente por sentimentos de puro despeito", acreditava Kobilinski).[30] O comportamento dos guardas, segundo Gilliard, tornou-se realmente "obsceno" na primavera de 1918: na tábua de um balanço, usado principalmente pelas filhas do czar, apareceram palavras "imundas, estúpidas, grosseiras riscadas com baioneta".[31]

A mudança na composição da guarda fortaleceu os elementos radicais. A Revolução Bolchevista e as negociações de paz com a Alemanha puseram em movimento uma desmobilização maciça do Exército. Em Tobolski, soldados da guarda que haviam servido seu período de serviço ativo tiveram baixa e foram substituídos por elementos mais jovens, das reservas de Tsarkoe Tselo. Conforme notou mais tarde o comandante Kobilinski, os recém-chegados haviam sido evidentemente "mais corrompidos, por terem estado no próprio caldeirão da luta política". Aos olhos da comitiva, como escreveu Gilliard em seu diário, no dia 17 de março, "os que foram embora foram substituídos por uma matilha de rapazes com aparência de meliantes".[32]

Esses soldados radicais viam sinais de que o governo central apoiava a imposição de um regime mais rigoroso e mais revolucionário ao antigo czar, sua família e seu séquito. No dia 27 de fevereiro (novo estilo: o calendário russo foi adiantado 13 dias no dia 1º de fevereiro de 1918, para ficar de acordo com o calendário gregoriano, usado pela maior parte do mundo), Kobilinski, que ainda era oficialmente o comandante da guarda, recebeu um aviso de que Nicolau e família deviam passar a comer "rações de soldado" e que a família receberia uma ajuda financeira muito menor do Estado. Para administrar o ajustamento, Nicolau organizou o que chamou, em tom de brincadeira e no espírito dos tempos, um "comitê", que resolveu dispensar dez serviçais e cortar da mesa "luxos" como manteiga e café (embora "boas pessoas" continuassem a trazer dinheiro e provisões para a família).[33]

Em abril, estando para chegar um novo comissário bolchevista, foram implementadas novas restrições. Algumas delas partiram do governo dos sovietes — que se transferira em março para Moscou — e outras tiveram origem local, sendo aprovadas pelas autoridades: os passeios pelo pátio tiveram freqüência e duração reduzidas; serviçais e membros do séquito que residiam na Casa da Liberdade não podiam mais ir à cidade; os membros restantes do séquito foram confinados com a família como presos voluntários (só os médicos tinham liberdade de entrar e sair); Nicolau e Aleksei foram obrigados a retirar as dragonas de seus uniformes ou escondê-las sob os casacos quando em público ("comportamento ignóbil", escreveu Nicolau); e depois que Nicolau foi visto usando uma tradicional adaga cossaca [*kinzhal*] com seu uniforme de cossaco, a arma foi confiscada e uma busca por outras armas foi instituída por insistência dos guardas (Documentos 103 e 110).[34]

Ainda assim, esses incidentes foram insignificantes quando comparados com as mudanças que seriam provocadas por pressões externas. Nesses primeiros meses de 1918, uma luta regional pelo controle de Tobolski e da família imperial colocou em campos opostos os bolchevistas do Soviete Regional Siberiano Ocidental, baseado em Omsk, e os bolchevistas da Soviete Regional dos Urais, com sede em Iekaterinburg. Ambos os grupos enviaram comissários e destacamentos armados a Tobolski, infiltraram representantes no soviete local e tentaram assumir o controle da guarda da antiga família imperial. Conforme notou Nicolau com desprezo em seu diário, e como outros documentos confirmam, esses atos ocasionaram muito nervosismo, desconfiança e medo entre os prisioneiros e os guardas (Documentos 67, 98, 106 e 110). No início de abril, novas eleições no soviete de Tobolski resultaram em uma maioria bolchevista liderada por Pavel Kokriakov, que fora enviado à cidade com um destacamento armado do Soviete dos Urais. Um dos primeiros atos do novo soviete bolchevista foi exigir que a guarda entregasse Nicolau para recolhimento à prisão local (Documento 106). A guarda local se recusou, argumentando que o destino do ex-czar e sua família era um assunto nacional, que não podia ser decidido localmente.[35]

Além da hostilidade política e social, uma das razões por que o comitê dos soldados da guarda e os bolchevistas de Iekaterinburg e Omsk (e o governo em Moscou) exigiam controle mais rigoroso de Nicolau e família era o medo de que monarquistas pudessem libertá-los. A preocupação se justificava. No país como um todo, antigos oficiais czaristas estavam organizando exércitos para resistir ao poder bolchevista, logo depois batizados de Exércitos Brancos. Em Tobolski e nas cercanias, monarquistas se reuniam em números crescentes para levar dinheiro e provisões ao czar e família e se preparavam para libertá-los.

É quase impossível identificar com precisão as várias conspirações monarquistas para libertar o czar — muito do que passava por documentação nada mais era do que boatos, acusações, recordações interesseiras de *émigrés* e alusões vagas. Para sermos exatos, os boatos e temores de tramas monarquistas influenciaram mais o destino da família do que quaisquer tentativas reais de libertá-los e, por esse motivo, foram historicamente importantes. Ainda assim, certo número de conspirações estava de fato em andamento, especialmente na primavera de 1918. Todas elas fracassaram, pois eram em geral prejudicadas por amadorismo e relacionamentos hostis entre os conspiradores. A falta de sucesso deu origem a anos de polêmicas mutuamente acusatórias entre os *émigrés* russos.

As cartas e diários de Nicolau e, especialmente, de Aleksandra, mencionam repetidas vezes o fato de avistarem — do terraço ou de janelas — correligionários conhecidos, circulando na rua em frente à antiga Casa do Governador, bem como o recebimento de grande variedade de presentes de amigos e simpatizantes que haviam chegado à cidade ou enviado emissários.[36] Muitos dos amigos visitantes — a maioria oficiais das forças armadas — estavam envolvidos em conspirações para libertar o czar e sua família. Um oficial chamado K. Sokolov descreveu uma conspiração chefiada por um advogado não identificado, com ligações com o clero, e que envolvia um grupo de outros oficiais. O plano era libertar a família em um dos domingos em que tinham permissão para comparecer aos serviços religiosos na cidade. Os conspiradores tencionavam se esconder no altar, atrás da iconóstase, e irromper de repente durante o serviço religioso, dominando a guarda e levando a família para um lugar seguro. A conspiração, que — reconheceu Sokolov — "tinha a atmosfera de um romance de Dumas", foi desarticulada por prisões logo depois de o grupo chegar a Tobolski, em princípios de janeiro de 1918.[37] Membros de outro grupo, organizado por um ex-membro do Senado, operavam também em Tobolski em fins do outono de 1917 e estavam supostamente negociando com as embaixadas inglesa e francesa o apoio a seus planos para libertar o czar e família.[38] Outra tentativa foi liderada por Nikolai Markov (conhecido como Markov II), um famoso político direitista e ex-membro da Duma, que mantinha contatos com a família através de Anna Virubova e Lili Den.[39] Na primavera de 1918, um grupo influente de monarquistas de Moscou (liderado por antigos altos funcionários czaristas), que havia conseguido levantar uma grande soma em dinheiro para a família aprisionada, procurou o embaixador alemão, conde Wilhelm von Mirbach, pedindo a ajuda de seu governo na proteção e, talvez, resgate da família, e estabeleceu contatos com a principal organização de monarquistas de Petrogrado, com o propósito de trabalharem juntos para salvar a família.[40] Há ainda relatos de um plano de resgate, nos primeiros meses de 1918, que era apoiado pela família real inglesa e por importantes políticos e oficiais do serviço secreto britânico.[41]

A operação de resgate aparentemente melhor conhecida pela própria família e na qual ela confiava foi liderada por Boris Soloviov, que fora membro do círculo de Rasputin em Petrogrado, e que, em setembro de 1917, casou com a filha mais velha do místico, Maria (Matriona). Soloviov entrou em contato com Virubova, que nele confiava o suficiente para usá-lo como seu mensageiro pessoal na entrega de correspondência, dinheiro e presentes de e para a família em Tobolski. Após casar com Maria Rasputina, Soloviov passou algum tempo na casa de Rasputin em Pokrovskoe — em lua-de-mel, disse mais tarde a investigadores do Exército Branco — e enquanto se encontrava nesse local (e mais tarde em Tiumen), tentou pôr sob seu controle os vários planos para libertar o czar e família. Manteve estreito contato com o padre Aleksei Vassiliev, sacerdote da família em Tobolski, que pelo fato de usar os antigos títulos da família havia criado um pequeno incidente em dezembro.

Numerosos *émigrés* — incluindo o investigador-chefe do Exército Branco na apuração da execução do czar e família — convenceram-se mais tarde de que Soloviov era um agente provocador, que trabalhou para os bolchevistas com o propósito de denunciar e sabotar tentativas de libertar a família. Essas suspeitas não são inteiramente implausíveis — o serviço secreto bolchevista conseguiu, de fato, prender numerosos conspiradores (incluindo Soloviov em fins de março) e muitas provas sugerem que ele usava o casamento com a filha de Rasputin para aumentar sua credibilidade. Com maior probabilidade, no entanto, as acusações contra Soloviov refletiam a necessidade de se encontrar um bode expiatório, alguém a quem culpar pelo fracasso monarquista em salvar o czar. Qualquer que seja a verdade sobre as intenções de Soloviov, Nicolau e Aleksandra aparentemente acreditaram em suas alegações (em mensagens que lhes foram contrabandeadas), de que reunira uma força de 300 oficiais leais, disfarçados como soldados comuns e fingindo apoiar os bolchevistas, que estavam a caminho, procedentes de Tiumen, a fim de libertar a família (Documento 91).[42]

A profusão de planos reais ou imaginários para libertar os prisioneiros se refletiram em rumores recorrentes de fuga de Tobolski e em exigências ainda maiores por uma prisão mais rigorosa. Notícias em jornais diziam com freqüência que a guarda em Tobolski era fraca e indigna de confiança e que Nicolau ou outros membros da família haviam fugido ou sido soltos (Documentos 74, 78, 79, 80 e 123). A despeito dos desmentidos oficiais, esses medos provocavam freqüentes exigências populares por reforço da segurança, encarceramento de "Nicolau, o Romanov Sanguinário", na fortaleza de Kronstadt, substituição dos guardas por soldados do recém-formado Exército Vermelho, e transferência de Nicolau para a capital, a fim de responder a julgamento (Documentos 93 e 98).[43]

Quanto mais perigos enfrentava o Estado bolchevista — e, portanto, quanto mais a liderança temia a autoridade e liberdade potenciais do ex-czar —, mais seriamente se pensava em encarcerá-lo em uma prisão de segurança máxima e submetê-lo a julgamento. Em fins de fevereiro de 1918, um novo perigo pôs em risco o governo: após semanas de recusas russas tanto em aceitar ou rejeitar as duras condições de paz impostas pelo inimigo, exércitos alemães e austríacos reiniciaram a ofensiva no dia 18 de fevereiro (calendário no novo estilo) e realizaram rápidos avanços no território russo. Declarando em 21 de fevereiro que "a pátria mãe socialista está em perigo", o Conselho dos Comissários do Povo (SOVNARKOM) aprovou uma resolução de Lenin, apelando pela "defesa revolucionária" contra os agressores "até a última gota de sangue", juntamente com violência repressiva contra uma ampla faixa de inimigos: "Agentes hostis, especuladores, saqueadores, arruaceiros, agitadores contra-revolucionários e espiões alemães devem ser fuzilados na hora."[44] No dia anterior, o SOVNARKOM exigira que fossem feitos os preparativos para submeter Nicolau a julgamento (Documento 95). No dia 23 de fevereiro, o jornal do Partido Bolchevista, *Pravda*, publicou um apelo em prol de "medidas extremas" no tratamento dado ao czar nessa hora de crise: "É necessário transportar Romanov para um lugar seguro. É necessário privá-lo de todo contato livre com quaisquer pessoas. É necessário trancafiá-lo numa prisão e submetê-lo imediatamente a julgamento."[45] Embora a crise imediata terminasse com a assinatura do tratado de paz de Brest, no dia 3 de março, a guerra civil despontava no horizonte. Adversários do regime estavam reunindo forças e os bolchevistas criavam seu próprio Exército Vermelho.

Em meio a todas essas tentativas da direita de libertar o czar e família, e da esquerda de reforçar ou assegurar o controle sobre os mesmos, um representante do comitê de soldados de Tobolski dirigiu-se a Moscou para discutir a situação com o Partido e a liderança do Estado (Documentos 99 e 126). O Presidium do Comitê Executivo Central dos Sovietes respondeu ordenando que a segurança na Casa da Liberdade fosse endurecida, que reforços armados (portando "dinheiro, armas de fogo e granadas" para a guarda) fossem despachados e que a família fosse transferida para Moscou o mais rápido possível (Documento 100). Alguns dias depois, o Comitê Executivo revogou essa última decisão e ordenou, ao contrário, que Nicolau e sua família fossem transferidos para os Urais (Documento 101). Nenhum documento informa o que levou Moscou a reconsiderar a decisão anterior. A explicação mais provável é que a liderança dos sovietes tenha se curvado às pressões de militantes do Soviete Regional dos Urais, com sede em Iekaterinburg. Aparentemente, um representante influente do Soviete dos Urais — Filip Goloshchekin, chefe do diretório dos Urais do Partido e membro do Presidium do Soviete dos Urais — encontrava-se em Moscou nessa época, negociando com líderes do soviete e do Partido.[46] Uma explicação alternativa — intrigante e plausível, mas não comprovada — é que a segunda decisão destinava-se a enganar Iekaterinburg, de modo que Moscou pudesse trazer os Romanov para a capital sem interferência local. Qualquer que tenha sido o plano, retirar os Romanov de Tobolski, dadas as conspirações monarquistas e as exigências e ameaças de Iekaterinburg e Omsk, requeria um homem que merecesse confiança do centro e que fosse hábil em conspirações. Essa pessoa, Vassili Iakovlev, deixou Moscou no dia 9 de abril com destino a Tobolski, levando cartas do Comitê Executivo Central dos Sovietes, assinadas pelo presidente do órgão, Iakov Sverdlov (Documento 102).[47]

Uma aura de mistério, boatos e especulação envolveu por muito tempo a pessoa de Iakovlev. Segundo numerosas versões, ele era um agente dos alemães fingindo servir aos bolchevistas mas, na verdade, planejava libertar a família; um agente dos bolchevistas que iam, eles mesmos, trazer a família para Moscou e entregá-la aos alemães, como parte do Tratado de Brest; um ingênuo em um jogo de fraudes que os bolchevistas estavam jogando com os alemães, no qual fingiam que iam trazer a família para Moscou e entregá-la, mas estavam, na verdade, providenciando com os bolchevistas dos Urais o impedimento dessa transferência; um agente de organizações monarquistas que planejavam levar a família para a liberdade passando pelo Japão; um agente inglês; ou mesmo um agente duplo, que servia a vários senhores. As intenções ocultas de Iakovlev foram supostamente percebidas em vários gestos — prestando continência ao czar; dirigindo-se a ele como Vossa Majestade; sendo delicado e mostrando interesse pelo conforto de Nicolau e Aleksandra quando deixaram Tobolski; e desertando para as forças antibolchevistas em fins de 1918.[48]

Com a abertura dos arquivos na Rússia, os estudiosos sabem agora muito mais sobre Iakovlev do que os historiadores mais antigos. Mas embora ele seja agora uma figura menos misteriosa, continua a ser sumamente estranha. Filho de camponês, Iakovlev (cujo nome verdadeiro era Konstatin Miachin) tornou-se revolucionário profissional depois de certo número de anos trabalhando em vários empregos da classe operária. Muito ativo nos Urais, inclinava-se a tomar parte nas ações mais militantes e românticas — jogar bombas na polícia e trocar tiros com ela, "desapropriando" material de impressão para gráficas clandestinas, organizar grupos de operários armados, assaltar trens postais e roubar cofres nas estações ferroviárias para a causa revolucionária. Mesmo entre os bolchevistas ele era um extremista, embora de um radicalismo menos estranho nos Urais do que no centro. Após 1905, reuniu-se aos que se opunham à insistência de Lenin em que membros do Partido participassem de organizações legais, como os sindicatos e a Duma. Após vários anos de exílio na Europa — a fim de evitar prisão certa —, voltou à Rússia em 1917, servindo em vários cargos influentes no Partido em Petrogrado e em sua região natal, os Urais, inclusive como membro do comitê-diretor da Cheka, "a comissão extraordinária" criada para combater a contra-revolução.[49] Conforme mostram os textos originais russos dos documentos constantes deste capítulo, ele era suficientemente íntimo de Iakov Sverdlov, presidente do Comitê Executivo Central dos Sovietes, para que os dois se tratassem pela segunda pessoa do singular.

Após transferir o czar e família para Iekaterinburg, Iakovlev foi nomeado comandante do Segundo Exército na frente Oriental durante a guerra civil, embora os bolchevistas de Iekaterinburg ainda o considerassem como contrarevolucionário pela maneira como realizou a transferência. Nessa altura, sua carreira deu outra reviravolta espetacular, uma mudança que provocou muita especulação sobre suas verdadeiras convicções políticas: ele desertou para as forças anticomunistas, defendendo a restauração da Assembléia Constituinte (que os bolchevistas haviam fechado pela força depois de ter sido eleita uma maioria revolucionária socialista). Quando esse movimento fracassou, Iakovlev foi para a China onde, alegou, se envolveu no movimento revolucionário. Então, em 1928 — quando os nacionalistas chineses se voltaram contra seus aliados comunistas —, Iakovlev voltou à URSS, parcialmente para defender sua versão dos fatos contra a versão oficial, que o apresentava como contra-revolucionário. Foi preso logo depois, contudo, e condenado a trabalhos forçados. Libertado em 1933, mas logo em seguida objeto de novas acusações, apelou a Stalin e à polícia de segurança para "defendê-lo". Em 1938, foi preso mais uma vez e fuzilado.[50]

Qualquer que tenha sido a finalidade real da missão de Iakovlev a Tobolski, documentos que vieram à luz nos últimos anos (os mais importantes dos quais são apresentados abaixo) deixam claro que a operação foi dirigida de perto e explicitamente aprovada por Moscou, em especial por Sverdlov. Se houve um objetivo, além do alegado, de transferir o ex-czar e família para os Urais, Moscou provavelmente o havia aprovado.

Iakovlev chegou a Tobolski no dia 22 de abril, tendo a viagem se atrasado por causa de neve derretida, gelo e lama na estrada de Tiumen. Trazia cartas do Comitê Executivo Central dos Sovietes, conferindo-lhe plena autoridade sobre todas as instituições locais (Documentos 102 e 105) e autorizando a formação de um "tribunal revolucionário" e a execução de todos aqueles que se recusassem a cumprir suas instruções.[51] Iakovlev estava resolvido a transferir imediatamente a família: as estradas já se encontravam quase intransitáveis e, logo que o rio congelado derretesse, era muito maior o risco de um ataque contra-revolucionário para libertar Nicolau. A doença de Aleksei, no entanto, forçou Iakovlev a obter permissão de Moscou para alterar o plano original e levar apenas Nicolau e, em seguida, depois do protesto de Aleksandra, ela e Maria também (Documentos 108, 109, 110 e 122).[52]

Por motivos de segurança, o destino foi mantido em segredo para a família e os guardas locais, embora todos na família acreditassem que iam para Moscou.[53] Na verdade, essa expectativa constituiu grande parte da razão de Aleksandra em insistir tanto em seguir também. Disse ela a Gilliard: "Não posso deixar que o czar vá sozinho. Querem separá-lo da família, como fizeram antes. Vão tentar dobrá-lo, tornando-o nervoso por causa de nós. O czar é necessário a eles. Eles sabem que só ele representa a Rússia. Juntos, estaremos em melhor situação para resistir a eles e eu devo estar a seu lado nesta época de tribulação."[54] Recordando a última vez em que haviam se separado,

1. Nicolau II, usando traje do século XVII para um baile de máscaras, São Petersburgo, 1903.

2. Nicolau II ao lado de uma quadra de tênis próxima à costa da Finlândia, 1912. Fotografia de Anna Virubova.

3. Aleksandra escrevendo uma carta na cama, Tsarskoe Tselo, 1910 ou 1911. Fotografia de Anna Virubova.

4. Nicolau II usando uniforme cossaco em Spala, 1912. Fotografia de Anna Virubova.

5. Nicolau II abençoando tropas que partem para a Guerra Russo-Japonesa, Peterhof, 1905.

6. Nicolau II recebendo pão e sal de representantes do povo, durante as comemorações do tricentenário da Casa dos Romanov, Kostroma, 1913.

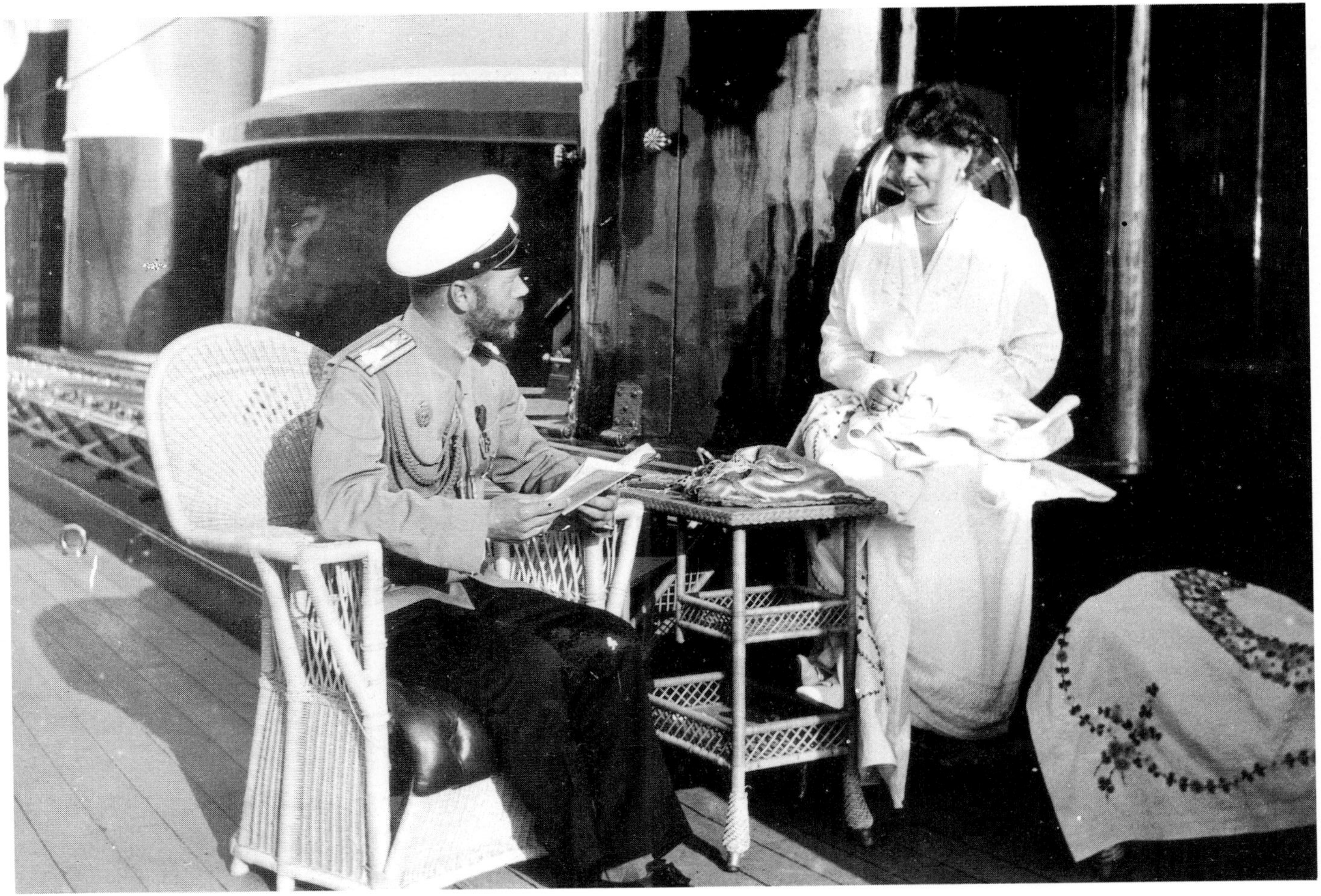

7. Nicolau e Aleksandra a bordo do iate *Standart*, 1914.

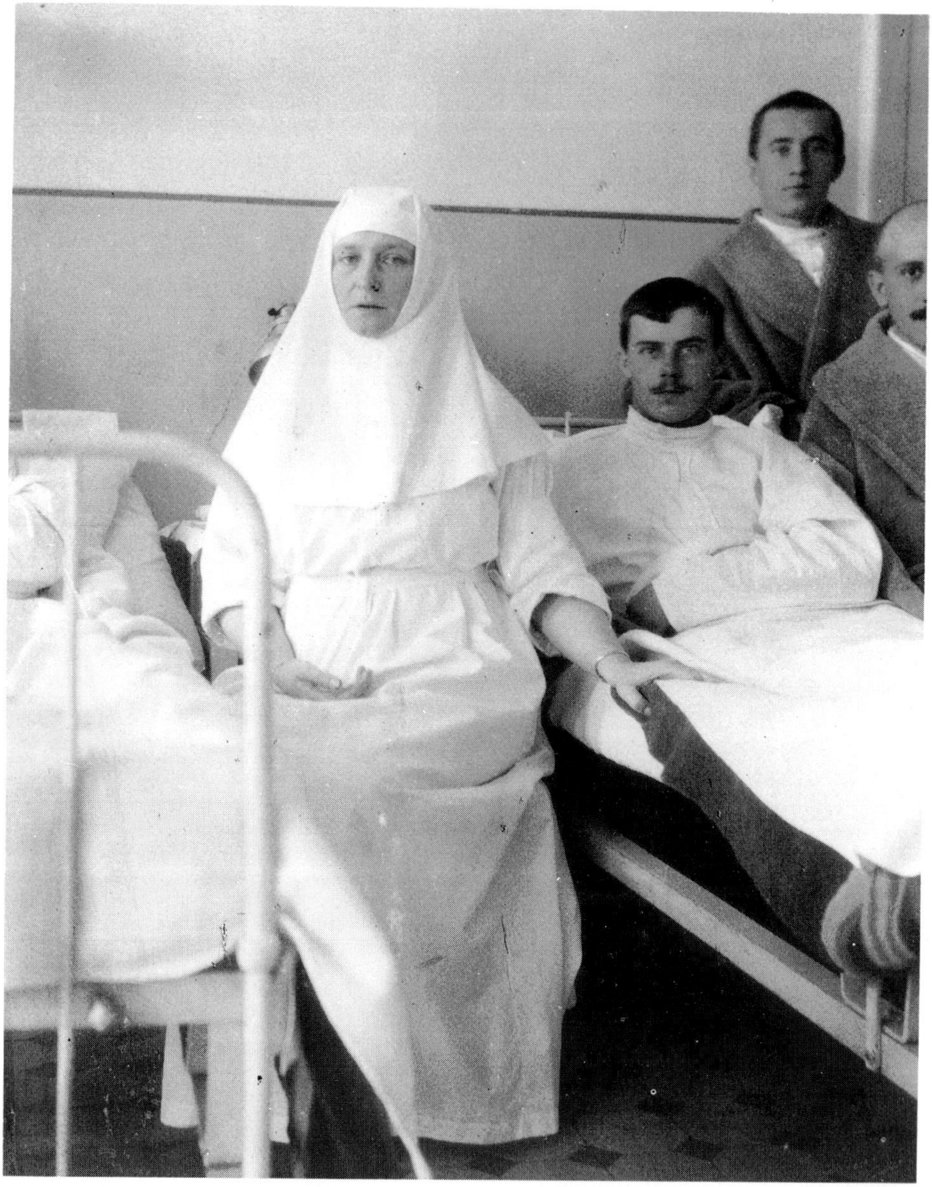

8. Aleksandra como enfermeira de guerra, em companhia de soldados convalescentes, Tsarskoe Tselo, 1914 ou 1915.

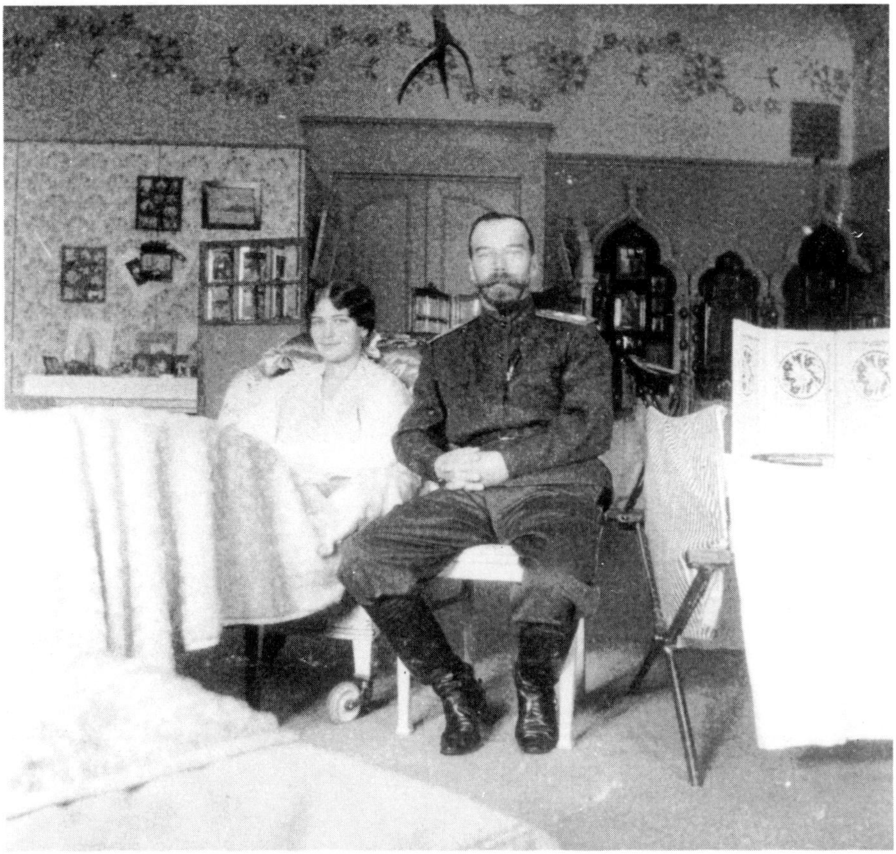

9. Nicolau e sua filha Maria sob custódia no palácio de Tsarskoe Tselo, 1917.

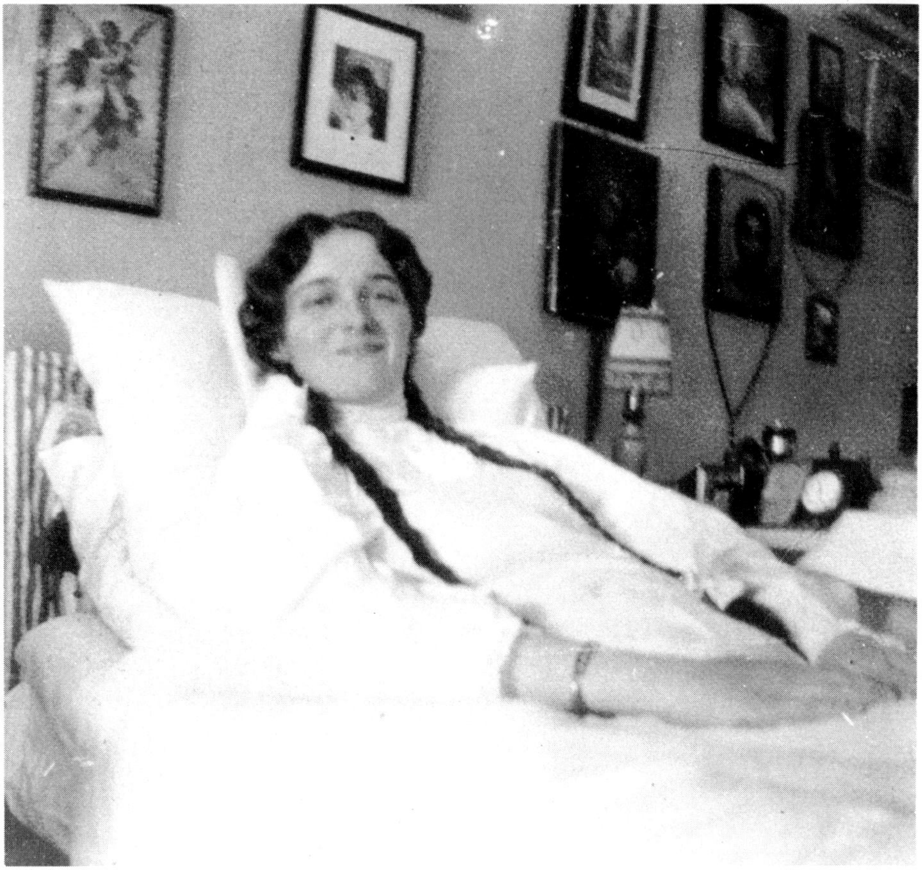

10. Olga na cama cercada por seus ícones, Tsarskoe Tselo, 1917.

11. Nicolau removendo neve de um caminho, Tsarskoe Tselo, março de 1917.

12. Aleksei e Nicolau quebrando gelo em frente ao palácio de Tsarskoe Tselo, março de 1917.

13. Aleksei uniformizado, Tsarskoe Tselo, março de 1917.

14. Olga, Aleksei, Anastásia e Tatiana descansando depois de trabalharem no jardim, Tsarskoe Tselo, março de 1917.

15. Aleksandra bordando enquanto a família (ausente na foto) trabalha na horta, Tsarskoe Tselo, abril de 1917.

16. Tatiana, tendo no colo um cachorrinho de estimação, e Anastásia, com um guarda e serviçais em segundo plano, Tsarskoe Tselo, junho de 1917. Fotografia de Maria.

ocasião em que, na opinião de Aleksandra, a preocupação com a família e a distância de seu conselho haviam feito com que Nicolau abdicasse, Aleksandra estava resolvida a impedir que ocorre novamente uma fraqueza semelhante. Ela, evidentemente, convencera-se de que o governo bolchevista queria que Nicolau assinasse o Tratado de Brest com a Alemanha, uma vez que "só ele representa a Rússia". A ingenuidade política dela permaneceu intacta.

Sverdlov, nas instruções pessoais a Iakovlev e na carta ao Soviete dos Urais (Documento 102), insistiu especialmente em um ponto: Nicolau devia ser levado vivo a Iekaterinburg.[55] Essa observação não era supérflua. Iakovlev conhecia bem a tradição de autonomia, militância e ação direta e violenta dos Urais. Em Moscou, igualmente, a liderança do soviete estava ciente do que relatórios oficiais de princípios de 1918 chamavam de "irregularidades", "excessos", "desorganização" e "indisciplina" de grupos bolchevistas armados nos Urais.[56] Muitos bolchevistas locais estavam claramente falando em "acabar de vez com o carniceiro", Nicolau II.[57]

Ao chegar a Tobolski, Iakovlev descobriu que ele mesmo e a operação eram ameaçados por essa propensão radical para a justiça revolucionária imediata. Conforme informou a Sverdlov por telegrama, em 27 de abril, ele acabara de saber de um ataque recente de forças de Iekaterinburg, que haviam, segundo se supunha, planejado capturar e matar o czar; a guarda repelira o ataque (Documento 114). Os atacantes eram provavelmente os mesmos "bolchevistas-bandidos de Tiumen", cuja chegada "em 15 tróicas, com campainhas, apitos e gritos" e cuja rápida e forçada partida da cidade Nicolau registrou em seu diário no dia 22 de março (Documento 110 [4 de abril]). Para os radicais de Iekaterinburg, porém, o revés foi apenas temporário. Nos dias seguintes, insinuaram a Iakovlev que ainda tencionavam executar Nicolau e o advertiram para não interferir. Pelo menos alguns desses bolchevistas desconfiavam que Moscou planejava deportar Nicolau e estavam resolvidos a impedir isso. Iakovlev soube que um destacamento originário de Iekaterinburg planejara uma emboscada maciça na estrada para Tiumen e que, se a tentativa falhasse, estavam dispostos a atacá-lo ao longo da estrada de ferro entre Tiumen e Iekaterinburg (Documentos 111, 114 e 121). A fim de evitar a emboscada, Iakovlev pediu permissão a Sverdlov para inverter o percurso e dirigir-se para leste, na direção de Omsk, e para longe de Iekaterinburg (Documentos 112-114 e 116). A permissão foi obtida, mas a inversão de percurso provocou iradas acusações de traição do pessoal de Iekaterinburg (Documentos 115 e 117). Após esclarecimentos e demoradas negociações telegráficas entre Moscou e Iekaterinburg — os detalhes das quais, infelizmente, não são conhecidos —, Sverdlov ordenou a Iakovlev que levasse sua "bagagem" para Iekaterinburg, assegurando-lhe que os bolchevistas locais haviam garantido a segurança do ex-czar (Documentos 118 e 119). Iakovlev aquiesceu, mas achou que era seu dever dar um aviso final a Sverdlov: uma vez que a família estivesse nas mãos dos bolchevistas de Iekaterinburg, Moscou jamais poderia tê-la de volta e a vida de seus membros correria perigo constante. "Desta maneira, nós o advertimos pela última vez e nos eximimos de qualquer responsabilidade moral pelas conseqüências futuras" (Documento 120).

· 59 ·

"Instruções" de Kerenski às pessoas que acompanhavam o ex-imperador e família para o novo local de residência, 31 de julho de 1917.

---

1. Em viagem, o ex-imperador e a imperatriz, bem como sua família e pessoas que estejam dispostas a acompanhá-los, devem ser tratados como prisioneiros.

2. Em viagem, as pessoas mencionadas no item 1 não podem manter contato com pessoa alguma, exceto as que designei para acompanhá-las.

3. Quando o trem passar por cidades e grandes povoados, todas as cortinas devem ser cerradas e todas as portas fechadas nos vagões onde viajam as pessoas indicadas no item 1.

4. O trem tem permissão para parar, a fim de trocar de locomotivas, receber água, vistoriar vagões e satisfazer outras necessidades técnicas apenas em estações menores e pátios de manobra ferroviários.

5. Durante as paradas, o trem deve ser estacionado em desvios o mais longe possível de residências e ser cercado pelos guardas.

6. Uma vez a cada 24 horas em seções de via dupla de estradas de via única ou em pequenas estações, uma parada de meia hora é permitida para que as pessoas indicadas no item 1 possam dar um passeio, contando que as medidas necessárias seguintes para guardá-los sejam tomadas.

7. Em todas as ocasiões durante a viagem, em todos os vagões onde estiverem as pessoas indicadas no item 1, sentinelas (não menos do que quatro) devem ser postadas em ambos os lados das portas e um oficial estar presente. As portas internas dos corredores dos vagões não devem ser fechadas, de modo que os sentinelas em cada extremidade possam se ver. A cada meia hora, o oficial de serviço, acompanhado por um dos sentinelas, percorrerá o corredor a fim de contar o número de todos os que ali se encontram.

8. Em viagem, as normas de segurança interna estabelecidas durante a estada dos prisioneiros no Palácio Aleks., em Tsarkoe Tselo, devem ser mantidas tanto quanto possível.

9. Todas os dias, pela manhã e à noite, o comandante do trem, o assistente do comissário do antigo Ministério da Corte e o membro da Duma do Estado, [Vassili] Vershinin, ~~pela manhã e à noite~~, me informarão conjuntamente por telegrama sobre fatos ocorridos e, se necessário, me notificarão imediatamente de qualquer assunto urgente. As comunicações devem ser feitas por telégrafo militar.

10. Por acordo mútuo, as pessoas indicadas no item 9 poderão, se necessário, pedir a assistência de autoridades militares e civis locais, bem como solicitar ajuda médica adicional.

11. Antes da transferência das pessoas indicadas no item 1, do trem para o navio, medidas deverão ser tomadas de modo que ~~nas~~ as ruas sejam evacuadas.

12. As transferências devem ocorrer, tanto quanto possível, em veículos fechados.

13. As mesmas regras devem ser seguidas a bordo do navio, sendo a única exceção a duração dos passeios. Especificamente: as pessoas indicadas no item 1 podem permanecer no tombadilho durante todo o tempo de viagem, exceto nos momentos em que o navio passar por povoados e ancorar em docas.

14. Para o ingresso na cidade designada como residência, as mesmas condições nas ruas devem ser observadas, como indicado nos itens 11 e 12.

15. A partir do momento em que as pessoas indicadas no item 1 forem instaladas no novo local de residência, aplicam-se as mesmas regras que foram seguidas no Palácio Aleksandrovski, em Tsarkoe Tselo. Um diário sobre a transferência deve ser mantido durante a viagem, que deverá ser lido após a chegada pelo ex-imperador, que poderá fazer nele anotações e, após isso, ser assinado pelas pessoas indicadas no item 9, bem como por representantes da guarnição de Tsarkoe Tselo, e a mim enviado.

16. Uma cópia das presentes instruções deve ser fornecida para orientação das pessoas indicadas no item 9 e outra será mantida em meu poder.

Risquei as palavras "pela manhã e à noite" no item 9; "nas" no item 11.

Ministro-Presidente,
Ministro da Guerra e Marinha,
A. Kerenski

· 60 ·

Pedido de informação apresentado pelo Soviete do Distrito de Iekaterinburg ao Soviete de Petrogrado, relativo à transferência de Nicolau II para Tobolski, 5 de agosto de 1917.

Um trem especial, conduzindo o ex-czar e família, passou por Iekaterinburg a caminho de Tiumen no dia 4 de agosto deste ano. De acordo com notícias de jornal, o ex-czar está sendo transferido para Tobolski. Na cidade e ao longo da linha da estrada de ferro circula o boato de que o trem tem ordens de seguir para Novo-Nikolaevsk e de lá para Harbin. Esse boato está provocando agitação entre a população. O comitê do distrito enviou telegramas aos sovietes de representantes de Krasnoiarsk, Novo-Nikolaevsk e Irkutsk e sugere que esses boatos sejam investigados e, se forem corretos, que medidas sejam tomadas.

Solicitamos que nos informem se o Comitê [Executivo] Central conhece as circunstâncias que levaram o Governo Provisório a enviar o ex-czar para o exílio em Tobolski, e se Sovietes de Representantes de Operários, Soldados e Camponeses participaram da decisão.

Em nome do presidente do
Comitê Executivo do
Soviete dos Representantes de
Operários e Soldados, M. Medvedev
Secretário, S. Derzhavin

· 61 ·

Diário de Aleksandra, 6-7 de agosto. Texto original em inglês.

---

a.b. [a bordo] do *"Rus"*, no rio.

6 de agosto Dom.

[Festival da] *Transfiguração* [de Cristo]
Após as 9h, de *Tura* continuamos para *Tobol:*
Paramos duas vezes, para comida & lenha
Crianças passearam uma vez no bosque
Levantei cerca de 3h, quente demais em minha cabine
Após 6h chegamos em *Tobolski,* às margens do *Irtish* [rio]
Todas as bagagens desembarcadas
Casa vazia, suja & nada arrumado
Passar a noite — novamente a bordo, até
que tudo seja arrumado na nossa & outras casas.

a.b. "Rus" em *Tobolski,* no rio

7 de agosto Seg.

Frio, cinzento & ventoso, chuva forte, mais tarde sol
Passei o dia na cama — ancorados

· 62 ·

"Uma Conspiração Contra-Revolucionária", *Izvestiia* (Petrogrado), 25 de agosto de 1917.

O ANDAMENTO DA INVESTIGAÇÃO

A investigação sobre a conspiração contra-revolucionária, que está sendo realizada por P.A. Aleksandrov, o investigador de casos de importância especial da corte distrital de Petrogrado, está se desenvolvendo em ritmo acelerado.

De acordo com informações obtidas na investigação preliminar, os participantes parecem alimentar uma fé profunda em seus objetivos puramente políticos de restaurar o regime monarquista na Rússia.

Um interrogatório dos detidos e um exame geral de todos os documentos não forneceram informações específicas se os conspiradores querem a volta do abdicante Nicolau Romanov ao trono. Não foi também provado se os conspiradores desejavam unanimemente que os Gr.D. [grão-duques] Mikhail Aleksandrovich ou Pavel Aleksandrovich ou algum outro fosse o monarca da Rússia.

A conspiração foi descoberta no momento em que eles haviam reconhecido apenas a necessidade de a Rússia voltar ao regime monarquista.

O INTERROGATÓRIO DE L.V. KITROVO

Ontem, às 4h da tarde, Liubov Vladimirovna Kitrovo, mãe de uma dama de companhia da corte, foi presa em Ielabuga, por ordens de A.F. Stal, procurador das câmaras judiciárias do distrito de Moscou, e levada ao prédio do foro para interrogatório.

Ela chegou a Petrogrado acompanhada por um inspetor da polícia criminal de Moscou.

O interrogatório foi realizado por P. A. Aleksandrov, o investigador judicial de casos de importância especial, e por A.F. Stal, supervisor-chefe da investigação. O interrogatório prolongou-se por quatro horas e produziu grande volume de informações incriminadoras.

Ao fim do interrogatório, foi determinada prisão domiciliar de L.V. Kitrovo, como maneira de lhe limitar as atividades.

O atualmente preso general [Piotr] Frolov, ex-comandante das tropas do distrito [militar] de Petrogrado, foi enviado de Moscou para Petrogrado.

MARGARITA KITROVO[1]

A dama de companhia Margarita Kitrovo está também a caminho de Petrogrado. A.F. Kerenski e A.F. Stal receberam um longo telegrama codificado sobre as circunstâncias completas da prisão da citada pessoa, mas o mesmo ainda não foi decifrado devido à transmissão incorreta.

Todas as pessoas presas devem ser trazidas para Petrogrado, onde a investigação de todo o caso será concentrada.

A.F. Stal, supervisor-chefe da investigação, viajou ontem para Moscou, onde passará uma semana. Ele foi encarregado de todas as investigações ulteriores sobre a conspiração.

A primeira informação irrefutável sobre a conspiração foi recebida pelo gabinete do promotor público, de um cidadão altamente respeitado de Nizhni Novgorod.

O gabinete do promotor público acredita que não é ainda possível determinar o papel e a importância de cada uma das pessoas presas e de todas as pessoas implicadas no caso.

LISTA OFICIAL DOS QUE ESTÃO SENDO EXILADOS DA RÚSSIA

Baseando-nos em informações oficiais, podemos fornecer uma lista completa de pessoas exiladas para o exterior, com base na lei sobre ostracismo. A lista inclui o general reformado V.I. Gurko; a ex-dama de companhia A.A. Virubova; S. Glinka-Ianchevski, editor do *Zemshchina* [um jornal direitista]; dr. Badmaev[2], I.F. Manasevich-Manuilov[3]; e G. Elvengrem, capitão graduado da Guarda.

Elvengrem desempenhou um papel muito ativo na União dos Detentores da Cruz de São Jorge. Em seu depoimento, que foi tomado por termo durante o interrogatório conduzido pelas autoridades encarregadas da investigação, Elvengrem declarou que era o vice-presidente dessa união. Elvengrem foi designado para o Estado-Maior Geral. Sendo muito popular na União, desempenhou um papel ativo em todas as atividades da mesma.

Todos os que estão sendo exilados receberam o texto da seguinte ordem: "Com fundamento no item 2 da ordem do Gov. Prov. de 2 de agosto, que conferiu poderes extraordinários aos ministros da Guerra e Interior, o mencionado indivíduo, cujas atividades ameaçam especialmente a defesa do Estado, a segurança interna e as vitórias da revolução, é, por acordo mútuo dos ministros, solicitado a deixar imediatamente as fronteiras do Estado russo."

A partida das acima mencionadas pessoas deveria ocorrer hoje, 25 de agosto. A maioria delas declarou ser impraticável cumprir a ordem por falta de meios [financeiros] e a impossibilidade de resolver seus assuntos pessoais com um aviso tão curto. Além do mais, surgiram complicações na emissão dos passaportes. Como resultado, todos serão exilados no sábado. Uma escolta especial, bem como representantes dos poderes militar e civil acompanharão os mesmos a Torneo [na Finlândia, na fronteira imperial russa com a Suécia].

1. Margarita Sergeievna Kitrovo (Rita), ex-dama de companhia de Aleksandra, colega de Olga. Suspeita de envolvimento em uma conspiração monarquista, Kitrovo foi presa depois de viajar a Tobolski e tentar entrar em contato com a família imperial. Mais tarde, foi solta por falta de provas.

2. Piotr Aleksandrovich Badmaev (antes do batismo, Zhamsarain), buriato de origem (povo predominantemente budista do extremo-oriente da Rússia Imperial), era afilhado de Alexandre III e aristocrata hereditário. A partir de 1875, Badmaev serviu no Departamento Asiático do ministério das Relações Exteriores. Era formado em medicina tibetana, pertencera ao círculo de Rasputin e gozava de popularidade na corte.

3. Ivan Fiodorovich Manasevich-Manuilov (1869-1918), jornalista e suposto informante da polícia. Preso em agosto de 1916 por chantagear um diretor de banco, foi condenado em fevereiro de 1917 e recolhido à prisão, mas libertado quando a prisão foi incendiada pelas turbas revolucionárias no dia 27 de fevereiro de 1917.

· 63 ·

Carta de monarquistas a Nicolau II [agosto de 1917].

Czar — Mártir!

CENTENAS e milhares de corações amorosos levantam uma prece ao Senhor Deus por Ti, bem-amado, e Te enviam cumprimentos. Não sabemos se o brado de nosso coração Te alcançará, mas temos o direito de alimentar essa esperança, uma vez que agora temos "liberdade de expressão" e, além disso, não estamos armados.

Monarquistas, Teus admiradores

· 64 ·

Resolução aprovada pela assembléia geral da tripulação da canhoneira *Bobr* (Castor), 6 de setembro de 1917.[1]

A tripulação da canhoneira *Bobr* protesta contra o envio de Nicolau, o Sanguinário, para ninguém sabe onde e por quê, e sem o conhecimento, conforme se soube, dos centros revolucionários da democracia, os S.R.O.S. [Sovietes dos Representantes dos Operários e Soldados]; a tripulação protesta contra a inércia dos líderes dos sovietes, por cuja negligência esse fato veio a acontecer. As resoluções das forças da democracia revolucionária, exigindo que Nicolau fosse enviado a Kronstadt, foram ignoradas, sob o fundamento de que não havia motivo para temer que ele fosse libertado por contra-revolucionários. E agora, sem nenhum conhecimento dos sovietes, a burguesia o envia ninguém sabe para onde e para que fim, evidentemente com a idéia de tentar promover a volta do velho regime.

Protestamos contra a liberação sistemática da prisão de figuras importantes do velho regime, traidores como Shtiurmer [ex-presidente do Conselho de Ministros], Virubova e outros.

Protestamos contra os atos impróprios dos comandantes que estão expulsando generais que simpatizam com as idéias da democracia e nomeando para postos de responsabilidade lacaios óbvios de Nicolau.

Protestamos contra a adoção da pena de morte e a repressão contra nossos camaradas. Lembramos aos senhores que nada conseguirão reprimindo seus adversários políticos.

Declaramos que O PODER DEVE FICAR NAS MÃOS DOS S.R.O.S. [Sovietes dos Representantes dos Operários, Soldados e Camponeses], no qual o país e as forças democráticas CONFIAM INQUESTIONAVELMENTE.

Presidente da
Assembléia Geral, A. Boiko
Secretário, Lilazovski

1. Esse documento foi carimbado com um sinete que dizia: "Liberdade, Igualdade, Fraternidade. Comitê de Bordo da canhoneira *Bobr.*"

· 65 ·

Telegrama decifrado do comissário Vassili Pankratov[1] ao Ministro-Presidente Aleksandr Kerenski, sobre a situação do czar e família em Tobolski, 14 de setembro de 1917.

Nicolau solicitou permissão para que o filho do dr. Derevenko, um menino[2], visite Aleksei nos feriados, e para que Bitter [Bitner][3], professora do ginásio de Tsarkoe Tselo, dê lições às suas jovens filhas. Kobilinski conhece bem a professora. Atendi a essa solicitação, mas recusei o pedido de transporem a cerca.

1. No dia 1º de setembro de 1917, seguindo instruções de Aleksandr Kerenski, Vassili Semio-

novitch Pankratov, um revolucionário socialista que passara muitos anos na prisão e no exílio, foi nomeado pelo Governo Provisório comissário encarregado de controlar a família imperial em Tobolski. O coronel Ievgeni Kobilinski e o destacamento especial de guarda do czar e família lhe eram subordinados. O assistente do comissário, Aleksandr Vladimirovich Nikolski, era aspirante no Exército e ex-exilado político.

2. Nikolai Vladimirovich Derevenko (Kolia), filho do médico da corte Vladimir Derevenko, aluno do Ginásio (escola secundária) Imperial Nikolaevski, em Tsarkoe Tselo, foi um dos poucos amigos de infância de Aleksei. Derevenko acompanhou o pai a Tobolski e a Iekaterinburg.

3. Klavdia Mikhailovna Bitner, ex-professora do ginásio feminino de Tsarkoe Tselo, trabalhava também como enfermeira na enfermaria Lianozovski nessa cidade. Em Tobolski, ensinava russo e matemática aos filhos do czar.

· 66 ·

Mensagem enviada por V. Somov, chefe da chancelaria do ministro-presidente do Governo Provisório, ao dr. Ievgeni Botkin, a respeito de permissão ao czar e família de comparecerem à igreja e dar passeios fora da cidade, 15 de setembro de 1917.

Ievg. Serg. [Ievgeni Sergeievich],

Cumprindo instruções do ministro-presidente, informo que o ministro-presidente deferiu a solicitação constante de sua carta de 26 de agosto, no sentido de permitir que o ex-czar e família dêem passeios fora da cidade e que compareçam a serviços religiosos na igreja.[1]

C. [Chefe] da Chancelaria do
ministro-presidente, V. Somov

1. A solicitação do dr. Botkin foi negada pelo comissário Pankratov (Documento 68).

· 67 ·

Telegrama decifrado do comissário Vassili Pankratov ao Ministro-Presidente Aleksandr Kerenski, sobre a interferência do soviete de Omsk nos assuntos do regimento que guardava Nicolau, 20 de setembro de 1917.

Enviado em 20 de setembro de 1917, às 11:16h
Recebido em 21 de setembro de 1917

Indagações de localidades [a respeito] da organização dos assuntos alarmaram o Comitê Executivo local; mal-entendidos foram esclarecidos por explicações dadas. O Comitê Executivo de Omsk está provocando alarme, uma vez que quer obter participação. Declinei, considerando isso desnecessário.[1]

1. Boatos publicados em jornais sobre a fuga de Nicolau e filhos levaram sovietes locais a tentar interferir na guarda do czar e família.

· 68 ·

Relatório do comissário Vassili Pankratov ao ministro-presidente Aleksandr Kerenski, sobre os problemas da guarda da família imperial em Tobolski, 30 de setembro de 1917.

Ao Ministro-Presidente A.F. Kerenski:

O destacamento de finalidade especial ainda não se acalmou e insiste em uma explicação: entre as coisas que foram enviadas para cá pelo ministério da corte havia vinho (seis engradados) — quem exatamente o enviou, por ordens de quem, e para quem?

Suplico-lhe que me dê uma resposta bem detalhada, a fim de evitar suspeitas e acalmar o destacamento. Dois delegados, I.I. Burikhin e um veterano oficial subalterno Nikolai Alekseievich Kusiakin, estão sendo enviados à sua presença com essa finalidade em vista.

Por esse motivo, solicito que sejam fornecidas a I.I. Burikhin ordens escritas atestando que ele foi designado pelo senhor para aqui servir. Nos últimos dias, os fuzileiros andam lhe perguntando sobre essas ordens e ele não as possui.

Sou obrigado a dizer que a descoberta do vinho estragou imediatamente o estado de espírito dos fuzileiros e, em especial, a atitude dos mesmos com os oficiais. Um grande esforço está sendo feito para acalmar a situação e eliminar a suspeita. Alguns deles desconfiaram que o vinho foi enviado para os oficiais (?). Mais uma vez, suplico-lhe que explique aos delegados, Burikhin e Kusiakin, que o episódio do vinho de maneira nenhuma mancha a reputação do destacamento. Esta última preocupação angustia mais o destacamento do que tudo o mais. Acontece que minhas garantias não são suficientes para eles. Estão aguardando suas explicações.

No documento que V. Somov me enviou no dia 15 de setembro deste ano, de número 3352 [Documento 66], é proposto que o e. [ex.] czar e família tenham permissão de passear fora da cidade e comparecer à igreja. A última solicitação já foi atendida. Quanto a passeios, teríamos que fazer isso com a ajuda de carroceiros, uma vez que nos atuais e perturbados tempos não há outro meio de transporte, nem automóveis nem carruagens. Um cortejo inteiro seria necessário para esse fim, porque os fuzileiros também precisariam de carroceiros, e isso é barulhento e complicado demais. Até agora, recusei ao e.cz., que vive em conforto suficiente, passeios fora da cidade. O pátio onde ele e a família passeiam é suficientemente espaçoso e há ar mais do que suficiente. Mas, logo que tudo se acalmar e surgir a oportunidade de organizar esses passeios fora da cidade, farei isso.

O documento enviado por V. Somov não foi assinado pelo senhor, Aleksandr Fiodorovich. Eu gostaria que me enviasse outro, com sua assinatura.

O ex-czar pediu minha permissão para que o padre Aleksei, sacerdote da Igreja Blagoveshchenski, dê lições de religião às suas jovens filhas. Respondi que a srta. Bitner, sobre a qual já informei o ministro-presidente, poderia ensinar religião igualmente bem. O ex-czar declarou que essa minha decisão era inaceitável. Mas, quanto a mim, achei impossível permitir que um padre fosse professor de religião, justificando minha recusa com o fato de que qualquer estranho que visite os alojamentos do e.cz. complica as condições de sua guarda.

Respeitosamente seu,

V. Pankratov

· 69 ·

Carta de Aleksandra a Maria Siroboiarskaia[1], 17 de outubro de 1917.

Tobolski, 17 de outubro de 1917

MEUS pensamentos estão com você durante a maior parte do tempo. Há muitos meses nenhuma notícia tenho de você e você nunca recebeu minhas 7 cartas. Apenas 2. A última carta é de fins de julho. Eu deixei quase inteiramente de escrever, só faço isso raramente. Tenho receio de causar problemas para outras pessoas. Eles inventarão novamente alguma tolice.

Ninguém confia em ninguém, todos se vigiam. Todos vêem alguma coisa terrível e perigosa em tudo. Oh, pessoas, pessoas! Pobres-diabos. Sem caráter, sem amor pela pátria mãe, por Deus. É por isso que Ele castiga a pátria.

Mas não quero acreditar, nem acreditarei, que Ele permitirá que ela morra. Da mesma maneira que pais castigam filhos desobedientes, assim Ele age com a Rússia. Ela peca e pecou diante Dele e não está merecendo Seu amor. Mas Ele é todo-poderoso — pode fazer tudo. Ele ouvirá, finalmente, as preces dos sofredores, perdoará e salvará quando parecer que chegou o fim para tudo. Quem quer que ame a pátria mãe acima de tudo não deve perder a fé em que ela será salva da morte, mesmo que tudo esteja piorando. Temos que acreditar, sem vacilação.

É triste que o braço dele [de Aleksandr Vladimirovich Siroboiarski, filho de Maria] não tenha sarado devidamente e que ele não possa voltar para seu antigo lugar — mas isso é melhor. Seria insuportavelmente deprimente e ele poderia não agüentar. Alegre-se. Que nenhum de vocês dois perca a coragem. O que podemos fazer? Temos que sofrer e quanto mais sofrermos neste mundo, melhor será no próximo. Após a chuva vem o sol; devemos apenas suportar e acreditar. Deus é compassivo. Ele não abandonará Seus filhos. E você verá dias melhores. Aleksandr Vladim. é jovem — há muita coisa ainda à sua frente. Temos que sobreviver a uma doença terrível, em seguida o organismo fica mais forte e é mais fácil e mais alegre viver. Rezo com todo o coração e abraço-a ternamente.

Irmã A.

1. Maria Martianovna Siroboiarskaia, esposa do coronel de artilharia Vladimir Siroboiarski, mãe de Aleksandr Siroboiarski (Documento 52, nota 1). Posteriormente, ela emigrou para os Estados Unidos.

70

Diário de Nicolau II, 5 de setembro – 22 de outubro de 1917.

5 de setembro, terça-feira. Telegramas chegam aqui duas vezes ao dia; muitos são tão obscuros que é difícil acreditar neles. Parece que há uma terrível confusão em Petrogrado, mais uma mudança na composição do governo. Aparentemente, nada resultou da iniciativa do general Kornilov[1]. Ele e a maioria dos outros generais e oficiais que o apoiavam estão presos e as tropas que marchavam sobre Petrogrado estão se retirando.

O tempo permaneceu maravilhoso e quente.

...

22 de setembro, sexta-feira. Um bocado de neve cobriu novamente o chão pela manhã. Tempo nublado. Perto do anoitecer, toda a neve derreteu. Demos dois passeios, como de hábito. Um dia desses, nosso bondoso barão Bode [um funcionário do palácio] chegou com uma carga de utensílios domésticos adicionais e algumas das nossas coisas que ficaram em Ts.Tselo.

23 de setembro, sábado. Três ou quatro engradados de vinhos figuravam entre essas coisas; quando os soldados da milícia souberam disso durante o dia, houve um tumulto. Começaram a exigir a destruição de todas as garrafas [guardadas] na casa de Kornilov. Após uma longa exortação de parte do comissário e de outras autoridades, decidiu-se retirar todo o vinho e derramá-lo no Irtish. Antes do chá, das janelas observamos a partida da carroça com os engradados de vinho, sobre a qual ia o com. assist. [comissário-assistente] com um machado nas mãos, seguido por um pelotão inteiro de fuzileiros armados. Choveu pela manhã, após uma hora o tempo clareou e começou um bom tempo: 11 graus à sombra.

...

29 de setembro, sexta-feira. Um dia desses, Ie.S. Botkin recebeu um documento de Kerenski, declarando que passeios fora da cidade são permitidos. Em resposta à pergunta de Botkin sobre quando eles poderiam começar, Pankratov, o patife, respondeu que não pode haver nem conversa sobre isso agora, por causa de algum receio incompreensível pela nossa segurança. Todos ficaram extremamente perturbados com essa resposta. O tempo esfriou. Acabei de ler o *Ramuntcho*.

...

2 de outubro, segunda-feira. Dia quente; por volta de 4h choveu um pouco. Agora, todo nosso pessoal que deseje dar um passeio na cidade deve ser acompanhado por fuzileiros.

...

21 de outubro, sábado. Hoje já se completam 23 anos da morte do querido papai e estas são as circunstâncias em que somos forçados a passar este dia! Senhor como estou triste pela pobre Rússia. Ontem, antes da ceia, foi realizado um réquiem noturno.

...

22 de outubro, domingo. Às 8h, fomos à liturgia e toda a família recebeu a comunhão.

Que consolo espiritual em um tempo de sofrimento! O tempo permaneceu ameno, a neve caiu o tempo todo. Passamos muito tempo no jardim.

1. O general Lavr Kornilov, comandante-chefe do Exército russo, tentou dar um golpe militar no período de 26-30 de agosto de 1917.

· 71 ·

Carta de Tatiana a Piotr Petrov, 23 de outubro de 1917.

Tobolski, 23 de outubro de 1917

Querido Piotr Vassilievich,

SINTO-ME muito embaraçada porque não lhe escrevi até agora. Você poderia, por favor, pegar meus livros de A. [Aleksei] Tolstoi? Eles ficavam sempre na primeira prateleira de minha estante, mas não sei como está ela agora. Eu lhe ficaria muito grata se conseguisse pegá-los, embora eu saiba como isso é difícil. Se puder, mande-os por Iza ou pelo correio, em nome do comissário Pankratov, para que me sejam entregues!

Agora, outro assunto! Nós nos lembramos muitas vezes de você, e espero que esteja inteiramente bom. Aqui temos muita neve, mas não é muito frio. As lições estão indo bem, de modo que todo o tempo é ocupado e o dia passa com grande rapidez — principalmente porque é monótono.

Ontem participamos do Santo Sacramento na Igreja. Isso foi muito bom.

O que é que você anda fazendo? Como é que vão o irmão médico e o sobrinho? E onde está o antigo superior dele, Pavel Pavlovich? Tomara que, pelo menos para eles, tudo esteja correndo bem. Você se encontra com Mr. Conrad [antigo professor de inglês em Tsarkoe Tselo] e Konstantin Alekseievich? Transmita a eles [minhas] recomendações.

24 de outubro. Ontem, não tive oportunidade de terminar, de modo que continuo hoje. O tempo esteve divino o dia todo, sol brilhante, o que torna meu estado de espírito imediatamente melhor, de modo que não pense que ele é sempre ruim. Em absoluto. Como você sabe, nós não nos deixamos abater facilmente! Ficou espantado quando soube do casamento daquele que foi o seu primeiríssimo aluno ———?!!

Nós não esperávamos isso, absolutamente. E Mr. Conrad visitou as crianças? Como são elas agora e onde estão? Ele continua a dar lições aí? A família dele chegou? Como foi que K.A. se acomodou na nova casa? Desculpe-me por tantas perguntas, mas espero que responda a todas elas. Tudo de melhor para você. Todos enviam carinhosas lembranças. Que Deus o proteja. Não lhe invejo a proximidade da repulsiva e vil Petrogrado.

De sua aluna n.2, Tatiana

· 72 ·

Carta de Nicolau à irmã, Ksenia Aleksandrovna, 5 de novembro de 1917.

Tobolski, 5 de novembro de 1917

Minha querida, queridíssima Ksenia,

AGRADEÇO-LHE, de todo coração, por sua bondosa carta de 15 de outubro, que me deu grande prazer.

Tudo o que você escreveu sobre a saúde de mamãe me acalmou. Queira Deus que ela recupere inteiramente as forças e que possa cuidar de si mesma.

Acabamos de voltar da liturgia, que começa para nós às 8h, quando está completamente escuro.

A fim de entrar em nossa igreja, temos que passar pelo jardim da cidade e cruzar a rua — uns 500 passos no total a partir da casa. Os fuzileiros formam uma corrente frouxa à direita e à esquerda. Quando iniciamos a volta para casa, eles gradualmente deixam seus lugares e seguem às nossas costas, enquanto outros permanecem à distância e dos lados — tudo isso nos lembra do fim de um rodeio, e rimos toda vez que cruzamos nosso portão.

Estou muito contente porque reduziram a sua guarda — tanto eles como você compreendem que isso é "extremamente cansativo".

Pobre e confuso povo. Vou tentar escrever a Misha [Mikhail Aleksandrovich, irmão de ambos]. Não tive nenhuma notícia dele, exceto por você.

O verdadeiro inverno simplesmente não parece resolver-se a começar; nevou durante dois dias, com algum gelo, mas em seguida tudo derrete e recomeça. Mas o ar é incrivelmente puro e bom de respirar.

Vivemos aqui como em um navio no mar e os dias todos se parecem. Por esse motivo, vou descrever para você nossa vida em Ts.Tselo.

Como você sabe, quando cheguei de Mogilev, encontrei as crianças muito doentes, especialmente Maria e Anastásia. Naturalmente, passei o dia inteiro com elas, vestindo uma bata branca. Os médicos vinham vê-las pela manhã e à noite, acompanhados no início por um oficial da guarda. Alguns deles entravam no quarto e assistiam aos exames feitos pelos médicos. Depois, os oficiais deixaram de acompanhá-los.

Dava passeios com Valia D. [Dolgorukov] e com um dos oficiais ou com o próprio comandante da guarda. Uma vez que, desde fins de fevereiro, não limparam mais o parque, não havia lugar para passear entre as massas de neve — de modo que um excelente trabalho surgiu para mim: limpar os caminhos.

Uma corrente de guardas cercava a casa e outra a lagoa e a grade do pequeno jardim que fica em frente às janelas do quarto de mamãe.

Só podíamos passear dentro e ao longo do comprimento da segunda corrente.

Quando o gelo derreteu e o tempo ficou quente, o antigo comandante, coronel Korovichenko, disse que mandaria a corrente recuar para um pouco mais longe.

Três semanas se passaram sem mudança. Um belo dia, quatro fuzileiros armados me seguiram. Aproveitei essa situação e aventurei-me mais pelo parque. Desde essa ocasião, passeios longos diários pelo parque foram permitidos, como também cortar e serrar árvores secas. Todos nós saíamos pelas portas do salão circular, cujas chaves ficavam em poder do comandante da guarda.

Nunca usávamos o terraço, uma vez que a porta para o mesmo era mantida fechada.

Nossa saída conjunta, com todo o nosso pessoal para o jardim, para trabalhar na horta ou no bosque, deve ter lembrado a saída dos animais da arca de Noé: junto à guarita do sentinela ao pé da escada em frente ao terraço redondo, um grupo de fuzileiros se reunia para observar com ar zombeteiro essa procissão. Voltávamos para casa também em grupo, uma vez que a porta era imediatamente fechada. No início, eu os cumprimentava, por questão de hábito, mas logo parei com isso, porque eles respondiam grosseiramente ou não respondiam em absoluto.

No verão, tínhamos permissão de respirar ar fresco lá fora, até as 8h da noite. Eu andava de bicicleta com minhas filhas e regava as verduras, uma vez que o tempo estava muito seco. Às noites, sentávamo-nos junto às janelas e observávamos como os fuzileiros se refastelavam na grama, fumavam, liam, faziam brincadeiras e cantavam.

Os fuzileiros que chegaram aqui conosco são inteiramente diferentes — praticamente todos eles estiveram na frente de batalha; muitos foram feridos e foram condecorados com a C. de J. [Cruz de São Jorge] e outras medalhas — a grande maioria é composta de soldados autênticos. Travamos bom conhecimento com muitos deles.

Esqueci de dizer que, nos feriados de março e abril, houve desfiles (protestos) nas ruas, com músicos tocando a "Marselhesa" e a indefectível "Marcha Fúnebre", de Chopin.

Esses desfiles terminavam invariavelmente em nosso parque, junto às sepulturas das "Vítimas da Revolução", que cavaram na avenida que fica em frente ao terraço redondo. Por causa dessas cerimônias, só nos deixavam sair para o passeio mais tarde do que o habitual; [tínhamos que esperar] até que eles saíssem do parque.

Essa intolerável "Marcha Fúnebre" obcecou-nos por muito tempo depois e automaticamente a assoviamos e cantamos até que ficamos inteiramente abobalhados.

Os soldados nos disseram que eles, também, estavam inteiramente enjoados desses protestos, que geralmente acabavam em mau tempo e neve.

Naturalmente, durante esse longo período de tempo, houve muitos episódios banais e divertidos, mas também às vezes desagradáveis. Nem tudo, porém, pode ser descrito e, algum dia, caso Deus permita, eu os contarei pessoalmente a você.

Receio que a tenha entediado, querida Ksenia, com esta carta longa demais e, além do mais, minha mão ficou dormente.

Meus pensamentos estão continuamente com você, com a querida mamãe e com sua família. Abraço-a fortemente e a todos eles. Como amo vocês.

Os Bepuaton enviam-lhe ternos beijos.
Que Deus proteja e abençoe todos vocês.
Como eu gostaria que estivéssemos juntos.
Adeus, minha querida.

Com todo meu coração,
Seu velho Niki

[Em uma página separada, incluída nessa carta:][1]

Lenin	Ulianov (Tsederblium)
Steklov	Nakhamkes
Zinoviev	Apfelbaum
Trotski	Bronshtein
Kamenev	Rosenfeld
Gorev	Goldman
Mekhovski	Goldenberg
Martov	Tsederbaum
Sukhanov	Gimmer
Zagorski	Krakhman
Meshkovski	Gollender

1. Essa lista de revolucionários inclui líderes selecionados do governo bolchevista, menchevistas que haviam ajudado a liderar os sovietes antes de outubro mas se opunham à Revolução Bolchevista, bem como indivíduos que não exerceram cargos políticos importantes, mas tinham nomes judaicos. Devido à repressão policial na Rússia czarista, todos os ativistas socialistas usavam pseudônimos. Essa lista identifica corretamente apenas alguns dos nomes reais. Lenin era Ulianov, mas não Tsederblium. Zinoviev era Radomislski. Zagorski era Libotski. Mekhovski e Meshkovski parecem ser dois nomes utilizados por uma mesma pessoa — o pseudônimo era Meshkovski e o nome real, Goldenberg.

· 73 ·

Carta de Olga a Piotr Petrov, 23 de novembro de 1917.

Tobolski, 23 de novembro de 1917

OBRIGADO, velho e querido Piotr Vassilievich, pela carta que recebi hoje, um mês depois de você a ter enviado. Ela chegou em Tobolski no dia 31 de outubro (vi a data no carimbo) e não entendo o que andou acontecendo com ela até agora. Que cor elegante estou usando agora para lhe escrever, ahn?[1] Quase todos que estão agora conosco aqui leram sua carta e pediram encarecidamente para lhe enviar cumprimentos. Sig [Sidney Gibbs] já lhe escreveu daqui. Ele mora em outra casa. Não lhe posso contar nada de interessante, uma vez que vivemos tranqüila e monotonamente. Aos domingos, vamos à igreja às 8:30h da manhã; a vigília é realizada em nosso salão. Um coro amador canta hinos; as vozes não são ruins, mas eles cantam à maneira de concerto, que não posso suportar, embora muitos a elogiem. Eles nos assustaram, assustaram-nos com este clima severo, mas o inverno não chegou ainda de verdade. Em um dia há geada com um pouco de vento e, no dia seguinte, dois graus de calor, tudo derrete e o chão se torna incrivelmente escorregadio. O amanhecer é sempre claro e belo, apesar dos dias nublados. O Irtish [rio] congelou há muito tempo. Acho que essas são todas as notícias.

Acabamos de ler nos jornais a morte do pobre Vasia Ageiev[2]. Isso pode realmente ter acontecido? Piotr Vassilievitch, você poderia descobrir com a mãe de Zhenia Mark. se isso é verdade?[3] Ela provavelmente sabe e, se afirmativo, que ela diga à mãe dele como meu irmão e todos nós nos condoemos e sofremos com ela. Finalmente, Conrad recebeu notícias de seu pessoal. Posso imaginar como ele estava preocupado. Transmita a ele e a todos que se lembram de nós os nossos cumprimentos. Estamos nos preparando para construir um morro, mas a neve ainda é muito pouca. P. [papai] geralmente serra e empilha lenha e M. [mamãe] sai quando não está muito frio. Do contrário, é difícil para ela respirar. Joy, Ortino e Jimmy estão crescendo bem.[4] Os dois primeiros têm que ser expulsos do pátio todos os dias, pois gostam de fuçar a lixeira e comem todo tipo de porcaria.

Bem, já é tempo de terminar. Todos nós enviamos carinhosos cumprimentos e lhe desejamos boa saúde. Como vai o Pai? Tudo de melhor para você.

Aluna n.1, Olga

1. Esta carta foi escrita com tinta vermelha.
2. Vasia Ageiev, aluno da escola militar, amigo de infância de Aleksei. Seu apelido, Geina, era freqüentemente usado na correspondência e no diário de Aleksei.
3. Zhenia (Ievgeni) Makarov, aluno da escola militar. Em 1916, Makarov brincava muito com Aleksei no Quartel-General, em Mogilev.
4. Joy, Ortino e Jimmy eram cães da família.

· 74 ·

"Boatos sobre a fuga da segunda filha de Nicolau Romanov", *Vecherniaia Pochta* (Notícias da Noite [Petrogrado]), 23 de novembro de 1917.

Telegrama de nosso correspondente.

Copenhague, 20 de novembro. Telegrama de Londres informa que está circulando na cidade o boato de que a segunda filha do ex-czar Nicolau Romanov fugiu de Tobolski e que neste momento chegou à América.

Parece que Tatiana Nikolaevna está pensando em fazer palestras sobre os acontecimentos ocorridos na Rússia e abrir uma escola nos Estados Unidos.

Segundo os mesmos boatos, Tatiana Nikolaevna casou-se com o conde Frederiks, filho do antigo ministro da corte.

Nota: provavelmente, esses boatos são notícias sensacionalistas, sem base real. O mesmo sobre o conde Frederiks — ele existe mas não tem filhos, apenas filhas.

· 75 ·

Diário de Nicolau II, 11-26 de novembro de 1917.

11 de novembro, sábado. Caiu um bocado de neve. Faz muito tempo que não recebemos quaisquer jornais de Petrogrado; o mesmo acontece com telegramas. Em tempos tão difíceis como estes, isso é duro. As filhas brincaram no balanço e saltaram dele na neve. Houve vigília às 9h.

...

17 de novembro, sexta-feira. O mesmo tempo desagradável, com vento cortante.

É nauseante ler a descrição do jornal sobre o que aconteceu há duas semanas em Petrogrado e Moscou!

É muito pior e mais vergonhoso do que o Tempo das Provações.[1]

18 de novembro, sábado. Chegou a notícia mais espantosa de todas: três representantes de nosso Quinto Exército foram ao encontro dos alemães nos arredores de Dvinsk e assinaram as condições preliminares de uma trégua! Nunca esperei um pesadelo como esse. Como foi que esses canalhas bolchevistas tiveram a coragem de realizar seu sonho secreto de fazer paz com o inimigo, sem perguntar ao povo sua opinião e enquanto o inimigo ocupa uma grande faixa do país?

...

26 de novembro, domingo. Fomos ao culto noturno às 8h.

Hoje é o Dia de São Jorge. A cidade organizou um almoço e outras festividades na Casa do Povo para os detentores da Cruz de São Jorge. Entre nossos guardas do Segundo Regimento há alguns detentores da condecoração, mas seus camaradas que não possuem a cruz não quiseram substituí-los, dizendo-lhes, em vez disso, que continuassem o serviço — mesmo em um dia como este! Liberdade!!! Demos um passeio muito longo e demorado. O tempo está ameno.

1. O Tempo das Provações [*smutnoe vremia*] foi um período turbulento da história russa, no início do século XVII. Foi marcado por uma crise dinástica, ameaças externas à independência nacional e sublevação social e colapso da ordem sem precedentes. O estabelecimento da dinastia Romanov assinalou o fim desse período.

· 76 ·

Carta de Pierre Gilliard a Piotr Petrov, 26 de novembro de 1917. Texto original em francês.

Tobolski, domingo, 26 de novembro de 1917

Querido *Piotr Vassilievich,*

ACABO de receber seu cartão, datado do dia 15 e lhe agradeço por ele. Mostrei-o a A.N. [Aleksei], que ficou muito triste ao saber que você estava magoado com seu longo silêncio; ele lhe escreverá amanhã. A única desculpa dele é que anda realmente muito ocupado: 28 horas de lições por semana, sem contar os deveres de casa. Ele lhe escreverá amanhã durante minha lição de francês, e lhe agradecerá, já que, graças a você, saltará um ditado. Estou tão contente em saber que você está bem. Se dorme mal, não está sozinho nisso. Quem é que não está sofrendo de insônia? A preocupação que o aflige há semanas desgasta o sistema nervoso. O próprio Gibbes [Gibbs] sente os efeitos dela, a despeito de sua imperturbabilidade britânica. Por aqui, nada de novo; todos estão sadios. Sofremos moralmente, como o resto da Rússia; sofrimento e preocupações, no entanto, infelizmente não são suficientes para salvar um país. Sabe, nos doze anos em que moro na Rússia, comecei a lhe amar a natureza triste, sonhadora, idealista e, às vezes, infantil, mas que vento louco é esse que se abateu sobre seu povo? Que devastação! Que tristeza! Por favor, diga a M. Conrad que fiquei muito feliz em saber que a esposa e os filhos dele chegaram em segurança à Suíça. Recebi a carta de Mme. Conrad e mostrei-a a todos; Gibbes falou também sobre M. Conrad, mas parece impossível fazer com que ele venha até aqui.

Todos enviam lembranças, bem como a M. Conrad. Com a maior amizade e, por favor, não esqueça seu [ilegível],

Pierre Gilliard

· 77 ·

Carta de Aleksandra a Aleksandr Siroboiarski, 29 de novembro de 1917.

Tobolski, 29 de novembro de 1917

RECEBI HOJE um postal de sua mãe [Maria Siroboiarskaia]; ela escreveu depois de ter recebido sua carta de Vologda. Sim, o Senhor Deus salvou-o novamente e, de agora em diante, Ele nunca mais vai abandoná-lo. Sinceros agradecimentos pelo postal enviado de Irkutsk. Infelizmente, nem tudo foi enviado ainda de Tiumen — como isso é aborrecido! É duro para Mamãe [Aleksandra] que você esteja tão longe e que não vá ter notícias de você por muito tempo.

Posso imaginar como foram horríveis as coisas pelas quais eles passaram aí [a Revolução de Outubro em Moscou]. Incrivelmente penoso, triste, ofensivo e embaraçoso, mas não perca a fé na piedade de Deus — Ele não deixará que a pátria mãe pereça. Toda essa humilhação, sujeira e horror devem ser suportados com humildade (uma vez que não está em nosso poder ajudar). E Ele nos salvará, sempre paciente e compassivo — Ele não permanecerá zangado para sempre. Sei que você não acredita nisso, o que é doloroso e triste. Para mim, seria impossível viver sem essa fé.

Muitos já reconhecem que tudo isso foi utopia, uma quimera. Os ideais deles desmoronaram, estão cobertos de sujeira e vergonha; eles não fizeram uma única coisa boa pela pátria mãe — liberdade — ruína — anarquia total, foi nisso que acabaram as coisas. Tenho até pena desses idealistas (quando são homens bons), mas agradecerei a Deus quando seus olhos forem abertos. Eles pensaram apenas em si mesmos, esqueceram seu torrão natal — só palavras e barulho. Muitos, porém, acordarão; a mentira será denunciada, toda a falsidade; mas o povo [*narod*] não foi totalmente destruído, perdeu-se, foi tentado. Um povo inculto, selvagem, mas o Senhor não o abandonará, e a Santa Mãe de Deus defenderá nossa pobre Rus.

Tomara que esta carta lhe chegue em segurança. Escreva-me agora.

Adeus. Desejo-lhe tudo de bom. O Senhor estará com você. Alegre-se. As lembranças mais sinceras.

Irmã

· 78 ·

"A Fuga de Nicolau II", *Petrogradskii golos* (A Voz de Petrogrado), 2 de dezembro de 1917.

Na noite passada, chegou a Smolni a notícia de que Nicolau II conseguiu fugir de Tobolski.

Em resposta, o comitê militar-revolucionário[1] enviou um apelo à estrada de ferro Nikolaevski, com o pedido urgente de que um trem de 15 vagões seja imediatamente preparado para transportar 500 marinheiros a Cheliabinsk, e a recomendação de que a estrada de ferro tome todas as providências para assegurar que nada deterá o trem em sua viagem.

A estrada de ferro comunicou-se com "Vikzhel"[2], que ordenou que fosse dada ao comitê militar-revolucionário toda ajuda possível.

1. Os Comitês Militares-Revolucionários (VRKs) eram unidades de combate dos sovietes de representantes dos operários e soldados. Em muitas áreas, esses comitês organizaram e coordenaram os levantes armados que estabeleceram o poder dos sovietes. O VRK de Petrogrado desempenhou um papel fundamental na tomada do poder na capital pelos bolchevistas.

2. O Vikzhel — Comitê Executivo de Todas as Rússias do Sindicato dos Trabalhadores Ferroviários — foi fundado no primeiro Congresso de Empregados Ferroviários de Todas as Rússias, realizado em Moscou em julho e agosto de 1917. Os líderes do Vikzhel eram principalmente menchevistas e socialistas revolucionários.

· 79 ·

Telegrama do destacamento de finalidade especial ao "Presidente do Exército Popular dos Socialistas", em Smolni, 3 de dezembro de 1917.

Recebido em 3 de dezembro de 1917, às 2:14h
Procedente de Tobolski

Boatos sobre a fuga de Nicolau Romanov são falsos [e] provocadores.

Capitão Aksiuta[1]

1. Fiodor Alekseievich Aksiuta, capitão do destacamento de finalidade especial da guarda em Tobolski.

· 80 ·

Relatório dos delegados ao III Congresso Siberiano Ocidental dos Sovietes dos Representantes de Operários e Soldados, a respeito de uma guarda vigilante para o deposto czar em Tobolski, 10 de dezembro de 1917.

O camarada Dronin (bolchevista) levanta a questão de uma guarda mais rigorosa para Nicolau II, em Tobolski.

O camarada Mitkevich declara, após ter falado na linha direta [telégrafo] com o comissário designado por Omsk para monitorar a atitude dos habitantes da cidade de Tobolski em relação a Nicolau II, que a mansão onde os Romanov estão detidos é rigorosamente guardada e que não têm fundamento os receios sobre a possibilidade de fuga do ex-czar.

Zinoviev, presidente do Soviete dos Representantes dos Operários e Soldados de Tobolski, informa que a guarda dos Romanov consiste de 350 soldados, a maioria detentores da Cruz de São Jorge, escolhidos entre três regimentos da guarnição de Tsarkoe Tselo. Há rigorosa disciplina e completa unanimidade no destacamento.

Uma alta cerca envolve a casa na qual estão presos os Romanov. Há guardas por toda parte, dentro e fora, e à noite mais algumas patrulhas fazem as rondas. Ninguém, absolutamente, tem permissão para entrar na casa; de igual maneira, só os serviçais podem deixar a casa para receber provisões. Todos eles conduzem o cartão de identificação do comandante, com fotografia, e estas são rigorosamente examinadas quando eles deixam e voltam para a casa.

Toda a correspondência dos Romanov é examinada pelo destacamento, comandado pelo comissário Pankratov, um ex-interno de Shlisselburg.[1]

Os Romanov não dispõem de dinheiro; o dinheiro fica com o comandante do destacamento, que paga todas as contas dos Romanov.

Todas as pessoas que residem em Tobolski são rigorosamente vigiadas. Desta maneira, só indivíduos que desconhecem inteiramente as regras relativas à guarda dos Romanov podem falar em fuga dos mesmos ou de eles terem quaisquer tipos de contato com alguma pessoa.

Recentemente, nos jornais — principalmente na imprensa burguesa —, todos os artigos concebíveis de informações provocadoras estão sendo publicados sobre os Romanov, com o objetivo de inflamar a mente do povo.

A mais séria atenção deve ser dada à essa informação.

1. Em 1884, Pankratov foi condenado a 14 anos de prisão, na notória prisão de Shlisselburg, por envolvimento em atividades clandestinas socialistas revolucionárias em São Petersburgo. Ser conhecido como egresso de Shlisselburg era um emblema de honra nos círculos revolucionários.

· 81 ·

Carta de Aleksandra a Aleksandr Siroboiarski, 10 de dezembro [1917].

10 de dezembro

QUE TRISTES feriados estes agora! Lembro-me de cartas vindas da frente de batalha no último inverno — como decoraram a árvore, o concerto, e presentes de toda a antiga unidade. Sim — é bom que não saibamos de antemão o que o destino nos prepara!

Sim, vivemos no passado e na esperança de melhores dias. Você não deve encarar tão tristemente a situação — coragem — olhe com mais alegria dentro dos olhos das pessoas — jamais perca a esperança — acredite sempre que este pesadelo vai acabar. Nem tudo está perdido — o país é jovem — da mesma maneira que o corpo fica mais forte depois de uma doença, o mesmo acontecerá com a querida pátria mãe. Lembre-se de minhas palavras — eu passei por tanta coisa, sofri tanto — sou uma velha em comparação com você — mas, ainda assim, acredito com mais firmeza e tenho mais esperança do que você.

O Senhor submete à prova e mais tarde aliviará — curará todas as terríveis feridas. Não há muito mais coisas a suportar; com o ano novo haverá dias melhores — embora ainda haja muita coisa adiante que será difícil; dói, tanto derramamento de sangue assim, dói horrivelmente! Mas a verdade terá finalmente que prevalecer. Você é jovem; todos ainda têm muito trabalho pela frente, este período difícil passará e, em seguida, teremos que trabalhar novamente com todas as nossas forças para construir, criar, consertar — fortalecer a pátria mãe. Há ocasiões em que nos preocupamos horrivelmente, mas não experimentei isso ainda, sempre estive ocupada com alguma coisa, graças a Deus, com deveres oficiais antes e agora com as crianças. Para você, claro é cem vezes pior, mas, acredite-me, não pode ser ruim assim para sempre. Não posso convencê-lo, já que nada sei sobre você, mas acredito profundamente na compaixão e justiça de Deus — temos que sofrer por um grande pecado, expiar nossa culpa — mais tarde, você compreenderá.

Conversaremos sobre tudo isto, mas onde, quando, como — só Deus sabe. Como viver sem esperança? Temos que nos conservar alegres e Deus nos concederá paz espiritual.

Você se sente magoado, embaraçado, ofendido, envergonhado; você sofre, tudo magoa, dói; mas sua alma está em paz; há fé tranqüila e amor em Deus, que não abandonará Seus filhos e ouvirá as orações persistentes, terá piedade, e salvará.

Olhe para a amada natureza — o sol brilha gloriosamente aí e deve também brilhar na alma e dispersar as nuvens negras.

Preocupo-me com pessoas muito queridas em Petrogrado. É muito ruim a situação lá. Dizem que voltaram os grandes distúrbios e horrores e, ainda assim, a alma mantém vigília; é o Senhor Deus que dá esperança e serenidade. Tenho me preocupado por mais de 3 anos com pessoas que me são caras. Meu coração está cansado, mas rezo interminavelmente e acredito.

Escrevo-lhe coisas maçantes, mas quero tanto ajudar meu antigo amigo ferido e, mais uma vez, sou contrariada nisso — não consigo encontrar palavras; mas tente compreender que Deus está acima de tudo e que para Ele tudo é possível, viável. As pessoas nada podem fazer. Só Ele pode salvar; por essa razão, temos que Lhe pedir incessantemente, implorar-Lhe que salve nossa querida pátria mãe, que há tanto tempo sofre.

Como estou contente por você não estar no exterior, mas compartilhando de tudo com ela [a Rússia]. Como eu gostaria de compartilhar tudo com meu amado doente, vivermos juntos através destes tempos e cuidar dele, como também de nosso torrão natal, com amor e interesse.

Eu me senti, por um tempo longo demais, como mãe dela para perder este sentimento — constituímos um todo e compartilhamos de tristezas e felicidade. Ela nos magoa, ofendeu-nos, caluniou-nos, e assim por diante, mas a amamos profundamente da mesma maneira e queremos vê-la recuperar a saúde; exatamente como uma criança doente que tem defeitos, mas também qualidades, o mesmo acontece com nossa querida pátria mãe. Mas basta disso. Sim, a natureza é perfeita, mas, ainda assim, ela muda no verão e no inverno: nevoeiro, tempestade, nevasca, e assim por diante; e o mesmo acontece com uma pessoa e um país — tudo se repete, embora as dimensões sejam diferentes.

Os outros países têm uma situação melhor: não acho que você pudesse viver neles. Você terá, em primeiro lugar, que encontrar tranqüilidade e paz dentro de si mesmo; em seguida, poderá viver em qualquer lugar — em liberdade ou em grilhões. É difícil, talvez apavorante, mas a alma tem que permanecer serena: forte, séria, dura como pedra. Com que crueldade estão destruindo tudo que construímos com coragem e amor — dói, mas temos que sobreviver a isso. Se lhe tivesse visto a dor e mansidão, você O compreenderia [Nicolau].

Passaram-se 4 meses desde que estamos aqui em cativeiro. Lembre-se das noites no hospital de campanha e em nossa casa. Tantas recordações indeléveis para todas as nossas vidas. Queira Deus que possamos nos encontrar no novo ano — espero muito por isso. É tão doloroso estar longe de todos os amigos.

Desejo-lhe boa saúde, paz espiritual, trabalho e felicidade no novo ano. Enviamos calorosas saudações e bons votos. Adeus! Que Deus o proteja (faço o sinal da cruz sobre você). Tudo do melhor, fique bom logo.[1] Estamos aguardando notícias.

Irmã

1. Aleksandr Siroboiarski estava se preparando para ser submetido a uma apendicectomia.

· 82 ·

Carta de Aleksei a Piotr Petrov, 19 de dezembro de 1917.

Tobolski, 19 de dezembro de 1917

Meu querido Piotr Vassilievich,

DESEJO-LHE tudo de bom no próximo feriado e ano novo. Espero que tenha recebido minha primeira carta. Como está sua saúde? Até agora, tivemos muito pouca neve por aqui e é esse o motivo por que fica tão difícil construir um morro. Joy [o cachorro de Aleksei] está ficando cada vez mais gordo, porque come muita sujeira no monte de lixo. Todo mundo usa varas para expulsá-lo de lá. Ele tem um bocado de conhecidos na cidade e é por isso que sempre foge. Estou lhe escrevendo durante minha lição de francês, porque quase não tenho tempo de folga, mas, quando entrar de férias, vou lhe escrever mais. Lembranças e os melhores votos para os mestres. Que Deus o proteja!

Seu quinto aluno, Aleksei

· 83 ·

Carta de Aleksandra a Anna Virubova [16 de dezembro de 1917]. Texto original em inglês.

MINHA querida e preciosa criança: acho estranho escrever em inglês, depois de nove cansativos meses. Estamos fazendo uma coisa arriscada enviando este pacote, mas vamos aproveitar os préstimos de Anushka[1], que ainda está livre. Apenas prometa queimar tudo que escrevemos, já que lhe poderia causar problemas intermináveis, se descobrissem que você ainda está em contato conosco. Afinal de contas, as pessoas estão inteiramente loucas. Por conseguinte, não julgue mal os que têm medo de visitá-la, simplesmente dê tempo a essas pessoas para que se acalmem. Você não pode imaginar a alegria de receber suas doces cartas. Leio-as sozinha uma vez após outra & para os outros. Todos nós compartilhamos da angústia & do sofrimento & da alegria de saber que você foi finalmente solta. Não vou falar do que você sofreu. Esqueça isso, juntamente com o velho nome que descartou.[2] Agora viva novamente.

Temos tanta coisa para dizer que acabamos não dizendo nada. Estou desacostumada a escrever em inglês, apenas cartas breves ou cartões, nada de importância. O perfume que enviou fez o maior sucesso. Deu a volta em torno de nossa mesa de chá & todos nós a vimos com grande clareza à nossa frente. Não tenho uma "rosa branca" para lhe enviar e só pude perfumar o xale com verbena.

Obrigada pela garrafinha de cor malva, a linda jaqueta de seda azul & as excelentes pastilhas. As crianças e o Pai ficaram muito comovidos com as coisas que você enviou, das quais nos lembrávamos tanto & embalamos em Tsarkoe. Não temos conosco nenhuma dessas coisas, nada temos para lhe enviar. Tomara que tenha recebido a comida através dos Lotkarev & M. Krarup. Enviei-lhe pelo menos cinco cartões pintados, a serem sempre reconhecidos pelo meu sinal 卍. Tenho que estar sempre imaginando coisas novas!

Sim, Deus é maravilhoso & lhe envia (como sempre) um novo amigo nas grandes mágoas. Abençôo-o por tudo que ele tem feito por você & não posso me refrear de enviar a ele uma imagem, como a todos que foram bons com você. Desculpe esta carta mal escrita, mas a caneta é ruim & meus dedos estão duros de frio. Tivemos a felicidade de ir à igreja às 8h desta manhã. Eles nem sempre nos permitem ir. As empregadas não tiveram ainda permissão para entrar, uma vez que não têm documentos, de modo que o odioso Kommissar [Pankratov] não as deixa entrar & o comandante [Kobilinski] nada pode fazer. Os soldados pensam que já temos gente demais conosco. Bem, graças a tudo isso podemos ainda lhe escrever. Alguma coisa boa sempre sobra de tudo.

Muitas coisas são muito difíceis — & então nos lembramos de você. Às vezes, nosso coração fica a ponto de explodir. Felizmente, nada há neste lugar que nos lembre de você. Isto é melhor do que em casa, onde cada canto estava cheio de você. Ah, criança, estou orgulhosa de você. Lições duras, escola dura de sofrimento, mas você passou muito bem nos exames. Obrigada, criança, por tudo o que disse por nós, por nos defender & por ter suportado tudo por nossa causa & pela causa da Rússia. Só Deus pode recompensá-la, porque, se deixou que você visse horrores, Ele lhe permitiu também entrever um pouco o outro mundo. Nossas almas estão agora mais perto do que nunca. Sinto-me especialmente perto de você quando estou lendo a Bíblia. As crianças estão também sempre encontrando textos que se ajustam a você. Estou tão contente com a alma que meus filhos têm. Espero que Deus abençoe as lições que dou a Bebê. O solo é fértil, mas estará a semente madura o suficiente? Tento dar tudo de mim, porque toda minha vida está nisso.

Querida, levo-a comigo a toda parte. Nunca me separo de seu anel, mas à noite uso-o no meu bracelete, porque está frouxo no dedo. Depois de termos recebido a cruz de nosso Amigo, recebemos também esta cruz para carregar. Deus sabe que é doloroso estar separada da vida daqueles que nos são caros, após termo-nos acostumados durante anos a compartilhar todos os pensamentos. Mas a minha criança, com o tempo, aprendeu a depender de si mesma. Em Seu amor estamos sempre juntas. Eu gostaria que fosse assim de fato, mas Deus sabe o que é melhor. Aprendemos a esquecer desejos pessoais. Deus é compassivo & nunca abandona os filhos que Nele confiam.

Espero sinceramente que esta carta e pacote lhe cheguem em segurança, mas seria melhor que você escrevesse & dissesse a Anushka que recebeu tudo em segurança. Ninguém aqui deve sequer sonhar que lhes escapamos à vigilância, pois isto poderia prejudicar o bondoso comandante e poderiam substituí-lo.

Mantenho-me ocupada ininterruptamente. As lições começam às 9 (na cama). Levanto-me ao meio-dia para dar lições de religião a Tatiana, Marie, Anastásia e Aleksei. Dou lições de alemão três vezes por semana a Tatiana, uma vez a Marie, além de ler com Tatiana. Também costuro, bordo & pinto, usando óculos, porque meus olhos se tornaram fracos demais para dispensá-los. Leio muitos "bons livros", adoro a Bíblia & de tempos em tempos leio romances. Estou triste porque não permitem a eles passeios, exceto em frente à casa e por trás de uma alta cerca. Mas eles pelo menos respiram ar fresco e nos sentimos gratos por tudo. Ele [Nicolau] é simplesmente maravilhoso. Tanta mansidão, embora durante o tempo todo sofra muito pelo país. Uma verdadeira maravilha. Os outros estão todos bem & corajosos & sem queixas, e Aleksei é um anjo. Ele & eu jantamos *à deux* & geralmente também almoçamos assim, mas, às vezes, lá embaixo com os outros.

Não permitem que o padre venha até aqui para lições & mesmo durante os serviços religiosos o comandante & Kommissar ficam por perto, para impedir qualquer conversa entre nós. O padre é muito bom, leal. Estranhamente, Germogen[3] é bispo aqui, mas, no momento, se encontra em Moscou. Não tivemos notícias do meu antigo lar ou da Inglaterra. Todos estão bem, segundo soubemos, na Criméia, mas a Imperatriz Viúva envelheceu muito e anda muito triste e lacrimosa. Quanto a mim, meu coração vai bem, desde que levo uma vida tranqüila. Sinto total confiança & fé que tudo vai acabar bem, que este é o pior momento & que logo o sol voltará a brilhar radiante. Mas, oh, as vítimas & o sangue inocente ainda a ser derramado! Receamos que o outro amiguinho do Bebê em Mogiloff, que estava em M., tenha sido morto, uma vez que seu nome foi incluído entre os cadetes mortos em Moscou. Oh, Deus, salve a Rússia! Este é o grito de minha alma, pela manhã, ao meio-dia e à noite. Apenas não aquela paz vergonhosa.[4]

Espero que tenha recebido a carta de ontem, enviada através do genro de Maria Feod. Que bom que você o encarregou de seus assuntos. Hoje, minha mente está cheia de Novgorod & o terrível dia 17[5]. A Rússia terá que sofrer também por aquele assassinato. Todos terão que sofrer pelo que fizeram, mas ninguém compreende isso. Querida, como estou contente que você me veja em seus sonhos. Eu só a vi duas vezes, vagamente, mas algum dia nós nos reuniremos novamente. Quando? Eu não pergunto. Só Ele sabe. Como podemos pedir mais? Nós simplesmente damos graças por cada dia que termina em segurança. Tomara que ninguém jamais veja estas cartas, uma vez que as menores coisas os levam a reagir contra nós com severidade. Isto quer dizer que não teremos serviços religiosos nem externos nem internos. O séquito e as serviçais têm permissão para deixar a casa apenas se acompanhados de soldados, de modo que, claro, evitam sair. Alguns soldados são bondosos, outros, horrendos.

Desculpe esta confusão, mas estou muito apressada & a mesa está repleta de material de pintura. Que bom que você gostou de meu velho livro azul. Não tenho nem uma única linha sua — queimei tudo — todo o passado é um sonho. Só guardamos lágrimas & boas recordações. Uma após outra, todas as coisas terrenas se vão, casas e posses arruinadas, os amigos desaparecidos. Vivemos de um dia para o outro. Mas Deus está em tudo & a natureza nunca muda. Vejo à minha volta igrejas (anseio em visitá-las) & colinas, o belo mundo. Volkov[6] me empurra em minha cadeira de rodas até a igreja do outro lado da rua, em frente ao jardim público. Algumas pessoas fazem mesuras e nos abençoam, enquanto outras nem olham. Todas as nossas cartas e pacotes são examinados, mas este de hoje é contrabando. O Pai e Aleksei ficaram tristes em pensar que nada têm para lhe enviar & posso apenas apertar nos braços minha cansada filha e niná-la como antigamente. Eu me sinto velha, oh, tão velha, mas sou ainda a mãe deste país & sofro suas dores como as dores de meus próprios filhos & amo-o a despeito de todos seus pecados e horrores. Ninguém pode arrancar um filho do coração da mãe & tampouco podemos arrancar nosso país, embora a negra ingratidão da Rússia com o Imperador me parta o coração. Mas não que seja **todo** o país. Que Deus tenha piedade & salve a Rússia. Sofrimento por toda parte. Quanto tempo sem notícias de minha família. E, aqui, a separação de pessoas queridas, de você. Mas o mundo do espírito é surpreendente, fé interminável, dada por Deus, e assim tenho sempre esperança. Nós também nos reencontraremos — com nosso amor que derruba muralhas.

Amiguinha, Natal sem mim — no alto, no sexto andar! Minha amada criança, há muito tempo te peguei para manter em meu coração & para nunca nos separarmos. No meu coração há amor e perdão por tudo, embora, às vezes, eu não seja tão paciente quanto deveria ser. Fico zangada quando pessoas são desonestas ou quando desnecessariamente magoam & ofendem aqueles que eu amo. Papai, por outro lado, suporta tudo. Ele lhe escreveu por conta própria. Não pedi a ele que escrevesse. Por favor, agradeça a todos os que nos escreveram em inglês. Mas quanto menos **eles** souberem que nos correspondemos, melhor, ou poderão proibir todas as cartas.

Sempre sua, M.

1. Anushka era uma das empregadas pessoais de Aleksandra.
2. Embora o casamento tenha terminado muitos anos antes, Virubova só voltou a usar seu nome de solteira, Taneieva, em 1917.
3. Germogen (Hermogen) tornou-se bispo de Tobolski em 7 de março de 1917. Antigo defensor de Rasputin, que em seguida tentou comprometê-lo, Germogen esforçou-se para ajudar a família imperial enquanto ela permaneceu em Tobolski.
4. No dia 20 de novembro (3 de dezembro) começaram em Brest as negociações de armistício entre a Alemanha e a Rússia Soviética. Em suas propostas de paz, os alemães exigiram que extensos territórios no ocidente fossem separados da Rússia.
5. Aniversário do assassinato de Rasputin.
6. Aleksei Nicolaevich Volkov era o criado pessoal de Aleksandra. Acompanhou a família a Tobolski e, em seguida, a Iekaterinburg, onde dela foi separado e colocado em uma prisão. Posteriormente, conseguiu fugir.

· 84 ·

Diário de Aleksandra, 24-25 de dezembro de 1917. Texto original em inglês.

24 de dezembro domingo

Tobolski
Véspera de Natal
Arrumei os presentes.
12h. Serviço religioso em casa.
Almocei no térreo.
Decorei as árvores, coloquei os presentes —
4 1/2 [4:30h] chá — Depois visitei a guarda do *14º reg.* — *Malyshev* 20 soldados. Levei-lhes uma pequena árvore de Natal & comidas & um Evangelho para cada um com um marcador de página que pintei — fiquei sentada lá até 7 1/2. Jantei no térreo com todos, *Kolia* [Derevenko], também.
Proibiram Isa de vir nos visitar ou deixar sua casa.
9. Árvore de Natal para o séquito — todo o nosso pessoal.
9 1/2. Serviço religioso noturno: um grande coro cantou, soldados vieram, também.

25 de dezembro segunda-feira

11°C *Tobolski*
Dia de Natal.
Acordei às 6 1/4.
7 1/4 Fui à Igreja. Após a missa, *serviço religioso ante o Ícone Milagroso de Abal.* [Abalakski], *Mãe de D.*
Pintei & descansei.
12. Almoço no térreo.
Vi Isa na janela.
Fiquei sentada 10 min no terraço, enquanto N. [Nicolau] removia a neve.
4 1/2 chá — *Kolia* também.
6. Os outros tiveram sua recitação. Observei, depois fui descansar.
8. Fui jantar lá embaixo — *Kolia* também.
N. leu para nós.

· 85 ·

Artigo no jornal *Tobol'skii rabochii* (Operário de Tobolski), sobre a questão de dirigir-se à família Romanov pelo título, 27 de dezembro de 1917.

No dia 27 de dezembro, a assembléia geral do destacamento de finalidade especial entregou uma declaração ao Comitê Executivo do Soviete dos Rep. dos O., S., e C. [Operários, Soldados e Camponeses], [de Tobolski], revelando que, no dia 25 de dezembro, o diácono [Aleksandr] Ievdokimov, com o consentimento do padre [Aleksei] Vassiliev, dirigiu-se ao ex-czar e a ex-czarina pelo título de "Suas Majestades", às crianças como "Altezas", durante a parte Iekteni[1] da liturgia na Igreja de Blagoveshchenski. O destacamento exigiu a prisão imediata de ambos. O estado de espírito era tenso e ameaçava descambar para justiça de turba [*samosud*]. A Com. Ex. do Soviete, juntamente com representantes de todas as organizações revolucionárias e o governo municipal, resolveu convocar ambas as pessoas para esclarecer as circunstâncias do assunto. O interrogatório não esclareceu quem era culpado, porque o depoimento de cada pessoa se contradizia e entrava em contradição com o da outra pessoa.

Por essa razão, foi tomada a decisão de informar ao procurador e ao bispo sobre o que ocorreu e pôr o diácono e o padre em prisão domiciliar, a fim de evitar a justiça de turba, e com o objetivo de assegurar a realização de um inquérito. Além disso, a transferência altamente incomum do ícone de Abalakski a Tobolski, e especificamente à igreja Blagoveshchenski, foi também discutida. Tudo isso, juntamente com o estado de preocupação do destacamento e os boatos sobre o aumento da agitação monarquista em Tobolski deram ao procurador oportunidade de iniciar ação judicial, com base no artigo 129, sob acusação de tentativa de derrubada da ordem vigente.

Enquanto a questão da classificação do crime estava sendo resolvida, o diácono e o padre violaram sua declaração assinada, de que não deixariam suas residências: o primeiro procurou membros mais graduados do clero e o segundo viajou para Abalak. O Soviete julgou que uma investigação oficial da corte de justiça era insuficiente e resolveu formar um comitê revolucionário de inquérito, que foi instruído a identificar as raízes da agitação monarquista em Tobolski e arredores. Tendo conferido a esse comitê plenos poderes, o Soviete colocou-o sob a jurisdição do Comitê Democrático-Revolucionário. Zhelkovski, Ivanitski, Koganitski e os candidatos Nikolski e Filippov integram o comitê.[2]

1. Iekteni, da palavra grega que significa "fervor", é uma coletânea de preces lidas pelo diácono ou padre em todos os serviços religiosos em nome dos fiéis e que contém pedidos e apelos a Deus.

2. Isaak Iakovlevich Koganitski era natural de Tobolski e membro do Partido Bolchevista desde 1904. O comitê do partido de Moscou enviou-o a Tobolski para vigiar o czar e família. Tornou-se membro do Presidium do Comitê Executivo do Soviete de Tobolski.

Aleksandr Vladimirovich Nikolski, aspirante, socialista revolucionário e assistente do comissário Vassili Pankratov em Tobolski.

Nada mais se sabe sobre Zhelkovski, Ivanitski e Filippov.

· 86 ·

Carta de Tatiana a Piotr Petrov, 27 de dezembro de 1917.

Tobolski, 27 de dezembro de 1917

Olá, querido Piotr Vassilievich,

OBRIGADA pelo seu cartão com as congratulações. Que Deus lhe conceda tudo de bom no novo ano. Vocês tiveram uma árvore este ano? Nós tivemos uma boa árvore, com um aroma divino. Não me lembro de um aroma tão forte em nenhum outro lugar. Acho que a chamam de "pinheiro-bálsamo". Espero que as coisas estejam correndo bem para você, sob a direção de um zelador analfabeto! Em minha opinião, isso é muito bom e o principal é que é tão loucamente sensato. Se acontece o mesmo em toda parte e no mesmo espírito, então é compreensível o grande benefício que isso é para nossa pobre pátria mãe!!!

Por favor, transmita nossas lembranças a Iuři I., Mr. Conrad e K.A. E como vai a saúde do Pai?

Aqui não está muito frio. Em média, a temperatura é de 15 a 16 negativos. Vivemos como antes. As lições foram suspensas por causa dos feriados. Bem, adeus, tudo do melhor para você. Que Deus o proteja. Lembranças sinceras,

Tatiana

· 87 ·

Diário de Nicolau II, 31 de dezembro de 1917 – 3 de janeiro de 1918.

31 de dezembro, domingo. Dia não muito frio, com pancadas de vento. Ao anoitecer, Aleksei levantou-se, pois poderia usar as botas.

Após o chá, cada um de nós passeou sozinho, até a chegada do Ano Novo. Senhor! Salve a Rússia+!

...

2 de janeiro, terça-feira. Confirmou-se que as duas estão com rubéola, mas, por sorte, hoje se sentiram melhor; têm muitas brotoejas.

O dia permaneceu cinzento, não muito frio e com vento forte. Hoje, passeei pelo jardim, mas, não tendo trabalho para fazer, o tédio foi intolerável!

3 de janeiro, quarta-feira. Aleksei adoeceu também com rubéola, embora muito leve. Olga e Tatiana sentiram-se bem. Tatiana chegou mesmo a levantar-se. Caiu neve o dia todo. O comitê do regimento de fuzileiros decretou a remoção das dragonas para evitar insultos e ataques na cidade. Incompreensível!

· 88 ·

Carta de Nicolau a Ksenia Aleksandrovna, 7 de janeiro de 1918.

Tobolski, 7 de janeiro de 1918

Minha querida e doce Ksenia,

VOCÊ me fez **muito** feliz com sua carta — sinceros agradecimentos por ela. Ficamos também satisfeitos em receber cartas de todos vocês. Gostei do plano de abrir um hotel e de dividir futuros trabalhos entre nós — mas isto será realmente em sua casa?

É extremamente difícil viver sem notícias — notícias pelo telégrafo não chegam aqui e não são vendidas todos os dias nas ruas e só através delas é que sabemos dos novos horrores e indignidades que estão acontecendo em nossa infeliz Rússia. É nauseante pensar em como nossos aliados devem nos desprezar.

Para mim, a noite é a melhor parte do dia — pelo menos nos esquecemos de nós mesmos por algum tempo.

Nestes últimos dias, a questão de remover as dragonas e outras insígnias foi discutida pelo comitê de nosso destacamento de fuzileiros e foi decidido, por uma maioria insignificante, não usá-las. Havia duas razões: os regimentos deles em Ts.Tselo o fizeram e, a outra, soldados locais e arruaceiros atacam fuzileiros que andam sozinhos nas ruas, com o objetivo de lhes arrancar as dragonas.

Todos os soldados autênticos, que passaram três anos na frente de batalha, tiveram, a despeito de sua indignação, de se submeter a essa resolução ridícula. Os dois melhores pelotões dos regimentos de fuzileiros convivem amigavelmente. Recentemente, porém, o [outro] pelotão tornou-se muito pior e sua atitude com esses dois está se tornando difícil.

A mesma história está acontecendo em toda parte — dois ou três cabecilhas de mau caráter agitam as coisas e desencaminham todo o resto.

No começo do novo ano, todas as crianças, com exceção de Anastásia, tiveram rubéola. Mas todos estão bem agora.

O tempo permanece excelente; quase sempre há sol. O tempo muito frio não dura muito. Desejo-lhe muitas felicidades no dia 24 [dia do santo com o nome dela], querida Ksenia.

Abraço-a, a querida mamãe, e a todos fortemente.

Continuo com vocês.

Carinhosamente,

Seu Niki

· 89 ·

Carta de Aleksandra a Anna Virubova, 9 de janeiro de 1918.

N.1 9 de janeiro de 1918

MINHA DOCE, querida Criança, obrigada, queridíssima, pelas várias cartas, que nos alegraram profundamente. Recebi a carta e o perfume que você enviou em outubro, querida criança, na Véspera de Natal. Então, mais uma vez, perfume através da pequena N.; é uma pena que eu não a tenha visto. Mas todos nós vimos uma pessoa que poderia ser o irmão de nosso querido Papaizinho. Além do mais, seus movimentos — eram [os mesmos]; a alma rejubilou-se e tremeu. Papai [Nicolau] notou-o à distância, bonitão, alto, sem chapéu — eles ainda não se encontraram — calçando botas vermelhas de feltro, como usam por aqui. Ele se benzeu, fez uma curvatura até quase o chão, lançou seu chapéu alto no ar, saltou de alegria. Ele nos lembrou de nosso encontro em Kiev. Diga-me uma coisa, recebeu os diferentes pacotes de salsichas, farinha de trigo, café, chá e macarrão e os presentes, através de vários conhecidos? Cartas e fotografias por intermédio dos *beau-fils* M.F.G.? Fico preocupada, porque dizem que pacotes com alimentos são abertos. Dizem também que é melhor não os enviar "registrados", porque despertam mais atenção, e é por isso que são extraviados. Estou começando a anotar números a partir de hoje e você deve procurar por eles. Não nos entregaram ainda aquele pacote com suas fotos, cartões, a travessa de prata, e a sineta de Lili. Todos nós lhe desejamos muitas felicidades no dia de seu santo — que Deus + a abençoe, console, dê forças e alegria. Abraço-a ternamente, ternamente acaricio sua querida cabecinha e lhe beijo a testa de sofredora. Acredite, minha querida, que o Senhor Deus não vai abandoná-la agora — Ele é compassivo, Ele salvará nossa querida, amada pátria mãe — e nunca ficará completamente zangado. Lembre-se do Velho Testamento e de todos os sofrimentos dos israelitas por seus pecados. Eles não esqueceram o Senhor Deus e, por essa razão, não tiveram felicidade e sucesso? A eles falta bom senso. Oh, como rezei no dia 6 [batismo de Cristo], pedindo que o Senhor nos enviasse o espírito da razão, o espírito do temor de Deus. Todos perderam a cabeça — o Reino do Mal não passou ainda, mas o sofrimento dos inocentes é o que atormenta. Do que vivem agora as pessoas? Eles tomam tudo — casas, pensões, dinheiro. O Pai Celestial castiga seus filhos porque todos nós pecamos tanto. Mas acredito firmemente, inabalavelmente, que Ele salvará tudo. Só Ele pode fazer isso. O estranho no caráter russo é que a pessoa torna-se rapidamente perversa, má, cruel, inconseqüente, mas pode, com igual rapidez, tornar-se diferente. Em essência, isso é chamado falta de caráter — crianças crescidas, ignorantes. É de conhecimento comum que durante longas guerras as paixões se intensificam cada vez mais. É terrível o que está acontecendo, como eles matam, mentem, roubam, mandam pessoas para as prisões etc. — mas tudo isso tem que ser suportado, temos que ser purificados, mudados. Escrevo de forma maçante — perdoe-me, querida, minha pequenina. Freqüentemente, uso as suas jaquetas, a cor-de-mel e a azúl clara, porque faz frio nos quartos. Mas o tempo muito frio não dura muito. Raramente desce a 15-20 graus negativos. Às vezes, saio e sento-me mesmo no terraço. As crianças ficaram boas da rubéola (a exceção foi Anast., que não pegou a doença). Eles a pegaram de Kolia Der. [Derevenko] — e assim as duas mais velhas começaram o ano novo na cama, e a temperatura de Maria subiu, claro, para 39,5°C. O cabelo delas está crescendo bem. Agora, recomeçaram as lições e eu dei três delas pela manhã. Hoje estou livre e por isso escrevo. Pensei muito em você no dia 2 e mandei acender uma vela diante do ícone de São Serafim. Estou também distribuindo avisos, pedindo orações para todas as suas pessoas queridas — para nossa igreja e a catedral onde estão as relíquias — isto purificará em parte. Simplesmente pense que o peregrino de Ts.Ts. esteve aqui no outono — andou com seu bordão — e entregou-me a hóstia da comunhão através de outras pessoas. Comecei a ler seus livros; o estilo é um pouco diferente do habitual. Conseguimos também alguns bons livros aqui, mas há pouco tempo para leitura, pois eu bordo, tricoto, desenho, [dou] lições, e meus olhos estão ficando tão fracos que não consigo fazer mais nada sem óculos. Você vai ver uma velha. Você sabia que Nik. D. está com apendicite? Ele está em O. [Odessa], no hospital. E Sir. [Siroboiarski] submeteu-se também a uma operação de apendicite há apenas um mês — ele está entediado, muito deprimido, em companhia da mãe e, em sua correspondência ele é uma alma tão doce, terna e apaixonadamente crente... Uma nova vida tem que ser vivida e nos esquecermos de nós mesmos. Vou ter que terminar, minha querida. Que Cristo esteja com você. + Recomendações a todos os seus. Beijo a Mamãe. Mais uma vez, ternamente lhe envio congratulações. Quero me apressar, terminar o desenho e incluí-lo aqui. Receio que você esteja passando dias horríveis — boatos também nos chegaram sobre o assassinato de oficiais em Sev. [Sevastopol]. Estou receosa por N.N. [Rodionov] — ele estava lá com o irmão.

Sua velha Mami

· 90 ·

Postal de Aleksandra a Aleksandr Siroboiarski, 11 de janeiro de 1918.[1]

+

Ó, Senhor, dá-nos paciência
Nestes sombrios, tumultuosos dias
Para suportar a perseguição
E as torturas de nossos carrascos.

Dá-nos força, Ó Deus tão justo,
Para perdoar a maldade de nossos vizinhos
E receber a sangrenta, pesada cruz,
Com Tua humildade.

Nestes dias de sediciosa agitação
Quando nossos inimigos nos roubam,
Que Cristo, o Salvador, nos ajude
A suportar o insulto e a vergonha.

Senhor do mundo, Deus do universo,
Abençoa-nos com oração
E concede paz à alma humilde
Nesta insuportável e terrível hora.

E à beira da sepultura
Sopra um poder que transcende o homem
Nos lábios de Teus escravos
Para que rezem humildemente por seus inimigos.

11 de janeiro de 1918 ₰

1. A parte da frente do postal traz a reprodução de uma pintura italiana, mostrando Cristo coroado de espinhos e olhando para o céu.

· 91 ·

Bilhete de Aleksandra a Boris Soloviov[1] [24 de janeiro de 1918].

Notei pelo seu traje de vendedor que o contato Conosco não é seguro. Estou grata a Deus pelo atendimento do desejo do Pai e Meu: você é o marido de Matriosha [Maria Rasputina]: que Deus lhes abençoe o casamento e lhes dê felicidade. Acredito que você protegerá Matriosha e a guardará contra os perversos, em um tempo perverso. Eu gostaria de saber o que você pensa de nossa situação. Nosso desejo comum é concretizar a possibilidade de viver tranqüilamente, como uma família comum, fora da política, das lutas e das intrigas. Escreva com franqueza, pois aceitarei sua carta com fé em sua sinceridade. Estou especialmente contente porque foi você quem veio a nós. Precisa conhecer o P. [padre] Vassiliev, sem falta — trata-se de uma pessoa que nos é profundamente dedicada. E por quanto tempo tenciona permanecer aqui? Avise-nos antes de sua partida.

1. Boris Nikolaevich Soloviov, tenente. Em setembro de 1917, casou-se com Maria (Matriona), filha de Grigori Rasputin. Por solicitação de Anna Virubova, Soloviov manteve contato, através de Petrogrado, com a família imperial em Tobolski. Levou-lhes também dinheiro e correspondência e estava planejando a fuga da família.

· 92 ·

Carta de Tatiana a Piotr Petrov, 26 de janeiro de 1918.

Tobolski, 26 de janeiro de 1918

Olá, querido Piotr Vassilievich,

MUITO OBRIGADA por suas duas cartas. Fiquei muito comovida por você ter escrito tanto. Nós estamos em excelente saúde, graças a Deus, vivemos tão tranqüilamente como antes e, estranhamente, até agora nenhum de nós brigou com o outro. Pela manhã, temos lições durante duas horas, de 9h às 11h, passeamos por uma hora e estudamos durante mais uma hora. Após o almoço, damos novo passeio — em geral até 4h e, se estiver fazendo um tempo realmente bom, um pouco mais. Antes do chá, trabalhamos ou nos ocupamos com alguma coisa durante algum tempo. Depois do chá e antes da ceia, temos geralmente o ensaio de alguma peça. Já encenamos três. Ainda assim, estamos ainda praticando outra pequena diversão, é boa para conversação.

Um pequeno morro [de neve e gelo] foi construído em nosso pátio. Quando nos cansamos de andar de um lado para o outro, escorregamos pelo morro e às vezes levamos quedas muito engraçadas. Em certa ocasião, Zhilik [Gilliard] caiu sentado em cima de minha cabeça. Pedi a ele que se levantasse, mas ele não podia porque tinha torcido o tornozelo e doía. De alguma maneira, consegui sair, rastejando. A coisa toda foi terrivelmente boba e engraçada, mas ele ainda assim teve que ficar de cama por alguns dias, por causa do tornozelo. Em outra ocasião, eu estava deslizando de costas no morro e bati a cabeça com muita força no gelo. Pensei que nada ia sobrar do morro, mas descobri que nem o morro nem minha cabeça estouraram, e minha cabeça nem mesmo se machucou. Eu tenho uma cabeça dura, não? Ahn?

Tivemos também um tempo muito frio, com um vento muito forte — e que me fustigou horrivelmente o rosto. Fazia muito frio nos quartos. No salão, a temperatura era de 5 3/4°C. Não esqueço de M. Conrad. Por favor, console-o pelo menos um pouco. Ele recebe cartas da esposa? Como é que pode que você ainda não foi ver o espetáculo no Teatro Chinês? Oh! Que coisas maravilhosas você está perdendo!

Iuri Petrovich recebeu meu postal? Recomendações a ele. Enviamos também saudações à irmã dele.

Cuide-se. Enviamos a todos carinhosas lembranças.

Tatiana

· 93 ·

Extraído da ata de uma sessão do Conselho dos Comissários do Povo, 29 de janeiro de 1918.

TOMADO CIÊNCIA DO SEGUINTE: 21. Relativo à transferência de Nicolau Romanov para Petrogrado para submetê-lo a julgamento.

([Relatório de] N. Alekseiev)

DECIDIDO: 21. Alekseiev é encarregado de apresentar na quarta-feira ao Cons. dos Com. do Povo todas as resoluções tomadas pelo congresso dos camp. [camponeses] sobre este assunto.

· 94 ·

Parte de uma carta de Aleksandra a Aleksandr Siroboiarski, 13 [26] de fevereiro [1918].

13 de fevereiro

RECEBI AQUI uma longa carta de mamãe e também um postal de 6 de janeiro, mas ainda não recebi a carta registrada e agora é duvidoso que a receba. Só Deus sabe o que está acontecendo. O correio nada aceita com destino a Petrogrado e Moscou. Dizem que nessas cidades está ocorrendo um massacre. Os alemães chegaram a Pskov. A paz será concluída nas mais terríveis, vergonhosas e desastrosas condições para a Rússia. Ficamos de cabelo em pé, mas Deus nos salvará. Ele providenciará para que Sua justiça seja feita. Parece que esta "doença infecciosa" chegará à Alemanha, mas lá será muito mais perigosa e ainda pior e nisso vejo a única salvação da Rússia. É duro, muito duro, não saber nada do que está acontecendo lá. Que Deus tenha piedade e nos ajude e salve. Mas a alma não está desanimada, ela sente o apoio do alto, o sol está brilhando por trás das nuvens. O que andam fazendo com as igrejas! Não poderemos mais [teremos permissão de] pagar a padres por lições.

De modo geral, é o caos, um pesadelo, mas outros países sobreviveram a esses tempos, em outros séculos, e saíram dessa situação. Tudo se repete. Não há nada de novo. Lá, o povo é culto; aqui, não. O orgulho foi há muito tempo pisoteado. Mas acreditamos que a pátria mãe é jovem: ela sobreviverá a esta terrível doença e todo o organismo será fortalecido, mas, se tudo terminar desta maneira, dentro de alguns anos haverá nova guerra. Tudo nos atrai para a igreja, para nela descarregar todo nosso fardo, mas é impossível. Você também não vai à igreja? Com toda probabilidade, vamos formar nosso próprio coro, porque não posso mais sustentar um coro de verdade. No início, não será grande coisa, mais tarde, porém, melhorará. Na Criméia, cantávamos três vezes na vigília; Olga e Tatiana eram pequenas nessa ocasião — 12, 14 anos — mas ajudavam. Tenho que me preparar para a primeira semana de jejum — pela manhã e à noite. O sol brilha maravilhosamente e nos aquece a todos. Não saí ontem; ventava muito e eu estava muito ocupada.

· 95 ·

Extraído da minuta de uma sessão do Conselho dos Comissários do Povo, sobre a reunião da prova no processo contra Nicolau e decisão sobre sua transferência de Tobolski, 20 de fevereiro de 1918.

Sessão presidida por: Vl. Ilich Lenin.

Presentes: Trutovski, Algasov, Uritski, Alekseiev, Proshian, Kolegaev, Shteinberg, Karelin, Pokrovski, Vinogradov, Lomov, Olminski, Raskolnikov, Shliapnikov, Menzhinski, Bogolepov, Akselrod, Bonch-Bruevich, Kozmin, Alt-fater, Lomov, Sokolnikov, Berens, Stalin, Krasikov, Brilliantov, Kozlovski, Krilenko, Pravdin, Petrovski, Sverdlov.

TOMADO CIÊNCIA DO SEGUINTE: ata da sessão da comissão subordinada ao Conselho dos Comissários do Povo de 20 de fevereiro de 1918.

DECIDIDO: 1. Aprovar [as decisões].

Item 1. Encarregar o Comissariado de Justiça e dois representantes do congresso dos camponeses de reunir a prova no caso de Nicolau Romanov. Adiar a questão da transferência de Nicolau Romanov até o reexame dessa questão no Conselho dos Comissários do Povo. Não designar ainda o local do julgamento de Nicolau Romanov.

· 96 ·

Parte de uma carta de Aleksandra a Anna Virubova, 2 [15] de março de 1918.

N.9 2 (14) [*sic*] de março de 1918

MINHA DOCE e querida Criança! Como lhe agradecer por tudo? Um grande e terno obrigado a você da parte de Papai, Mamãe e das crianças. Você nos mima terrivelmente com todos os presentes e cartas caros. Eu estava preocupada porque não havia recebido coisa alguma durante muito tempo; havia boatos de que você havia deixado o país... Não posso escrever como gostaria e tenho medo de escrever como você, em inglês, caso as cartas caiam em outras mãos — embora eu não escreva nada de mau ou comprometedor. Meu maravilhoso perfume! pequenos ícones — livros! Tudo isso é tão caro. E [ilegível] um grande obrigada. Nós ainda não vimos tudo — vamos aos pouquinhos. De brincadeira, chamo a isso de contrabando. Apenas cuide-se, minha Alegria...

Obrigada pelo trabalho, pelo chocolate — nós ainda não o abrimos. O tempo esteve maravilhoso, primaveril — eles até ficaram bronzeados. Agora, está fazendo 20°C, 17° ao sol. Sentei-me duas vezes no terraço, nas outras vezes no pátio (onde há uma leve geada), porque o sol está muito quente. Minha saúde esteve boa o tempo todo, mas agora faz uma semana desde que o coração voltou a me incomodar e doeu durante alguns dias. Ele realmente me magoa... Deus, como sofre a pátria mãe. Você sabe que a amo com muito mais força e ternamente do que você... A pobre pátria mãe. Atormentaram-na a partir de dentro e os alemães a mutilaram por fora — cederam uma grande parte dela, como durante o tempo de Al. Mikh [Czar Aleksei Mikhailovich] — e sem luta durante o tempo da rev. [revolução], que prepararam no exterior. Sim, eles implantarão a ordem — mas que coisa mais insultuosa e humilhante do que ser grata a um inimigo — que Deus nos salve! Que eles não ousem falar com Papai e Mamãe.[1] Temos esperança de jejuar na próxima semana, se nos permitirem ir à igr. [igreja] — não fomos mais lá desde 6 de janeiro [a festa do Batismo do Senhor]. Talvez agora a coisa se resolva, a igr. [me] atrai profundamente. Vou ser precisa, como você diz, [ilegível], rezando apenas ao senhor Jesus Cristo para que perdoe meus pecados... Logo fará um ano desde que nos separamos de você, mas o que é o tempo? Nada — a vida é vaidade, a eternidade é tudo. Nós nos preparamos em nossos pensamentos para ingressar no Reino do Céu. Portanto não há nada de terrível — tudo pode ser tomado de uma pessoa, mas ninguém pode lhe tomar a alma. O Demônio pisoteia uma pessoa a cada passo, ele é ardiloso, mas está também cumprindo seu dever. Ainda assim, temos que lutar com todas as forças contra ele. Ele conhece melhor do que nós nossas fraquezas e as usa. Mas nossa obrigação é estar de guarda, batalhar, nunca dormir. Toda a vida é uma batalha; de outra maneira, não haveria vitórias nem recompensas. Entenda, todas as provas a que Ele nos submete, calamidades — tudo é para o bem. Vemos Sua mão em tudo. As pessoas fazem mal a você, e sem um murmúrio você aceita isso. E Ele enviará um anjo da guarda, Seu consolador. Nós nunca estamos sozinhos — Ele é onipresente — tudo sabe — é o próprio Amor. Como poderemos deixar de acreditar Nele? O sol brilha forte, embora o mundo peque e nós pequemos; as trevas e o mal reinam, mas o sol da verdade brilhará novamente. Simplesmente abra os olhos e mantenha abertas as portas da alma, de modo que os raios desse sol possam penetrar em você. Entenda, nós O amamos, minha Criança, e sabemos que "é assim que as coisas devem ser". Simplesmente suporte um pouco mais, querida, e esses sofrimentos passarão e nós esqueceremos as torturas. Mais tarde, seremos gratas por tudo — é uma grande escola. Que Deus ajude aqueles que não têm o amor de Deus em seus corações endurecidos, que só vêem o mal e não tentam compreender que tudo isto passará, que não pode ser de outra forma: o Salvador veio e nos deu o exemplo. Aquele que segue Seu caminho de amor e sofrimento compreende toda a grandeza do Reino do Céu. Não consigo escrever, não sou capaz, em palavras, de dizer o que enche meu coração, mas você, minha pequena mártir, compreende tudo isso melhor do que eu — você já está muito mais longe e mais alta nessa escada do que eu. Mas todos os filhos Dele estão agora apáticos. Vivemos como se estivéssemos aqui, mas não aqui — vemos muito, com olhos diferentes — e às vezes é difícil estar com pessoas, mesmo que elas sejam religiosas — alguma coisa está faltando. Não é que sejamos melhores; o oposto é verdadeiro — devemos ser mais tolerantes com elas. Não é culpa delas que não tiveram tal mentor. Ainda assim, fico irritada — este é o meu grande pecado, uma estupidez incrível... Ontem, 1º de M. [março],[2] assistimos a um réquiem e eu rezei fervorosamente em meus pensamentos também por seu pai. O dia 2 é o dia da morte de meu pai, há 26 a. [anos], e o dia em que o doce, ferido Komenshev [?] caiu no grande pal. [palácio]; ele levou consigo uma pequena parte de mim, o herói refulgente — inteiramente desconhecido, mas uma alma radiante acenou para minha alma, para trazer um raio de luz... Não posso senão abençoar outra alma — ele queria também ser aquecido. Há pessoas próximas das quais não conseguimos nenhum calor; não me sinto atraída por elas e isso é ruim. Eu dou a elas em palavras — é uma questão de obrigação — mas não algo que saia de dentro de mim. O fogo não queima dentro quando nos encontramos; sinto-me fria com elas — e, mais uma vez, isto não é bondoso de minha parte. Beijos calorosos.

Sua M.

+

1. Isto é, com Nicolau e ela mesma, que seriam contrários a tal paz com a Alemanha.
2. Liturgia em memória do assassinato de Alexandre II, no dia 1º de março de 1881.

· 97 ·

Diário de Nicolau II, 9 [22] de janeiro – 2 [15] de março de 1918.

9 de janeiro, terça-feira. Dia excelente, tranqüilo, com leve geada, 6-10 graus negativos. Nos últimos dois dias, estive lendo um livro da biblioteca do ginásio local, repleto de fatos históricos absorventes: *Tobolski e seus arredores*, de Golodnikov.

Trabalhei bem durante o dia — limpei a pequena praça e, depois disso, enchi o telheiro com lenha; Orlov, um bom e velho fuzileiro do Primeiro Regimento e antigo soldado do Regimento Preobrazhenski, ajudou-me.

...

13 de janeiro, sábado. O mesmo tempo excelente. Pela manhã, esquentei-me ao sol, sentado no telhado da estufa. Durante o dia, após o chá, fizemos um grande ensaio, usando os trajes apropriados.

Às 9h, outro padre oficiou a vigília.

...

26 de janeiro, sexta-feira. Terminei de ler os doze volumes das obras de Leskov e comecei a ler *O jardim de Alá*, em tradução russa. Durante o dia, fiz um bom trabalho cortando e serrando lenha.

Por decisão do comitê do destacamento, Pankratov e seu assistente foram dispensados de seus cargos e vão deixar a casa Kornilov!

...

1º [14] de fevereiro, quinta-feira. Descobrimos que, no correio, foram recebidas instruções para mudar o estilo [do calendário] para corresponder ao calendário estrangeiro, a começar de 1º de fevereiro. Em outras palavras, hoje já é 14 de fevereiro. Não haverá fim aos mal-entendidos e confusões!

Pela manhã, do pequeno morro, vimos as despedidas e partida de muitos fuzileiros que faziam parte dos velhos reservistas. Fazia calor, mas uma nevasca trouxe um bocado de neve, que eu retirei do pátio. Aleksei passou outro dia deitado. A vigília foi realizada às 9h.

...

7 [20] de fevereiro, quarta-feira. 8 [21] de fevereiro. O mesmo tempo invariavelmente maravilhoso, com sol quente e lua espantosamente brilhante à noite.

A julgar por notícias chegadas pelo telégrafo, parece que a guerra com a Alemanha recomeçou ao expirar a trégua. Parece também que não temos coisa alguma na frente de batalha. O Exército foi desmobilizado e canhões e munições foram abandonados à mercê do destino e do inimigo que avança! Vergonha e horror!

...

12 [25] de fevereiro, segunda-feira. Chegaram telegramas hoje com a notificação de que os bolchevistas ou, como eles chamam a si mesmos, o SOVNARKOM [Conselho dos Comissários do Povo], terá que concordar com a paz nas condições humilhantes impostas pelo gov. al. [alemão], porque as tropas inimigas estão avançando e não há maneira de rechaçá-las! Que pesadelo!

...

14 [27] de fevereiro, quarta-feira. Estamos sendo obrigados a cortar muito nossas despesas com provisões e empregados, porque o departamento do mestre-de-cerimônia da corte vai fechar a partir de 1º de março e, além disso, o uso de capital pessoal está limitado ao recebimento de 600 rublos a cada um, mensais. Passamos os últimos dias muito ocupados, calculando o mínimo que nos permitirá continuar a sobreviver.

...

28 [13 de março] de fevereiro, quarta-feira. O mesmo tipo de dia, com 12 graus negativos. Terminei de ler *Anna Karenina* e comecei a ler Lermontov.

Serrei muita madeira, em companhia de Tatiana.

Recentemente, começamos a receber carne, café, biscoitos para acompanhar o chá e geléia de várias pessoas bondosas, que descobriram os cortes em nossas despesas com provisões. Como isso é tocante!

...

2 [15] de março, sexta-feira. Lembro-me destes mesmos dias no ano passado, em Pskov e no trem!

Por quanto tempo mais nossa infeliz pátria mãe continuará a ser rasgada e dilacerada por inimigos internos e externos? Às vezes, parece que não temos mais forças para suportar esta situação; nem mesmo sabemos o que devemos almejar, o que desejar.

E ainda assim, não há ninguém como Deus!

Que sua Santa Vontade seja feita!

· 98 ·

Telegrama do Soviete da Sibéria Ocidental a Lenin e Trotski[1] sobre a necessidade de substituir o destacamento que guarda Nicolau em Tobolski, 28 de março de 1918.

Enviado em 28 de março, às 15:05h
Recebido em 28 de março de 1918
Origem Omsk

O Exército Vermelho deve substituir os soldados que guardam Nicolau Romanov em Tobolski, após estes terem sido desmobilizados. O Comitê da Siber. Ocidental [Comitê Executivo do Soviete da Sibéria Ocidental] enviou de Omsk um destacamento do Exército Vermelho [com] um comissário autorizado a providenciar essa substituição. Solicitamos que o decreto seja publicado imediatamente, comunicando que a velha guarda foi desmobilizada e substituída por iniciativa do Comitê da Sibéria Ocidental. Confie o estabelecimento da guarda para Romanov ao Comitê dos Sovietes da Sibéria Ocidental, dando ao comitê autoridade para nomear comissários da guarda responsáveis. Um decreto sobre o destacamento de segurança Vermelha assumindo o controle da guarda sobre o czar, em substituição ao velho destacamento, deve ser enviado urgentemente por telégrafo [a] Tobolski, endereçado a I. Demianov, comissário do Comitê da Sibéria Ocidental.

Presidente do SovRepSibOci
[Soviete dos Representantes da Sibéria Ocidental], Kosarev
Secretário, Karpov

1. Nessa ocasião, Trotski era membro do Comitê Central do Partido Bolchevista e comissário do povo para Assuntos Exteriores.

· 99 ·

Memorando de Vladimir Bonch-Bruevich, secretário do SOVNARKOM, ao Secretariado do Comitê Executivo dos Sovietes (VTsIK) de Todas as Rússias, sobre o recebimento de um delegado do destacamento de guarda a Nicolau, [não depois de 1º de abril de 1918].

Um cam. [camarada] soldado[1] do destacamento que guarda o ex-czar chegou de Tobolski. Há muitas perturbações nessa cidade; muitos abandonaram o destacamento, não recebem salários etc. Fale com ele em profundidade e descubra tudo. Trata-se de um assunto sério. Sverdlov solicitou que esse soldado seja encaminhado a ele.

Vlad. Bonch-Bruevich

1. O soldado Lukin (Lupin, de acordo com outras fontes) era o delegado do destacamento de finalidade especial que guardava a antiga família imperial. Foi recebido por Iakov Sverdlov e, no dia 1º de abril, falou em uma reunião do Presidium do Comitê Executivo Central.

· 100 ·

Extraído da ata de uma sessão do Presidium do VTsIK, sobre a guarda de Nicolau em Tobolski, 1º de abril de 1918.

TOMADO CIÊNCIA DO SEGUINTE:

II. Relatório sobre a guarda do ex-czar:
1. a respeito do aumento da guarda;
2. a respeito de salários;

3. a respeito de metralhadoras e granadas de mão;

4. a respeito dos seguintes presos: Dolgorukov, Tatishchev, Gendrikov [Gendrikova], e do professor de língua inglesa [Gibbs].

(Relatório verbal do delegado do destacamento de finalidade especial.)[1]

DECIDIDO:

I. Informar ao destacamento de finalidade especial que guarda o ex-czar, Nicolau Romanov, da seguinte ordem:

1. Solicitar ao destacamento que continue a guardar [Nicolau], até que reforços sejam enviados.

2. Instruir o destacamento para que permaneça em seu posto em todas as circunstâncias, até a chegada dos reforços designados pelo VTsIK.

3. Aumentar a vigilância sobre os presos, considerar os cidadãos Dolgorukov, Tatishchev e Gendrikov[a] como sob prisão e, até que instruções especiais sejam recebidas, oferecer ao professor de língua inglesa a opção de ou residir com os presos ou cortar todas as relações com os mesmos.

4. O destacamento do VTsIK levará imediatamente dinheiro, metralhadoras e granadas ao destacamento [que guarda Nicolau].

II. Autorizar o comissário da Guerra a formar imediatamente um destacamento de 200 pes. [pessoas] (30 dessas pes. do destacamento de partidários do VTsIK, 20 pes. do destacamento dos Rss. da Esquerda [Revolucionários Socialistas], enviando-os a Tobolski para reforçar os guardas e, caso surja a possibilidade, transportar imediatamente todos os presos para Moscou.

(O presente decreto não deve ser publicado.)

Presidente do VTsIK,
Ia. Sverdlov
Secretário do VTsIK,
V. Avanesov

1. O soldado Lukin; ver Documento 99.

· 101 ·

Extraído da ata de uma sessão do Presidium do VTsIK, sobre o envio de reforços ao destacamento que guarda Nicolau e sobre a transferência dos Romanov para os Urais, 6 de abril de 1918.

Presentes: M.N. Pokrovski, Ia. M. Sverdlov, M.F. Vladimirski, A.I. Okulov, V.A. Avanesov, G.I. Teodorovich e [A.S.] Ienukidze, chefe da seção militar...

TOMADO CIÊNCIA DO SEGUINTE: 13. A respeito do ex-czar, Nicolau Romanov.

DECIDIDO: como suplemento à resolução previamente adotada, encarregar o c. [camarada] Sverdlov de comunicar-se com Iekaterinburg e Omsk na linha [telegráfica] direta, sobre o envio de reforços ao destacamento que guarda Nicolau Romanov e sobre a transferência de todos os presos para os Urais.

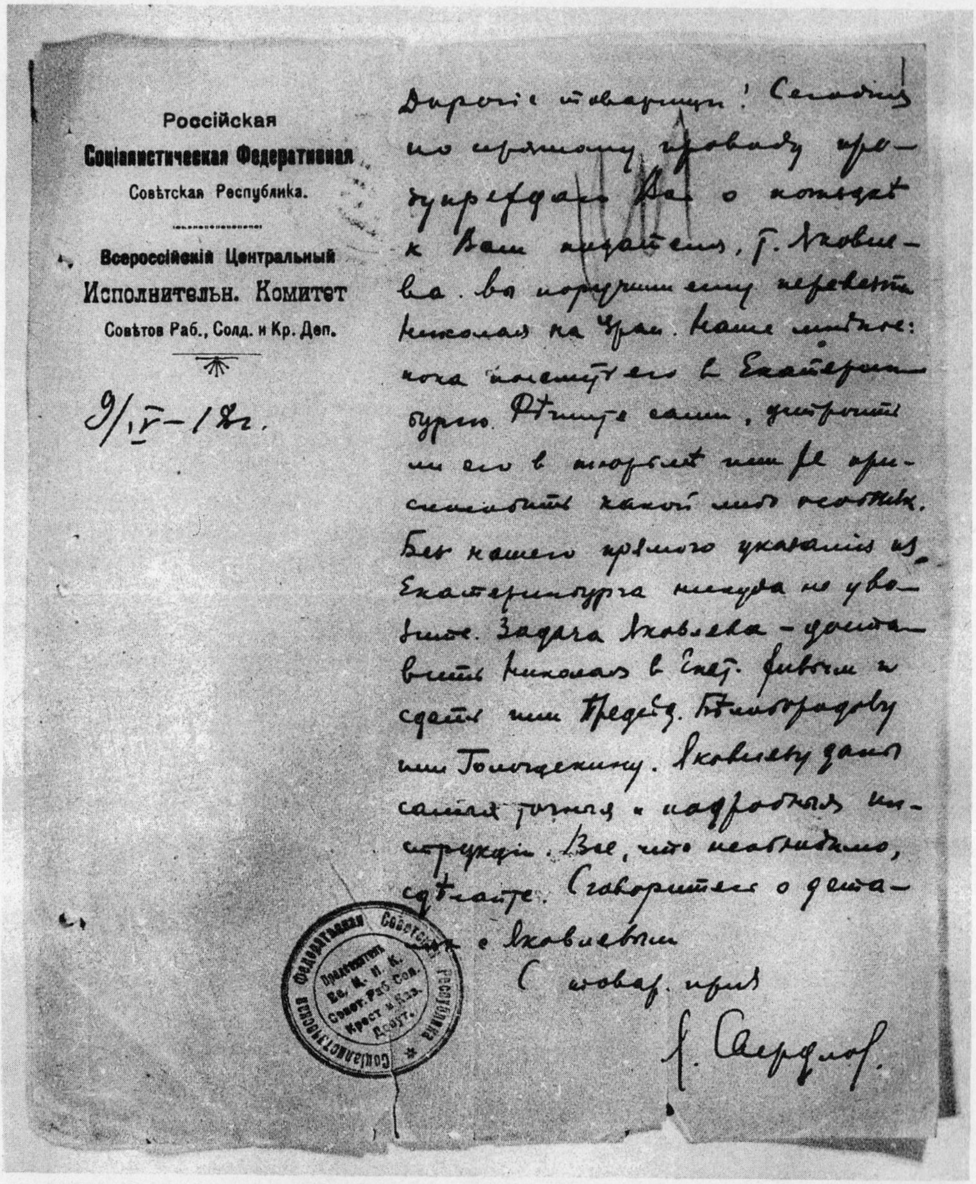

Российская
Социалистическая Федеративная
Совѣтская Республика.

Всероссійскій Центральный
Исполнительн. Комитет
Совѣтов Раб., Солд. и Кр. Деп.

9/IV–18 г.

Дорогие товарищи! Сегодня по прямому проводу предупреждаю Вас о поездке к Вам, надеюсь, т. Яковлева. Мы поручили ему перевезти Николая на Урал. Наше мнение: пока поместите его в Екатеринбурге. Решите сами, устроить ли его в тюрьме или же приспособить какой-либо особняк. Без нашего прямого указания из Екатеринбурга никуда не увозить. Задача Яковлева – доставить Николая в Екат. живым и сдать или Председ. Белобородову или Голощекину. Яковлеву даны самые точные и подробные инструкции. Все, что необходимо, сделайте. Сговоритесь о деталях с Яковлевым.

С товар. прив.

Я. Свердлов.

Documento 102. Carta de Iakov Sverdlov, presidente do Comitê Executivo Central dos Sovietes de Todas as Rússias, para o Soviete Regional dos Urais, 9 de abril de 1918.

Informar ao SOVNARKOM sobre a presente resolução e solicitar seu imediato cumprimento...

Presidente do VTsIK,
Ia. M. Sverdlov
Secretário, V. A. Avanesov

· 102 ·

Carta de Iakov Sverdlov, presidente do VTsIK, ao Soviete Regional dos Urais a respeito da transferência da família real para Iekaterinburg, 9 de abril de 1918.

9 de abril de 1918

Prezados Camaradas!

Hoje, através da linha direta, vou informá-los antecipadamente que um mensageiro os visitará, o c. [camarada] Iakovlev[1]. Nós o encarregamos de transferir Nicolau para os Urais. Nossa opinião é que, por ora, vocês deverão conservá-lo em Iekaterinburg. Decidam por si mesmos se devem recolhê-lo a uma prisão ou preparar alguma mansão para recebê-lo. Não o transportem, sem ordem direta, para qualquer outro local fora de Iekaterinburg. A missão de Iakovlev é levar Nicolau a Iekat. vivo e entregá-lo ou a Chair. Beloborodov[2] ou a Goloshchekin[3]. Iakovlev recebeu as mais precisas e detalhadas instruções. Façam tudo o que for necessário. Conversem sobre os detalhes com Iakovlev.

Cam. [camaradagem] e
est. [estima],
Ia. Sverdlov

1. Vassili Vassilievich Iakovlev, comissário especial nomeado pelo VTsIK e pelo SOVNARKOM e encarregado de transferir, de Tobolski, Nicolau e família.

2. Aleksandr Georgievich Beloborodov, presidente do Soviete Regional dos Urais a partir de janeiro de 1918.

3. Filip Isaevich Goloshchekin, membro do presidium do Comitê Executivo do Soviete Regional dos Urais e comissário militar do Soviete dos Urais.

· 103 ·

Telegrama de Tobolski ao VTsIK sobre a retirada de dragonas dos uniformes do ex-czar e herdeiro, 17 de abril de 1918.

Recebido em 17 de abril de 1918, às 22:37h
De Tobolski

O destacamento resolveu retirar as dragonas do ex-imperador e herdeiro. Solicitamos que essa medida seja sancionada por escrito.

Presidente do comitê,
Matveiev

Comandante do destacamento,
Kobilinski

[No documento está escrita a resolução:] Informar [Tobolski] que o e. [ex] c. [czar] está preso e que a decisão do destacamento está correta.

V. Avanesov

· 104 ·

"O Julgamento de Nicolau Romanov", publicado no jornal do Soviete dos Representantes dos Camponeses, Operários e Soldados de Kungurski (província de Perm), 17 de abril de 1918.

Nashe slovo [Nossa palavra] informa que a Comissão Suprema de Investigação[1] preparou uma série de julgamentos de proeminentes figuras do velho regime. O julgamento de Nicolau II será o primeiro a ser realizado.

A Comissão Suprema de Investigação dividiu todo o reinado de Romanov em dois períodos: antes de 17 de outubro [1905] e depois da outorga de uma constituição. Os crimes cometidos pelo ex-imperador no primeiro período de seu reinado estão sendo ignorados pela comissão. Como monarca absoluto, Nicolau II podia agir, antes de 1905, como quisesse. A lei não tinha força. Após 1905, o ex-imperador é acusado de uma série completa de atos criminosos cometidos quando era limitado por uma má constituição, mas, ainda assim, uma constituição.

Nicolau é acusado (I) do *coup d'état* de 3 de junho [1907], quando foi modificada a lei sobre eleição à Duma do Estado, e (II) de gastos impróprios de recursos do povo e de certo número de assuntos menores.

1. A Comissão Suprema de Investigação era um nome alternativo da Comissão Extraordinária de Investigações (ChSK), que o Governo Provisório criou em março de 1917 para examinar se antigos funcionários czaristas haviam violado a lei em suas atividades políticas. Deixou de reunir-se após dezembro de 1917.

· 105 ·

Telegrama de Filip Goloshchekin, comissário militar do Soviete Regional dos Urais, a Pavel Kokriakov[1], presidente do Soviete de Tobolski, sobre a subordinação dos destacamentos ao comissário Vassili Iakovlev, 21 de abril de 1918.

Enviado em 21 de abril de 1918, às 9:30h
De Iekaterinburg

Ao Presidente do S. [Soviete] de Tobolski, Kokriakov

Fui informado [a respeito] de sua conversa de ontem com Ditkovski [Didkovski][2]. Sua brandura não é admissível. Estou enviando três destacamentos, um sob o comando de Gusakov. São de aproximadamente 1.000 soldados. Anuncie a toda a cidade que artilharia será usada e que o ninho dos contra-revolucionários será arrasado implacavelmente à menor resistência ou insubordinação às ordens de Iakovlev. 2225.

Comissário militar da região
dos Urais, Goloshchekin

1. Pavel Danilovich Kokriakov, que era estreitamente ligado aos bolchevistas de Iekaterinburg, tornou-se presidente do Soviete de Tobolski no dia 9 de abril de 1918.

2. Boris Vladimirovich Didkovski, ativista do Partido Bolchevista, membro do Presidium do Comitê Executivo do Soviete Regional dos Urais. Em 1918, participou da transferência de Nicolau II e família de Tobolski para Iekaterinburg.

· 106 ·

Assembléia geral do destacamento especial que dava guarda a Nicolau em Tobolski, 22 de abril de 1918.

Presentes à reunião: comissário extraordinário Iakovlev e comissário Zaslavski[1].

Sessão presidida por: c. [camarada] Matveiev.

c. [camarada] IAKOVLEV: camaradas, o delegado que enviaram, Lukin, esteve em Moscou e apresentou relatório sobre a situação material, após o quê o SOVNARKOM baixou um decreto sobre o qual falarei e, neste momento, solicito-lhes que tomem conhecimento de meu mandato (o secretário lê documentos). Como viram, camaradas, estou investido de ampla autoridade. Por conseguinte, todos devem ficar sob minha direção e nada deve ser feito sem mim. Já discuti a questão material, de uma ajuda de subsistência, com o comitê local. A questão será resolvida amanhã ou depois de amanhã, tão logo o escritório prepare a lista.

A respeito da desmobilização do destacamento, disse o c. Iakovlev: os senhores permanecem e continuam a servir como parte do velho exército. Proponho que os que querem podem permanecer e servir. Os que não querem podem ir embora. Cada um que tome a decisão por si mesmo. Claro, esta questão tem que ser tratada de modo organizado, e não simplesmente largar tudo e ir embora.

Mal-entendidos que surgiram em conexão com a invasão de destacamentos e comissários com exigências foram solucionados e agora todos os destacamentos de Tobolski estão subordinados exclusivamente a mim. Convidei o c. Zaslavski e membros do Comitê Executivo [do Soviete] de Tobolski, a fim de deixar bem claro a todos que esta confusão foi resultado de um mal-entendido.

PSHENKOV: manifesta sua gratidão pela resposta do poder do soviete e expressa a disposição de continuar a servir com o camarada Iakovlev em nome do destacamento.

IAKOVLEV: menciona as dificuldades e pressões do trabalho nacional do governo dos op.-camp. [operários-camponeses] e as circunstâncias que obrigaram o governo a tratar do caso do destacamento só agora, quando começa a construção de uma nova vida.

Perguntou-se em que condições o Exército Vermelho está sendo formado. Em seguida, o c. Iakovlev deu uma explicação sobre as condições gerais. Logo a seguir, o c. Grinkov expressou desagrado com os c. soldados da guarda, em relação à complicada situação com o Comitê Executivo de Tobolski e os comissários nomeados por Iekaterinburg e Omsk. Protestou contra o boato infundado de que a guarda não se submete ao poder dos sovietes. Embora considere o assunto encerrado, não considera despropositado descobrir os objetivos dos comissários que não foram enviados pelas autoridades centrais, que ocasionaram mal-entendidos entre os destacamentos que poderiam ter tido tristes conseqüências porque, em certa ocasião, membros da guarda especial esperaram uma luta e permaneceram acordados à noite, com fuzis nas mãos.

C. IAKOVLEV: convidei o c. Zaslavski e membros do Comitê Executivo de Tobolski a virem até aqui. Eles responderão à pergunta feita.

ZASLAVSKI: diz que agiu de acordo com instruções e ordens pelo aparelho [telégrafo direto] do Soviete Regional dos Urais, a exatidão das quais pode ser confirmada imediatamente por documentos que se encontram nos escritórios [dos correios e telégrafos]. "Grande parte foi explicada pelo isolamento deficiente do ex-czar na 'Casa da Liberdade'. Mas desde que surgiu discórdia no Comitê Executivo de Tobol., a respeito das ordens sobre os presos, nada de específico foi decidido e a questão permaneceu em aberto até a chegada do c. Iakovlev." O c. Zaslavski culpou ainda o comissário Demianov [comissário enviado por Omsk] de agir de acordo com suas opiniões pessoais e de não informar os outros comissários, o que resultou na criação de uma situação tensa. Além do mais, o ultimato de 36 horas para transferir Nicolau Romanov para a prisão local foi dado por Demianov e por ninguém mais.

DEKTIAROV [membro do Comitê Executivo de Tobolski]: traça um quadro geral do estado da situação, que era confusa, em virtude das medidas conservadoras de Zaslavski. A impressão de Dektiarov é que Zaslavski agiu de forma conspiratória, julgando-o talvez por sua aparência externa e o mesmo podia dizer do c. Demianov, que era novato no assunto e cometeu um deslize no tocante à decretação de um estado de sítio, o que criou desconfiança mútua e atrasou a causa comum.

Argumentou que a situação se normalizará com a chegada do c. Iakovlev, que foi, além do mais, enviado pessoalmente pelo Comitê Executivo [Central], com o objetivo de promover a concórdia e a reconciliação.

ZASLAVSKI: diz que nada fez de suspeito e que não agiu de forma conspiratória, porque, sem a permissão do Comitê Executivo, não poderia ter falado no aparelho [telégrafo direto]. E se alguém é culpado da confusão causada, esse alguém é Demianov.

GRINKOV: tira conclusões sobre o motivo por que não cumpriram as ordens do Comitê Executivo de Tobolski, relativas à transferência do ex-czar para a prisão. A razão básica foi a decisão dos guardas, por questão de princípios, de reconhecer apenas as ordens sobre a situação da família do ex-czar que haviam sido dadas pelas autoridades centrais. Reconhecendo que tiveram razão em assim proceder, porquanto a família sob guarda é do interesse não só de Tobolski, mas de toda a Rússia, todo o quadro de pessoal do destacamento especial da guarda ficou muito perturbado quando o com. Zaslavski respondeu à sua recusa com medidas punitivas — a negação de fornecimento de pão e dinheiro aos soldados — e, culminando tudo isso, com repressão sob a forma de um ultimato. C. Grinkov considerou falta de tato que essas ordens tenham sido apoiadas pelos membros do Comitê Executivo e falou mal da antiga composição desse comitê: "Os ex-membros do Comitê Executivo de Tob. ocupavam-se de conversas vazias, em vez de governar, e foi por esse motivo que surgiu o mal-entendido."

O orador agradeceu ainda a Deus porque, com a chegada do c. Iakovlev, com autoridade plenipotenciária extraordinária, todos os destacamentos estão sendo unificados sob sua autoridade.

Em conclusão, fez descrições de todos os comissários locais e regionais.

O c. Zaslavski disse que Nicolau Romanov seria transferido para Verkhneudinsk [na Sibéria Oriental] e que um decreto nesse sentido seria logo baixado.

ZASLAVSKI: nega essas declarações, porque não as fez a ninguém. Em seguida, demonstra mais uma vez que tudo que fez foi feito com base em decretos do Comitê [Executivo] Regional e do Comitê Executivo local, atuando em conjunto.

AKSIUTA: acha que o telegrama do c. Sverdlov, concedendo plenos poderes ao Comitê Executivo de Tob. na questão da guarda do ant. [antigo] czar, antes da chegada do c. Iakovlev, é uma mácula sobre todos os membros da guarda especial. Argumenta, como faz toda a guarda, que a família Romanov tem importância estatal e que, portanto, submeter-se à impensada decisão do Comitê Executivo implicaria transformar Nicolau Romanov em mártir, o que dificilmente poderia ser vantajoso para qualquer parte interessada.

IAKOVLEV: propõe que se esqueça o mal-entendido dos últimos dias e diz achar que o destacamento agiu corretamente ao não permitir a realização do que o TsIK [Comitê Executivo Central] não sancionou.

A sessão foi encerrada depois das respostas do c. Iakovlev a perguntas sobre pequenos assuntos de administração interna.

1. Semion Zaslavski. Na primavera de 1918, o Comitê Executivo do Soviete dos Urais enviou Zaslavski a Tobolski, a fim de manter sob vigilância a guarda da família imperial. Zaslavski comandou também um destacamento da Guarda Vermelha e foi eleito para o Comitê Executivo do Soviete de Tobolski.

· 107 ·

Uma inspeção na Casa da Liberdade, 23 de abril de 1918.

Assim os moradores de Tobolski rebatizaram a antiga Casa do Governador, onde a família do ex-czar está atualmente recolhida à prisão. É uma espaçosa construção [no alto de uma colina], de dois andares, dando para a rua, e três pátios cercados por uma alta cerca de tábuas e guardada por sentinelas. No pátio maior, há uma pilha de lenha, que os moradores partem e serram como querem, por gosto ou distração, sendo Nicolau especialmente hábil nesse trabalho.

Os membros da comissão — Iakovlev, comissário do SOVNARKOM, seu assistente, Galkin, o comandante da casa, Kobilinski; o presidente do comitê dos guardas, Matveiev; o representante do Comitê Executivo de Iekaterinburg, Avdeiev[1] e o oficial em serviço — entraram pela porta da frente e ingressaram no primeiro cômodo à direita, que serve como sala do oficial do dia. Tendo examinado o livro de serviço, a comissão passou a examinar os cômodos.

À direita e à esquerda do corredor, há uma sala de jantar e fileiras de quartos, onde estão alojados Tatishchev, Dolgorukov, Shneider, juntamente com dois agregados, Gendrikova juntamente com a babá, Gillard, e Gips [Gibbs]. Os Romanov ocupam o segundo andar. Nessa parte se situam o salão e o estúdio do ex-"autocrata", que não foi privado de confortos. Os quartos de teto baixo do sótão são ocupados por grande número de serviçais. Muitos baús bloqueiam o corredor.

A comissão se encontrou com Nicolau e três de suas filhas no salão.

O com. Iakovlev cumprimentou a todos e perguntou a Romanov: "A guarda o satisfaz? O senhor tem alguma queixa?"

Ao que Nicolau, esfregando as mãos e sorrindo estupidamente, respondeu: "Muito satisfeito, muito satisfeito."

O comissário manifestou o desejo de ver Aleksei. Nicolau gaguejou: "Aleksei Nikolaevich está muito doente."

"É necessário que eu o veja", insistiu o comissário.

"Muito bem, talvez o senhor, sozinho", concordou Romanov.

O com. Iakovlev e Nicolau entraram no quarto de Aleksei.

Durante a conversa, as filhas olharam com curiosidade para os representantes do governo comunista.

Aleksei realmente parecia muito doente, com um ferimento, uma doença hereditária da Casa de Hesse. O rapaz, de face amarelada, encovado, parece estar realmente morrendo.

Durante o exame de outros cômodos feitos pela comissão, lacaios curvaram-se humildemente e aristocratas intimidados levantaram-se respeitosamente.

A ex-czarina não estava preparada para uma visita a essa hora.

O com. Iakovlev visitou-a sozinho depois.

Aleksandra, aparecendo com porte real, recebeu-o bem, respondendo polidamente a perguntas e sorrindo com freqüência.

Aleksei foi visitado mais uma vez.

1. Aleksandr Dmitrievich Avdeiev, operário na fábrica de Iekaterinburg de propriedade dos irmãos Zlokazov e membro do Comitê Executivo do Soviete Regional dos Urais. Participou da transferência de Nicolau e família, de Tobolski para Iekaterinburg, e serviu como comandante da Casa de Finalidade Especial (Casa Ipatiev).

· 108 ·

Negociações por telégrafo entre G.I. Teodorovich, secretário do VTsIK, e o comissário Iakovlev sobre providências para transferir Nicolau de Tobolski [24 de abril de 1918].

Secretário Teodorovich falando, de acordo com instruções de Sverdlov.

Minha resposta: é possível que apenas a parte principal [Nicolau] tenha que ser transportada. O senhor e o camarada Sverdlov previram essa situação muito tempo antes. Ele aprova inteiramente suas intenções de transportar a parte principal. Daremos as ordens aprop. [apropriadas] ao c. Nevski, comiss. [comissário] dos correios e telégrafos. O que mais tem o senhor a dizer?

[Iakovlev:] Falando [de] Iekat: Goloshchekin mandou buscar Zaslavski? Chame Iakovlev na casa Kornilov e informe a Galkin.

· 109 ·

Diário de Aleksandra, 10-12 [23-25] de abril de 1918. Texto original em inglês.

Tobolski.
10 de abril.

23, terça-feira.

Bebê passou uma noite ruim por causa de fortes dores. 36,6 graus. Nevando novamente. Pela manhã, o novo *comissário Iakovlev* veio nos visitar (impressão de um operário, maquinista etc., inteligente e muito nervoso) 10 1/2 [10:30h]. Passei o dia com Bebê. Alegre, joguei cartas e li com ele. Dormi de 5 às 7 1/4 — 37,4 graus.
N. leu para nós à noite.
...

Tobolski.
12 de abril.

25, quinta-feira.

Bebê passou uma noite melhor, 36 graus.
9:10-10h. *Anastásia*: *Isaías* 38-42.
Fiz companhia a Bebê, joguei cartas & trabalhei.
12 1/4 — *Maria*: *J. Sirach* [Eclesiastes] 18-26.
Após o almoço, o *Com. Iakovlev* chegou porque eu queria lhe falar sobre o *passeio*: Igreja na semana da Paixão. Em vez disso, ele anunciou, por ordem de seu governo (*bolchevistas*), que teria que nos levar daqui (*para onde?*). Vendo que Bebê está doente demais, quis levar apenas N. (se não voluntariamente, então pela força). Eu tinha que decidir se ia ficar com Bebê ou acompanhá-lo. Resolvi acompanhá-lo, porque pode ser mais necessário & arriscado demais não saber onde & para o quê (imaginamos que Moscou). Horrível sofrimento. Marie irá conosco. Olga cuidará de Bebê, Tatiana, o pessoal de casa & *Anastásia* alegrarão o pessoal que ficar. Levaremos *Valia* [Dolgorukov], *Niuta* [Demidova][1], *Ievg. Serg.* [Botkin], que se ofereceram para seguir. *Chemod.* [Chemodurov, criado pessoal] & *Sedniov.* Fiz as refeições com Bebê, juntei algumas coisas, uma bagagem muito pequena. 10 1/2. Despedi-me de todo nosso pessoal após chá com todos. Passei a

noite toda com as crianças. Bebê dormiu & fui para junto dele às 3h e fiquei até viajarmos. Iniciamos a viagem às 4 1/2 da manhã. Horrível ter que deixar as queridas crianças. Três de nossos fuzileiros seguiram conosco.

1. Anna Stepanovna Demidova, uma das empregadas particulares de Aleksandra.

· 110 ·

Diário de Nicolau II, 14 (27) de março–16 (29) de abril.

---

14 (27) de março, quarta-feira. O destacamento foi licenciado ao completar seu tempo de serviço. Mas, uma vez que os pelotões da guarda têm ainda que patrulhar a cidade, enviaram de Omsk um destacamento com esse objetivo. A chegada desses Guardas Vermelhos, como são chamadas agora todas essas unidades armadas, despertou todo tipo de falatório e receios. É divertido ouvir o que foi dito sobre esse assunto nos últimos dias. O comandante e nosso destacamento, ao que parece, também ficaram nervosos, porque já há duas noites a guarda foi reforçada e é montada uma metralhadora quando chega a noite! Este é o tipo de confiança recíproca que existe nestes dias.

...

22 de março,[1] quinta-feira. O tempo permaneceu cinzento, mas houve um bom degelo. Pela manhã, ouvimos do pátio o barulho dos bandidos-bolchevistas de Tiumen saindo de Tobolski em 15 tróicas, em meio a toques de sinetas, apitos e gritos. O destacamento de Omsk os expulsou da cidade!

23 de março, sexta-feira. Um dia excelente; manhã clara e quente. De 10 da manhã às 5h da tarde, ouvimos o canto dos fuzileiros e o som de balalaicas saindo pelas janelas abertas do quartel — [isto acontecia] por causa do tédio e da falta de coisa melhor para fazer!

Todos nós passamos quatro horas e meia ao ar livre, incluindo tempo no terraço.

...

27 de março, terça-feira. O frio chegou rápido, acompanhado de vento norte. O dia permaneceu claro. Ontem, comecei a ler em voz alta o livro de Nilus sobre o Anticristo, ao qual foram acrescentados os "protocolos" dos judeus e dos maçons — material de leitura muito oportuno.[2]

28 de março, quarta-feira. Dia excelente, ensolarado e sem vento. Ontem houve inquietação em nosso destacamento, provocado por boatos de chegada de mais Guardas Vermelhos, procedentes de Iekaterinburg. A guarda foi dobrada ao anoitecer, reforçadas patrulhas e designados piquetes para a rua. Conversamos sobre o alegado perigo que corremos nesta casa e a necessidade de nos mudarmos para a casa do arcebispo, no alto da colina. Durante todo o dia, só se conversou sobre isso nos comitês etc.; finalmente, à noite, tudo se acalmou. Kobilinski apareceu e

me comunicou todos esses fatos. Pediu também que Alix evitasse sentar-se no terraço durante uns três dias.

...

30 de março, sexta-feira. Uma nova surpresa, todos os dias!

Hoje, Kobilinski trouxe um documento que recebeu na noite passada, enviado pelo Comitê Executivo Central, em Moscou, ao nosso destacamento, sobre a transferência de todo o nosso pessoal que reside na outra casa [Kornilov] para cá e nos considerando novamente como presos, como em Ts.Tselo. Imediatamente, as empregadas começaram a mudar-se de um quarto para outro, para abrir espaço para os novos moradores.

A virilha de Aleksei começou a doer por causa da tosse e ele passou o dia inteiro na cama.

...

1º de abril, domingo. Cumprindo ordens de Moscou, o comitê do destacamento resolveu hoje que as pessoas que moram em nossa casa não podem sair mais para a rua, isto é, ir à cidade. Por isso, conversamos o dia todo sobre como alojar nesta casa, já supercongestionada, as sete pessoas que devem se mudar para cá. Tudo isso é feito às pressas, por causa da chegada de um novo destacamento, com um comissário que traz instruções. Este é o motivo por que nossos fuzileiros querem se proteger de possíveis repreensões, instituindo um novo e rigoroso regime em nossa casa!

Às 11:30h, a *obednitsa* [liturgia sem comunhão] terminou. Aleksei passou o dia inteiro deitado; a dor continuou, mas a intervalos mais longos. O tempo esteve cinzento, ventoso.

2 de abril, segunda-feira. Pela manhã, o comandante e uma comissão composta de oficiais e dois fuzileiros examinaram parte dos alojamentos de nossa casa. O resultado dessa "busca" foi o confisco dos sabres de Valia e de *Mr. Gilliard* e de um *kinzhal* [adaga tradicional usada com uniforme cossaco] que me pertencia! Mais uma vez, Kobilinski explicou essa medida simplesmente como sendo necessária para tranqüilizar os fuzileiros!

Aleksei sentiu-se melhor e caiu em sono profundo às 7h da noite. O tempo permaneceu cinzento e calmo.

...

8 de abril, domingo. Vigésimo quarto aniversário de nosso noivado! O dia permaneceu ensolarado, com vento frio; toda a neve derreteu.

A *obednitsa* foi realizada às 11:30h. Após a liturgia, Kobilinski mostrou-me um telegrama recebido de Moscou, no qual é aprovada a decisão do comitê do destacamento sobre a retirada das dragonas de meu uniforme e do de Aleksei! Esse é o motivo por que resolvi não usá-las em passeios, mas apenas em casa. Não deixarei que **eles** esqueçam esse comportamento ignóbil! Trabalhei no jardim durante duas horas. À noite, li em voz alta *The Soothsayers* — também de autoria de Vsevolod Soloviov.

9 de abril, segunda-feira. Soubemos da chegada de Iakovlev, procedente de Moscou,

com poderes plenipotenciários especiais; ele se instalou na casa Kornilov. As crianças pensaram que ele viria aqui hoje realizar uma busca e queimaram todas as cartas; Maria e Anastásia queimaram até mesmo seus diários. O tempo estava horrível e frio, com neve úmida. Aleksei sentiu-se melhor e até dormiu duas ou três horas durante o dia.

10 de abril, terça-feira. Às 10:30h da manhã, Kobilinski chegou acompanhado de Iakovlev e assessores.

Recebi-os no salão, juntamente com minhas filhas. Nós os estávamos esperando por volta de 11h e por esse motivo Alix não estava ainda preparada. Ele chegou, rosto escanhoado, sorridente e embaraçado e perguntou se eu estava satisfeito com a guarda e as instalações da casa. Depois disso, entrou no quarto de Aleksei quase correndo e, sem parar, continuou a inspecionar o resto dos quartos, pedindo desculpas pelo incômodo, e desceu em seguida. Parou para examinar o resto dos andares, na mesma pressa.

Após meia hora, reapareceu para se apresentar a Alix, correu outra vez para ver Aleksei e desceu. A vistoria da casa acabou, por ora. Demos um passeio, como sempre. O tempo permaneceu instável; primeiro sol, depois, neve.

11 de abril, quarta-feira. O dia foi bom e relativamente quente. Fiquei sentado durante muito tempo no telhado de minha estufa predileta. O sol aquece bem a pessoa lá em cima. Trabalhei no morro e na limpeza de uma vala profunda, ao longo da cerca interna.

12 de abril, quinta-feira. Após o desjejum, Iakovlev apareceu com Kobilinski e anunciou que recebera ordens de me levar daqui, não dizendo para onde. Alix resolveu ir comigo e com Maria. Não adiantava protestar. Deixar o resto das crianças e Aleksei dói muito e, nas atuais circunstâncias, foi mais do que difícil! Imediatamente, começamos a pôr nas malas o que era mais essencial. Posteriormente, disse Iakovlev, ele voltaria para buscar O., T., An. e Al. e que provavelmente nós os veríamos dentro de três semanas. Passamos uma noite triste; ninguém dormiu durante a noite, claro.

13 de abril, sexta-feira. Às 4h da manhã, dissemos adeus às queridas crianças e tomamos as tarantasses [carruagens sem molas]: eu com Iakovlev, Alix com Maria e Valia com Botkin. Entre nosso pessoal de serviço, Niuta Demidova, Chemodurov e Sedniov seguiram conosco, como também oito fuzileiros e uma escolta montada (Exército Vermelho) de dez elementos. O tempo estava frio e soprava um vento desagradável; a estrada era muito ruim e fomos horrivelmente sacudidos pelos sulcos congelados do piso da estrada. Cruzamos o Irtish passando sobre água muito profunda. Trocamos de cavalos quatro vezes e percorremos 130 verstas [cerca de 140km] no primeiro dia. Chegamos à cidade de **Ievlevo**, onde passamos a noite. Fomos alojados em uma casa grande, limpa, e dormimos profundamente em nossos beliches.

14 de abril, sábado. Acordamos às 4h porque tínhamos que partir às 5h, mas ocorreu

um atraso, porque Iakovlev dormiu demais e, além disso, ele estava esperando um pacote extraviado. Cruzamos o Tobol sobre pranchas de madeira, a pé. Tivemos que ser levados de barco por uns 10 *sazhens* [21m] ao outro lado. Fomos apresentados ao assistente de Iakovlev — Guzakov, que comandou a guarda na viagem para Tiumen. Ao amanhecer, o dia estava excelente e muito quente. A estrada tornou-se mais macia, mas ainda éramos horrivelmente sacudidos e senti receio por causa de Alix. Havia muita poeira nos descampados e sujeira nas florestas. Fizemos uma troca de cavalos na aldeia de Pokrovskoe. Durante longo tempo, ficamos em frente à casa de Grigori [Rasputin] e vimos tôda a sua família espiando pela janela. A última troca de cavalos ocorreu na aldeia de Borki. Nesse local, Ie.S. Botkin começou a sentir dores nos rins; foi levado para descansar numa casa durante uma hora e meia, de onde saiu depois, sem pressa. Tomamos chá e dormimos, com nosso pessoal e os fuzileiros, no prédio da escola da aldeia. Percorremos lentamente a última etapa da viagem e com todas as precauções militares possíveis. Chegamos a **Tiumen** às 9:15h sob uma bela lua e um esquadrão inteiro cercou nossa carruagem ao entrarmos na cidade. Foi agradável subir para o **trem**, embora este não fosse muito limpo. Nós e nossas coisas tinham uma aparência horrível de sujeira. Fomos dormir às 10h, sem mesmo nos despir; fiquei no beliche acima do de Alix e Maria e Niuta ocuparam o compartimento vizinho.

15 de abril, domingo. Todos nós tivemos uma boa noite de descanso. Pensamos, pelo nome da estação, que estávamos indo na direção de **Omsk**. Começamos a dar palpites: para onde nos levarão depois de Omsk — para Moscou ou Vladivostok? Os comissários nada disseram, claro. Maria ia freqüentemente conversar com os fuzileiros; o compartimento deles, com acomodações para quatro, ficava no fim do vagão, viajando o resto no vagão seguinte. Nosso almoço, na parada na estação de Vagai às 11h, foi delicioso. Nas estações, baixavam as cortinas das janelas, porque havia muita gente circulando por causa do feriado. Após uma merenda fria com chá, fomos dormir cedo.

16 de abril, segunda-feira. Pela manhã, notamos que estávamos voltando. Descobrimos que não queriam que entrássemos em Omsk! Mas tivemos também mais liberdade. Demos mesmo dois passeios, a primeira vez ao longo do trem e, a segunda, bem longe no campo, em companhia do próprio Iakovlev. Todos estavam alegres.

1. No dia 19 de março (1º de abril) de 1918, Nicolau deixou de anotar as datas no velho e no novo estilo em seu diário, como começara a fazer no dia 1º (14) de fevereiro, quando o calendário gregoriano tornou-se oficial na Rússia, e voltou a usar apenas as datas do velho estilo.

2. Sergei Nilus, *Velikoe v malom i Antikhrist, kak blizkaia politicheskaia vozmozhnost': Zapiski pravoslavnogo* (Grandes coisas em pequenas coisas e o Anticristo como uma possibilidade política imediata: Notas de um crente ortodoxo) (Tsarkoe Tselo, 1905). Este livro, que descreve uma suposta conspiração internacional judaico-maçom para destruir a Rússia, inclui o texto da mal-afamada falsificação "Os Protocolos dos Sábios do Sião". Uma amiga enviou um exemplar do livro a Aleksandra, em Tobolski. Ela o leu "com interesse" e, em seguida, recomendou-o a Nicolau (carta de Aleksandra a Anna Virubova, 20 de março [2 de abril], 1918, Beinecke Rare Book and Manuscript Library, Universidade Yale, Coleção Romanov, caixa 1). Investigadores do

Exército Branco que entraram na Casa Ipatiev após as mortes dos Romanov encontraram esse livro em um pedestal destinado a vasos de flores, juntamente com o primeiro volume de *Guerra e paz*, de Tolstoi, e uma Bíblia russa (A. Nametkin, Relatório da vistoria realizada na Casa Ipatiev, 2-8 de agosto de 1918. Documentos da Investigação da Morte de Nicolau II [Arquivo Sokolov], Houghton Library, Universidade Harvard, vol.1, doc.9).

· 111 ·

Telegrama do comissário Iakovlev a Filip Goloshchekin, comissário militar do Soviete Regional dos Urais, sobre tentativas inadmissíveis de capturar Nicolau, realizadas por destacamentos dos Urais (27 de abril de 1918).

A Goloshchekin. Seus destacamentos têm um único desejo, o de destruir a bagagem que fui mandado buscar. Os instigadores: Zaslavski, Kokriakov e Kusiątski [Gusiatski]. Eles tomaram uma série de medidas para fazer o que queriam em Tobolski e também na estrada, mas meus destacamentos continuam muito fortes e eles não tiveram sucesso. Tenho um prisioneiro do destacamento de Gusiatski que confessou tudo. Não vou dizer tudo agora, apenas o mais pertinente, que consiste no seguinte. Zaslavski escondeu-se um dia antes de eu viajar, dizendo que você o havia chamado a Iekaterinburg. Ele viajou a fim de preparar a Quinta e a Sexta companhias para, nas proximidades de Iekaterinburg, atacar meu trem. Este era o plano deles. Você teve conhecimento disso? Acho que está sendo enganado e a zombaria constante com que eles se referiam a você em conversas faz com que eu desconfie que o estejam iludindo. Eles resolveram que, se eu não lhes entregar a bagagem, acabarão com todo o destacamento, incluindo minha pessoa.

Estou convencido, claro, de que dissuadirei esses rapazes de suas sórdidas intenções. Mas existe entre os destacamentos que você tem em Iekaterinburg uma forte inclinação para destruir a bagagem. Você garante a preservação dela? Lembre-se de que o Conselho de Comissários garantiu minha segurança. Responda, em detalhes, pessoalmente. Estou à espera na estação, juntamente com a principal parte da bagagem, e, logo que receber uma resposta, reiniciarei a viagem. Prepare um lugar.

Iakovlev, Guzakov

· 112 ·

Negociações na linha do telégrafo direto entre o comissário Iakovlev e Iakov Sverdlov, presidente do VTsIK, sobre a transferência de Nicolau de Tobolski, 27 de abril de 1918.

Recebido em 27 de abril de 1918, às 20:50h
Procedente de Tiumen

A rota permanece a mesma, ou você a mudou? Informe Tiumen imediatamente. Estou seguindo pela velha rota. Uma resposta imediata é necessária.

Iakovlev

A rota é a antiga. Informe-me se está levando a bagagem [Nicolau] ou não.

Sverdlov

· 113 ·

Negociações por telégrafo entre Sverdlov e Iakovlev, em Tiumen, a respeito da transferência de Nicolau [27 de abril de 1918].

Sverdlov, ao aparelho: Iakovlev está ao aparelho? (Intervalo) Quero saber se você está nervoso demais, talvez os receios sejam exagerados e a velha rota possa ser mantida. Estou esperando por uma resposta. (Intervalo)

Sim, sim, ouvi. (Intervalo)

Está muito claro. (Pequeno intervalo)

Você acha possível seguir para Omsk e lá aguardar novas instruções? (Intervalo)[1]

Siga para Omsk, telegrafe quando chegar lá. Apresente-se ao presidente do soviete, Vladimir Kosarev. Transporte tudo em segredo; eu lhe darei instruções adicionais em Omsk. Vá. Encerro. (Intervalo)

Será feito; todas as instruções serão dadas. Encerro. Adeus.

1. Omsk fica a leste de Iekaterinburg, ao longo da Estrada de Ferro Transiberiana. Um trem que se dirija para leste, chegando a Omsk procedente de Tiumen, pode continuar para leste, dirigir-se para oeste em uma linha separada na direção de Moscou, passando ao largo de Iekaterinburg, ou voltar a Iekaterinburg — daí as suspeitas sobre o destino de Iakovlev (Mapa 3).

· 114 ·

Comunicação por telégrafo do comissário Iakovlev em Tiumen, dirigida a Sverdlov, a respeito da necessidade de alterar o plano para a transferência de Nicolau, em virtude de tentativas de assassiná-lo [27 de abril de 1918].

Trouxe para cá parte da bagagem [Nicolau, Aleksandra e Maria]. Quero mudar a rota por causa das circunstâncias seguintes, extremamente importantes. Certas pessoas chegaram a Tobolski, procedentes de Iekaterinburg, antes de minha chegada, para destruir a bagagem. O destacamento de finalidade especial rechaçou o ataque desse grupo — mal conseguindo evitar derramamento de sangue.

Quando cheguei, o pessoal de Iekaterinburg insistiu em que a bagagem não precisava ser entregue em seu destino. Repreendi-os, também. Iniciei uma série de medidas, e eles resolveram não tomá-la de mim. Pediram-me que não me sentasse junto da bagagem [Petrov]. Isso era um aviso direto de que eu poderia ser morto. Claro que, em conformidade com meu objetivo de entregar tudo intacto, sentei-me junto da bagagem.

Sabendo que todos os destacamentos de Iekaterinburg fazem o possível para atingir a meta única de destruir a bagagem, convoquei Guzakov, juntamente com um destacamento. Toda a rota de Tobolski a Tiumen foi guardada por meus destacamentos. Não tendo conseguido atingir seus objetivos em Tobolski, na estrada e em Tiumen, os destacamentos de Iekaterinburg resolveram preparar-me uma emboscada nos arredores dessa cidade. Decidiram que, se eu não lhes entregasse a bagagem sem luta, eles nos massacrariam. Eu, Guzakov e todo o meu destacamento sabemos de tudo isso pela prova fornecida por um membro do destacamento de Iekaterinburg, que capturamos. E também pelas ações e fatos que descobri por acaso.

Iekaterinburg, com a exceção de Goloshchekin, só tem um desejo: acabar com a bagagem a qualquer custo. As Quarta, Quinta e Sexta companhias do Exército Vermelho estão se organizando para a emboscada. Se isso entra em conflito com o pensamento do centro [Moscou], então é loucura transportar a bagagem para Iekaterinburg. Guzakov e eu propomos transportar tudo para o distrito de Simski Gorni [província de Ufa], onde podemos salvá-la tanto da ala direita quanto da esquerda. Ofereço meus serviços como comissário permanente para guardar a bagagem até o fim. Declaro em meu nome, e também em nome de Guzakov, que não podemos responder por Iekaterinburg em nenhuma circunstância. Enviar [a bagagem] para essa cidade sob a guarda desses destacamentos, que se esforçaram para atingir aquele único objetivo e não conseguiram porque tomei fortes e severas medidas, seria loucura. Eu o avisei. Agora, decida. Ou levo imediatamente a bagagem ao distrito de Simski Gorni, onde há bons locais nas montanhas que são exatamente apropriados para esse fim, ou me dirijo a Iekaterinburg. ~~Cabe-lhe decidir~~. E não posso responder pelas conseqüências. Se a bagagem cair nas mãos [do destacamento de Iekaterinburg] ela será destruída. Desde que eles foram tão longe para me destruir e destruir meu destacamento, então, claro, o resultado final será o mesmo. De modo que, responda: vou para Iekaterinburg ou sigo através de Omsk para o distrito de Simski Gorni?

Estou à espera de uma resposta. Estou na estação com a bagagem.

Iakovlev, Guzakov.

· 115 ·

Pedido de informações a Lenin e a Sverdlov, feito por telégrafo pelo Soviete Regional dos Urais, sobre as ações do comissário Iakovlev na transferência de Nicolau de Tobolski, 28 de abril de 1918.

Recebido em 28 de abril de 1918, às 18:50h
Procedente de Iekaterinburg, secreto

Seu comissário Iakovlev trouxe Romanov a Tiumen, embarcou-o em um trem, e dirigiu-se para Iekaterinburg. Tendo percorrido metade da distância até a estação seguinte, mudou de direção. Ele voltou. Neste momento, o trem que transporta Nicolau está perto de Omsk. Não sabemos qual o objetivo disso. Consideramos tal ato como traição. De acordo com sua carta de 9 de abril, Nicolau deveria

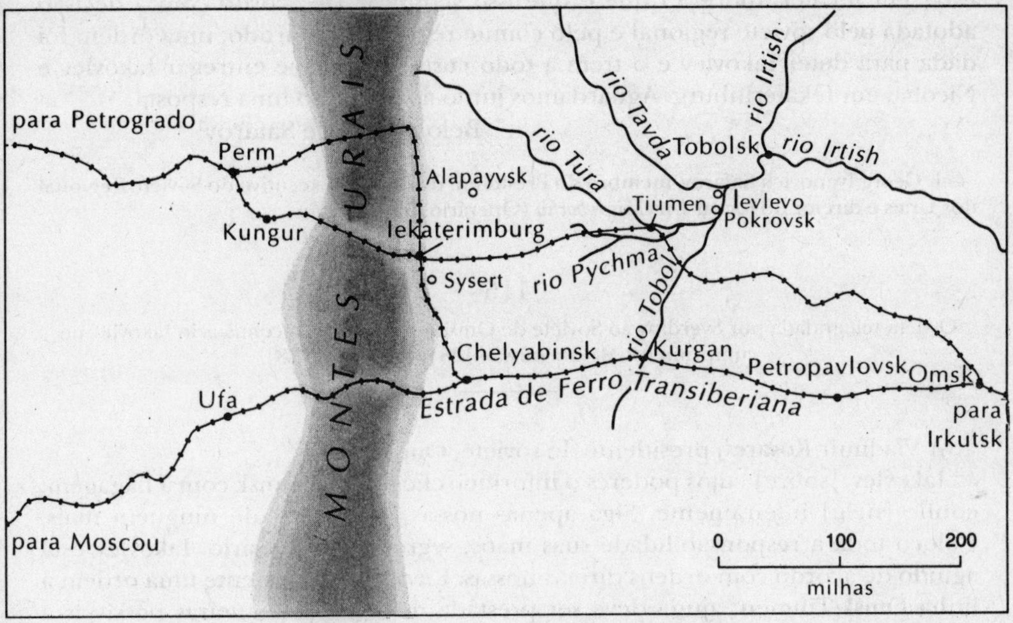

Mapa 3. Os Urais e a Sibéria ocidental.

estar em Iekaterinburg. O que é que isso significa? De acordo com a decisão adotada pelo soviete regional e pelo comitê regional do partido, uma ordem foi dada para deter Iakovlev e o trem a todo custo, prender e entregar Iakovlev e Nicolau em Iekaterinburg. Aguardamos junto ao aparelho uma resposta.

Beloborodov e Safarov[1]

1. Georg Ivanovich Safarov, membro do Presidium do Comitê Executivo do Soviete Regional dos Urais e diretor do jornal *Ural'skii rabochii* (Operário dos Urais).

· 116 ·

Ordem telegrafada por Sverdlov ao Soviete de Omsk para auxiliar o comissário Iakovlev no cumprimento de sua missão [28 de abril de 1918].

A Vladimir Kosarev, presidente do soviete, Omsk.

Iakovlev, [sobre] cujos poderes o informei, chegará [a] Omsk com a bagagem; confie [nele] inteiramente. Siga apenas nossas ordens [e] de ninguém mais. Coloco toda a responsabilidade suas mãos; segredo é necessário. Iakovlev está agindo de acordo com ordens diretas nossas. Envie imediatamente uma ordem à linha Omsk-Tiumen: ajuda deve ser prestada de todas as maneiras possíveis a Iakovlev.

Sverdlov

· 117 ·

Telegrama de Aleksandr Beloborodov, presidente do Soviete Regional dos Urais, a Sverdlov, sobre atos provocadores do comissário Iakovlev, durante a transferência de Nicolau para Iekaterinburg, 29 de abril de 1918.

Recebido em 29 de abril de 1918, às 13:40h
Procedência Omsk. Alta prioridade militar

No dia 28 de abril, o trem especial número 8 VA viajou pela linha de Omsk sob o comando do comissário Iakovlev, que escoltava o ex-czar Nicolau Romanov. O comissário Iakovlev agia sob ordens diretas do SOVNARKOM de Todas as Rússias, a fim de transferir o ex-czar de Tobolski [para] Iekaterinburg e entregá-lo ao controle do Soviete Regional dos representantes dos O.S.C. dos Urais [Operários, Soldados e Camponeses]. De acordo com cartas de Sverdlov, presidente do TsIK [Comitê Executivo Central], datadas de 9 de abril, o ex-czar não deveria ser levado [para] qualquer outro local sem ordens diretas do centro — e nós não recebemos tais ordens. Tendo retirado Romanov [de] Tobolski, o comissário Iakovlev correu [para] Tiumen, dirigiu o trem [para] Iekaterinburg, mas [na] agulha de manobra seguinte virou o trem em direção oposta, para leste e Omsk. Tendo discutido o comportamento do comissário Iakovlev, o Soviete Regional dos Operários, Soldados e Camponeses dos Urais, por veredicto unânime, vê [nele] uma traição flagrante da revolução, um desejo de transportar o ex-czar para além das fronteiras dos Urais revolucionários, por motivos desconhecidos e contrários a instruções escritas exatas do presidente do TsIK. Este é um ato que coloca o comissário Iakovlev fora das fileiras dos revolucionários. O Soviete Regional dos Urais sugere que todas as organizações revolucionárias, [em] especial o Soviete de Omsk, tomem as medidas especiais mais decisivas, incluindo a aplicação de força armada, com o propósito de deter o trem do antigo czar. O comissário Iakovlev tem sob seu comando uma força de aproximadamente 100 soldados. O comissário Iakovlev deve ser preso juntamente com os soldados de seu destacamento que resistirem; toda a escolta deve ser substituída por outra, com soldados novos e inteiramente confiáveis; os presos, juntamente [com] Nicolau, devem ser trazidos a Iekaterinburg e entregues ao soviete regional. Propomos não levar em conta [os] vários documentos que Iakovlev apresentará ou citará, já que todas as suas ações anteriores confirmam incontestavelmente o plano criminoso que implementou, possivelmente sob instrução de outras pessoas. Os comitês regionais dos partidos dos Bolchevistas Comunistas, SR Esquerdistas e Maximalistas consideram o cumprimento da resolução do soviete regional como obrigatória para os membros desses partidos. Solicitamos que telegrafe imediatamente ao soviete regional em Iekaterinburg sobre as medidas adotadas [bem como] as conseqüências.

Presidente do Soviete Regional

dos Representantes dos Operários,

Camponeses e Soldados,

Aleksandr Beloborodov

· 118 ·

Telegrama de Sverdlov ao comitê regional do Partido Bolchevista de Iekaterinburg e ao Soviete Regional dos Urais, salientando sua inteira confiança no comissário Iakovlev
[29 de abril de 1918]

Iekaterinburg: ao Soviete Regional [dos Urais]
Ao Comitê Regional dos Bolchevistas —
Beloborodov, Goloshchekin

Tudo que está sendo feito por Iakovlev — a respeito de Preobrazhenski, Didkovski, Safarov — é feito em cumprimento direto de ordem minha. Eu o informarei [dos] detalhes por mensageiro especial. Não baixe nenhuma ordem relativa a Iakovlev. Ele está agindo de acordo com ordens rec. [recebidas] de mim hoje, às 4h da manhã. Não tome nenhuma providência sem nossa concordância. Iakovlev deve merecer completa confiança. Mais uma vez, nenhuma interferência.

Sverdlov

· 119 ·

Telegrama de Sverdlov ao comissário Iakovlev em Omsk, sobre a necessidade de transferir Nicolau para Iekaterinburg [29 de abril de 1918].

Omsk, trem especial: ao comissário extraordinário do Comitê Executivo Central e do SOVNARKOM, Iakovlev

Volte imediatamente [para] Tiumen; cheguei a um entendimento [com] uralianos; eles adotaram medidas [e] garantiram que serão pessoalmente responsáveis pelos atos de pessoas da região; entregue toda a bagagem [em] Tiumen ao presidente do comitê regional dos Urais; isto é essencial. Siga você mesmo [com eles], preste assistência ao presidente. A missão permanece a mesma. Você atingiu o objetivo principal. [Em] Iekaterinburg, você receberá uma proposta detalhada, informe-me [também] de sua partida [de] Omsk para Tiumen [com] uma cópia para Beloborodov, comitê regional dos Urais; se necessário, peça reforços a Vladimir Kosarev, presidente do soviete de Omsk; estou convencido de que todas as ordens serão cumpridas exatamente. Saudações.

Sverdlov

· 120 ·

Negociações pelo telégrafo direto entre o comissário Iakovlev e Sverdlov sobre a transferência de Nicolau para Iekaterinburg [29 de abril de 1918].

Procedência Omsk

Sem reservas, submeto-me a todas as ordens do centro. Entregarei a bagagem onde o senhor ordenar. Mas considero meu dever avisar, mais uma vez, ao Conselho dos Comissários do Povo, de que o perigo tem total fundamento, o que Tiumen e Omsk podem confirmar. Mais uma consideração: se enviar a bagagem ao distrito de Simski, poderá sempre transportá-la para Moscou ou qualquer outro local que deseje. Se a bagagem for levada pela primeira rota [para Iekaterinburg], duvido que consiga tirá-la de lá. Nenhum de nós — nem eu, nem Guzakov, nem Avdeiev, de Iekaterinburg — duvida disso; nem duvidamos que a bagagem correrá perigo o tempo todo. Desta maneira, nós o advertimos pela última vez e nos eximimos de qualquer responsabilidade moral pelas futuras conseqüências. Estou seguindo pela primeira rota. Estamos partindo imediatamente. Lembro-lhe que houve constantes mal-entendidos durante negociações pelo aparelho [telégrafo]. Podbelski[1], ao que parece, proibiu negociações, mas, para mim, elas são absolutamente essenciais, como o senhor pode ver. Além disso, informe Nevski[2] que ele deve enviar ordens rigorosas por telegrama a todas as autoridades ferroviárias, para não dar outras informações por telégrafo, exceto que nosso trem deve prosseguir sem interrupção e apenas com paradas para reparos técnicos. Então, estou seguindo pela primeira rota. Entregarei a bagagem. [Em seguida] passarei a cumprir a segunda parte da mesma. Adeus. Saúde.

Iakovlev, Guzakov

1. Vladimir Nikolaevich Podbelski, comissário do povo para o Correio e Telégrafo.

2. Vladimir Ivanovich Nevski, comissário-assistente do povo para Comunicações, de novembro de 1917 a julho de 1918, e comissário do povo para Comunicações de julho de 1918 a março de 1919.

· 121 ·

Declaração feita ao comissário Iakovlev por Aleksandr Nevolin, membro do destacamento dos Urais do Exército Vermelho, sobre o projetado ataque ao comboio que escoltava Nicolau [3 de maio de 1918].

Eu sou Aleksandr Ivanovich Nevolin, operário na prov. [província] de Perm, região de Usolski, fábrica Aleksandrovski.

Em Iekaterinburg, ingressei no Exército Vermelho, na Quarta Companhia.

Às exatamente 4h horas de ontem, 16 de abril, Gusiatski, assistente do chefe do Estado-Maior, chegou à companhia e anunciou que deveríamos nos aprontar para marchar em meia hora. Às 6h, chegamos à estação. O chefe do Estado-Maior nos disse: "Vocês têm a seguinte missão: trazer uma pessoa, viva ou morta, a Iekaterinburg." E nada mais disse.

Chegamos a Tiumen. Gusiatski disse: "Agora, vamos a cavalo." Quando havíamos percorrido aproximadamente metade do caminho a cavalo, Gusiatski nos mandou parar em uma aldeia. Disse que o comissário Iakovlev estava vindo com um destacamento de Moscou e que tínhamos que esperar por ele. Logo depois, um destacamento realmente passou e nós o seguimos. Chegamos a Tobolski e passamos lá duas noites. Gusiatski nos procurou e disse: "O comissário Iakovlev chegou aqui e quer levar Romanov para Moscou e, ao que parece, resolveram mandá-lo para o exterior. Nós temos a seguinte missão: levá-lo a Iekaterinburg a todo custo. A fim de realizar essa missão, propomos o seguinte: Iakovlev tem nove metralhadoras e dois metralhadores. Recomendo a ele meus metralhadores para suas metralhadoras e seguimos juntos. Quando eu der um sinal pré-combinado, vocês deverão atacá-los e lhes capturar todas as armas e Romanov."

Naturalmente, nenhum de meus camaradas objetou a qualquer uma de suas palavras. Eu fui o único que protestei, e dissuadi meus camaradas; quando a idéia deles não deu certo, eles foram embora.

Duas ou três horas depois, ouvi dizer que eles estavam convocando novamente uma reunião. Eu fui, claro. Ouvi Ponomarev, ajudante do instrutor e o instrutor, Bogdanov, começarem dizendo:

"Já abandonamos aquele plano e decidimos o seguinte: vamos emboscá-los na estrada para Tiumen. Logo que Iakovlev e Romanov se emparelharem conosco, vocês devem reduzir inteiramente a pedaços o destacamento de Iakovlev, usando metralhadoras e fuzis.

E não digam nada a pessoa alguma. Se alguém começar a perguntar que destacamento é este, digam que é de Moscou e não digam quem é seu comandante, porque isso tem que ser feito ladeando o soviete regional e, de modo geral, todos os sovietes."

Então, eu fiz a ele uma pergunta: ["]Assim, nós vamos ser bandidos? Quanto a mim, não estou de acordo com seus planos. Se você precisa matar Romanov, então faça disso uma decisão pessoal, mas não vou deixar que esse pensamento entre em minha cabeça. Sei que todas as nossas forças armadas estão de guarda para defender o poder dos sovietes e não para se beneficiarem pessoalmente, e se o comissário Iakovlev e o pessoal enviado com ele são do Conselho dos Comissários do Povo, eles devem entregá-lo onde mandaram entregar. E nós não somos e não podemos ser bandidos, matando camaradas do Exército Vermelho como nós, por causa de um Romanov.["]

Eles, claro, disseram que eu, Nevolin, estou sempre metendo meu nariz em tudo e perturbando as pessoas. Mas, ainda assim, convenci os camaradas de que não podíamos fazer isso, outros começaram também a discutir, e todos os planos deles acabaram em nada.

Após a reunião, Gusiatski, Bogdanov e Ponomarev repreenderam-me severamente e começaram a aplicar cada vez mais pressão sobre mim. Quando chegamos ao rio Tobol, paramos na aldeia que existe nesse local e esperamos que Iakovlev chegasse com Romanov. Quando Iakovlev chegou à aldeia, Gusiatski disse que se não podíamos fazer coisa alguma, todos nós deveríamos ficar em silêncio. O que é que podíamos fazer? Bem, se a Quinta e a Sexta companhias estavam em Iekaterinburg, ele [Iakovlev] não podia ser detido e isso significava que Romanov conseguiria escapar. Então eu disse a ele que, para nós, não fazia diferença onde; não é problema nosso, eles sabem melhor do que nós o que fazer com ele. Depois disso, Gusiatski ficou ainda mais furioso comigo. Achei que minha vida corria perigo. Procurando uma maneira de escapar, resolvi finalmente fugir com o destacamento de Iakovlev.

Pela manhã, por volta das 8h, eles começaram a cruzar o rio Tobol. Na mesma ocasião, eu me encontrava entre os membros do destacamento de Iakovlev que cruzava o rio para o outro lado. Gusiatski descobriu que eu havia fugido e enviou dois soldados, mas não deixaram que eles chegassem até a margem. E assim segui com o comissário Iakovlev para a cidade de Ufa. Eu não podia voltar a Iekaterinburg — os aliados de Gusiatski poderiam ter me fuzilado.

Acho que vão agir contra mim em minha cidade, na fábrica. Se possível, peço que documentos sejam enviados pelo alto Conselho dos Comissários do Povo. Sou membro do Partido Bolchevista desde princípios de março de 1917. Antes disso, trabalhei na fábrica Aleksandrovski.

Assino meu nome no documento
acima,
Aleksandr Ivanovich Nevolin

· 122 ·

"Sobre a transferência do ex-czar de Tobolski para Iekaterinburg[1]", entrevista com Iakovlev ao *Izvestiia*, 16 de maio de 1918.

O comissário Iakovlev, a quem foi atribuída a missão de cumprir a ordem do Conselho dos Comissários do Povo de transferir o ex-czar de Tobolski para Iekaterinburg, e que acaba de ser nomeado comandante da frente de guerra Ural-Orenburgo, conta em conversa com nosso repórter como realizou essa delicada tarefa.

Tendo preparado tudo para a transferência, que havia marcado para o dia 27 de abril,[2] fui na véspera desse dia à Casa do Governador, em Tobolski, onde Nicolau Romanov vivia com a família e pessoas que lhe eram chegadas.

Romanov havia sido informado de minha chegada, mas sabia apenas que eu era um representante oficial do poder do soviete. Nada sabia sobre o objetivo de minha visita.

Quando me encontrei com o ex-czar, disse-lhe:

"Cidadão Romanov, fui encarregado pelo Conselho dos Comissários do Povo de transferi-lo de Tobolski. A partida está marcada para as 4h da manhã de amanhã. Esteja preparado a essa hora."

Romanov ficou sobressaltado e perguntou nervosamente:

"E para onde estou sendo transferido?"

Respondi que eu mesmo não conhecia o destino exato e que receberia ordens apenas quando já estivesse na estrada.

Romanov pensou um pouco e disse:

"Eu não irei."

Nesse momento, Aleksandra Fiodorovna entrou na sala. Tendo descoberto sobre o que era a conversa, exclamou;

"O que é que vocês estão fazendo com ele? Vocês querem arrancá-lo do convívio de sua família. Como podem fazer uma coisa dessas? Ele tem um filho doente. Não, ele não pode ir, ele tem que ficar conosco!"

Respondi dizendo que tinha ordens específicas que cumpriria escrupulosamente. (Nesse momento, não havia ainda discussão sobre qualquer separação e era suposto que toda a família seria transferida com Nicolau Romanov. A transferência seria cheia de dificuldades bem conhecidas, contudo, e por essa razão, decidiu-se deixar o enfermo Aleksei em Tobolski até a primavera, quando o gelo derreteria e ele poderia ser transportado de navio de Tobolski para Tiumen. Eles mesmos tinham que decidir, entre o resto dos membros da família Romanov, quem seguiria com ele [Nicolau] e quem ficaria até a primavera com Aleksei.)

Romanov me ouviu até o fim mas, aparentemente, não compreendeu bem e literalmente repetiu o que Aleksandra Fiodorovna acabara de dizer:

"Eu tenho um filho doente! Como é que posso ser separado de minha família? Não posso ir."

Achei desnecessário iniciar uma discussão e, repetindo em curtas palavras que a partida estava marcada para as 4h da manhã, deixei a casa. Quando ia me retirando, Aleksandra Fiodorovna gritou nervosamente às minhas costas:

"Isso é cruel demais. Não acredito que o senhor fará isso!"

Procurei Kobilinski, o comandante da guarda em Tobolski, e lhe disse que minhas ordens de partir no dia designado e na hora marcada seriam cumpridas de qualquer maneira. Se Nicolau Romanov não estivesse pronto para viajar nessa hora, ele teria que seguir sem bagagem. Kobilinski achou necessário procurar Romanov e lhe dizer que não era possível opor-se, de maneira alguma, à ordem de partir.

Romanov discutiu durante duas ou duas horas e meia com a família e amigos a questão da partida. Durante esse tempo, esse conselho de família mudou várias vezes a decisão: inicialmente, decidiu que Nicolau iria com todas as filhas e Tatishchev, e que Aleksandra Fiodorovna ficaria; em seguida, que Aleksandra Fiodorovna iria e todas as filhas ficariam etc. Finalmente, Kobilinski foi informado de que Aleksandra Fiodorovna, a filha Maria, o príncipe Dolgoruki [Dolgorukov], o professor Botkin, a dama de companhia [empregada pessoal] Demidova, um lacaio e um criado-pessoal iriam. O resto das filhas, Aleksei, Tatishchev e os demais — quarenta pessoas no total — permaneceriam em Tobolski até a primavera.

Fiquei um pouco surpreso por Aleksandra Fiodorovna resolver separar-se do filho e deixar Tobolski com o marido. Kobilinski, porém, disse-me que ouvira uma observação casual de Aleksandra Fiodorovna a Tatishchev, que lança alguma luz sobre essa decisão.

Aleksandra Fiodorovna disse a Tatishchev: "Tenho medo de que, deixado sozinho, ele faça alguma coisa estúpida."

Parece que Aleksandra Fiodorovna não tinha uma opinião muito lisonjeira do intelecto e discernimento do marido.

No dia seguinte, 27 de abril, exatamente às 4h da manhã, tudo estava pronto e partimos. Tínhamos que percorrer 260 verstas [275km] a cavalo, de Tobolski a Tiumen. Nas primeiras 30 verstas [32km] a estrada era muito esburacada. Tivemos que cruzar três rios, o Irshan [Irtish], o Tobol e o Tura. A cheia de primavera dos rios estava começando, o gelo estalava e subia. Na ponte que atravessa o Irshan, tivemos que entrar em água que subia até a barriga dos cavalos. Já era arriscado cruzar o Tobol em carruagens. Tivemos que descer e andar sobre o gelo. Tivemos que cruzar também o Tura vadeando o rio.

Graças às medidas que adotamos, toda a viagem foi realizada com extrema rapidez. Fizemos oito paradas no total e fomos recebidos em toda parte por tróicas com os animais já atrelados, dispostas em fileira; deixamos nossas carruagens ao lado desta fila e, graças a isso, a transferência foi feita em cerca de dez minutos. Passamos a noite em Viiavlevo [Ievlevo]. No dia seguinte, às 9h, já estávamos em Tiumen.

O destacamento que eu havia levado era composto por apenas 35 homens: 15 montados e 20 de infantaria. Além disso, pequenas patrulhas foram dispostas em todos os pontos de transferência.

Essa difícil e rápida jornada não cansou muito Romanov. Em termos gerais, ele ficou visivelmente mais sadio no último ano. Trabalhou muito ao ar livre — cortou madeira, limpou neve, e assim por diante. Suas mãos estão calejadas, ele é alegre e se sente maravilhosamente bem. Parece que ele fez as pazes com a situação.

Aleksandra Fiodorovna ficou muito mais cansada, mas se esforçou para não demonstrar. De modo geral, tentou manter uma postura orgulhosa e reservada.

Nossa atitude em relação a eles os deixou muito perplexos. Aparentemente, eles, no início, temiam rudeza, violência e insultos de nossa parte. Todo o destacamento, porém, comportou-se de modo inteiramente apropriado com os Romanov, não se permitindo uma única palavra grosseira ou insultuosa. Simultaneamente, as relações com os dois foram inteiramente despretensiosas, como as que poderiam ter com qualquer outro cidadão.

Aleksandra Fiodorovna fitava-nos espantada, mas Nicolau rapidamente se ajustou e começou a se comportar também de forma modesta.

Saímos de trem de Tiumen. Neste ponto, a guarda foi reforçada para 160 soldados. A viagem de Tiumen a Iekaterinburg foi completada sem incidentes.

Romanov sentiu-se bem a caminho, exatamente como antes. Aparentemente, ele estava mais interessado em três coisas: a família, o estado do tempo e a comida. Ele realmente ama a família e se preocupa muito com ela.

Não discutimos absolutamente política. Eu, claro, não achei possível manter quaisquer discussões sobre tópicos políticos com o ex-czar. Mas é característico dele que, aparentemente, não sente o menor interesse por questões políticas. Todos os seus pensamentos giram em torno de assuntos extremamente limitados [*obyvatelskie*] e interesses profundamente orientados para a família.

Só uma vez nossa conversa extravasou os limites de família, estado do tempo e comida. Passávamos montados por alguma igreja. Romanov, uma pessoa muito religiosa, sempre se benze nessas ocasiões. Quando passamos pela igreja e ele disse alguma coisa sobre religião — neste exato momento, não me lembro o quê —, eu respondi que não era religioso, mas que aceitava o princípio de plena liberdade de consciência: que todos acreditassem no que quisessem.

Ao ouvir essas palavras, Romanov exclamou: "Imagine só, eu tenho o mesmo ponto de vista! Aceito também a completa liberdade de consciência!" Fitei-o, sem saber se ele estava brincando ou dissimulando. Seu rosto, porém, expressava uma franqueza tão sincera que nenhuma dúvida me restou sobre a ausência de qualquer motivo ulterior.

De modo geral, terminei essa viagem com uma impressão muito clara da surpreendente e fenomenal estreiteza mental de Nicolau Romanov.

Aleksandra Fiodorovna é inteiramente diferente. É muito astuciosa e orgulhosa. Exerce uma forte influência sobre o marido. Durante toda a viagem, permaneceu calada e durante dias inteiros nem saía do compartimento no trem. Não queria aceitar nem mesmo a sombra de um favor de nós. Essa atitude chegou a extremos. É bem conhecido que os corredores dos vagões são muito estreitos e, quando duas pessoas se encontram neles, uma tem que ceder o caminho. Aleksandra Fiodorovna não queria que nenhum de nós se encostasse na parede e a deixasse passar. Assim, levantava-se todas as manhãs às 4 ou 5h para ir ao banheiro fazer a higiene. Se via um sentinela no corredor, ao deixar o banheiro, voltava para dentro e se trancava, até que o sentinela fosse embora.

Maria, a filha dos Romanov, é uma mocinha inteiramente imatura para seus anos. Nenhuma compreensão tem da vida no sentido mais amplo da palavra. Vive sob a forte influência da mãe.

Uma grande multidão havia se reunido na estação, quando chegamos a Iekaterinburg. Aparentemente, os ferroviários haviam avisado sobre nossa chegada. A multidão estava tensa. O trem parou não exatamente na plataforma, mas a alguma distância dela. Por precaução, mesmo antes de chegarmos a Iekaterinburg, dei ordens para que fossem fechadas cuidadosamente todas as janelas dos vagões e puxadas as cortinas.

O trem mal parou e meu destacamento desceu dos vagões e estabeleceu um cordão de isolamento em torno do trem, não permitindo que a multidão se aproximasse. Ouvimos gritos da multidão:

"Mostrem esse sanguessuga!" etc.

Respondi dizendo que se a multidão não se dispersasse, eu lhe mostraria metralhadoras. Essas palavras, no entanto, nenhum efeito produziram. A multidão aumentou e empurrou as patrulhas que eu havia disposto.

Dei ordem então para que um trem de carga, que se encontrava em um desvio, se movesse para uma via entre a plataforma e meu trem. Quando isso foi feito, e com a cobertura do trem de carga, segui com meu trem para outra estação — Iekaterinburg 2, onde não havia ninguém à espera. De lá, informei ao soviete local sobre minha chegada. Vieram o presidente do soviete e membros do Presidium. Entreguei-lhes Nicolau Romanov e eles me deram um documento assinado como comprovante.

Em Iekaterinburg, Romanov e família foram alojados em uma residência particular comum, cercada por uma grande cerca de tábuas. A casa nem de longe lembra a Casa do Governador, em Tobolski, que pode ser considerada como um palácio campestre, por seus quartos e salões.

A guarda de Romanov em Iekaterinburg foi reforçada e instituído um regime mais rigoroso do que o vigente em Tobolski.

1. Esta reportagem apareceu em conexão com um apelo do comissário Vassili Iakovlev de que fosse retirada a acusação contra ele de atividades contra-revolucionárias.

2. Eles partiram em 26 de abril de 1918. Iakovlev omitiu de sua versão um dia e, com ele, os conflitos e mudanças de rota que constituíam o fundamento das acusações contra sua pessoa.

· 123 ·

Das recordações do comissário Vassili Pankratov, "Com o czar em Tobolski", a respeito de fatos transcorridos de setembro a dezembro de 1917.

Dirigi-me à Casa do Governador no dia 2 de setembro. Não desejando violar o decoro, eu disse ao criado-pessoal do ex-czar que anunciasse minha chegada e que eu desejava vê-lo. O criado desincumbiu-se imediatamente dessa tarefa, abrindo a porta do gabinete do ex-czar.

"Olá", disse Nicolau Aleksandrovich, estendendo-me a mão, "o senhor fez boa viagem?".

"Sim, obrigado", respondi, oferecendo-lhe a minha mão.

"Como vai a saúde de Aleksandr Fiodorovich Kerenski?", perguntou o ex-czar.

Nessa pergunta, detectei um tipo de sinceridade autêntica, misturada com simpatia, mesmo gratidão. Dei uma curta resposta à pergunta e indaguei sobre a saúde dele e da família.

"Ótima, graças a Deus", respondeu ele, sorrindo.

Cabe notar que o ex-czar sorriu durante todo o tempo de nossa conversa.

"O senhor já se instalou e se sente confortável?"

"Nada mau, embora haja alguns inconvenientes, mas, ainda assim, nada mau", respondeu o ex-czar. "Por que não podemos ir à igreja ou fazer passeios à cidade? Estão realmente com medo de que eu possa fugir? Eu nunca abandonaria minha família."

"Acho que uma tentativa nesse sentido apenas pioraria a sua situação e a de sua família", respondi. "Ir escoltado à igreja será possível. Tenho permissão para autorizar isso. Mas quanto a passeios na cidade, duvido que seja possível neste momento."

"Por quê?", perguntou Nicolau Aleksandrovich.

"Não tenho poderes para permitir isso. Mais tarde, veremos. Temos que nos certificar das condições que prevalecem aqui."

O ex-czar manifestou incompreensão. Não entendeu o que significavam condições prevalecentes. Compreendia-as apenas no sentido de ser mantido isolado delas — e só isso.

"O senhor poderia permitir que eu serrasse lenha?", perguntou ele de repente. "Eu gosto muito desse trabalho."

"Quem sabe o senhor gostaria de ter uma oficina de marceneiro? Esse trabalho é mais interessante", ofereci.

"Não, não gosto desse trabalho. Seria melhor se mandasse trazer madeira para cá e me fornecesse uma serra", objetou Nicolau Aleksandrovich.

"Amanhã, isso será feito."

"Posso manter correspondência com meus parentes?"

"Claro. O senhor tem livros?"

"Muitos, na verdade, mas, por alguma razão, não recebemos jornais estrangeiros. Estamos proibidos de recebê-los?"

"Isso é provavelmente culpa do correio. Vou verificar. De qualquer modo, seus jornais e revistas não serão confiscados.

Eu gostaria de ser apresentado à sua família", disse eu.

"Claro. Com licença, volto logo", respondeu o ex-czar, saindo da sala e me deixando sozinho por alguns minutos.

O gabinete do ex-czar era uma sala bem mobiliada; um tapete forrava o chão; havia duas mesas, uma escrivaninha com livros e papéis e outra, simples, onde vi certo número de relógios de bolso e cachimbos de vários tamanhos; havia alguns quadros nas paredes e cortinas fechavam as janelas.

Involuntariamente, pensei comigo mesmo: terá ele alguma sensação de ser um ex-autocrata, governante de um imenso país, monarca absoluto, neste novo ambiente? Durante nosso encontro, ele demonstrou bom autocontrole, como se não sentisse que a situação o afetava muito, como se ela não lhe acarretasse grandes privações e restrições. Sim, o destino das pessoas é um mistério. Mas a quem culpar pelas mudanças que ocorrem na vida? Esses pensamentos me ocorreram incoerentemente, um após o outro, e me puseram em um estado de espírito especial, em um tipo de serenidade, provavelmente como aconteceria com qualquer pessoa que, por acaso, se visse em um papel inteiramente novo.

"Por aqui, sr. comissário", disse Nicolau Aleksandrovich ao voltar.

Entrei em um grande salão e, para meu horror, vi o seguinte quadro: toda a família do czar formava uma fila organizada e em posição de sentido: Aleksandra Fiodorovna ocupava a posição mais próxima da entrada do salão, em seguida vinham Aleksei e as princesas.

O que é isso, um protesto? — a pergunta relampejou em minha mente e, por um segundo, deixou-me confuso. É assim que presos formam fila para a inspeção do diretor de uma prisão. Imediatamente, porém, afastei esse pensamento e passei a cumprimentá-los.

A ex-imperatriz e os filhos responderam em curtas palavras às minhas saudações e a todas as minhas perguntas. Aleksandra Fiodorovna pronunciava as palavras russas com um forte sotaque e era claro que tinha dificuldades com russo falado. Todos os seus filhos, porém, falavam um russo excelente.

"Como vai a saúde, Aleksei Nikolaevich?", perguntei, dirigindo-me ao antigo herdeiro.

"Boa, obrigado."

"Estiveram antes na Sibéria?", perguntei às filhas do ex-czar e recebi resposta negativa.

"Não é tão terrível quanto muitos dizem. O clima aqui é bom, o tempo é maravilhoso", interrompeu Nicolau Aleksandrovich, "e quase sempre temos dias de sol."

"O que falta a Petersburgo."

"Sim, o clima de Petersburgo poderia invejar o de Tobolski", acrescentou o ex-czar. "Não será frio morar aqui no inverno? O salão é grande."

"Tentaremos fazer com que isso não aconteça. Vamos mandar examinar e consertar todos os fogões. E há combustível suficiente aqui", respondi. "Não há outros alojamentos apropriados na cidade."

"Vocês têm livros?", perguntei às princesas.

"Trouxemos nossa biblioteca", uma delas respondeu.

"Se precisarem de alguma coisa, peço que me informem", disse eu, despedindo-me.

Com essas palavras, terminou meu primeiro encontro com a família do ex-czar. Não sei que impressão produzi mas, quanto a mim, a primeira impressão que formei foi que se essa família tivesse vivido em uma situação diferente, e não em uma corte, com cerimônias intermináveis e regras de etiqueta que embotam a mente e restringem tudo que é sadio e espontâneo, pessoas inteiramente diferentes poderiam ter sido feitas delas, com exceção, claro, de Aleksandra Fiodorovna. Esta última produziu uma impressão bem específica sobre mim. Notei imediatamente nela algo inteiramente estranho às mulheres russas...

O DESTACAMENTO DE FINALIDADE ESPECIAL: A GUARDA DO EX-CZAR E FAMÍLIA

Antes de deixar a casa, fui informado de que o destacamento, sob o comando do coronel Kobilinski, era composto de soldados selecionados de três regimentos de fuzileiros, o Primeiro, Segundo e Quarto, no total de 337 homens e 7 oficiais.

No mesmo dia em que cheguei a Tobolski, solicitei ao coronel Kobilinski que reunisse todo o destacamento, a fim de que eu pudesse conhecer o pessoal e familiarizá-lo com as instruções que trazia.

"Fomos encarregados de uma responsabilidade de importância crítica, em nome da pátria mãe. Antes da convocação da Assembléia Constituinte, que decidirá o futuro do ex-czar, os senhores têm que se comportar com dignidade; não permitam que o ex-czar e sua família sejam insultados ou tratados com grosseria. Qualquer falta de consideração da parte dos senhores servirá apenas para nos envergonhar. Tratar com grosseria prisioneiros desarmados não é conduta digna de nós. Em vista disso", disse eu ao fim de meu discurso, "peço a todos os senhores que sigam a seguinte regra: teremos que responder por todos os nossos atos. Não temos o direito de agir como juízes em relação ao ex-czar e sua família, que nos foram confiados."

O destacamento entendeu perfeitamente minhas palavras e provou isso evitando agir grosseiramente durante todos os cinco meses em que fui comissário. A conduta do destacamento foi quase cavalheiresca.

A maioria dos soldados do destacamento produziu agradável impressão sobre mim, com sua disciplina interior e aparência militar correta. Com exceção de uns poucos, nosso destacamento era composto de verdadeiros combatentes, que haviam passado dois anos irrompendo através de posições inimigas sob fogo alemão; muitos deles possuíam duas Cruzes Douradas de São Jorge. Esses eram autênticos combatentes — não Guardas de retaguarda —, altos, elegantes e disciplinados. Senti profunda responsabilidade e obrigação de ajudá-los a preservar essas qualidades. Para conseguir isso, era necessário criar uma atmosfera mais ou menos sadia, preencher-lhes o tempo com trabalho e educação. A situação estava longe de perfeita: o quartel era mal-equipado e adaptado. Eram necessárias grandes reformas. Quando a navegação era possível, nossos soldados encontravam trabalho nas docas, onde os barqueiros deixavam com prazer que eles carregassem e descarregassem os batelões e navios. Durante o tempo de folga, parte do destacamento trabalhava nas docas. Mas não podíamos contar com esse trabalho no inverno. Resolvi fundar uma escola para soldados analfabetos e semi-analfabetos e organizar um programa de palestras e leitura de relatórios para todos, achando que isso conseguiria ocupar o destacamento com trabalho útil e inteligente. Três oficiais me ajudaram nesse trabalho.

Dividi da seguinte maneira, com o coronel Kobilinski, todo o trabalho relativo à guarda: ele se encarregava da parte financeira e administração interna e eu, do resto. A esse respeito, tenho que observar que todas as "opiniões e comentários" sobre Kobilinski que ouvi em Petrogrado eram, para minha grande satisfação, inteiramente infundados.

Os círculos militares tinham uma atitude negativa em relação a ele. Encontrei nele, porém, um colaborador competente, nobre e consciencioso. Ievgeni Stepanovich Kobilinski é um oficial da Guarda Pessoal. Tendo participado da guerra contra os alemães, foi gravemente ferido em batalha e só pôde sobreviver graças a tratamento médico hábil. Nunca pertenceu a qualquer partido político e não desejava ligar-se a nenhum; era simplesmente um ser humano no melhor sentido da palavra. Nobre e honesto por natureza, bem educado e intelectualmente amadurecido, sempre demonstrou correção e dignidade em seus relacionamentos pessoais: trabalhador e altruísta, conquistou a confiança e o respeito de todos. Rapidamente me aproximei dele e vim a amá-lo do fundo do coração. Nossas relações mútuas tornaram-se muito francas...

VIGÍLIA

Antes de conhecê-los, eu ouvira dizer muitas vezes que a família de Nicolau II era muito religiosa e que isso explicava a influência que Grigori Rasputin exercera sobre a família imperial. Religiosidade, porém, é entendida de maneira muito diferente pelas pessoas, e, neste caso, formar um juízo é extremamente difícil. As necessidades espirituais-morais dos prisioneiros reais foram inicialmente satisfeitas pela realização de serviços religiosos no salão da Casa do Governador, isto é, na mesma casa onde residia a família do ex-czar. No sábado seguinte, compareci à vigília pela primeira vez.

Aleksandra Fiodorovna encarregou-se do trabalho de preparar e aprontar o salão para o culto. Colocou no salão o ícone do salvador, cobriu o pedestal de madeira do ícone, decorando ambos com bordados que ela mesmo fizera etc. Às 8h da noite, chegaram o padre da Igreja Blagoveschenski e quatro freiras do Convento Ivanovski. O séquito se reuniu no salão, organizando-se por posto, em ordem precisa; os serviçais organizaram-se também ao lado, também na mesma ordem exata por posto: Nicolau colocou-se à direita, com Aleksandra Fiodorovna ao lado, e em seguida Aleksei e as princesas. Todos os presentes os cumprimentaram com profundas mesuras. O padre e as freiras também. Velas foram acesas em volta do pedestal do ícone. Começou o serviço. Toda a família se benzeu piedosamente; a comitiva e os serviçais seguiram os movimentos de seus antigos senhores. Lembro-me de que toda essa situação produziu inicialmente uma profunda impressão sobre mim. O padre em seus trajes, as freiras de preto, as velas tremeluzentes, o canto fraco das freiras, a religiosidade visível dos fiéis, a imagem do salvador. Uma corrente de pensamentos se seguia à outra.

"Sobre o que eles estão rezando, o que pede essa antiga família real? O que é que ela sente?", perguntei a mim mesmo.

As freiras começaram a cantar "Glória a Deus no céu e na terra, paz e boa-vontade entre todos os homens". Toda a família de Nicolau II se ajoelhou e benzeu-se fervorosamente. Seguindo o exemplo, todo o resto caiu de joelhos também. Na ocasião, pareceu-me que toda a família do ex-czar imergia sinceramente no sentimento e estado de espírito religioso.

O serviço está terminando. Começa a unção com os óleos. O padre volta o rosto para a antiga família imperial. Nicolau II é o primeiro a aproximar-se dele, em seguida Aleksandra Fiodorovna, o herdeiro, filhas, séquito e serviçais, de acordo com seus postos. Depois disso, o salão se esvazia.

O príncipe Dolgorukov aproximou-se de mim.

"Sr. comissário, quando teremos permissão para ir à igreja? Nicolau Aleksandrovich e Aleksandra Fiodorovna pediram-me que descobrisse", perguntou-me.

"Logo que tudo estiver pronto. Não tenho a menor intenção de privá-los de ir à igreja", respondi.

"Que preparativos são necessários?"

"Os que evitam situações desagradáveis e mal-entendidos."

"Não entendo", respondeu o príncipe, aborrecido.

"Não pense que situações desagradáveis que têm a ver apenas comigo pessoalmente são as que me preocupam. Situações desagradáveis de um tipo inteiramente diferente são possíveis e não posso deixar que isso aconteça", expliquei ao príncipe. Ele, porém, mais uma vez, não me compreendeu.

O fato é que eu estava menos receoso de tentativas de evasão ou alguma coisa dessa natureza do que de possíveis ataques por moradores isolados de Tobolski, que já haviam conseguido enviar cartas anônimas, nos termos os mais imorais, a Aleksandra Fiodorovna, Nicolau e mesmo às filhas, embora eu as tivesse interceptado. Toda correspondência destinada à família imperial passava por minhas mãos.

E se um dos autores dessas cartas metesse na cabeça dizer alguma piada enquanto eles estavam se dirigindo à igreja — ou jogar pedras, berrar obscenidades, e assim por diante? Teria que haver uma reação, qualquer que fosse o caso. Era melhor eliminar antecipadamente a possibilidade de um incidente desse tipo.

E Kobilinski e eu nos esforçamos para adotar todas as precauções contra essas possibilidades.

Embora a Igreja Blagoveshchenski se localizasse a apenas algumas centenas de metros da casa onde residia Nicolau II, sem eliminar os inconvenientes mencionados acima não poderíamos atender aos pedidos da família. Na verdade, dentro de uma semana tudo foi arranjado.

A ATITUDE DA POPULAÇÃO EM RELAÇÃO AO EX-CZAR

Circularam boatos na imprensa de que protestos "patrióticos" de grandes multidões estavam acontecendo em frente à Casa do Governador, que peregrinações a essa casa eram feitas etc. Todos esses boatos eram falsos, do começo ao fim. Nunca houve nem poderia haver quaisquer demonstrações patrióticas ou peregrinações. Talvez pudessem ter acontecido, se não fosse pelo mal-afamado Grigori Rasputin, que já desacreditara essa família em 1915 com seu comportamento e bravatas cínicas de intimidade com a família imperial. Esse patife descarado comportou-se de modo tão vergonhoso em sua última visita a Tobolski, de forma tão escandalosa e despudorada, que eliminou os últimos vestígios de um halo em volta da família do czar. Aqui, ele passou quase todo o tempo bêbado; quando estava nesse estado, importunava mulheres com propostas imorais e exigiu que um dos dois policiais locais, com quem desenvolvera amizade, fosse ordenado padre. Graças a Rasputin, o mal-afamado Varnava, cujo lado negativo é bem conhecido do povo de Tobolski, foi nomeado bispo. "Eu fiz de você um bispo", escreveu-lhe certa vez Rasputin. Durante meu tempo em Tobolski, ouvi tantas histórias sobre atos indecorosos de Rasputin que não sei se devo acreditar em todos. Rasputin, mais do que qualquer outra pessoa, arruinou o prestígio da família imperial aos olhos do povo de Tobolski (e só aos deles?), embora fosse supostamente para manter sua própria autoridade que a família o conservou na corte por tanto tempo e o tornou todo-poderoso...

PASSANDO O TEMPO

Antes do início do inverno, a curiosidade do povo de Tobolski encontrava satisfação no fato de que podia ver a família imperial no terraço. Em dias claros, toda a família, com maior freqüência após o almoço, saía muitas vezes para o terraço que dá vista para o jardim da cidade, a parte alta e a rua da Liberdade. No início, transeuntes na rua olhavam com grande curiosidade para a família de Nicolau Aleksandrovich. Uma curiosidade inteiramente compreensível e natural. As moradoras da cidade eram as mais surpresas com o cabelo das princesas: por que o cabelo delas era cortado como o de meninos? Aleksandra Fiodorovna aparecia com mais freqüência no terraço fazendo tricô ou costurando. Só de tempos em tempos ela admirava a vista da cidade, que nunca teria conhecido, se não fosse pelo "destino". Nicolau Aleksandrovich era o que aparecia com menos freqüência no terraço. Desde o primeiro dia em que troncos e uma serra haviam sido trazidos, ele passava grande parte do dia transformando troncos em lenha. Essa era uma de suas maneiras favoritas de passar o tempo. Fiquei espantado com sua resistência física e mesmo força. Seus companheiros habituais nesse trabalho eram as princesas, Aleksei, o conde Tatishchev e o príncipe Dolgorukov, mas eles se cansavam logo e ficavam se revezando, enquanto Nicolau II continuava a trabalhar. A mesma coisa podia ser observada nos jogos de *gorodki* [um tipo de jogo de boliche]: todos se cansavam rapidamente, enquanto ele permanecia infatigável. De modo geral, o ex-czar era fisicamente muito sadio e adorava movimento. Às vezes, andava em volta do pátio durante horas [sozinho] ou acompanhado pelas filhas. Nesse sentido, Aleksandra Fiodorovna é o oposto exato dele. Ela revelava muito pouca mobilidade. Havia também uma diferença visível e significativa entre ela e Nicolau II em termos de sociabilidade. Os filhos davam passeios com mais freqüência com o pai do que com ela. Eram notáveis a reserva e inclinação para a solidão de Aleksandra Fiodorovna. Talvez uma explicação fosse a de que ela encarava a situação e o novo ambiente de forma muito mais difícil, mas, de qualquer modo, tanto quanto pude depreender, ela era, por sua própria natureza, o oposto exato de Nicolau II. Ela conservava em si todas as características de uma alemã — e de um alemã megalômana e com ar de superioridade. A atitude dela em relação ao ambiente revelava-se em todos os seus movimentos. Enquanto Nicolau II conversava pronta, simples e facilmente com todos os serviçais, insensibilidade e arrogância eram visíveis na maneira de se relacionar de Aleksandra Fiodorovna. Ela jamais participou dos jogos de *gorodki* ou do trabalho de serrar troncos. Às vezes, contudo, expressava interesse pelas galinhas e patos que o cozinheiro começara a criar no fundo do jardim. Nesse local, ela se sentia um pouco mais solta. Conversei com ela nesse local mais de uma vez, mas seus tópicos de conversa eram sempre galinhas e patos. À noite, porém, a antiga família imperial reunia-se no salão, onde o doutor Botkin, Dolgorukov, Tatishchev e Gendrikova, juntamente com Shneider, juntavam-se a eles e passavam o tempo em conversa. Às vezes, alguém lia em voz alta. Essa leitura, porém, nem sempre tinha sucesso, porque os ouvintes se cansavam de permanecer calados e iniciavam uma conversa e alguns chegavam mesmo a cochilar com o som monótono.

"Sr. comissário, nós freqüentemente voltamos à questão de passear pela cidade e mesmo nos arredores", disse-me o doutor Botkin, contando como as longas noites eram passadas na Casa do Governador.

"Nós não terminamos ainda com a questão das idas à igreja. O senhor sabe o que isso acarreta", respondi.

"Acho que seus receios são infundados. Suas Majestades não pensam absolutamente em fugir." (Botkin lhes usava sempre os títulos dessa maneira.)

"Disso é o que menos tenho medo", objetei. "Há muitas outras razões, mas não tenho o direito de divulgá-las."

"Neste caso, eu mesmo vou fazer um requerimento ao Governo Provisório."

"Nada tenho contra. Encarregue-se disso."

Após alguns dias, o czar me pediu para ir procurá-lo. Compareci. Ele pediu desculpas pelo incômodo.

"Eu gostaria de lhe pedir que nos permitisse conhecer a cidade. Por que tem receio por nossa causa?"

"Não tenho permissão do Governo Provisório para atender a esse pedido. Além do mais, há outras razões."

"Quando chegará essa permissão? Estamos interessados em conhecer a cidade, as igrejas. A cidade é muito antiga e histórica."

"Até parece que o senhor já esteve aqui, não?", perguntei.

"A caminho de algum outro lugar — por algumas horas", respondeu o ex-czar, algo relutante.

Eu, pessoalmente, nada tinha contra satisfazer o pedido do ex-czar de conhecer a cidade, mas, em primeiro lugar, as instruções que me haviam sido dadas pelo Governo Provisório e, em segundo, a situação vigente — e este era o maior obstáculo — excluíam, no todo, essa possibilidade. Alguma coisa terrível estava avançando sobre a Rússia, em seguida aos fatos [motins] ligados ao general Kornilov. A Revolução Russa ingressava em uma nova fase.

A ATMOSFERA REINANTE

De acordo com as instruções do Governo Provisório, toda a correspondência do ex-czar, família e comitiva devia passar por minhas mãos. Reconheço que essa obrigação era inteiramente desagradável e mesmo repugnante. O fato era que os "patriotas" russos aparentemente pensavam que todas as suas cartas dirigidas a membros da antiga família imperial, por mais obscenos que fossem seus conteúdos, deviam ser imediatamente entregues aos destinatários. Nunca em minha vida tive que ler tantas cartas repulsivas, pornográficas, como nessa época. E toda essa vileza era dirigida ou contra Aleksandra Fiodorovna ou Nicolau II. Algumas cartas, com desenhos imorais, grosseiros a ponto de serem chocantes, entreguei ao coronel Kobilinski. Eu disse que essas cartas eram de "patriotas" russos, pois estava profundamente convencido de que muitos dos autores dessas cartas estavam prontos para rastejar diante de Nicolau II e sua família antes da derrubada, quando ele era ainda todo-poderoso, e nesse momento escreviam essas cartas anônimas repulsivas, julgando que isso era muito bom e espirituoso. Havia muitas cartas em envelopes revolucionários vermelhos, com o lema revolucionário "Vida Longa à Revolução Russa". Todas as cartas, e, freqüentemente, elas eram muitas, tinham que ser lidas com todo cuidado e, em seguida, ser jogadas no fogo. Havia também muitas de natureza ameaçadora. Os autores dessas cartas deviam ser da América, pois cartas em inglês eram também recebidas desse país, dirigidas às filhas do ex-czar, contendo propostas. Às vezes, chegavam tantas dessas cartas que a manhã inteira era gasta nessa vileza.

O próprio Nicolau II e família se correspondiam com muito poucos de seus parentes. O ex-czar escrevia apenas à mãe e à irmã, Ksenia Aleksandrovna. As crianças se correspondiam com um círculo mais amplo e aparentemente isso lhes dava grande prazer, pois todas as vezes em que eu ia à casa onde morava a família era quase sempre recebido por uma das princesas com uma pergunta: tem alguma carta para mim? É interessante notar que Aleksandra Fiodorovna e os filhos nunca escreviam a Maria Fiodorovna. Até as crianças desenvolveram relacionamentos um tanto frios com a avó, graças ao mau relacionamento conhecido entre essa última e Aleksandra Fiodorovna.

Além dos jornais russos, Nicolau II recebia jornais e revistas ingleses e franceses. Alguém que aparentemente conhecia os gostos do ex-czar enviava-lhe pequenas revistas bem divertidas. Nicolau Aleksandrovich gostava de ler essas revistinhas. Não havia obstáculos à entrega de jornais e revistas, embora esse prazer causasse às vezes desalento: ocasionalmente, eram veiculados nos jornais boatos que perturbavam muito a família do ex-czar.

"Por favor, sr. comissário, por que os jornais escrevem sobre nós o que não é verdade?", uma das princesas perguntou-me certa vez.

"O quê?"

"Sobre a fuga. O senhor sabe que isso não é verdade. O senhor leu isso, claro."

"Foi assim que alguns de nossos jornais se acostumaram a trabalhar, há muito tempo. Querem ganhar mais dinheiro", respondi.

O *Novoe vremia* [Novos tempos] e alguns outros jornais haviam realmente publicado uma mentira sobre a fuga de Nicolau II e fui obrigado a enviar um telegrama urgente com um desmentido. Mas, enquanto o desmentido estava a caminho (e, às vezes, desmentidos nem mesmo eram publicados nos jornais), a balela já havia voado por toda a Rússia e mesmo chegado à frente de batalha e agitado a população. Eu mesmo recebi indagações e ameaças. Boatos de que o destacamento que guardava o czar se amotinara estavam circulando, causando, em resumo, alarme e animosidade.

O Soviete de Tobolski, que era presidido pelo doutor Varnakov, pediu-me certa vez que passasse por lá para tratar de "um assunto muito importante".

Fui lá no dia seguinte.

"O que é que há?", perguntei.

Os presentes ficaram um tanto perdidos, procurando uma maneira certa de começar. Após um curto silêncio, Varnakov foi o primeiro a falar.

"Tanto quanto pudemos conhecer o destacamento, ele não parece ser muito desenvolvido politicamente."

"Isso significa indigno de confiança", interromperam-no Pisarevskaia e Kiselevich. "Podemos mandar buscar gente de confiança em Omsk, operários que são plenamente conscientes, politicamente falando."

"Omsk enviará homens de verdade. Seu destacamento...", Pisarevskaia foi quem falou novamente. Não deixei que ela terminasse. Disse que qualquer tentativa de substituir o destacamento por quaisquer outras pessoas devia ser, de uma vez por todas, esquecida. ["] As conseqüências seriam muito desagradáveis para os senhores se eu contasse isso ao destacamento. Não admitirei interferência enquanto estiver aqui. Peço-lhes que não me incomodem mais com essas conversas. Eu gostaria de ver em toda parte o mesmo tipo de disciplina e nível de desenvolvimento do nosso destacamento", concluí e fui embora.

Dessa ocasião em diante, o Soviete de Tobolski praticamente abominou-me.

Eu gostaria de dizer, para que ficasse registrado, que o destacamento (da forma inicialmente constituída) apresentava-se como uma unidade militar, preservando toda disciplina. Em comparação com a guarnição local, destacava-se nitidamente na correção do uniforme, na sobriedade e conduta exemplares. Enquanto os soldados da guarnição local podiam ser vistos freqüentemente embriagados, sujos, inacreditavelmente vestidos, nossos guardas vestiam uniformes limpos, comportavam-se bem e rapidamente começaram a conquistar o coração das mulheres e serviçais locais. Por esses motivos, ódio, má-vontade e ciúme de nossos guardas já haviam surgido entre os soldados da guarnição local. Se não houve conflitos declarados, foi porque os soldados locais temiam nossos guardas.

A EDUCAÇÃO E O DESENVOLVIMENTO INTELECTUAL DOS FILHOS DO EX-CZAR

O inverno aproximava-se. Nicolau II e Aleksandra Fiodorovna resolveram que Maria, Anastásia e Aleksei deviam continuar sua educação, que permanecia incompleta. Aulas de língua russa, história, geografia, aritmética e outras lições logo depois foram iniciadas. O quadro de professores consistia da condessa Gendrikova, Shneider, doutor Botkin, o francês Gilliard, o inglês Gibbs, e o próprio Nicolau II, que ensinava história às crianças. Pelos meus constantes encontros e observação de todo esse quadro de professores, fiquei espantado que tal família, que possuíra todos os tipos de meios, não tivesse fornecido aos filhos os melhores professores possíveis, que poderiam ter dado a eles uma educação autêntica e lhes promovido o crescimento intelectual. Com a exceção do francês Gilliard e do inglês Gibbs, os demais eram simplesmente cortesãos. Até mesmo o doutor Botkin adquirira todas as características de um cortesão e dispensa dizer que Gendrikova e Shneider as possuíam.

Tive confirmação dessa opinião mais de uma vez. A escassa atenção dada ao desenvolvimento das crianças podia ser julgada pelo interesse com que elas escutavam as coisas mais comuns, como se nunca tivessem visto, lido ou ouvido nada. No princípio, pensei que isso era simples acanhamento. Mas logo compreendi que a situação a respeito da educação e desenvolvimento intelectual das mesmas era muito ruim. Certa vez, o ex-czar me perguntou: "Poderíamos convidar mais um professor?"

O coronel Kobilinski e eu resolvemos sugerir uma professora que conhecíamos.

"Vou ter que conversar com Aleksandra Fiodorovna", respondeu o antigo czar, agradecendo-me a sugestão. "Aleksandra Fiodorovna e eu conversamos sobre todas as questões relativas à criação das crianças."

Não fiz objeção.

"O senhor conhece bem essa professora?", perguntou Nicolau Aleksandrovich.

"O coronel Kobilinski conhece-a melhor do que eu, e Aleksandra Fiodorovna conhece-a bem da enfermaria e do ginásio de Tsarkoe Tselo, onde ela lecionou por quase oito anos", respondi.

"Estou muito, muito grato ao senhor. Vou conversar com Aleksandra e ela provavelmente concordará. Nós, realmente, temos carência de professores. Eu mesmo ensino história russa. Adoro história russa."

"Infelizmente, a história é ensinada unilateralmente em nossas escolas e a maioria dos professores se apega à mesma velha rotina ultrapassada. Só o estudo independente concede uma compreensão real da história."

"Sim, sim. Eu adoro história militar", interrompeu-me Nicolau Aleksandrovich. "A história militar sempre me interessou."

Tornou-se claro em conversas posteriores que o ex-czar realmente conhecia a história militar russa, mas era muito fraco seu conhecimento geral da história do povo. Ele simplesmente esquecera ou compreendera mal os períodos da história russa e sua significação. Todo o seu discurso sobre esses assuntos se reduzia à história de guerras. Poderia tal preparação fazer dele um professor, mesmo de crianças?

Após alguns dias, a nova professora, Klavdia Mikhailovna Bitner, começou a dar lições.

"Que tal a preparação das crianças?", perguntei a ela.

"Deixa muito a desejar. Nunca esperei encontrar o que encontrei. Crianças tão crescidas e conhecem tão pouco de literatura russa, são tão pouco desenvolvidas. Leram um pouco de Pushkin, ainda menos de Lermontov e nunca ouviram falar em Nekrasov, para nem mencionar outros autores. Aleksei não aprendeu a declinação dos números quando usados em conjunto com palavras e tem um conceito muito vago de geografia russa. O que é que isso significa? Como foi que foram ensinados? Houve todas as oportunidades para conseguir os melhores professores e mestres — e isso não foi feito."

"Em que estão eles mais interessados, se é que estão? Talvez a vida na corte tenha matado tudo neles", observei.

"Eles estão interessados em praticamente tudo. Gostam muito quando leio em voz alta para eles. E tenho que lhe fazer um elogio, Vassili Semionovich: eles gostam muito de suas histórias de viagens."

"Não contei a eles nada de especial."

"Ainda assim, eles adoram ouvir suas histórias."

"Podemos julgar o desenvolvimento deles por isso. O senhor lhes falou sobre a aurora boreal, sobre os Iakuts, os Tungus.* Eles não chegaram mesmo a lhe perguntar se não havia escrito a história de suas viagens?"

"A senhora devia ler para eles o *Mulheres russas* e *Nariz vermelho congelado*, de Nekrasov", sugeri a Klavdia Mikhailovna[1].

"Será interessante notar que impressões esses poemas produzirão sobre eles. Eu mesma adoro esses poemas. Vou fazer isso amanhã mesmo."

No dia seguinte, Klavdia Mikhailovna me contou a impressão espantosa que os poemas de Nekrasov haviam produzido em todas as crianças.

"Como foi que ninguém nos disse que tínhamos um poeta tão maravilhoso?", perguntaram as princesas.

"Todos escutaram atentamente", contou Klavdia Mikhailovna. "Até mesmo o ex-czar e Aleksandra Fiodorovna vieram ouvir. As crianças ficaram deliciadas. Estranho o quão pouco eles se preocuparam com o desenvolvimento e a educação dos filhos."

"Não havia tempo para se dedicarem aos filhos, para envolvê-los em uma atmosfera sadia e de pessoas autênticas e não de cortesãos", comentou o coronel Kobilinski. "Até mesmo uma família pobre, comum, da *intelligentsia* tomava melhores providências quanto aos filhos. Nessas famílias, nessa idade, as crianças eram muito mais desenvolvidas e mais bem educadas..."

---

* Antigos povos da Sibéria. (N.T.)

A REVOLUÇÃO DE OUTUBRO DE 1917

As notícias dessa revolução chegaram a Tobolski em fragmentos. Era impossível formar uma idéia verdadeira do que estava acontecendo nas capitais. Os telegramas de Kerenski eram muito curtos e unilaterais; as reportagens dos jornais distinguiam-se por seu forte partidarismo e brilhavam apenas com polêmicas. Minha situação em Tobolski se tornara extremamente vulnerável e eu queria, mais do que qualquer outra coisa, que a Assembléia Constituinte se reunisse logo e me aliviasse dessa difícil obrigação. A Revolução de Outubro produziu um efeito deprimente, não só sobre o ex-czar, mas também sobre a comitiva. Pelos jornais, viam o que estava acontecendo em Petrogrado. Durante longo tempo, Nicolau sofreu em silêncio e nunca me falou sobre esse assunto. Mas quando chegaram notícias de jornal sobre o roubo de vinho dos porões do Palácio de Inverno, ele me perguntou, nervosamente: "Será que Kerenski não pode impedir essa obstinação destrutiva?"

"Aparentemente, ele não pode. Afinal de contas, uma turba é uma turba em toda parte e em todas as ocasiões."

"Como é que isso pode acontecer? Aleksander Fiodorovich foi eleito pelo povo. O povo deve se submeter, não agir obstinadamente. Kerenski é o amado dos soldados", disse o ex-czar, um tanto irritado.

"Nós aqui estamos longe demais de tudo. É difícil para nós julgar o que está acontecendo na Rússia. Mas, para mim, todos os excessos da turba são compreensíveis, e não inesperados. Lembre-se da guerra com o Japão. O senhor, Nicolau Aleksandrovich, lembra-se da mobilização de 1914 em Kuznetsk, Barnaul e outras cidades — como os recrutas destruíram os prédios do monopólio de bebidas, como quebraram vitrines de casas de vinhos, as barbaridades que cometeram. Por alguma razão, nada disso aconteceu na Alemanha e na Áustria. Parece que, lá, não houve turbas."

Aparentemente, minha explicação foi de todo incompreensível para o ex-czar. Depois de um silêncio de alguns minutos, ele disse:

"Mas por que saquear o palácio? Por que não detiveram a turba? Por que permitir o roubo e a destruição de riquezas?"

O czar pronunciou essas últimas palavras em voz trêmula. Sua face empalidecera, o fogo da indignação relampejou em seus olhos. Exatamente nesse momento, Tatishchev e uma das filhas se aproximaram de nós. A conversa sobre esse tópico foi bruscamente cortada. Mais tarde, lamentei muito esse fato. Eu queria mesmo descobrir como o antigo czar realmente interpretava o desenrolar dos fatos. Reconheceria ele que a turba "obstinada" não fora preparada nem formada ontem, ou neste ano, mas por séculos de um regime burocrático que mais cedo ou mais tarde teria que provocar a "obstinação" da turba? Aparentemente, Nicolau II compreendera mal essa obstinação em março de 1917, mas entendeu-a ainda pior em outubro do mesmo ano. Para isso, ele precisava conhecer não só a história militar, que ensinava ao filho, mas a história do povo, a história da turba. As rebeliões de Stenka Razin, de Pugachev, as rebeliões de unidades militares haviam sido obviamente esquecidas pelo antigo czar. Aparentemente, ele nunca se fez a pergunta: por que em nenhum outro país — nem na Alemanha, na França ou na Áustria — o povo e as tropas se levantaram em rebelião durante tempos de guerra? Por que isso era possível apenas em nosso país, na Rússia, onde o poder czarista e burocrático parecia tão estável, indestrutível? Ainda assim, ele desmoronou até os alicerces em um espaço de dois ou três dias. Será esse o destino de todo regime despótico? Vimos muitos exemplos desses na história...

Mesmo antes de deixar Petrogrado, eu disse a Kerenski e a Kuzmin[2] que seria necessário organizar uma escola para o destacamento, fazer palestras, para que os soldados não esmorecessem e se insubordinassem por tédio e por não terem o que fazer. Tobolski é uma cidadezinha provinciana esquecida por Deus, com um longo e frio inverno. Kerenski e Kuzmin concordaram inteiramente comigo. Logo que cheguei a Tobolski, imediatamente retomei esse assunto. Havia numerosos soldados analfabetos e semi-analfabetos no destacamento. Alguns oficiais concordaram também em ajudá-los no estudo. Eu mesmo dei lições aos mais preparados. Ministrava aulas sobre história natural, geografia, história da cultura e assim por diante. Meu assistente, A.V. Nikolski, ensinava contabilidade. Além disso, eu repetidamente fazia palestras e dava aulas sobre diferentes tópicos na Casa do Povo a todos os que ali comparecessem e ao nosso destacamento. Antes dos eventos de outubro, as lições se desenvolveram bem e os soldados vinham muito interessados à escola. No início de novembro, alguns deixaram inteiramente de vir: evidentemente, pensavam que sua educação estava completa. Às vezes, apareciam na escola e diziam piadas estúpidas sobre os grupos de mais idade, que estavam aprendendo geometria.

"Todo mundo quer ser um seminarista, um doutor, professor", disse um deles certa vez.

"Você está atrapalhando os estudos", retruquei.

"Que os seminaristas estudem, então."

"Caia fora daqui", berrou um dos estudantes, "ou você vai se ver comigo."

Mas havia muitos como esse no destacamento.

No quartel, várias vezes eles impediam outros de estudar, provocando irada frustração e se entregando a cruéis chacotas. A discórdia interna no destacamento crescia a cada dia. Todos os meus esforços para reconciliar os grupos de soldados fracassaram. Consegui apenas moderar a violência da inimizade entre eles. Mas mesmo isso foi apenas temporário.

Finalmente, o dentista que era considerado como o dentista oficial da antiga família imperial voltou da Criméia. Esqueci agora o sobrenome dele. Alojei-o comigo e ele ia à Casa do Governador tratar dos membros da antiga família real. Não sei que convicções ele mantivera antes, mas em Tobolski ele me disse que era um tolstoiano. Revelou-se que conhecíamos alguns médicos em comum. Às noites, conversávamos muitas vezes durante longo tempo sobre o passado de Nicolau. Suas histórias confirmaram inteiramente minhas observações sobre a família imperial. Ela sufocara na monótona atmosfera da corte. Sentia autêntica fome espiritual, sede de conhecer pessoas de outros meios. A tradição, no entanto, prendia-a como se fosse um peso de chumbo e a tornava escrava da etiqueta. Em todas as ocasiões que um não-cortesão conseguia se destacar no círculo da família real, essa pessoa se tornava imediatamente objeto de atenção geral — isto é, se o grupo de cortesãos não conseguisse se livrar dela a tempo. Foi assim que aconteceu com Grigori Rasputin...

Recebi cartas anônimas ameaçadoras da frente de batalha, de Omsk, de Krasnoiarsk, de Iekaterinburg e mesmo dos próprios moradores de Tobolski. Algumas cartas ameaçavam inclusive enviar uma divisão completa, porque havíamos "deixado que a família real fizesse o que queria" e mesmo ter deixado que o czar fugisse com uma das filhas. Todas essas ameaças e especulações baseavam-se no tipo de especulação jornalística que sempre caracterizara órgãos da imprensa russa que queriam vender mais jornais. Oh, como as mentiras desses jornais envenenaram minha vida. Não apenas meus telegramas com desmentidos nem sempre eram publicados, mas, às vezes, os correios e telégrafos tudo faziam para impedir que chegassem às redações desses jornais mentirosos...

O mundo natural da Sibéria, aparentemente, causou boa impressão à família imperial. Freqüentemente me faziam perguntas sobre ele. Seus olhos estavam acostumados às paisagens mais tranqüilas, mais serenas do sul. A dinastia russa pouco se interessava pelo norte da Rússia. Todos os anos, ela ou viajava ao exterior ou seguia para a Criméia ou para o Cáucaso. Tendo acabado em Tobolski contra sua vontade — um local que nunca haviam visitado, claro, e sobre o qual só conheciam alguma coisa por ouvir dizer —, eles observavam pessoalmente nesse instante os aspectos particulares desse ambiente natural agreste.

A Sibéria é o meu segundo lar. Após quase quatorze anos de prisão em solitária na Fortaleza de Shlisselburg e, após esse período, um ano inteiro sendo transferido entre prisões siberianas e com paradas para pernoite a caminho do exílio, sob rigorosa escolta, acabei sendo libertado em Viliuisk em fins de fevereiro. Nessa época do ano, apesar das fortes nevascas, o sol permanece por mais tempo no horizonte e suas cores são tão diferentes, suaves e refinadas que, durante horas inteiras, eu ficava admirando o céu maravilhoso. Tenho que reconhecer que me apaixonei profundamente pela natureza do norte desde a primeira vez em que a vi. Sentia-me perto dela e comecei a estudá-la e a aprender com ela. É compreensível que, em reuniões com a família de Nicolau, o tema de nossas conversas fosse muitas vezes a Sibéria e seu ambiente natural. O quão pouco eles sabiam! Quão pouco interesse haviam sentido por ela antes! A noção que tinham da Sibéria diferia pouco das noções de beldades italianas, que pensam que lobos e ursos vagueiam pelas ruas das cidades siberianas e que há neve e geadas eternas na região.

Sob a influência dessas histórias, Nicolau Aleksandrovich freqüentemente repetia seu desejo de passear fora da cidade e eu tinha que lhe recusar o pedido todas as vezes.

"O senhor nada tem a temer. Se acha que posso pensar em fugir, providencie uma escolta", dizia.

"Eu já lhe expliquei que esse é o menor dos obstáculos."

"E se nós mesmos tratarmos disso com o governo?"

"Por favor, faça isso. Criei algum obstáculo para o senhor nesse particular?"

"Mas nós estamos apelando para o senhor como representante do governo. Aleksandra Fiodorovna e eu conversamos sobre o assunto e decidimos fazer um requerimento direto ao governo. Mas achamos que o senhor poderia atender ao nosso pedido, com base em sua própria autoridade."

Oh, quão pouco Nicolau sabia sobre o que estava acontecendo em toda parte, a despeito do fato de que eu lhe fornecia todos os jornais, pelos quais era evidente que o Governo Provisório já havia desmoronado, sido dispersado e substituído pelos sovietes. Só aqui, em Tobolski, era que o soviete local não havia assumido inteiramente o poder. O comissário provincial ainda mantinha o poder, a cidade ainda tinha autonomia administrativa e eleições eram realizadas para o zemstvo [conselho eletivo do distrito]. Os sovietes, no entanto, em especial o Soviete Regional de Omsk, iniciaram um ataque sistemático. Duas vezes já, o comissário militar do soviete de Omsk dera ordens para transferir o ex-czar e família para uma prisão de trabalhos forçados e para prender o comissário provincial. Eu não vi a necessidade de recorrer a tais medidas...

Havia começado a campanha pré-eleitoral para a Assembléia Constituinte. Os moradores de Tobolski convidaram-me para fazer uma palestra na Casa do Povo, na qual eu explicaria a agenda da Assembléia Constituinte. Terminei tendo que fazer também palestras para o destacamento e a guarnição local, como fizera antes na Casa do Povo. Era como se, por algum tempo, a campanha pré-eleitoral distraísse a população provinciana de uma raiva profunda.

Certa manhã, quando fui à Casa do Governador entregar cartas e revistas, uma das princesas me perguntou:

"Poderia ser realmente verdade que a Assembléia Constituinte vai nos mandar a todos para o exterior?"

"Onde foi que conseguiu essa informação?"

"Escreveram isso nos jornais."

"O que é que importa o que escrevem nos jornais? A Assembléia Constituinte não se reuniu ainda e ninguém sabe como ela vai decidir essa questão", respondi.

A princesa ficou embaraçada e, após alguns minutos, disse de repente: "Seria melhor que nos enviassem para algum outro lugar na Sibéria, não para o exterior."

Olhei para a princesa e involuntariamente perguntei a mim mesmo o que ela queria dizer com isso.

"Não quer deixar a Rússia?"

"Será melhor se ficarmos na Rússia. Que nos enviem para um lugar mais distante na Sibéria. O senhor também foi eleito para a Assembléia Constituinte?"

"Fui", respondi.

"E vai embora logo? O senhor não pode ir. Quem vai ficar em seu lugar?"

Respondi que, se não enviassem um substituto, eu teria que permanecer, mas que estava fazendo tudo para participar da Assembléia Constituinte.

Não sei por que, mas a família de Nicolau II claramente não queria que eu fosse embora. As damas-de-companhia, Botkin e outras pessoas me disseram isso mais de uma vez...

1. Nikolai Nekrasov (1821-78) foi um dos poetas mais populares da Rússia em fins do século XIX e princípios deste século. A maioria de seus poemas, incluindo os mencionados aqui, tratava dos sofrimentos dos camponeses russos e expressava, em uma voz profundamente lírica e inovadora, forte crítica moral à ordem social russa.

2. O capitão A.I. Kuzmin era o vice-comandante do distrito militar de Petrogrado e auxiliar íntimo de Kerenski. Era o superior de Pankratov no verão de 1917, quando este trabalhava como organizador e palestrante do departamento de desenvolvimento cultural da guarnição de Petrogrado. Kuzmin foi em parte responsável pela escolha de Pankratov para servir como comissário em Tobolski.

4
Morte em Iekaterinburg

DE ACORDO com Pavel Matveiev, membro da Guarda que acompanhou Nicolau em sua jornada desde Tobolski, quando o ex-czar compreendeu que seu destino era Iekaterinburg e não Moscou, comentou, "Eu preferiria ir para qualquer lugar, menos para os Urais", onde ouvira dizer que "o estado de espírito" era "violentamente contra" ele.[1] O comentário pode ser apócrifo, como parte tão grande dos depoimentos de testemunhas que serviram como prova, mas o simples fato de ter sido mencionado reflete a reputação bem merecida dos Urais como reduto do radicalismo de esquerda. Essa reputação foi confirmada mais uma vez, de acordo com outras recordações, no momento da chegada do grupo a Iekaterinburg, a capital dos "Urais Vermelhos". Quando o trem se aproximou da estação na manhã de 30 de abril de 1918, uma enorme multidão já o esperava na plataforma. Quando o trem parou, o povo começou a gritar, pedindo que Nicolau e família lhe fossem mostrados. Muitos gritavam ameaças: "Devíamos estrangulá-lo!", "Finalmente eles estão em nossas mãos!" O próprio comissário da estação berrou: "Iakovlev! Mande os Romanov descerem do vagão. Deixe eu cuspir no rosto imundo dele."[2] Só a ameaça de emprego de força, apoiada pelas autoridades comunistas locais, permitiu o transporte em segurança dos Romanov e acompanhantes para o local de confinamento: a casa requisitada de um rico comerciante chamado Ipatiev.

Ao entrar na casa Ipatiev, Aleksandra escreveu a lápis na ombreira da janela seu símbolo talismânico, a cruz suástica com os braços voltados para a esquerda, e a data, "17/30 de abril de 1918".[3] Três serviçais e o doutor Ievgeni Botkin se alojaram com os Romanov na casa. O príncipe Dolgorukov, que acompanhara o czar como ajudante-de-ordens, foi preso imediatamente após a chegada a Iekaterinburg e recolhido a uma prisão local, sob suspeita de estar relacionado a planos contra-revolucionários para libertar a antiga família imperial (Documento 129).[4] O resto da família, juntamente com seus preceptores e outros serviçais, chegou a Iekaterinburg em fins de maio sob guarda. Prisões reduziram também esse grupo: o ajudante-de-ordens de Nicolau, general Ilia Tatishchev, a dama-de-companhia condessa Anastásia Gendrikova, o professor de línguas das crianças e a leitora Iekaterina Shneider, além de vários outros. Os serviçais e membros do séquito restante — incluindo os professores Pierre Gilliard e Sidney Gibbs, e a amiga de Aleksandra, Sofia Buksgevden — foram aconselhados a voltar a Tiumen, de onde poderiam ir para onde quisessem (muitos preferiram ficar em Iekaterinburg).[5] A maioria dos detidos seria fuzilada pouco depois ou em seguida à execução do czar e família.

Todas as medidas foram tomadas para garantir que Nicolau e a família fossem vigiados contra quaisquer tentativas de libertá-los. A preocupação com a segurança fora a razão principal da transferência dos mesmos para Iekaterinburg e continuou a ser tema preocupante na correspondência entre Moscou e Iekaterinburg e nas muitas regras e procedimentos determinados para o regime de prisão (Documentos 126, 128, 129 e 136). Uma alta cerca foi levantada em volta da casa e, mais tarde, quando se pensou que a família pudesse estar fazendo sinais para pessoas no lado de fora, as janelas foram caiadas e, para reforçar a segurança, uma cerca ainda mais alta envolveu a primeira.[6]

Guardas foram postados dentro e fora da casa. Em lugar dos soldados de Tsarkoe Tselo que lhes haviam dado guarda em Tobolski, recrutou-se uma Guarda Vermelha especial entre operários industriais locais, principalmente das grandes fábricas Sisert e Zlakozov. Em princípios de julho, um pelotão de homens da Cheka — Comissão Extraordinária para a Luta à Contra-Revolução e Sabotagem — substituiu a guarda interna.[7] Muitos desses guardas consideravam a missão como motivo de orgulho e honra. Um deles, um metalúrgico de 31 anos chamado Anatoli Iakimov, reconheceu corajosamente esse fato diante de um tribunal Branco, que o acusava de crimes contra o czar: "Os senhores estão me perguntando por que servi de guarda ao czar? Não vi nada de errado nisso... Eu pensei, e ainda penso, que haverá uma vida 'boa' e 'justa' apenas quando não houver mais ricos e pobres, como existe agora, e isso só acontecerá quando todo o povo compreender, através de educação, que essa vida não existe ainda. Eu considerava o czar como o capitalista número um, que viveria sempre de mãos dadas com os capitalistas e não com os trabalhadores. Por essa razão, eu não queria um czar e achava que era necessário mantê-lo sob guarda, preso, para segurança da revolução."[8]

Os aspectos simbólico e significativo do cativeiro em Iekaterinburg foram tão importantes quanto os práticos. Mais do que nunca, os homens responsáveis pela família a tratavam como inimigos políticos derrotados. Imediatamente após a chegada a Iekaterinburg, procedeu-se a uma rigorosa busca nos objetos de uso pessoal da família. "Eu explodi com isso", escreveu Nicolau em seu diário (Documento 147, anotação de 17 [30] de abril). De acordo com seu criado-pessoal, que estava presente, Nicolau declarou: "Até hoje, tratei apenas com pessoas honradas e decentes." Boris Didkovski, membro do Presidium do Comitê Executivo do Soviete Regional dos Urais, respondeu rudemente: "Peço que não esqueça que está sob investigação e preso."[9] Cartas e diários dos prisioneiros descreveram as novas e rigorosas condições: sentinelas intrometidas dentro de casa, inclusive nos banheiros e alojados no térreo; recusa em permitir que os prisioneiros guardassem seu próprio dinheiro (eram obrigados a fazer pedidos específicos); confisco do equipamento fotográfico, que havia dado grande prazer à família durante anos, mas que poderia ser usado para fornecer informações a conspiradores; indeferimento do pedido de que outros membros da comitiva real, que os acompanhara voluntariamente a Iekaterinburg, pudessem se reunir a eles na casa Ipatiev; severas restrições à freqüência e tempo dos passeios no jardim, "de modo que isto pareça um regime de penitenciária", disseram a Nicolau (Documento 147, anotação de 1º [14] de maio); ordens proibindo que os guardas conversassem com os presos; dieta simples de pão preto, chá, sopa, carne cozida, macarrão e costeletas, servida sem toalha de linho ou talheres de prata; vedação e caiação das janelas, com apenas uma janela permanecendo aberta durante o tempo quente, o que só foi permitido após semanas de súplicas e que logo depois era reforçada com uma grade de ferro (Documentos 132, 135, 136 e 147).[10]

No nível pessoal, do dia-a-dia, numerosos membros da guarda comportavam-se de maneira que enfatizava ainda mais a reviravolta de poder e status representada pela prisão do czar e família. O furto contínuo e descarado de objetos de uso pessoal do espaço destinado ao armazenamento da bagagem fazia parte de um padrão mais geral de desprezo pelos presos. De acordo com o criado-pessoal, Terenti Chemodurov, "O comportamento e a aparência dos guardas eram absolutamente indecentes: mostravam-se rudes e imoderados, com cigarros entre os dentes e impudentes em suas maneiras. Inspiravam nojo e repugnância."[11] Outras testemunhas contaram que viram guardas obrigarem as princesas a tocar canções revolucionárias ao piano e fazerem comentários de natureza sexual quando as jovens iam ao banheiro.[12] Segundo um operário-guarda interrogado pela comissão de investigação do Exército Branco, o comandante da casa Ipatiev, Aleksandr Avdeiev — um operário que dirigira o comitê de fábrica na usina Zlakozov —, era "um verdadeiro bolchevista" que "freqüentemente falava sobre a maneira como os bolchevistas destruíram os gordos gatos burgueses e tomaram o poder de Nicolau, 'o Sanguinário'... Falava do czar com raiva. Xingava-o sempre que podia e nunca deixou de referir-se a ele como 'o sanguinário' e o 'sanguessuga'."[13]

Algumas dessas histórias podem ser exageros e mesmo invenções — foram contadas aos investigadores do Exército Branco por sobreviventes do séquito do czar ou por antigos guardas que haviam sido presos pelos Brancos e que estavam sendo submetidos a julgamento durante a guerra civil por seu papel na perseguição e assassinato do czar. Os próprios investigadores Brancos formularam perguntas e redigiram relatórios nos quais, evidentemente, procuraram incluir todos os exemplos possíveis de sofrimento moral do czar e família nas mãos dos bolchevistas. Histórias eram solicitadas e prontamente aceitas como verídicas, pois confirmavam a opinião dos adeptos da velha ordem de que a revolução levara ao poder plebeus rudes e ressentidos. Embora preconceituosa em concepção, essa descrição da revolução se justificava em muitos aspectos.

Investigadores que examinaram a casa, depois de os tchecos e Brancos tomarem Iekaterinburg, viram grande número de pichações "grosseiras e cínicas" nos cômodos dos guardas no térreo, nas guaritas dos sentinelas, em cercas, banheiros e nas paredes externas da casa, incluindo áreas onde a família passeava. Encontraram extensos versos burlescos sobre relações sexuais entre "Grishka e Sashura" (Rasputin e Aleksandra), às vezes mostrando Nicolau sentado próximo, bebendo, comentários sobre o tamanho do pênis de Rasputin, e numerosos desenhos obscenos nos quais Rasputin e Aleksandra apareciam em várias posições de coito. Nicolau era alvo de pichações mais explicitamente políticas, mas não menos humilhantes. Grande parte era rimada.

> A todas as pessoas, Nicolau costumava dizer
> Quanto à República, ela que vá se foder.

> Nosso Czar russo chamado Nicolau,
> Nós arrancamos do trono puxando pelo pau.
>
> *Tsaria russkogo Nikolu*
> *za khui sdernuli s prestolu*

Nicolau era acusado, por ganância e preguiça, de "beber o sangue do povo" e envenená-lo com álcool. Eram também rabiscados os nomes e apelidos dos guardas, variadas frases e modinhas obscenas e desenhos pornográficos (esboços de órgãos genitais etc.) sem referência explícita aos Romanov. Foram encontrados também alguns poemas sentimentais de amor ("Lembra-se / doce primavera / naquele romântico / dia em maio...") e uns poucos lemas comunistas ("Abaixo o Imperialismo Internacional e o capital e que toda a monarquia vá para o inferno").[14]

A emergente cultura política bolchevista alimentava um tom e maneiras beligerantes e plebéias, especialmente à medida que a frágil autoridade do novo regime era contestada e ameaçada. Após os dois primeiros meses no poder — tornando-se mais fortes as exigências de um governo eficaz e ficando mais eloqüentes e organizados os adversários —, Lenin e outros bolchevistas começaram, cada vez mais, a usar a linguagem da violência de classe e do terror. Em um ensaio escrito (embora não publicado) em fins de dezembro de 1917, Lenin declarou (talvez de forma rude demais para uma publicação destinada ao povo) que não deveria haver "piedade com os inimigos do povo", mas "guerra até a morte contra os ricos e seus lacaios, os intelectuais burgueses, guerra contra os criminosos, os indolentes e os arruaceiros" e a necessidade de uma política de "fuzilar na hora um em cada dez ociosos".[15]

A retórica militante desse tipo tornou-se ainda mais geral e popular. Conversas sobre ditadura, disciplina férrea e fuzilamento de inimigos tornou-se a norma entre os bolchevistas. Em fins de junho de 1918, "o terror de massa" na guerra à contra-revolução constava explicitamente da agenda.[16] Durante os anos de guerra civil que se seguiram, o comissário de jaqueta de couro, dominador e prepotente em modos, com uma Mauser na cintura, tornou-se o arquétipo do bolchevista.[17] As imagens e metáforas que saturavam a retórica bolchevista tornavam-se cada vez mais marciais, utilizando muitas vezes imagens de luta acirrada entre o bem e o mal. Como descrito na década de 1920 por um lingüista soviético, os discursos dos ativistas revolucionários estavam repletos de "imagens de vingador dos oprimidos, imagens de ferro e sangue, de animais vorazes; hidras, hidras com milhões de tentáculos e imensos incêndios espalhados por furacões pela terra".[18] Versos escritos por um jovem poeta de classe operária em 1918 eram típicos da visão militante que muitos tinham da revolução:

Explode,
Retalha
O velho mundo!
No calor
Do combate universal
E no fulgor vermelho dos incêndios
Sê
Implacável!
Estrangula
O corpo ossudo do destino!
Escravos!
Com teus dentes
Rasga em tiras
O manto real
Pisoteia
As coroas dos governantes![19]

Nicolau e outros Romanov, como símbolos e representantes do "velho mundo" e das velhas autoridades, eram com freqüência os alvos desses ataques verbais. E a escala da agressão aumentou. Enquanto que nos primeiros meses após a abdicação as exigências contidas em resoluções e apelos populares tendiam a pedir que Nicolau e, talvez, Aleksandra, fossem recolhidos a uma fortaleza e julgados por seus crimes, operários e soldados estavam agora inclinados a exigir que eles fossem imediatamente "destruídos" e até mesmo ameaçavam com ação direta para conseguir esse intento (Documento 144).

Segundo todos os relatos, esse espírito era especialmente forte nos Urais, mesmo antes do início da guerra civil. Os bolchevistas dos Urais tinham uma reputação sólida de esquerdismo radical, com uma tendência bem conhecida para ação independente, extremismo social e político, e violência.[20] Dada essa tradição extremista, temos que admitir a plausibilidade do velho argumento de que os próprios bolchevistas dos Urais resolveram assassinar o czar, a família e seus serviçais ou, pelo menos, que eles extrapolaram uma autorização mais limitada de Moscou. Voltaremos adiante a essa questão.

Os Urais eram um baluarte não só de bolchevistas extremistas, mas também de socialistas e anarquistas radicais que, em princípios do verão de 1918, pediam abertamente a execução do czar. O comandante da casa Ipatiev, Avdeiev, declarou que desde o momento em que Nicolau chegou a Iekaterinburg "os anarquistas exigiram a execução imediata do ex-czar e insistiram em que o entregássemos, para que pudessem aplicar-lhe o castigo".[21] Aparentemente, houve pelo menos uma tentativa armada, em meados de junho, de atacar a casa Ipatiev a fim de seqüestrar ou matar o czar.[22] Informações sobre o planejado ataque — que puseram os guardas de sobreaviso para retirar os Romanov da casa, se fosse necessário — e das prisões preventivas dos conspiradores "anarquistas" chegaram a Nicolau e Aleksandra no dia 13 de junho (Documento 147).[23] Evidentemente, os numerosos boatos de que a família havia sido exterminada, que tiveram que ser desmentidos repetidas vezes, refletiam ameaças reais contra ela (Documento 143).[24]

Os guardas de Nicolau tinham também que se preocupar com as tentativas de libertar o ex-czar e sua família. Em memórias de *émigrés* e em depoimentos perante juristas Brancos que investigaram o assassinato de Nicolau, há indicações de que tentativas de resgate estiveram em andamento em junho e julho de 1918. Vários grupos de oficiais monarquistas e figuras políticas se envolveram nessas conspirações, com o apoio, em alguns casos, dos governos alemão e inglês. O dr. Vladimir Derevenko, que até fins de junho ainda tinha permissão para entrar e sair da casa Ipatiev, onde tratava de Aleksei, parece ter sido o principal contato entre os conspiradores e a antiga família imperial.[25]

Em fins de junho, a família recebeu a primeira de várias cartas secretas de "um grupo de oficiais do Exército russo", que estavam preparados, segundo alegavam, para libertá-la (Documentos 137-142, 146). Dependendo da fonte em que queiramos acreditar, as cartas e as respostas às mesmas entravam e saíam da casa escondidas na tampa de uma garrafa de creme de leite, entregue juntamente com outros alimentos levados pelas freiras do Convento Novotikhvinski, próximo à casa, ou foram contrabandeadas por um guarda que alegava ser leal ao czar. Autores recentes consideraram as cartas uma invenção bem-feita, baseando suas conclusões no ceticismo quanto à probabilidade de um trabalho desses e no depoimento prestado, na década de 1960, por um antigo membro da Cheka dos Urais. O objetivo desse fingimento refinado e cruel, segundo se alega, era criar uma oportunidade para assassinar a família enquanto ela estivesse em fuga (como, aparentemente, ocorreu em Perm, onde o grão-duque Mikhail foi morto na noite de 12-13 de junho, durante uma fuga aparentemente montada pela Cheka local)[26] ou, com maior probabilidade, para fornecer prova de uma conspiração destinada a resgatar a família que pudesse ser usada (e, na verdade, foi) para justificar a execução (Documentos 151 e 156).[27]

Qualquer que tenha sido a origem desses oferecimentos de ajuda, a família se apegava a eles com esperança, permanecendo inteiramente vestida na noite designada, esperando pelos seus salvadores (Documento 147, anotação de 14 [27] de junho). Os comissários e soldados da guarda, ao descobrirem (ou serem informados) das cartas secretas, parecem também ter considerado o plano como autêntico. Segundo o diário de Aleksandra, eles se tornaram mais nervosos, vigiavam com mais atenção a única janela deixada aberta e logo depois mandaram instalar nela uma grade de metal (Documento 150).[28] Até o fim de suas vidas, os Romanov aparentemente alimentaram a esperança de que seriam libertados. Quando, após a execução, seus corpos foram despidos para ser enterrados, foram encontrados oito quilos de diamantes e jóias, costurados nos trajes e roupas de baixo (Documentos 159 e 160) — os recursos financeiros de que teriam necessitado para sobreviver no exílio ou até que fossem reconduzidos ao poder.

No início de julho, em parte como reação a essas ameaças de resgate e assassinato, a responsabilidade pela guarda da família passou para a Cheka local, a polícia de segurança política. O comandante Avdeiev e seu assistente, Moshkin, foram dispensados e, este último, preso por roubar os Romanov. Substituiu-se também toda a guarda interna. Assumiu o novo comissário, Iakov Iurovski. Segundo sua autobiografia, ele havia sido antes relojoeiro, fotógrafo e paramédico e trabalhara ativamente na clandestinidade social-democrata nos Urais e na Sibéria ocidental desde 1904.[29] De acordo com depoimentos prestados aos investigadores Brancos por membros da família de Iurovski (que, como parentes presos do alegado assassino do czar, e como judeus que enfrentavam uma corte monarquista, certamente tinham razões para querer conquistar as boas graças dos interrogadores), ele era filho de um soprador de vidro, suspeito de roubo, converso ao luteranismo (no tempo em que vivera em Berlim durante a época da revolução de 1905 na Rússia) e (nas palavras da cunhada) um déspota arrogante, ganancioso e cruel, que gostava de dizer que "Aqueles que não estão conosco estão contra nós". O investigador Branco Nikolai Sokolov, no livro que escreveu sobre a morte da família imperial, acrescentou a convicção de que o avô de Iurovski fora rabino na Polônia.[30] Separar verdade, mentira e preconceito nessas provas é muito difícil. O certo é que, após outubro de 1917, Iurovski era figura importante na política de Iekaterinburg — membro do Comitê Executivo do Soviete Regional dos Urais, vice-comissário de Justiça para a região, chefe de segurança da cidade de Iekaterinburg e membro do colegiado da Cheka regional dos Urais, que tinha sede no American Hotel, em Iekaterinburg. No dia 4 de julho, foi nomeado comandante da Casa de Finalidade Especial, a casa Ipatiev (Documento 145), embora em Iekaterinburg Iurovski permanecesse subordinado à autoridade de Filip Goloshchekin, o comissário militar regional, e a Aleksandr Beloborodov, presidente do Soviete dos Urais, que eram também os líderes regionais do partido.

Nicolau considerou a substituição de Avdeiev e Moshkin e da guarda do interior da casa como uma medida contra os furtos constantes dos pertences da família, e a preocupação imediata de Iurovski com a segurança dos bens da família pareceu confirmar essa impressão. Os pequenos furtos acabaram e, Nicolau anotou em seu diário, as provisões que lhes eram trazidas pelas freiras locais, que os guardas anteriores também haviam surrupiado, passaram a chegar completas (Documento 147, anotações de 21 e 23 de junho [4 e 6 de julho]). Embora os operários-guardas continuassem de serviço fora da casa, eles foram expulsos da própria casa e substituídos por dez homens desconhecidos dos moradores locais e supostamente membros da Cheka.[31] Nicolau e os operários-guardas locais referiam-se aos novos carcereiros como letões — uma palavra usada para descrever comunistas não-russos ativos na Rússia Soviética, mas também, talvez, uma referência ao papel importante que a etnia letã desempenhou na Cheka. De fato, os recém-chegados pareciam ser uma mistura de magiares (húngaros), alemães, austríacos e russos. Quaisquer que tenham sido suas origens, aos olhos dos moradores locais eles eram estranhos e permaneciam isolados.[32]

Iurovski transformou em questão de alta prioridade o reforço da disciplina e da segurança. Ao assumir o comando na casa Ipatiev, ele imediatamente aumentou o número de postos da guarda em volta da casa e traçou regras rigorosas para os guardas internos e externos: não conversar nem ler jornais ou livros em serviço; marchar em fila indiana quando da mudança de guarda; manter os beliches cuidadosamente arrumados e limpos; jogar lixo apenas nos recipientes apropriados; conservar a casa rigorosamente limpa e vigiar cuidadosamente os prisioneiros para ter certeza de que eles não fugiriam nem jogariam mensagens na rua através da janela.[33] Apesar de que tivessem cessado vários abusos triviais que a família sofrera sob a velha guarda, Nicolau achou que, sob Iurovski, "a vida não mudou em nada" (Documento 147, anotação de 25 de junho [8 de julho]. O regime de prisão tornou-se mais rigoroso do que nunca.

As medidas de Iurovski para aumentar a segurança e a organização na casa Ipatiev, embora de natureza prática, refletiam também os ideais de ordem e disciplina que inspiravam os ativistas bolchevistas e, especialmente, da Cheka durante esses anos. A rudeza e a brutalidade plebéia não tinham lugar na conduta do revolucionário-modelo. O fundador e chefe da Cheka, Feliks Dzerzhinski, reiterava constantemente seu ideal do chekista como o mais honesto, justo e disciplinado dos homens, como o mais "puro de espírito", por mais letal que fosse seu trabalho.[34] É importante compreender essa moralização do assassinato — por mais odiosa que possa parecer agora. Logo ela produziria um vocabulário, no qual a execução política era um "expurgo" (*chistka*), uma "limpeza". Isso não era um eufemismo, mas manifestação deliberada de certa concepção moral. Podemos, com boas razões, supor que o mesmo espírito inspirou os carrascos do antigo czar, família e serviçais. O relato frio de Iurovski do que fez naquela noite (Documentos 159 e 160) refletia seu ideal pessoal de cumprir o trabalho da revolução de maneira disciplinada, profissional. E provavelmente refletia também seu temperamento e inclinações. Que o curso dos fatos, como o próprio Iurovski recordou, tenha sido tão caótico e cheio de percalços — adquirindo as dimensões de uma caricatura absurda em meio à tragédia horrível — deve ter constituído um golpe inquietante para sua auto-imagem.

Embora a segurança fosse muito mais rígida após a transferência dos Romanov de Tobolski para Iekaterinburg, não está claro que alguém com autoridade tenha decidido exatamente o que fazer com eles até bem pouco antes da execução. No dia 19 de maio de 1918, Iakov Sverdlov, presidente do Comitê Executivo Central dos Sovietes de Todas as Rússias e secretário do Partido Bolchevista, comunicou ao Comitê Central do Partido que o Presidium do Comitê Executivo Central dos Sovietes começara a discutir o futuro de Nicolau Romanov. E acrescentou — uma vez que isso reforçava a urgência de uma decisão do centro — que a questão também estava sendo discutida independentemente por bolchevistas e revolucionários socialistas nos Urais. "Temos que decidir o que deve ser feito com Nicolau. As decisões tomadas até agora nada resolveram sobre nossa atitude em relação a ele, tendo apenas instituído as medidas necessárias de precaução." Era tempo, em outras palavras, de passar de uma política defensiva para uma política ativa a respeito do ex-czar. Em resposta, o Comitê Central autorizou Sverdlov a iniciar discussões sobre o destino dos Romanov com os bolchevistas dos Urais.[35] Infelizmente, nenhum documento disponível revela o conteúdo dessas discussões. Nem sabemos que decisões, se é que houve alguma, foram tomadas pelo Comitê Central, pelo Comitê Executivo Central dos Sovietes ou pelo Conselho dos Comissários do Povo (SOVNARKOM). As atas disponíveis das reuniões desses organismos — algumas das quais foram perdidas ou permanecem sigilosas — não contêm menção de discussões sobre o destino dos Romanov.[36] Algumas provas, no entanto, sugerem mais discussões em Moscou e possíveis decisões.

Planos de um julgamento estiveram evidentemente em primeiro plano nessas discussões. Essa idéia fora repetidamente postulada desde que os bolchevistas assumiram o poder e a ameaça crescente a esse poder, na primavera e verão de 1918, provavelmente a colocou na agenda imediata. Iurovski recordou que planos para submeter Nicolau a julgamento foram discutidos em maio de 1918 (Documentos 159 e 160). Lev Trotski, na ocasião comissário do povo para a Guerra, segundo sua própria versão, sugeriu em fins de junho ou princípios de julho que, devido à "má situação nos Urais", o governo soviético deveria tomar medidas para submeter Nicolau imediatamente a julgamento. Sugeriu que "um julgamento público revelaria um quadro de todo o reinado (políticas relativas aos camponeses, operários, nacionalidades, culturas, as duas guerras etc.). O julgamento deveria ser transmitido pelo rádio para todo o país. Reportagens sobre o julgamento deveriam ser lidas e comentadas diariamente em todos os distritos rurais." Trotski deixou registrado que Lenin gostou da idéia de um julgamento público, mas que achou que "não havia tempo suficiente". E o próprio Trotski estava "preocupado com outros assuntos".[37]

Notícias sobre essas discussões chegaram evidentemente a um ex-ministro czarista preso em Petrogrado, a quem o chefe da Cheka da cidade disse, em princípios de julho, que "o poder soviético resolveu levar os atos do ex-imperador a uma corte popular" e que ele, ministro, seria obrigado a prestar depoimento.[38] Ainda em princípios de julho, segundo um suplente do Soviete dos Urais, um membro do Presidium do Soviete, Filip Goloshchekin, enquanto se encontrava em Moscou discutindo a defesa militar da região, foi informado de que os comunistas dos Urais deveriam preparar um julgamento local, do qual Trotski poderia participar como promotor.[39] Todas as versões concordam em que os vários planos foram abandonados devido às circunstâncias.

Os bolchevistas enfrentavam uma desesperadora crise de autoridade e controle. A contra-revolução armada e sérias dissensões nos segmentos revolucionários (que eram vistas e tratadas como contra-revolução) ganhavam força. No rastro do Tratado de Brest com a Alemanha, em março de 1918, que muitos revolucionários consideraram como uma covarde traição, ao militarismo, a ala esquerda do Partido Socialista Revolucionário (a SR da esquerda), que inicialmente formara um governo de coalizão com os bolchevistas, deixou o SOVNARKOM em protesto e lançou uma campanha de agitação contra a "comissariocracia" bolchevista. Simultaneamente, números crescentes de operários, soldados e camponeses começaram a manifestar oposição às políticas e práticas bolchevistas: a assinatura da "traiçoeira" paz com a Alemanha (Lenin reconheceu que seus termos eram "obscenos", mas insistiu na necessidade de paz a qualquer preço); a incapacidade de restabelecer a ordem na economia e, portanto, de acabar com o "sofrimento do povo"; o fechamento de muitos jornais socialistas; a repressão política e a excessiva liberdade para os inimigos.[40] Freqüentemente com o apoio dos menchevistas e dos revolucionários socialistas, uma minoria ativista de operários fazia protestos e até mesmo entrou em greve contra políticas comunistas, exigindo novas eleições aos sovietes e, em Moscou e Petrogrado, organizou novos conselhos de operários antibolchevistas.[41] Os chamados comunistas da esquerda também criticavam muitas das políticas de Lenin, e mesmo aliados influentes, como o escritor e jornalista Maksim Gorki, denunciavam abertamente os líderes bolchevistas por traírem os ideais humanitários do socialismo.[42] No Quinto Congresso dos Sovietes, inaugurado em Moscou em 4 de julho de 1918, os SRs da esquerda pediram um voto de desconfiança no governo e, não tendo sucesso, abandonaram o plenário. Nos dias 5 e 6 de julho, insurreições armadas lideradas pelos SRs explodiram em Moscou e em outras cidades. No caos que se seguiu, um SR assassinou o embaixador alemão na Rússia Soviética, conde Wilhelm von Mirbach, provocando uma crise diplomática.

Esses desafios da esquerda pareciam especialmente perigosos — e traiçoeiros — contra o pano de fundo de intervenção estrangeira e contra-revolução da direita. Tropas aliadas haviam desembarcado em Murmansk no mês de março e os japoneses tomaram Vladivostok em abril. Em meados de maio de 1918, as forças da Legião Tcheca se amotinaram quando as autoridades comunistas ordenaram que fossem desarmadas, após um violento incidente quando deixavam a Rússia. A legião era um exército de 30.000 antigos prisioneiros de guerra e desertores do Exército Austro-Húngaro, que vinha lutando do lado dos russos desde 1917. De acordo com um plano estabelecido entre o governo bolchevista e Thomas Masarik, presidente do Conselho Nacional da Tcheco-Eslováquia, a legião estava viajando para leste pela Estrada de Ferro Transiberiana na direção de Vladivostok, onde navios deveriam recolhê-la e levá-la de volta à Europa para combater na frente ocidental. Agora rebelada, a legião assumiu o controle de cidades ao longo da estrada e permitiu que socialistas dissidentes, liberais e monarquistas estabelecessem governos e exércitos regionais antibolchevistas sob sua proteção. Na importante cidade de Samara, às margens do Volga, que caiu em mãos da Legião Tcheca em princípios de junho, o Comitê da Assembléia Constituinte (Komuch), liderado pelos SRs, formou um governo e um Exército Popular Antibolchevista. Na capital da Sibéria ocidental, Omsk, surgiu um Governo Siberiano Provisório, também em junho, composto por uma mistura de cadetes, SRs e monarquistas.[43] Iekaterinburg, que se situa a meio caminho entre Omsk e Samara, estava temporariamente salva de cair nas mãos do inimigo principalmente porque se localizava em um ramal ferroviário que corria ao norte da principal linha da Transiberiana. Mas a cidade era, evidentemente, um alvo. "Os Revolucionários Urais Vermelhos correm um perigo mortal", dizia uma proclamação publicada por jornais locais no dia 28 de junho; operários e camponeses pobres foram chamados para "pegar em armas".[44] Em fins de junho, os bolchevistas enfrentavam a probabilidade de que Iekaterinburg caísse em seguida, pondo o czar nas mãos dos contra-revolucionários.

Essa situação ameaçadora tornava um julgamento, pelo menos do tipo imaginado por Trotski, difícil e improvável. Mas teria havido outra decisão de Moscou? Na época, e até fins da década de 1980, a resposta oficial soviética era que os bolchevistas dos Urais resolveram executar Nicolau, sua família e os serviçais por iniciativa própria, recebendo o endosso de Moscou apenas depois de consumado o fato (Documentos 151-156).[45] No Ocidente, e agora de modo geral entre os autores russos, o consenso aparente consiste em que "a ordem veio pessoalmente de Lenin e da alta liderança do partido" e que provas recentes confirmam "conclusivamente" esse fato.[46] Esse cenário é plausível, mas a prova (mesmo a prova recentemente tornada disponível) é circunstancial e indireta, na melhor das hipóteses.

Sabemos que até o fim de junho e início de julho, Filip Goloshchekin esteve em Moscou discutindo a defesa militar dos Urais com líderes do partido e do Estado. Segundo Pavel Bikov, membro do Soviete Regional dos Urais, Goloshchekin foi também enviado à capital para obter a aprovação de Moscou para a decisão de executar Nicolau, tomada pelo Soviete dos Urais. O pedido de Goloshchekin, no entanto, foi indeferido: as autoridades centrais continuavam a querer realizar um julgamento público e lhe disseram para voltar e prepará-lo.[47]

Na verdade, não sabemos, e provavelmente nunca saberemos, o que foi decidido quando Goloshchekin esteve em Moscou. Mesmo que a versão de Bikov seja verdadeira até o ponto aonde vai, resta a possibilidade de que um plano de contingência tenha sido discutido. Na qualidade de comissário militar da região dos Urais, Goloshchekin certamente teria descrito a insegurança do poder bolchevista em Iekaterinburg e, portanto, as dificuldades e perigos da organização de um julgamento público. Há alguma indicação de que um plano de contingência foi discutido. Na década de 1930, Iurovski declarou que, enquanto Goloshchekin estava em Moscou em princípio de julho, "o centro" decidiu "o que fazer, se o abandono de Iekaterinburg se tornasse inevitável" — implicando que essa fora uma decisão a favor da execução do ex-czar (Documento 160). O assistente de Iurovski, Grigori Nikulin, alegou mais tarde que Sverdlov dissera a Goloshchekin: "Se puder organizar um julgamento, organize-o, mas se não puder, bem, você sabe o que isso significa."[48]

Sabemos de fato que, no dia 16 de julho, quatro dias após a volta de Goloshchekin a Iekaterinburg e dia em que os comunistas dos Urais faziam preparativos para uma execução na casa Ipatiev, Goloshchekin enviou um telegrama a Grigori Zinoviev — o líder comunista que era na ocasião o chefe do Soviete de Petrogrado —, solicitando-lhe que informasse a Moscou que o "julgamento" que havia sido combinado quando estivera em Moscou "não pode ser adiado", devido à ameaça militar contra Iekaterinburg (Documento 149). Seria "julgamento" uma palavra-código pré-arranjada para *execução*, como pensaram Edvard Radzinski e outros autores? Ou poderia o termo ter se referido a planos para um julgamento autêntico — talvez da forma antes combinada em Moscou — que, naquele momento, tinha que ser transformado em justiça sumária?

Teria Moscou respondido com uma ordem direta? Se a decisão de executar o ex-czar e família já havia sido tomada em Moscou, nenhuma ordem desse tipo teria sido necessária. Segundo Iurovski, contudo, uma ordem para "exterminar os R——ov" de fato chegou a Iekaterinburg em algum momento antes das 6h da noite do dia 16 de julho (Documento 159). O depoimento de Iurovski de que uma ordem foi dada é importante especialmente porque, quando escreveu essas palavras em um documento confidencial em 1920, elas contradiziam a versão oficial de que Moscou apenas confirmara uma decisão tomada em Iekaterinburg. A declaração de Iurovski, no entanto, não constitui prova. E provoca também mais perguntas.

Em primeiro lugar, de acordo com Iurovski, a ordem veio da cidade de Perm, não de Moscou. Esse fato é difícil de explicar. No dia 7 de julho, Lenin ordenou que fosse dado ao chefe do Soviete dos Urais, Aleksandr Beloborodov, acesso direto por telégrafo ao Kremlin.[49] Essa conexão já havia sido usada várias vezes para troca de telegramas cifrados entre Moscou e Iekaterinburg a respeito da defesa militar e continuava em uso no dia seguinte aos assassinatos (Documento 152).[50] Perm era em si um centro administrativo importante nos Urais. No mês anterior, Beloborodov mantivera comunicação telegráfica regular sobre os Romanov e outros assuntos com Fiodor Lukoianov, chefe da Cheka regional, e com outros funcionários e representantes do Soviete dos Urais que, nessa ocasião, se encontravam em Perm.[51] Talvez *eles* tenham obtido ordem de Moscou, embora não esteja claro por que isso teria sido necessário. Talvez, como alegou Radzinski, a ordem tenha chegado através de Reingold Berzin, o comandante da frente de batalha onde se lutava contra a Legião Tcheca.[52] Trata-se de especulações, claro, atraentes porque apontam Moscou como origem da ordem. Mas há outra possibilidade igualmente plausível: a mensagem de Perm não era absolutamente uma ordem de Moscou, mas sim a confirmação, por membros importantes do Soviete dos Urais (e da Cheka) que se encontravam fora da cidade, de que apoiavam a votação pela execução. Pode ter havido, contudo, outro e posterior telegrama de Moscou.

A principal prova de que um telegrama ordenando a execução chegou de Moscou é uma declaração feita na década de 1960 por um membro da guarda do Kremlin, que alegou ter levado pessoalmente a mensagem de Lenin ao posto do telégrafo, "confirmando" a "decisão" do comitê do partido dos Urais de executar o ex-czar e família.[53] Se tal telegrama existiu, todos os traços do mesmo desapareceram. Além do mais, se de fato houve tal telegrama, ele não pode ter sido a ordem que Iurovski diz que foi recebida antes das 6h da tarde, porque o telegrama enviado por Goloshchekin a Zinoviev, pedindo a aprovação de Moscou (o único telegrama existente entre Iekaterinburg e o centro naquele dia), não foi enviado a Moscou senão às 9:22h da noite (Documento 149). Talvez outro telegrama, anterior, tenha sido enviado diretamente a Moscou, ou, quem sabe, Lenin tenha respondido posteriormente. Mais uma vez, a pouca prova material existente permanece ambígua e contraditória.

Há outro depoimento, porém. Escrevendo no exílio em 1935, Lev Trotski refutou desdenhosamente a alegação oficial soviética de que o Comitê Executivo do Soviete dos Urais agiu independentemente de Moscou. Mencionou uma conversa casual que teve com Sverdlov, em alguma ocasião depois de Iekaterinburg ter caído nas mãos dos tchecos, na qual ele lhe disse que Nicolau e toda a família haviam sido executados. Uma vez que Trotski estivera ausente de Moscou na ocasião, segundo seu próprio relato, ele perguntou a Sverdlov: "Quem decidiu isso?" Sverdlov respondeu: "Nós decidimos isso aqui. Ilich (Lenin) pensava que não poderíamos deixá-lo como uma bandeira viva, especialmente nas difíceis circunstâncias atuais."[54] O historiador Richard Pipes, como aliás muitos outros autores, julgou a declaração de Trotski como "prova positiva incontrovertível", de que a ordem veio de Moscou.[55] Mas há um sério problema com o depoimento de Trotski: a alegação de que ele não estava em Moscou no momento da decisão. Ele escreveu que esteve ausente de Moscou desde princípios de julho até depois da queda de Iekaterinburg, no dia 25 de julho, e que, portanto, soube da execução pela primeira vez em conversa com Sverdlov durante uma visita posterior a Moscou. Ainda assim, na ata oficial da reunião do SOVNARKOM em 18 de julho de 1918, na qual Sverdlov comunicou a execução do czar, Trotski é mencionado como presente (Documento 154). Estaria Trotski mentindo — parte de seu ataque à versão stalinista da história soviética — ou confuso? Ou estaria errado o registro oficial da reunião? Mais uma vez, a prova é dúbia e contraditória.

Finalmente, uma prova circunstancial sugere que Moscou pode ter aprovado antecipadamente a execução. Em reunião no dia 2 de julho, o SOVNARKOM nomeou uma comissão para redigir um decreto nacionalizando as propriedades dos Romanov, documento esse aprovado pelo órgão no dia 13 de julho, mas não publicado até o dia em que se anunciou a execução da ex-família real, isto é, no dia 19.[56] Richard Pipes especula que esse foi o eco de uma decisão secreta de executar o czar. Ouviu-se outro possível eco dessa decisão dois dias depois, em 4 de julho, quando ocorreu a substituição dos comissários e da guarda interna na casa Ipatiev por elementos ligados à Cheka local, a polícia política. "Este era o pelotão de execução."[57] E assim de fato aconteceu, mas concluir pelos resultados que a execução tenha sido a missão desse grupo, desde o início, é especulação — e, conforme vimos, há outras explicações para o motivo de a guarda ter sido substituída por disciplinados elementos da Cheka.

Se os indícios sugerem, com algum grau de coerência e confiabilidade, uma única versão, essa não é a que foi repetida com maior freqüência: que Moscou — na verdade, Lenin, pessoalmente — deu a ordem para executar o ex-czar, a família e os serviçais. O cenário mais de acordo com o indício é que os líderes do Estado e do partido em Moscou, em discussões com Goloshchekin, o representante dos Urais, em princípios de julho, ordenaram que um julgamento — a ser realizado em Iekaterinburg — fosse imediatamente preparado, mas, se a situação militar obrigasse à evacuação da cidade e se Nicolau e sua família não pudessem ser levados para um local seguro, então a execução sem julgamento seria necessária. Essa versão dos fatos permanece a mais próxima do indício disponível, incluindo documentos e depoimentos mantidos em sigilo durante longo tempo. Ainda assim, qualquer autor — incluindo este autor — que concluir que a verdade pode ser estabelecida com certeza confia demais em sua onisciência ou se excede no desejo de contar uma boa história. Todas as respostas à pergunta sobre quem deu a ordem — e, na verdade, a muitas perguntas sobre os últimos dias dos Romanov — baseiam-se em um bom volume de deduções e especulação imaginosa.

Um anúncio oficial apareceu na imprensa nacional dois dias após o assassinato do ex-czar, da família e do que restava da comitiva. Informava à nação que Nicolau havia sido executado por ordem do Presidium do Soviete Regional dos Urais para evitar que ele fosse libertado por Guardas Brancos, cuja conspiração (Documentos 137-142 e 146) havia sido descoberta, e devido à

17. Nicolau e Aleksandra no jardim do palácio, Tsarskoe Tselo, junho de 1917. Fotografia de Maria.

18. Nicolau fumando no parque do palácio, Tsarskoe Tselo, junho de 1917. Fotografia de Maria.

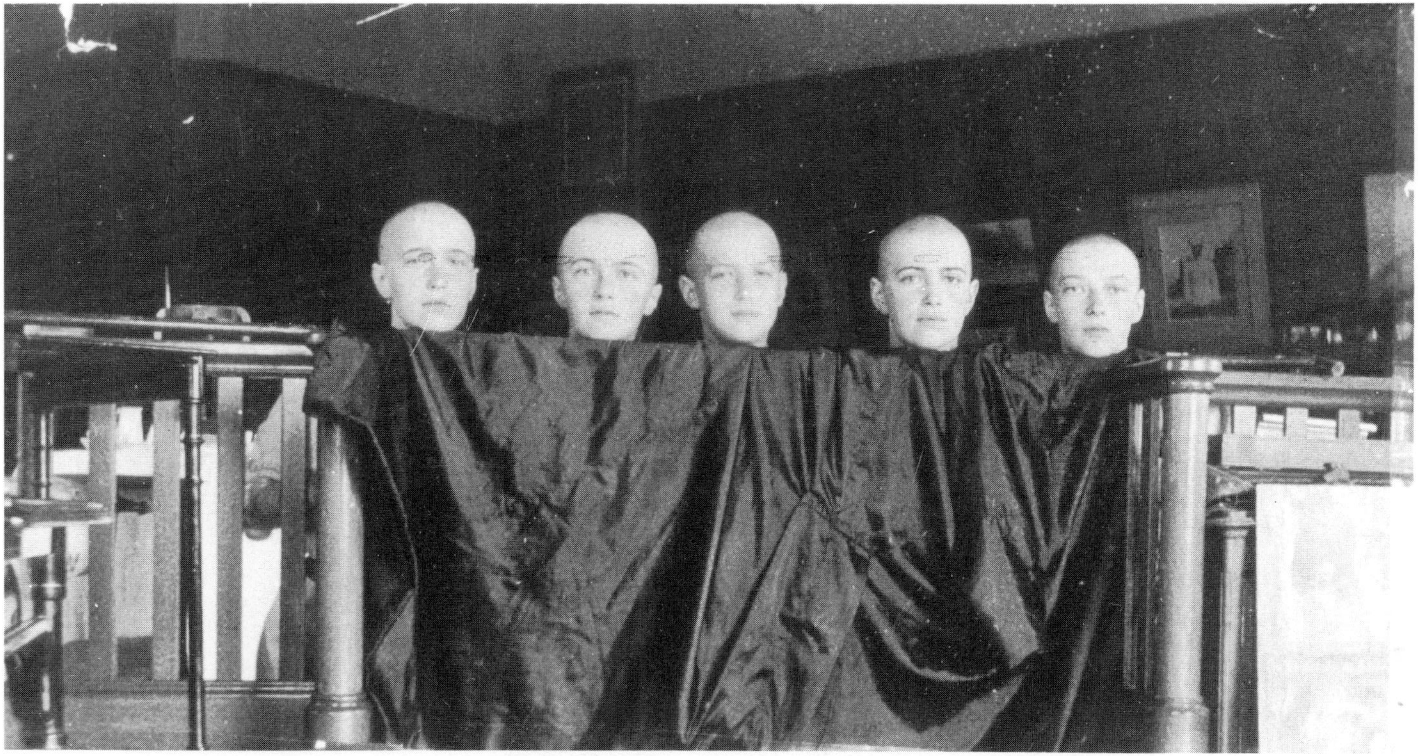

19. As crianças com as cabeças raspadas em virtude da queda de cabelos provocada pelo sarampo, junho de 1917. Fotografia de Pierre Gilliard.

20. Aleksei banhando-se perto da "ilha das crianças", na lagoa do palácio, Tsarskoe Tselo, julho de 1917.

21. Tatiana e Anastásia acompanhadas por guardas, Tsarskoe Tselo, julho de 1917.

22. Aleksei e um guarda, Tsarskoe Tselo, julho de 1917.

23. Nicolau posando ao lado de um toco de árvore que ajudou a derrubar, com guardas em segundo plano, Tsarskoe Tselo, julho de 1917.

24. Antiga Casa do Governador, em Tobolski, com a cerca de madeira ainda em construção, agosto de 1917. Local onde a família imperial permaneceu detida de agosto de 1917 a abril de 1918.

25. Soldado da guarda em frente à entrada principal da Casa do Governador, Tobolski, inverno de 1917-18.

26. Soldados da guarda ao lado da Casa do Governador, Tobolski, inverno de 1917-18.

27. Nicolau e Aleksei serrando madeira, Tobolski, inverno de 1917-18.

28. Nicolau e filhas no telhado da estufa de plantas na Casa do Governador, Tobolski, início de 1918.

29. Casa Ipatiev, em Iekaterinburg, durante os primeiros dias em que Nicolau e a família ali estavam presos, primavera de 1918, antes da construção da segunda cerca.

30. Representantes do Soviete Regional dos Operários e Soldados dos Urais, Iekaterinburg, 1917. *Na primeira fileira, à extrema direita:* Filipp Goloshchekin; *segundo a partir da esquerda:* Aleksandr Beloborodov.

31. Filipp Goloshchekin, comissário militar do Soviete Regional dos Urais.

32. Aleksandr Beloborodov, presidente do Soviete Regional dos Urais.

33. Iakov Iurovski, comandante da Casa de Finalidade Especial (Casa Ipatiev), julho de 1918.

pressão dos perigos trazidos pelo rápido avanço de "bandos tcheco-eslovacos". Dizia ainda que "a esposa e o filho foram enviados para local seguro" (Documentos 155 e 156).

Esse anúncio oficial é hoje considerado em geral como peça de desinformação: toda a família havia sido assassinada e Moscou sabia disso. Mas mesmo que se suponha uma mentira proposital, sobram perguntas sobre que tipo de desinformação era essa, sobre o significado da mentira. A maioria dos autores julgou que a alegação oficial de que apenas Nicolau fora executado refletia o nervosismo bolchevista sobre como a opinião popular reagiria ao assassinato de mulheres e crianças inocentes. Perguntas certamente podem ser formuladas sobre essa interpretação da opinião pública e, em especial, sobre essa visão da delicadeza de sentimentos dos bolchevistas. Temos também que nos perguntar por que não houve menção das filhas no anúncio oficial — certamente as vítimas mais inocentes. Vale a pena estudar outra explicação dessa visível mentira oficial.

Mesmo que julguemos convincente a prova indireta de que a liderança em Moscou deu aprovação preliminar à execução, temos que levar em conta o virtual silêncio nessa prova sobre quem, exatamente, eram as vítimas escolhidas. É inteiramente possível que o Soviete dos Urais tenha sido autorizado, tanto diretamente como em caso de necessidade, a executar apenas Nicolau. Daí a necessidade de Beloborodov informar a Moscou que "toda a família sofreu o mesmo destino de seu chefe" (Documento 152). Daí a história oficial de que Iekaterinburg agira independentemente. Daí a alegação de que a família havia sido transferida — refletindo, talvez, confusão sobre o que havia realmente acontecido ou uma tentativa para disfarçar o que não fora intenção de Moscou. Esse possível cenário não é menos compatível com a prova — fragmentária, vaga, incoerente e não raro duvidosa — e com a dinâmica política da época do que a história geralmente aceita, de que Moscou ordenou a execução de toda a família e que Iekaterinburg apenas cumpriu o que lhe era ordenado.

A especulação ante a prova muito frágil fez florescer histórias de sobrevivência de parte ou de toda a família imperial. Os depoimentos dos homens que participaram da execução, da destruição e do sepultamento dos corpos, a exumação dos restos mortais em 1991, os testes genéticos e antropológicos feitos nas ossadas e os testes de DNA feitos em uma parte dos restos mortais de Anna Anderson (a reivindicante mais plausível a ser a sobrevivente Anastásia, até que tais testes recentes excluíram qualquer laço genético dela com a família imperial) sugerem fortemente que as histórias de sobrevivência são ficção.[58] As histórias em si, porém, não são tão facilmente desmentidas.

Depoimentos da época, de um grande número de testemunhas, ainda se mantêm como confusa contraprova. Imediatamente após a família ter sido supostamente assassinada, começaram a aparecer testemunhas com histórias de um trem no qual Aleksandra e os filhos eram vistos viajando para Perm e, com mais freqüência, de uma moça, evidentemente ferida e traumatizada, que alegava ser uma das filhas do czar. Ela, presumivelmente, escapara da casa Ipatiev antes da execução, fugira durante a transferência da família para Perm (se essa história era verdadeira) ou sobrevivera à tentativa de execução (protegida pelo espartilho cheio de diamantes) e fugira ou fora ajudada a fugir durante o transporte cheio de incidentes dos corpos para o sepultamento secreto. Nesse momento nas mãos de guardas da Cheka, ela fora claramente espancada pela polícia local, possivelmente estuprada e aparentemente assassinada pouco depois desses alegados fatos terem sido testemunhados. Grande parte desses depoimentos sobre o trem com destino a Perm e a misteriosa moça espancada foi tomada por investigadores Brancos que compilavam provas relativas ao assassinato do czar e família. O primeiro desses investigadores, Aleksandr Kirsta (chefe de investigações criminais em Iekaterinburg sob os Brancos), e Ivan Sergeiev (juiz da corte de justiça itinerante de Iekaterinburg) consideraram as provas suficientemente convincentes para concluir que apenas Nicolau e talvez o herdeiro haviam sido executados.[59]

A prova de que toda a família foi assassinada é em si problemática. Documentos oficiais soviéticos reproduzidos em um livro publicado em 1974 pelo Mosteiro Ortodoxo da Santa Trindade, em Jordanville, Nova York, mostram que toda a família e seus serviçais foram mortos.[60] Mas esses documentos são, quase com certeza, falsificações.[61] Um documento mais convincente é o telegrama cifrado que Beloborodov enviou a Moscou em 17 de julho, comunicando que "toda a família sofreu o mesmo destino de seu chefe" (Documento 152). Uma vez que o telegrama foi achado por investigadores Brancos na agência telegráfica de Iekaterinburg, alguns pesquisadores argumentaram que o documento era, também, uma falsificação preparada pelos investigadores, que precisavam, por motivos políticos, de uma história de execução de toda a família.[62]

A descoberta dos corpos em 1976 e sua exumação em 1991 parecem fornecer o apoio material mais forte ao argumento de que toda a família foi massacrada. Estudos mitocondriais de DNA dos restos mortais e a reconstituição por computador dos crânios e ossos confirmaram que os corpos de Nicolau, Aleksandra e três de seus filhos (juntamente com os do dr. Botkin e três serviçais) estavam exatamente onde Iurovski disse que estariam. Mas os corpos de dois membros da família — posteriormente identificados como Aleksei e Maria — não foram encontrados. Iurovski explicou esse fato: dois dos corpos foram cremados e os restos enterrados fora da sepultura principal (Documentos 159 e 160). É concebível que ele possa ter dito isso para encobrir o fato embaraçoso de que duas das vítimas, que havia descoberto estarem vivas, protegidas por espartilhos cheios de jóias (Aleksei provavelmente estava usando um deles), haviam sido retiradas do caminhão por soldados solidários, quando o veículo parou durante algum tempo a caminho do local do sepultamento.[63] Mais uma vez, passamos à especulação e ao boato para explicar a insuficiência da prova. Complicando ainda mais o assunto, há dúvidas sobre os testes de medicina legal e seus resultados, manifestadas recentemente por funcionários russos que participaram do exame dos restos mortais. Entre os problemas: os pesquisadores não têm ainda certeza sobre quais ossos pertencem a Nicolau II e quais são do seu cozinheiro, Karitonov.[64]

Mesmo que se prove finalmente que todas as histórias de sobrevivência são falsas, o fato de que tenham merecido crédito durante tanto tempo deve nos lembrar não só da inadequação e contradições da prova, mas do poder dos pressupostos, motivos e imaginação para moldar a maneira como extraímos sentido de "fatos" que nos chegam do passado. Uma das testemunhas da tese da sobrevivência, Boris Soloviov (marido da filha de Rasputin), reconheceu esse fato quando disse aos investigadores que, embora figurasse entre os que acreditavam que a família ainda vivia, essa crença era inspirada menos por fatos do que por "fé e sentimento".[65]

A "verdadeira" história da morte do último czar e sua família, contada aqui pelos documentos incluídos neste livro, não é um conto simples e claro. As provas e alegações variadas provocarão interpretações e juízos diferentes, à medida que os leitores pensarem de forma interpretativa sobre os documentos e a eles reagirem emocional, moral e politicamente. As histórias em si são contraditórias e multidimensionais. Os depoimentos são moldados por percepções, recordações de uma época traumática e por uma mistura de juízo de valor, desejo e intenções. Os documentos oficiais — telegramas, atas de reuniões, relatórios — são modelados e, às vezes, distorcidos, por suposições e intenções. Os leitores não devem permitir que seu próprio julgamento sobre o assunto lhes obstrua a capacidade de perceber as histórias e significados conflitantes e incertos que esses documentos contêm. A morte dos Romanov pode ser considerada como um martírio trágico, ou como o primeiro sinal sanguinolento do totalitarismo e terror de Estado do século XX, como um ato de vingança sanguinária por maus-tratos passados ou mesmo como uma busca por justiça. Mas esses fatos estão também repletos de dúvidas, confusão, infortúnio, farsa e reações humanas muito comuns a épocas e eventos extraordinários.

· 124 ·

Telegrama de Aleksandr Beloborodov, presidente do Soviete Regional dos Urais, a V.I. Lenin, presidente do Conselho dos Comissários do Povo (SOVNARKOM), e a Iakov Sverdlov, presidente do Comitê Executivo Central dos Sovietes de Todas as Rússias (VTsIK), sobre a transferência de Nicolau para Iekaterinburg, 30 de abril de 1918.

Prioridade militar
2 endereços. Moscou
A Lenin, presidente do SOVNARKOM. A Sverdlov, presidente do TsIK
De Iekaterinburg

Recebi o ex-czar Nicolau Romanov, a ex-czarina Aleksandra, e a filha de ambos, Maria Nikolaevna, entregues pelo comissário Iakovlev, hoje, 30 de abril, [às] 11 horas Petrogrado [hora]. Todos eles estão alojados em uma residência particular, sob guarda. Telegrafe-me seus pedidos de informação [e] esclarecimentos.

Presidente do Soviete Regional
dos Urais, Beloborodov

· 125 ·

Carta de Maria, escrita em Iekaterinburg, com pós-escritos de Aleksandra e Nicolau, dirigida a Olga, em Tobolski, 1º de maio de 1918.

Iekaterinburg, 18 de abril (1º de maio) de 1918

Cristo ressuscitou!

EM MEUS PENSAMENTOS, beijo-a três vezes, minha querida Olga e envio-lhe saudações neste alegre dia santo. Tenho esperança de que passe um dia santo tranqüilo. Dê nossas lembranças a todo o nosso pessoal. Estou escrevendo a você sentada na cama do Papai. Mamãe ainda está dormindo, já que se cansou muito e seu coração está n.3 [*sic*]. Dormimos, nós três, em um quarto branco aconchegante, com quatro grandes janelas. O sol reluz aqui como em nosso salão. A vidraça superior está aberta e o canto de aves pode ser ouvido; o bonde elet. [elétrico] também. No todo, é um lugar tranqüilo. Uma comemoração foi feita pela manhã: 1º de Maio. Ouvimos música. Moramos no andar térreo; em volta de nós há uma cerca de madeira; só podemos ver as cruzes das cúpulas das igrejas na praça. Niuta [Demidova] dorme na sala de jantar e Iev. Ser. [Ievgeni Sergeievich Botkin], Sedniov e Chemodurov dormem na grande sala de visitas. O príncipe [Dolgorukov] ainda não teve permissão para entrar aqui. Não compreendo por que e sinto muita pena dele. Todos estão dormindo em catres que foram trazidos na noite passada para eles e para os guardas. Os donos da casa são os Ipatiev.[1] Beijo-a ternamente e abençôo-a, amada queridinha.

Sua velha mãe está sempre com você em seus pensamentos, minha querida Olga. Nós três falamos constantemente em você e nos perguntamos o que todos vocês estão fazendo. O começo da viagem foi desagradável e depressivo; melhorou quando subimos para o trem. Não está claro como vão ser as coisas por aqui. [Aleksandra]

O Senhor a proteja. Abraço-a três vezes, minha querida. Papai.

Niuta serze as meias. Fazemos as camas juntos pela manhã. Cristo esteja contigo. Beijamos as senhoras e as babás.

Sua M. [Maria]

1. Enquanto a antiga família imperial ali residiu, a casa Ipatiev era muitas vezes designada oficialmente como Casa de Finalidade Especial. A casa recebera o nome de seu último dono, Nikolai Nikolaevich Ipatiev, um capitão reformado do Corpo de Sapadores do Exército e comer-

ciante importante em Iekaterinburg (ele emigrou e faleceu em Praga, em 22 de abril de 1923.) Antes de 1945, a casa ostentava uma placa comemorativa e servia como museu, onde eram exibidos objetos de uso pessoal da família imperial executada. Em 1977, ao tempo em que Boris Ieltsin era líder do Partido Comunista em Iekaterinburg, a casa Ipatiev foi demolida, presumivelmente por causa de peregrinações ao local, que haviam começado na década de 1960 e estavam aumentando em freqüência.

· 126 ·

Extraído da minuta de uma sessão do SOVNARKOM, sobre a transferência de Nicolau e família para Iekaterinburg, 2 de maio de 1918.

Presidida por: V.I. Ulianov (Lenin).

Presentes: Lenin, Shliapnikov, Larin, Vinogradov, Vinokurov, Sereda, Rozin, Petrovski, Latsis, Kozmin, Nevski, Khodorovski, Kritsman, Chicherin, Gukovski, Shelomovich, Nogin, Smirnov, Pravdin, Rikov, Karakhan, Podbelski.

...

TOMADO CIÊNCIA DE: 4. Um relatório especial de Sverdlov.

DECIDIDO: 4. Submeter à publicação o seguinte anúncio, redigido por Sverdlov.

"Em novembro ou dezembro do ano passado, a questão do ex-czar foi levantada no Presidium do Comitê Executivo Central [TsIK]. Uma série inteira de fatos fez com que essa questão fosse adiada. Há um mês, um delegado da guarda do czar compareceu perante o Presidium do TsIK e comunicou que as coisas não estavam bem com a guarda: alguns guardas haviam fugido; os camponeses vizinhos haviam recebido pagamentos. Segundo todos os relatórios procedentes de Tobolski, não havia certeza de que Nicolau Romanov não tivesse oportunidade de fugir de Tobolski. Diferentes relatórios indicavam que vários grupos monarquistas estavam tomando algumas medidas preliminares nesse sentido. Por causa desses relatórios, o Presidium do Comitê Executivo Central dos Sovietes de Todas as Rússias ordenou que o ex-czar Nicolau Romanov fosse transferido para um local mais seguro, o que foi feito. Atualmente, Nicolau Romanov, a esposa e uma filha se encontram em Iekaterinburg, província de Perm, e a tarefa de guardá-los foi entregue ao Soviete Regional dos Urais."

Presidente do Conselho dos
Comissários do Povo,
V. Ulianov (Lenin)
Secretário do Conselho [dos
Comissários do Povo], L. Fotieva

· 127 ·

Carta de Aleksandra e Maria a Olga, em Tobolski, 2 de maio de 1918.

Iekaterinburg, 19 de abril [2 de maio] de 1918

Cristo ressuscitou!

BEIJO-A carinhosamente três vezes, minha queridinha. Minha saúde melhorou hoje, mas continuo de cama. Os outros passearam durante uma hora no minúsculo jardim e ficaram muito contentes com isso. Um barril cheio de água foi trazido, de modo que o Pai possa tomar um banho de nove l. [litros] antes do almoço. [Aleksandra]

Balancei em um balanço americano com Niuta e passeei de um lado para outro com Papai. Mamãe está deitada hoje em um catre e se sente um pouco melhor, mas sua cabeça e coração ainda doem. Pedimos que fosse feita uma lista de todos os que vão chegar com vocês. Tomara que não esqueçam de ninguém. Não sei quem Iza vai trazer. Temos que explicar a razão para cada pessoa estar conosco. Oh, como tudo está difícil novamente. Vivemos em paz durante 8 m. [meses] e agora tudo está recomeçando. Sinto tanto que vocês tenham que fazer as malas e arrumar tudo sozinhas. Tomara que Stupel[1] ajude. Se apenas pudéssemos receber notícias de vocês com mais rapidez. Que o Senhor os proteja.

Masha

1. Stupel (só o seu sobrenome é conhecido), atendente do vestiário da corte, permaneceu com a família imperial durante o exílio na Sibéria.

· 128 ·

Telegrama fonado de Iakov Sverdlov, presidente do VTsIK, a Aleksandr Beloborodov, presidente do Soviete Regional dos Urais, sobre as condições da prisão da família imperial, 3 de maio de 1918.

Recebido em 3 de maio de 1918, às 23:50h
De Moscou, Kremlin

Nota.

Sugiro manter Nicolau da maneira a mais rigorosa. Iakovlev foi encarregado de transportar os demais.[1] Sugiro enviar estimativa de todas as despesas, incluindo custo com os guardas. Avise-me dos detalhes das novas condições em que irão viver.

Presidente do VTsIK, Sverdlov

1. Uma vez que o Comitê Executivo do Soviete Regional dos Urais acusara o comissário

especial Iakovlev de tentativa contra-revolucionária ao transferir o ex-czar sem sua aprovação, Iakovlev recusou a missão posterior de transferir os filhos do czar de Tobolski para Iekaterinburg, e voltou a Moscou para se apresentar a Sverdlov. Kokriakov recebeu a missão de completar a transferência da família Romanov para Iekaterinburg.

· 129 ·

Telegrama de Beloborodov a Sverdlov sobre a adoção de procedimentos mais estritos na guarda de Nicolau e família [4 de maio de 1918].

De Iekaterinburg

Confidencial.

Resposta a sua nota [Documento 128]. A fim de manter [condições de] prisão rigorosa, reuniões com pessoas não autorizadas [estão] inteiramente proibidas. Cheliad [Chemodurov] e Botkin estão [nas] mesmas condições dos presos. Príncipe Vassili Goldorukov [e] bispo Germogen foram presos por nós. Não atenda nenhuma das declarações [e] queixas de seus intercessores. Papéis capturados com Dolgorukov mostram claramente a existência de um plano de fuga. Houve grandes desacordos [com] Iakovlev e, como resultado, separamo-nos friamente. Por resolução, nós o reabilitamos [das] acusações [de] atividade contra-revolucionária, reconhecendo a influência de excesso de nervosismo. Ele se encontra agora na fábrica Ashabalashevski. Hoje estamos telegrafando para ele, a fim de partir para dar cumprimento final à missão. Telegrafe ao destacamento de finalidade especial de Tobolski, dizendo para não se preocupar, seus camaradas estão em Iekaterinburg. Nós mesmos cuidaremos, através de Iakovlev, do pagamento dos salários dos soldados desmobilizados. Enviaremos uma estimativa.

Beloborodov

· 130 ·

Carta de Beloborodov ao representante plenipotenciário Pavel Kokriakov, sobre a transferência da família imperial e a necessidade de prender contra-revolucionários em Tobolski, 6 de maio de 1918.

Iekaterinburg, 6 de maio de 1918

Camarada Kokriakov!

O senhor receberá esta carta juntamente com uma autorização do Com. Rodionov[1], um SR [socialista revolucionário] da esquerda, que foi designado para substituir em Tobolski o comandante bêbado do destacamento e [instruído] a lhe entregar a autorização.

Tivemos aqui um pequeno mal-entendido com Matveiev[2] o presidente do com. do destacamento: prendemos todas essas oito pessoas [soldados do comitê do destacamento] por se recusarem a cumprir ordens do Soviete Regional [dos Urais]. Mais tarde, chegamos a um acordo e nos despedimos como amigos. Eles prometeram ajudar a cumprir a missão. Achamos que não faz sentido não confiar neles, especialmente porque uma grande parte da missão foi cumprida.

Além disso, o senhor é solicitado a cobrar impostos em Tobolski e tratar os contra-revolucionários da maneira mais implacável possível. Prenda todos aqueles que julgar que devem ser presos. Se informação de natureza grave for revelada, traga-os a Iekat., como fez no tocante a Germogen.

Uma carta foi enviada ao pres. do Soviete de Tiumen, com a sugestão de que não enviasse qualquer destacamento.

Com saudações de cam. [camaradagem],

A. Beloborodov

1. Rodionov (possivelmente um pseudônimo) era o comandante do destacamento do Exército Vermelho composto de "letões" que chegou a Tobolski para transferir a família imperial, e substituiu Kobilinski como último comandante da Casa do Governador. Juntamente com o comissário Kokriakov, supervisionou a transferência dos filhos do czar, de Tobolski para Iekaterinburg.

2. Pavel Matveievich Matveiev, bolchevista, presidente do comitê dos soldados do destacamento de finalidade especial responsável pela guarda da família imperial em Tobolski. Como membro do destacamento comandado por Iakovlev, escoltou Nicolau de Tobolski a Iekaterinburg.

· 131 ·

Carta de Anastásia à irmã e aos pais, que se encontravam em Iekaterinburg, 7 de maio de 1918.

Tobolski, 24 de abril de 1918 (7 de maio), 6h da noite

Realmente, Ele ressuscitou!
Minha querida e doce Mashka,

FICAMOS imensamente felizes em receber notícias [em sua carta] e [nós] todas trocamos impressões! Peço desculpas por escrever torto no papel, mas este é simplesmente meu jeito bobo. O que rec. [recebemos] de An. Pav. foi muito gentil; [envia] lembranças etc., para você. Como é que estão todos? Sashka e todos mais? Você sabe, claro, que há sempre um número enorme de boatos; bem, e você compreende como é difícil, não sabemos em quem acreditar e às vezes é tão revoltante! Como eles só contam a metade das coisas, mas não o resto, é por isso que pensamos que ele está mentindo. Ks. Mikh. [Ksenia, na verdade, Klavdia, Mikhailovna] Bitner vem aqui e passa algum tempo com o bebê. Aleksei é tão bonzinho; come e se esforça tanto (lembra-se como era no pequeno banco quando você estava aqui?). A gente se reveza tomando o desjejum com Aleks. [Aleksei] e obrigando-o a comer, embora haja dias em que ele come sem a gente precisar mandar. Queridos, em nossos pensamentos estamos com vocês o tempo todo. É horrivelmente triste e vazio. Eu realmente não sei o que se apossou de mim. A cruz batismal está conosco, claro, e recebemos suas notícias, também. O Senhor ajudará e de fato ajuda. Arrumamos a iconóstase de uma forma imensamente bela para a Páscoa, tudo com pinheiros, que é a maneira como fazem isso por aqui, e flores. Tiramos fotos. Tomara que saiam boas. Continuo a desenhar, nada mau, dizem. É muito agradável. Brincamos no balanço. Nossa, como ri quando caí e me estatelei no chão! Sim, de verdade! Contei isso às irmãs tantas vezes na noite passada que elas ficaram fartas de ouvir a história, mas eu poderia contá-la novamente, embora não haja mais ninguém para contar. De modo geral, há um trem cheio de coisas para contar a vocês todos. O meu Jim[1] pegou resfriado, tosse, fica deitado em casa e envia lembranças. Fez um tempo tão incrível! A gente podia até gritar de prazer com ele. Estranhamente, fiquei mais bronzeada do que qualquer outra pessoa, estou parecendo uma verdadeira árabe! Mas nestes dias sinto-me entediada e nada bonita. Está fazendo frio e esta manhã nós congelamos, embora estivéssemos dentro de casa, claro, e não saíssemos. Peço muitas desculpas; esqueci de mandar meus votos de felicidade a todos vocês, queridos, neste dia santo. Eu os beijo todos não três, mas um monte de vezes. Minha querida, todos nós lhe agradecemos pelas cartas. Houve comemorações aqui também, mas não foram nada de muito importante. Ficamos juntas como sempre, mas sentimos falta de você. Diga ao querido Papai que agradecemos muito pelos figos, que estamos saboreando. Peço desculpa, claro, porque esta carta é tão confusa. Vocês compreendem que meus pensamentos estão voando, que não posso escrever nada e ponho no papel tudo que me vem à cabeça. Logo, logo, vamos sair para um passeio; o verão não chegou ainda e não há nada em flor, mas as plantas estão começando a aparecer.

Você sabe, eu quero tanto vê-los que é triste. Saio para passeios e depois volto. É maçante saindo e não saindo. O sol apareceu, mas está frio e minha mão quase não consegue escrever.

Suas lembranças foram transmitidas a nós, palavra por palavra e enviamos a você um grande obrigado e o mesmo. À noite, ficamos simplesmente sentadas. Ontem, tiramos a sorte, usando o livro. Você sabe qual é. Às vezes, trabalhamos.

Fazemos tudo o que eles pedem.

Um beijo para você [Maria] e para vocês, queridos, e muito mais de que não vou falar, mas que vocês compreenderão. Já pensei nisso há algum tempo. Russa [?], embora boazinha, é estranha e deixa a gente zangada, porque ela não compreende e simplesmente não pode suportar isso. Uma vez, eu fui quase grosseira, uma verdadeira cretina. Bem, parece que já escrevi bobagens suficientes. Agora mesmo, vou escrever um pouco mais, depois lerei tudo mais tarde, isto é, durante o tempo livre. Por ora, adeus. Desejo o melhor para você, felicidade, e todas as boas coisas. Rezamos constantemente por vocês e pensamos, Ajuda-nos, Senhor. Que Cristo esteja com vocês, meus queridos. Um forte abraço e beijo em todos.

A. [Anastásia]

1. Jim [Jimmy] era o cachorrinho de Anastásia. Após a execução da família imperial, o cão

também foi aparentemente sacrificado. Guardas Brancos descobriram o corpo de um cão, juntamente com vários pequenos objetos que haviam pertencido aos Romanov e ao séquito, em uma mina nas proximidades de Iekaterinburg.

· 132 ·

Carta de Maria, juntamente com um bilhete de Aleksandra aos filhos que estavam em Tobolski, 10-11 de maio de 1918.

N.16 Iekaterinburg, 27 de abril (10 de maio) de 1918

SENTIMOS falta da vida calma e tranqüila de Tobolski. Temos surpresas desagradáveis quase todos os dias aqui. Membros do comitê regional [Comitê Executivo do Soviete Regional dos Urais] acabaram de sair daqui e perguntaram a todos nós quanto tínhamos conosco em dinheiro. Tivemos que fazer uma declaração. Como vocês sabem, Papai e Mamãe não têm um único centavo em seu poder. Eles disseram que nada possuíam, e eu declarei que tinha 16 rublos e 17 copeques, que Anastásia havia me dado para a viagem. Recolheram o dinheiro de todos, para que seja guardado em segurança pelo comitê. Deixaram a todos um pouco — e deram um recibo. E nos avisaram que não há garantia de que não darão uma busca em nós novamente. Quem pensaria que, depois de 14 meses de prisão, seríamos tratados dessa maneira? Tomara que a situação seja melhor para vocês — como era quando estávamos aí.

28 de abril [11 de maio]

Bom-dia, meus queridos. Acabamos de nos levantar e acendemos o fogão, pois ficou frio nos quartos. A lenha estala agradavelmente. Ela me lembra de um dia gelado em T. [Tobolski]. Hoje entregamos nossa roupa de baixo suja à lavadeira. Niuta também virou lavadeira e [ela] lavou muito bem o lenço de Mamãe e os panos de limpar poeira. Nos últimos dias passamos a ter letões como parte da guarda. Provavelmente não está muito confortável aí, com todas as coisas de vocês dentro de malas e caixotes. As minhas coisas também foram postas nos caixotes? Se não guardaram nele o livro de aniversários, peça a N.T. para escrever. Se não der certo, tudo bem. Vocês devem vir logo para cá. Não sabemos nada sobre vocês e aguardamos com muita ansiedade as cartas. Continuo a desenhar, de acordo com o livro de Bem. Se possível, você poderia comprar um pouco de tinta branca? Temos muito pouca dela. No outono, Zhilik conseguiu um pouco de tinta muito boa, em bisnagas chatas e cheias. Quem sabe, talvez esta carta chegue aí na véspera da viagem de vocês. Que Deus abençoe a viagem e proteja todos vocês de todo mal. Eu quero tanto saber quem vai acompanhar vocês todos. Pensamentos carinhosos e orações cercam todos vocês. Só pensamos em estarmos juntos novamente, e logo. Beijo-os carinhosamente, doçuras, queridos, e que Deus os abençoe.

Sinceras recomendações a todos e também aos que vão ficar. Tomara que Al. [Aleksei] esteja se sentindo mais forte e que a viagem não o canse muito. Mamãe.

Vamos dar um passeio hoje, porque está quente. Eles ainda não nos deixaram ver Valia [Dolgorukov]. Lembranças a Vl. Vas. e aos outros.[1] Lamentei muito não ter podido me despedir. Provavelmente, será muito triste para vocês todos deixarem T. [Tobolski], a casa aconchegante, e tudo o mais. Eu me lembro de todos os quartos aconchegantes e do jardim. Vocês ainda se balançam no balanço ou a tábua quebrou? Papai e eu beijamos vocês carinhosamente. Que Deus os proteja. Envio lembranças a todos na casa. Tolia tem vindo brincar? Tudo do melhor e tenham uma boa viagem, se já estão de partida.

Sua M. [Maria]

1. Com toda probabilidade, uma referência a membros da guarda com quem as crianças haviam feito amizade.

· 133 ·

Diário de Maria Grigorievna Soloviova (Rasputina)[1], 22 de maio de 1918.

---

9 [22] de maio

Que felicidade a minha! Hoje, inteiramente por acaso, vi os filhos da família imperial. Fui ao cais [de Tiumen] comprar passagens e vi lá um navio ancorado; mas ninguém tinha permissão [para aproximar-se]. Milagrosamente, o caixa me atendeu logo e, de repente, Nastia [Gendrikova] e o pequenino [Aleksei] me viram pela vigia do navio; ficaram imensamente felizes. [São] Nicolau, o Obreiro Milagroso, conseguiu fazer isso. Agora, Boria[2] e eu vamos para Abalak[3]. Boria está em ótimo estado de espírito, o que me faz muito feliz. Que pena que não pude conversar um pouco com eles! Eles pareciam anjos.

1. Maria (Matriona) Grigorievna Soloviova (Rasputina), filha de Grigori Rasputin. Após setembro de 1917, passou a residir em sua aldeia natal de Pokrovskoe, na província de Tobolski.

2. O marido de Maria Soloviova, Boris Soloviov. Ele participou de tentativas para libertar o czar e família.

3. Mosteiro de Abalakovski, que se localizava nas proximidades de Tobolski. Representantes do mosteiro mantiveram contato com o czar e família durante o exílio.

· 134 ·

Documento entregue ao Soviete Regional dos Urais, assinado por Klementi Nagorni[1], manifestando desejo de servir à família imperial e submeter-se ao regime de prisão na casa Ipatiev, 24 de maio de 1918.

Eu, o abaixo assinado cid. [cidadão] Klementi Grigoriev, [Grigorievich] Nagorni, da prov. [província] de Kiev, distrito de Svirsk, seção Antonovsk da aldeia de Pustovarova, assino este documento, declarando que desejo continuar ao serviço do ex-czar Nicolau Romanov e prometo me submeter e seguir todas as ordens do

Soviete Regional dos Urais, dadas pelo comandante da casa, e me considero nas mesmas circunstâncias que o resto da família Romanov.

K. Nagorni

24 de maio de 1918

1. Klementi [Klim] Grigorievich Nagorni, ex-marinheiro do iate imperial *Standart*. Nagorni protegeu e cuidou de Aleksei em Tobolski e em Iekaterinburg, foi em seguida preso na casa Ipatiev, recolhido em seguida à outra prisão e fuzilado pela Cheka, juntamente com Ivan Sedniov.

· 135 ·

Carta do doutor Ievgeni Botkin ao Comitê Executivo do Soviete Regional dos Urais, solicitando que Pierre Gilliard e Sidney Gibbs tivessem permissão para entrar na casa Ipatiev, a fim de cuidar do paciente Aleksei Romanov, 24 de maio de 1918.

Ao Sr. Presidente:

Como médico que, nos últimos dez anos, tem cuidado da saúde da família Romanov em geral, e de Aleksei Nikolaevich em particular, apelo para o senhor, sr. Presidente, com a seguinte e mais veemente das solicitações, uma vez que a família Romanov se encontra agora sob a jurisdição do Comitê Executivo Regional [do Soviete] dos [Urais]. Aleksei Nikolaevich, cujo tratamento é dirigido pelo doutor Vl. Nik. Derevenko, está sujeito a trauma nas articulações causadas por contusões, inevitáveis em meninos de sua idade, o que resulta na acumulação de fluidos nas articulações e muita dor. Nesses casos, o menino sofre dores indescritíveis dia e noite, as quais ninguém entre seus parentes próximos, embora eles não se poupem esforços, têm forças para olhar por muito tempo, para nada dizer da mãe, que sofre de doença cardíaca crônica. Nem são suficientes minhas forças declinantes. Seu atendente, Klim Grigorievich Nagorni, após algumas noites insones cheias de agonia, ficou inteiramente esgotado e não poderia absolutamente suportar a situação, se os mestres de Aleksei Nikolaevich, sr. Gibbs e, em especial, o sr. Gilliard, não viessem substituí-lo e aliviá-lo da tarefa. Calmos e com autocontrole, eles lêem e conversam com o menino, dessa maneira distraindo o paciente de seus sofrimentos durante o dia, cuidando dele e, ao mesmo tempo, dando aos seus parentes e a Nagorni a oportunidade de dormir e recuperar as forças para substituí-los por turnos. Aleksei Nikolaevich está muito acostumado e apegado ao sr. Gilliard, que tem estado constantemente com ele nos últimos sete anos. O sr. Gilliard passa muitas vezes noites inteiras ao lado de Aleksei, permitindo ao atormentado Nagorni dormir um pouco. Ambos os mestres, especialmente, repito, o sr. Gilliard, são absolutamente insubstituíveis para Aleksei Nikolaevich, e eu, como médico, tenho que reconhecer que eles, às vezes, trazem mais alívio ao paciente do que meios médicos, que nesses casos de autotratamento são extremamente limitados.

À luz das acima mencionadas razões, resolvi, como suplemento à solicitação dos pais do paciente, incomodar o Comitê Executivo [do Soviete] dos [Urais] com este veemente pedido, de que o sr. Gibbs e o sr. Gilliard tenham permissão para continuar seu serviço altruísta a Aleksei Nikolaevich Romanov, porque o menino está atualmente passando por um dos piores ataques da doença, que lhe são especialmente difíceis de suportar por causa do esgotamento causado pela viagem. Não recuse a admissão dessas pessoas. Como último recurso, permita que o sr. Gilliard sozinho o atenda amanhã.

Doutor Iev. Botkin

Cidade de Iekaterinburg
24 de maio de 1918

Resolução: tendo examinado a presente solicitação do Doutor Botkin, penso que até mesmo um único serviçal seria demais, porque as filhas são todas [ilegível] e podem cuidar do paciente, e assim sugiro que o presidente do Reg. [Soviete Regional dos Urais] comunique imediatamente a essas senhoras e cavalheiros que eles excederam seus limites.

Comandante Avdeiev

· 136 ·

Instrução ao comandante da Casa de Finalidade Especial [maio de 1918].

REGRAS GERAIS

O comandante deve levar em conta que dois principais objetivos estão sendo perseguidos ao manter Nicolau sob custódia: [1] [esta seção foi deixada em branco].

A. Direitos e obrigações do comandante

1. O Soviete Regional [dos Urais] atribui ao comandante a responsabilidade de manter Nicolau Romanov e família sob custódia. O comandante assume completa responsabilidade no caso de o ex-czar ou qualquer uma das pessoas sob sua guarda fugirem ou serem seqüestradas.

2. Os guardas presentes na casa cumprirão rigorosamente todas as ordens do comandante relativas ao estabelecimento de um regime definido. As ordens do comandante aos guardas serão dadas ao chefe dos guardas em forma oral ou escrita, a critério do comandante.

3. O Soviete Regional é responsável perante o Conselho dos Comissários do Povo pela manutenção sob custódia do czar. Por decreto do Soviete Regional, a supervisão da prisão do czar é atribuída ao Presidium [do Soviete Regional dos Urais] e administrada pelo presidente; em vista disso, o comandante cumpre exclusivamente ordens dadas pelo presidente. O comandante precisa reconhecer à vista o presidente do Soviete Regional e, nos casos em que ordens escritas forem dadas, conhecer sua assinatura, bem como as assinaturas dos membros do Presidium e, para

fins de verificação, as ordens precisarão ter a chancela do Soviete Regional...

O REGIME

O comandante deve levar em conta que Nicolau Romanov e sua família estão sob prisão do Soviete e, assim, as condições de seu confinamento terão que corresponder a seu status. Sujeitos a este regime estão, 1) o próprio ex-czar e sua família, e b) as pessoas que manifestem desejo de compartilhar de sua situação...

Desde o momento em que as pessoas indicadas no artigo [deixado em branco] ficarem sob a jurisdição do soviete regional, cessam todos os seus contatos livres com o mundo externo. Na verdade, no tocante a pessoas em liberdade, o regime será exatamente o mesmo: elas não poderão mais se comunicar livremente com os Romanov.

COMO OS PRISIONEIROS DEVEM SER TRATADOS

O comandante deve ser absolutamente polido quando no trato com os prisioneiros.

Conversas com os prisioneiros só poderão ter o seguinte conteúdo: 1) escuta de qualquer possível declaração oral dos mesmos; 2) transmissão aos mesmos de ordens do Soviete Regional; 3) esclarecimento a suas perguntas sobre as condições do confinamento; 4) a respeito da entrega de provisões, alimentos e artigos de necessidade, [e] 5) a respeito da prestação de assistência médica.

Absolutamente nenhuma conversa sobre temas políticos é permitida com os prisioneiros.

O comandante deve providenciar rigorosamente para que os guardas não façam absolutamente quaisquer observações relativas aos prisioneiros, na presença dos mesmos.

Observação I: os prisioneiros não têm direito de conversar com os guardas. Se fizerem essa tentativa, o guarda deve responder que conversas não são permitidas.

Observação II: por sua parte, os guardas não têm direito de iniciar conversas com os prisioneiros.

ADMISSÃO DE ESTRANHOS PARA VISITAR OS PRISIONEIROS

Como regra geral, nenhum encontro é permitido entre estranhos e os prisioneiros. Se permissão para um encontro for concedida, porém, ela será dada por escrito e assinada pelo Presidium do Soviete Regional [dos Urais] e deverá ser confirmada por telefone ou pessoalmente.

Quando um encontro for permitido, a permissão escrita indicará exatamente com quem o encontro é permitido e qual será sua duração.

O comandante deverá estar presente durante esses encontros e assegurará que não será entregue aos prisioneiros coisa alguma que não seja permitida. Se um esforço nesse sentido for feito, o comandante encerrará o encontro.

Só uma língua que o comandante possa entender será usada em conversa nessas reuniões. O comandante encerrará o encontro se uma tentativa for feita para falar em língua diferente.

PASSEIOS

Os prisioneiros têm permissão para passeios diários, com duração estabelecida pelo soviete regional.

Os que desejarem sair para um passeio devem fazê-lo juntos.

Antes de levar os prisioneiros para um passeio, o comandante ordenará que a guarda seja reforçada no local onde os prisioneiros passearão, postando sentinelas em todos os cantos do pátio, onde eles passearão e também no terraço.

O comandante tentará, tanto quanto possível, evitar passeios na mesma hora todos os dias, variando a ocasião entre as 12h e 4h da tarde.

CORRESPONDÊNCIA

Toda a correspondência dos prisioneiros será examinada por uma pessoa especialmente autorizada para esse fim pelo Presidium do Soviete Regional [dos Urais].

Os prisioneiros entregarão ao comandante as cartas e telegramas que desejarem enviar e o comandante os passará à pessoa designada para examinar a correspondência.

Cartazes e telegramas dirigidos àqueles indicados, no que diz respeito a [deixado em branco], e recebidos diretamente pelo comandante devem ser enviados à pessoa responsável por examiná-los.

O comandante providenciará para que os prisioneiros não tentem ignorar essas ordens, enviando cartas para o exterior através de guardas ou outras pessoas que também residam na Casa de Finalidade Especial.

O comandante avisará aos prisioneiros que, se tais tentativas forem descobertas e provadas, eles perderão o direito de correspondência.

Nas cartas só poderão ser usados os idiomas russo, fr. [francês] e al. [alemão].

· 137 ·

Carta de um "oficial do Exército russo" à família imperial [19 ou 20 de junho de 1918]. Original em francês.[1]

Amigos não estão mais dormindo e alimentam a esperança de que tenha chegado a hora há tanto aguardada. A revolta dos tcheco-eslovacos ameaça ainda mais gravemente os bolchevistas. Samara, Cheliabinsk e toda a Sibéria oriental e ocidental estão nas mãos do governo nacional provisório. O exército de amigos eslavos está a oitenta quilômetros de Iekaterinburg. Os soldados do Exército Vermelho não podem oferecer resistência séria. Estejam atentos a qualquer movimento externo; aguardem e tenham esperança. Mas, ao mesmo tempo, imploro-lhes, tenham cuidado, porque os bolchevistas, antes de serem **derrotados, representam um autêntico e grave perigo para vocês**. Estejam prontos a qualquer hora, dia e noite. Façam um desenho de seus ~~dois~~ três quartos[2] [mostrando] a posição dos móveis, camas. Escrevam a hora em que todos vão dormir [na margem: 11:30h].[3] Respondam em poucas palavras, mas, por favor, dêem todas as informações úteis para os amigos que estão fora. Devem dar a resposta **por escrito** ao mesmo soldado que lhes entrega esta nota, **mas não pronunciem uma única palavra.**

De alguém que está disposto
a morrer por vocês,
Oficial do Exército russo

1. Acredita-se amplamente agora que esta carta, e as cartas seguintes, de um "oficial" (Documentos 139, 141 e 146) foram partes de um plano de autoridades locais para forjar a "fuga" da família imperial, com vista a executá-la quando estivesse tentando fugir ou criar um pretexto para a execução. Na década de 1960, um antigo membro da Cheka dos Urais, Rodzinski, declarou em depoimento que Piotr Voikov, formado pela Universidade de Genebra e membro do Comitê Executivo do Soviete dos Urais, redigiu as cartas que ele, Rodzinski, em seguida copiou.

2. Essa correção, de "dois" para "três" foi feita por um membro da família do czar, como parte da resposta (Documento 138) e escrita na própria carta recebida.

3. O acréscimo na margem também foi feito por um membro da família do czar.

· 138 ·

Resposta à carta do "oficial" [entre 21 e 23 de junho de 1918]. Original em francês.[1]

Do canto até o terraço há 5 janelas do lado da rua, 2 para a praça. Todas as janelas foram fechadas com cola e pintadas de branco. O pequenino continua doente e de cama e não pode andar, absolutamente — qualquer sacudidela lhe causa dor. Há uma semana, por causa de anarquistas, deveríamos viajar para Moscou à noite. Nenhum risco absolutamente deve ser assumido, sem certeza **absoluta** do resultado. Estamos quase sempre sob rigorosa vigilância.

1. Embora a maioria das versões afirme que Nicolau escreveu esta e as respostas seguintes (Documentos 140 e 142), a caligrafia não lembra a dele ou a de Aleksandra. Lembra muito a caligrafia de Olga, contudo. Olga, que conhecia francês razoavelmente bem, escreveu, com toda probabilidade, as cartas em nome da família.

· 139 ·

Carta do "oficial" à família imperial [25 de junho de 1918]. Original em francês.

Com a ajuda de Deus e o sangue-frio de vocês, esperamos ter sucesso sem assumir qualquer risco. Uma das janelas deve ser descolada, de modo a que possam abri-la na ocasião certa. Indiquem qual janela, por favor.

O fato de o pequeno czarevich não poder andar complica a questão, mas

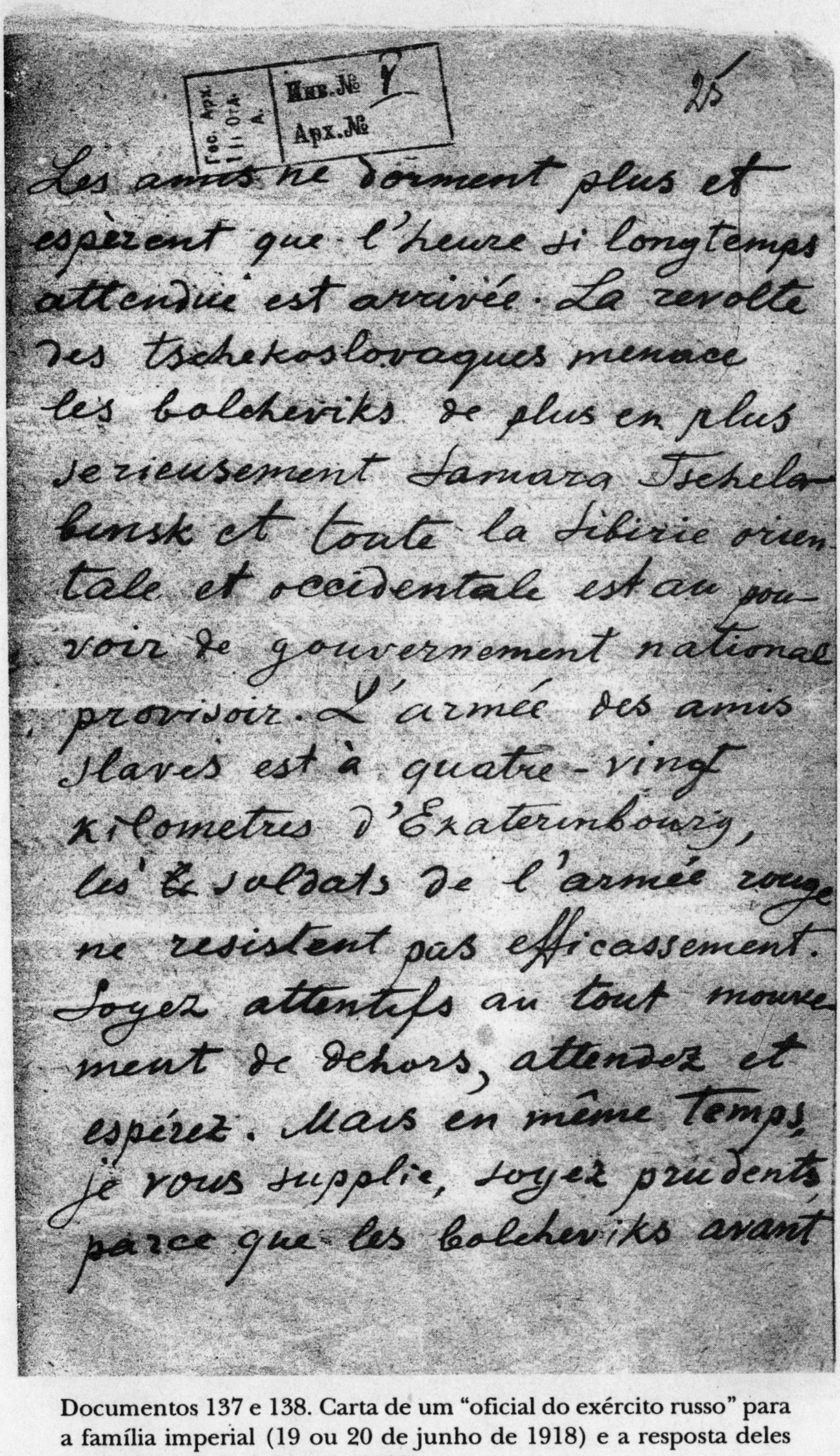

25

Les amis ne dorment plus et
espèrent que l'heure si longtemps
attendue est arrivée. La revolte
des tschekoslovaques menace
les bolcheviks de plus en plus
serieusement. Samara Tschela-
binsk et toute la Sibirie orien-
tale et occidentale est au pou-
voir de gouvernement national
provisoir. L'armée des amis
slaves est à quatre-vingt
kilometres d'Ekaterinbourg,
les soldats de l'armée rouge
ne resistent pas efficassement.
Soyez attentifs au tout mouve-
ment de dehors, attendez et
espérez. Mais en même temps,
je vous supplie, soyez prudents,
parce que les bolcheviks avant

Documentos 137 e 138. Carta de um "oficial do exército russo" para a família imperial (19 ou 20 de junho de 1918) e a resposta deles (entre 21 e 23 de junho de 1918).

d'être vaincus représent
pour vous le peril réel et
serieux. Soyez prêts toutes
les heures, la journée et
la nuit. Faites le croquis
des vos ~~deux~~ trois chambres, les
places, des meublis, des
lits. Ecrivez bien l'heure
quand vous allez coucher
à 11½ vous tous. L'un de vous
ne doit dormir de 2 à 3
heure toutes les nuits qui
suivent. Repondez par
quelques mots mais donnez,
je vous en prie, tous les
renseignements utiles pour
vos amis de dehors. C'est
au même soldat qui vous
transmet cette note qu'il

26

faut donner votre reponse
<u>par</u> ecrit mais dites <u>pas</u>
<u>un seul mot</u>.

Un qui est prêt à mourir
pour vous.
L'officier de l'armée Russe

du coin jusqu'au balcon
5 fenêtres donnent sur la
rue, 2 sur la place.
Toutes les fenêtres sont
fermées, collées et
peintes en blanc. Le
petit est encore malade
au lit et ne peut pas
marcher du tout! —
chaque secousse lui
cause des douleurs.

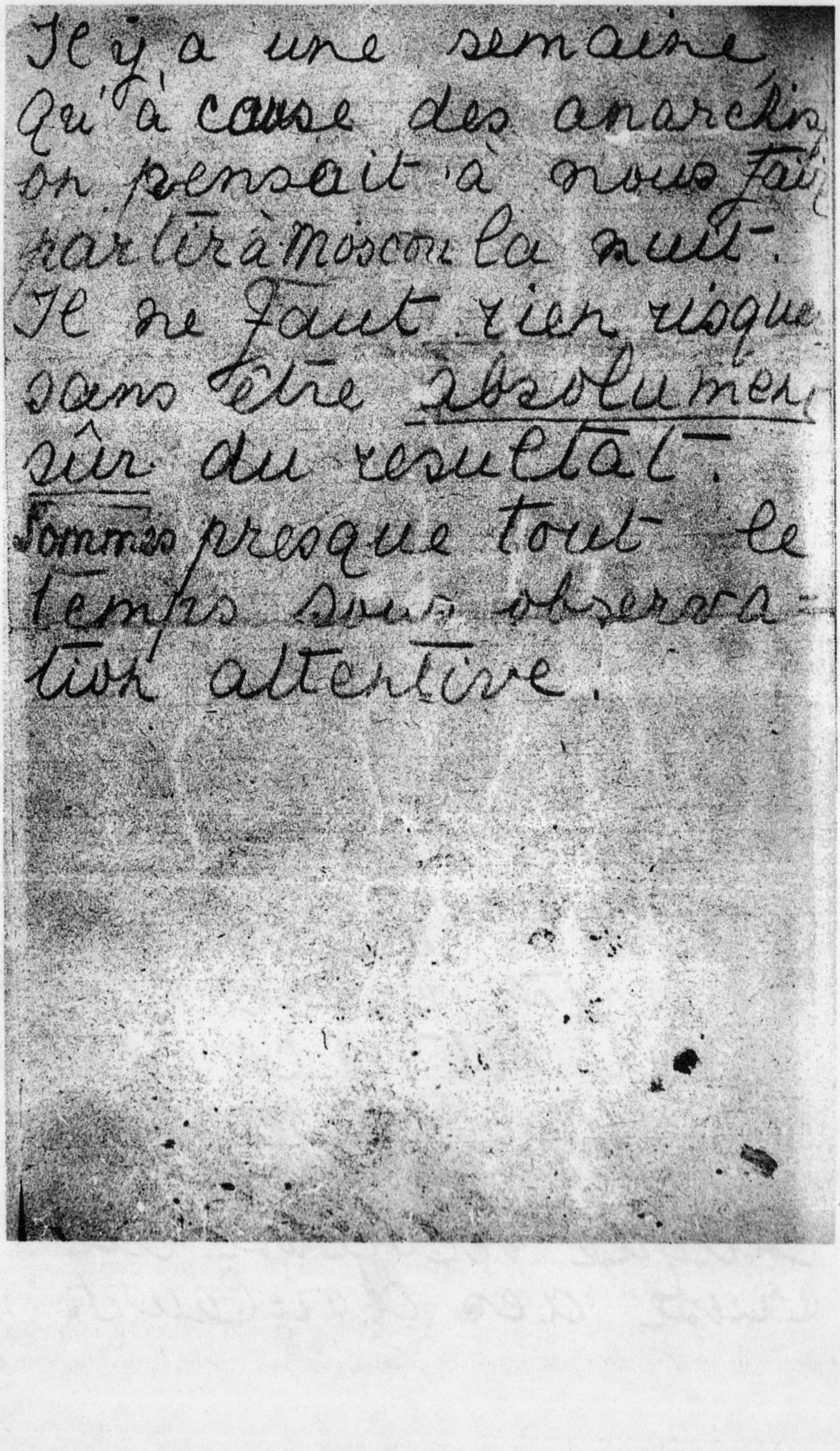
Il y a une semaine
Qu'à cause des anarchis
on pensait à nous fai
partir à Moscou la nuit.
Il ne faut rien risque
sans être absolumen
sûr du resultat.
Sommes presque tout le
temps sous observa-
tion attentive.

levamos esse fato em conta e não acreditamos que seja uma inconveniência grande demais. Escrevam se vão precisar de duas pessoas para levá-lo nos braços ou [se] um de vocês pode cuidar disso. Se souberem antecipadamente da hora exata, será possível garantir que o pequenino dormirá durante uma ou duas horas [antes da fuga]?

O médico deve dar sua opinião, mas, em caso de necessidade, podemos providenciar alguma coisa para esse fim.

Não se preocupem: nenhuma tentativa será feita sem certeza absoluta do resultado.

Diante de Deus, diante da história, e diante de nossa consciência, nós lhe fazemos esta solene promessa.

Um oficial

· 140 ·

Resposta à carta do "oficial" [25 de junho de 1918]. Original em francês.

A segunda janela a partir do canto, de frente para a praça, está aberta há dois dias — dia e noite. A sétima e oitava janelas de frente para a praça, ao lado da entrada principal, estão sempre abertas. A sala é ocupada pelo comandante e seus assistentes, que são também os guardas internos — até 13 pessoas, no mínimo — armados com fuzis, revólveres e bombas. Nenhuma das portas tem chave (exceto as nossas). O comandante ou seus assistentes entram em nossos quartos quando querem. O que está de serviço faz rondas externas duas vezes a cada hora da noite e o ouvimos conversando com o sentinela que fica embaixo de nossas janelas. Há uma metralhadora no terraço de cima e outra no térreo, para uso em caso de alarme. Se há outras, não sabemos onde estão. Não esqueçam que temos um médico, uma serviçal, dois homens e um menino que trabalha na cozinha. Seria ignóbil de nossa parte (embora eles não queiram nos causar problemas) se os deixássemos aqui sozinhos, depois de nos terem seguido voluntariamente ao exílio. O médico está de cama há três dias com problemas nos rins, mas melhorando. Estamos aguardando constantemente a volta de dois de nossos homens [Ivan Sedniov e Klementi Nagorni], jovens e robustos, que estão presos na cidade há um mês — não sabemos onde ou por quê. Na ausência deles, o pequenino é carregado pelo pai, para passar de um quarto a outro [ou] sair para o jardim. Nosso cirurgião, D. [Derevenko], que vem aqui quase diariamente às 5h visitar o pequenino, mora na cidade; não esqueçam isso. Nós nunca o recebemos sozinhos. Os guardas ficam em uma pequena casa em frente às nossas cinco janelas, no outro lado da rua, 50 homens. As únicas coisas que ainda temos são baús no telheiro (que fica no pátio interno). Estamos especialmente preocupados com o n.9 de A.F. [Aleksandra Fiodorovna], um pequeno baú preto, e um grande bau preto, o n.13, de N.A. [Nicolau Aleksandrovich], com suas velhas cartas e *diários*. Naturalmente, os quartos estão cheios de baús, camas e coisas, tudo à mercê dos ladrões que nos cercam. Todas as chaves e, separadamente, a do n.9, estão com o comandante, que tem se comportado bem conosco. De qualquer modo, avise-nos se puder, e responda se podem trazer também nosso pessoal. Na frente da entrada fica **sempre** estacionado um automóvel. Há sinetas em todos os postos de sentinelas, na sala do comando, e alguns fios seguem também para a casa da guarda e outros locais. Se outras pessoas de nosso grupo ficarem aqui, podemos ter certeza de que nada lhes acontecerá??? O doutor B. [Botkin] implora-lhes que não pensem nele e nos outros, de modo a não tornar o trabalho de vocês mais difícil. Contem com sete de nós e a mulher. Que Deus os ajude. Podem contar com nosso sangue-frio.

· 141 ·

Carta do "oficial" à família imperial [26 de junho de 1918]. Original em francês.

Não se preocupem com os cinqüenta e tantos homens que estão na pequena casa em frente às suas janelas — eles não serão perigosos quando chegar a hora de agir. Digam alguma coisa mais precisa sobre o comandante, a fim de tornar o início mais fácil para nós. É impossível lhes dizer agora se podemos levar todo o seu pessoal; temos esperança que sim, mas, de qualquer modo, eles não ficarão com vocês depois de deixarem a casa, exceto o médico. Estamos tomando providências com relação ao doutor D. [Derevenko]. Temos esperanças de antes de domingo indicar o plano detalhado da operação. A partir de agora, será assim: logo que chegar o sinal, vocês fecham e fazem uma barricada com a mobília na porta que os separa dos guardas, que ficarão bloqueados e aterrorizados dentro da casa. Com uma corda preparada especialmente para esse fim, vocês descerão pela janela — estaremos à espera embaixo. O resto não é difícil; há muitos meios de transporte e o esconderijo é o melhor possível. A grande questão é descer o pequenino: será possível? Responda, depois de pensarem cuidadosamente no assunto. De qualquer modo, o pai, a mãe e o filho descem em primeiro lugar; as moças e o médico os seguem depois. Respondam se isso é possível na opinião de vocês e se podem preparar a corda apropriada, porque nesta ocasião é muito difícil levar uma corda até aí.

Um oficial

· 142 ·

Resposta ao "oficial" [27 de junho de 1918]. Original em francês.

Não queremos nem podemos **escapar**. Só poderemos ser **levados** pela força, da mesma maneira que ela foi usada para nos trazer de Tobolski. Portanto, não conte com **qualquer ajuda ativa** de nossa parte. O comandante tem numerosos auxiliares; eles mudam com freqüência e estão **preocupados**. Eles cuidam de nossa

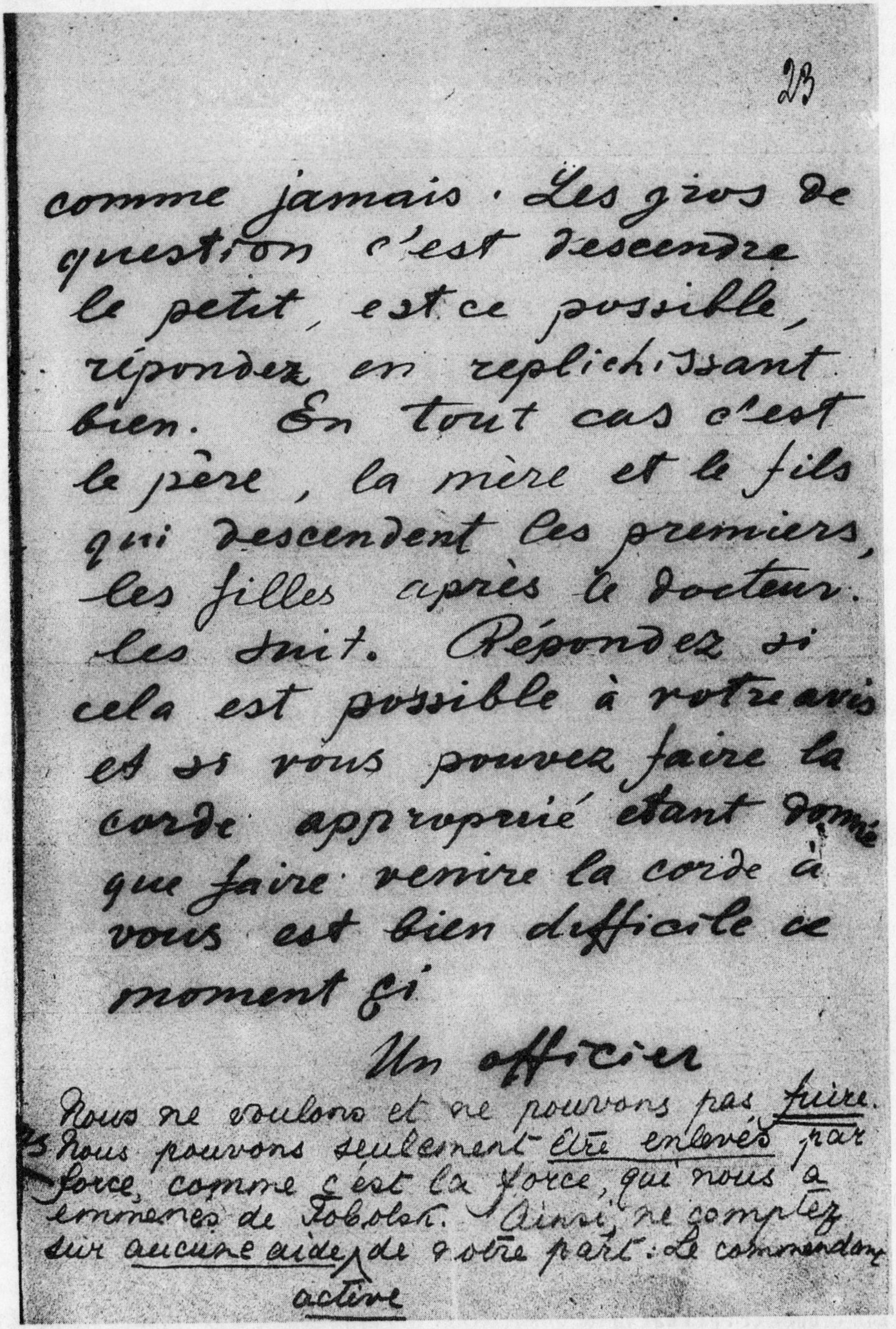

23

comme jamais. Les gros de
question c'est descendre
le petit, est ce possible,
répondez en replichissant
bien. En tout cas c'est
le père, la mère et le fils
qui descendent les premiers,
les filles après le docteur.
les suit. Répondez si
cela est possible à votre avis
et si vous pouvez faire la
corde approprié étant donné
que faire venire la corde à
vous est bien difficile ce
moment ci

Un officier

Nous ne voulons et ne pouvons pas <u>fuire</u>.
Nous pouvons seulement <u>être enlevés</u> par
force, comme c'est la force, qui nous <u>a</u>
emmenés de Tobolsk. Ainsi, ne comptez
sur <u>aucune aide</u> <u>active</u> de votre part. Le commendant

Documento 142. Resposta da família imperial ao "oficial" (27 de junho de 1918).

souvent
a beaucoup d'aides, ils changent et sont de-
venu soucieux. Ils gardent notre emprison-
nement ainsi que nos vies consciencieusement
et sont bien avec nous. Nous ne voulons pas
qu'ils souffrent à cause de nous, ni vous
pour nous, surtout au nom de Dieu évitez
l'effusion de sang. Renseignez vous sur eux
vous même. Une descente de la fenêtre sans
escalier est complètement impossible. Même
descendu on est encore en grand danger à
cause de la fenêtre ouverte de la chambre
des commandants et la mitrailleuse de
l'étage d'embas, où l'on pénètre de la
cour intérieure. ~~Renoncez donc à l'idée
de nous enlever~~. Si vous veillez sur nous
vous pourrez toujours venir nous sauver
en cas de danger imminent et réel. –
Nous ignorons complètement ce qui se
passe à l'extérieur, ne recevant
ni journaux ni lettres. – Depuis qu'on
a permi d'ouvrir la fenêtre, la
surveillance a augmenté et on
défend même de sortir la tête, au
risque de recevoir une balle dans la
figure.

prisão e vida conscienciosamente e são bondosos conosco. Não queremos que sofram por nossa causa, nem os senhores por nós. Em nome de Deus, evitem acima de tudo o derramamento de sangue. Vocês mesmos procurem se informar sobre eles. Descer pela janela sem uma escada é inteiramente impossível. Mesmo que conseguíssemos descer, correríamos ainda grande perigo por causa da janela aberta do quarto do comandante e da metralhadora no térreo, localizada no ponto em que se entra vindo do pátio interno. ~~Desistam, por conseguinte, da idéia de nos levar~~. Se nos observarem, poderão sempre nos salvar, **no caso** de perigo real e iminente. Desconhecemos inteiramente o que está acontecendo do lado de fora, pois não recebemos nem jornais nem cartas. Desde que tivemos permissão de abrir a janela, a vigilância aumentou e estamos proibidos até de esticar o pescoço [para fora], sob o risco de levar um tiro no rosto.

· 143 ·

Telegrama do comandante Mikhail Muraviov[1] ao SOVNARKOM, a respeito da investigação realizada por Reingold Berzin[2] sobre boatos de assassinato de Nicolau, 28 de junho de 1918.

Recebido em 28 de junho de 1918, às 10:11h
De Kazan

Informo sobre o telegrama que recebi do comandante Berzin.

"Recebi jornais de Moscou com uma notícia sobre o assassinato de Nicolau Romanov, em alguma parada ferroviária nas cercanias de Iekaterinburg, por soldados do Exército Vermelho. Oficialmente informo que, no dia 12 de junho, juntamente com membros da inspetoria militar e do comissário militar do distrito militar dos Urais e membro da Comissão de Investigação de Todas as Rússias[3], vistoriei a casa, a fim de verificar como está confinado Nicolau Romanov e família e inspecionar os sentinelas e guardas. Todos os membros da família e o próprio Nicolau estão vivos e todas as informações sobre seu assassinato e coisas semelhantes são mera provocação.

Comandante do Setor Norte
Ural-Siberiano, Berzin"
Comandante Muraviov
Ch. [Chefe] do EM [Estado-Maior]
da Frente de Combate, Oglobin

1. Mikhail Artemievich Muraviov, tenente-coronel do Exército czarista. Durante a Revolução de Fevereiro, Muraviov esteve ligado ao Partido Socialista Revolucionário. Após a Revolução de Outubro, apoiou o governo dos sovietes. Em junho de 1918, foi nomeado comandante das forças que lutavam contra a Legião Tcheca. Em 11 de julho, contudo, estimulou um motim em apoio ao levante dos Revolucionários Socialistas de Esquerda e foi morto quando, segundo se informou, resistiu à prisão.

2. Reingold Iosifovich Berzin, comandante e oficial político do Exército Vermelho. A partir

de janeiro de 1918, comandou o Segundo Exército Revolucionário. De fevereiro a março de 1918, foi comandante da frente revolucionária ocidental na luta contra-revolucionária. Em junho de 1918, tornou-se presidente da Alta Inspetoria Militar na Sibéria e comandante da frente Norte ural-siberiana. Por solicitação do Conselho dos Comissários do Povo, examinou a situação do czar e família em Iekaterinburg.

3. A Comissão de Investigação de Todas as Rússias constitui presumivelmente um nome errado da Comissão Extraordinária de Todas as Rússias, a Cheka. O comissário militar do distrito militar dos Urais era Filip Goloshchekin, também membro da Cheka.

· 144 ·

Telegrama da organização dos bolchevistas do distrito de Kolomna ao SOVNARKOM, exigindo que Nicolau e seus parentes fossem executados, 3 de julho de 1918.

Recebido em 4 de julho de 1918, às 10:06h
Procedência Petrogrado, Kolomna

A organização dos bolchevistas de Kolomna resolveu, por unanimidade, exigir que o SOVNARKOM destrua-o [Nicolau] imediatamente, a família e parentes do ex-czar, porque a burguesia alemã, juntamente com a burguesia russa, está restabelecendo o regime czarista em cidades capturadas. [No] caso [o SOVNARKOM] se recuse [a assim proceder], resolvemos cumprir este decreto usando nossas próprias forças.

Comitê dos Bolchevistas do
Distrito de Kolomna

· 145 ·

Telegrama de Beloborodov a Sverdlov e Filip Goloshchekin sobre mudança na guarda interna da Casa de Finalidade Especial, 4 de julho de 1918.

Moscou. Ao presidente do VTsIK Sverdlov, para Goloshchekin

Siromolotov[1] acabou de sair para organizar o assunto de acordo com as instruções do Centro [de Moscou]; as apreensões são infundadas. Avdeiev foi substituído; seu assistente, Moshkin[2], está preso; Iurovski[3] [foi nomeado] para o lugar de Avdeiev; toda a guarda interna foi mudada e está sendo substituída por outros elementos.

Beloborodov

1. Fiodor Fiodorovich Siromolotov, ex-engenheiro de minas. Em 1918. era membro do Comitê Executivo do Soviete Regional dos Urais e comissário regional para Finanças.

2. Aleksandr Mikhailovich Moshkin, ex-operário da fábrica Zlokazov, assistente de Ávdeiev, comandante da casa Ipatiev. Por roubar objetos de uso pessoal da família imperial, Moshkin foi demitido e enviado para a frente de guerra.

3. Iakov Mikhailovich Iurovski, membro do Partido Bolchevista desde 1905, membro do Comitê Executivo do Soviete Regional dos Urais, vice-comissário regional para a Justiça, membro

do colegiado da Cheka Regional dos Urais. Iurovski foi nomeado comissário da Casa de Finalidade Especial em 4 de julho de 1918.

· 146 ·

Carta do "oficial" à família imperial [após 4 de julho de 1918]. Original em francês.

A mudança da guarda interna e do comandante impediu-nos de entrar em contato. Sabem qual a causa disso? Respondemos às suas perguntas. Nós somos um grupo de oficiais do Exército russo que não perderam a consciência de seu dever para com o czar e o País.[1]

Não os informamos em detalhes sobre nós mesmos por questões que vocês podem compreender, mas seus amigos D. e T.[2], que já estão em segurança, nos conhecem.

A hora do exame de consciência está próxima e os dias dos usurpadores estão contados. De qualquer modo, os exércitos eslavos estão avançando em direção a Iekaterinburg. Encontram-se a poucas verstas da cidade. O momento está se tornando crítico e derramamento de sangue não deve ser temido. Não esqueçam que os bolchevistas estarão, no fim, prontos para cometer qualquer crime. O momento chegou. Temos que agir. Fiquem tranqüilos que a metralhadora no térreo não constituirá perigo. Quanto ao comandante, saberemos como atraí-lo para longe. Espere o assovio por volta de meia-noite. Esse será o sinal.

Um oficial

1. O autor da carta escreveu de forma errada a palavra *País*, escrevendo *Parti* (partido), corrigindo-a em seguida para *Patrie.*
2. Provavelmente, Dolgorukov e Tatishchev, que já haviam sido executados pela Cheka.

· 147 ·

Diário de Nicolau II, 17 [30] de abril – 30 de junho [13 de julho] de 1918.

17 [30] de abril,[1] terça-feira. Outro dia quente, maravilhoso. Às 8:40h, chegamos a Iekaterinburg. O trem permaneceu durante cerca de três horas em uma estação. Houve grande atrito entre os moradores locais e nossos comissários. Finalmente, os primeiros venceram e o trem teve que seguir para outra estação, de carga. Descemos do trem após uma espera de hora e meia. Iakovlev entregou-nos nas mãos do comissário regional daqui, nós três tomamos um automóvel e seguimos por ruas desertas para a casa que havia sido preparada para nós — a casa Ipatiev. Nosso pessoal e nossas coisas chegaram também aos poucos. Valia [Dolgorukov] não teve permissão para entrar.

A casa é bonita e limpa. Quatro grandes cômodos nos foram destinados; o quarto de esquina, o banheiro, a sala de jantar junto à porta, com vista para um pequeno jardim e a parte baixa da cidade e, finalmente, um espaçoso salão com um arco e sem portas. Não pudemos, durante muito tempo, desembalar nossas coisas porque o comissário, o comandante e o oficial da guarda simplesmente não arranjaram tempo para inspecionar os baús. E, mais tarde, a vistoria foi semelhante a que se faz na alfândega: muito rigorosa, descendo até o último vidrinho do *kit* de medicamentos de Alix. Explodi com isso e dei secamente ao comissário minha opinião. Finalmente, por volta de 9h, tudo foi resolvido. Almoçamos na sala de jantar às 4:30h e, depois de nos lavarmos, fizemos um lanche com chá.

Acomodamo-nos da seg. [seguinte] maneira: Alix, Maria e eu — nós três — juntos, no quarto; o banheiro, comum; N. Demidova, na sala de jantar; Botkin, Chemodurov, e Sedniov[2] no salão. O quarto do oficial da guarda fica próximo à entrada da casa. Os guardas foram alojados em dois quartos contíguos à sala de jantar. Para tomar banho e ir ao W.C., temos que passar pelo sentinela à porta do quarto dos guardas. Uma cerca de madeira muito alta foi construída em volta da casa, a 2 *sazhens* [4,25m] das janelas; uma linha de sentinelas dá serviço aí e também no jardim.

...

25 de abril [8 de maio], quarta-feira. Levantamo-nos às 9h. O tempo estava um pouco mais quente — chegando a 5 graus C. Hoje, uma guarda, excêntrica em personalidade e traje, assumiu seu posto. A guarda é composta de uns poucos ex-oficiais e a maioria é de letões vestidos com tipos diferentes de jaquetas, com todos os tipos possíveis de barretes. Os oficiais dão guarda com sabres e fuzis. Quando saímos para passear, todos os soldados de folga vieram também para o jardim, a fim de nos ver; conversaram entre si, andaram, e se comportaram de modo turbulento. Antes do jantar, conversei por longo tempo com um ex-oficial, um natural da área do Baikal; ele me contou muitas coisas interessantes; o chefe baixinho da guarda [esteve] também presente; ele nasceu em Riga. Antes da ceia, Ukraintsev[3] trouxe-nos o primeiro telegrama de Olga. A casa ficou de certa maneira mais alegre por causa disso. Além do mais, os sons de canto e de música de piano, que havia sido recentemente arrastado de nosso salão, chegou da sala de serviço [da guarda]. A comida foi excelente, abundante, e servida na hora.

26 de abril [9 de maio], quinta-feira. Hoje, em volta de nós, isto é, nas salas do oficial de serviço e dos guardas, alguma grande confusão começou pela manhã; o telefone tocou o tempo todo. Ukraintsev passou todo o dia fora, embora fosse seu dia de serviço. Não nos disseram o que aconteceu, claro; talvez a chegada aqui de algum destacamento tenha causado confusão entre os moradores locais! O estado de espírito dos guardas, porém, era alegre e muito obsequioso. Meu inimigo, o "olho arregalado" — de serviço, em vez de Ukraintsev —, acompanhou-me no passeio. Ficou calado o tempo todo, pois ninguém falou com ele. À noite, enquanto jogávamos besigue, ele trouxe outro indivíduo, fez uma vistoria nos quartos juntamente com ele, e foi embora.

27 de abril [10 de maio], sexta-feira. Às 8:30h devíamos estar de pé e vestidos, para receber o vice-comandante que esteve aqui ontem, que havia nos entregue ao

novo comandante — que tem um rosto bondoso que lembra o de um artista. A neve caiu grossa pela manhã e, à tarde, o sol apareceu. O passeio foi bom. Após o chá, o "arregalado" reapareceu e perguntou a cada um de nós quanto tínhamos de dinheiro. Depois disso, pediu-nos que anotássemos a soma exata e [em seguida] confiscou o dinheiro de todos, para ser guardado pelo tesoureiro do Soviete Regional [dos Urais]. Um incidente muito desagradável. Durante o jogo da noite passada, o bondoso e baixinho chefe dos guardas sentou-se conosco, observou o jogo e conversou bastante.

...

29 de abril [12 de maio], domingo. Tempo bom e ensolarado, bastante frio. Na última noite, o chefe dos guardas ficou ausente durante umas três horas, tendo ido dançar em um baile! Esse o motivo por que andou por toda parte o dia inteiro com aparência esquisita e sonolento. Alix sentou-se em um banco no jardim durante nosso passeio. O jantar e a ceia foram servidos pontualmente.

...

1º [14] de maio, terça-feira. Ficamos satisfeitos ao receber cartas de Tobolski; recebi uma de Tatiana. Lemos as cartas uns para os outros durante toda a manhã. O tempo permaneceu maravilhoso, quente. Ao meio-dia, houve uma mudança na guarda, usando-se a mesma combinação especial de soldados de primeira linha — russos e letões. O [novo] chefe dos guardas é uma pessoa jovem, imponente [Pavel Medvedev]. Hoje fomos informados, através de Botkin, que só temos permissão para uma hora de passeio; à pergunta "Por que", o indivíduo que s. [serve] como comandante respondeu: "Para que isto pareça um regime de penitenciária." A comida foi servida na hora normal. Um samovar foi comprado para nós — pelo menos não ficaremos dependentes dos guardas. Ganhei quatro besigues no jogo da noite.

2 [15] de maio, quarta-feira. A aplicação de um "regime de penitenciária" continuou, manifestando-se no fato de que um velho pintor de casas veio até aqui e caiou todas as janelas. Agora, olhar pela janelas é como olhar através de um nevoeiro. Saímos para passear às 3:30h e, às 4:10h, escoltaram-nos de volta para a casa. Não houve um único soldado extra no pátio. O chefe dos guardas não conversou conosco, porque durante todo o tempo um ou outro comissário estava no jardim nos vigiando, a ele, e aos sentinelas! O tempo esteve muito bom, mas nos quartos ficou escuro. Só a sala de jantar melhorou, porque o tapete que cobria as janelas foi retirado!

Sedniov pegou um resfriado e está com febre.

...

6 [19] de maio, domingo. Cheguei aos 50 anos e isto até me parece estranho! O tempo continuou maravilhoso, como se feito por encomenda. Às 11:30h, o mesmo padre e diácono oficiaram, em um serviço religioso muito bom. Dei um passeio com Maria antes do jantar. Durante o dia, ficamos sentados por uma hora e um quarto no jardim, aquecendo-nos ao sol morno. Não recebemos notícias das crianças e começamos a duvidar que tenham deixado Tobolski.

...

10 [23] de maio, quinta-feira. Durante uma hora pela manhã, eles nos disseram, etapa por etapa, que as crianças se encontravam a algumas horas da cidade, que haviam chegado à estação e, finalmente, que haviam chegado à casa, embora o trem delas estivesse parado aqui desde 2h da manhã! Que imensa alegria foi vê-las novamente e abraçá-las, depois de quatro semanas de separação e incertezas.

Não havia fim às perguntas e respostas mútuas. Pouquíssimas cartas lhes haviam chegado ou sido recebido delas. As pobrezinhas haviam passado por muito sofrimento pessoal e espiritual tanto em Tobolski quanto durante a viagem de três dias. A neve caiu durante a noite e permaneceu no chão durante todo o dia. Entre os que vieram com elas, só Karitonov e o sobrinho de Sedniov[4] tiveram permissão de entrar. Durante o dia, saímos para o jardim durante 20 minutos — o jardim estava frio e horrivelmente sujo. Esperamos até a noite pela entrega de nossas camas e outras coisas necessárias, que se encontravam na estação da estrada de ferro mas, em vão, e todas as filhas acabaram tendo que dormir no chão. Aleksei passou a noite no catre de Maria. À noite, como se de propósito, ele bateu com o joelho e sofreu horrivelmente durante toda a noite, perturbando nosso sono.

...

13 [26] de maio, domingo. Tivemos um sono ótimo, com exceção de Aleksei. As dores continuaram, embora a intervalos maiores. Ele permaneceu na cama, em nosso quarto. Não houve serviço religioso. O tempo continuou o mesmo; neve cobria os telhados. Da mesma maneira que nos últimos dias, V.N. Derevenko veio examinar Aleksei; hoje, chegou acompanhado de um cavalheiro moreno, q. [que] pensamos que fosse médico [Iakov Iurovski]. Após um curto passeio, nós, em companhia do com. [comandante] Avdeiev, paramos no telheiro, o. [onde] toda nossa numerosa bagagem estava guardada. Alguns baús foram abertos e continuou o exame [de nossas coisas]. Comecei a ler as obras de Saltikov (Shchedrin)[5], que encontrei entre os livros pertencentes ao dono da casa. Jogamos besigue à noite.

14 [27] de maio, segunda-feira. O tempo permaneceu quente. Li muito. Aleksei sentiu-se em geral melhor.

Passeamos durante uma hora durante o dia. Após o chá, Sedniov e Nagorni foram chamados ao soviete re. [regional] para interrogatório. À noite, o exame das coisas das meninas continuou, na presença delas. O sentinela postado sob nossa janela atirou para dentro de nossa casa, porque pensou que alguma coisa se moveu ao lado da janela (após 10h da noite) — achei que ele estava simplesmente brincando com o fuzil, como sentinelas sempre fazem.

...

20 de maio [2 de junho], domingo. *Obednitsa* [liturgia sem comunhão] foi realizada às 11h. Aleksei esteve presente, deitado na cama. O tempo permaneceu maravilhoso, quente. Passeamos após o serviço e durante o dia, antes do chá. É insuportável ficar trancafiado desta maneira e não poder sair para o pátio quando queremos e passar uma bela noite ao ar livre! O regime de penitenciária!

21 de maio [3 de junho], segunda-feira. Um dia maravilhoso, quente. Demos dois pas-

seios. Lá embaixo, no alojamento dos guardas, outro tiro; o comandante apareceu para perguntar se a bala havia atravessado a porta. Aleksei não sentiu absolutamente nenhuma dor; como sempre, ele passa o dia na cama, em nosso quarto. Terminei o segundo volume de Saltikov. Jogamos besigue à noite.

22 de maio [4 de junho], terça-feira. Os quartos estão quentes e abafados. Só passeamos durante o dia. Por volta de 5h, uma forte tempestade passou por aqui e outra [aconteceu] à noite. Aleksei está muito melhor e diminuiu muito a inchação do joelho. Minhas pernas e a parte inferior das costas doem e dormi mal.

23 de maio [5 de junho], quarta-feira. Adiantaram o relógio em duas horas. Hoje, Aleksei foi vestido e levado para tomar ar fresco através da entrada principal. O tempo permaneceu maravilhoso. Alix e Tatiana fizeram companhia a ele durante uma hora e meia. Passeamos sem pressa pelo jardim. Eu estava em um péssimo estado de espírito. Fomos dormir quando ainda estava claro lá fora.

24 de maio [6 de junho], quinta-feira. Minhas hemorróidas doeram horrivelmente o dia todo, de modo que permaneci na cama, porque é mais confortável aplicar compressas dessa maneira. Alix e Aleksei passaram meia hora ao ar livre e, depois que voltaram, saímos em passeio por uma hora.

O tempo continuou maravilhoso.

25 de maio [7 de junho], sexta-feira. Passei na cama o dia do aniversário de Alix, sentindo fortes dores nas pernas e em out. [outros] lugares.

Nos dois dias seguintes, senti-me melhor e pude comer sentado em uma espreguiçadeira.

...

27 de maio [9 de junho], domingo.[6] Finalmente, levantei-me e deixei o catre. Fazia um dia de verão. Passeamos em duas turmas: Alix, Aleksei, Olga e Maria antes do jantar; eu, Tatiana e Anastásia antes do chá. Os arbustos estão muito bonitos e viçosos, com um aroma agradável. Estou lendo com interesse o 12º v. [volume] de Saltikov, *Poshekhonskaia starina* [Velhos dias em Poshekhon'e].

28 de maio [10 de junho], segunda-feira. Um dia muito quente. Eles vivem abrindo nossos baús no telheiro e deles tirando vários objetos e provisões que foram trazidos de Tobolski. E não há explicação para isso. Tudo isso nos leva a crer que eles podem levar com facilidade as coisas de que gostam para casa e, conseqüentemente, estão perdidas para nós! Que coisa mais odiosa! Os relacionamentos externos mudaram também em semanas recentes: os guardas da prisão esforçam-se para não conversar conosco — como se não fossem mais eles mesmos, é como se a gente sentisse algum tipo de inquietação ou apreensão neles! Incompreensível!

29 de maio [11 de junho], terça-feira. A querida Tatiana completou 21 anos de idade! Começando à noite, um forte vento entrou pela janela de ventilação, graças ao qual o ar de nosso quarto ficou finalmente limpo e bastante frio. Lemos muito. Passeamos novamente em dois turnos.

Karitonov serviu compota ao desjejum, para grande alegria de todos. À noite, besigue, como sempre.

31 de maio [13 de junho]. *Ascensão do Senhor.* Esperamos por longo tempo, em vão, pela chegada do padre, a fim de oficiar no serviço religioso; mas todos estavam muito ocupados nas igrejas. Por alguma razão, não nos deixaram sair para o jardim durante o dia. Avdeiev chegou e conversou com Iev. Seg. [Botkin] durante longo tempo. Segundo o que disse, ele e o soviete regional temem ações de anarquistas e, por essa razão, poderíamos ter que ir embora logo, provavelmente para Moscou! Ele nos pediu que nos preparássemos para a partida. Começamos, vagarosamente, a fazer as malas, mas discretamente, por pedido especial de Avdeiev, a fim de evitar atrair a atenção dos oficiais da guarda.

Por volta de 11h da noite, ele voltou e disse que teríamos ainda alguns dias. Assim, mesmo no dia 1º de junho, permanecemos acampados e sem poder guardar nossas coisas.

O tempo permaneceu bom; como sempre, nosso passeio ocorreu em duas turmas. Finalmente, após a ceia, Avdeiev, ligeiramente bêbado, disse a Botkin que os anarquistas haviam sido capturados, que passara o perigo e que nossa partida havia sido cancelada! Após todos os preparativos, isto era até depressivo! À noite, jogamos besigue.

...

3 [16] de junho, domingo. Mais uma vez, nenhum serviço religioso em nossa casa. Li durante toda a semana e hoje terminei a história de Shilder, *Imp. Pavel I* [Imperador Paulo I] — muito interessante.

Continuamos a esperar por Sedniov e Nagorni, q.[que] eles prometeram soltar hoje.

...

5 [18] de junho, terça-feira. A querida Anastásia completou 17 anos. Calor extremo lá fora e aqui. Continuei a ler o terceiro volume de Saltikov — muito interessante e inteligente.

Toda a família deu um passeio antes do chá. Karitonov faz comida para nós usando sobras; provisões são trazidas uma vez a cada dois dias. As filhas estão aprendendo a cozinhar com ele; à noite, fazem massa e, pela manhã, assam pão! Nada mau!

...

9 [22] de junho, sábado. O tempo esteve maravilhoso nos últimos dias, embora muito quente; nossos cômodos ficaram horrivelmente abafados, especialmente à noite. A pedido por escrito de Botkin, tivemos permissão para dar passeios de 1 1/2 hora. Hoje, na hora do chá, seis pessoas, provavelmente do soviete regional, chegaram para verificar quais janelas devem ser deixadas abertas. A decisão sobre esse assunto prolonga-se há duas semanas! Tipos diferentes chegaram e, em silêncio, verificaram as janelas em nossa presença.

É espantoso o aroma que vem dos jardins da cidade.

10 [23] de junho, *Trindade.* Foi comemorada com eventos diferentes: uma janela foi

aberta aqui esta manhã; Iev. Serg. [Botkin] teve dores nos rins e sofreu horrivelmente; às 11:30h foram realizadas uma verdadeira liturgia e vésperas; e, no fim do dia, Alix e Aleksei jantaram conosco na sala de jantar. Além disso, passeamos durante duas horas! O dia foi maravilhoso. Descobrimos que as visitas de ontem eram comissários de Petrogrado. O ar no quarto tornou-se fresco e, perto da noite, até mais frio.

...

12 [25] de junho, terça-feira. Ontem e hoje, um calor espantoso. Nos quartos, também, embora as janelas permanecessem abertas o tempo todo! Passeamos por duas horas durante o dia. Duas grandes tempestades com trovões ocorreram durante o jantar e refrescaram o ar! Iev. Serg. [Botkin] está muito melhor, mas continua deitado.

...

14 [27] de junho, quinta-feira. Nossa querida Maria completou 19 anos. O mesmo tempo tropical se manteve, 26° à sombra e 24° nos quartos; mal conseguimos suportá-lo! Passamos uma noite ansiosa, sentados e vestidos.

Tudo isso porque havíamos recebido duas cartas nos últimos dias, uma após outra, nas q. nos disseram que devíamos estar preparados para sermos resgatados por alguns tipos de pessoas leais a nós! Os dias passaram e nada aconteceu, mas a espera e a incerteza foram verdadeiras torturas.

...

21 de junho [4 de julho], quinta-feira. Hoje, mudaram os comandantes. Durante o jantar, Beloborodov e outros chegaram e disseram que aq. que pensávamos que fosse um médico — Iurovski — havia sido indicado para substituir Avdeiev. Durante o dia, antes do chá, ele e seu assistente fizeram uma lista dos objetos de ouro — nossos e das filhas. Explicaram esse fato dizendo que um incidente desagradável ocorrera em nossa casa, mencionando o desaparecimento de algumas de nossas coisas. De modo que o q. escrevi sobre minha preocupação, em 28 de maio, foi confirmado. Sinto pena de Avdeiev, mas ele tem culpa por não ter impedido que seu pessoal roubasse coisas dos baús guardados no telheiro.

...

23 de junho [6 de julho], sábado. Ontem, o comandante Iu. [Iurovski] trouxe uma caixa contendo todos os objetos preciosos que haviam sido furtados, pediu que conferíssemos o conteúdo e lacrou a caixa em nossa presença, deixando-a conosco para que a guardássemos. O tempo tornou-se mais frio e ficou mais fácil respirar no quarto de dormir. Iu. e seu assistente estão começando a compreender que tipo de pessoas nos cercavam e protegiam, ao mesmo tempo que nos roubavam.

E não apenas nossos pertences — eles surrupiavam mesmo uma grande parte dos suprimentos enviados pelo mosteiro. Descobrimos isso apenas depois das últimas mudanças, porque agora todo volume de provisões começou a chegar à cozinha.

Como sempre, li muito nestes últimos dias; hoje, iniciei o sétimo volume de Saltikov. Gosto muito das histórias, contos e ensaios que ele escreve.

Dia chuvoso; passeamos durante uma hora e meia e voltamos secos para casa.

...

25 de junho [8 de julho], segunda-feira. Nossa vida não mudou nada com Iu. Ele entra

no quarto de dormir para verificar se o lacre na caixa continua intacto e olha pela janela aberta. Durante toda a manhã de hoje e até 4h, examinaram e consertaram as luzes elétricas. Novos letões estão dando guarda dentro da casa e outros lá fora — alguns deles soldados, outros, operários! Ouvimos um boato de que alguns dos homens de Avdeiev já estão presos e numa prisão!

A porta do telheiro onde está nossa bagagem foi lacrada. Se apenas isso tivesse sido feito há um mês!

Houve uma tempestade ontem à noite e o tempo tornou-se ainda mais frio.

...

28 de junho [11 de julho], quinta-feira. Por volta de 10:30h da manhã, três operários vieram até a janela aberta, içaram uma pesada grade e chumbaram-na pelo lado de fora das esquadrias da janela, sem que tivéssemos recebido qualquer aviso de Iu. Gostamos cada vez menos desse indivíduo!

Comecei a ler o oitavo volume de Saltikov.

...

30 de junho [13 de julho], sábado. Aleksei tomou seu primeiro banho desde que chegou de Tobolski; o joelho está melhorando, mas ele não consegue ainda esticar a perna. O tempo está cálido e agradável. Não temos notícias do mundo externo.

1. No dia 19 de março [1º de abril], Nicolau voltou a usar apenas as datas no velho estilo.

2. Terenti Ivanovich Chemodurov, criado-pessoal de Nicolau desde dezembro de 1908. Em 24 de maio de 1918, por motivo de doença, Chemodurov deixou a casa Ipatiev e foi internado no hospital de uma prisão local. Foi libertado por soldados Brancos em 25 de julho de 1918.

Ivan Dmitrievich Sedniov, ex-marinheiro do iate imperial *Standart* e serviçal das filhas de Nicolau e Aleksandra. Sedniov acompanhou voluntariamente a família a Tobolski e a Iekaterinburg. Foi preso em 27 de maio e mais tarde fuzilado, juntamente com Klementi Nagorni.

3. Ukraintsev era guarda na casa Ipatiev. A família imperial acreditava ter reconhecido nele um antigo batedor das caçadas imperiais.

4. Ivan Mikhailovich Karitonov, cozinheiro da família imperial em Tobolski e Iekaterinburg. Foi executado juntamente com os Romanov na noite de 16-17 de julho de 1918.

Leonid (Lenka) Sedniov era um auxiliar de cozinha de 14 anos, que trabalhou para os Romanov em Tobolski e Iekaterinburg. Na noite anterior à execução da família, foi retirado da casa e, ao que parece, enviado a parentes na província de Kaluga.

5. Mikhail Ievgrafovich Saltikov (1826-1879), que escreveu sob o pseudônimo de N. Shchedrin, é considerado um dos maiores escritores satíricos e polemistas da Rússia. Em suas obras, satirizava os burocratas russos, o governo burocrata, a velha aristocracia latifundiária e os empresários capitalistas cada vez mais importantes.

6. No dia 26 de maio [8 de junho] de 1918, pela primeira vez, Nicolau deixou de fazer uma anotação em seu diário. Dias sem registros ocorreram freqüentemente no mês e meio seguinte. Nesta tradução, todas as anotações de 20 de maio [2 de junho] foram incluídas; os saltos são do original.

· 148 ·

Telegrama a V.I. Lenin, dos editores do *National Tidende* (Copenhague), e resposta de Lenin, 16 de julho de 1918. Texto original em inglês.

Recebido em 16 de julho de 1918, às 13:27h

Circulam boatos aqui de que o ex-czar foi assassinado. Favor telegrafar fatos.

National Tidende

[Ao] National Tidende, Kjobenhavn
16 de julho, às 16h

Boatos infundados ex-czar em segurança. Todos os boatos são apenas mentiras da imprensa capitalista.

Lenin

· 149 ·

Telegrama de Grigori Zinoviev[1] a Lenin e Sverdlov sobre o recebimento de informação de Iekaterinburg a respeito do destino da família imperial, 16 de julho de 1918.

Enviado em 16 de julho de 1918, às 17:50h
Recebido em 16 de julho de 1918, às 21:22h
A Moscou. A Lenin
De Petrogrado. Smolni

A Moscou, Kremlin, a Sverdlov, cópia para Lenin.

O seguinte foi transmitido pela linha direta, procedente de Iekaterinburg: ["] Informe Moscou que por razões militares o julgamento combinado com Filip [Goloshchekin] não pode ser realizado; não podemos esperar. Se suas opiniões diferem, notifiquem imediatamente, sem demora.

Goloshchekin, Safarov. ["]

Entrem vocês mesmos em contato com Iekaterinburg a respeito desse assunto.

Zinoviev

1. Grigori Ievseievich Zinoviev, presidente do Soviete de Petrogrado e membro do Comitê Central do Partido Bolchevista.

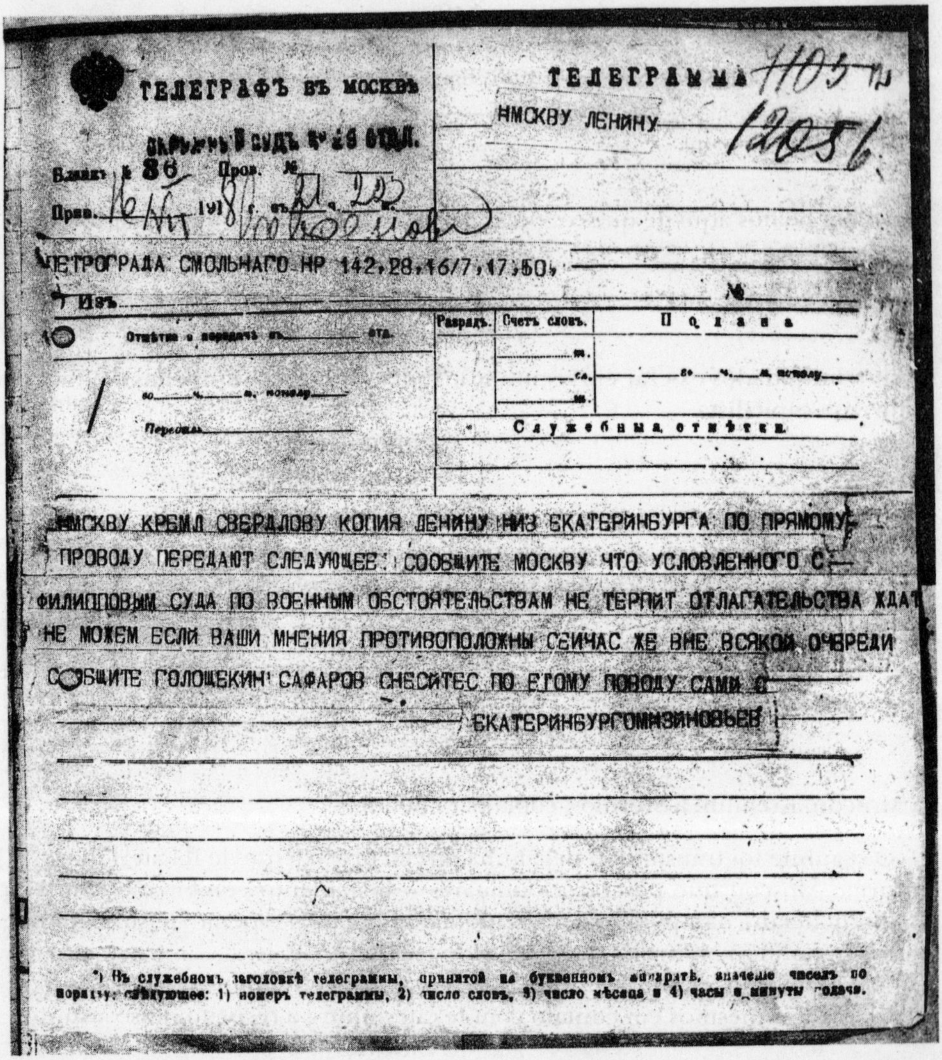

ТЕЛЕГРАФЪ ВЪ МОСКВѢ

ТЕЛЕГРАММА 1105 12051

НМСКВУ ЛЕНИНУ

Бланкъ № 86 Пров. №

Прин. 16/VII 1918 г. въ 21 ч. 20 м.

ПЕТРОГРАДА СМОЛЬНАГО НР 142, 28, 16/7, 17, 50,

*) Изъ №

Разрядъ.	Счетъ словъ.	Подана
	сл.	въ ч. м. пополуд.

Отмѣтки о передачѣ въ отд.

въ ч. м. пополуд.

Передалъ

Служебныя отмѣтки.

НМСКВУ КРЕМЛЬ СВЕРДЛОВУ КОПИЯ ЛЕНИНУ НИЗ ЕКАТЕРИНБУРГА ПО ПРЯМОМУ ПРОВОДУ ПЕРЕДАЮТ СЛЕДУЮЩЕЕ: СООБЩИТЕ МОСКВУ ЧТО УСЛОВЛЕННОГО С ФИЛИППОВЫМ СУДА ПО ВОЕННЫМ ОБСТОЯТЕЛЬСТВАМ НЕ ТЕРПИТ ОТЛАГАТЕЛЬСТВА ЖДАТ НЕ МОЖЕМ ЕСЛИ ВАШИ МНЕНИЯ ПРОТИВОПОЛОЖНЫ СЕЙЧАС ЖЕ ВНЕ ВСЯКОЙ ОЧЕРЕДИ СООБЩИТЕ ГОЛОЩЕКИН САФАРОВ СНЕСИТЕС ПО ЕТОМУ ПОВОДУ САМИ С ЕКАТЕРИНБУРГОМНЗИНОВЬЕВ

*) Въ служебномъ заголовкѣ телеграммы, принятой на буквенномъ аппаратѣ, значеніе чиселъ по порядку слѣдующее: 1) номеръ телеграммы, 2) число словъ, 3) число мѣсяца и 4) часы и минуты подачи.

Documento 149. Telegrama de Grigori Zinoviev, presidente do Soviete de Petrogrado, para Lenin e Sverdlov sobre o recebimento da informação vinda de Iekaterinburg sobre o destino da família real, 16 de julho de 1918.

· 150 ·

Diário de Aleksandra, 11-16 de julho de 1918. Texto original em inglês.

Iekaterinburg

12°C *28 de junho* *Aniv. de Irene, 52*

11. Quinta-feira

O Comandante Boi [Iurovski] insistiu em nos ver às 10h, mas nos manteve esperando por 20m. [minutos], pois estava tomando o desjejum & comendo queijo. Não vai permitir que recebamos mais creme de leite. 10 1/2 [10:30h]. Operários apareceram no lado de fora & começaram a colocar uma grade de ferro em frente de nossa única janela aberta. Sempre o medo de descermos por ela, sem dúvida, ou entrar em contato com o sentinela. Dores fortes continuam. Tempo acinzentado. Trouxeram-me [carne] para seis dias, mas tão pouco que só serve para colocar na sopa. *O Touro* [Nikolski] muito rude com *Karitonov*. Permaneci na cama o dia todo. Almocei apenas, uma vez que trouxeram a carne tão tarde. — Anastásia leu para mim enquanto os outros estavam passeando. Tempo agradável.

Iekaterinburg

13°C *29 de junho* [Festa de] *São Pedro e São Paulo, os Apóstolos*

12. Sexta-feira

Sol brilhante — à tarde caíram vários aguaceiros & curtas trovoadas. Os outros saíram duas vezes — M. [Maria] permaneceu comigo, passei o dia na cama & voltei para ela às 9 1/2. Linda noite. Todos os dias, uma das meninas me lê o *Spiritual Readings*, isto é, *Complete Yearly Cycle of Brief Homilies for Each Day of the Year. (Grig. Diachenko)*. —

Ouvi barulho constante de artilharia passando, infantaria & duas vezes cavalaria durante o curso desta semana. Todas as tropas marchando com música — duas vezes pareceu terem sido prisioneiros austríacos que estão marchando contra os tchecos (também nossos antigos prisioneiros), que estão com as tropas que vêm da Sibéria & não longe daqui agora. Feridos chegam diariamente à cidade. —

Iekaterinburg

11°C *30 de junho* *Aniv. de Louise, 29*

13. Sábado

Bela manhã. Passei o dia como ontem deitada na cama, uma vez que as costas doíam quando me mexia. Os outros saíram duas vezes. Anastásia permaneceu comigo à tarde. Dizem que *Nagorni* & *Sedniov* foram expulsos deste governo [província] em vez de os devolverem a nós. Às 6 1/2, Bebê tomou seu primeiro banho desde *Tobolski*. Ele conseguiu entrar & sair sozinho, também subiu & desceu da cama, mas só pode ainda ficar em pé sobre um único pé. 9 3/4 voltei para a cama. — Choveu durante a noite. Ouvi três disparos de revólver à noite.

Iekaterinburg
12°C *1º de julho*

14. Domingo

Bela manhã de verão. Mal consegui dormir por causa das costas & pernas. 10 1/2. Tive o prazer de uma *obednitsa* [liturgia sem comunhão] — o jovem Padre pela segunda vez.
11 1/2. Os outros passearam — O. ficou comigo. Passei novamente o dia na cama. T. ficou comigo à tarde. *Spir. Readings. Book of the Prophet Hosea chap. 4-14, Pr. [Profeta] Joel 1* — o fim.
4 1/2. Chá — Fiz renda o dia todo & joguei paciência. Joguei um pouco de besigue à noite, colocaram meu comprido colchão de palha na grande sala, e assim ficou menos cansativo para mim.
10h. Tomei um banho — & fui dormir.

Iekaterinburg
11°C *2 de julho* *4ª semana de Pentecostes*

15. Segunda *Aniv. de Maria E.*

Manhã acinzentada. Mais tarde, sol. Almocei no sofá do salão, uma vez que mulheres vieram varrer os pisos, depois deitei-me novamente & li com *Maria J.: Sirach.* [Eclesiastes] 26-31. Eles saíram duas vezes, como de costume. Pela manhã, T. leu para mim o *Spir. Readings.* Ainda não *Vl. Nik.* [Derevenko] — às 6 1/2 Bebê tomou seu segundo banho — Besigue. Fui dormir às 10 1/4. —
11 1/4 de calor às 10 1/2 da noite. Ouvi o som de um tiro de artilharia à noite & vários tiros de revólver.

Iekaterinburg
11°C *3 de julho* *Aniv. de Irina, 23*

16. Terça-feira

Manhã cinzenta, mais tarde, sol bonito. Bebê está com um leve resfriado. Todos saíram por 1/2h pela manhã, Olga & eu arrumamos nossos remédios [jóias]. T. leu o *Spir. Readings.* 3. Eles saíram, T. ficou comigo & lemos: *Book of the Pr. Amos & Pr. Obadiah.* Fiz renda. Todas as manhãs, o *comand.* visita nossos quartos; finalmente, após uma semana, trouxe ovos novamente para Bebê.
8h. Ceia.
Inesperadamente, vieram buscar *Lenka Sedniov* para visitar o tio & e ele desapareceu — gostaria de saber se é verdade & se voltaremos a ver novamente o menino!
Joguei besigue com N.
10 1/2 fui dormir. 15 graus.

· 151 ·

Telegrama do Soviete Regional dos Urais a Lenin e a Sverdlov sobre a execução de Nicolau, 17 de julho de 1918.

Recebido em 17 de julho de 1918, às 2h

Ao presidente do SOVNARKOM, camarada Lenin, e ao presidente [do VTsIK], Sverdlov

De Iekaterinburg

O Presidium do Soviete Regional [dos Urais] do Governo dos Operários e Camponeses está ao aparelho [telégrafo].

Sobre a proximidade do inimigo de Iekaterinburg e a descoberta pela Comissão Extraordinária [Cheka] de uma grave conspiração da Guarda Branca com o objetivo de resgatar o ex-czar e sua família. Os documentos estão em nossas mãos. Nicolau Romanov foi fuzilado na noite do dia 16 de julho, por decreto do Presidium do Soviete Regional [dos Urais]. Sua família foi transferida para um local seguro. Por esse motivo, estamos divulgando o seguinte comunicado: ["] À luz da aproximação de bandos contra-revolucionários da capital Vermelha dos Urais e da possibilidade de o carrasco coroado escapar de julgamento pelo povo (uma conspiração de Guardas Brancos para tentar resgatá-lo e sua [família] foi descoberta e encontrados documentos comprometedores, que serão publicados), o Presidium do Soviete Regional [dos Urais], cumprindo a vontade da revolução, resolveu fuzilar o ex-czar, Nicolau Romanov, [que é] culpado de incontáveis atos sanguinários contra o povo russo. Esta sentença foi executada na noite de 16 de julho de 1918. A família Romanov, mantida com ele sob custódia, foi transferida da cidade de Iekaterinburg no interesse da manutenção da segurança pública.

Presidium do Soviete
Regional [dos Urais]["]

Solicitamos sua aprovação [para] a redação deste[.] Os documentos relativos à conspiração estão sendo enviados com urgência por mensageiro ao SOVNARKOM [e] ao TsIK [Comitê Executivo Central]. Estamos aguardando resposta junto ao aparelho. Solicitamos urgentemente uma resposta[;] estamos aguardando junto ao aparelho.

· 152 ·

Telegrama decifrado de Beloborodov ao Secretário do SOVNARKOM, Nikolai Gorbunov[1], sobre o destino da família imperial, 17 de julho de 1918.

[Enviado] 17 de julho, 21h

Moscou. Kremlin

Ao Secretário do SOVNARKOM, GORBUNOV, com confirmação de recebimento solicitada

Informe Sverdlov que toda a família sofreu o mesmo destino de seu chefe. Oficialmente, a família morrerá durante a transferência.

Beloborodov

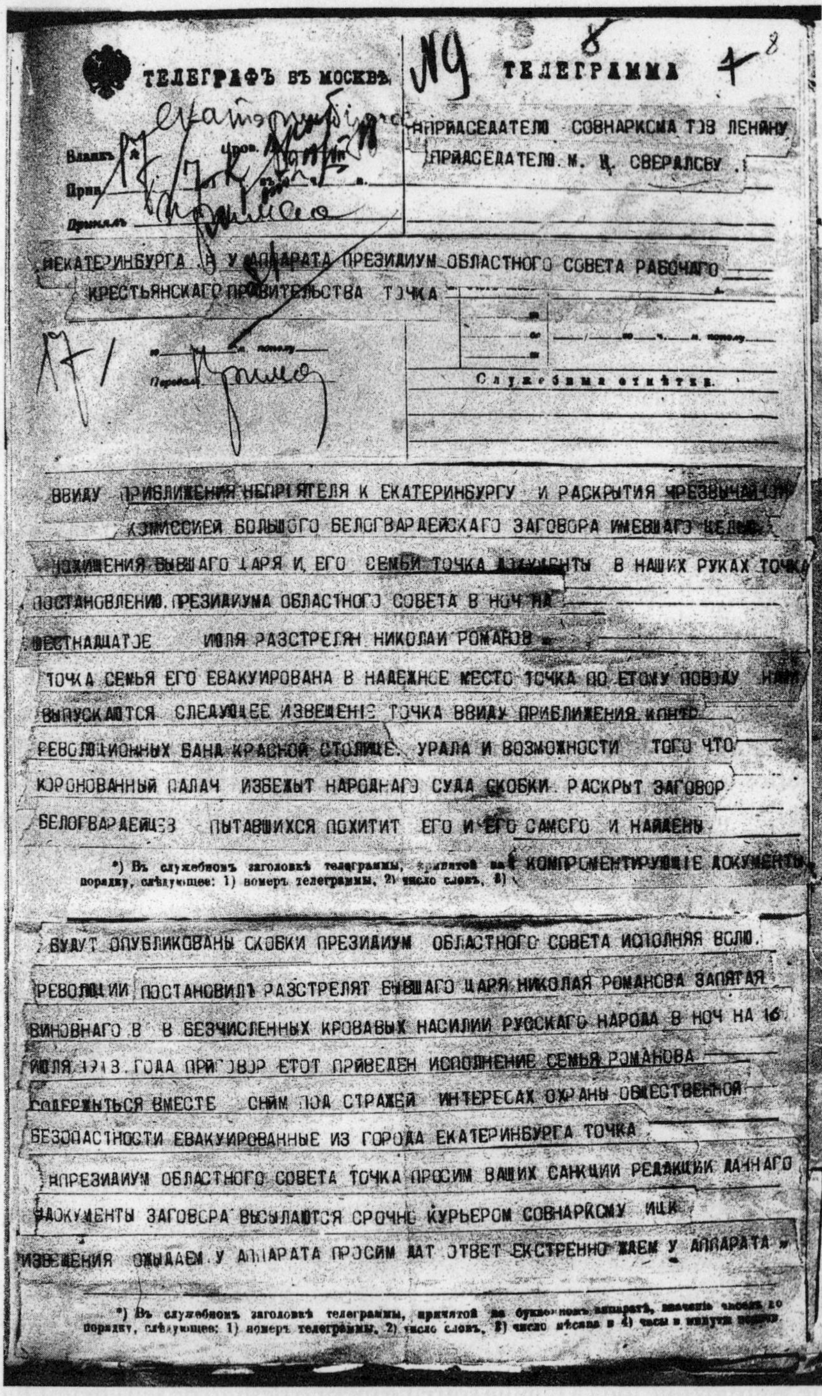

ТЕЛЕГРАФЪ ВЪ МОСКВѢ. №9 ТЕЛЕГРАММА

ПРЕДСЕДАТЕЛЮ СОВНАРКОМА ТОВ ЛЕНИНУ
ПРЕДСЕДАТЕЛЮ Ц. И. К. СВЕРДЛОВУ

ИЗ ЕКАТЕРИНБУРГА У АППАРАТА ПРЕЗИДИУМ ОБЛАСТНОГО СОВЕТА РАБОЧАГО КРЕСТЬЯНСКАГО ПРАВИТЕЛЬСТВА ТОЧКА

Служебныя отмѣтки.

ВВИДУ ПРИБЛИЖЕНИЯ НЕПРИЯТЕЛЯ К ЕКАТЕРИНБУРГУ И РАСКРЫТИЯ ЧРЕЗВЫЧАЙНОЙ КОМИССИЕЙ БОЛЬШОГО БЕЛОГВАРДЕЙСКАГО ЗАГОВОРА ИМЕВШАГО ЦЕЛЬЮ ПОХИЩЕНИЯ БЫВШАГО ЦАРЯ И ЕГО СЕМЬИ ТОЧКА ДОКУМЕНТЫ В НАШИХ РУКАХ ТОЧКА ПОСТАНОВЛЕНИЮ ПРЕЗИДИУМА ОБЛАСТНОГО СОВЕТА В НОЧ НА ШЕСТНАДЦАТОЕ ИЮЛЯ РАЗСТРЕЛЯН НИКОЛАЙ РОМАНОВ ТОЧКА СЕМЬЯ ЕГО ЕВАКУИРОВАНА В НАДЕЖНОЕ МЕСТО ТОЧКА ПО ЕТОМУ ПОВОДУ НАМИ ВЫПУСКАЮТСЯ СЛЕДУЮЩЕЕ ИЗВЕЩЕНИЕ ТОЧКА ВВИДУ ПРИБЛИЖЕНИЯ КОНТРРЕВОЛЮЦИОННЫХ БАНД КРАСНОЙ СТОЛИЦЕ УРАЛА И ВОЗМОЖНОСТИ ТОГО ЧТО КОРОНОВАННЫЙ ПАЛАЧ ИЗБЕЖЫТ НАРОДНАГО СУДА СКОБКИ РАСКРЫТ ЗАГОВОР БЕЛОГВАРДЕЙЦЕВ ПЫТАВШИХСЯ ПОХИТИТ ЕГО И ЕГО САМОГО И НАЙДЕНЫ КОМПРОМЕНТИРУЮЩИЕ ДОКУМЕНТЫ

*) Въ служебномъ заголовкѣ телеграммы, принятой на [illegible] порядку, слѣдующее: 1) номеръ телеграммы, 2) число словъ, 3)

БУДУТ ОПУБЛИКОВАНЫ СКОБКИ ПРЕЗИДИУМ ОБЛАСТНОГО СОВЕТА ИСПОЛНЯЯ ВОЛЮ РЕВОЛЮЦИИ ПОСТАНОВИЛЪ РАЗСТРЕЛЯТ БЫВШАГО ЦАРЯ НИКОЛАЯ РОМАНОВА ЗАПЯТАЯ ВИНОВНАГО В В БЕЗЧИСЛЕННЫХ КРОВАВЫХ НАСИЛИИ РУСКАГО НАРОДА В НОЧ НА 16 ИЮЛЯ 1918 ГОДА ПРИГОВОР ЕТОТ ПРИВЕДЕН ИСПОЛНЕНИЕ СЕМЬЯ РОМАНОВА СОДЕРЖИТЬСЯ ВМЕСТЕ С НИМ ПОД СТРАЖЕЙ ИНТЕРЕСАХ ОХРАНЫ ОБЩЕСТВЕННОЙ БЕЗОПАСНОСТИ ЕВАКУИРОВАННЫЕ ИЗ ГОРОДА ЕКАТЕРИНБУРГА ТОЧКА ПРЕЗИДИУМ ОБЛАСТНОГО СОВЕТА ТОЧКА ПРОСИМ ВАШИХ САНКЦИИ РЕДАКЦИИ ДАННАГО ИЗВЕЩЕНИЯ ДОКУМЕНТЫ ЗАГОВОРА ВЫСЫЛАЮТСЯ СРОЧНО КУРЬЕРОМ СОВНАРКОМУ ЦИК ОЖИДАЕМ У АППАРАТА ПРОСИМ ДАТ ОТВЕТ ЕКСТРЕННО ЖДЕМ У АППАРАТА

*) Въ служебномъ заголовкѣ телеграммы, принятой на буквопечатающемъ аппаратѣ, значенія чиселъ по порядку, слѣдующее: 1) номеръ телеграммы, 2) число словъ, 3) число мѣсяца и 4) часы и минуты подачи.

Documento 151. Telegrama do Soviete Regional dos Urais para Lenin e Sverdlov sobre a execução de Nicolau, 17 de julho de 1918.

1. Nikolai Petrovich Gorbunov, secretário do SOVNARKOM e secretário particular de V.I. Lenin.

· 153 ·

Da ata de uma sessão do Presidium do VTsIK, sobre a execução do ex-czar Nicolau II, 18 de julho de 1918.

Presentes: Ia. M. Sverdlov, L.S. Sosnovski, A.P. Rozengolts, [K.G.] Maksimov, M.F. Vladimirski, [A.Kh.] Mitrofanov, N.G. Smidovich, G.I. Teodorovich, [F.A.] Rozin e V.A. Avanesov.

TOMADO CIÊNCIA: da notícia da execução de Nicolau Romanov. (Telegrama de Iekaterinburg.)

DECIDIDO: a resolução seguinte foi aprovada, após discussão: O VTsIK, representado por seu Presidium, reconhece que foi correta a decisão do Soviete Regional dos Urais.

Encarrega os camaradas Sverdlov, Sosnovski e Avanesov de redigirem um comunicado apropriado para publicação. Deve ser publicado que o TsIK tem em seu poder documentos (diários, cartas etc.) que pertenceram ao czar N. Romanov. O camarada Sverdlov é instruído a nomear uma comissão especial para examinar e publicar esses documentos.[1]

Presidente do VTsIK, Ia.M. Sverdlov
Secretário do VTsIK, V. Avanesov

1. Uma comissão para selecionar os documentos Romanov para publicação foi criada sob a jurisdição do Comissariado de Esclarecimento do Povo. Seleções dos diários, cartas e outros documentos, com comentários alusivos, foram publicadas no *Izvestiia*, em outros jornais, em revistas e em volumes separados.

· 154 ·

Da ata de uma sessão do SOVNARKOM, sobre o comunicado divulgado por Iakov Sverdlov sobre a execução de Nicolau II, 18 de julho de 1918.

Presidida por: Vl. Ilich Ulianov (Lenin).

Presentes: Gukovski, V.M. Bonch-Bruevich, Petrovski, Semashko, Vinokurov, Soloviov, Kozlovski, Galkin, Smirnov, Dauge, Sviderski, Pravdin, Trotski, Popov, Altfater, Stuchka, Rikov, Nogin, Sklianski, Pestkovski, Nevski, Sereda, Podbelski, Skorniakov, Iuriev, Briunkhanov, Nikolaev, Miliutin, Popov (estatístico), prof. Sirinov (com relação ao item 8), Chicherin, Karakhan.

...

TOMADO CIÊNCIA: 3. do comunicado especial divulgado pelo camarada Sverdlov,

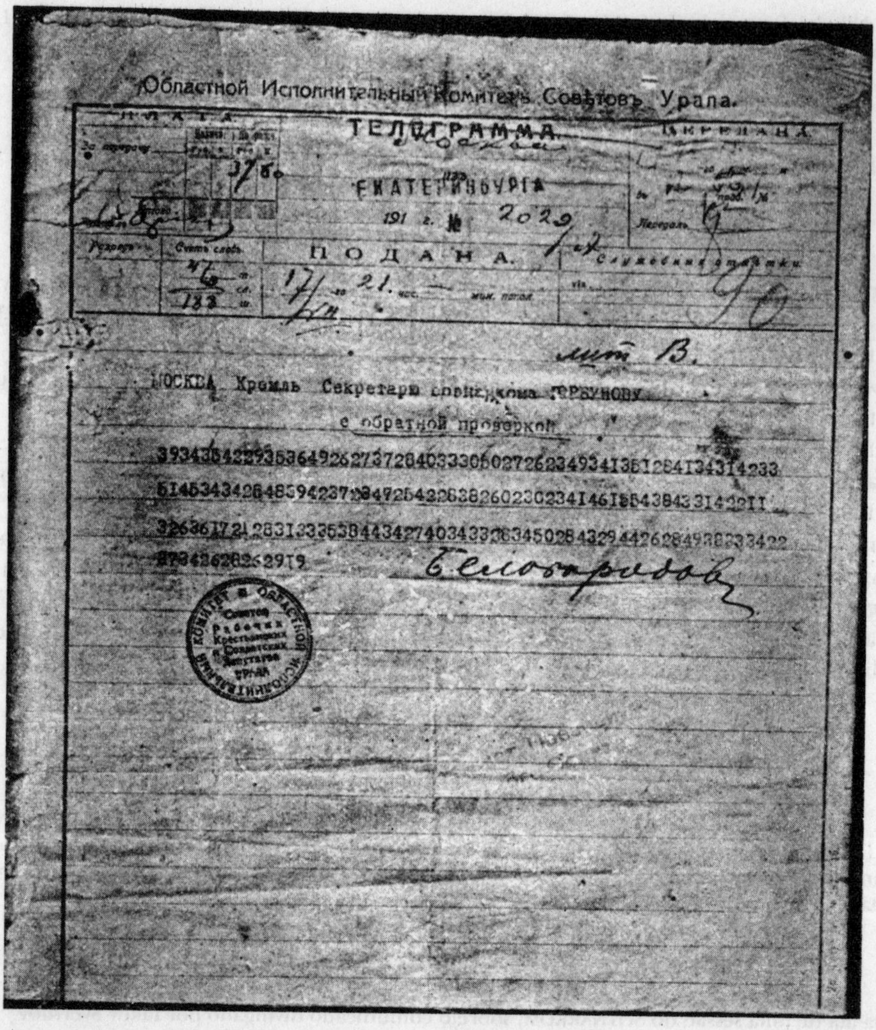

Областной Исполнительный Комитетъ Совѣтовъ Урала.

ТЕЛЕГРАММА.

ЕКАТЕРИНБУРГА

191 г. № 2029

ПОДАНА.

МОСКВА Кремль Секретарю совнаркома ГОРБУНОВУ

с обратной проверкой

3934364229353649262737284033306027262349341351284134314233

6145343426483942371384725422638260230234146125643843314221I

32636172128313335384434274034333634502843294426284938233422

87342628262979

Documento 152. Telegrama codificado de Aleksandr Beloborodov, presidente do Soviete Regional dos Urais, para o secretário do SOVNARKOM Nikolai Gorbunov sobre o destino da família imperial, 17 de julho de 1918.

presidente do TsIK, sobre a execução do ex-czar Nicolau II, de acordo com sentença do Soviete de Iekaterinburg e a confirmação da sentença pelo Presidium do TsIK.
DECIDIDO: 3. Registrar a informação.
...

Presidente do Conselho dos
Comissários do Povo,
V. Ulianov (Lenin)
Secretário do Conselho, N. Gorbunov

· 155 ·

"A Execução de Nicolau Romanov", folheto do VTsIK [data não anterior a 18 de julho de 1918].

Nos últimos dias, Iekaterinburg, a capital dos Urais Vermelhos, foi seriamente ameaçada pela aproximação de bandos de tcheco-eslovacos. Simultaneamente, uma nova conjura contra-revolucionária foi descoberta, tendo por objetivo retirar o carrasco coroado das mãos do poder soviético. Em vista disso, o Comitê [Executivo] do Soviete Regional dos Urais resolveu fuzilar Nicolau Romanov, o que foi cumprido no dia dezesseis de julho. A esposa e o filho de Nicolau Romanov estão em local seguro.

A Com. Exec. Cent. de Todas as Rússias reconheceu que a decisão do Soviete Regional dos Urais foi correta.

· 156 ·

Editorial e notícia publicados no *Pravda* sobre o fuzilamento de Nicolau Romanov, 19 de julho de 1918.

Nicolau Romanov

"Precisamos de um czar!", proclamou recentemente o loquaz Rodzianko. Tiros de fuzil, porém, acabaram com a jornada pela vida de Nicolau Romanov, quando os amigos tcheco-eslovacos desse inveterado latifundiário, que já haviam libertado Mikhail Romanov,[1] começaram a aproximar-se sorrateiros do antigo detentor da coroa, para arrancá-lo das mãos da vigilante guarda do proletariado de Iekaterinburg e, pintando com o sangue dos operários a coroa barata, recolocá-la naquela cabeça vazia. Ele não existe mais e não pode ser ressuscitado — por mais que os santos padres da igreja rezem por sua saúde.

Nicolau Romanov foi basicamente uma figura desprezível. Mas, tendo sido escolhido para o cargo de déspota autocrático pela vontade da História, durante uma época caracterizada pelo mais cruel colapso de todos os relacionamentos sociais, ele se tornou o símbolo insubstituível de um regime brutal de sangue e violência contra o povo, um regime de chicote, vara, forca, tortura e de deprava-

Июль 1918г.

Разстрѣлъ Николая Романова.

Въ послѣдніе дни столицѣ Краснаго Урала Екатеринбургу серьезно угрожала опасность приближенія Чехо Словацкихъ бандъ, въ тоже время былъ раскрытъ новый заговоръ контръ-революціонеровъ имѣвшихъ цѣлью вырвать изъ рукъ совѣтской власти Коронованнаго палача. Въ виду этого Уральскій областной комитетъ постановилъ разстрѣлять Николая Романова, что и было приведено въ исполненіе шестнадцатаго іюля. Жена и сынъ Николая Романова въ надежномъ мѣстѣ.

Всероссійскій Центр. Испол. Комит. призналъ рѣшеніе Уральскаго областного совѣта правильнымъ.

Documento 155. "A execução de Nicolau Romanov", folheto do Comitê Executivo Central dos Sovietes de Todas as Rússias (posterior a 18 de julho de 1918).

ção refinada de traficantes do discurso religioso, do aventureirismo militar e do apoio hipócrita à paz, um regime no qual o bordel e a adoração divina foram elevados ao trono.

Ele foi ungido soberano no ano de 1894 [1896], ungido simultaneamente com os óleos cor-de-rosa da igreja e com o sangue vermelho dos operários e camponeses massacrados no campo de Kodinka.[2] Dez anos após o início de sua carreira real, Nicolau II lançou a Rússia no vórtice da guerra. Imitou seu autêntico papai russo, que fuzilou os melhores filhos do povo, e, provavelmente por causa disso, pregou em si mesmo o rótulo de "Pacificador", oferecendo um ramo de oliveira na Convenção de Haia, enquanto se preparava febrilmente para o massacre. O regime interno desse *protégé* de latifundiários selvagens foi tão bom que bem-educados liberais ficaram atônitos e o próprio Pavel Miliukov reuniu-se com Azef[3] em conferências de terroristas no exterior. Só o Judas do liberalismo, Piotr Struve, gritou nessa ocasião: "Viva o exército!" Todos os demais esperaram impacientes a derrota arrasadora das tropas czaristas.

A derrota esmagadora desencadeou as forças da revolução. As últimas esperanças para o czar caíram sob uma chuva de balas em 9 de janeiro [1905].[4] A sanguinolenta ditadura de um latifundiário covarde e perverso, que sentia o chão fugindo-lhe sob os pés, foi desmascarada diante de todo o país. Assustado, Nicolau voltou-se para seu parente Guilherme [o imperador alemão], pedindo ajuda. Agentes seus sitiaram os escritórios dos banqueiros de Paris. Tudo que era possível foi posto em movimento: fraude, perjúrio, assassinatos na calada da noite, provocações, balas, pólvora e dinheiro vivo de corretores estrangeiros. Em dezembro de 1905, o sangue correu por toda a Rússia e forcas subiram na paisagem como marcos da autocracia. Nicolau estrangulou a revolução. Expedições punitivas à Letônia e as façanhas dos bandidos e carrascos czaristas desafiam descrição. Os agentes do mais devoto dos czares chegaram até a serrar pessoas vivas!

Essa quadrilha autocrática, com Nicolau à frente mandando e desmandando na Rússia, deixou uma marca indelével em seu rastro: Stolipin, o Carrasco, que na prática açoitou pessoalmente camponeses, criou Azef e foi mais tarde morto por um dos pequenos Azef; Purishkevich e Markov, o Segundo, que, na qualidade de "representantes parlamentares" da autocracia, provaram que "nós não temos parlamento" com seu grosseiro palavreado antiparlamentar, na forma refinada e obscena verdadeiramente russa; homens como Sashka Kosoi e Sashka Polovnev em suas cavernas de ladrões, que organizaram o assassinato de seus adversários políticos; os Greguse, que superaram os santos agentes da Inquisição espanhola em matéria de tortura; os pitorescos generais Renenkampf e Min, que decapitaram operários e camponeses e entregaram suas espadas sangrentas ao "inimigo externo". Estes são os heróis da autocracia, os que foram abençoados pelos metropolitanos, pelas ordens mais altas do clero e pelos sacerdotes como "guerreiros tementes a Deus" e "sustentáculos da autoridade".

Tendo posto dezenas de milhares de seus súditos para dormir sob a terra úmida, Nicolau restabeleceu o regime da Idade Média, com todos seus encantos. O caso Beilis,[5] no qual os "yids" foram acusados de usar sangue cristão, inspirou bandidos e proxenetas a rasgar o estômago de um povo inteiro. O julgamento sem precedentes mostrou vividamente que desprezível patife ocupava o trono czarista.

A guerra de 1914, na qual Nicolau lançou a Rússia, após furiosos preparativos em terra e mar, desfechou mais um golpe na autocracia czarista.

Nas dores da morte, o sanguinolento regime agarrou-se às botas sebosas do charlatão Rasputin, que elevava para os céus seus olhos de bêbado, chorava, rezava, entregava-se à devassidão e estrangulava, arruinava e atormentava mais uma vez o povo russo. Tudo estava desmoronando. Tudo estava entrando em colapso. O desastre era inevitável e chegara a hora do julgamento da história.

A Revolução de Março [fevereiro] matou politicamente a autocracia. Quando quiseram revivê-la, o arauto dessa "ordem" vil foi fisicamente executado.

Nicolau II não foi apenas a personificação do latifundiário-bárbaro, do ignorante, do débil mental, do selvagem sedento de sangue. O sangue "nobre" de reis ingleses e imperadores alemães corria também em suas veias.

Ele estava ligado de todas as formas ao imperialismo dos Estados bandidos da Europa. Lá, chorarão por ele. Os operários e camponeses russos só têm um desejo: enfiar uma boa estaca de faia preta nessa cova amaldiçoada pelo povo.

No Presidium do TsIK de Todas as Rússias

A primeira sessão do Presidium, na quinta convocação do TsIK, presidida pelo camarada Sverdlov, ocorreu no dia 18 de julho. Estiveram presentes os seguintes membros do Presidium: Avanesov, Sosnovski, Teodorovich, Vladimirski, Maksimov, Smidovich, Rozengolts, Mitrofanov e Rozin.

A EXECUÇÃO DE ROMANOV

O presidente, camarada Sverdlov, comunicou a notícia recém-chegada pela linha direta do Soviete Regional dos Urais, sobre a execução do antigo czar Nicolau Romanov.

Nos últimos dias, Iekaterinburg, a capital dos Urais Vermelhos, foi seriamente ameaçada pelo avanço de bandos tcheco-eslovacos. Simultaneamente, uma nova conspiração contra-revolucionária foi descoberta, tendo por objetivo arrancar o carrasco coroado das mãos do poder soviético. Tendo em vista todas essas circunstâncias, o Presidium do Soviete Regional dos Urais resolveu fuzilar Nicolau Romanov, medida esta cumprida no dia 16 de julho.

A esposa e o filho de Nicolau Romanov foram enviados a um local seguro. Os documentos sobre a conjura descoberta estão chegando, enviados a Moscou por um mensageiro especial.

Tendo feito essa comunicação, o camarada Sverdlov relembrou a história da transferência de Nicolau Romanov de Tobolski para Iekaterinburg, após a descoberta do mesmo tipo de conspiração da Guarda Branca, que tentava organizar a fuga de Nicolau Romanov. Recentemente, a intenção fora de submeter o ex-czar a julgamento por todos os seus crimes contra o povo; aconteceu, porém, que os fatos interferiram na intenção de realizá-lo.

Tendo discutido todas as circunstâncias que obrigaram o Soviete Regional dos Urais a decidir que Nicolau Romanov teria que ser fuzilado, o Presidium do Comitê Executivo Central tomou a seguinte resolução: o TsIK de Todas as Rússias, representado por seu Presidium, reconhece que a decisão do Soviete Regional dos Urais foi correta.

MATERIAIS

Em seguida, o presidente comunicou que o TsIK está de posse de importantes materiais e documentos que pertenceram a Nicolau Romanov: diários pessoais, que ele manteve desde o tempo da mocidade até recentemente; os diários da esposa e filhos; a correspondência dos Romanov etc.

Ainda neste particular, está de posse também das cartas de Grigori Rasputin a Romanov e sua família. Todos esses materiais serão examinados e publicados em um futuro próximo.

1. Os bolchevistas haviam executado Mikhail em junho de 1918.

2. Na manhã de 18 [30] de maio de 1896, quatro dias depois de Nicolau II ter sido ungido e coroado na Catedral de Uspenski, no Kremlin, em Moscou, centenas de milhares de russos comuns reuniram-se no campo de Kodinka, nos arredores de Moscou, para uma comemoração patrocinada oficialmente. Quando alimentos gratuitos e lembranças começaram a ser distribuídos, a multidão iniciou um empurra-empurra na direção das barracas. Muitos caíram e foram pisoteados. Contagens oficiais mencionaram 1.350 mortos.

3. Ievno Azef foi líder da Organização de Batalha do Partido Socialista Revolucionário, de caráter terrorista, que planejou os assassinatos de alguns funcionários do governo nos primeiros anos deste século. Em 1908, Azef foi denunciado como informante pago da polícia secreta czarista.

4. No domingo, 9 de janeiro de 1905, a polícia disparou sobre multidões de operários e suas famílias, que marchavam na direção do Palácio de Inverno, em São Petersburgo, com o objetivo de apresentar a Nicolau II uma petição contendo queixas e desejos de medidas sociais. Centenas foram feridos e mortos, dando início à Revolução de 1905. Muitos russos consideram o "Domingo Sangrento" como um marco político, que revelou a podridão completa do velho regime.

5. Em 1913, em Kiev, o governo russo acusou um judeu, Mendel Beilis, de assassinar um menino cristão e de lhe usar o sangue em um ritual religioso. O julgamento estimulou *pogroms* antijudaicos e protestos antigoverno por parte de liberais e socialistas. Beilis foi absolvido.

· 157 ·

"O Funeral de Nicolau, o Sanguinário",[1] reportagem do jornal *Ural'skii rabochii* (Operário dos Urais), 26 de setembro de 1918.

O *Vlast'naroda* [Poder do povo], publicado em Cheliabinsk, veiculou a descrição recebida de Iekaterinburg do enterro solene do ex-czar, organizado por unidades militares do Exército do Povo [o exército anticomunista ligado à Legião Tcheca].

O corpo do ant. [antigo] czar, enterrado no local de sua execução na floresta, foi exumado da sepultura, encontrada seguindo-se as instruções de indivíduos que conheciam as circunstâncias da execução. O corpo foi exumado na presença de autoridades religiosas da Sibéria ocidental, clero local, delegados do Exército do Povo, cossacos e tcheco-eslovacos.

O cadáver do czar foi transferido para um caixão de zinco, acondicionado em rico apainelamento de pinho siberiano.

Levado para a a catedral de Iekaterinburg, o caixão ficou sob a vigilância de uma guarda de honra recrutada entre os mais altos oficiais do Exército do Povo. Saindo desse local, o caixão será temporariamente enterrado em um sarcófago especial em Omsk (*Priazovkii krai*) [região de Priazov], n.131, 10 de setembro.

Que eles tenham o seu dia! Uma nova onda de revolução dispersará aos ventos o poder da Guarda Branca na Sibéria e, ao mesmo tempo, espalhará as cinzas de Nicolau, o Sanguinário.

1. Essa notícia é obviamente falsa, embora não seja claro se foi uma peça intencional de desinformação ou um reflexo de falsos boatos e notícias recentes (logo depois de Iekaterinburg ter caído nas mãos dos Brancos em julho de 1918, investigadores, de fato, descobriram o local inicial do sepultamento na floresta e desenterraram evidências do assassinato, mas não os próprios corpos). Não há prova de que a matéria citada no jornal bolchevista tenha sido realmente publicada no jornal Branco indicado. Sendo uma falsificação intencional ou não, a matéria serviu para destacar os esforços feitos pelo Exército Branco para restabelecer a odiada velha ordem e proporcionou uma ocasião para salientar seu fracasso inevitável.

· 158 ·

Extraído da transcrição do depoimento do acusado, Pavel Medvedev, comandante da guarda na casa Ipatiev, 21-22 de fevereiro de 1919.

No ano de 1919, nos dias 21 e 22 de fevereiro, na cidade de Iekaterinburg, I.A. Sergeiev, membro da corte regional de Iekaterinburg, interrogou em seu gabinete a pessoa abaixo qualificada, na qualidade de réu, de acordo com os artigos 403-405 do Código de Procedimentos Jurídicos, acusando-a dos crimes previstos nos artigos 13 [conspiração] e 1453 [assassinato premeditado com agravantes], do Código Penal, conforme formulado em minha decisão deste mês de fevereiro, durante o qual o réu declarou em depoimento:

Eu, Pavel Spiridonovich Medvedev, de 31 anos de idade, ortodoxo, alfabetizado, nunca acusado de infringir a lei, de origem camponesa, tendo trabalhado na fábrica Sisert, distrito de Sisert, região de Iekaterinburg, província de Perm, casado com Maria Danilovna, com uma filha de oito anos, Zoia, um filho de seis anos, Andrei, e um filho de um ano, Ivan, proprietário de casa e terreno em Sisert; tendo trabalhado na oficina de soldagem da fábrica de Sisert e feito biscates como sapateiro nas horas vagas.

Tive apenas dois anos de primário e deixei a escola sem terminar o ano. Fui mobilizado como combatente nos irregulares de primeira classe e convocado para o destacamento n.2 da milícia, aquartelado na cidade de Verkhotur. Servi um total de dois meses no destacamento e fui em seguida dispensado do serviço militar como operário de fábrica que trabalhava para a defesa nacional.

Após a Revolução de Fevereiro, acho que foi em abril de 1917, eu, como a maioria dos operários de fábricas, ingressei no Partido Bolchevista e, no curso de três meses, paguei contribuição ao partido no valor de 1 por cento de meu salário. Em seguida, deixei de pagar, porque não queria participar de trabalho partidário.

Após a revolução de outubro, em janeiro de 1918, fui convocado para o Exército Vermelho, e em fevereiro já havia sido enviado à frente de luta de Dutovsk. O comissário Sergei Vitalievich Mrachkovski era o comandante do destacamento para o qual fui designado. Lutamos nos arredores da cidade de Troitsk, mas não tivemos muita sorte na guerra e passamos mais tempo "perambulando" pela estepe do que em combate. No mês de abril, voltei da frente de luta para casa, em uma folga de três semanas.

Na segunda quinzena de maio, o acima citado comissário, Mrachkovski, veio à nossa fábrica e começou a reunir um destacamento entre os operários para dar guarda à casa onde o a. [antigo] imperador Nicolau II estava preso com a família. As condições do emprego me agradaram e assinei meu ingresso no destacamento. No todo, foram reunidos trinta homens [seguem-se nomes]:

...

Moramos na casa Ipatiev durante duas ou três semanas e, em seguida, um alojamento foi arranjado para nós na casa Popov, em frente à casa Ipatiev. Alguns dias depois, quinze operários da fábrica Zlokazov, em Iekaterinburg, foram incluídos nos efetivos do destacamento. Não me lembro dos nomes e sobrenomes desses operários. Os operários de Zlokazov escolheram também um "chefe" (comandante dos guardas) entre seu pessoal, cujo sobrenome era Iakimov. Acho que o primeiro nome era Leonid, mas, de qualquer modo, ele era chamado de Lenka. Havia apenas onze postos de sentinelas e, entre estes, dois davam guarda no interior da casa, dois eram encarregados das metralhadoras e quatro prestavam serviços no lado de fora.

A família imperial fazia um passeio diário no jardim. O herdeiro esteve doente o tempo todo e o soberano trazia-o para fora, carregando a cadeira de rodas nos braços. O jantar da família foi inicialmente servido por uma cozinha do soviete, e mais tarde eles tiveram permissão de preparar as refeições em uma cozinha instalada no segundo andar.

Os deveres do comandante da guarda consistiam em cuidar dos assuntos da casa e das armas do destacamento, designar homens para o serviço e fiscalizá-los em seus postos. Quando de serviço, o comandante da guarda devia ficar na sala do comandante. No início, o comandante da guarda ficava de serviço por 12 horas, mas, em seguida, um terceiro comandante da guarda foi escolhido — Konstantin Dobrinin — e começamos a dar serviço em turnos de 8 horas.

Em fins de junho ou princípios de julho, não me lembro exatamente, o comandante Avdeiev e seu assistente, Moshkin, foram substituídos (acho que foram flagrados roubando coisas pertencentes à família do czar), e foi nomeado um novo comandante, chamado Iurovski — o mesmo homem que é mostrado na fotografia que o senhor exibiu [é mostrada uma foto de Iurovski]. Um novo assistente do comandante veio com ele, cujo nome e sobrenome não me lembro.

Suas características pessoais eram as seguintes: uns 30 ou 32 anos de idade, troncudo, altura acima da média, cabelos castanhos escuros, pequeno bigode, nenhuma barba e falava como se fosse pelo nariz (fanhoso).

Entrei de serviço na noite de 16 de julho, e, por volta das 8h da mesma noite, o comandante Iurovski ordenou-me que recolhesse todos os revólveres Nagant do destacamento e que os levasse a ele. Recolhi os revólveres dos que estavam em seus postos e de alguns outros, no total de doze revólveres, e os levei ao gabinete do comandante. Em seguida, Iurovski me disse: "Hoje vamos ter que fuzilar todos. Avise o destacamento para que não se preocupem, se ouvirem tiros." Achei que Iurovski estava falando sobre o fuzilamento de toda a família imperial, do médico e dos serviçais que moravam com eles, mas [eu] não perguntei quem havia determinado a execução ou quando aconteceria. Preciso dizer que o menino de cozinha, que vivia na casa, havia sido transferido para o alojamento do destacamento da guarda (a casa Popov) naquela manhã, por ordens de Iurovski. Letões da "comuna letã" ocupavam o andar térreo da casa Ipatiev, tendo se mudado para lá depois que Iurovski assumiu o posto de comandante. Eles eram dez. Não conheço nenhum deles por nome ou sobrenome. Por volta de 10h da noite, avisei aos membros do destacamento, conforme determinado por Iurovski, que eles não se preocupassem se ouvissem tiros. Eu disse a Ivan Starkov que o fuzilamento da família imperial ia acontecer logo. Não me lembro positivamente e não posso dar o nome dos que, exatamente, estavam em seus postos. Também não me lembro de quem recolhi os revólveres.

Por volta de meia-noite, Iurovski acordou a família imperial. Não sei se ele lhes disse por que os acordava e para aonde eles deveriam ir. Confirmo que foi mesmo Iurovski quem entrou nos quartos onde estava a família imperial. Iurovski não me deu, nem a Konstantin Dobrinin, ordens para acordar os que estavam dormindo. Em aproximadamente uma hora, toda a família imperial, o médico, a empregada e dois serviçais se levantaram, lavaram o rosto e se vestiram. Antes de Iurovski ir acordar a família, dois membros da Comissão Extraordinária [Cheka] chegaram à casa Ipatiev: o primeiro, como soube depois, era Piotr Iermakov e o outro, alguém que eu não conhecia de nome ou sobrenome — alto, louro, com um pequeno bigode, idade de 25 ou 26 anos. Conheço Valentin Sakharov, mas essa pessoa era outra, não ele. Por volta de 2h da manhã, o czar, a czarina, as quatro filhas reais, a empregada, o médico, o cozinheiro e um lacaio saíram de seus quartos. O czar carregava o herdeiro nos braços. O soberano e o herdeiro usavam camisas e quepes de soldados. Sua Majestade e as filhas usavam vestidos, sem casacos, com as cabeças descobertas. O soberano veio à frente com o herdeiro — e atrás dele a czarina, as filhas e os outros. Iurovski, seu assistente, e os dois membros da Comissão Extraordinária que mencionei, os acompanharam. Eu também estava lá.

Nenhum dos membros da família imperial, na minha presença, fez qualquer pergunta. Não houve lágrimas, nem soluços tampouco. Tendo descido a escada da segunda entrada do salão para o térreo, entramos no pátio e de lá passamos por uma segunda porta (contando a partir dos portões) para o alojamento interno do térreo. Iurovski indicou o caminho. Eles foram levados para o quarto de esquina do andar térreo contíguo ao depósito lacrado. Iurovski ordenou que fossem trazidas cadeiras. Seu assistente trouxe três cadeiras. Uma foi dada à Sua Majestade, a czarina, a outra ao soberano e a terceira ao herdeiro. Sua Majestade sentou-se junto à parede com janela, perto do pilar por trás do arco. Atrás dela ficaram, em pé, três filhas (conheço-as muito bem de vista, pois as via passeando quase todos os dias, mas realmente não as conheço pelo nome). O herdeiro e Sua Majestade sentaram-se lado a lado, quase no centro da sala. Atrás da cadeira do herdeiro, o doutor Botkin, em pé. A empregada (não a conheço pelo nome — uma mulher alta, ficou à esquerda da porta que dá para o depósito lacrado. Uma das filhas da família imperial (a quarta) postou-se de pé ao lado dela. Os dois serviçais ocuparam o canto esquerdo (a partir da entrada), junto à parede adjacente ao depósito.

A empregada segurava um travesseiro. As filhas também trouxeram pequenos travesseiros. Um dos pequenos travesseiros foi posto sobre o assento da cadeira de Sua Majestade, a czarina, e outro sobre o assento da cadeira do herdeiro. Parecia que todos sabiam o que ia acontecer a eles, mas ninguém emitiu som algum. Simultaneamente, onze pessoas entraram na mesma sala. Iurovski, seu assistente, os dois membros da Comissão Extraordinária e sete soldados letões. Iurovski me mandou sair, dizendo: "Vá para a rua, veja se há alguém lá e se os tiros serão ouvidos."[1] Saí para o pátio fechado por uma cerca alta e ouvi o som de tiros antes de chegar à rua. Imediatamente, voltei à casa (só uns 2 ou 3 minutos haviam se passado) e, quando entrei na sala onde haviam ocorrido os tiros, vi todos os membros da família imperial — o czar, a czarina, as quatro filhas e o herdeiro — já caídos no chão com muitos ferimentos nos corpos. O sangue escorria em torrentes. O médico, a empregada e os serviçais também estavam mortos. Quando entrei na sala, o herdeiro ainda estava vivo — gemendo. Iurovski aproximou-se e atirou nele à queima-roupa duas ou três vezes. O herdeiro ficou silencioso. A cena do assassinato, o cheiro e a vista do sangue deram-me vontade de vomitar. Antes do assassinato, Iurovski distribuiu revólveres Nagant a todos e me deu um, mas, repito, não tomei parte no assassinato. Iurovski tinha uma Mauser, além de um Nagant.

Quando terminou o assassinato, Iurovski mandou-me buscar o destacamento para que fosse lavado o sangue da sala. A caminho da casa Popov, encontrei com os comandantes da guarda, Ivan Starkov e Konstantin Dobrinin, que tinham vindo correndo da casa do destacamento. O último me perguntou: "Mataram Nicolau II? Cuidado para que não matem alguém em lugar dele: você terá que responder por isso." Respondi que Nicolau II e toda a sua família haviam sido mortos. Trouxe de volta de doze a quinze membros do destacamento, mas quem eram eles exatamente não posso me lembrar em absoluto e nem dar ao senhor um único nome. Os elementos que eu trouxe trataram primeiro de colocar os corpos dos mortos em um caminhão que havia sido trazido à entrada principal. Os corpos foram levados em macas feitas de lençóis enrolados em arreios tirados de trenós que estavam no pátio. Os cadáveres empilhados no caminhão foram cobertos com parte de um cobertor de soldado, tirado de um pequeno depósito localizado no corredor do andar térreo. Liukhanov, um operário da fábrica Zlokazov, era o motorista. Piotr Iermakov e o outro membro da Comissão Extraordinária subiram no caminhão e levaram os corpos. Não sei que direção tomaram ou o que fizeram com os cadáveres. Lavamos sangue da sala e do pátio e colocamos tudo em ordem. Às 3h da manhã, estava tudo acabado, Iurovski foi para sua sala e eu voltei para o destacamento.

...

No dia 24 de julho, deixei Iekaterinburg com o comissário Mrachkovski. Em Perm, o comissário Goloshchekin designou-me para a unidade da guarda preparada para explodir a ponte Kamsk, no caso de aparecerem "Guardas Brancos". Eu não explodi a ponte de acordo com as ordens dadas e nem mesmo quis fazer isso, tendo decidido me entregar voluntariamente. Recebi ordens de explodir a ponte quando as tropas siberianas já tivessem começado a atirar contra ela e eu fui e me entreguei voluntariamente. Logo depois, tornei-me enfermeiro no posto de ajuda à evacuação n.139, na cidade de Perm, onde permaneci até o momento de minha prisão. Nesse lugar, comecei, por alguma razão, a conversar com uma das enfermeiras. Em resposta a um dos comentários dela sobre o que os jornais publicavam quanto à maneira cruel com que a família real havia sido tratada, eu disse a ela que isso não era verdade. Além disso, contei-lhe, exatamente nos mesmos detalhes com que contei ao senhor antes, que eu havia servido no destacamento de guarda da casa Ipatiev e contei-lhe também como a família imperial vivia e como havia acontecido a execução. Expliquei a ela tudo sobre Iurovski, seu assistente, os dois membros da Comissão Extraordinária e os letões, disse quem havia atirado, como o sangue foi lavado e como os corpos foram levados em um caminhão. Essa conversa ocorreu logo depois que fui trabalhar no posto de evacuação. Essa foi a enfermeira que o oficial que o senhor enviou mais tarde me apontou à distância.

Sobre o lugar onde os corpos foram escondidos, sei apenas o seguinte: quando estava deixando Iekaterinburg, encontrei Piotr Iermakov na estação Alapaevsk e lhe perguntei para aonde haviam sido levados os corpos. Iermakov explicou que os corpos haviam sido jogados em uma mina atrás da fábrica do Alto Isetsk, e que a mina fora explodida com bombas para provocar desmoronamento. Não sei nada nem ouvi nada sobre incêndios perto da mina. Não tenho mais informações sobre o lugar onde os corpos possam ser encontrados.

Nunca expressei qualquer interesse em saber quem determinou o destino do czar e de sua família ou quem tinha o direito de agir assim, porque eu estava apenas cumprindo ordens dadas por aqueles a quem estava subordinado. Beloborodov e Goloshchekin eram duas entre as autoridades do soviete que vinham freqüentemente à casa. Antes dos tiros, não vi nem ouvi Iurovski ler qualquer tipo de documento para o czar ou dizer qualquer coisa sobre a execução iminente. Entre os homens mencionados por mim, que serviam no destacamento Sisert no dia da execução, os que estavam ausentes eram Ivan Kotov, Viktor Lugovoi, Andrei Starkov, Grigori Kesarev e Vassili Semionov. Aleksei Nikiforov foi dispensado por motivos médicos cerca de três semanas antes desses fatos. Não sei exatamente onde os que foram mencionados em meu depoimento podem ser encontrados. Alguns membros do destacamento estiveram no cais de Levshinsk até que Perm foi tomada; alguns estão servindo no Exército Vermelho.

Isso é tudo que posso dizer ao senhor sobre as acusações feitas contra mim. Repito que não participei diretamente do assassinato. Filip Proskuriakov, que os senhores me mostraram, fez parte do destacamento até recentemente, mas não me lembro se ele tomou parte na limpeza da sala e no transporte dos cadáveres.

Lembro-me, de fato, que Iurovski permitiu que eu levasse uma pequena valise que pertencia a Botkin, antes de minha partida para Sisert. Não posso explicar mais nada.

Este depoimento foi lido
e está correto, Medvedev
Membro da corte regional de
Iekaterinburg, I. Sergeiev

1. A declaração de Medvedev, de que não participou da execução, é suspeita, embora compreensível, uma vez que enfrentava uma corte de justiça Branca. Vários meses antes, a esposa de Medvedev dissera em depoimento que, antes de o marido ter fugido, ele lhe contara em detalhes sua participação direta na execução (depoimento de Maria Medvedeva, 9-10 de novembro de 1918, Houghton Library, Universidade Harvard, Arquivo Sokolov, vol.1, doc.57).

· 159 ·

Nota de Iakov Iurovski sobre a execução da família imperial e o ocultamento dos cadáveres, 1920.

No dia 16 de julho [1918], chegou de Perm um telegrama em linguagem pré-combinada contendo a ordem de exterminar os R-ov [Romanov]. A princípio (em maio), a intenção era levar Nicolau a julgamento, mas esse fato foi impedido pelo avanço dos Brancos. No dia 16, às 6 da noite, Filip G-n [Goloshchekin] resolveu que a ordem fosse executada. Um carro deveria chegar à meia-noite para levar os cadáveres. Às 6h, o menino [Leonid Sedniov] foi levado, o que deixou muito perturbados os R-ov e seu pessoal. O doutor Botkin, inclusive, veio perguntar por que essa medida fora necessária. Foi explicado que o tio do menino, que havia sido preso, fugira e em seguida voltara e queria ver o sobrinho.[1] O menino foi enviado no dia seguinte à sua cidade natal (na província de Tula, acho). O caminhão não chegou às 12h, mas apenas às 2:30h. Esse fato atrasou o cumprimento da ordem. A essa altura, tudo estava pronto: 12 pessoas com revólveres (incluindo 5 letões) foram escolhidas, as quais deveriam executar a sentença; 2 dos letões se recusaram a atirar nas moças.

Todos dormiam quando chegou o carro. Botkin foi acordado e acordou todo o resto. A explicação foi a seguinte: "A família R-ov deve descer do primeiro andar para o térreo, uma vez que nem tudo está calmo na cidade." Eles se vestiram em meia hora. Foi escolhida no térreo uma sala que tinha paredes forradas de madeira (para evitar que [as balas] ricocheteassem); removeu-se dela toda a mobília. O destacamento estava de prontidão na sala contígua. Os R-ov de nada suspeitaram. O com. [comandante][2] foi buscá-los pessoalmente, sozinho, e levou-os à sala embaixo. Nic. trazia A. [Aleksei] nos braços; o resto trazia pequenos travesseiros e outras pequenas coisas. Entrando na sala vazia, A.F. [Aleksandra Fiodorovna] perguntou: "O quê, não há nem mesmo uma cadeira? Não temos permissão nem para nos sentarmos?" O com. ordenou que duas cadeiras fossem trazidas. Nic. sentou A. em uma e A.F. sentou-se na outra. O comandante ordenou que o resto formasse uma fila.

Quando tomaram seus lugares, ele chamou o destacamento. Quando o destacamento entrou, o comandante disse aos R-ov que, à luz do fato de que seus parentes na Europa estavam continuando a agressão contra a Rússia Soviética, o Comitê Executivo [do Soviete Regional] dos Urais havia resolvido que eles seriam fuzilados. Nicolau deu as costas ao destacamento, voltou o rosto para a família e, em seguida, como que se controlando, virou-se para o comandante com a pergunta: "Quê? O quê?" O comandante, apressadamente, repetiu suas palavras e ordenou ao destacamento que se aprontasse. O destacamento recebera instruções antes sobre em quem atirar e ordens para apontar diretamente para o coração, a fim de evitar grande volume de sangue e acabar com eles mais rapidamente. Nicolau, mais uma vez virando-se para a família, nada mais disse; os outros soltaram algumas exclamações incoerentes; tudo isso durou alguns segundos. Começaram então os tiros; duraram dois ou três minutos. Nic. foi morto no local pelo próprio comandante. A.F. morreu imediatamente depois disso e os outros R-ov (no total, 12 pessoas foram mortas a tiros [na verdade, 11 foram executadas]): N., A.F., quatro filhas (Tatiana, Olga, Maria e Anastásia), o doutor Botkin, o lacaio Trupp[3], o cozinheiro Tikhomirov [na verdade, Karitonov], outro cozinheiro[4], e uma dama-de-companhia, cujo sobrenome o comandante havia esquecido [na verdade a empregada pessoal de Aleksandra, Anna Demidova]. A., três das irmãs, a dama-de-companhia e Botkin ainda estavam vivos. Tiveram que ser baleados novamente. Este fato surpreendeu o comandante, uma vez que haviam apontado para o coração. Era também surpreendente que as balas das pistolas tivessem ricocheteado em alguma coisa e saltado em volta da sala como se fossem granizo. Quando tentaram acabar com uma das moças usando baionetas, a baioneta não conseguiu perfurar o espartilho. Graças a tudo isso, todo o procedimento, incluindo a "verificação" (tomada do pulso etc.), levou cerca de 20 minutos.

Em seguida, começaram a levar os cadáveres e colocá-los no carro, que havia sido forrado com grossos cobertores para que o sangue não escorresse. Nesse ponto, começou o roubo: três camaradas confiáveis tiveram que ser designados para guardar os cadáveres, enquanto continuava o procedimento (os corpos foram trazidos um após outro). Todos os artigos roubados foram devolvidos sob ameaça de execução (um relógio de ouro, uma cigarreira cravejada de diamantes e assim por diante). O com. foi encarregado apenas de executar a sentença; a remoção dos corpos e outras providências eram de responsabilidade do camarada Iermakov (operário da fábrica do Alto Isetsk, um camarada de partido, ex-prisioneiro)[5]. Ele devia trazer o carro e ser admitido usando uma senha combinada, "limpeza de chaminé". A chegada com atraso do carro levou o comandante a duvidar da capacidade de Ie-v [Iermakov] e resolveu acompanhar toda a operação até o fim.

Por volta de 3h da manhã, partimos para o local que Ie-v devia ter preparado (do outro lado da fábrica do Alto Isetsk). No início, pensou-se que eles [os cadáveres] seriam trazidos de carro e, em seguida, a começar de certo ponto, levados em cavalos, já que o carro não podia seguir adiante. O lugar escolhido foi uma mina abandonada. Após guiar por pouco mais de 4,5km,[6] deixando para trás a fábrica do Alto Isetsk, encontramos um acampamento inteiro — de umas 25 pessoas — montadas a cavalo e carroças leves, puxadas a cavalo etc. Esses homens eram operários (membros do soviete, do Comitê Executivo etc.) que Ie-v havia reunido. A primeira coisa que eles disseram foi: "Por que não nos trouxeram eles vivos?" Pensavam que a execução dos Romanov seria confiada a eles. Começaram a transferir os cadáveres para as carroças leves, mas eram necessárias carroças maiores. Esse fato constituiu uma inconveniência. Eles imediatamente começaram a dar uma busca nos bolsos [dos cadáveres] — e foi necessário ameaçar fuzilá-los e colocar sentinelas também ali. Descobrimos em seguida que Tatiana, Olga e Anastásia estavam usando um tipo de espartilho especial. Foi resolvido despir os corpos, não ali, mas apenas no local do sepultamento. Mas descobriu-se que ninguém sabia onde ficava a mina que havia sido escolhida para esse fim.

Estava clareando. O com. enviou homens a cavalo para descobrir o local, mas ninguém encontrou nada. Descobrimos que nada havia sido preparado: não havia pás e assim por diante. O carro atolou entre duas árvores, de modo que foi abandonado. Depois de os cadáveres serem cobertos com cobertores, as carroças foram alinhadas em linha indiana. Percorremos uns 18km a partir de Iekaterinburg e paramos a um quilômetro e meio da aldeia de Koptiaki; isso aconteceu por volta de 6 ou 7h da manhã. Na floresta, foi encontrada uma mina abandonada, de 2,40m de profundidade (ouro havia sido extraído ali no passado). A mina tinha uns 60cm de água. O com. ordenou que os cadáveres fossem despidos e construída uma fogueira, de modo que tudo pudesse ser queimado. Homens montados foram dispostos por toda parte para desviar pessoas que passassem por ali.

Quando uma das moças estava sendo despida, notou-se que as balas haviam rasgado o espartilho em alguns lugares e diamantes podiam ser visto nos orifícios. Os olhos de todos em volta começaram a brilhar vivamente. O com., imediatamente, resolveu dissolver todo o grupo, deixando de guarda alguns homens montados e cinco do destacamento. O resto dispersou-se. O destacamento começou a despir e queimar os cadáveres. A.F. estava usando um cinto completo de pérolas, formado por várias voltas e costurado no tecido. Em volta do pescoço de cada moça, descobrimos, havia uma efígie de Rasputin, com o texto de sua prece, costurado sob a forma de amuletos. Os diamantes foram imediatamente retirados. Eles (isto é, os objetos feitos de diamante) pesavam cerca de 8kg. Eles foram enterrados no porão de uma das pequenas casas da fábrica de Alapaevsk; em 1919, foram desenterrados e levados para Moscou.

Depois de termos posto tudo de valor em sacos, o resto encontrado com os cadáveres foi queimado e os próprios corpos descidos à mina. Enquanto isso acontecia, alguns dos objetos de valor (o broche de alguém, as dentaduras de Botkin) caíram no chão, e, no esforço para provocar um desmoronamento da mina com auxílio de granadas de mão, tornou-se evidente que os cadáveres foram danificados e certas partes arrancadas deles — é assim que o comandante explica como os Brancos (que descobriram o local) encontraram um dedo decepado e coisas assim nesse local. Mas não foi planejado deixar os R-ov ali — a mina havia sido antes escolhida apenas como local de sepultamento temporário.

Tendo completado a operação e deixado a guarda, o comandante, por volta de 11h da manhã (já no dia 17 de julho), foi apresentar relatório ao Comitê Executivo [do Soviete Regional] dos Urais, onde encontrou Safarov e Beloborodov. O com. contou-lhes o que havia sido encontrado e manifestou sua pena porque não lhe havia sido permitido dar uma busca oportuna nos R-ov. O com. descobriu por Chutskaev (presidente do Comitê Executivo do soviete da cidade) que no quilômetro 6 da estrada para Moscou há minas muito profundas, abandonadas, apropriadas para o enterro dos R-ov. O com. partiu para aquele local, mas não chegou imediatamente porque seu carro enguiçou. Ele [no fim] chegou a pé às minas e realmente descobriu que eram minas profundas, cheias de água, onde decidiu submergir os cadáveres, amarrando pedras a eles. Havia guardas que eram testemunhas inconvenientes, de modo que foi resolvido enviar, juntamente com o caminhão transportando os cadáveres, um carro com elementos de segurança da Cheka, que prenderiam todos sob o pretexto de dar uma busca neles. Para voltar, o com. confiscou uma parelha de cavalos que por acaso apareceu por ali. Os que haviam sido acidentalmente detidos [por estarem na área] foram mandados embora. Após ter se dirigido [para a cidade] a cavalo, juntamente com outro chekista [membro da Cheka], para organizar toda a operação, o comandante caiu do cavalo e se feriu seriamente (depois disso o chekista caiu também). Caso o plano relativo às minas não funcionasse, havia-se decidido cremar os cadáveres ou enterrá-los em buracos de barro cheios de água, depois de desfigurá-los com ácido sulfúrico para evitar o reconhecimento.

Finalmente, tendo voltado à cidade por volta de 8h da noite no dia 17, tudo que era necessário começou a ser reunido: o querosene, o ácido sulfúrico. Carroças puxadas a cavalo, sem cocheiros, foram trazidas da prisão. A partida havia sido planejada para as 11h da noite, mas o incidente com o chekista atrasou as coisas, e nos dirigimos para a mina, levando cordas para arrastar os cadáveres para fora, e assim por diante, apenas por volta das 12:30h da noite de 17 para 18. A fim de isolar a mina (a primeira mina de prospecção) durante toda a operação, anunciou-se na aldeia de Koptiaki que havia tchecos escondidos na floresta, que seria dada uma batida nela e que de modo algum moradores da aldeia deviam ir para lá. Foi dada ordem para matar na hora qualquer pessoa que entrasse na área isolada.

Enquanto isso, amanheceu (isto acontecia já no terceiro dia, dia 18). A idéia era enterrar alguns dos cadáveres ali mesmo, junto à mina. Começamos a cavar uma cova e quase terminamos o trabalho. Mas, exatamente nesse momento, um camponês conhecido de Iermakov apareceu e descobrimos que ele vira a cova. Esse trabalho teve que ser abandonado. Decidiu-se levar os cadáveres para as minas profundas. Uma vez que as carroças eram frágeis e estavam caindo aos pedaços, o com. se dirigiu à cidade para conseguir veículos a motor (um caminhão e dois automóveis, um deles para os chekistas). As carroças haviam quebrado antes e os veículos eram necessários para fazer o transporte até as minas profundas, mas, na verdade, os veículos não puderam chegar ao local do enterro temporário e era esse o motivo por que as carroças ainda tinham que ser usadas. Quando os veículos chegaram, as carroças já estavam em movimento — os veículos se encontraram com elas a uns 400m de Koptiaki. Não pudemos iniciar a viagem até as 9h da noite. Cruzamos os trilhos da estrada de ferro e, uns 400m adiante, transferimos os cadáveres para o caminhão. Seguimos com dificuldade, cobrindo os lugares perigosos com dormentes de trilho, mas ainda assim atolamos algumas vezes. Por volta de 4:30h da manhã do dia 19, um dos veículos atolou de vez. Como não tínhamos chegado às minas, era necessário enterrar ou queimar os cadáveres. Um camarada, cujo sobrenome o comandante esqueceu, prometeu realizar este último trabalho, mas foi embora sem cumprir a promessa.

Nós queríamos cremar A. [Aleksei] e A.F., mas, por engano, a dama-de-companhia [a empregada particular Demidova] foi queimada com A. Em seguida, enterramos imediatamente os restos sob a fogueira e reacendemos o fogo, o que cobriu inteiramente os vestígios de escavação. Enquanto isso, cavamos uma cova comum para o resto. Uma cova de 1,50m de profundidade por 2m de comprimento ficou pronta por volta de 7h da manhã. Empilhamos os corpos no buraco, derramamos ácido sulfúrico nos rostos e, de modo geral, sobre os corpos, para impedir que fossem reconhecidos e para que não cheirassem mal por causa da decomposição (a cova não era profunda). Tendo jogado areia e gravetos por cima, colocamos dormentes e passamos de carro algumas vezes por ali, de um lado para o outro — e nenhum sinal da cova restou. O segredo estava em absoluta segurança; os Brancos não encontraram esse local.

Koptiaki fica a 20km de Iekaterinburg. A R.R. cruza o quilômetro 6 entre Koptiaki e a fábrica do Alto Isetsk, a noroeste [da cidade]. O local do sepultamento fica a 215m, perto da fábrica de A. Isetsk, a partir do ponto de intersecção.

1. Na verdade, o tio, Ivan Sedniov, já havia sido executado.

2. Esse relato é escrito na terceira pessoa por Iurovski, que chama a si próprio de comandante.

3. Aleksei Iegorovich Trupp, lacaio da família imperial, acompanhou os Romanov a Tobolski e a Iekaterinburg.

4. Iurovski foi impreciso nesta parte: não havia outro cozinheiro.

5. Piotr Zakharovich Iermakov, comissário militar de Alto Isetsk, antigo colega de Goloshchekin no movimento revolucionário.

6. As medições russas neste documento foram convertidas para a escala métrica americana, também usada no Brasil.

· 160 ·

Extraído de uma descrição feita por Iurovski da execução do czar e família, em uma reunião de velhos bolchevistas realizada em Sverdlovsk (antiga Iekaterinburg), em 1º de fevereiro de 1934.

... Supunha-se que um julgamento teria sido preparado para eles, se o tempo houvesse permitido. Mas como eu já disse acima, a frente de combate se aproximava cada vez mais, desde o começo de julho, e naquele momento se encontrava a apenas 40km[1] de distância, apressando inevitavelmente o desenlace.

Tratava-se de uma questão de grande importância política na ocasião e não poderia ser resolvida sem uma decisão do centro, porque a situação na frente de combate dependia não só dos Urais, mas também das possibilidades do centro (na ocasião, compreendam, o Exército Vermelho estava se tornando cada vez mais centralizado e concentrado). Houve contatos e conversações contínuas com o centro sobre o assunto. Por volta de 10 de julho, começou a ser tomada a decisão sobre o que fazer, se a evacuação de Iekaterinburg se tornasse inevitável. Entendam, só isso pode explicar por que a execução sem julgamento foi adiada até 16 de julho, tendo sido Iekaterinburg finalmente abandonada em 25-26 de julho; além do mais, a evacuação de Iekaterinburg foi realizada de uma maneira, por assim dizer, organizada, e no momento oportuno. Nos dias 10 ou 11 de julho, Filip [Goloshchekin] disse-me que Nicolau teria que ser liquidado e que era necessário fazer preparativos para esse fato.

Quando passamos à questão da liquidação, nós não tínhamos experiência nesses assuntos, uma vez que não havíamos participado dessas coisas antes e, portanto, não foi surpresa que houvesse um bocado de trapalhadas para pôr as coisas em andamento, especialmente porque todos os tipos de perigos e a aproximação da frente de combate agravavam o problema. Ele me disse que camaradas isolados achavam que para que a execução fosse feita com mais segurança e discrição ela teria que ser procedida à noite, nas camas deles, enquanto eles dormiam. Essa solução me pareceu inconveniente e respondi que pensaríamos em como fazer a coisa e que faríamos os preparativos.

Na manhã de 15 de julho, Filip apareceu e disse que as coisas tinham que ser resolvidas no dia seguinte. Sedniov, o menino de cozinha (um garoto de 13 anos de idade) foi retirado da casa e enviado à sua terra natal ou a algum outro lugar na Rússia central. Foi dito também que Nicolau teria que ser executado e que deveríamos comunicar oficialmente o fato, mas, no tocante à família, a execução talvez fosse comunicada, mas ninguém sabia ainda como, quando e de que maneira. Dessa forma, toda a situação exigia o maior cuidado e o mínimo de pessoas possível envolvidas — além disso, pessoas de extrema confiança.

No dia 15, iniciei imediatamente os preparativos, pois tudo tinha que ser feito rapidamente. Resolvi reunir tantos homens quanto o número de pessoas a serem executadas, reuni todos eles e lhes disse o que estava acontecendo — que todos eles deviam preparar-se para isso, que logo que recebêssemos a ordem final tudo teria que ser feito com perfeição. Entendam, eu precisava dizer que matar gente não era o assunto tão fácil quanto poderia parecer a algumas pessoas. Afinal de contas, isso não ia acontecer na frente de batalha, mas em uma situação "pacífica". Compreendam, elas não eram pessoas sedentas de sangue, mas indivíduos que cumpriam o difícil dever da revolução. Por esse motivo, não foi por mero acaso que, no último minuto, surgiu a situação de dois letões se recusarem [a participar] — não tinham coragem para fazer isso.

Na manhã do dia 16, mandei embora o menino da cozinha, Sedniov, sob o pretexto de ir ao encontro do tio que chegara a Sverdlovsk. Esse fato causou nervosismo entre os presos. Botkin, o dedicado intermediário, e em seguida uma das filhas perguntaram para onde e por que haviam levado Sedniov, e por quanto tempo. Aleksei sentia falta dele, disseram. Tendo recebido uma explicação, foram embora, parecendo tranqüilizados. Preparei 12 revólveres Nagant e escolhi quem atiraria em quem. O camarada Filip me disse que um caminhão chegaria à meia-noite. Os que chegariam dariam uma senha; deixaríamos que entrassem e lhes entregaríamos os cadáveres, que eles levariam dali para o enterro. Por volta de 11h da noite no dia 15, reuni mais uma vez o pessoal, distribuí os revólveres e disse que logo depois teríamos que começar a liquidar os presos. Avisei a Pavel Medvedev sobre uma fiscalização rigorosa dos sentinelas postados no lado de fora e dentro da casa, e que ele e o comandante da guarda deviam vigiar pessoalmente a área em volta da própria casa e da casa onde a guarda externa estava alojada, e como deveriam manter contato comigo. Só no último minuto, quando tudo estava pronto para a execução, eles deveriam avisar aos sentinelas e a todo o resto do destacamento de que, se ouvissem tiros dentro da casa, não deveriam preocupar-se nem sair dos alojamentos, e que se acontecesse alguma coisa especialmente preocupante deveriam me avisar através do canal estabelecido.

O caminhão só chegou depois de 1:30h da manhã; o fato de esperarmos mais do que o previsto causou ansiedade, além da ansiedade da espera em geral, mas o principal era que as noites [de verão] são muito curtas. Só depois da chegada do caminhão — ou depois de eu saber por telefone que o caminhão estava a caminho —, é que fui acordar os presos.

Botkin estava dormindo no quarto mais perto da entrada; saiu do quarto e perguntou o que estava acontecendo. Eu lhe disse que todos tinham que ser acordados imediatamente, já que havia agitação na cidade, que ficar no andar superior era perigoso para eles e que eu ia transferi-los para outro lugar. Os preparativos demoraram muito, por volta de 40 minutos. Quando a família se vestiu, levei-a para uma sala previamente escolhida, na parte de baixo da casa. Havíamos preparado esse plano com o camarada Nikulin[2]. Aqui devo dizer que não havíamos pensado antecipadamente no fato de que as janelas não podiam abafar o ruído; segundo, que a parede contra a qual deviam ser postos em fila os que iam ser executados era de pedra; e, finalmente, que a execução assumiria um caráter caótico, mas isso era impossível de prever. Não se supunha que essa última coisa acontecesse, uma vez que cada homem ia atirar em uma única pessoa e, assim, tudo devia ocorrer organizadamente. As razões do caos — isto é, disparos desordenados e confusos — tornaram-se claras depois. Embora eu os avisasse através de Botkin que não deviam trazer consigo coisa nenhuma, eles, apesar disso, trouxeram várias coisas pequenas — travesseiros, pequenas bolsas etc. — e, acredito, um cachorrinho.

Logo que desceram para a sala (à entrada da sala, à direita, há uma janela muito larga, quase do tamanho de toda a parede), sugeri que se encostassem na parede. Aparentemente, nesse momento, eles ainda não imaginavam o que lhes estava reservado. Aleksandra Fiodorovna disse: "Aqui não há nem cadeiras." Nicolau estava carregando Aleksei nos braços. E continuou assim, de pé na sala. Ordenei, então, que fossem trazidas duas cadeiras. Aleksandra Fiodorovna sentou-se em uma delas, à direita da entrada, quase no canto e junto à janela. Ao lado dela, voltadas para o lado esquerdo da entrada, ficaram as filhas e Demidova. Aleksei foi posto numa cadeira ao lado delas; em seguida, o doutor Botkin, o cozinheiro e os outros, com Nicolau de pé, em frente a Aleksei. Simultaneamente, ordenei ao pessoal que descesse e que todos se aprontassem e estivessem nos seus lugares quando fosse dada a ordem. Nicolau, tendo sentado Aleksei, ficou em uma posição em que o bloqueava. Aleksei estava sentado no canto esquerdo da sala, a partir da entrada, e eu, imediatamente, segundo me lembro, disse mais ou menos a Nicolau o seguinte: que seus parentes imperiais e colaboradores próximos, no país e no exterior, haviam tentado libertá-los e que o Soviete dos Representantes dos Operários decretara que fossem executados a tiro. Ele perguntou: "O quê?" e virou-se para Aleksei. Nesse exato momento, atirei nele e matei-o na hora. Ele não conseguiu se virar para nós e receber uma resposta. Nesse instante, em vez de em ordem, começou uma fuzilaria caótica. A sala era muito pequena, mas ainda assim todos poderiam ter entrado nela e realizado a execução de forma organizada. Mas, aparentemente, muitos atiraram pela soleira e as balas começaram a ricochetear, uma vez que a parede era de pedra. Além do mais, o fogo se intensificou quando os que estavam sendo baleados começaram a gritar. Eu precisei fazer um grande esforço para suspender o fogo. Uma bala de um dos que atiravam de trás de mim passou silvando ao lado de minha cabeça e não me lembro se foi a palma da mão, a mão ou o dedo de alguém que foi atingido e perfurado por uma bala. Quando pararam os tiros, verificamos que as filhas, Aleksandra Fiodorovna, a dama-de-companhia [na verdade, a empregada particular] Demidova, acho, e também Aleksei estavam vivos. Pensei que eles haviam caído por medo ou talvez de propósito e que era por isso que continuavam vivos. Nesse momento, começamos a acabar com eles (eu havia sugerido antes que fossem baleados na região do coração, de modo que houvesse menos sangue.) Aleksei continuava sentado, petrificado, e eu dei nele o tiro de misericórdia. Os outros atiraram nas filhas, mas nada aconteceu, então Iermakov usou uma baioneta e isso não ajudou, e elas acabaram sendo liquidadas de vez com tiros na cabeça. Só na floresta é que descobrimos o que havia prejudicado a execução das filhas e de Aleksandra Fiodorovna.

Terminada a execução nesse momento, os cadáveres precisavam ser retirados dali e isso demorou muito tempo. De que maneira poderíamos transportá-los?

Então, alguém pensou em macas (ninguém pensou nisso na ocasião apropriada). Tiraram os arreios das lanças dos trenós e estenderam lençóis sobre eles, acho. Tendo verificado que todos estavam mortos, começamos a carregá-los. Mas vimos então que haveria manchas de sangue por toda parte. Imediatamente, ordenei que as macas fossem forradas com os cobertores de soldados que houvesse disponíveis e que o caminhão fosse também forrado com eles. Designei Mikhail Medvedev[3] para remover dali os cadáveres. Ele é um antigo membro da Cheka e, atualmente, empregado da GPU [polícia de segurança política]. Ele e Piotr Zakharovich Iermakov deviam levar os cadáveres no caminhão. Quando os primeiros cadáveres foram levados, alguém, não me lembro quem, me disse que um dos homens havia se apropriado de algumas coisas de valor. Compreendi, então, que havia objetos valiosos entre as coisas que a família havia trazido consigo. Imediatamente, suspendi a remoção dos corpos, reuni os homens e exigi que os objetos roubados fossem entregues. Após algumas negativas, dois homens devolveram os objetos que haviam roubado. Ameaçando de execução todos os que saqueassem os corpos, mandei embora esses dois e, segundo me lembro, designei o camarada Nikulin para supervisionar o transporte dos corpos, tendo-os avisado de que havia objetos de valor nos corpos dos fuzilados. Reuni todos os itens contendo os objetos que eles haviam roubado, além dos próprios objetos, e mandei levá-los para a sala do comandante. O camarada Filip [Goloshchekin], aparentemente me poupando (já que minha saúde não era das melhores), disse-me que eu não devia ir ao "funeral", mas eu estava preocupado com o cuidado que devia ser tomado para esconder os corpos. Foi por esse motivo que resolvi ir, e fiz a coisa certa, como se verificou depois; de outra maneira, todos os cadáveres teriam caído nas mãos dos Brancos. É fácil compreender como teriam usado esse fato em proveito próprio.

Tendo dado ordens para que lavassem e limpassem tudo, partimos por volta de 3h ou um pouco mais tarde. Levei comigo alguns homens da guarda interna. Eu não sabia onde planejavam enterrar os corpos. Como eu disse acima, Filip havia aparentemente encarregado desse assunto o camarada Iermakov, que nos levou para um lugar próximo à fábrica do Alto Isetsk (por falar nisso, acho que foi Pavel Medvedev quem me disse naquela mesma noite que, quando foi correndo até o destacamento, viu o camarada Filip andando de um lado para o outro da casa o tempo todo e parecendo muito preocupado com a forma como as coisas aconteciam ali). Eu não havia estado naquele lugar e não o conhecia. A 2 ou 3km da fábrica do Alto Isetsk, encontramos um comboio inteiro de pessoas a cavalo e em carroças leves puxadas a cavalo. Perguntei a Iermakov quem eram essas pessoas, por que estavam ali, e ele respondeu que eram as pessoas que ele havia preparado. Não sei até hoje por que havia tantos deles. Ouvi apenas berros isolados: "Nós pensamos que você ia entregá-los vivos e agora estamos vendo que estão mortos." Em seguida, quando estávamos a 3 ou 5km mais adiante, o caminhão atolou entre duas árvores.

Durante essa parada, alguns dos homens de Iermakov começaram a mexer nas blusas das moças, onde descobriram objetos de valor. O roubo recomeçava. Ordenei então que sentinelas fossem postadas, de modo que ninguém pudesse se aproximar do caminhão. O caminhão estava atolado e não podia ser movido dali. Perguntei a Iermakov: "O local escolhido para eles fica longe?" Ele respondeu: "Não é longe, fica do outro lado do aterro da estrada de ferro." E, além de o caminhão estar atolado entre as árvores, o local era pantanoso. Por onde quer que fôssemos, era pantanoso. Pensei comigo mesmo: ele trouxe gente e cavalos demais. Pelo menos devia haver carroças grandes ao invés de carroças leves. Mas não havia nada que pudesse ser feito. Tivemos que descarregar e tornar mais leve o caminhão. Mas nem isso ajudou. Dei ordem, então, para que os corpos fossem colocados nas carroças puxadas a cavalo, uma vez que não poderíamos esperar mais: o dia estava raiando.

Só quando já começava a clarear é que chegamos à conhecida "clareira". Vimos camponeses sentados junto a um fogo, a uns 20 passos mais ou menos da mina escolhida como local de sepultamento, aparentemente tendo passado a noite ali depois do corte do feno. Ao longo do caminho, pessoas isoladas também podiam ser vistas à distância e tornou-se inteiramente impossível continuar a trabalhar à vista de pessoas. Tenho que dizer que a situação estava se tornando difícil e toda a operação poderia ter fracassado. Eu não sabia ainda que a mina não servia absolutamente para os nossos objetivos. E havia aqueles malditos objetos de valor. Eu não sabia nesse momento que havia muitos deles. O pessoal que Iermakov havia reunido não era o apropriado para esse tipo de trabalho, e eles eram muitos também. Resolvi que tinha de me livrar dessas pessoas. Imediatamente descobri que estávamos a uns 18 ou 20km da aldeia de Koptiaki. Uma área suficientemente grande tinha que ser isolada, o que ordenei que fosse feito. Escolhi as pessoas e lhes dei instrução para cercar uma certa área. Além disso, enviei gente à aldeia para avisar aos moradores a não ir à parte alguma, dizendo que os tcheco-eslovacos estavam próximos, que nossas unidades haviam sido trazidas para ali, e que era perigoso. Em seguida [ordenei] que enviassem de volta para a aldeia qualquer pessoa que vissem e, se nada mais funcionasse, fuzilassem os que se mostrassem obstinadamente desobedientes. Enviei o outro grupo de pessoas para a aldeia, porque elas não eram mais necessárias.

Tendo feito isso, ordenei que os corpos fossem [des]carregados, despidos e queimados. Isto é, ordenei que as coisas fossem destruídas de modo a não deixar traços e providenciei para que qualquer prova incriminadora fosse eliminada, no caso de alguém descobrir os corpos. Ordenei que fossem feitas fogueiras. Coisas que haviam sido costuradas nas roupas das filhas e de Aleksandra foram descobertas quando os corpos começaram a ser despidos. Não me lembro exatamente o que foi descoberto no corpo dessa última ou se foi simplesmente o mesmo tipo de coisas que estavam costuradas nas roupas das filhas. As filhas tinham espartilhos feitos de diamantes brutos e outras pedras preciosas, que serviram não só como receptáculos para as gemas mas também como armadura protetora. Esse o motivo por que nem balas nem baionetas deram resultado durante os tiros e os golpes. Ninguém é responsável pela agonia da morte delas, mas apenas elas, tenho que dizer. Encontramos cerca de 8kg dessas pedras. Por falar nisso, a ganância delas era tão grande, segundo descobrimos, que no corpo de Aleksandra Fiodorovna havia um pedaço simplesmente enorme de ouro, dobrado em forma de bracelete, pesando mais ou menos meio quilo. Todos esses objetos foram imediatamente arrancados para que não tivéssemos que arrastar as roupas ensangüentadas. Os objetos de valor que os Brancos descobriram quando fizeram escavações eram sem dúvida parte das coisas que foram costuradas separadamente nas roupas e que permaneceram nas cinzas da fogueira quando elas foram queimadas. No dia seguinte, camaradas me entregaram alguns diamantes que haviam encontrado ali. De que modo podem ter deixado de ver outros objetos de valor? Tiveram tempo suficiente para olhar. A explicação mais provável é que eles simplesmente nem pensaram em olhar. Aliás, alguns desses objetos nos estão sendo devolvidos através das lojas Torgsin,[4] pois é provável que camponeses da aldeia de Koptiaki tenham apanhado alguns deles depois de nossa partida. Reunimos os objetos de valor, queimamos as roupas e jogamos os corpos despidos na mina.

E aqui começou outra trapalhada. A água mal cobria os corpos. O que fazer? Pensamos em explodir a mina com bombas para provocar um desmoronamento. Mas essa idéia não foi levada adiante, claro. Cheguei à conclusão de que não estávamos conseguindo nada com o enterro e que os corpos não podiam ser deixados daquele jeito e que tudo tinha que recomeçar. Mas, fazer o quê? Onde deixá-los? Por volta de 2h da tarde, resolvi ir à cidade, porque era claro que os cadáveres tinham que ser tirados da mina e transferidos para um local diferente. Além do mais, até um cego poderia encontrá-los, tendo sido o local tão mexido. Pessoas haviam visto que alguma coisa estava acontecendo ali. Coloquei sentinelas e guardas no local, peguei os objetos de valor e deixei o lugar.

Fui ao Comitê Executivo Regional [do Soviete] e contei às autoridades como as coisas haviam corrido mal. O camarada Safarov e não posso me lembrar quem mais escutaram e ficaram calados. Encontrei depois Filip [Goloshchekin] e frisei a necessidade de transferir os corpos para outro local. Quando ele concordou, sugeri que alguém fosse mandado imediatamente para tirar os corpos da mina. Eu me preocuparia em encontrar outro local. Filip chamou Iermakov, repreendeu-o severamente e mandou-o exumar os cadáveres. Simultaneamente, eu lhe dei instruções para levar pão e jantar, uma vez que os homens haviam estado lá durante quase 24 horas sem dormir, passando fome e exaustos. Eles deveriam esperar lá até minha volta. Verificou-se que não era tão fácil assim tirar os cadáveres da mina e sofremos um bocado com isso. Havíamos começado tarde e trabalhamos nisso a noite toda.

Procurei Sergei Iegorovich Chutskaev, na ocasião presidente do Comitê Executivo do Soviete Municipal [de Iekaterinburg], e lhe perguntei se conhecia um bom lugar. Ele me recomendou algumas minas abandonadas muito profundas, à margem da estrada para Moscou. Arranjei um carro, levei comigo alguém da Cheka regional, Polushin, acho, e alguém mais, e partimos. Mais ou menos a 1,5km do local designado, o carro enguiçou, deixamos ali o motorista para consertá-lo e continuamos a pé, examinamos o local e achamos que servia. A única coisa que restava era providenciar para que não houvesse por ali olhos extras, curiosos. Pessoas viviam não longe dali e resolvemos que iríamos procurá-las e que as mandaríamos para a cidade. Ao fim da operação, nós as liberaríamos. Foi isso o que decidimos. Quando voltamos ao carro, descobrimos que ele precisava ser rebocado. Resolvi esperar por alguém que passasse por ali por acaso. Algum tempo depois, apareceram algumas pessoas montadas a cavalo. Detive-as e descobri que os rapazes me conheciam e que estavam correndo para chegar à fábrica onde trabalhavam. Não ficaram muito contentes, mas cederam os cavalos.

Enquanto cavalgávamos, outro plano me ocorreu: cremar os cadáveres. Mas ninguém sabia como. Acho que Polushin disse que sabia como isso era feito, o que era ótimo, uma vez que ninguém realmente sabia como terminaria a coisa. Eu ainda continuava a pensar nas minas à margem da estrada para Moscou e, em conseqüência, resolvi obter e usar carroças no transporte. Além do mais, no caso de má sorte, eu pensava em enterrá-los em grupos, em lugares diferentes ao longo da estrada. A estrada que segue para Koptiaki, que fica próxima da clareira, é de barro, de modo que, se pudessem ser queimados ali sem que ninguém visse, nenhuma alma viva jamais desconfiaria do acontecido. Eles poderiam ser queimados e as carroças passadas por cima [do lugar]. O resultado seria uma trilha grosseira e nada mais. Portanto, três planos.

Não havia nenhum meio de transporte, nem carro. Fui procurar o diretor da garagem de transporte militar para saber se ele dispunha de carros. Havia um, mas o diretor, cujo sobrenome esqueci, acabou demonstrando que era um patife e acho que ele foi fuzilado em Perm. O camarada Pavel Petrovich Gorbunov era o diretor ou vice-diretor da garagem, não me lembro exatamente, e é atualmente vice [presidente] do Banco Estatal. Eu disse a ele que precisava de um carro com urgência. Ele respondeu: "E eu sei para quê". E me deu o carro do diretor. Procurei Voikov[5], o diretor de suprimento dos Urais, a fim de obter gasolina ou querosene, ácido sulfúrico para desfigurar os rostos e uma pá. Consegui todos esses materiais. Como vice-comissário de justiça da região dos Urais, providenciei para que dez carroças sem cocheiros fossem retiradas das prisões. Tudo foi carregado e elas partiram. O caminhão foi levado para o mesmo local. Fiquei para esperar por Polushin, o "especialista" em cremação, que havia desaparecido. Esperei por ele na casa de Voikov. Mesmo tendo esperado até as 11h da noite, ele não apareceu. Mais tarde, disseram-me que ele tinha vindo ao meu encontro, mas que havia caído do cavalo, machucado a perna e que não pôde vir. Eu poderia ter usado novamente o carro, mas, por volta de meia-noite, montei a cavalo com um camarada, cujo nome não me lembro agora, e parti para o local onde estavam os corpos. Tive azar também. O cavalo tropeçou, levantou-se sobre os joelhos e, por alguma razão, caiu desajeitado de lado, machucando minha perna. Passei uma hora ou mais caído ali, antes de poder montar novamente. Chegamos tarde da noite e começamos a trabalhar para extraí-los [os corpos]. Resolvi enterrar alguns corpos na estrada. Começamos a cavar uma cova. Ficou quase pronta ao amanhecer, ocasião em que um camarada me procurou e disse que, apesar de estar proibida a aproximação de qualquer pessoa, alguém aparecera por ali, um conhecido de Iermakov, que Iermakov permitira que ficasse à distância. A tal pessoa podia ver que havia pessoas cavando ali, uma vez que montes de barro eram vistos em volta. Embora Iermakov nos garantisse que essa pessoa não podia ver coisa alguma, outros camaradas começaram a ilustrar, isto é, a mostrar onde a tal pessoa estivera e como ela, sem a menor dúvida, não podia ter deixado de ver alguma coisa.

E foi dessa maneira que esse plano fracassou, também. Resolvemos tapar o buraco. Empilhamos tudo na carroça ao cair a noite. O caminhão estava à espera em um local onde era quase certo que não atolaria (o motorista era Liukhanov, o operário da fábrica Zlokazov). Tomamos a direção da estrada siberiana. Tendo cruzado o aterro da estrada de ferro, colocamos novamente os corpos no caminhão e rapidamente subimos nele. Estávamos trabalhando há duas horas, de modo que a meia-noite se aproximava, e resolvi que tínhamos que correr para enterrá-los em algum lugar por ali porque, sendo tarde, era certo que ninguém poderia nos ver. Eu havia mandado buscar dormentes ferroviários para cobrir o local onde os corpos seriam empilhados, de modo que só havia uma pessoa que poderia ver alguns dos homens — o vigia noturno da estrada de ferro. Eu pensei que, se alguém encontrasse os dormentes, poderia pensar que haviam sido postos ali para deixar passar um caminhão. Esqueci de dizer que, durante a tarde ou, mais exatamente, durante a noite, ficamos atolados duas vezes. Tendo descarregado tudo, descemos também do caminhão, mas ficamos irremediavelmente atolados pela segunda vez. Há dois meses, vi uma fotografia desses dormentes ao folhear o livro de Sokolov, [o comandante do Exército Branco] investigador para casos de importância especial de Kolchak[6]. O livro dizia que os dormentes foram postos ali para permitir que o caminhão passasse. Assim, tendo escavado por toda a área, eles nunca pensaram em procurar embaixo dos dormentes.

Tenho que dizer que estávamos todos tão horrivelmente cansados que não começamos a cavar novas covas, mas, como sempre acontece nestes casos, dois ou três começaram a trabalhar e o resto aderiu. Imediatamente, acendemos fogueiras e, enquanto a cova estava sendo cavada, cremamos dois corpos: o de Aleksei e, aparentemente, o de Demidova, em vez do de Aleksandra Fiodorovna, como havia sido nossa intenção. Cavamos um buraco junto do local onde foram cremados, empilhamos nele os ossos, nivelamos o chão, acendemos outra grande fogueira em cima e cobrimos todos os traços com cinzas. Antes de enterrar o resto dos corpos na cova, derramamos ácido sulfúrico sobre eles. Em seguida, enchemos de areia o buraco, cobrimos o local com dormentes, passamos o caminhão vazio por cima, afundamos os dormentes um pouco e terminamos tudo. Às 5h ou 6h da manhã, reunimos todo o pessoal, explicamos a importância do que havíamos conseguido realizar, avisamos a todos que esquecessem o que haviam visto e que nunca falassem daquilo a pessoa alguma e voltamos para a cidade. Os rapazes da Cheka regional, que haviam perdido nossa pista — os camaradas Isai Rodzinski, Gorin, e alguém mais —, chegaram quando já havíamos terminado tudo.

Na noite do dia 19, parti para Moscou levando um relatório. Foi nessa ocasião que entreguei os objetos de valor a Trifonov, membro do Conselho Revolucionário do Terceiro Exército. Acho que Beloborodov, Novoselov e mais alguém os enterraram no chão de terra do porão da casa de um operário em Lisev. Em 1919, quando uma comissão do Comitê Central dirigiu-se para os Urais libertados para neles estabelecer o poder soviético, eu também estava indo para lá, para trabalhar. O mesmo Novoselov, juntamente com alguém cujo nome não lembro, desenterrou-os (os objetos de valor). N.N. Krestinski, que estava voltando a Moscou, levou-os consigo. Em 1921-3, quando eu trabalhava no Empório Estatal da República catalogando esses objetos, lembro-me que um dos colares de pérolas de Aleksandra Fiodorovna foi avaliado em 600.000 rublos de ouro.[7]

Em Perm, quando estive catalogando objetos que haviam pertencido à antiga família imperial, vários objetos de valor — incontáveis — foram novamente descobertos, escondidos até em roupas de baixo.

1. As medições russas neste documento foram convertidas para o sistema métrico.

2. Grigori (Petrovich?) Nikulin era um antigo operário industrial da área de Iekaterinburg. A partir de março de 1918, trabalhou para a Cheka Regional dos Urais. Em julho de 1918, foi assistente de Iakov Iurovski, comandante da casa Ipatiev e participou da execução do czar e sua família.

3. Mikhail Aleksandrovich Medvedev (sobrenome verdadeiro: Kudrin) era um antigo marinheiro e prisioneiro político. Desde janeiro de 1918, trabalhou para a Cheka de Iekaterinburg e participou da execução do czar e família.

4. Em princípios da década de 1930, o governo soviético abriu as lojas Torgsin, para levantar recursos, vendendo artigos raros a estrangeiros. Cidadãos soviéticos podiam comprar nas lojas, levando ouro, prata e outros artigos valiosos a centros de troca especiais, onde recebiam cupons que eram aceitos pelas lojas.

5. Piotr Lazarevich Voikov, membro do Soviete de Iekaterinburg e do Partido Bolchevista, comissário de suprimentos da região dos Urais de janeiro a dezembro de 1918.

6. N. Sokolov, *Ubiistvo tsarskoi semi'i* (O assassinato da família imperial) (Berlim, 1925).

7. Na época, essa soma era centenas de vezes maior do que o salário médio anual de um operário industrial na União Soviética.

Cronologia

Até 1º de fevereiro de 1918, a Rússia utilizou o calendário juliano, que era atrasado em 12 dias em relação ao calendário gregoriano até 1º de março de 1900 e em 13 dias daí em diante.

6 (18) mai 1868	Nasce Nicolau (Nikolai Aleksandrovich).
6 jun (25 mai cal. rus.) 1872	Nasce Alix de Hesse-Darmstadt (futura imperatriz Aleksandra).
1878	Falece a mãe de Alix.
1º (13) mar 1881	Alexandre II é morto por uma bomba lançada por membros de uma organização revolucionária, Vontade do Povo. Alexandre III, pai de Nicolau, sobe ao trono.
8 (20) mai 1887	O irmão mais velho de Vladimir Ilich Ulianov (Lenin) é executado por participar de um atentado contra a vida de Alexandre III.
abr 1894	Noivado de Nicolau e Alix.
20 out (1º nov) 1894	Morre Alexandre III. Nicolau torna-se imperador.
21 out (2 nov) 1894	Alix converte-se à Ortodoxia Russa e adota o nome Aleksandra (Aleksandra) Fiodorovna.
14 (26) nov 1894	Casamento de Nicolau e Aleksandra.
3 (15) nov 1895	Nasce a primeira filha do casal, Olga.
14 (26) mai 1896	Coroação de Nicolau II, em Moscou.
18 (30) mai 1896	Centenas de pessoas são pisoteadas e mortas nas celebrações da coroação no campo de Kodinka, em Moscou.
29 mai (10 jun) 1897	Nasce Tatiana, segunda filha de Nicolau e Aleksandra.
fev - mar 1899	Greves e protestos de estudantes.
14 (26) jun 1899	Nasce Maria, terceira filha de Nicolau e Aleksandra.
5 (18) jun 1901	Nasce Anastásia, quarta filha do casal.
inverno 1901-2	Fundação do Partido Socialista Revolucionário.
jul-ago 1903	Segundo Congresso do Partido Social Democrático dos Operários Russos. Surgem facções separadas, bolchevista e menchevista.
1903-4	Fundada a União da Libertação, uma organização liberal.
fev 1904	Início da Guerra Russo-Japonesa. Após esmagadoras

	derrotas russas, armistício em junho de 1905 e tratado de paz em novembro de 1905.
15 (28) jul 1904	Assassinato de Viacheslav Pleve (von Plehve), ministro do Interior.
30 jul (12 ago) 1904	Nasce Aleksei, primeiro filho homem de Nicolau e Aleksandra e herdeiro do trono.
ago 1904	O príncipe Piotr Sviatopolk-Mirski é nomeado ministro do Interior. Propõe um programa de reformas políticas, que é rejeitado.
9(22) jan 1905 (Dom. Sangrento)	Multidão de membros da classe baixa, liderada pelo padre e agente de polícia Georg Gapon, vai apresentar uma petição ao czar e é recebida a tiros pela polícia.
jan-out 1905	Onda crescente de greves, protestos, organização do povo e exigência de reforma política e mudança social.
[fev 1905]	Nicolau concorda com eleições para uma assembléia nacional representativa (Duma).
12-18 (25-31) out 1905	Fundado o Partido Democrático Constitucional (Cadete).
17 (30) out 1905	Nicolau assina o Manifesto de Outubro, prometendo reformas.
1º (14) nov 1905	Grigori Rasputin é mencionado pela primeira vez no diário de Nicolau. "Conhecemos um homem de Deus, Grigori, da província de Tobolski."
abr-jul 1906	Primeira Duma do Estado. Dissolvida por Nicolau II por seu forte caráter oposicionista. Piotr Stolipin é nomeado presidente do Conselho de Ministros.
fev-jun 1907	Segunda Duma do Estado. Após sua dissolução, é mudada a legislação eleitoral.
nov 1907	Início dos trabalhos da Terceira Duma — a primeira que consegue concluir seu mandato de cinco anos.
set 1911	Stolipin é assassinado. Vladimir Kokovtsev é nomeado presidente do Conselho de Ministros.
nov 1912	Iniciados os trabalhos da Quarta Duma.
1913	Comemoração do Tricentenário da Dinastia Romanov.
jan 1914	Ivan Goremikin é nomeado presidente do Conselho de Ministros.
19 jul (1º ago) 1914	Alemanha declara guerra à Rússia.
verão 1915	Bloco Progressista é formado na Duma e exige a formação de um gabinete que mereça a "confiança pública".
21 ago (3 set) 1915	Maioria dos ministros é favorável à formação de um novo governo, em consulta com a Duma.
22 ago (4 set) 1915	Nicolau II assume o comando pessoal das Forças Armadas. Parte para o Quartel-General, em Mogilev.

3 (16) set 1915	Suspensos os trabalhos da Duma.
20 jan (2 fev) 1916	Nicolau nomeia Boris Shtiurmer para o cargo de presidente do Conselho de Ministros, em substituição a Goremikin.
13 (26) mar 1916	Dmitri Shuraev, novo ministro da Guerra, é nomeado.
18 set (1º out) 1916	Aleksandr Protopopov é nomeado ministro do Interior.
1º (14) nov 1916	Duma reinicia os trabalhos. Os deputados freqüentemente criticam o governo.
19 nov (2 dez) 1916	Aleksandr Trepov é nomeado presidente do Conselho de Ministros.
17 (30) dez 1916	Assassinato de Rasputin.
18 (31) dez 1916	Nicolau deixa o Quartel-General e volta a Tsarkoe Tselo, sua residência, nas proximidades de São Petersburgo.
27 dez 1916 (9 jan 1817)	Nikolai Golitsin é nomeado presidente do Conselho de Ministros.

1917

14 (27) fev	A Duma reinicia os trabalhos. Resiste a pressões de agir abertamente contra o governo do czar.
22 fev (7 mar)	Nicolau volta a Mogilev.
23 fev (8 mar)	Dia Internacional da Mulher. Greves e protestos em Petrogrado, a capital, aumentam nos dias seguintes.
25 fev (10 mar)	Nicolau ordena ao comandante do distrito militar de Petrogrado que reprima os distúrbios.
26 fev (11 mar)	Suspensos os trabalhos da Duma.
27 fev (12 mar)	Motins nas guarnições de Petrogrado.
(Revolução de Fevereiro)	Formação do Comitê Provisório da Duma e do Soviete dos Representantes dos Operários. O Conselho de Ministros apresenta sua renúncia a Nicolau, que se recusa a aceitá-la.
28 fev (13 mar)	Nicolau tenta voltar a Tsarkoe Tselo. O trem é bloqueado. Segue para Pskov, onde chega no dia 1º (14) de março.
28 fev-2 mar (13-15 mar)	As greves políticas e protestos estendem-se a Moscou e a capitais provinciais. Sovietes (conselhos de operários) são formados em muitas cidades russas. Líderes civis e militares apelam a Nicolau para que forme um governo responsável perante a Duma.
1º-2 (14-15) mar	É estabelecido um Governo Provisório, após acordo entre o Comitê da Duma e o Soviete de Petrogrado. É pedida a abdicação de Nicolau II.
2 (15) mar	Nicolau abdica em seu nome e no do herdeiro, Aleksei, em favor do irmão, Mikhail.

3 (16) mar	Mikhail, após encontro com representantes do Governo Provisório, recusa o trono.
4 (17) mar	Nicolau solicita que o governo permita a ele e a sua família continuarem a residir em Tsarkoe Tselo, até que os filhos se recuperem de doença e, em seguida, que lhes seja concedido salvo-conduto até o porto de Romanov (Murmansk).
7 (20) mar	O Governo Provisório ordena que Nicolau e Aleksandra sejam privados de liberdade e confinados a Tsarkoe Tselo.
8 (21) mar	Nicolau se despede do Exército e parte para Tsarkoe Tselo, sob escolta do governo.
9 (22) mar	O ministro do Exterior britânico atende solicitação do Governo Provisório de dar asilo a Nicolau e família na Inglaterra, até o fim da Primeira Guerra Mundial. O oferecimento é mais tarde retirado.
3-4 (16-17) abr	Lenin volta a Petrogrado do exílio na Suíça e publica as Teses de Abril, nas quais pede a revolução contra o Governo Provisório "burguês", o poder político aos sovietes, o fim da guerra, a nacionalização da terra e sua distribuição aos camponeses e a colocação da indústria sob o controle de conselhos de operários.
20-21 abr (3-4 mai) (Dias de Abril)	Protestos de operários, soldados e outras categorias nas ruas de Petrogrado e Moscou, depois de ter vazado para o público uma nota diplomática enviada aos Aliados, do ministro do Exterior Pavel Miliukov, manifestando o objetivo de fazer anexação de territórios após a guerra.
5 (18) mai	Primeiro governo de coalizão: seis ministros socialistas (menchevistas e revolucionários socialistas) ingressam no Governo Provisório.
primavera e verão	Continuam as greves de operários, em meio a inflação e falta de alimentos e combustíveis; inquietação no campo, incluindo violações diretas dos direitos de propriedade da pequena aristocracia rural (corte ilegal de lenha, roubo de sementes e implementos agrícolas, ocupação de terras); fortalecimento dos movimentos de independência nacional; crescente sucesso bolchevista em eleições para comitês de sovietes de fábricas, de soldados e marinheiros e de bairros.
3-24 jun (16 jun-7 jul)	O Primeiro Congresso dos Sovietes de Representantes de Operários e Soldados de Todas as Rússias elege o Comitê Executivo Central (VTSIK), dirigido por menchevistas e socialistas revolucionários.

16 (29) jun	Início da ofensiva russa na frente austríaca. Em alguns dias, transforma-se em fragorosa derrota.
18 jun (1º jul)	Protestos de rua em Petrogrado, organizados pelo Congresso dos Sovietes, nos quais, inesperadamente, prevalecem slogans bolchevistas: "Abaixo os ministros capitalistas", "Abaixo a ofensiva", "Todo poder aos sovietes".
3-5 (16-18) jul (Dias de Julho)	Protestos armados de massa em Petrogrado, atiçados pelos bolchevistas. Principal exigência: "Todo poder aos sovietes". Líderes bolchevistas são presos ou se escondem.
7 (20) jul	Ministro-Presidente Georg Lvov aceita a renúncia dos ministros cadetes; em seguida, ele mesmo renuncia. Aleksandr Kerenski é convidado a formar um novo governo.
11 (24) jul	Ministro-Presidente Kerenski vai a Tsarkoe Tselo informar à família imperial que, por questão de segurança, ela será transferida do local.
1º (14) ago	A família, acompanhada por numerosa comitiva, deixa Tsarkoe Tselo sob forte guarda e toma um trem que a leva a Tiumen, de onde passa para navios nos quais viaja até Tobolski.
6 (19) ago	A família chega a Tobolski e, após uma demora de alguns dias, passa a residir na antiga mansão do governador.
8-10 (21-23) ago	Conferência de Personagens Públicas em Moscou apresenta exigências de restauração da ordem social.
12-15 (25-28) ago	Conferência do Estado em Moscou reúne representantes de uma grande variedade de organizações públicas e partidos (os bolchevistas se recusam a participar). A Conferência não consegue unir a sociedade no apoio ao Governo Provisório, mas revela profundos sentimentos gerais favoráveis a uma autoridade firme e à manutenção da ordem. Uma greve geral virtualmente paralisa Moscou.
25 ago (7 set)	Governo tenta deportar indivíduos suspeitos de atividades contra-revolucionárias ligados à família imperial, incluindo Anna Virubova. O Soviete de Petrogrado, preferindo que sejam presos, impede a deportação.
26-30 ago (8-12 set)	O comandante-chefe do Exército russo, general Lavr Kornilov, ao ser recusada sua exigência de que o governo lhe conceda toda autoridade civil e militar, tenta dar um golpe de estado.
31 ago (13 set)	Os bolchevistas obtêm maioria nas eleições para o Soviete de Petrogrado.

1º (14) set	Vassili Pankratov, revolucionário socialista, chega a Tobolski como novo comissário encarregado da custódia da família imperial.
5 (18) set	Os bolchevistas obtêm maioria no Soviete de Moscou.
14-22 set (27 set-5 out)	Conferência Democrática do Estado, em Petrogrado — composta de representantes de sovietes urbanos e rurais, conselhos de cidades, comitês de soldados, sindicatos e outras organizações —, recusa apoio aos apelos bolchevistas para formar um governo de sovietes.
24-25 out (6-7 nov) (Revolução de Outubro)	Comitê Militar-Revolucionário Bolchevista derruba o Governo Provisório.
25-26 out (7-8 nov)	Segundo Congresso dos Sovietes se reúne e aprova a tomada de poder pelos bolchevistas. Menchevistas e revolucionários-socialistas deixam o plenário em protesto.
26 out (8 nov)	O Congresso dos Sovietes aprova a formação de um governo exclusivamente bolchevista, o Conselho dos Comissários do Povo (SOVNARKOM), dirigido por Lenin.
31 out -2 nov (13-15 nov)	Luta em Moscou termina com vitória bolchevista.
2 (15) nov	Partido Bolchevista recusa-se a atender as exigências do Sindicato dos Ferroviários (Vikzhel) e apoiadas por vários bolchevistas importantes, incluindo Lev Kamenev e Grigori Zinoviev, de um governo socialista multipartidário.
12 (25) nov	Iniciadas eleições para a Assembléia Constituinte, em datas marcadas pelo Governo Provisório. Os bolchevistas, que ganham na maioria das grandes cidades e guarnições militares, obtêm menos cadeiras do que os revolucionários-socialistas.
17 (30) nov	Notícias da Revolução Bolchevista chegam a Tobolski.
20 nov (3 dez)	Negociações de armistício com a Alemanha são iniciadas em Brest.
28 nov (11 dez)	O Partido Democrático Constitucional é posto fora da lei e seus líderes presos como "inimigos do povo".
7 (20) dez	É criada a Cheka (Comissão Extraordinária) para combater atividades contra-revolucionárias e de sabotagem.
9-10 (22-23) dez	Acordo de cooperação com os Socialistas Revolucionários da Esquerda (SRs de esquerda), que ingressam no Conselho dos Comissários do Povo e no Colegiado da Cheka de Todas as Rússias.
16 (29) dez	Decreto acaba com todos os postos e patentes no Exército, reconhece a autoridade dos comitês e

	conselhos de soldados e determina a eleição democrática dos oficiais.
Fins de dezembro	Os generais czaristas Mikhail Alekseiev e Lavr Kornilov fundam um Exército de Voluntários, a fim de combater o governo bolchevista.
1918	
1º (14) jan	Tentativa de assassinar Lenin.
5 (18) jan	Assembléia Constituinte se reúne em Petrogrado. Cinqüenta mil pessoas fazem demonstrações de apoio, a despeito da proibição de manifestações de rua. São dispersadas pela força; entre oito e 21 pessoas são mortas.
6 (19) jan	A Assembléia Constituinte é dissolvida. Alguns protestos.
19 jan (1º fev)	O Patriarca Tikhon excomunga os bolchevistas por ataques à Igreja Ortodoxa Russa e por "plantar as sementes do ódio, da inimizade e da luta fratricida". Pede aos fiéis que defendam a Igreja.
24 jan (6 fev)	Decisão de adotar o novo calendário após 31 de janeiro (velho estilo), para que a Rússia possa "calcular o tempo" da mesma maneira que "quase todas as nações cultas".
18 fev	Após negociações de paz malsucedidas, tropas alemães e austríacas reiniciam a ofensiva contra a Rússia. Em seguida a rápidas vitórias, os alemães acrescentam reivindicações territoriais às condições de paz.
20 fev	O SOVNARKOM resolve preparar um julgamento para Nicolau II.
23 fev	O jornal do Partido Bolchevista, *Pravda*, pede condições de custódia mais rigorosas e mais seguras para o ex-czar e família, assim como um julgamento.
27 fev	Nicolau e família passam a receber "rações de soldado", por ordens do VTSIK.
3 mar	Em Brest, os russos concordam com condições de paz que Lenin descreve como "obscenas", mas necessárias. O tratado provoca dissensão geral no partido e na sociedade.
iníc. mar	A capital é transferida para Moscou.
8 mar	O Partido Social-Democrático dos Operários Russos (Bolchevista) é rebatizado como Partido Comunista de Todas as Rússias (Bolchevista).
9 mar	Forças Aliadas desembarcam em Murmansk.
13 mar-3 abr	Reuniões de representantes de fábricas em Petrogrado — organizadas pela Assembléia de Plenipotenciários de Fábricas, liderada pelos

menchevistas — protestam contra o agravamento das condições econômicas e contra o governo bolchevista.

14 mar — Os SRs da esquerda deixam o governo, principalmente em protesto contra o Tratado de Brest. No período abril-junho, os SRs criticam cada vez mais as políticas bolchevistas.

4 abr — "Comunistas da esquerda", oriundos da organização partidária de Moscou, publicam manifesto criticando as políticas externa e econômica soviética como insuficientemente revolucionárias e democráticas.

6 abr — O Presidium do VTSIK ordena que Nicolau e família sejam transferidos para os Urais.

22 abr — Vassili Iakovlev chega a Tobolski com cartas do VTSIK, concedendo-lhe poderes plenipotenciários sobre todos os assuntos relativos à antiga família imperial.

26 abr — Iakovlev e um destacamento armado deixam Tobolski, levando Nicolau, Aleksandra e Maria, acompanhados pelo dr. Botkin, o ajudante-de-ordens de Nicolau e três serviçais. Por causa da doença de Aleksei, o resto da família deverá ser transferido mais tarde.

30 abr — Iakovlev e seus prisioneiros chegam a Iekaterinburg. A família é alojada na casa Ipatiev (com exceção do ajudante-de-ordens de Nicolau, Vassili Dolgorukov, que é preso).

22 mai — A Legião Tcheca se rebela, depois de o governo tentar desarmá-la.

23 mai — O resto da família chega a Iekaterinburg. Vários membros da comitiva imperial são presos. A maioria não pode se reunir à família na casa Ipatiev.

mai-jun — Protestos em reuniões de representantes de operários em Petrogrado e Moscou contra o colapso econômico e o autoritarismo bolchevista em relação a operários e camponeses e exigência da reconvocação da Assembléia Constituinte e de novas eleições para os sovietes.

iníc. jun — Tropas britânicas desembarcam em Arcângel, no Norte.

7-8 jun — A Legião Tcheca toma Samara, depois do que representantes na Assembléia Constituinte formam um governo socialista antibolchevista (Comitê de Membros da Assembléia Constituinte, ou Komuch).

11 jun — Governo dos Sovietes cria Comitês de Pobres, com o objetivo de intensificar a luta de classe nas aldeias.

Noite de 12-13 jun	O grão-duque Mikhail é morto em uma tentativa de fuga evidentemente forjada pela Cheka local.
14 jun	Tendo as novas eleições escolhido grandes números de menchevistas e SRs de direita para os sovietes locais, o VTsIK expulsa esses partidos de suas fileiras e aconselha os sovietes locais a agir do mesmo modo.
16 jun	Reintroduzida a pena de morte.
28 jun	Ordenada a nacionalização da indústria.
fim jun.-iníc. jul	Filip Goloshchekin, representante do Soviete dos Urais, discute em Moscou a defesa militar da região e a política em relação à família imperial. Volta a Iekaterinburg em 12 de julho.
2 jul	Greve política fracassada em Petrogrado, convocada pela Assembléia dos Plenipotenciários de Fábricas.
4 jul	V Congresso dos Sovietes é inaugurado em Moscou. Os SRs da esquerda tentam, sem sucesso, obter um voto de desconfiança no governo e deixam o plenário.
5-6 jul	Insurreições armadas dos SRs em Moscou e em outras cidades.
6 jul	Assassinato do embaixador alemão, Wilhelm von Mirbach.
Noite de 16-17 jul	Execução do ex-czar Nicolau II, sua família, o médico e três serviçais, em Iekaterinburg.
17 jul	Vários grão-duques são executados na cidade de Alapaevsk, nos Urais, onde estavam presos.

Glossário de nomes de pessoas e instituições

As datas seguem o calendário usado na época, isto é, o calendário juliano até 1º de fevereiro de 1918, e o calendário gregoriano em seguida, este adiantado em 13 dias no século XX em relação ao calendário antigo. Ocasionalmente, são mencionadas datas nos estilos antigo e novo. Os membros da dinastia Romanov são listados pelo primeiro nome e patronímicos.

Aleksandra (em russo: Aleksándra) Fiodorovna (Alix, *Sunny*). Nascida em 6 de junho (25 de maio, segundo o antigo calendário russo) de 1872, em Darmstadt, como Alix Victoria Helena Louise Beatrice, princesa de Hesse-Darmstadt. Em 1894, para se casar com o futuro Nicolau II, converteu-se à Ortodoxia Russa, abandonando o Luteranismo. Adotou o nome de Aleksandra Fiodorovna. Executada juntamente com a família em Iekaterinburg, na noite de 16-17 de julho de 1918.

Aleksei Nikolaevich (Bebê, Pequenino, *Sunshine*, *Sunbeam*). (30 jul 1904-17 jul 1918). Czarevich (herdeiro do trono), filho de Nicolau II e Aleksandra Fiodorovna. Hemofílico. Executado em Iekaterinburg, juntamente com os pais e as irmãs, na noite de 16-17 de julho de 1918.

Alekseiev, Mikhail Vassilievich (1857-1918). General-ajudante, general de infantaria. Tomou parte na Guerra Russo-Japonesa (1904-05) e na Primeira Guerra Mundial. Chefe do Estado-Maior na frente sudoeste e comandante da frente noroeste em 1914-15. Chefe do Estado-Maior do Comandante-chefe do Exército russo de agosto de 1915 a março de 1917. Comandante-chefe, em seguida à Revolução de Fevereiro, até 21 de maio (3 de junho) de 1917. Em fins de dezembro de 1917, ajudou a organizar o Exército Voluntário Antibolchevista no sul da Rússia, dividindo sua liderança com o general Lavr Kornilov. Tornou-se, em março de 1918, "comandante supremo" do Exército Voluntário e Chefe de Estado no movimento político correlato. Faleceu em Iekaterinodar, em outubro de 1918. Sepultado em Belgrado.

Alesandr Mikhailovich (Sandro). (1866-1933). Grão-duque, neto de Nicolau I, marido da grã-duquesa Ksenia Aleksandrovna, general-ajudante do séquito imperial, vice-almirante. Serviu na Marinha de Guerra desde 1885. Foi o encarregado de organizar a aviação para o Exército durante a Primeira Guerra Mundial. Dispensado em 22 de março de 1917. Foi para o exílio na Criméia com a família e a imperatriz-viúva, Maria Fiodorovna. Emigrou em fins de março de 1919.

Anastásia Nikolaevna (5 jun 1901-17 jul 1918). Grã-duquesa, quarta filha de Nicolau II e

Aleksandra Fiodorovna. Executada em Iekaterinburg juntamente com a família, na noite de 16-17 de julho de 1918.

Andrei Vladimirovich (1879-1956). Grão-duque, filho mais novo do grão-duque Vladimir Aleksandrovich e da grã-duquesa Maria Pavlovna (a velha), primo de Nicolau II. Formado pela Escola de Artilharia Mikhailovski (1902) e pela Academia de Direito Militar Aleksandrovski. Membro do Senado a partir de 1911. Na Primeira Guerra Mundial, serviu como general-de-divisão do séquito imperial e comandante da Artilharia da Guarda Montada. Casado com a bailarina Matilda Kseshinskaia, com quem Nicolau II teve romance antes do casamento. Ficou sob prisão domiciliar em Kislovodsk durante a Revolução de Fevereiro. Emigrou.

Avdeiev, Aleksandr Dmitrievich. Operário da fábrica dos irmãos Zlokazov em Iekaterinburg, exilado político, bolchevista. Membro do Comitê Executivo do Soviete Regional dos Urais. Tomou parte na transferência de Nicolau II de Tobolski para Iekaterinburg. Comandante da Casa de Finalidade Especial (casa Ipatiev), onde a família imperial permaneceu sob custódia. Dispensado em 4 de julho de 1918 e enviado à frente de guerra. Escreveu suas memórias.

Beloborodov, Aleksandr Georgievich (1891-1938). Filho de um operário da fábrica Aleksandrovski, situada nas proximidades de Solikamsk. Trabalhou em fábricas dos Urais como escriturário e eletricista. Membro, desde 1907, da ala bolchevista do Partido Social-Democrático dos Operários Russos. Preso em 1908, cumpriu quatro anos de prisão. Delegado do VI Congresso do Partido Bolchevista, em julho de 1917. Membro do Comitê do Soviete Regional dos Urais pelo Partido Bolchevista. Tornou-se presidente do Soviete Regional dos Urais em fins de janeiro de 1918 e ajudou a organizar a execução dos Romanov. Membro do Comitê Central do Partido Bolchevista, 1920-21. Comissário do Povo para Assuntos Internos, 1923-27. Em 1927, acusado de ser trotskista, foi expulso do partido e demitido de todos os cargos. Reabilitado em 1930, mas novamente preso em agosto de 1936. Condenado em fevereiro de 1938, morreu na prisão. Condenação revogada em 1958.

Benkendorf (Benckendorff), Pavel Konstantinovich (1833-1921). Conde, general-ajudante do séquito imperial, general de cavalaria, principal mestre-de-cerimônia da corte, membro do Conselho de Estado. Membro do círculo íntimo da família imperial. Escreveu memórias.

Berzin (Bérzinsh), Reingold Iosifovich (1888-1939). Comandante e oficial político no Exército Vermelho. Membro do Partido Bolchevista desde 1905. Tenente e ativista político no Exército durante a Primeira Guerra Mundial. Em janeiro de 1918, tornou-se comandante do Segundo Exército Revolucionário. De fevereiro a março de 1918, comandante da frente revolucionária ocidental. Em junho de 1918, tornou-se diretor da Alta Inspetoria Militar na Sibéria e comandante da frente norte Ural-Siberiana. Foi solicitado pelo Conselho dos Comissários do Povo (SOVNARKOM) a avaliar a situação da família imperial em Iekaterinburg. Em fins da década de 1920, trabalhou principalmente na indústria militar e na agricultura. Preso e executado em 1939. Reabilitado postumamente.

Bitner, Klavdia Mikhailovna (n.1878). Nobre hereditária. Ex-professora do Ginásio Feminino Mariinski (escola secundária) em Tsarkoe Tselo. Durante a guerra, trabalhou como enfermeira na Enfermaria Lianozovski, em Tsarkoe Tselo. Professora dos filhos da família imperial durante o tempo em que estiveram em Tobolski. Casou-se posteriormente com Ievgeni Kobilinski.

Boris Vladimirovich (1877-1943). Grão-duque, primo de Nicolau II, general-de-divisão do séquito imperial. Formado pela Escola de Cavalaria Nikolaevski (1896). Tomou parte na Guerra Russo-Japonesa (1904-5) e na Primeira Guerra Mundial. Comandou o Regimento Ataman dos Cossacos da Guarda e, posteriormente, *ataman* (comandante) de campo das forças cossacas à disposição do Estado-Maior Geral, em Mogilev. Dispensado após a Revolução de Fevereiro. Viveu no exílio no norte do Cáucaso, em seguida em Livadia (Criméia). Emigrou em 1919.

Botkin, Ievgeni Sergeievich (1865-1918). Médico particular de Nicolau II e família. Conferencista da Academia Militar de Medicina. Tomou parte na Guerra Russo-Japonesa (1904-5). Juntou-se à família imperial como preso voluntário em Tobolski e Iekaterinburg. Executado juntamente com a família na noite de 16-17 de julho de 1918.

Buksgevden (Buxhoeveden), Sofia Karlovna (Isa, Iza) (1884-1956). Baronesa, dama-de-companhia de Aleksandra. Seguiu voluntariamente a família imperial a Tobolski, mas não teve permissão para se juntar a ela e residiu em local separado. Autorizada a acompanhar as crianças na viagem para Iekaterinburg, mas não a residir na casa Ipatiev. Faleceu em Londres. Escreveu memórias.

Cheka (ChK, VChK, Vecheka), Comissão Extraordinária de Todas as Rússias para Repressão da Contra-Revolução e Sabotagem. Criada em 7(20) de dezembro de 1917, sob a direção de Feliks Dzerzhinski. Sua função combinava a repressão do banditismo, pilhagem e corrupção financeira com a missão de polícia política. Em 1918, foi criada uma rede de Chekas provinciais e distritais. O primeiro congresso nacional das Chekas ocorreu em junho de 1918. Durante a Guerra Civil, a Cheka tornou-se o principal órgão do Terror Vermelho. Substituída pela GPU, pela OGPU e, nos últimos anos, pela NKVD e KGB.

Chemodurov, Terenti Ivanovich (1849-1919). Criado pessoal de Nicolau II a partir de 1º de dezembro de 1908. Seguiu a família imperial ao exílio em Tobolski e em Iekaterinburg. Em maio de 1918, por motivo de doença, deixou a casa Ipatiev e foi internado no hospital de uma prisão. Libertado por soldados Brancos em 25 de julho. Faleceu em Tobolski em 1919.

Comissão Extraordinária de Todas as Rússias para Repressão da Contra-Revolução e Sabotagem. Ver CHEKA.

Comitê Executivo Central dos Sovietes dos Representantes de Operários, Soldados e Camponeses de Todas as Rússias (VTSIK, TSIK). Criado em junho de 1917 no I Congresso de Sovietes de Todas as Rússias. Após o II Congresso (25-26 de outubro [7-8 de novembro] de 1917), o Comitê Executivo Central foi dirigido por um Presidium. Ver também SOVIETES.

Conselho de Ministros (*Sovét minístrov*). Designação do gabinete na Rússia, de meados do século XIX até a Revolução Bolchevista de outubro de 1917. No governo czarista, o Conselho de Ministros tornou-se muito influente após a abolição, em 1906, do paralelo Comitê de Ministros. O conselho se reunia diariamente para coordenar a administração e discutir a política geral. Embora o czar conservasse autoridade final sobre todas as questões de política e tivesse autoridade absoluta para nomear e demitir ministros, o poder político no dia-a-dia ficava nas mãos dos ministros, mesmo após a criação da Duma do Estado em 1906. A exigência de um "ministério responsável" — ministros sujeitos à aprovação e censura da Duma do Estado, eleita — constituiu uma das principais exigências dos liberais nas vésperas da Revolução de Fevereiro. A partir de 1905, o Conselho de Ministros foi dirigido por um presidente nomeado pelo czar (anteriormente, o czar presidira as reuniões). Em princípios de março de 1917, o Comitê Provisório da Duma do Estado escolheu um novo gabinete e nomeou um ministro-presidente para dirigir o novo Conselho de Ministros. Esse conselho foi substituído pelo Conselho dos Comissários do Povo (SOVNARKOM) após a Revolução Bolchevista.

Conselho do Estado. Até 1906, órgão consultivo nomeado, composto das famílias aristocráticas mais antigas da Rússia; de 1906 em diante, a câmara alta no novo sistema legislativo bicameral. Metade de seus membros era nomeada pelo czar e a outra metade eleita por grandes grupos corporativos da sociedade russa — assembléias rurais provinciais (*zemstvos*), nobreza, comerciantes e industriais, clero, a Academia de Ciências e universidades e a Dieta Finlandesa.

Conselho dos Comissários do Povo (SOVNARKOM [*Sovét naródnykh komissárov*]). Criado em 26 de outubro (8 de novembro) de 1917, em substituição ao Conselho de Ministros dos governos czarista e Provisório. Presidido por Vladimir Lenin até sua morte, em 1924. Era o braço executivo e administrativo do governo soviético, formalmente subordinado à autoridade legislativa do Comitê Executivo Central dos Sovietes de Todas as Rússias. Na prática, era a estrutura dominante do poder estatal.

Den (Dehn, Smonskaia em solteira), Iulia Aleksandrovna (Lili). Esposa do capitão Karl Akimovich Den, comandante do cruzador *Variag* (Varangian). Amiga íntima de Aleksandra e de Anna Virubova. Ficou presa com a família imperial no Palácio Aleksandrovski até que, juntamente com Virubova, foi retirada de lá por ordem do Governo Provisório. Participou da organização de comunicações entre simpatizantes em Petrogrado e a família imperial em Tobolski. Emigrou para a Inglaterra. Escreveu memórias.

Derevenko, Nikolai Vladimirovich (Kolia). Filho do cirurgião da corte, Vladimir Derevenko e aluno do Ginásio Imperial Nikolaevski. Um dos membros do pequeno círculo de amigos do czarevich Aleksei. Era habitualmente convidado para brincar com ele. Acompanhou o pai a Tobolski e a Iekaterinburg.

Derevenko, Vladimir Nikolaevich. Médico que tratou do czarevich Aleksei desde 1912. Cirurgião da corte. Única pessoa autorizada a entrar e sair da casa Ipatiev para atender ao enfermo Aleksei.

Didkovski, Boris Vladimirovich (1883-1938). Ativista do Partido Bolchevista. Após formar-se pela Universidade de Genebra em 1913, trabalhou como geólogo nos Urais. Membro do Presidium do Comitê Executivo do Soviete Regional dos Urais. Participou da transferência de Nicolau II e família de Tobolski para Iekaterinburg. Ocupou vários e importantes cargos partidários, oficiais e financeiros nos Urais. Reitor da Universidade Estatal dos Urais de 1921 a 1923. Preso e executado em 1938.

Dmitri Pavlovich (1891-1942). Grão-duque, filho do grão-duque Pavel Aleksandrovich e de Aleksandra Georgievna da Grécia, ajudante-de-ordens da casa imperial, oficial de estado-maior do Regimento da Guarda Montada. Tomou parte no assassinato de Grigori Rasputin, motivo pelo qual foi exilado para a Pérsia.

Dolgorukov (em algumas fontes: Dolgoruki), Vassili Aleksandrovich (Valia) (1868-1918). Príncipe, general-de-divisão do séquito da casa imperial, principal mestre-de-cerimônias da corte. Durante a Primeira Guerra Mundial, serviu no Estado-Maior Geral, sob as ordens de Nicolau II. Seguiu o czar abdicante a Tobolski. Durante a transferência da família imperial de Tobolski para Iekaterinburg, foi acusado de possuir armas e de planejar uma fuga. Foi preso e, juntamente com Ilia Tatishchev, executado em 10 de julho de 1918.

Duma Estatal. Assembléia representativa nacional criada em 1906. Tinha poderes de propor e aprovar legislação, embora tivesse autoridade limitada. O poder político no dia-a-dia cabia ao Conselho de Ministros, órgão nomeado pelo czar e não-responsável perante a Duma. O czar podia vetar legislação, como também podia fazê-lo o Conselho de Estado, metade de cujos membros era nomeada pelo soberano. Grande parte do orçamento (em especial as verbas destinadas às Forças Armadas e à política exterior) não era da alçada da Duma. Em 1907, a lei eleitoral foi mudada para reduzir a representação dos camponeses, operários urbanos e minorias nacionais e aumentar a bancada da aristocracia.

Fiodorov, Sergei Petrovich (1869-1936). Conselheiro privado, cirurgião da corte, professor. Serviu no Estado-Maior Geral como médico do czar e do herdeiro a partir do outono de 1915. Diretor da Faculdade de Cirurgia da Academia de Medicina Militar de 1903 a 1936. Diretor do Instituto de Neuropatologia Cirúrgica de Leningrado no período de 1926 a 1936.

Frederiks (Fredericks), Vladimir Borisovich (1838-1927). Conde, General-Ajudante do séquito imperial, general de cavalaria, grande latifundiário, membro do Conselho de Estado, ministro da Corte e Domínio Imperial (a partir de 1897), chanceler das ordens honoríficas imperial e czarista russas, chefe da administração da casa imperial e um dos amigos mais fiéis de Nicolau II. Durante a Revolução de Fevereiro, foi demitido do Estado-Maior Geral pelo Governo Provisório e, em seguida, preso. Emigrou após a Revolução Bolchevista.

Gendrikova (Hendrikova), Anastásia Vassilievna (Nastenka, Nastinka, Nastia). Condessa, dama-de-companhia de Aleksandra. Seguiu voluntariamente a família imperial ao exílio. Executada juntamente com Iekaterina Shneider em Perm, no dia 4 de setembro de 1918. Seus corpos foram descobertos por soldados Brancos em 7 de maio de 1919.

Georgi Mikhailovich (1863-1919). Grão-duque, filho do grão-duque Mikhail Nikolaevich, general de infantaria, general-ajudante do séquito imperial. Durante a Primeira Guerra Mundial, serviu no quartel-general do comandante-chefe do Exército russo. Viajou ao Japão em missão especial em 1915-16. Curador do Museu Russo, numismata. Executado na Fortaleza de Pedro e Paulo em 27 de janeiro de 1919.

Germogen (Hermogen) (nome secular: Georg Iefremovich Dolganiov) (1858-1918). Bispo de Tobolski e da Sibéria. Formado pela Faculdade de Direito da Universidade de Novorossiisk e pela Academia Eclesiástica de São Petersburgo, onde conquistou um grau em teologia. Fez votos monásticos em 1890. Reitor do Seminário Eclesiástico de Tiflis e arquimandrita (abade) a partir de 1908. Tornou-se bispo de Volsk e sufragâneo (bispo) de Saratov em 1901. Germogen foi inicialmente muito devotado a Rasputin embora, mais tarde, o denunciasse, motivo pelo qual foi expulso do Santo Sínodo. Bispo de Tobolski a partir de 7 de março de 1917. Ajudou os Romanov durante o exílio em Tobolski e manteve contato com grupos monarquistas que estavam organizando a fuga da família. Excomungou os comunistas em 1918. Preso, foi morto por afogamento no rio Tobol, em junho de 1918.

Gibbs, Sidney (Sidnei Ivanovich) (Sidney Gibbes) (Sig) (1876-1963). Cidadão inglês, convidado em 1908 para ensinar a língua inglesa às filhas de Nicolau e Aleksandra. Foi professor do herdeiro, Aleksei, de 1913 até 1918. Separado da família imperial em Iekaterinburg e enviado a Tiumen, de onde regressou para Tobolski. Voltou a Iekaterinburg em 1918 para auxiliar a investigação dos Brancos sobre a execução dos Romanov. Tornou-se secretário da Alta Comissão Britânica em Omsk, em janeiro de 1919. Em 1919, transferiu-se para Harbin, na Mandchúria, onde trabalhou na Alfândega Marítima chinesa, dirigida pelos ingleses. Em 1934, converteu-se à Ortodoxia Russa e tornou-se monge, tomando inicialmente o nome Aleksei. Ordenado no clero ortodoxo e rebatizado como Nicolau. Voltou à Inglaterra em 1937. Após a Segunda Guerra Mundial, fundou uma congregação ortodoxa em Oxford, onde mantinha alguns ícones e outros objetos que haviam pertencido à família imperial.

Gilliard, Pierre (Piotr Andreievich Zhiliar) (Zhilik) (1879-1962). Cidadão suíço, tutor, professor de francês e preceptor do herdeiro, Aleksei. Seguiu a família imperial ao exílio em Tobolski. Durante a transferência dos Romanov para Iekaterinburg, foi separado dos mesmos e enviado a Tiumen. Deixou a Rússia Soviética em 1920. Casou em Genebra, em 1922, com A.A. Tegleva. Escreveu memórias.

Goloshchekin (pronunciado Goloshchokin), Filip Isaevich (1876-1941). Nascido na cidade de Nevel, na província de Vitebsk. Membro do Partido Bolchevista desde 1903 e formado por uma faculdade de odontologia de Riga. Conhecido no partido apenas como camarada Filip. Passou mais de seis anos no exílio, tendo fugido várias vezes. Em 1912, representou a organização do Partido Bolchevista de Moscou na conferência do Partido em Praga, juntamente com Grigori Zinoviev. Após a Revolução de Fevereiro, foi designado para trabalho do partido nos Urais, onde se tornou chefe do partido regional. Delegado ao VI Congresso do Partido, em julho-agosto de 1917. Comissário militar do Soviete Regional dos Urais a partir de dezembro de 1917 e, após maio de 1918, comissário militar distrital (*okrug*). Em fins de junho e princípios de julho, na qualidade de membro do Presidium do Comitê Executivo do Soviete Regional dos Urais, discutiu em Moscou a situação da segurança na região e o destino da família imperial com líderes do partido e do Estado. Membro da "oposição militar" esquerdista em 1919, membro do Comitê Central do Partido Comunista de 1924 a 1934. Serviu também como membro do colegiado da polícia de segurança (Cheka, GPU, NKVD). Árbitro principal do Conselho dos Comissários do Povo (SOVNARKOM) a partir de 1933. Preso em 15 de junho de 1941 e executado em 28 de outubro de 1941 na prisão interna na NKVD na região de Kuibishev. Reabilitado postumamente.

Guchkov, Aleksandr Ivanovich (1862-1936). Grande industrial. Fundador e líder da União de 17 de Outubro (conhecida como Partido Outubrista). Membro da III Duma do Estado de 1907 a 1912, presidente da Duma de 1903 a 1911 e membro do Conselho de

Estado a partir de 1915. De 1915 a 1917, presidente do Comitê Central Industrial-Militar e membro do Conselho Especial de Defesa. Durante a Revolução de Fevereiro, na qualidade de membros do Comitê Provisório da Duma do Estado, ele e Vassili Shulgin negociaram a abdicação de Nicolau II, em 2 de março de 1917. Serviu como ministro da Guerra e Marinha no primeiro Governo Provisório (março-maio de 1917). Contrário ao poder soviético, emigrou para a Alemanha em 1918 e faleceu em Paris.

Gurko, Vassili Iosifovich (1864-1937). General de cavalaria. Durante a Primeira Guerra Mundial, comandante da Primeira Divisão do Cáucaso e, quando o general P.A. Pleve foi nomeado comandante da frente norte, assumiu o comando do Quinto Exército. Em agosto de 1916, foi nomeado comandante do "exército especial". Durante a doença do general Mikhail Alekseiev, tornou-se chefe interino do Estado-Maior Geral do Comandante-Chefe do Exército russo. Após a Revolução de Fevereiro, foi por pouco tempo comandante da frente oeste, mas demitido por ter culpado o governo pelo colapso da disciplina. Emigrou subseqüentemente. Escreveu memórias.

Iakovlev, Vassili Vassilievich (Konstantin Alekseievich Miachin) (1886-1938). Filho de camponês. Tornou-se revolucionário bolchevista em tempo integral depois de trabalhar durante vários anos em empregos na indústria. Ativo principalmente nos Urais. Participou de "expropriação" de tipos para composição que eram entregues a gráficas clandestinas, organizou grupos de operários armados e assaltou trens postais e cofres em estações ferroviárias. Antes da Primeira Guerra Mundial, dissidente esquerdista no Partido Bolchevista, contrário à insistência de Lenin em que os membros do Partido participassem de organizações legais. Após vários anos de exílio na Europa, voltou à Rússia em 1917, servindo em vários cargos importantes do Partido em Petrogrado e em sua terra natal, os Urais, incluindo um cargo como membro da comissão-diretora da Cheka. Na primavera de 1918, o Comitê Executivo Central dos Sovietes de Todas as Rússias (VTsIK) e o Conselho dos Comissários do Povo (SOVNARKOM) nomearam-no comissário extraordinário encarregado da transferência da família imperial de Tobolski para Iekaterinburg. Em maio de 1918, após retornar a Moscou, foi nomeado comandante do Segundo Exército na frente oriental (frente Urais-Orenburgo) na Guerra Civil, mas desertou para a facção dos defensores do governo da Assembléia Constituinte (Komuch) no outono seguinte. Tendo esse movimento sido esmagado pelo almirante Kolchak, Iakovlev fugiu para Harbin, na Mandchúria central, onde adotou o nome Stoianovich. Após ter escrito uma "carta de arrependimento" a Stalin, em março de 1928, teve permissão para voltar à União Soviética. Seguiu-se uma investigação de seu caso e a respectiva sentença — execução —, posteriormente comutada em dez anos de prisão com trabalhos forçados. Foi antecipadamente solto em agosto de 1933, reabilitado em seus direitos civis por trabalho exemplar, tendo trabalhado por algum tempo para órgãos da NKVD local. Seguiu-se outra prisão, contudo, que culminou com sua execução em 16 de setembro de 1938.

Iermakov, Piotr Zakharovich (1884-1952). Ex-escriturário na fábrica do Alto Isetsk nos Urais. Bolchevista envolvido em atos terroristas e em "expropriações" em 1905. Muito amigo de Filip Goloshchekin. Preso em 1911 e condenado ao exílio, voltando apenas após a Revolução de Fevereiro. Após a Revolução de Outubro, tornou-se comissário militar do Alto Isetsk e teve papel ativo na repressão da contra-revolução. Serviu na milícia (polícia) durante a década de 1920. Diretor de instituições penais na região dos Urais a partir de 1927. Faleceu em 1952. Uma rua na cidade de Sverdlovsk (Iekaterinburg) recebeu seu nome.

Iurovski, Iakov Mikhailovich (1878-1938). Nascido em Klinsk, província de Tomsk, filho de um soprador de vidro e de uma costureira. Teve educação primária e passou a trabalhar como aprendiz de relojoeiro. Ativo na clandestinidade socialista nos Urais e na Sibéria ocidental desde 1904. Bolchevista a partir de 1905. Preso em 1912 por atividades revolucionárias e deportado para Iekaterinburg, onde abriu um estúdio de fotografia. Convocado para o Exército durante a Primeira Guerra Mundial, ingressou em uma escola de enfermagem e, após formar-se, permaneceu em Iekaterinburg como enfermeiro (*feldsher*) em um hospital de campanha do Exército. Após a Revolução de Fevereiro, foi eleito para o Soviete de Iekaterinburg. Em seguida à Revolução de Outubro, tornou-se membro do Comitê Executivo do Soviete Regional dos Urais, assumindo o cargo de vice-comissário regional de Justiça. Foi também chefe de segurança da cidade de Iekaterinburg e membro do colegiado da Cheka regional dos Urais. Nomeado, no dia 4 de julho de 1918, comandante da Casa de Finalidade Especial (casa Ipatiev), onde a família imperial estava encarcerada. Após a execução dos Romanov e da queda de Iekaterinburg, foi nomeado chefe da Cheka regional de Moscou e membro do colegiado da Cheka da cidade, tendo servido ainda na Cheka de Viatka. Tornou-se presidente do colegiado da Cheka provincial de Iekaterinburg em 1919. Posteriormente, exerceu importantes cargos econômicos e partidários. Fez palestras sobre a execução dos Romanov em reuniões de velhos bolchevistas. Faleceu no Hospital do Kremlin, em 1938.

Iusupov, Feliks Feliksovich (Conde Sumarokov-Elston, o moço) (1887-1967). Príncipe. Descendente de uma velha linhagem aristocrática cujo lema era "Por um único caminho, sem desvios". Casou-se em 1914 com a princesa Irina Aleksandrovna, sobrinha de Nicolau II. Foi um dos organizadores e cúmplices do assassinato de Grigori Rasputin em 1916, pelo que foi deportado e condenado a residir, sob supervisão policial, em um de seus latifúndios na província de Kursk. Em seguida à Revolução de Fevereiro, residiu com a família na Criméia. Após emigrar, escreveu vários livros de memórias.

Ivanov, Nikolai Iudovich (1851-1919). General-ajudante, general de artilharia, membro do Conselho de Estado; comandante da frente sudoeste de julho de 1914 a março de 1916, quando passou a servir no Estado-Maior Geral sob as ordens de Nicolau II. Nomeado comandante do distrito militar de Petrogrado em 27 de fevereiro (12 de março) de 1917. Preso pela Comissão Extraordinária de Investigação (ChSK) em março de 1917, mas solto por Kerenski. Após a Revolução de Outubro, fugiu para Kiev, em seguida para a região do Don. Comandou o exército sulista dos cossacos Brancos.

Kabalov, Sergei Semionovich (1885-1924). Tenente-general, governador militar da região dos Urais, *ataman* (comandante) da hoste cossaca dos Urais. A partir de junho de 1916, chefe do distrito militar de Petrogrado; de 5 a 28 de fevereiro, comandante. Organizou o emprego de força armada contra os rebeldes em Petrogrado em fins de fevereiro de 1917, provocando a Revolução de Fevereiro. Preso em 28 de fevereiro e recolhido à Fortaleza de Pedro e Paulo. Libertado em setembro pelo Governo Provisório. Demitido do Exército em 11 de novembro de 1917. Emigrou.

Kalinin, general. Ver PROTOPOPOV, ALEKSANDR DMITRIEVICH.

Kerenski, Aleksandr Fiodorovich (1881-1970). Político, advogado, deputado à IV Duma do Estado, líder da facção Trudovik (trabalhista) na Duma. Revolucionário-socialista desde março de 1917. Durante a Revolução de Fevereiro, membro do Comitê Provisório da Duma do Estado e vice-presidente do Comitê Executivo do Soviete de Petrogrado. Ministro da Justiça no Governo Provisório de 2 de março a 5 de maio de 1917. Ministro da Guerra e Marinha no primeiro e segundo governos de coalizão de maio-setembro, ministro-presidente de 8 de julho a 25 de outubro de 1917, simultaneamente Comandante-Chefe do Exército russo a partir de 30 de agosto. Emigrou em 1918, residindo inicialmente em Paris e, após 1940, nos Estados Unidos. Autor de várias memórias.

Kirill Vladimirovich (1876-1938). Grão-duque, primo em primeiro grau de Nicolau II, contra-almirante do séquito imperial. Tomou parte na Guerra Russo-Japonesa (1904-5) e na Primeira Guerra Mundial. Comandante da Guarda Naval que, durante a Revolução de Fevereiro, antes da abdicação de Nicolau II, ele levou à Duma do Estado para jurar lealdade ao Governo Provisório. Deixou a Rússia com destino à Finlândia no verão de 1917 e emigrou subseqüentemente. Após a emigração, declarou-se herdeiro do trono russo, proclamando-se Kirill I, Imperador de Todas as Rússias.

Kitrovo, Margarita Sergeievna (Rita) (1895-1952). Formada pelo Instituto Smolni. Ex-dama-de-companhia da imperatriz Aleksandra, companheira de passeios de Nicolau e de sua filha, Olga. Durante a guerra, trabalhou como enfermeira na enfermaria de Tsarkoe Tselo. Presa depois de ter viajado a Tobolski por iniciativa própria e tentado entrar em contato com a família imperial. Acusada de tramar um golpe monarquista, foi solta por falta de provas. Emigrou, indo residir por fim nos Estados Unidos.

Kobilinski, Ievgeni Stepanovich (1879-1927). Coronel, comandante da guarda de Tsarkoe Tselo em março de 1917, comandante da guarnição do Palácio de Tsarkoe Tselo a partir de maio do mesmo ano. Em Tobolski, comandante do destacamento de finalidade especial, que manteve sob custódia a família imperial a partir de 1º de agosto, e comandante da Casa do Governador, onde ela estava encarcerada, até 2 de maio de 1918. Após a transferência da família de Tobolski para Iekaterinburg, ingressou no Exército Branco. Casou com Klavdia Bitner. Serviu no Estado-Maior do Exército Siberiano do almirante Aleksandr Kolchak, como chefe da intendência. Aprisionado em Krasnoiarsk durante a Guerra Civil. Condenado mais tarde por envolvimento em uma conspiração anti-soviética, foi executado em 1927.

Koganitski, Isaak Iakovlevich (1884-1954). Natural de Tobolski, membro do Partido Bolchevista desde 1904. Participou da Primeira Guerra Mundial. Por instrução do comitê dirigente do partido em Moscou, seguiu para Tobolski a fim de manter sob vigilância a família imperial. Organizou uma facção bolchevista no Soviete de Tobolski. Eleito para o presidium do Comitê Executivo do Soviete de Tobolski. Na Sibéria, participou da guerra civil. Escreveu memórias.

Kokriakov, Pavel Danilovich (1893-1918). Marinheiro e foguista da frota do Báltico, membro do Partido Bolchevista desde 1916. Em princípios de 1918, ligou-se estreitamente aos bolchevistas de Iekaterinburg. Presidente do Soviete de Tobolski desde 9 de abril de 1918. Depois da saída de Nicolau, Aleksandra e Maria de Tobolski, foi encarregado de transferir os outros filhos e o resto do séquito dos Romanov, de Tobolski para Iekaterinburg. Participou do assassinato do bispo Germogen. Morreu em 17 de agosto de 1918, lutando contra os Brancos na Guerra Civil.

Kornilov, Lavr Georgievich (1870-1918). Tenente-general, general de infantaria. Tomou parte na Guerra Russo-Japonesa (1904-5) e na Primeira Guerra Mundial. Após a Revolução de Fevereiro, foi nomeado comandante do distrito militar de Petrogrado pelo Governo Provisório e designado para prender a imperatriz Aleksandra em Tsarkoe Tselo. Em seguida à renúncia do general Mikhail Alekseiev em 21 de maio (3 de junho) de 1917, foi promovido a Comandante-Chefe do Exército russo. No dia 26 de agosto, começou a enviar tropas a Petrogrado, com o propósito de estabelecer uma ditadura militar. O "motim de Kornilov" foi reprimido com ajuda da Guarda Vermelha armada, formada por operários, e de soldados leais. Demitido do cargo e denunciado oficialmente em 29 de agosto. Escapou da prisão Bikovski e fugiu para Novotcherkassk, onde, em companhia do general Alekseiev, assumiu o comando conjunto do Exército Voluntário Antibolchevista. Morto durante a primeira campanha de Kuban, em Iekaterinodar, em 31 de março de 1918.

Korovichenko, Pavel Aleksandrovich. Coronel, procurador militar, advogado por formação profissional. Amigo de Aleksandr Kerenski e comandante do Palácio Aleksandrovski, em Tsarkoe Tselo, no período de 21 de março a 27 de maio de 1917. Posteriormente, comandou as forças dos distritos militares de Kazan e Tashkent. Foi morto em combate contra forças Vermelhas na Ásia Central, em fins de 1917.

Ksenia Aleksandrovna (Xenia) (1875-1960). Grã-duquesa, filha de Alexandre III, irmã mais velha de Nicolau II, casou com o grão-duque Aleksandr Mikhailovich em 1894. Após a Revolução de Fevereiro, viveu em exílio na Criméia, juntamente com a família e a imperatriz-viúva Maria Fiodorovna. Residiu em Londres após 1919.

Lvov, Georg Ievgenievich (1861-1925). Príncipe, advogado. Durante a Primeira Guerra Mundial, líder da União de Zemstvos e Conselhos de Cidades para Ajuda aos Soldados Feridos e Doentes de Todas as Rússias, membro do Conselho Supremo de Apoio à Família de Conscritos e membro da Duma da cidade de Moscou. Após a Revolução de Fevereiro, ministro-presidente dos dois primeiros gabinetes do Governo Provisório (até julho de 1917). Emigrou para a França.

Maria Fiodorovna (1847-1928). Em solteira, princesa Dagmar da Dinamarca, filha de Christian IX. Casou-se com o futuro Alexandre III em 1866. Mãe de Nicolau II. Sob sua autoridade e nome criou uma rede de instituições educacionais e de caridade. Após a Revolução de Fevereiro, residiu em exílio na Criméia, juntamente com a filha Ksenia Aleksandrovna e o grão-duque Aleksandr Mikhailovich. Emigrou para a Dinamarca em fins de março de 1919.

Maria Nikolaevna (14 jun 1899-17 jul 1918). Grã-duquesa, terceira filha de Nicolau II e Aleksandra Fiodorovna. Executada juntamente com a família em Iekaterinburg, na noite de 16-17 de julho de 1918.

Matveiev, Pavel Matveievich. Aspirante no II Regimento da Guarda Pessoal em Tsarkoe Tselo, bolchevista, presidente do comitê dos soldados do destacamento de finalidade especial que manteve a família real sob custódia em Tobolski. Membro do destacamento que transferiu Nicolau de Tobolski para Iekaterinburg. Escreveu suas memórias.

Medvedev, Pavel Spiridonovich. Operário da fábrica Sisert, nos Urais, comandante da guarda na casa Ipatiev em Iekaterinburg, onde esteve aprisionada a família imperial. Preso pelos Brancos em Perm no dia 11 de fevereiro de 1919 e interrogado sobre o assassinato da família. Morreu de tifo enquanto estava preso.

Mikhail Aleksandrovich (Misha) (1878-1918). Grão-duque, irmão mais novo de Nicolau II, general-ajudante do séquito imperial, general-de divisão, membro do Conselho de Estado, herdeiro do trono de 1899 a 1904, quando nasceu o czarevich Aleksei. Em 1912, foi oficialmente censurado por casar, contra a vontade de Nicolau II, com a plebéia e divorciada Natalia Vulfert (mais tarde, Brasova). Obrigado a renunciar a todos os direitos que pudesse ter ao trono. Perdoado em 1915 e restaurado em seus cargos. Durante a Primeira Guerra Mundial, comandou a denominada divisão nativa (ou "selvagem") do Cáucaso e o Segundo Corpo de Cavalaria; condecorado com a Cruz de São Jorge; nomeado inspetor-geral da Cavalaria. Em 2 de março de 1917, Nicolau II abdicou em seu favor. Mikhail, porém, recusou-se a assumir o trono. Preso pelo Governo Provisório durante o "Motim de Kornilov" e, mais uma vez, durante a Revolução de Outubro. Exilado para Perm por decisão do Conselho dos Comissários do Povo (SOVNARKOM) em março de 1918. Assassinado nos arredores de Perm na noite de 12-13 de junho de 1918, em uma fuga evidentemente forjada pela Cheka local.

Miliukov, Pavel Nikolaevich (1859-1943). Historiador, professor, ativista político, jornalista. Um dos organizadores do Partido Cadete, presidente de seu Comitê Central a partir de 1907 e editor do jornal *Rech* (Discurso). Membro da III e IV Dumas do Estado. Durante a Revolução de Fevereiro, defendeu a manutenção da monarquia. Ministro das Relações Exteriores no primeiro gabinete do Governo Provisório (até 2 de maio de 1917). Após a revolução bolchevista de outubro de 1917, juntou-se às forças armadas antibolchevistas no sul. Em 1918, tentou convencer as autoridades alemães na Ucrânia ocupada a apoiar a luta dos Brancos contra os bolchevistas. Emigrou em fins de 1918, permanecendo politicamente ativo no tocante à política soviética. Escreveu numerosas memórias, diversos ensaios e estudos históricos.

Nagorni, Klementi Grigorievich (Klim) (m.1918). Ex-marinheiro da Guarda Naval. Serviu no *Standart*, iate imperial. Reuniu-se em Tobolski à família imperial como guarda pessoal (*diad'ka*) de Aleksei. Acompanhou Aleksei a Iekaterinburg, mas foi retirado da casa Ipatiev em 27 de maio de 1918, preso, e, em junho, executado pela Cheka, juntamente com Ivan Sedniov.

Narishkin, Kirill Anatolievich (Kira) (n.1868). Ajudante-de-ordens do séquito imperial, major-general, amigo de infância de Nicolau II. Após a abdicação de Nicolau, resolveu não permanecer com a família imperial.

Narishkina, Ielizaveta Alekseievna (Zizi) (n.1840). Princesa Kuragina em solteira, contadora-chefe (*ober-gofmeisterina*) da casa da imperatriz, *stats-dama* (dama-de-companhia do mais alto posto), *kavaler-dama* (Dama da Ordem de Sta. Catarina). Presidente de grande número de comitês e instituições de caridade que prestavam ajuda a ex-presidiárias e família de presidiários e exilados. Compartilhou da prisão da família imperial no Palácio Aleksandrovski, em Tsarkoe Tselo.

Nicolau II (Niki, Nicky) (nome civil após a abdicação: Nikolai Aleksandrovich Romanov). Nascido em 6 (18) de maio de 1868, filho de Alexandre III e Maria Fiodorovna. Casou-se com Alix de Hesse-Darmstadt em 14 (26) de novembro de 1894. Sucedeu ao trono russo após a morte do pai em 20 de outubro (1º de novembro) de 1894. Coroado em Moscou em 14 (26) de maio de 1896. Abdicou em 2 (15) de março de 1917. Executado juntamente com a família em Iekaterinburg, na noite de 16-17 de julho de 1918.

Nikolai Nikolaevich (o moço, Nikolasha) (1856-1929). Grão-duque, neto de Nicolau I, primo em primeiro grau de Nicolau II, do qual durante certo tempo esteve afastado, general-ajudante do séquito imperial. Tomou parte na Guerra Russo-Turca (1877-8). General de cavalaria (1895-1905), presidente do Conselho de Defesa do Estado (1905-9), comandante do Corpo da Guarda e do distrito militar de São Petersburgo (1904-14). Comandante-chefe do Exército russo do início da Primeira Guerra Mundial até 23 de agosto de 1915, quando foi substituído por Nicolau II e nomeado comandante dos exércitos do Cáucaso. Ao abdicar, Nicolau II, mais uma vez, nomeou-o Comandante-Chefe (2-11 de março de 1917), mas por pressão do Soviete de Petrogrado e do Governo Provisório, foi obrigado a renunciar ao cargo. Retirou-se para suas propriedades na Criméia. Emigrou para a Itália em março de 1919 e viveu no sul da França a partir de 1922. Uma parte da comunidade *émigrée* Branca considerava-o como verdadeiro pretendente ao trono russo. De dezembro de 1924 até sua morte, chefiou organizações militares de *émigrés* russos.

Nikolski, Aleksandr Vladimirovich. Aspirante, revolucionário socialista, antigo exilado político, assistente do comissário Vassili Pankratov em Tobolski. Dispensado desse cargo em janeiro de 1918 pelo comitê de soldados do destacamento de finalidade especial, porque representava o derrubado Governo Provisório.

Olga Nikolaevna (3 nov 1895-17 jul 1918). Grã-duquesa, filha mais velha de Nicolau II e Aleksandra Fiodorovna. Executada juntamente com a família em Iekaterinburg, na noite de 16-17 de julho de 1918.

Pankratov, Vassili Semionovich (1864-1925). Filho de camponeses, tornou-se hábil operador de torno no estaleiro Semiannikov e nas oficinas de São Petersburgo. Em princípios da década de 1880, participou de círculos de estudo populistas. Fez propaganda para operários em São Petersburgo e outras cidades russas. Por ter assassinado um policial em Kiev em 1884, foi preso e condenado a 14 anos na prisão de Shlisselburg, seguidos de 27 anos de exílio na Sibéria. Libertado em 1905, participou ativamente do movimento revolucionário e ingressou no Partido Socialista Revolucionário. Antes da Primeira Guerra Mundial, estudou geologia e trabalhou como geólogo. Organizador e palestrante do Departamento de Esclarecimento Cultural da guarnição de Petrogrado, no verão de 1917. Nomeado comissário a cargo da família imperial em Tobolski, pelo Governo Provisório, em 21 de agosto de 1917. Dispensado em 26 de janeiro de 1918. Escreveu memórias.

Pavel Aleksandrovich (Paulo) (1860-1919). Grão-duque, filho mais jovem de Alexandre II, general-ajudante do séquito imperial, general de cavalaria. Nomeado comandante do Corpo da Guarda Pessoal em 28 de maio de 1916, tornou-se mais tarde Inspetor dos Guardas. Por bravura em combate, condecorado com a Cruz de São Jorge. Casou com Aleksandra Georgievna, da Grécia, em 1889. Após a morte da esposa, casou-se em regime morganático com a princesa Olga Valerianovna Palei (em solteira, Karnovich), situação esta que exigiu que residisse no exterior durante alguns anos. Voltou à Rússia no início da Primeira Guerra Mundial. Executado na Fortaleza de Pedro e Paulo em 27 de janeiro de 1919.

Petrov, Piotr Vassilievich. Nobre hereditário, oficial de comissões especiais, adido à Diretoria Principal das Instituições de Treinamento Militar. Preceptor dos filhos do czar em idioma e literatura russa.

Protopopov, Aleksandr Dmitrievich (apelido em Tsarkoe Tselo: general Kalinin) (1866-1918). Industrial, latifundiário, nobre hereditário, líder da pequena aristocracia da província de Simbirsk, membro do Partido Outubrista, deputado à III Duma do Estado, vice-presidente da IV Duma do Estado. Devido principalmente ao apoio de Rasputin, foi nomeado ministro interino do Interior em 18 de setembro de 1916 e ministro titular em 10 de dezembro do mesmo ano. Membro do círculo íntimo de confiança de Nicolau e Aleksandra. Executado pela Cheka em 1918.

Rasputin (adotou o nome Nóvykh em 1907), Grigori Iefimovich (1864-1916). Nascido em uma família de camponeses na província de Tobolski, Sibéria. Obteve grande influência na corte como vidente e curandeiro. Sua fama de devasso, no entanto, maculou a reputação da família imperial. Assassinado em dezembro de 1916 pelo príncipe Feliks Iusupov, pelo nobre hereditário Vladimir Purishkevich e pelo grão-duque Dmitri Pavlovich.

Rodzianko, Mikhail Vladimirovich (1859-1924). Latifundiário na província de Iekaterinoslav, um dos líderes do Partido Outubrista, membro do Conselho de Estado de 1906 a 1907, deputado à III Duma Estatal, presidente da III Duma (a partir de março de 1911), presidente da IV Duma (1912-17). Líder do Comitê Provisório da Duma do Estado durante a Revolução de Fevereiro. Após a Revolução de Outubro, participou ativamente da causa Branca, servindo, de 1918 a 1920, no exército do general A.I. Denikin. Emigrou para a Iugoslávia. Escreveu suas memórias.

Ruzski, Nikolai Vladimirovich (1854-1918). General-ajudante do séquito imperial, general de infantaria, membro do Conselho Militar do Ministério da Guerra (1909-14), comandante da frente Norte de agosto de 1915 a abril de 1917. Recusou-se a apoiar qualquer dos lados na guerra civil. Tomado como refém e fuzilado em Piatigorsk, em outubro de 1918, pelo Exército Vermelho do Cáucaso.

Safarov (Voldin), Georg Ivanovich (1891-1941). Membro do Partido Bolchevista desde 1908. Voltou à Rússia juntamente com Lenin em abril de 1917, após muitos anos no exílio. Juntamente com Filip Goloshchekin, foi o oficial do partido responsável pelo planejamento e execução da família imperial. Membro do Presidium do Comitê Executivo do Soviete Regional dos Urais e editor do jornal *Ural'skii rabochii* (Operário dos Urais). Líder da "oposição militar" esquerdista em 1919, pertencia ao Comitê Central do Partido Comunista, à liderança da Liga da Juventude Comunista (Komsomol), e à Internacional Comunista (Comintern). Em 1927, na qualidade de membro da Oposição Unida, que estava ligada a Lev Trotski, foi demitido de todos os cargos. Readmitido no Partido, mas preso novamente na década de 1930. Executado em 1941. Reabilitado postumamente.

Sedniov, Ivan Dmitrievich (1886-1918). Ex-marinheiro do iate imperial *Standart*, criado das filhas de Nicolau e Aleksandra. Acompanhou voluntariamente a família a Tobolski e a Iekaterinburg. Preso em 27 de maio de 1918 e executado em junho do mesmo ano.

Senado (conhecido também como Senado Executivo ou Governante). Instituição composta de notáveis, nomeados pelo czar, responsável principalmente pela administração da justiça. Abolido em 22 de novembro de 1917.

Sergei Mikhailovich (1865-1918). Grão-duque, filho do grão-duque Mikhail Nikolaevich e da grã-duquesa Olga Fiodorovna (de Baden). General de artilharia na Artilharia da Guarda Montada, general-ajudante do séquito imperial. Nomeado comandante-chefe e inspetor-geral da Artilharia de Campanha em 1916. Reformado após a Revolução de Fevereiro. Assassinado com outros grão-duques Romanov e a grã-duquesa Ielizaveta Fiodorovna nos arredores de Alapaevsk, nos Urais, na noite de 17-18 de julho de 1918.

Shneider, Iekaterina Adolfovna (Trina). Professora de russo e leitora (*lectrice*) dos filhos da família imperial. Seguiu voluntariamente a família imperial ao exílio. Executada juntamente com Anastásia Gendrikova em Perm, no dia 4 de setembro de 1918. Seus corpos foram descobertos por soldados Brancos no dia 7 de maio de 1919.

Shulgin, Vassili Vitalievich (1878-1976). Jornalista, deputado da II a IV Dumas do Estado, líder dos nacionalistas e dos nacionalistas progressistas na Duma. Durante a Revolução de Fevereiro, na qualidade de membros do Comitê Provisório da Duma, ele e Aleksandr Guchkov negociaram com Nicolau II a abdicação. Após a Revolução de Outubro, ajudou a criar o Exército Voluntário Antibolchevista e assumiu a chefia do Centro Nacional Russo do Sul. Emigrou após a guerra civil. Preso pela polícia secreta soviética (NKVD) na Iugoslávia em 1944, foi sentenciado a uma pena de prisão que cumpriu em Vladimir, na União Soviética. Libertado em 1956, instalou-se em Vladimir, onde faleceu. Escreveu memórias.

Siroboiarskaia, Maria Martianovna. Esposa do coronel de artilharia V.A. Siroboiarski. Mãe de A.V. Siroboiarski. Emigrou para os Estados Unidos.

Siroboiarski, Aleksandr Vladimirovich (1888-1946). Oficial do Exército russo, serviu na frente de batalha durante toda a Primeira Guerra Mundial, inicialmente como sargento na artilharia e mais tarde como comandante de uma divisão blindada. Promovido a coronel em 1916. Gravemente ferido, conheceu Aleksandra quando era paciente na enfermaria de Tsarkoe Tselo. A partir dessa época, manteve extensa correspondência com Aleksandra e outros membros da família imperial. Durante a Guerra Civil, ingressou no Exército Antibolchevista do almirante Aleksandr Kolchak, que o promoveu a general-de-divisão. Emigrou para os Estados Unidos em 1923. Publicou cartas que lhe foram enviadas por membros da família imperial em um livro intitulado *Skorbnaia pamiatka* (*Tristes Recordações*) (Nova York, 1928). Faleceu em Lakewood, Nova Jersey.

Siromolotov, Fiodor Fiodorovich (1877-1949). Ex-engenheiro de minas. Em 1918, membro do Comitê Executivo do Soviete Regional dos Urais e comissário regional de Finanças. Enquanto os Romanov estavam sendo assassinados, Siromolotov estava em Perm, em missão do Conselho dos Comissários do Povo (SOVNARKOM), para recuperar objetos de valor pertencentes à família imperial.

Soloviov, Boris Nikolaevich (n.1893). Tenente, filho do tesoureiro do Santo Sínodo, N.V. Soloviov, membro do círculo de Rasputin em Petrogrado, oficial encarregado de missões especiais e assistente do presidente da Comissão Militar do Comitê da Duma do Estado. Em setembro de 1917, casou com a filha de Grigori Rasputin, Maria (Matriona). Serviu como mensageiro de Anna Virubova, entregando correspondência, dinheiro e presentes para e da família imperial, que se encontrava em Tobolski, e planejando a fuga da família. Enquanto residia em Pokrovskoe e, mais tarde, em Tiumen, tentou reunir sob seu controle os vários esforços que estavam sendo empreendidos para libertar o czar e família. Manteve estreito contato com o padre Aleksei Vasiliev, o padre da família em Tobolski, e com uma das empregadas da família. Preso em março de 1918. Mais tarde, vários *émigrés* afirmaram que Soloviov era um agente provocador, a serviço dos bolchevistas, com o objetivo de denunciar e abortar planos autênticos para libertar o czar e família. Faleceu no exterior.

Sovietes. Conselhos de representantes eleitos por operários urbanos e soldados, mas que incluía também representantes de partidos de esquerda, sindicatos e outras organizações. Variava de sovietes de bairro nas grandes cidades, como Moscou, a sovietes regionais. A iniciativa e a liderança cabiam em geral a membros dos partidos socialistas — menchevistas, revolucionários-socialistas, bolchevistas — que eram, em sua maioria, intelectuais. Formados inicialmente na revolução de 1905, reapareceram em Petrogrado em fevereiro de 1917, e em seguida na maioria das cidades russas. O Soviete de Petrogrado, que dividia o Palácio Tauride com o Governo Provisório, e em especial o seu Comitê Executivo, funcionou como centro político nacional da esquerda, até que o I Congresso de Representantes de Operários e Soldados de Todas as Rússias criou o Comitê Executivo Central dos Sovietes (VTsIK), em princípios de junho de 1917. Após outubro de 1917, o Congresso dos Sovietes era oficialmente o órgão supremo do poder do Estado. Entre as sessões, essa função cabia ao VTsIK.

SOVNARKOM. Ver CONSELHO DOS COMISSÁRIOS DO POVO.

Sverdlov, Iakov Mikhailovich (1885-1919). Uma das principais figuras do Partido Bolchevista e do Estado soviético. Membro do Partido Social-Democrático dos Operários Russos desde 1901 e, a partir de 1912, do Comitê Central do Partido Bolchevista, onde, como secretário, era o encarregado da nomeação de membros do partido, do estabelecimento de ligações com organizações locais e da administração da imprensa partidária. Em 1917, foi enviado a Iekaterinburg, onde dirigiu os trabalhos da Conferência Partidária Regional dos Urais. Presidente do Comitê Executivo Central dos Sovietes de Todas as Rússias (VTsIK) de 8 (21) de novembro de 1917 até seu falecimento, por motivo de doença, em 16 de março 1919. De 1924 a 1991, a cidade de Iekaterinburg ganhou o nome Sverdlovsk em sua homenagem.

Tatiana Nikolaevna (29 mai 1897-17 jul 1918). Grã-duquesa, segunda filha de Nicolau II e Aleksandra Fiodorovna. Executada juntamente com a família em Iekaterinburg, na noite de 16-17 de julho de 1918.

Tatishchev, Ilia Leonidovich (1859-1918). Conde, general-ajudante do séquito imperial, tenente-general do Corpo da Guarda Montada, major-general enquanto servia ao Imperador Guilherme II (1905-14). Tatishchev seguiu a família imperial ao exílio em Tobolski. Preso após a transferência da família para Iekaterinburg (23 de maio de 1918). Executado juntamente com V.A. Dolgorukov no dia 10 de julho.

Tegleva, Aleksandra Aleksandrovna (Shura). Nobre hereditária, babá dos filhos de Aleksandra e Nicolau. Acompanhou a família ao exílio em Tobolski. Após emigrar, casou-se com Pierre Gilliard.

TsIK. Ver COMITÊ EXECUTIVO CENTRAL DOS SOVIETES DE TODAS AS RÚSSIAS.

Virubova (em solteira, Taneieva), Anna Aleksandrovna (Ania, a Vaca) (1884-1964). Dama-de-companhia (*freilina*) e a amiga mais íntima de Aleksandra Fiodorovna. Passou o período da Revolução de Fevereiro no Palácio Aleksandrovski e contraiu sarampo com os filhos de Nicolau e Aleksandra. Após recuperar-se, foi separada da família imperial por ordem de Aleksandr Kerenski e recolhida à Fortaleza de Pedro e Paulo. Após investigação, foi solta por falta de provas. Virubova organizou e manteve uma rede de comunicação clandestina com a família imperial em Tobolski. Após a morte dos Romanov, fugiu para a Finlândia, onde se tornou freira. Escreveu memórias.

Voikov, Piotr Lazarevich (1888-1927). Nascido em uma família de professores. Membro do Partido Bolchevista desde 1903. Estudou nas universidades de Genebra e Paris e casou-se com a rica filha de um industrial polonês. Voltou à Rússia após a Revolução de Fevereiro. Membro do Soviete de Iekaterinburg e do Comitê Revolucionário-Militar em 1917. Comissário regional dos Urais para Suprimentos, no período de janeiro a dezembro de 1918. Trabalhou no Comissariado do Povo para Provisões de dezembro de 1918 a julho de 1919, na União Central de Cooperativas de Consumidores a partir de março de 1919 e no colegiado do Comissário do Povo para o Comércio Exterior a partir de outubro de 1920. Representante diplomático soviético na Polônia a partir de 1924. Assassinado em Varsóvia, no dia 7 de julho de 1927, por um monarquista russo.

VTsIK. Ver COMITÊ EXECUTIVO CENTRAL DOS SOVIETES DE TODAS AS RÚSSIAS.

Zaslavski, Semion. Membro do Partido Bolchevista desde 1905. Enviado pelo Comitê Executivo do Soviete Regional dos Urais a Tobolski, na primavera de 1918, para vigiar a custódia da família imperial. Comandou um destacamento da Guarda Vermelha. Foi eleito membro do Comitê Executivo do Soviete de Tobolski. Opôs-se ao comissário Iakovlev na questão da transferência de Tobolski da família imperial.

Zemstvos. Assembléias provinciais rurais criadas em 1864, com representantes eleitos pela população local. Incluía camponeses, mas o direito ao voto era ponderado, de modo que os grandes latifundiários seriam dominantes. Profissionais contratados desempenharam um papel cada vez mais importante nas zemstvos. As zemstvos eram responsáveis pela educação, abertura de estradas, assistência médica e melhorias nas técnicas agrícolas. Transformaram-se em centros de organização do liberalismo russo e origem de exigências de um governo nacional mais representativo.

Genealogia da família imperial

Os membros da família Romanov são em geral identificados nos documentos por seus respectivos títulos, como, por exemplo, grão-duque, e por seu nome e patronímico. De acordo com esse sistema, Mikhail Aleksandrovich é filho de Aleksandr.

Esta árvore constitui apenas uma lista parcial dos parentes dinásticos.

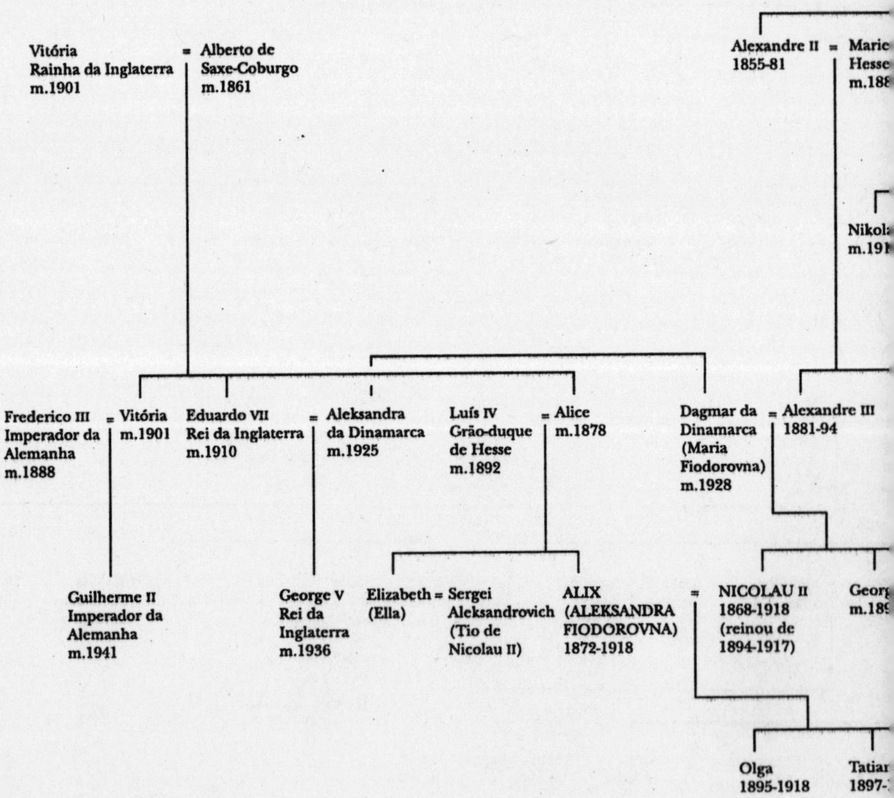

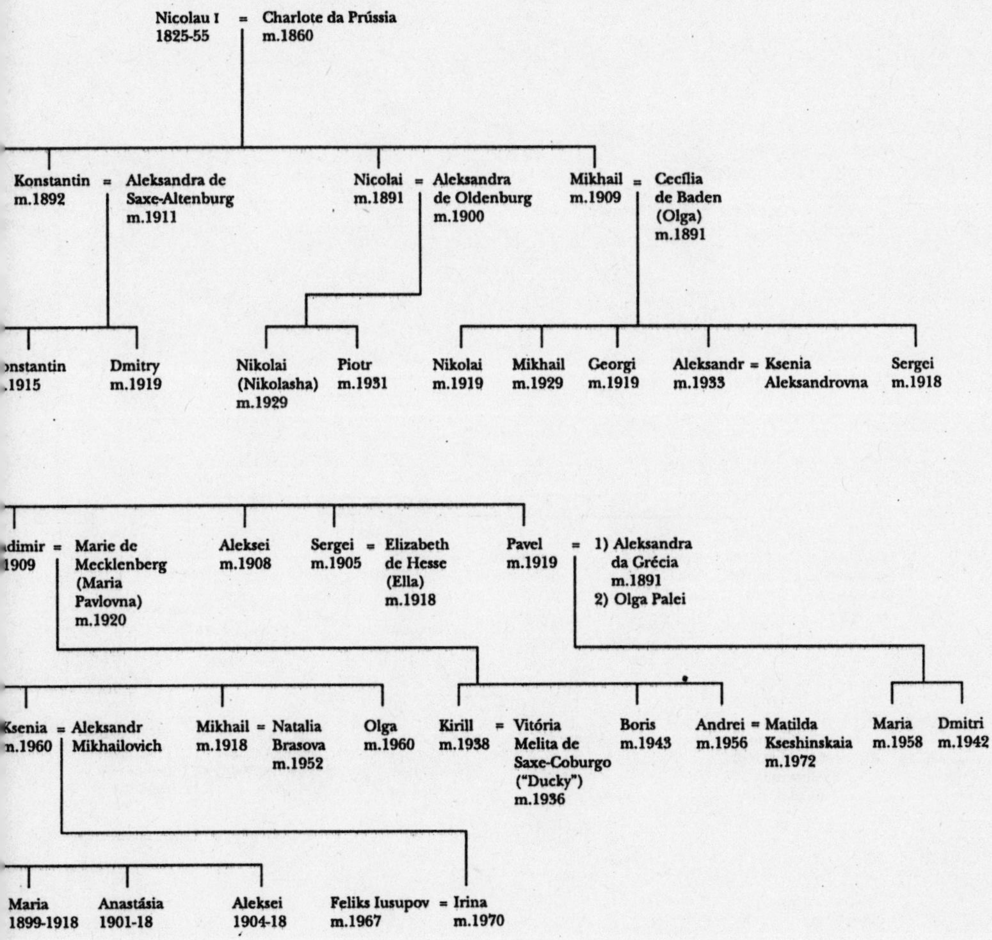
Nicolau I
1825-55
=
Charlote da Prússia
m.1860
Konstantin
m.1892
=
Aleksandra de
Saxe-Altenburg
m.1911
Nicolai
m.1891
=
Aleksandra
de Oldenburg
m.1900
Mikhail
m.1909
=
Cecília
de Baden
(Olga)
m.1891
ɔnstantin
.1915
Dmitry
m.1919
Nikolai
(Nikolasha)
m.1929
Piotr
m.1931
Nikolai
m.1919
Mikhail
m.1929
Georgi
m.1919
Aleksandr
m.1933
=
Ksenia
Aleksandrovna
Sergei
m.1918
ɪdimir
1909
=
Marie de
Mecklenberg
(Maria
Pavlovna)
m.1920
Aleksei
m.1908
Sergei
m.1905
=
Elizabeth
de Hesse
(Ella)
m.1918
Pavel
m.1919
=
1) Aleksandra
da Grécia
m.1891
2) Olga Palei
Ksenia
n.1960
=
Aleksandr
Mikhailovich
Mikhail
m.1918
=
Natalia
Brasova
m.1952
Olga
m.1960
Kirill
m.1938
=
Vitória
Melita de
Saxe-Coburgo
("Ducky")
m.1936
Boris
m.1943
Andrei
m.1956
=
Matilda
Kseshinskaia
m.1972
Maria
m.1958
Dmitri
m.1942
Maria
1899-1918
Anastásia
1901-18
Aleksei
1904-18
Feliks Iusupov
m.1967
=
Irina
m.1970

Notas

Introdução: Nicolau e Aleksandra — Um Retrato Intelectual

1. Ver na Bibliografia uma lista das obras mais importantes sobre o assunto, publicadas na Rússia e no Ocidente.

2. As características dramáticas desta história e seu emprego na formação de um juízo moral e político foram fortemente realçados na versão do dramaturgo Edvard Radzinski, publicada sob o título *The Last Tsar: The Life and Death of Nicholas II* (Nova York, 1992). Entre outros trabalhos novos que utilizam os documentos recentemente liberados, destacamos, de Genrikh Ioffe, *Revoliutsiia i sud'ba Romanovykh* (A revolução e o destino dos Romanov) (Moscou, 1992); Iu. Baranov e V. Khrustalëv, *Gibel' imperatorskogo doma, 1917-19 gg.* (A destruição da casa imperial, 1917-19) (Moscou, 1992); Veniamin A. Alekseiev, *Gibel' tsarskoi sem'i: Mify i real'nost' (novye dokumenty o tragedii na Urale* (A destruição da família imperial: mitos e realidades [novos documentos sobre a tragédia nos Urais]) (Iekaterinburg, 1993).

3. Richard Pipes, *The Russian Revolution* (Nova York, 1990), 787-8.

4. Há notáveis exceções, em especial Andrew M. Verner, *The Crisis of the Russian Autocracy: Nicholas II and the 1905 Revolution* (Princeton, 1990); e Dominic Lieven, *Nicholas II: Emperor of All the Russias* (Londres, 1993). O livro de Verner, embora concentrado nos anos de 1905-6, contém um retrato equilibrado e complexo dos valores políticos e da personalidade de Nicolau. Seu principal argumento, de que Nicolau nunca aceitou seu papel como governante autocrático da Rússia, contudo, não convence. O livro de Lieven, uma biografia excelente e simpática, constitui principalmente uma narrativa factual do reinado de Nicolau II e não uma análise sistemática de sua vida e mentalidade; ainda assim, contém *insights* sobre o pensamento e os valores do czar. Explorando também o mundo intelectual de Nicolau e Aleksandra, Robert K. Massie escreveu *Nicholas and Aleksandra* (Nova York, 1967), embora essa versão se preocupe principalmente com os efeitos da hemofilia do czarevich e da influência de Rasputin, concentre-se demais em fatos ocorridos nos estreitos círculos internos da corte, dependa de fontes traduzidas e aceite, sem suficiente espírito crítico, depoimentos contidos em memórias de *émigrés*. Um estudo soviético valioso é o de L.G. Zakharova, "Krizis samoderzhaviia nakanune revoliutsii 1905 goda" (A crise da autocracia nas vésperas da Revolução de 1905), *Voprosy istorii* (Problemas da história), 1972, n..8 (agosto): 119-40.

5. Ver a introdução ao capítulo 4.

6. Para um exemplo antigo das queixas de Nicolau sobre os fardos do cargo, ver a carta de 21 de novembro de 1898, dirigida à mãe, a imperatriz-viúva Maria Fiodorovna, no Gosudarstvennyi arkhiv Rossiiskoi Federatsii (Arquivo Estatal da Federação Russa, hoje designado como GARF), f.642, op.1, d.2325, l.66. Traduções inglesas de grande parte da correspondência de Nicolau com a mãe constam do *The Letters of Tsar Nicholas and Empress Marie*, org. Edward J. Bing (Londres, 1937), 139. Os textos russos de muitas dessas cartas foram publicados no "Perepiska Nikolaia II i Marii Fëdorovny (1905-6 gg.)" (A correspondência entre Nicolau II e Maria Fiodorovna, 1905-6), *Krasnyi arkhiv* (Arquivo vermelho) 22 (1927): 153-209; e em "Iz perepiski Nikolaia i Marii Romanovykh v 1907-10 gg." (Extraído da correspondência entre Nicolau e Maria Roma-

nov, 1907-10), *Krasnyi arkhiv* 50-1 (1932): 161-3. Minhas citações baseiam-se em originais arquivados, muitos dos quais ainda permanecem inéditos.

7. S.Iu. Vitte, *Izbrannye vospominaniia, 1849-1911* (Recordações selecionadas, 1849-1911) (Moscou, 1991), 125.

8. *Dnevnik V.N. Lamsdorfa (1886-90)* (O diário de V.N. Lamsdorf, 1886-90) (Moscou e Leningrado, 1926) 231; Lieven, *Nicholas II*, 24-8.

9. Lieven, *Nicholas II*, 40.

10. Verner, *Crisis*, 8.

11. Lieven, *Nicholas II*, 60.

12. Baronesa Sofia Buxhoeveden [Buksgevden], *The Life and Tragedy of Aleksandra Fedorovna, Empress of Russia: A Biography* (Londres, 1928), 276. Ver também Anna Viroubova [Virubova], *Memories of the Russian Court* (Londres, 1923), 55-6, 58. Ver ainda Lieven, *Nicholas II*, 35.

13. Nicolau a Aleksandra, 3 de setembro de 1902, GARF, f.640, op.1, d.102, l.60ob. A correspondência entre Nicolau e sua esposa era escrita inteiramente em inglês. Traduções russas de cartas escritas em 1914-17 foram publicadas no *Perepiska Nikolaia i Aleksandry Romanovykh* (A correspondência de Nicolau e Aleksandra Romanov), vols.3-5 [os vols. 1-2 foram planejados mas nunca publicados] (Moscou e Leningrado, 1923-27). Traduções inglesas de traduções russas de cartas de Nicolau foram publicadas em *The Letters of the Tsar to the Tsaritsa, 1914-1917*, trad. de E.L. Hynes (Londres, 1929). Transcrições dos originais em inglês das cartas de Aleksandra apareceram como adendo ao *Pis'ma imperatritsy Aleksandry Fëdorovny k imperatoru Nikolaiu II* (Cartas da imperatriz Aleksandra Fiodorovna ao imperador Nicolau II [1914-16]), 2 vols. (Berlim, 1922). As transcrições, no entanto, contêm numerosos erros. Minhas citações foram extraídas dos textos em inglês, originais, conservados no Arquivo Estatal da Federação Russa.

14. Por exemplo, Nicolau a Maria Fiodorovna, 21 de novembro de 1898, GARF, f.642, op.1, d.2325, l.64.

15. Nicolau a Aleksandra, 31 de agosto de 1902, GARF, f.640, op.1, d.102, l.53; Nicolau a Maria Fiodorovna, 29 de dezembro de 1905, GARF, f.642, op.1, d.2328, l.32-32ob. Nicolau, em mais uma revelação de seus gostos e valores, anunciou também nessa celebração que estava restaurando certo número de tradições perdidas dos batalhões, tais como seus uniformes de gala tradicionais. Ver também Nicolau a Maria Fiodorovna, 13 de setembro de 1901, GARF, f.642, op.1, d.2327, l.12ob.

16. Nicolau a Aleksandra, 2 de maio de 1904, GARF, f.640, op.1, d.102, l.63ob-64; discurso de Nicolau em 16 de abril de 1904, *Pravitel'stvennyi vestnik* (Arauto do Governo), 17 (30) de abril de 1904. Esse e outros discursos de Nicolau podem ser também encontrados no *Polnoe sobranie rechei Imperatora Nikolaia II (1894-1906 gg.)* (Discursos reunidos completos do imperador Nicolau II [1894-1906]) (São Petersburgo, 1906).

17. Virubova, *Memories*, 104.

18. Nicolau a Aleksandra, 31 de março de 1916, GARF, f.640, op.1, d.109, l.59-60ob. O regimento de cossacos aqui mencionado era o da Escolta Pessoal de Sua Majestade, uma unidade da Guarda Pessoal. O coronel A.S. Zhukov cometeu suicídio em junho de 1916.

19. Ver os comentários de Anna Virubova sobre a importância dessa questão para Nicolau, que decidiu pela proibição por iniciativa própria. Virubova, *Memories*, 127.

20. Ver a descrição feita pela irmã de Nicolau em Ian Vorres, *The Last Grand Duchess: Her Imperial Highness Grand Duchess Olga Alexandrovna* (Nova York, 1965), 24. Ver também Lieven, *Nicholas II*, 24-9.

21. Nicolau a Maria Fiodorovna, 27 de setembro de 1909, GARF, f.642, op.1, d.2330, l.97.

22. Nicolau a Aleksandra, 3 de janeiro de 1916, GARF, f.640, op.1, d.109, l.4.

23. Ver, por exemplo, Nicolau à sua mãe, Maria Fiodorovna, 10 de outubro de 1900, 21 de julho de 1906 e 22 de março de 1907, GARF, f.642, op.1, d.2326, l.86; d.2328, l.45; d.2330, l.9ob; e Nicolau a Aleksandra, 10 de janeiro e 26 de abril de 1916, GARF, f.640, op.1, d.109, l.17ob; d.110, l.18ob-19ob. Ver também Verner, *Crisis*, 11.

24. A. Elchaninov, *Tsarstvovanie Gosudaria Imperatora Nikolaia Aleksandrovicha* (O reinado de Sua Majestade Imperial Nicolau Aleksandrovich) (São Petersburgo e Moscou, 1913), 31 e, de

modo geral, o cap. 2. O livro foi publicado em tradução inglesa, *The Tsar and His People* (Londres, [1913?]). Nicolau leu, aprovou e autorizou o livro. Ver Lieven, *Nicholas II*, 268n37.

25. "V gostiakh khorosho, a doma luchshe." Nicolau, por exemplo, fez essa citação em carta à mãe, datada de 31 de outubro de 1909, GARF, f.642, op.1, d.2330, l.102.

26. Ver, por exemplo, Nicolau a Maria Fiodorovna, 20 de outubro de 1902, GARF, f.642, op.1, d.2327, l. 57-59ob.

27. Ver, por exemplo, Aleksandra a Nicolau, 26 de março de 1916, GARF, f.601, op.1, d.1150, l.329-30.

28. Nicolau a Aleksandra, 26 de junho de 1904, GARF, f.640, op.1, d.102, l.65; Aleksandra a Nicolau, 3 de abril de 1916, GARF, f.601, op.1, d.1151, l.7-7ob.

29. Nicolau a Aleksandra, 16 de junho de 1916, GARF, f.640, op.1, d.111, l.29 (ênfase no original). No original: "B...y"

30. Nicolau a Maria Fiodorovna, 27 de setembro de 1906, GARF, f.642, op.1, d.2329, l.11ob.

31. Nicolau a Maria Fiodorovna, 27 de setembro de 1906, GARF, f.642, op.1, d.329, l.13; discursos de 1º de setembro de 1902, 12 de setembro de 1902, 19 de janeiro de 1905, *Pravitel'stvennyi vestnik*, 3 (16) de setembro de 1902, 17 (30) de setembro de 1902, 20 de janeiro (2 de fevereiro) de 1905.

32. "Dnevnik kn. Ekateriny Alekseevny Sviatopolk Mirskoi za 1904-1905 gg" (Diário da princesa Iekaterina Alekssevna Sviatopolk-Mirskaia, relativo a 1904-5), *Istoricheskie zapiski* (Notas históricas), 77 (1965): 247.

33. Por exemplo, seu discurso em 21 de fevereiro de 1905, em *Pravitel'stvennyi vestnik*, 22 de fevereiro (7 de março) de 1905.

34. Ver, por exemplo, seu primeiro discurso após assumir o trono em 1894, em *Pravitel'stvennyi vestnik*, 1º (13) de novembro de 1894.

35. *Pravitel'stvennyi vestnik*, 25 de junho (8 de julho) de 1905.

36. Nicolau a Maria Fiodorovna, 22 de setembro de 1904, GARF, f.642, op.1, d.2327, l.100-100ob.

37. Ver Buksgevden, *Life and Tragedy*, 207-8.

38. Nicolau a Aleksandra, 24 de novembro de 1915, em GARF, f.640, op.1, d.106, l.95 (ênfase no original); Nicolau a Aleksandra, 4 de janeiro de 1916, GARF, f.640, op.1., d.109, l.6 (ênfase no original).

39. Ver também comentários de Nicolau sobre seus motivos, registrados no diário de Pierre Gilliard (professor de Aleksei), 5 de agosto de 1914, citado em Gilliard, *Thirteen Years at the Russian Court* (Nova York, 1921), 243-4.

40. Nicolau a Maria Fiodorovna, 5 de abril de 1900, GARF, f.642, op.1, d.2326, l.56ob. (ênfase no original).

41. Nicolau a Aleksandra, 28 e 29 de maio de 1916, GARF, f.640, op.1, d.110, l.47-48ob. Ver também telegrama de Nicolau, datado de 28 de maio de 1916, GARF, f.640, op.1, d.107, l.97.

42. Virubova, *Memories*, 151.

43. Buksgevden, *Life and Tragedy*, 136; Maurice Paléologue, *An Ambassador's Memoirs*, 2 vols. (Londres, 1924), I:203-10 (anotação datada de 30 de novembro de 1914). Paléologue foi informado que Philippe comunicara a Nicolau "inumeráveis decisões... tomadas pela alma de seu pai, Alexandre III". Paléologue, *Ambassador's Memoirs*, I: 206. Durante a guerra, Aleksandra ainda lembrava às vezes a Nicolau as profecias e ensinamentos de Philippe.

44. Ver, por exemplo, Nicolau a Aleksandra, 29 de agosto de 1902, GARF, f.640, op.1, d.102, l.47ob.

45. Rasputin a Nicolau, Beinecke Rare Book and Manuscript Library, Coleção Romanov, caixa 1. Uma fotografia da carta original consta de N. Sokolov, *Ubiistvo tsarskoi sem'i* (O assassinato da família imperial) (Berlim, 1925), p.96. Uma tradução inglesa consta de Massie, *Nicholas and Aleksandra*, 268.

46. Nicolau a Aleksandra, 9 de setembro de 1916, GARF, f.640, op.1, d.114, l.11ob; Nicolau a Aleksandra, 24 de setembro de 1916, GARF, f.640, op.1, d.114, l.40ob-1ob.

47. Por exemplo, cartas de Nicolau a Aleksandra, datadas de 25 de novembro de 1914 e 28

de fevereiro de 1915, e seu telegrama de 6 de maio de 1915, GARF, f.640, op.1, d.102, l.103ob.; d.104, l.52; d.105, l.5.

48. Informado ao embaixador francês, Maurice Paléologue, *Ambassador's Memoirs*, 2: 93 (anotação datada de 12 de outubro de 1915).

49. "Dnevnik E.A. Sviatopolk Mirskoi", 251 (1º de novembro de 1904), citando o marido, o ministro do Interior, príncipe P.D. Sviatopolk-Mirski.

50. Lieven, *Nicholas II*, 33.

51. Nicolau a Aleksandra, 29 de agosto de 1902, GARF, f.640, op.1, d.102, 1.47ob.

52. A. Iswolsky, "Souvenirs de mon ministère", *Revue des Deux Mondes* (1º de julho de 1919): 105. Ver também os comentários de Nicolau em carta à mãe, na qual diz que a fé em Deus dava-lhe força, "paz espiritual" e a certeza de que os sofrimentos da Rússia (em 1905) eram "a vontade de Deus" e que "temos que nos submeter pacientemente até o fim aos nossos infortúnios". Nicolau a Maria Fiodorovna, 8 e 15 de dezembro de 1905, GARF, f.642, op.1, d.2328, l.23ob, 28ob. Essas palavras tranqüilizadoras reforçaram, certamente, a opinião da imperatriz-viúva de que o filho era excepcionalmente fatalista, como ela mesma disse ao presidente do Conselho de Ministros em princípios de 1905: "Je ne puis pas comprendre quelquefois que ce soit mon fils, il est tout à fait calme et content." Citado em "Dnevnik E.A. Sviatopolk Mirskoi", 279 (19 de janeiro de 1905). Para uma discussão mais extensa do assunto e outros exemplos, ver V.N. Kokovtsov, *Iz moego proshlogo: Vospominaniia 1903-19* (De meu passado: Recordações, 1903-1919), 2 vols. (Paris, 1933), 2: 171-2; Verner, *Crisis*, 146-7.

53. Diário de Sergei Aleksandrovich, 15 de novembro de 1904, citado em Verner, *Crisis*, 117.

54. Diário de Nicolau II, 18 de outubro, 20 de outubro, 25 de outubro de 1894. Uma vez que há numerosas edições de partes do diário de Nicolau, cito aqui e em outras notas apenas as datas das anotações. As citações são dos diários originais manuscritos, relativas a 1917-18, ou de edições publicadas: *Dnevniki imperatora Nikolaia II* (Diários do imperador Nicolau II ([1894-1918]) (Moscou, 1991); e do *Dnevnik imperatora Nikolaia II, 1890-1906* (Diário do imperador Nicolau II, 1890-1906) (Berlim, 1923).

55. Diário de Nicolau II, 11 (24) de março de 1918, 19 de abril (2 de maio) de 1918.

56. Para discussões sobre esses mitos políticos, coexistentes e conflitantes, ver Michael Cherniavsky, *Tsar and People: Studies in Russian Myths* (New Haven, 1961), caps.2-3; e Verner, *Crisis*, cap.3, esp.72-9.

57. Essas idéias foram mais discutidas em K.P. Pobedonostsev, *Moskovskii sbornik* (Coleção Moscou) (Moscou, 1896), traduzida para o inglês como *Reflections of a Russian Statesman* (Londres, 1896; reed.: Ann Arbor, Mich., 1965). Ver também *Pis'ma Pobedonostseva k Aleksandru III* (Cartas de Pobedonostsev a Alexandre III) (Moscou, 1905-26); e discussões em Robert F. Byrnes, *Pobedonostsev: His Life and Thought* (Bloomington, Ind., 1968); Byrnes, "Russian Conservative Thought before the Revolution", em *Russia under the Last Tsar*, org. Theofanis George Stavrou (Minneapolis, 1969), 42-68; e Verner, *Crisis*, 84-8.

58. Lieven, *Nicholas II*, 64. Além dos exemplos que se seguem no texto, ver a carta de Nicolau à mãe, datada de 21 de outubro de 1902, GARF, f.642, op.1, d.2327, l.61-61ob. Ver também a observação do general A. Mosolov, chefe da Chancelaria da Corte, de que uma das razões por que Nicolau não tinha secretário era por desejar "estar sozinho perante sua própria consciência". A. Mosolov, *Pri dvore imperatora* (Na corte do imperador) (Riga, [1935]), 12. Para uma tradução inglesa, ver A.A. Mosolov, *At the Court of the Last Tsar* (Londres, 1935).

59. Elchaninov, *Tsarstvovanie*, 28 (tradução inglesa, 22-3).

60. "Perepiska N.A. Romanova i P.A. Stolypina" (Correspondência entre N.A. Romanov e P. A. Stolipin), *Krasnyi arkhiv* 5 (1924): 105 (10 de dezembro de 1906) (ênfase no original). Nicolau está citando um provérbio russo que fez parte também da oração rezada pelo czar em sua coroação. A prece, por sua vez, baseia-se em uma passagem do Eclesiastes, 9:1: "Que os justos e os sábios, e os seus feitos, estão nas mãos de Deus."

61. Nicolau a Aleksandra, 8 de agosto de 1916, GARF, f.640, op.1, d.112, l.39ob; Nicolau a Aleksandra, 25 de agosto de 1915, GARF, f.640, op.1, d.106, l.47.

62. Diário de Nicolau II, 20 de outubro de 1894. Nicolau escreveu também que a expressão no rosto do pai era "maravilhosa [*chudnoe*], sorridente, como se ele sentisse vontade de rir!" Diário, 21 de outubro de 1894.

63. [Aleksandr Izvolski], *The Memoirs of Alexander Iswolsky* (Londres, 1920), 264.

64. Cherniavsky, *Tsar and People*, cap.2.

65. Grão-duque Aleksander, *Once a Grand Duke* (Nova York, 1932), 169 (introduzi uma ligeira correção nesta tradução). Ver também recordações semelhantes de Olga, irmã de Nicolau, em Vorres, *Last Grand Duchess*, 54-5.

66. Cherniavsky, *Tsar and People*, caps.1-2.

67. Nicolau a Aleksandra, 30 de agosto de 1902, GARF, f.640, op.1, d.102, l.51-51ob. Ver também suas cartas de 1 e 2 de setembro de 1902, GARF, f.640, op.1, d.102, l.56-8.

68. Diário do general Aleksandr Kireiev, Seção de Manuscritos da Biblioteca do Estado Russo, f.126, citado em Lieven, *Nicholas II*, 109.

69. Lieven, *Nicholas II*, 99, 106-10, 113; Verner, *Crisis*, 82-4.

70. Discurso dirigido a representantes da nobreza, zemstvos e cidades, 17 de janeiro de 1895, *Pravitel'stvennyi vestnik*, 18 (30) de janeiro de 1895. Sobre as propostas de Sviatopolk-Mirski, ver Verner, *Crisis*, 118-40, esp.125.

71. *Pravitel'stvennyi vestnik*, 8 (21) de junho de 1905. Ver também Elchaninov, *Tsarstvovanie*, 117 (Edição inglesa, 124); e Verner, *Crisis*, 180-3.

72. "Perepiska N.A. Romanova i P.A. Stolypina", 102 (carta sem data, de fins de junho ou princípios de julho de 1906); discursos de 18 de janeiro e 27 de abril de 1906, *Pravitel'stvennyi vestnik*, 20 de janeiro (2 de fevereiro) de 1906 e 28 de abril (11 de maio) de 1906.

73. "Perepiska N.A. Romanova i P.A. Stolypina", 122 (2 de fevereiro de 1911).

74. Nicolau a Aleksandra, 27 de agosto de 1915, GARF, f.640, op.1, d.106, l.52.

75. Para uma descrição dessa "peregrinação" nacional, na qual o laço sagrado entre o czar e o *narod* é o motivo condutor, ver [Evgeni Vassilievich Bogdanovich], *Istoricheskoe palomnichestvo nashego Tsaria v 1913 godu* (A peregrinação histórica de nosso czar em 1913) (São Petersburgo, 1914).

76. Vladimir N. Kokovtsov, *Out of My Past: The Memoirs of Count Kokovtsov* (Stanford, 1935), 360-1.

77. "Tsar'i narod" (O czar e o povo), *Novoe vremia*, 21 de julho de 1914; diário de Nicolau II, 20 de julho de 1914; Alexandre Spiridovich, *Les dernières années de la cour de Tzarskoié-sélo 1910-1914*, 2 vols. (Paris, 1928-29), 2: 483-4.

78. Depoimento de Klavdia Bitner (professora do ginásio de Tsarkoe Tselo que deu aulas aos filhos do imperador em Tobolski) a uma comissão de investigação do Exército Branco, 4 de agosto de 1919, em *Gibel'tsarskoi sem'i* (A destruição da família imperial), org. Nikolai Ross (Frankfurt, 1987), 422.

79. Mosolov, *Pri dvore imperatora*, 15-6. Ver também as recordações de A.F. Girs, citado em Verner, *Crisis*, 22.

80. Discursos de 6 de junho e 31 de dezembro de 1905, *Pravitel'stvennyi vestnik*, 8 (21) de junho de 1905 e 1º (14) de fevereiro de 1906.

81. Elchaninov, *Tsarstvovanie*, 26, 38, 53-4, 92 (edição inglesa, 22, 34, 50-1, 97).

82. Discursos de 8 de maio de 1904 e 19 de janeiro de 1905, *Pravitel'stvennyi vestnik*, 9 (22) de maio de 1904 e 20 de janeiro (2 de fevereiro) de 1905.

83. Nicolau a Aleksandra, 9 de setembro de 1915, GARF, f.640, op.1, d.106, l.66.

84. *Styd* e *pozor* figuravam entre os termos aplicados com mais freqüência a esses atos. Ver, por exemplo, Nicolau a Maria Fiodorovna, 30 de agosto de 1906, GARF, f.642, op.1, d.2329, l.5ob.

85. Até mesmo a geralmente ingênua e tolerante Anna Virubova compreendeu que o desprezo de Nicolau pela oposição política levou-o a "subestimar-lhe a importância" e o perigo. Virubova, *Memories*, 136.

86. Nicolau não sentia grande tolerância por não-cristãos em geral — geralmente, chamava todos os japoneses, por exemplo, de "macacos" — embora a presença judaica, importante no Império Russo, tornasse os judeus um caso especial.

87. Nicolau a Maria Fiodorovna, 27 de outubro de 1905, GARF, f.642, op.1, d.2328, l.15-150b.

88. Nicolau a Maria Fiodorovna, 12 de janeiro de 1906, GARF, f.642, op.1, d.2328, l.34-34ob; 2 de novembro de 1906, GARF, f.642, op.1, d.2329, l.25.

89. Ver, por exemplo, carta de Nicolau à mãe, em 1º de março de 1907, GARF, f.642, op.1, d.2330, l.2.

90. "Perepiska N.A. Romanova i P.A. Stolypina", 105-6.

91. Nilus publicou na Rússia, entre 1905 e 1917, várias edições dos "Protocolos", juntamente com suas próprias opiniões sobre a conspiração judaica. Um exemplar da edição de 1905 — S.A. Nilus, *Velikoe v malom i Antikhrist, kak blizkaia politicheskaia vozmozhnost': Zapiski pravoslavnogo* (Grandes coisas em pequenas coisas e o Anticristo como uma possibilidade política próxima: notas de um crente ortodoxo) (Tsarkoe Tselo, 1905) — foi encontrado entre os livros de Aleksandra em Iekaterinburg, após o assassinato da família. Sokolov, *Ubiistvo*, 291. O livro foi enviado por uma amiga a Aleksandra em Tobolski. Ver Documento 110, nota 2. Klavdia Bitner, que conviveu com a família no cativeiro em 1917-18 como professora, contou a investigadores Brancos que Nicolau culpava os "yids" por incitar e desencaminhar o povo e provocar a revolução. Depoimento de Bitner, 4 de agosto de 1919, em *Gibel'tsarskoi sem'i*, 422.

92. Para uma discussão aprofundada sobre a significação simbólica das duas capitais na cultura política russa, ver Richard Wortman, "Moscow and St. Petersburg: The Problem of Political Center in Tsarist Russia, 1881-1914", em *Rites of Power: Symbolism, Ritual, and Politics since the Middle Ages*, org. Sean Wilentz (Filadélfia, 1985), 244-71.

93. Wortman, "Moscow and St. Petersburg", 251.

94. Elchaninov, *Tsarstvovanie*, 54.

95. Wortman, "Moscow and St. Petersburg", 251-4.

96. *Tsarskoe prebyvanie v Moskve v aprele 1900 goda* (A visita do czar a Moscou em abril de 1900) (São Petersburgo, 1900), 55-6, citado em Wortman, "Moscow and St. Petersburg", 261; diário do general Aleksandr Kireiev, citado em Zakharova, "Krizis samoderzhaviia", 131.

97. Nicolau a Maria Fiodorovna, 12 de janeiro de 1906, GARF, f.642, op.1, d.2328, l.34.

98. Ver também carta de Nicolau à mãe, em 29 de dezembro de 1905, GARF, f.642, op.1, d.2328, l.31-310b.

99. Nicolau a Aleksandra, 5 de novembro de 1916, GARF, f.640, op.1, d.115, l.10ob. Ver também seus comentários sobre ministros específicos ou recomendações ministeriais em cartas de 26 de setembro de 1916 e 10 de novembro de 1916, GARF, f.640, op.1, d.114, l.44ob (a respeito de um candidato a chefe de polícia de Petrogrado, comentou que era "um homem honesto, mas horrivelmente fraco, uma verdadeira panqueca"); e d.115, l.190b-20.

100. Nicolau a Aleksandra, 4 de dezembro, 8 de dezembro e 9 de dezembro de 1916, GARF, f.640, op.1, d.115, l.22, 27, 29.

101. Nicolau a Maria Fiodorovna, 15 de dezembro de 1905 e 27 de setembro de 1906, GARF, f.642, op.1, d.2328, l.27ob., d.2329, l.13.

102. Discurso de 1º de dezembro de 1905, *Pravitel'stvennyi vestnik*, 2 (15) de dezembro de 1905.

103. Aleksandra a Nicolau, 22 de julho de 1902, GARF, f.601, op.1, d.1148, l.32 (ênfase no original).

104. Aleksandra a Nicolau, 27 de setembro de 1916 e 22 de agosto 1915, GARF, f.601, op.1, d.1151, l.329-329ob; d.1149, l.230. Numerosos outros exemplos poderiam ser citados, tais como os constantes das cartas de Aleksandra de 16 e 17 de junho de 1915.

105. Aleksandra a Nicolau, 22 de agosto de 1915, 8 de março de 1916 e 5 de novembro de 1916, GARF, f.601, op.1, d.1149, l.230; d.1150, l.287; d.1151, l.393.

106. Aleksandra a Nicolau, 22 de junho de 1915, 4 de dezembro de 1916 e 14 de dezembro de 1916, GARF, f.601, op.1, d.1149, l.204ob. 206ob; d.1151, l.418-9; l.457ob (ênfase no original).

107. Nicolau a Aleksandra, 29 de setembro de 1916, GARF, f.640, op.1, d.114, l.50ob.

108. Nicolau a Aleksandra, 14 de dezembro de 1916 e 15 de dezembro de 1916, GARF, f.640, op.1, d.115, l.37; l.40ob.

109. Nicolau a Aleksandra, 14 de dezembro de 1916, GARF, f.640, op.1, d.115, l.37ob.

110. Gilliard, *Thirteen Years*, 109-10. Ver também os comentários de Aleksandra sobre a "*Schadenfreude* [alegre crueldade] da Alemanha", em Aleksandra a Nicolau, 12 de junho de 1915, GARF, f.601, op.1, d.1149, l.149ob. Em 1917-18, de acordo com testemunhas, Aleksandra continuava a "manifestar" "ódio" contra Guilherme e os alemães. Depoimento de Bitner, 4 de agosto de 1919, em *Gibel'tsarskoi sem'i*, 423.

111. Aleksandra a Nicolau, 24 de setembro de 1914, GARF, f.601, op.1, d.1148, l.268-268ob.

112. O início da vida e educação de Aleksandra são discutidos por Buksgevden em *Life and Tragedy*, 1-20.

113. Aleksandra a Nicolau, 25 de junho de 1915, GARF, f.601, op.1, d.1149, l.224-224ob.

114. Virubova, *Memories*, 73.

115. Diário do general Aleksandr Kireiev, citado em Lieven, *Nicholas II*, 163.

116. Alice à rainha Vitória, 29 de agosto de 1866, citada em Buksgevden, *Life and Tragedy*, 2-3.

117. Virubova, *Memories*, 5, 58.

118. Aleksandra a Nicolau, 28 de outubro de 1914, GARF, f.601, op.1, d.1148, l.296ob.

119. Virubova, *Memories*, 108-12; Buksgevden, *Life and Tragedy*, 192.

120. Virubova, *Memories*, 109-10.

121. Virubova, *Memories*, 5, 79.

122. Aleksandra a Nicolau, 8 de março de 1916 e 3 de abril de 1916, GARF, f.601, op.1, d.1150, l.286ob; d.1151, l.8. Ver também carta de 26 de março de 1916, GARF, f.601, op.1, d.1150, l.329-30.

123. Buksgevden, *Life and Tragedy*, 173; Virubova, *Memories*, 67.

124. Virubova, *Memories*, 3, 67; Buksgevden, *Life and Tragedy*, 166 (citando uma carta de Aleksandra, datada de 1905), 173.

125. Aleksandra a Nicolau, 23 de novembro de 1914, GARF, f.601, op.1, d.1148, l.319.

126. Aleksandra a Nicolau, 21 de outubro de 1914, GARF, f.601, op. 1, d.1148, l.276.

127. Aleksandra a Nicolau, 8 de março de 1916, GARF, f.601, op.1, d.1150, l.286ob.

128. "Com a ajuda de Deus... levantou os espíritos, purificou as muitas mentes estagnadas, instituiu unidade de sentimentos & é uma 'guerra sadia' no sentido moral", Aleksandra a Nicolau, 24 de setembro de 1914, GARF, f.601, op.1, d.1148, l.268-268ob.

129. Aleksandra a Nicolau, 27 de outubro de 1914, GARF, f.601, op.1, d. 1148, l.294ob.

130. Aleksandra a Nicolau, 16 de junho de 1915 e 13 de março de 1916, GARF, f.601, op.1, d.1149, l.175; d.1150, l.306-306ob.

131. Nicolau descreve esses fatos em anotações em seu diário nos dias 5-8 de abril de 1894 e em carta à mãe em 10 de abril de 1894, GARF, f.642, op.1, d.2322, l.2-5ob. Ver também Massie, *Nicholas and Aleksandra*, 33-5.

132. Nicholas Zernov, *The Russian Religious Renaissance of the Twentieth Century* (Nova York, 1963); George L. Kline, *Religious and Anti-Religious Thought in Russia* (Chicago, 1968); Christopher Read, *Religion, Revolution and the Russian Intelligentsia, 1900-1912* (Londres, 1979); V.F. Botsianovski, *Begoiskateli* (Buscadores de Deus) (São Petersburgo e Moscou, 1911).

133. Virubova, *Memories*, 151.

134. Virubova, *Memories*, 151.

135. Aleksandra a Nicolau, 22 de julho de 1902, GARF, f.601, op.1, d.1148, l.32ob.

136. Ver cap.4.

137. Lili Dehn [Den], *The Real Tsaritsa* (Londres, 1922), 63.

138. Ver carta de Olga a Anna Virubova, citada em Virubova, *Memories*, 324.

139. Por exemplo, Aleksandra a Nicolau, 8 e 11 de novembro de 1916, GARF, f.601, op.1, d.1151, l.398ob, 409.

140. Aleksandra a Nicolau, 16 de junho de 1915, GARF, f.601, op.1, d.1149, l.173.

141. Aleksandra a Nicolau, 15 de junho de 1915, 16 de junho de 1915 e 11 de novembro de 1916, GARF, f.601, op.1, d.1149, l.165; d.1149, l.173; d.1151, l.409.

142. Aleksandra a Nicolau, 5 de fevereiro de 1916 e 24 de setembro de 1916, GARF, f.601, op.1, d.1150, l.234ob; d.1151, l.318.

143. Aleksandra a Nicolau, 7 de setembro de 1916, GARF, f.601, op.1, d.1151, l.263ob. Ver também as cartas de 30 de outubro de 1916 e 11 de novembro de 1916, GARF, f.601, op.1, d.1151, l.370, l.371ob, 410-1.

144. Aleksandra a Nicolau, 14 de dezembro de 1916, GARF, f.601, op.1, d.1151, l.459.

145. Aleksandra a Nicolau, 30 de outubro de 1916 e 14 de dezembro de 1916, GARF, f.601, op.1, d.1151, l.371ob, 458-459ob.

146. Aleksandra a Nicolau, 8 de novembro de 1916 e 14 de dezembro de 1916, GARF, f.601, op.1, d.1151, l.400; l.458ob, 459ob.

147. Buksgevden, *Life and Tragedy*, 55.

148. Aleksandra a Vitória, princesa de Battenberg, 14 (27) de janeiro de 1905, citada em Buksgevden, *Life and Tragedy*, 109.

149. Aleksandra a Nicolau, 14 de dezembro de 1916, GARF, f.601, op.1, d.1151, l.459ob.

150. Ibid., 458-458ob.

151. Aleksandra a Nicolau, 13 de dezembro de 1916, GARF, f.601, op.1, d.1151, l.454. Ver também a carta de 6 de março de 1916, GARF, f.601, op.1, d.1150, l.271ob.

152. Aleksandra a Vitória, princesa de Battenberg, 14 (27) de janeiro de 1905, citado em Buksgevden, *Life and Tragedy*, 109.

153. Nicolau a Aleksandra, 30 de agosto de 1902, GARF, f.640, op.1, d.102, l.51-51ob.

Capítulo 1: Revolução

1. Discurso dirigido a representantes da nobreza, zemstvos, e cidades, 17 de janeiro de 1895, *Pravitel'stvennyi vestnik*, 18 (30 de janeiro) de 1895.

2. Ver, especialmente, R.V. Ivanov-Razumnik, *Istoriia russkoi obshchestvennoi mysli* (História do pensamento social russo), 2ª ed. (São Petersburgo, 1914), vols.1-2; Nicholas Riasanovsky, *A Parting of Ways: Government and the Educated Public in Russia* (Oxford, 1976); Isaiah Berlin, *Russian Thinkers* (Nova York, 1978); Edith Clowes, Samuel Kassow e James West, orgs. *Between Tsar and People: Educated Society and the Quest for Public Identity in Late Imperial Russia* (Princeton, 1991).

3. Para uma bibliografia de obras recentes importantes sobre atitudes, cultura e rebelião das classes baixas, ver Stephen P. Frank e Mark D. Steinberg, orgs., *Cultures in Flux: Lower-Class Values, Practices, and Resistance in Late Imperial Russia* (Princeton, 1994).

4. Ver, por exemplo, Gerald Surh, *1905 in St. Petersburg* (Stanford, 1989); Charters Wynn, *Workers, Strikes, and Pogroms* (Princeton, 1992); Robert Weinberg, *The Revolution of 1905 in Odessa* (Bloomington, Ind., 1993); S.A. Smith, *Red Petrograd: Revolution in the Factories, 1917-18* (Cambridge, Ingl., 1983).

5. Numerosas obras estudam aspectos da história do socialismo russo. Ver, em especial, Leopold H. Haimson, *The Russian Marxists and the Origins of Bolshevism* (Cambridge, Mass., 1955); Oliver Radkey, *The Agrarian Foes of Bolshevism* (Nova York, 1958); Abraham Ascher, *Pavel Axelrod and the Development of Menshevism* (Cambridge, Mass., 1972); Robert C. Williams, *The Other Bolsheviks* (Bloomington, Ind., 1986).

6. Sobre a história geral do liberalismo russo, ver George Fischer, *Russian Liberalism* (Cambridge, Mass., 1958); Charles Timberlake, org., *Essays on Russian Liberalism* (Columbia, Mo., 1972); S. Galai, *The Liberation Movement in Russia, 1900-1905* (Cambridge, Inglaterra, 1973).

7. Geoffrey Hosking, *The Russian Constitutional Experiment* (Nova York, 1973).

8. William G. Rosenberg, *Liberals in the Russian Revolution: The Constitutional Democratic Party, 1917-1921* (Princeton, 1974).

9. A discussão que se segue sobre a política russa durante a guerra e na revolução de 1917 baseia-se em grande variedade de fontes e versões. As melhores histórias gerais são as de Tsuyoshi Hasegawa, *The February Revolution: Petrograd, 1917* (Seattle, 1981); e Richard Pipes, *The Russian Revolution* (Nova York, 1990).

10. "Tiazhelye dni (sekretnye zasedaniia Soveta Ministrov, 16 iiulia-2 sentiabria 1915 goda)" (Dias difíceis [as reuniões secretas do Conselho de Ministros, 16 de julho–2 de setembro de 1915]), registrado por A.N. Iakhontov, *Arkhiv russkoi revoliutsii* (Arquivo da Revolução Russa) (Berlim) 18 (1926): 136. Uma tradução inglesa desse documento foi publicada sob o título *Prologue to Revolution*, org. Michael Cherniavsky (Englewood Cliffs, N.J., 1967).

11. Nicholas Riasanovsky, *A History of Russia*, 5ª ed., (Nova York, 1993), 421.

12. Nicolau a Aleksandra, 20 de setembro de 1916, GARF, f.640, op.1, d.114, l.33.

13. Por exemplo, "Doklad petrogradskogo okhrannogo otdeleniia osobomu otdelu departamenta politsii" (Relatório da Okhrana de Petrograd̨o à Seção Especial do Departamento de Polícia), datado de outubro de 1916, *Krasnyi arkhiv* 17 (1926): 4-35. Esse relatório alertava para "a possibilidade de distúrbios de rua, em futuro próximo, pelas classes baixas do império, enfurecidas pelos fardos da existência diária". Ibid., 4.

14. "Delo s doneseniiami i telefonnymi soobshcheniiami P.O.O. ob obshchestvennom dvizhenii" (Relatórios e informações telefônicas da Okhrana de Petrogrado sobre o movimento social), 2 de janeiro–26 de fevereiro de 1917, GARF, f.111, op.1, d.669, l.1-386; major-general Konstantin Globachev (chefe da Okhrana de Petrogrado), "Dopolnenie k doneseniiu (sovershenno-sekretno)" (Adendo ao relatório [alto sigilo]), 26 de janeiro de 1917, GARF, f.111, op.1, d.669, l.112-3; Hasegawa, *February Revolution*, 201.

15. As várias conspirações foram descritas e analisadas por Hasegawa, *February Revolution*, caps. 7 e 10, e em S. Mel'gunov, *Na putiakh k dvorsovomu perevorotu* (A caminho de uma revolução palaciana) (Paris, 1931).

16. Carta de Anatoli Savenko (membro nacionalista do bloco progressista), 18 de fevereiro de 1917, GARF, f.102, op.265, d.1070, l.62. Cartas de outros deputados à Duma em meados de fevereiro (lidas pela polícia, que copiou trechos antes de liberar as cartas) mencionam também a guerra de palavras que florescia em meio ao mal-estar e incerteza cada vez maiores. GARF, f.102, op.265, d.1070, l.60,66,70.

17. Diário de Z.V. Arapov, 15 de fevereiro de 1917, Divisão de Manuscritos, Biblioteca do Estado Russo, f.12, pasta 1, d.9, l.85-7, citado em E.D. Chermenski, *IV gosudarstvennaia duma i sverzhenie tsarizma v Rossii* (A IV Duma Estatal e a derrubada do czarismo na Rússia) (Moscou, 1976), 274.

18. Telegrama de Protopopov ao Estado-Maior Geral, 25 de fevereiro de 1917, *Proletar'skaia revoliutsiia* (Revolução Proletária) 13 (1923): 290; telegrama de Kabalov para o chefe do Estado-Maior, Alekseiev, 25 de fevereiro de 1917, *Krasnyi arkhiv* 21 (1927): 4-5 (embora esse telegrama tenha sido recebido no Quartel-General às 18:08h do dia 25 de fevereiro, uma anotação à mão de Alekseiev indica que ele só o levou ao conhecimento do czar no dia 26); E.I. Martynov, *Tsarskaia armiia v fevral'skom perevorote* (O Exército imperial na Revolução de Fevereiro) (Leningrado, 1927), 80-1.

19. Citado por Kabalov em seu depoimento de 22 de março de 1917, em *Padenie tsarskogo rezhima: Stenograficheskie otchety doprosov i pokazanii, dannykh v 1917 g.v Chrezvychainoi Sledstvennoi Komissii Vremennogo Pravitel'stva* (A queda do regime imperial: anotações estenográficas de interrogatórios e depoimentos prestados em 1917 à Comissão Extraordinária de Investigação do Governo Provisório), org. P.E. Shchegolev, 7 vols. (Moscou e Leningrado, 1924-27), 1: 190-1. O texto original do telegrama de Nicolau não foi conservado, embora outros depoimentos confirmem o conteúdo das declarações de Kabalov. Martinov cita um texto ligeiramente diferente, mencionando, mas não identificando, a localização de um original do próprio punho de Nicolau. Martinov, *Tsarskaia armiia*, 81.

20. Depoimento de Kabalov, em *Padenie tsarskogo rezhima*, 1: 191-4; depoimento do ministro da Guerra, Mikhail Beliaev, em *Padenie tsarskogo rezhima*, 2: 231-3.

21. Ver, por exemplo, as recordações do bolchevista V. Kaiurov, "'Shest' dnei fevral'skoi revoliutsii" (Seis dias da Revolução de Fevereiro), na *Proletarskaia revoliutsiia* 13 (1923): 165-6.

22. Depoimento do conde Frederiks (ministro da Corte Imperial), *Padenie tsarskogo rezhima*, 5:38.

23. Telegrama de Kabalov a Nicolau II, 27 de fevereiro de 1917, 12:10h, *Krasnyi arkhiv* 21 (1917): 8.

24. Telegrama de Beliaev a Alekseiev, 27 de fevereiro de 1917, 19:22h, *Krasnyi arkhiv* 21 (1927): 9.

25. Depoimento de Beliaev, em *Padenie tsarskogo rezhima*, 2:239; depoimento adicional por escrito de Nikolai Golitsin, presidente do Conselho de Ministros, em *Padenie tsarskogo rezhima*, 4:9; telegrama de Beliaev a Alekseiev, 27 de fevereiro de 1917, 19:29h, *Krasnyi arkhiv* 21 (1927): 9.

26. *Krasnyi arkhiv* 21 (1927): 11-3; GARF, f.601, op.1, d.2089, l.2.

27. Telegrama de Brusilov a Alekseiev, 27 de fevereiro de 1917, recebido às 13h e mostrado a Nicolau II, *Krasnyi arkhiv* 21 (1927): 7; telegrama de Ruzski a Nicolau II, 27 de fevereiro de 1917, 21:15h, *Krasnyi arkhiv* 21 (1927): 13; telegrama de Rodzianko a Nicolau II, 27 de fevereiro de 1917, 12:40h, *Krasnyi arkhiv* 21 (1927): 6-7.

28. Comunicação por telégrafo direto entre o grão-duque Mikhail Aleksandrovich e Nicolau II, 27 de fevereiro de 1917, *Krasnyi arkhiv* 21 (1927): 11-2.

29. A.S. Lukomski, "Iz vospominanii" (Reminiscências), em *Arkhiv russkoi revoliutsii* 2 (1922): 21-2. Na conversa por telégrafo direto com o grão-duque Mikhail, Alekseiev também sugeriu que, na manhã do dia 28, ele propusesse uma solução política em seu relatório ao czar.

30. Hasegawa, *February Revolution*, 366-7.

31. "Zhurnal [N.1] Soveta Ministrov Vremennogo Pravitel'stva" (Boletim [N. 1] do Conselho de Ministros do Governo Provisório), 2 de março de 1917, GARF, f.601, op.1, d.2103, l.1.

32. *Izvestiia* [komiteta Petrogradskikh zhurnalistov] (Notícias [do Comitê dos Jornalistas de Petrogrado]), 27 de fevereiro de 1917.

33. N.N. Sukhanov, *The Russian Revolution: A Personal Record*, org. e trad. Joel Carmichael (Oxford, 1955); publicado originalmente em russo, em 1922), 101-8.

34. "Zhurnal Soveta Ministrov Vremennogo Pravitel'stva", 2 de março de 1917, GARF, f.601, op.1, d.2103, l.1.

35. *Izvestiia Petrogradskogo Soveta rabochikh i soldatskikh deputatov* (Notícias do Soviete de Representantes de Operários e Soldados de Petrogrado), hoje, *Izvestiia*, 2 e 3 de março de 1917; Sukhanov, *Russian Revolution*, 118-25; Hasegawa, *February Revolution*, 417-8.

36. Ver Hasegawa, *February Revolution*, 446-54.

37. D.N. Dubenski, "Kak proizoshel perevorot v Rossii: Zapiski-dnevniki" (Como ocorreu a revolução russa: Notas e Diários), *Russkaia letopis'* (Crônica russa) 3 (1922): 46-7.

38. Hasegawa, *February Revolution*, 492.

39. S.N. Vil'chkovskii, "Prebyvanie Gosudaria Imperatora v Pskove 1 i 2 Marta 1917 goda, po razskazu general-ad'iutanta N.V. Ruzskogo" (Sua Majestade o imperador em Pskov, 1-2 de março de 1917, de acordo com a versão do general-de-brigada N.V. Ruzski), *Russkaia letopis'* 3 (1922): 169. Em uma comunicação por telégrafo direto com Rodzianko na manhã seguinte, Ruzski mencionou também a boa vontade de Nicolau em permitir que o mesmo Rodzianko formasse um novo governo. *Krasnyi arkhiv* 21 (1927): 56.

40. Telegrama de Alekseiev a Ivanov, 28 de fevereiro de 1917, recebido em Tsarkoe Tselo no dia 1 de março, à 1:15h. *Krasnyi arkhiv* 21 (1927): 31. Alekseiev enviou cópia a todos os comandantes da frente de guerra.

41. Telegrama de Nicolau II a Ivanov, 2 de março de 1917, 24:20h, *Krasnyi arkhiv* 21 (1927): 53. Mais tarde, no mesmo dia, por instrução do czar, Alekseiev enviou ordens aos comandantes de frentes de guerra, cancelando a ordem de que reforços fossem enviados da frente, a fim de apoiar Ivanov. Telegrama de Alekseiev aos generais Evert e Brusilov, 2 de março de 1917, *Krasnyi arkhiv* 21 (1927): 64.

42. Comunicação por telégrafo direto entre Ruzski e Rodzianko, 2 de março de 1917, 3:30h-7:30h, Rossiski gosudarstvennyi voenno-istoricheskii arkhiv (Arquivo Militar-Histórico do Estado Russo, hoje RGVIA), f.2031/s, op.1, d.9. l.99-101, publicado no *Revoliutsionnoe dvizhenie v Rossii posle sverzheniia samoderzhaviia* (O movimento revolucionário na Rússia após a derrubada da autocracia) (Moscou, 1957), 405-9 (citação 406).

43. Telegrama de Alekseiev a comandantes de frentes de batalha, 2 de março de 1917, 10:15h, *Russkaia letopis'* 3: 135-6; *Krasnyi arkhiv* 21 (1927): 67-9.

44. *Krasnyi arkhiv* 21 (1927): 75.

45. Versão de Ruzski em Vilchkovski, "Prebyvanie", *Russkaia letopis'* 3 (1922): 178.

46. *Russkaia letopis'* 3 (1922): 140. Uma reprodução do telegrama original a Rodzianko consta de Martinov, *Tsarskaia armiia*, 159.

47. Rascunho do manifesto de abdicação, *Krasnyi arkhiv* 22 (1927): 7; Nicolas de Basily [Nikolai Bazili], *Memoirs* (Stanford, 1973), 116-7, 122-5 (incluindo fotografia do rascunho final de Basily). Essa publicação é uma tradução do original francês, incluída nos Basily Papers, nos Arquivos da Hoover Institution, Stanford, Califórnia.

48. Bazili, *Memoirs*, 125; recordações de Guchkov, em Basily Papers, Arquivos da Hoover Institution, traduzido em Basily, *Memoirs*, 129-30; telegrama de Guchkov e Shulgin a Alekseiev, 3 de março de 1917, RGVIA, f.2031/s, op.1, d.9, l.223, publicado em *Revoliutsionnoe dvizhenie v Rossii posle sverzheniia samoderzhaviia*, 416-7.

49. Bazili, *Memoirs*, 119-20.

50. Tanto Shulgin quanto Guchkov mencionaram sua serenidade em suas recordações do encontro: Guchkov em Basily, *Memoirs*, 127-8, e Shulgin em V.V. Shulgin, *Dni* (Dias) (Belgrado, 1925), 266-8.

51. V.N. Voeikov, *S tsarem i bez tsaria* (Com o czar e sem o czar) (Helsingfors, 1936), 212.

52. Discurso de Miliukov, *Izvestiia*, 3 de março de 1917.

53. Guchkov lembrou-se de que "um belo mito poderia ter sido criado em torno dessa criança inocente e pura. Seu encanto teria ajudado a acalmar a ira das massas." Citado em Basily, *Memoirs*, 128.

54. Telegrama do grão-duque Nikolai Nikolaevich ao general Alekseiev, 3 de março de 1917, 18:22h, *Krasnyi arkhiv* 22 (1927): 25.

55. Esses encontros foram descritos nas memórias da maioria dos participantes, notadamente por Shulgin, *Dni*, 295-307; P.N. Miliukov, *Istoriia vtoroi russkoi revoliutsii* (A história da segunda Revolução Russa), vol. 1 (Sofia, 1921), 53-5; Miliukov, *Vospominaniia* (Memórias), vol.2 (Nova York, 1955), 316-8.

Capítulo 2: Prisão em Tsarkoe Tselo

1. Telegrama do general Alekseiev ao príncipe Lvov, 4 de março de 1917, *Krasnyi arkhiv* 22 (1927): 54; telegrama de Lvov a Alekseiev, 6 de março de 1917, GARF, f.601, op.1, d.2107, l.1, reproduzido em *Krasnyi arkhiv* 22 (1927): 55.

2. Correspondência entre o embaixador George Buchanan e o Ministério das Relações Exteriores da Grã-Bretanha, 18-22 de março de 1917, Public Record Office, FO 371, vol.2995, p.415-6; vol. 2998, p.90-3, 98, 106-12, 120-1.

3. George Buchanan, *My Mission to Russia* (Londres, 1923), 2: 104-5.

4. Para exemplos, ver GARF, f.1235, op.53, d.19, l.58; *Krasnyii arkhiv* 22 (1927): 67.

5. Arthur Stamfordham ao secretário do Interior, Arthur Balfour, 6 de abril de 1917, Public Record Office, FO 800, vol. 205, e no Lloyd George Papers, Record Office, House of Lords. Essas cartas foram citadas em Kenneth Rose, *King George V* (Londres, 1983), 212-3, e em Anthony Summers e Tom Mangold, *The File on the Tsar* (Nova York, 1976), 249-50. Ver também carta de Stamfordham a Balfour, datada de 30 de março, a respeito da relutância do rei em aceitar a entrada do czar e sua família na Grã-Bretanha. Public Record Office, FO 800, vol. 205, citado em Summers e Mangold, *File on the Tsar*, 248.

6. Ver Rose, *George V*, 208-10.

7. Ministério das Relações Exteriores a Buchanan, 13 de abril de 1917, Public Record Office, FO 800, vol. 205, citado em Rose, *George V*, 213-4, e em Summers e Mangold, *File on the Tsar*, 250-1. Ver também Robert D. Warth, *The Allies and the Russian Revolution* (Durham, NC, 1954), 34-7.

8. Aleksandr Kerenski, *The Catastrophe: Kerensky's Own Story of the Russian Revolution* (Nova York, 1927), 261.

9. A discussão que se segue sobre as condições da prisão da família em Tsarkoe Tselo baseia-se em documentos constantes deste capítulo e em diários (de Nicolau, Aleksandra e do preceptor de Aleksei, Gilliard), além de memórias e cartas. Cartas valiosas, além das que foram incluídas neste livro, podem ser encontradas em *Pis'ma tsarskoi sem'i iz zatocheniia* (Cartas da família imperial no cativeiro) (Jordanville, NY, 1974). Utilizei também cartas de Pierre Gilliard, em GARF, f.611, op.1, d.50. As memórias mais confiáveis relativas a esse período — julgadas por sua mútua coerência e exatidão geral sobre fatos, que pode ser comprovada em documentos — são as de Paul Benckendorff [Pavel Benkendorf], *Last Days at Tsarkoe Selo* (Londres, 1927); Sofia Buksgevden, *The Life and Tragedy of Aleksandra Feodorovna* (Londres, 1928); e Pierre Gilliard, *Thirteen Years at the Russian Court* (Nova York, 1921).

10. Benkendorf, *Last Days at Tsarkoe Selo*, 31-4.

11. Ver também o diário de Nicolau II, 27 de maio de 1917; carta de Aleksandra a A.V. Siroboiarski, 28 de maio de 1917, *Pis'ma tsarskoi sem'i iz zatocheniia*, 62; Benkendorf, *Last Days at Tsarkoe Selo*, 91.

12. Gilliard, *Thirteen Years*, 232 (11 [24] de junho).

13. Gilliard, *Thirteen Years*, 229; "Zapros sobraniia predstavitelei fronta" (Inquérito sobre um encontro de representantes da frente de batalha), 12 de abril de 1917, GARF, f.1235, op.53, d.19, l.71.

14. Benkendorf, *Last Days at Tsarkoe Selo*, 38; Buksgevden, *Life and Tragedy*, 283.

15. Buksgevden, *Life and Tragedy*, 298; Benkendorf, *Last Days at Tsarkoe Selo*, 84.

16. Benkendorf, *Last Days at Tsarkoe Selo*, 43.

17. Diário de Nicolau II, 30 de março e 18 de abril de 1917; Buksgevden, *Life and Tragedy*, 283-4, 299; Benkendorf, *Last Days at Tsarkoe Selo*, 67-8, 86; Documentos 46, 72. Baseando-se em entrevistas realizadas em 1918-19, Nikolai Sokolov, investigador Branco, descreveu outros exemplos de soldados "humilhando" e "comportando-se de modo desrespeitoso" com o antigo czar e família. N. Sokolov, *Ubiistvo tsarskoi sem'i* (Berlim, 1925), 15-6.

18. Ver também "Prizyvy k mesti" (Apelos por vingança), *Izvestiia*, 28 de maio de 1917; Kerenski, *Catastrophe*, 262. Nos arquivos russos há inúmeros telegramas, cartas e petições, enviados na primavera e verão de 1917 ao Soviete de Petrogrado e ao Comitê Executivo Central dos Sovietes, este último criado em junho no congresso nacional dos sovietes. Alguns exemplos dos mesmos foram publicados no *Krasnyi arkhiv* 81 (1937): 121-7. Ver também GARF, f.1235, op.53, d.20, l.2, 7, 12, 15; e f.1235, op.53, d.19, l.79.

19. Ver também a carta à imprensa enviada pelos comandantes Korovichenko e Kobilinski, "Kak soderzhit'sia Nikolai Romanov s sem'eiu v Tsarskom sele" (Como Nicolau Romanov e sua família estão sendo tratados em Tsarkoe Tselo), *Izvestiia*, 21 de maio de 1917; e o artigo "V Tsarskom sele" (Em Tsarkoe Tselo), *Izvestiia*, 28 de maio de 1917.

20. "Prizyvy k mesti" *Izvestiia*, 28 de maio de 1917.

21. *Rech'* (Discurso [um jornal do Partido Cadete]), 28 de abril de 1917, traduzido no *The Russian Provisional Government*, 1917: *Documents*, org. Robert Browder e Aleksandr Kerenski, 3 vols. (Stanford, 1961), 2:1098.

22. *Rech'*, 28 de março de 1917, traduzido no *Russian Provisional Government*, 2: 1045-6.

23. Não existe ainda uma história completa da sociedade russa durante a revolução. Bons estudos parciais podem ser encontrados em Marc Ferro, *The Russian Revolution of 1917* (Londres, 1972); Ferro, *The Bolshevik Revolution* (Londres, 1980); Diane Koenker, *Moscow Workers and the 1917 Revolution* (Princeton, 1981); Diane Koenker e William G. Rosenberg, *Strikes and Revolution in Russia, 1917* (Princeton, 1989); Tim McDaniel, *Autocracy, Capitalism, and Revolution in Russia* (Berkeley, 1988); S.A. Smith, *Red Petrograd: Revolution in the Factories, 1917-18* (Cambridge, Ingl. 1983); e Allan K. Wildman, *The End of the Russian Imperial Army*, 2 vols. (Princeton, 1980, 1987).

24. Discurso de Lvov, *Russkiia vedomosti*, 9 de julho de 1917, traduzido no *Russian Provisional Government*, 3: 1388.

25. Aleksandr Kerenski, "The Road to the Tragedy", em *The Murder of the Romanovs* (Londres, 1935), 120.

Capítulo 3: Cativeiro na Sibéria

1. Evgeni Kobilinski, depoimento de 6-10 de abril de 1919, documentos da Investigação sobre a Morte de Nicolau II (Arquivo Sokolov), Houghton Library, Universidade Harvard, Kilgour collection, MS Russian 35, vol. 3, doc. 29. Partes do depoimento de Kobilinski foram publicadas em *Gibel'tsarskoi sem'i* (A destruição da família imperial), org. Nikolai Ross (Frankfurt, 1987). Ver também citações extraídas do diário de Kobilinski, em Aleksandr Kerenski, "The Road to the Tragedy", em *The Murder of the Romanovs* (Londres, 1935), 130-3.

2. Diário de Nicolau II, 2 de agosto de 1917.

3. Kobilinski, depoimento de 6-10 de abril de 1919, Houghton Library, Arquivo Sokolov, vol.3, doc. 29, e em *Gibel'tsarskoi sem'i*, 293.

4. Por exemplo, resolução dos operários da oficina Putilov de manutenção de ferrovias, em Petrogrado, 4 de agosto de 1917, *Rabochii i soldat* (Operário e Soldado [substituto temporário do fechado *Pravda*]), 10 de agosto de 1917.

5. Ver também o telegrama do Soviete de Irkutsk, 5 de agosto de 1917, GARF, f.1235, op.53, d.19, l.92.

6. Pierre Gilliard, *Thirteen Years at the Russian Court* (Nova York, 1921), 239-40.

7. Diário de Nicolau II, 6 de agosto de 1917.

8. Gilliard, *Thirteen Years*, 239-41; Kobilinski, depoimento de 6-10 de abril de 1919, Houghton Library, Arquivo Sokolov, vol. 3, doc.29, e em *Gibel' tsarskoi sem'i*, 295-6.

9. Gilliard, depoimento de 12-14 de setembro de 1918, Houghton Library, Arquivo Sokolov, vol. 1, doc.36, e em *Gibel'tsarskoi sem'i*, 103; Kobilinski, depoimento de 6-10 de abril de 1919, Arquivo Sokolov, vol. 3, doc. 29, e em *Gibel'tsarskoi sem'i*, 295.

10. Depoimento de Gilliard em 12-14 de setembro de 1918, Houghton Library, Arquivo Sokolov, vol.1, doc.36; depoimento da babá Aleksandra Tegleva, 5-6 de julho de 1919, Arquivo Sokolov, vol.5, doc.36: Gilliard, anotação no diário em 30 de janeiro de 1918, em Gilliard, *Thirteen Years*, 252-3.

11. Gilliard, depoimento de 5-6 de março de 1919, Houghton Library, Arquivo Sokolov, vol. 2, doc.55, e em *Gibel'tsarskoi sem'i*, 230; Gilliard, *Thirteen Years*, 242; N. Sokolov, *Ubiistvo tsarskoi sem'i* (Berlim, 1925), 30-1; Documento 123.

12. Genrikh Ioffe, *Revoliutsiia i sud'ba Romanovykh* (Moscou, 1992), 94-6, 106-11; RGVIA, f.366, op.2, d.15, l.45-9, 61, citado em Ioffe, *Revoliutsiia*, 108-9; *Izvestiia*, 22 e 23 de agosto de 1917, 10 de setembro de 1917.

13. Ver especialmente discursos e resoluções na Conferência de Personagens Públicas (8-10 de agosto) e na Conferência do Estado (12-15 de agosto), ambas realizadas em Moscou, como foram noticiadas no *Rech'*, 12-17 (25-30) de agosto de 1917.

14. Alexander Rabinowitch, *The Bolsheviks Come to Power* (Nova York, 1976), 100-15; Richard Pipes, *The Russian Revolution* (Nova York, 1990), 442-8; *Revoliutsionnoe dvizhenie v Rossii v auguste 1917 g.* (O movimento revolucionário na Rússia em agosto de 1917) (Moscou, 1959), 359-77.

15. *Revoliutsionnoe dvizhenie v Rossii v auguste 1917 g.*, 441-3, 445-6; Rabinowitch, *Bolsheviks Come to Power*, 117-27; Pipes, *Russian Revolution*, 448-64.

16. Gilliard, *Thirteen Years*, 243.

17. Diário de Nicolau II, 1º de setembro de 1917.

18. "Pamiati Vasiliia Semenovicha Pankratova" (Em memória de Vassili Semenovich Pankratov), prefácio ao V.S. Pankratov, *S tsarem v Tobol'ske* (Com o czar em Tobolski) (Leningrado, 1925), 7-10; Kobilinski, depoimento de 6-10 de abril de 1919, Houghton Library, Arquivo Sokolov, vol. 3, doc. 29, e em *Gibel'tsarskoi sem'i*, 295.

19. Pankratov, *S tsarem*, 12.

20. Depoimentos de Kobilinski (6-10 de abril de 1919), Aleksandra Tegleva (5-6 de julho de 1919) e Elizaveta Ersberg (6 de julho de 1919), Houghton Library, Arquivo Sokolov, vol.3, doc.29, vol.5, docs.36-7; depoimentos de Klavdia Bitner (4 de agosto de 1919) e Aleksei Volkov (20-23 de agosto de 1919 — ambos desaparecidos da coleção Houghton — em *Gibel'tsarskoi sem'i*, 425, 448.

21. Gilliard, *Thirteen Years*, 241. Klavdia Bitner, professora do ginásio de Tsarkoe Tselo que deu aulas aos filhos da família imperial em Tobolski, considerada por Pankratov como "uma verdadeira idealista revolucionária". Depoimento em *Gibel'tsarskoi sem'i*, 425.

22. Depoimentos de Kobilinski (6-10 de abril de 1919), Tegleva (5-6 de julho de 1919) e Ersberg (6 de julho de 1919), Houghton Library, Arquivo Sokolov, vol.3, doc.29, e vol.5, docs. 36-37; Bitner, depoimento de 4 de agosto de 1919, em *Gibel'tsarskoi sem'i*, 425.

23. Ver Marc Ferro, *The Bolshevik Revolution* (Londres, 1980); Diane Koenker, *Moscow Workers and the 1917 Revolution* (Princeton, 1981); Diene Koenker e William G. Rosenberg, *Strikes and Revolution in Russia, 1917* (Princeton, 1989); Tim McDaniel, *Autocracy, Capitalism, and Revolution in Russia* (Berkeley, 1988); S.A. Smith, *Red Petrograd: Revolution in the Factories, 1917-18* (Cambridge, Ingl., 1983); e Allan K. Wildman, *The End of the Russian Imperial Army*, vol.2 (Princeton, 1987).

24. Além dos estudos citados na nota anterior, a discussão constante deste livro, dos levantes e atitudes populares em 1917, baseia-se em centenas de petições, cartas e outros documentos de arquivos inéditos, enviados por russos de baixa classe a várias autoridades políticas em 1917, e que foram localizados no Arquivo Estatal da Federação Russa (GARF), fontes 1244 (*Izvestiia*), 1235 (Comitê Executivo Central de Todas as Rússias [VTsIK], do II Congresso de Sovietes de Todas as Rússias); 1778 (chancelaria do ministro-presidente do Governo Provisório); 1796 (Comitê Continental); 6978 (VTsIK, primeira sessão).

25. Telegrama do comitê dos soldados da guarda, 26 de janeiro de 1918, GARF, f.393, op.2, d.94, l.8; telegrama do comissário provincial de Tobolski, 26 de janeiro de 1918, *Bor'ba za vlast'Sovetov v Tobol'skoi (Tiumenskoi) gubernii (1917-1920 gg.): Sbornik dokumentov* (A luta pelo poder no soviete da província de Tobolski: Uma coletânea de documentos) (Sverdlovsk, 1967), 146; telegrama do comissário do povo para assuntos internos prometendo um novo encontro, 31 de janeiro de 1918, GARF, f.393, op.2, d.94, l.7; Gilliard, anotações no diário em 6 e 8 de fevereiro de 1918, em Gilliard, *Thirteen Years*, 253.

26. Aleksandra a Virubova, 23 de fevereiro de 1918, Beinecke Rare Book and Manuscript Library, Universidade Yale, MS caixa-forte, prateleiras, Coleção Romanov, caixa 1.

27. Kobilinski, depoimento de 6-10 de abril de 1919, Houghton Library, Arquivo Sokolov, vol. 3, doc.29, e em *Gibel'tsarskoi sem'i*, 296-7; Gilliard, depoimento de 5-6 de março de 1919, Arquivo Sokolov, vol.2, doc.55; *Gibel'tsarskoi sem'i*, 230.

28. Telegramas de Pankratov a Kerenski, 23 de setembro de 1917, GARF, f.1778, op.1, d.279, l.1.4.

29. Gilliard, anotações no diário em 18 e 19 de janeiro de 1918, em Gilliard, *Thirteen Years*, 252; Gilliard, depoimento de 5-6 de março de 1919, Houghton Library, Arquivo Sokolov, vol.2, doc.55.

30. Kobilinski, depoimento de 6-10 de abril de 1919, Houghton Library, Arquivo Sokolov, vol.3, doc.29, e em *Gibel'tsarskoi sem'i*, 298; Gilliard, depoimento de 5-6 de março de 1919, Arquivo Sokolov, doc.55; Gilliard, anotações no diário em 4-5 de março de 1918, em Gilliard, *Thirteen years*, 255; diário de Nicolau II, 20 de fevereiro (5 de março) de 1918.

31. Gilliard, depoimento de 5-6 de março de 1919, Houghton Library, Arquivo Sokolov, vol. 1, doc.55; ver também Tegleva, depoimento de 5-6 de julho de 1919, Arquivo Sokolov, vol.5, doc. 36.

32. Kobilinski, depoimento de 6-10 de abril de 1919, Houghton Library, Arquivo Sokolov, vol.3, doc.29, e em *Gibel'tsarskoi sem'i*, 298; Gilliard, *Thirteen Years*, 256.

33. Kobilinski, depoimento de 6-10 de abril de 1919, Houghton Library, Arquivo Sokolov, vol.3, doc.29, e em *Gibel'tsarskoi sem'i*, 299; Gilliard, anotações no diário em 25 de fevereiro-1º de março de 1918, em Gilliard, *Thirteen Years*, 254-5; diário de Nicolau II, 14-15 (27-28) de fevereiro e 12 (25) de março de 1918.

34. Kobilinski, depoimento de 6-10 de abril de 1919, Houghton Library, Arquivo Sokolov, vol.3, doc.29, e em *Gibel's tsarskoi sem'i*, 298-9; telegrama do VTsIK a Kobilinski, 19 de abril de 1918, GARF, f.601, op.2, d.35, l.3; ata do Presidium do VTsIK, 18 de abril de 1918, GARF, f.1235, op.34, d.36, l.128-34 (item 20).

35. Kobilinski, depoimento de 6-10 de abril de 1919, Houghton Library, Arquivo Sokolov, vol.3, doc.29, e em *Gibel'tsarskoi sem'i,* 300; P.M. Bykov, *Poslednie dni Romanovykh* (Os últimos dias dos Romanov) (Alma-Ata, 1991); publicado originalmente em Sverdlovsk, 1926), 71.

36. Além dos documentos constantes desta coleção, ver as cartas de Aleksandra a Anna Virubova, de 22 e 23 de janeiro, 3 (16) de março, 13 (26) de março, e 20 de março (2 de abril) de 1918, Beinecke Rare Book and Manuscript Library, Universidade Yale, MS caixa-forte, prateleiras, Coleção Romanov, caixa 1. Embora a maioria dessas cartas tenha sido publicada por Virubova na década de 1920 (mais tarde reproduzidas em *Pis'ma tsarskoi sem'i iz zatocheniia* [Cartas da família imperial no cativeiro] [Jordanville, NY, 1974]), Virubova as corrigiu para eliminar, entre outras coisas, muitas das referências à chegada e presença em Tobolski de conhecidos oficiais monarquistas.

37. K. Sokolov, "Popytka osvobozhdeniia Tsarskoi Sem'i (Dekabr'1917 g.-Fevral'1918 g.)" (Uma tentativa para libertar a família imperial [dezembro de 1917–fevereiro de 1918]), *Arkhiv russkoi revoliutsii* 17 (1927): 280-7.

38. S. Markov, *Pokinutaia tsarskaia sem'ia, 1917-1918* (A esquecida família imperial) (Viena, 1928), 195-6.

39. N. Markov, "Popytka spaseniia Tsarskoi Sem'i" (Uma tentativa de salvar a família imperial), *Vestnik Vysshego monarkhicheskogo soveta* (Arauto do Conselho Monarquista Supremo) (Berlim), 28 de abril (11 de maio) de 1924, reproduzido em Markov, *Pokinutaia tsarskaia sem'ia,* 424-9; Markov, *Pokinutaia tsarskaia sem'ia,* 194-7; B. Markov, "K perevodu tsaria iz Tobol'ska v monastyr'" (Em relação à transferência do czar de Tobolski para um mosteiro), GARF, f.601, op.1, d.2471; Ioffe, *Revoliutsiia i sud'ba Romanovykh,* 152; *Pis'ma tsarskoi sem'i izzatocheniia,* 238-9.

40. Depoimentos de A.V. Krivoshein (17 de janeiro de 1921 e 6 de fevereiro de 1921), D.B. Neigart (27 e 29 de janeiro de 1921 e 29 de maio de 1921) e A.F. Trepov (16 de fevereiro de 1921), citados em Sokolov, Ubiistvo, 104-7.

41. Anthony Summers e Tom Mangold, *The File on the Tsar* (Nova York, 1976), 253-60.

42. Depoimentos de Boris Soloviov (29 de dezembro de 1919 e 1º de janeiro de 1920), Matriona Soloviova (Maria Rasputina) ([26-27] de dezembro de 1919), Evgeni Loginov (24 de outubro de 1919), Konstantin Melnik (2 de novembro de 1919) e Viktor Botkin (2 de novembro de 1919), Houghton Library, Arquivo Sokolov, vol. 7; Nikolai Sedov, depoimento de 22 de novembro de 1918, Arquivo Sokolov, vol.1, doc.46, e em *Gibel'tsarskoi sem'i,* 117-8; N. Markov, "Popytki spaseniia", 428; Sokolov, *Ubiistvo,* 87-104; S. Markov, *Pokinutaia tsarskaia sem'ia,* 197, 218, 240, 413-5; Ioffe, *Revoliutsiia i sud'ba Romanovykh,* 153-63; Aleksandra a Boris Soloviov, 26 de janeiro de 1918, em Markov, *Pokinutaia tsarskaia sem'ia,* 263; Gilliard, anotação no diário em 23 de março de 1918, em Gilliard, *Thirteen Years,* 257-8 (sobre a confiança de Nicolau nessas histórias).

43. Os arquivos contêm grande número dessas resoluções — como, por exemplo, a resolução do Congresso da Marinha de Guerra do Báltico, 22 de novembro de 1917, GARF, f.130, op.23, d.2, l.99.

44. [V.I. Lenin], "Sotsalisticheskoe otechestvo v opasnotsi!" (A pátria mãe socialista está em perigo!), *Pravda,* 22 (9) de fevereiro de 1918. Todas as edições de suas obras completas identificam Lenin como o autor.

45. "Nemetskii imperator i russkii tsar" (O imperador alemão e o czar russo), *Pravda,* 23 (10) de fevereiro de 1918 (edição vespertina).

46. Bikov, *Poslednie dni,* 72.

47. Telegrama da guarda de Tobolski e resposta do VTsIK, 16 de abril de 1918, GARF, f.601, op.2, d.35, l.1.

48. Sokolov, *Ubiistvo,* 49-54, 108-9; Summers e Mangold, *File on the Tsar,* 262-70; Ioffe, *Revoliutsiia i sud'ba Romanovykh,* 163-4; Edvard Radzinsky, *The Last Tsar* (Nova York, 1992), 256-84; Tegleva, depoimento de 5-6 de julho de 1919, Houghton Library, Arquivo Sokolov, vol.5, doc.36.

49. Ioffe, *Revoliutsiia i sud'ba Romanovykh,* 167-75; declaração de K. Stoianovich (Iakovlev) a Stalin e Iezhov, 27 de junho de 1937; arquivo familiar de V.V. Iakovlev, em Veniamin Alekseiev, *Gibel'tsarskoi sem'i* (A destruição da família imperial) (Iekaterinburg, 1993), 80.

50. Cartas e declarações de Iakovlev, 1931-37, arquivo familiar de V.V. Iakovlev, em Alekseiev,

Gibel'tsarskoi sem'i, 72-82; N. Leshkin, "Poslednii reis Romanovykh" (A última viagem dos Romanov), *Leninets* (Ufa), outubro-novembro de 1976, citado em Radzinsky, *Last Tsar*, 282-4; Ioffe, *Revoliutsiia i sud'ba Romanovykh*, 199-207.

51. Kobilinski, depoimento de 6-10 de abril de 1919, Houghton Library, Arquivo Sokolov, vol.3, doc.29, e em *Gibel'tsaiskoi Sem'i*, 301.

52. Notas e relatórios telegráficos de Iakovlev ao VTsIK, 25 de abril de 1918, GARF, f.601, op.2, d.4, l.88, 98-9.

53. Kobilinski, depoimento de 6-10 de abril de 1919, Houghton Library, Arquivo Sokolov, vol.3, doc. 29; *Gibel' tsarskoi sem'i*, 303.

54. Gilliard, anotação no diário em 25 de abril de 1918, em Gilliard, *Thirteen Years*, 260-1. Ver também Documento 122.

55. V. Iakovlev, "Poslednii reis Romanovykh" (A última viagem dos Romanov), *Ural* 1988 (n.7): 151-2.

56. Relatório de M. Tukhachevski ao VTsIK, GARF, f.1235, op.79, d.7, l.29-29ob., citado em Ioffe, *Revoliutsiia i sud'ba Romanovykh*, 180-1.

57. Ioffe, *Revoliutsiia i sud'ba Romanovykh*, 180-1.

Capítulo 4: Morte em Iekaterinburg

1. P.M. Matveiev, "Tsarkoe Selo — Tobol'sk — Ekaterinburg" (manuscrito no arquivo do Partido Comunista de Iekaterinburg), publicado como "Vospominaniia P.M. Matveeva" (Memórias de P.M. Matveiev), *Ural'skii rabochii*, 16 de setembro de 1990, citado em P.M. Bykov, *Poslednie dni Romanovykh* (Alma-Ata, 1991; publicado originalmente em Sverdlovsk, 1926), 83-4, e em Genrikh Ioffe, *Revoliutsiia i sud'ba Romanovykh* (Moscou, 1992), 196.

2. V. Iakovlev, "Poslednii reis Romanovykh" (A última viagem dos Romanov), *Ural* 1988 (n.7): 163, citado em Ioffe, *Revoliutsiia i sud'ba Romanovykh*, 196. Essas memórias foram escritas por Iakovlev pouco depois de sua volta à URSS, em 1928. Foram também reproduzidas em *Poslednie dni Romanovykh: Dokumenty, materialy sledstviia, dnevniki, versii* (Os últimos dias dos Romanov: Documentos, materiais de investigação, diários, versões) (Sverdlovsk, 1991), 44-74.

3. Investigadores que entraram na casa após a tomada de Iekaterinburg pela Legião Tcheca viram e fotografaram essa marca (notando também uma suástica acima de uma das camas). N.A. Sokolov, relatório sobre a vistoria feita na casa Ipatiev, 15-25 de abril de 1919, Documentos da Investigação da Morte de Nicolau II (Arquivo Sokolov, Houghton Library, Universidade Harvard, Coleção Kilgour, MS Russ 35, vol.3, doc.42, e em *Gibel' tsarskoi sem'i*, org. Nikolai Ross (Frankfurt, 1987), 316; Pierre Gilliard, depoimento de 5-6 de março de 1919, Houghton Library, Arquivo Sokolov, vol.1, doc.55, e em *Gibel'tsarskoi sem'i*, 235. Uma fotografia, uma cópia original da que se encontra no Arquivo Sokolov, em Harvard, é reproduzida em N. Sokolov, *Ubiistvo tsarskoi sem'i* (Berlim, 1925), oposta à p.49.

4. Ordem de prisão assinada por Aleksandr Beloborodov, 30 de abril de 1918, GARF, f.601, op.2, d.4, l.343.

5. Resoluções do Presidium do Soviete dos Urais sobre prisões, 23 de maio de 1918, GARF, f.601, op.2, d.3, l.5, 8, 134-5; Pierre Gilliard, depoimento de 12-14 de setembro de 1918, Houghton Library, Arquivo Sokolov, vol.1, doc.36, e em *Gibel' tsarskoi sem'i*, 105.

6. Diário de Aleksandra, 23 de maio (5 de junho) de 1918, GARF, f.640, op.1, d.326, l.72.

7. M.I. Letemin (operário-guarda da fábrica Sisert), depoimento de 18-19 de outubro de 1918, em *Gibel'tsarskoi sem'i*, 108-9; F.P. Proskuriakov (operário-guarda da fábrica Sisert), depoimento de 1-3 de abril de 1919, em *Gibel'tsarskoi sem'i*, 271-3.

8. A.A. Iakimov, depoimento de 7-11 de maio de 1919, Houghton Library, Arquivo Sokolov, vol.4, doc.18, e em *Gibel' tsarskoi sem'i*, 61-2.

9. T.I. Chemodurov, depoimento de 15-16 de agosto de 1918, Houghton Library, Arquivo Sokolov, vol.1, doc.23, e em *Gibel' tsarskoi sem'i*, 338.

10. Ver também Chemodurov, depoimento de 15-16 de agosto de 1918, Houghton Library, Arquivo Sokolov, vol.1, doc.23, e em *Gibel' tsarskoi sem'i*, 62.

11. Chemodurov, depoimento de 15-16 de agosto de 1918, Houghton Library, Arquivo Sokolov, vol.1, doc.23, e em *Gibel' tsarskoi sem'i*, 62; Sokolov, *Ubiistvo*, 127-9.

12. Versão, do príncipe Lvov, do que lhe foi contado por Ivan Sedniov e Nagorni (com quem dividiu uma cela), citado em Sokolov, *Ubiistvo*, 129-30.

13. Iakimov, depoimento de 7-11 de maio de 1919, Houghton Library, Arquivo Sokolov, vol.4, doc.18, e em *Gibel' tsarskoi sem'i*, 335.

14. I.A. Sergeiev, relatório de inspeção realizada na casa Ipatiev, 11-14 de agosto de 1918, Houghton Library, Arquivo Sokolov, vol.1, doc.19; N.A. Sokolov, relatório sobre inspeção realizada na casa Ipatiev, 15-25 de abril de 1919, Arquivo Sokolov, vol.3, doc.42; Sokolov, relatório sobre inspeção de objetos retirados da casa Ipatiev pelo investigador Sergeiev, 19 de maio de 1919, Arquivo Sokolov, vol.4, doc.37. Esses relatórios constam também de *Gibel' tsarskoi sem'i*, 51-9, 314-20, 348-9.

15. V.I. Lenin, "Kak organizovat'sorevnovanie?" (Como organizar a concorrência?), em *Izbrannye proizvedeniia v chetyrekh tomakh* (Obras escolhidas em quatro volumes) (Moscou, 1988), 3: 52. O ensaio foi escrito em 24-27 de dezembro de 1917, mas só foi publicado em 1929.

16. V.I. Lenin a G.E. Zinoviev, 26 de junho de 1918, em *Polnoe sobranie sochinenii*, 5ª ed., vol.50 (Moscou, 1965), 106.

17. Manifestações literárias soberbas desse estilo cultural são encontradas em Boris Pilniak, *The Naked Year* (1921) e nas histórias de Isaak Babel sobre a guerra Civil, *Red Cavalry* (1926).

18. A.M. Selishchev, *Iazyk revoliutsionnoi epokhi*, 2ª ed. (Moscou, 1928), 85-7, 133 (citação).

19. V. Aleksandrovski, "Sev" (Semeando), *Pravda*, 14 de novembro de 1918.

20. Ver a discussão sobre o *"levachestvo"* (esquerdismo) dos bolchevistas dos Urais em Ioffe, *Revoliutsiia i sud'ba Romanovykh*, 303.

21. A.D. Avdeiev, "Nikolai Romanov v Tobol'ske i v Ekaterinburge" (Nicolau Romanov em Tobolski e Iekaterinburg), *Krasnaia nov'* (Terra virgem vermelha), 1928, n.5 (maio): 202.

22. Bikov, *Poslednie dni Romanovykh*, 97.

23. Diário de Aleksandra, 31 de maio (13 de junho), GARF, f.640, op.1, d.326, l.77.

24. Para desmentidos, além dos contidos nos documentos, ver o telegrama do Soviete de Iekaterinburg, publicado no *Izvestiia*, 25 de junho de 1918; telegrama de P.I. Berzin ao SOVNARKOM 27 de junho de 1918, GARF, f.130, op.2, d.111, l.106, publicado no *Izvestiia*, 28 de junho de 1918; *Svobodnyi put'* (O caminho livre) (Perm), 2 de julho (19 de junho) de 1918.

25. Dmitri Malinovski, depoimento de 17 de junho de 1919, Houghton Library, Arquivo Sokolov, vol.5, doc.8; Kirill Sobolev, depoimento de 30 de agosto de 1919, em *Gibel' tsarskoi sem'i*, 457-8; Paul Bulygin, "The Sorrowful Quest", em *The Murder of the Romanovs* (Londres, 1935), 161-5; A. Mosolov, *Pri dvore imperatora* (Na corte do imperador) (Riga [1935]), 221-2.

26. Ioffe, *Revoliutsiia i sud'ba Romanovykh*, cap.8. A análise de Ioffe baseia-se extensamente em materiais retirados recentemente da lista dos sigilosos.

27. Avdeiev, "Nikolai Romanov v Tobol'ske i v Ekaterinburge", 202; Bykov, *Poslednie dni Romanovykh*, 92-4; Edvard Radzinsky, *The Last Tsar* (Nova York, 1992), 320-2; Ioffe, *Revoliutsiia i sud'ba Romanovykh*, 294-6; Richard Pipes, *The Russian Revolution* (Nova York, 1990), 767-8.

28. Diário de Aleksandra, 15 (28) de junho de 1918, GARF, f.640, op.1, d.326, l. 84ob.

29. Ioffe, *Revoliutsiia i sud'ba Romanovykh*, 317-9.

30. Depoimentos do irmão, irmã e cunhada de Iurovski, Houghton Library, Arquivo Sokolov, vol.7, docs.1-3; Sokolov, *Ubiistvo*, 134-5.

31. Iakimov, depoimento de 7-11 de maio de 1919, Houghton Library, Arquivo Sokolov, vol.4, doc.18, e em *Gibel' tsarskoi sem'i*, 337-8.

32. Ibid.; Sokolov, *Ubiistvo*, 138.

33. Regras para os guardas na casa Ipatiev, preparadas por Iurovski, 4 de julho de 1918, GARF, f.601, op.2, d. 23, l. 5-17.

34. A.F. Khatskevich, *Soldat velikikh boev: Zhizn'i deiatel'nost F.E. Dzerzhinskogo* (Soldado de grandes batalhas; A vida e obra de F.E. Dzerzhinski) (Minsk, 1987), 230, 246.

35. Relatório de Sverdlov ao Comitê Central do Partido Comunista, 19 de maio de 1918, RTsKhIDNI (Centro Russo de Preservação e Estudo de Documentos da História Recente), f.17, op.2, d.1, reproduzido em *Izvestiia Tsk KPSS* (Notícias do Comitê Central do Partido Comunista da União Soviética), 1989, n.4 (abril): 147.

36. Ioffe, *Revoliutsiia i sud'ba Romanovykh*, 298-9.

37. Lev Trotski, anotação em diário, dia 9 de abril de 1935, Houghton Library, Universidade Harvard, Arquivo Trotsky, bMS Russ 13, T-3731, p.110.

38. V.N. Kokovtsov, *Iz moego proshlogo: Vospominaniia 1903-1919* (De meu passado: recordações, 1903-19), 2 vols. (Paris, 1933), 2: 461.

39. Bykov, *Poslednie dni Romanovykh*, 89-90.

40. Uma valiosa fonte de provas do descontentamento das classes inferiores é a coleção, anteriormente mantida em sigilo, de correspondência "antibolchevista" que a população enviou ao Comitê Executivo Central dos Sovietes, GARF, f.1235, op.140, d.8 e 10.

41. GARF, f.9550 (folhetos da era dos sovietes), op.11 (materiais "contra-revolucionários"), d.303-15 (materiais extraídos de assembléias de plenipotenciários de operários, março-junho de 1918); M.S. Bernshtam, *Nezavisimoe rabochee dvizhenie v 1918 godu* (O movimento dos operários independentes em 1918) (Paris, 1981), caps.1-2; William G. Rosenberg, "Russian Labor and Bolshevik Power after October", *Slavic Review* (verão de 1985): 228-38; Vladimir Brovkin, *The Mensheviks after October* (Ithaca, NY, 1987).

42. Maxim Gorky, *Untimely Thoughts: Essays on Revolution, Culture and the Bolsheviks, 1917-1918*, trad. de Herman Ermolaev (New Haven, 1995).

43. Ioffe, *Revoliutsiia i sud'ba Romanovykh*, 231-9; Pipes, *Russian Revolution*, 624-31; James Bunyan, *Intervention, Civil War, and Communism in Russia, April-December 1918: Documents and Materials* (Baltimore, 1936).

44. *Ural'skii rabochii*, 15 (28) de junho de 1918).

45. Bykov, *Poslednie dni Romanovykh*, 98-101.

46. Dominic Lieven, *Nicholas II* (Londres, 1993). Ver opiniões muito parecidas em Pipes, *Russian Revolution*, 770; e Radzinsky, *Last Tsar*, 324-31.

47. Bykov, *Poslednie dni Romanovykh*, 89, 98.

48. G. Nikulin, autobiografia inédita, escrita em maio de 1964, RTsKhIDNI, f.558, op.3, d.13, l.1-70, citado em Ioffe, *Revoliutisiia i sud' ba Romanovykh*, 333.

49. Ordem de Lenin, 7 de julho de 1918, GARF, f.130, op.2, d.787, l.11-2, citada em Vladimir Ilich Lenin, *Biograficheskaia khronika*, vol.5 (Moscou, 1974), 616.

50. Sokolov, ata de exame de prova material, 23 de fevereiro de 1919, Houghton Library, Arquivo Sokolov, vol.2, doc.41. Sokolov disse ter encontrado numerosos telegramas desse tipo. Sokolov, *Ubiistvo*, 249.

51. Muitos desses telegramas foram encontrados mais tarde em Iekaterinburg. Houghton Library, Arquivo Sokolov, vol.1, doc.30, vol.2, doc.41; *Gibel'tsarskoi sem'i*, 214-9.

52. Radzinsky, *Last Tsar*, 342-4.

53. Citado em Radzinsky, *Last Tsar*, 345-6.

54. Trotski, anotação em diário no dia 9 de abril de 1935, Houghton Library, Universidade Harvard, Arquivo Trotsky, bMS Russ 13, T-3731, p.111.

55. Pipes, *Russian Revolution*, 770.

56. *Dekrety sovetskoi vlasti* (Decretos do Poder dos Sovietes), vol.3 (Moscou, 1964), 21-2; *Izvestiia*, 19 de julho de 1918.

57. Pipes, *Russian Revolution*, 771.

58. As descobertas foram noticiadas em dezenas de artigos de jornais. Ver, por exemplo, John Darnton, "Scientists Confirm Identification of Bones as Czar's", *New York Times*, 10 de julho de 1993; Josie Glausiusz, "Royal D-Loops", *Discover* (janeiro de 1994): 90; Rebecca Fowler, "Anastásia: The Mistery Resolved", *Washington Post*, 6 de outubro de 1994; entrevista com Veniamin Alekseiev, Federal Information Systems Corp. (Rússia), irradiação de 17 de abril de 1995.

59. Relatório de A. Kirsta e depoimentos de Pavel Utkin, Natalia Mutnikh e várias outras

pessoas (tomados em 1918-19), na Houghton Library, Arquivo Sokolov, vol.4, doc.5, e em *Gibel's tsarskoi sem'i*, 77, 86-7, 172-91. Outros relatórios, depoimentos e provas são descritos em Anthony Summers e Tom Mangold, *The File on the Tsar* (Nova York, 1976), 188-239, 273-354; e Marc Ferro, *Nicholas II: The Last of the Tsars* (Londres, 1991), 234-87.

60. *Pis'ma tsarskoi sem'i iz zatocheniia* (Cartas da família imperial no cativeiro) (Jordanville, NY, 1974), 399, 408-9.

61. Ioffe, *Revoliutsiia i sud'ba Romanovykh*, 320-1. Entre as indicações suspeitas encontradas nesses documentos há instituições com nomes errados, indivíduos desconhecidos e nome e assinaturas errados de Goloshchekin (que aparece como Golochekin).

62. Summers e Mangold, *File on the Tsar*, 106-17; Ferro, *Nicholas II*, 254-5.

63. Radzinski, *Last Tsar*, 414-5.

64. Agência de notícias TASS, 18 de agosto de 1994; Nota à Imprensa da Federação Russa (Federal Information News Broadcast Corp.), 18 de agosto de 1994; Reuters North American Wire, 23 de fevereiro de 1995.

65. Boris Soloviov, testemunho de 1º de janeiro de 1920, Houghton Library, Arquivo Sokolov, vol.7 (documento sem número ou paginação).

Bibliografia selecionada

FONTES DE ARQUIVO

Arquivo Estatal da Federação Russa (Gosudarstvennyi arkhiv Rossiiskoi Federatsii, ou GARF).

f. (fonte) 130. Conselho dos Comissários do Povo (SOVNARKOM)
f.601. Nicolau II
f.611. Petrov, Piotr Vassilievich
f.640 Aleksandra Fiodorovna
f.644. Pavel Aleksandrovich
f.673. Olga Nikolaevna
f.685. Maria Nikolaevna
f.1235. Comitê Executivo Central de Todas as Rússias (VTsIK), do II Congresso dos Sovietes de Todas as Rússias
f.1244. *Izvestiia*
f.1778. Chancelaria do ministro-presidente do Governo Provisório
f.1799. Chancelaria do Governo Provisório
f.5881. Coletânea de memórias de *émigrés* russos
f.6978. Comitê Executivo Central de Todas as Rússias (VTsIK), do I Congresso dos Sovietes de Todas as Rússias
f.9550. Coletânea de folhetos do período dos sovietes

Centro Russo de Preservação e Estudo de Documentos da História Recente (RTsKhIDNI), o antigo Arquivo Central do Partido do Instituto de Marxismo-Leninismo

f.2. Lenin, Vladimir Ilich
f.5. Secretariado de Lenin
f.19. Conselho dos Comissários do Povo (SOVNARKOM)
f.588. Coletânea de documentos sobre a história russa

FONTES E ESTUDOS PUBLICADOS

Alekseiev, Veniamin A. *Gibel' tsarskoi sem'i: Mify i real'most' (novye dokumenty o tragedii na Urale).* Iekaterinburg, 1993.

Aleksander [Mikhailovich], grão-duque, *Once a Grand Duke.* Nova York, 1932.

Aleksandra Fiodorovna, *Letters of the Tsaritsa to the Tsar.* Londres, 1923.

———, *Pis'ma imperatritsy Aleksandry Fëdorovny k imperatoru Nikolaiu II [1914-1916]*, 2 vols. Berlim, 1922.

Avdeiev, A.D., "Nikolai Romanov v Tobol'ske i v Ekaterinburge". *Krasnaia nov'*, 1928, n.5.

Basily [Bazili], Nicolas de, *Memoirs.* Stanford, 1973.

Benckendorff [Benkendorf], Paul, *Last Days at Tsarkoe Selo.* Londres, 1927.
Bikov, P.M., *The Last Days of Tsardom.* Londres, 1937.
[Bogdanovich, Evgeni Vassilievich], *Istoricheskoe palomnichestvo nashego Tsaria v 1913 godu.* São Petersburgo, 1914.
Bor'ba za vlast' Sovetov v Tobol'skoi (Tiumenskoi) gubernii (1917-1920 gg.): Sbornik dokumentov. Sverdlovsk, 1967.
Buchanan, George, *My Mission to Russia,* 2 vols. Londres, 1923.
Bulygin, Paul, "The Sorrowful Quest", in *The Murder of the Romanovs: The Authentic Account.* Londres, 1935.
Buranov, Iu. A., e V.M. Khrustalëv, *Gibel' imperatorskogo doma, 1917-1919 gg.* Moscou, 1992.
Buxhoeveden [Buksgevden], Sophie, *The Life and Tragedy of Aleksandra Fedorovna, Empress of Russia: A Biography.* Londres, 1928.
———, *Poslednie dni Romanovykh.* Sverdlovsk, 1926.
Dehn [Den], Lili, *The Real Tsaritsa.* Londres, 1922.
Diteriks, M.K., *Ubiistvo tsarskoi sem'i i chlenov doma Romanovykh na Urale,* 2 vols. Vladivostok, 1922.
Elchaninov, A., *The Tsar and His People.* Londres [1913?].
———, *Tsarstvovanie Gosudaria Imperatora Nikolaia Aleksandrovicha.* São Petersburgo e Moscou, 1913.
Eugénie de Grèce. *Le tsarevich: Enfant martyr.* Paris, 1990.
Ferro, Marc, *Nicholas II: The Last of the Tsars.* Londres, 1991.
Gibel' tsarskoi sem'i: Materialy sledstviia po delu ob ubiistve Tsarskoi sem'i (avgust 1918–evral'1920). Org. Nikolai Ross. Frankfurt, 1987.
Gilliard, Pierre. *Thirteen Years at the Russian Court.* Nova York, 1921.
———, *Le tragique destin de Nicolas II et de sa famille.* Paris, 1922.
Gurko, V., *Tsar i tsaritsa.* Paris, 1927.
Iakovlev, V. [K. Miachin], "Poslednii reis Romanovykh: Vospominaniia". *Ural,* 1988, n.8.
Ioffe, Genrikh, *Revoliutsiia i sud'ba Romanovykh.* Moscou, 1992.
———, *Velikii Oktiabr'i epilog tsarizma.* Moscou, 1987.
Iroshnikov, Mikhail, Liudmila Protsai e Iuri Shelaiev, *The Sunset of the Romanov Dynasty.* Moscou, 1992.
Iusupov, F.F., *Konets Rasputina: Vospominaniia.* Paris, 1927.
"Iz perepiski Nikolaia i Marii Romanovykh v 1907-1910 gg". *Krasnyi arkhiv,* 50-1 (1932).
[Izvolski, Aleksandr], *The Memoirs of Alexander Iswolsky.* Londres, 1920.
Kerenski, Aleksandr, *The Catastrophe: Kerensky's Own Story of the Russian Revolution.* Nova York, 1927.
———, "The Road to the Tragedy", in *The Murder of the Romanovs: The Authentic Account.* Londres, 1935.
Khrustalëv, V.M., "Taina'misii'chrezvychainogo komissara Iakovleva". *Rossiiane,* 1993, n.10-12.
———, "Tainoe ubiistvo velikikh kniazei v Alapaevske". *Rossiiane,* 1993, nos.10-12.
Koganitski, I., "1917-18 gg. v Tobol'ske: Nikolai Romanov; Germogenovshchina". *Proletarskaia revoliutsiia,* 1922, n.4.
Kokovtsov, Vladimir N., *Iz moego proshlogo: Vospominaniia 1903-1919.* 2 vols. Paris, 1933.
———, *Out of My Past: The Memoirs of Count Kokovtsov.* Stanford, 1935.
Leshkin, N., "Poslednii reis Romanovykh". *Leninets* (Ufa), out-nov de 1976.
Lieven, Dominic, *Nicholas II: Emperor of All the Russias.* Londres, 1993.
Markov, N., "Popytka spaseniia Tsarskoi Sem'i". *Vestnik Vysshego monarkhicheskogo soveta* (Berlim), 28 de abril (11 de maio) de 1924.
Markov, S., *Pokinutaia tsarskaia semi'a, 1917-1918,* Viena, 1928.
Martinov, E.I., *Tsarskaia armiia v fevral'skom perevorote.* Leningrado, 1927.
Massie, Robert K., *Nicholas and Aleksandra.* Nova York, 1967.
Matveiev, P.M., "Vospominaniia P.M. Matveeva". *Ural'skii rabochii,* 16 de setembro de 1990.
Melgunov, S.P., *Poslednii samoderzhets.* Moscou, 1917.

———, "*Sud'ba Imperatora Nikolaia II posle otrecheniia.* Paris, 1957.

Melnik [Botkina], Tat'iana, *Vospominaniia o tsarskoi sem'e i ee zhizn' do i posle revoliutsii.* Belgrado, 1921.

Monarkhiia pered krusheniem, 1914-1917: Bumagi Nikolaia II i drugie dokumenty. Moscou e Leningrado, 1927.

Mosolov, A.A., *Pri dvore imperatora.* Riga, [1935].

———, *Pri dvore poslednego Rossiiskogo imperatora.* Paris, 1934.

Mossolov [Mosolov], A.A., *At the Court of the Last Tsar.* Londres, 1935.

Nemtsov, N.M., "Poslednii pereezd polkovnika Romanova." *Krasnaia niva*, 1928, n.27.

Nicolau II, *Dnevniki imperatora Nikolai II.* Moscou, 1991.

———, *Dnevnik imperatora Nikolaia II [1890-1906].* Berlim, 1923.

———, "Dnevnik Nikolaia Romanova". *Krasnyi arkhiv*, 20-22 (1927).

———, *Letters of the Tsar to the Tsaritsa, 1914-1917.* Trad. de E.L. Hynes [das traduções russas dos originais em inglês]. Londres, 1929.

———, *Polnoe sobranie rechei Imperatora Nikolaia II (1894-1906 gg.).* São Petersburgo, 1906.

Nicolau II e Aleksandra Fiodorovna, *Nicky-Sunny Letters: Correspondence of the Tsar and Tsaritsa, 1914-1917.* Hattiesburg, Miss., 1970.

———, *Perepiska Nikolaia i Aleksandry Romanovykh.* vols.3-5. Moscou e Leningrado, 1923-27.

Nicolau II e Maria Fiodorovna. *Letters of Tsar Nicholas and Empress Marie.* Org. Edward J. Bing. Londres, 1937.

———, "Perepiska Nikolaia II i Marii Fedorovny (1905-1906 gg.)". *Krasnyi arkhiv* 22 (1927).

———, *The Secret Letters of the Last Tsar: Being the Confidential Correspondence between Nicholas II and His Mother, Dowager Empress Maria Feodorovna.* Org. Edward J. Bing. Nova York, 1938.

Nicolau II e Guilherme II, *Willy-Nicky Correspondence: Being the Secret and Intimate Telegrams Exchanged between the Kaiser and the Tsar.* Org. Herman Bernstein. Nova York, 1917.

Nikolai II i velikie kniaz'ia. Moscou e Leningrado, 1925.

Obninski, V.P., *Poslednii samoderzhets.* Moscou, 1917.

Otrechenie Nikolaia II: Vospominaniia ochevidtsev, dokumenty. Org. P.E. Shchegolev. 2ª. ed. Leningrado, 1927.

Padenie tsarskogo rezhima: Stenograficheskie otchëty doprosov i pokazanii, dannykh v 1917 g. v. Chrezvychainoi sledstvennoi komissii Vremennogo Pravitel'stva. Org. P.E. Shchegolev, 7 vols. Moscou e Leningrado, 1924-27.

Paléologue, Maurice, *An Ambassador's Memoirs.* 2 vols. Londres, 1924.

Pankratov, V.S., *S tsarem v Tobol'ske: Iz vospominanii.* Leningrado, 1925.

Pipes, Richard, *The Russian Revolution.* Nova York, 1990.

Pis'ma tsarskoi sem'i iz zatocheniia. Org. E.E. Al'ferev. Jordanville, NY, 1974.

Poslednie dni poslednego tsaria. Saratov, 1922.

Poslednie dni Romanovykh: Dokumenty, materialy sledstviia, dnevniki, versii. Sverdlovsk, 1991.

Radzinski, Edvard. *The Last Tsar: The Life and Death of Nicholas II.* Nova York, 1992. [Ed. bras.: *O último czar.* São Paulo, Best Seller].

Riabov, G. e G. Ioffe, "Prinuzhdeny Vas rasstreliat". *Rodina*, 1989, n.4-5.

Shchegolov, P.E., *Poslednii reis Nikolaia vtorogo.* Moscou e Leningrado, 1928.

Skorbnaia pamiatka. [Org. A.V. Syroboiarskii] Nova York, 1928.

Sokolov, K., "Popytka osvobozhdeniia Tsarskoi Sem'i (Dekabr'1917 g. — Fevral'1918 g.)". *Arkhiv russkoi revoliutsii* 17 (1927).

Sokolov, N., *Ubiistvo tsarskoi sem'i.* Berlim, 1925.

Summers, Anthony e Tom Mangold. *The File on the Tsar.* Nova York, 1976.

Taneieva [Virubova], A., *Stranitsy iz moei zhizn.* N.p., 1923.

"Trebovaniia naroda o zakliuchenii Nikolaia Romanova v krepost' (publikatsiia dokumentov)". *Krasnyi arkhiv* 81 (1937).

Tsarskoe prebyvanie v Moskve v aprele 1900 goda. São Petersburgo, 1900.

Verner, Andrew M., *The Crisis of the Russian Autocracy: Nicholas II and the 1905 Revolution.* Princeton, 1990.

Vilchkovski, S.N., "Prebyvanie Gosudaria Imperatora v Pskove I i 2 Marta 1917 goda, po razskazu general-ad'iutanta N.V. Ruzskago". *Russkaia letopis' 3 (1922).*

Vilton, Robert, *Poslednie dni Romanovykh.* Paris, 1923.

Viroubova [Virubova], Anna, *Memories of the Russian Court.* Londres, 1923.

Voeikov, V.N., *S tsarëm i bez tsaria.* Helsingfors, Finlândia, 1936.

Volkov, A.A., *Okolo tsarskoi sem'i.* Paris, 1928.

Vorobev, V., "Konets Romanovykh". *Prozhektor,* 15 de julho de 1928.

Vorres, Ian, *The Last Grand Duchess: Her Imperial Highness Grand Duchess Olga Alexandrovna.* Nova York, 1965.

Wilton, Robert, *The Last Days of the Romanovs.* Londres, 1920.

Wortman, Richard, "Moscow and St. Petersburg: The Problem of Political Center in Tsarist Russia, 1881-1914". In *Rites of Power: Symbolism, Ritual, and Politics since the Middle Ages,* org. Sean Wilentz. Filadélfia, 1985.

Zakharova, L.G., "Krizis samoderzhaviia nakanune revoliutsii 1905 goda". *Voprosy istorii,* 1972, n.8.

Zentsov, G., "Poezdka za Nikolaem Romanovom v Tobol'ske". *Ufimskii oktiabr'skoi sbornik,* 1920, n.2.

Créditos dos documentos e ilustrações

Documentos

1. Carta de Aleksandra a Nicolau, 22 de fevereiro de 1917, GARF (Gosudarstvennyi arkhiv Rossiiskoi Federatsii [Arquivo Estatal da Federação Russa], f.601, op.1, d.1151, l.479-483ob. Manuscrito. Texto original em inglês.

2. Carta de Nicolau a Aleksandra, 23-24 de fevereiro de 1917. GARF, f.640, op.1, d.115, l.45-48ob. Manuscrito. Texto original em inglês.

3. Carta de Aleksandra a Nicolau, 24 de fevereiro de 1917, GARF, f.601, op.1, d.1151, l.486-9. Manuscrito. Texto original em inglês.

4. Carta de Nicolau a Aleksandra, 24-25 de fevereiro de 1917. GARF, f.640, op.1, d.115, l.49-51ob. Manuscrito. Texto original em inglês.

5. Carta de Aleksandra a Nicolau, 25 de fevereiro de 1917. GARF, f.601, op.1, d.1151, l.490-493ob. Manuscrito. Texto original em inglês.

6. Telegrama de Rodzianko a Nicolau, 26 de fevereiro de 1917. GARF, f.601, op.1, d.2089, l.1-1ob.

7. Carta de Aleksandra a Nicolau, 26 de fevereiro de 1917. GARF, f.601, op.1, d.1151, l.494-9. Manuscrito. Texto original em inglês.

8. Carta de Nicolau a Aleksandra, 26 de fevereiro de 1917. GARF, f.640, op.1, d.115, l.52-53ob. Manuscrito. Texto original em inglês.

9. Telegrama de Beliaev a Alekseiev, 27 de fevereiro de 1917. *Krasnyi arkhiv* 21 (1927): 8.

10. Telegrama de Nicolau a Golitsin, 27 de fevereiro de 1917. GARF, f.601, op.1, d.2089, l.2.

11. Carta de Nicolau a Aleksandra, 27 de fevereiro de 1917. GARF, f.640, op.1, d.115, l.50-54ob. Manuscrito. Texto original em inglês.

12. Telegrama de Nicolau a Aleksandra, 27 de fevereiro de 1917. GARF, f.640, op.1, d.108, l.130. Mensagem em inglês.

13. Declaração do Comitê Provisório da Duma do Estado, 28 de fevereiro de 1917. *Izvestiia Petrogradskogo Soveta rabochikh deputatov*, n.1, 28 de fevereiro de 1917.

14. Telegrama de membros eleitos do Conselho de Estado a Nicolau, 28 de fevereiro de 1917. GARF, f.601, op.1, d.2091, l.1-1ob. Cópia.

15. Telegrama de Nicolau a Aleksandra, 28 de fevereiro de 1917. GARF, f.640, op.1, d.108, l.131. Texto original em inglês.

16. Diário de Aleksandra, 28 de fevereiro de 1917. GARF, f.640, op.1, d.333, l.30ob. Cópia (original desaparecido). Manuscrito. Texto original em inglês.

17. Telegrama de Aleksandra a Nicolau, 1º de março de 1917. GARF, f.1779, op.1, d.1722, l.15.

18. Manifesto dos grão-duques, 1º de março de 1917. GARF, f.5881, op.1, d.367, l.10-1. Cópia.

19. Telegrama de Alekseiev a Nicolau, 1º de março de 1917. *Krasnyi arkhiv* 21 (1917): 53-4. O texto foi redigido por Nikolai Bazili, advogado e chefe da chancelaria diplomática do Quartel-General; corrigido em alguns trechos pelo general Aleksandr Lukomski e assinado pelo general Alekseiev.

20. Parte de telegrama de Alekseiev a Nicolau, 2 de março de 1917. GARF, f.601, op.1, d.2102, l.1-2. Cópia.

21. Carta de Pavel Aleksandrovich a Rodzianko, [2 de março] de 1917. GARF, f.644, op.1, d.161, l.1-1ob. Manuscrito. Escrito a mão por Olga Palei, esposa de Pavel Aleksandrovich.

22. Carta de Pavel Aleksandrovich a Kirill Vladimirovich, 2 de março de 1917. GARF, f.644, op.1, d.174, l.1-1ob. Manuscrito. Escrito a mão por Olga Palei, esposa de Pavel Aleksandrovich.

23. Carta de Kirill Vladimirovich a Pavel Aleksandrovich, 2 de março de 1917. GARF, f.644, op.1, d.410, l.1. Manuscrito.

24. Carta de Aleksandra a Nicolau, 2 de março de 1917. GARF, f.601, op.1, d.1151, l.500-500ob. Manuscrito. Texto original em inglês.

25. Ata de conversas entre Guchkov, Shulgin e Nicolau, 2 de março de 1917. GARF, f.601, op.1, d.2099, l.1-3ob. Cópia.

26. Manifesto de abdicação de Nicolau II, 2 de março de 1917. GARF, f.601, op.1, d.2100 (a), l.5, e d.2101 (b), l.1. Ver Documento 25 sobre o tempo intencionalmente inexato mencionado como o da assinatura.

27. Extraído das atas das primeiras reuniões do Conselho de Ministros do Governo Provisório, 2 de março de 1917. GARF, f.601, op.1, d.2103, l.1ob.

28. Conversa por telégrafo direto entre Ruzski e Rodzianko, 3 de março de 1917. GARF, f.5881, op.2, d.84, l.1-4.

29. Ato de abdicação de Mikhail Aleksandrovich, 3 de março de 1917. Facsímile: GARF, f.601, op.1, d.2101 (b), l.2. Cópia impressa: GARF, f.668, op.1, d.131, l.1.

30. Diário de Nicolau II, 27 de fevereiro–3 de março de 1917. GARF, f.601, op.1, d.265, l.648. Manuscrito.

31. Carta de Aleksandra a Nicolau, 3 de março de 1917. GARF, f.601, op.1, d.1151, l.502-4. Manuscrito. Texto original em inglês.

32. Extraído da ata de uma sessão do Comitê Executivo do Soviete de Petrogrado, 3 de março de 1917. TsGA SPb ([Tsentral'nyi gosudarstvennyi arkhiv Sankt-Peterburga] [Arquivo Central do Estado de São Petersburgo]), f.7384, op.9, d.2, l.1-2. Cópia. Publicada na *Petrogradskii Sovet rabochikh i soldatskikh deputatov v 1917 g.*, vol. 1 (Leningrado, 1991): 81-2.

33. Nota de Nicolau a Alekseiev, 4 de março de 1917. *Krasnyii arkhiv* 22 (1927): 53-54. Manuscrito. Datado com base no telegrama de Alekseiev a Lvov, ibid., 54.

34. Carta de Aleksandra a Nicolau, 4 de março de 1917. GARF, f.601, op.1, d.1151, l.505-506. Manuscrito. Texto original em inglês.

35. Extraído da ata de uma sessão do Comitê Executivo do Soviete de Petrogrado, 6 de março de 1917, TsGA SPb, f.7384, op.9, d.5, l.1-4. Cópia. Publicado no *Petrogradskii Sovet rabochikh i soldatskikh deputatov v 1917 g.*, vol.1 (Leningrado, 1991): 153-6.

36. Declaração de oitenta e cinco membros do Soviete de Petrogrado, 7 de março de 1917. GARF, f.1235, op.53, d.19. l.60.

37. Extraído de minutas da décima sessão do Governo Provisório, 7 de março de 1917. GARF, f.1779, op.2, d.1, ch.1, l.15. Cópia impressa.

38. Discurso de Kerenski no Soviete de Moscou, [7 de março de 1917]. Publicado no *Malenkaia gazeta* (Petrogrado), 10 de março de 1917. Datado de acordo com as memórias de Kerenski.

39. Palavras de despedida de Nicolau II, dirigidas às tropas, 8 de março de 1917. GARF, f.5827, op.1, d.10, l.1. Cópia impressa.

40. Diário de Nicolau II, 8 de março de 1917. GARF, f.601, op.1, d.265, l.73. Manuscrito.

41. Extraído da ata de uma sessão do Comitê Executivo do Soviete de Petrogrado, 9 de março de 1917. TsGA SPb, f.7384, op.9, d.8, l.7-11. Cópia. Publicada no *Petrogradskii Sovet rabochikh i soldatskikh deputatov v 1917 g.*, vol.1 (Leningrado, 1991), 218-21. No item 3, "Nicolau II", um título que os revolucionários evitavam, foi mudado a mão para "Nicolau Rom." (Romanov).

42. Diário de Aleksandra, 8-9 de março de 1917. GARF, f.640, op.1, d.333, l.34ob-35. Cópia manuscrita. Texto original em inglês.

43. Telegrama do Soviete de Representantes de Operários das fábricas de Konstantinovski a Chkeidze, 13 de março de 1917. GARF, f.1235, op.53, d.19, l.63.

44. Instruções ao comandante da guarnição de Tsarkoe Tselo, 17 de março de 1917. GARF, f.1778, op.1, d.14, l.3-3ob. Cópia conferida.

45. "A.F. Kerenski perante o Soviete dos Representantes de Soldados", 29 de março de 1917. *Kavkazskii krai*, 29 de março de 1917.

46. Diário do arcipreste Afanasi Beliaev, 2-31 de março de 1917. GARF, f.601, op.1, d.2077, l.1-28ob. Manuscrito.

47. Telegrama de Kuragino a Kerenski, 5 de abril de 1917. GARF, f.1235, op.53, d.20, l.1.

48. Declaração de Danilov, 7 de abril de 1917. GARF, f.6978, op.1, d.714, l.101-2. Manuscrito.

49. Poema de Olga, 23 de abril de 1917. GARF, f.673, op.1, d.73, l.1. Manuscrito. No verso do cartão há um desenho do menino Jesus e da Virgem Maria, sob as palavras "Paz na Terra".

50. Resolução da tripulação do cruzador *Rossiia*, 20 de maio de 1917. GARF, f.1235, op.33, d.12, l.81.

51. Telegrama de soldados da Bateria Marítima Nikolaevski, 21 de maio de 1917. GARF, f.1235, op.53, d.2, l.11.

52. Carta de Aleksandra a Siroboiarski, 29 de maio de 1917. Coleção privada. Publicada em *Skorbnaia pamiatka* (Nova York, 1928): 44-50, e *Pis'ma tsarskoi sem'i iz zatocheniia* (Jordanville, NY, 1974), 63-6.

53. Carta de Olga a Petrov, 19 de junho de 1917. GARF, f.611, op.1, d.70, l.93-94ob. Manuscrito.

54. Carta de Olga à sua tia Olga, 21 de junho de 1917. GARF, f.643, op.1, d.214, l.28-9. Manuscrito.

55. Telegramas decifrados de George Buchanan a Londres, 11 (24) e 12 (25) de julho de 1917. Public Record Office, FO 371 (British Foreign Office Records of General Political Correspondence from Russia), vol.3015, op.2, 4-5.

56. Diário de Nicolau II, 9 de março–31 de julho de 1917. GARF, f.601, op.1, d.265, l.73-174. Manuscrito.

57. Carta de Aleksandra a Virubova [1º de agosto de 1917]. Beinecke Rare Book and Manuscript Library, Universidade Yale, Caixa-forte de MS, Prateleiras, Coleção Romanov, caixa 1. Manuscrito. Texto original em inglês.

58. Diário de Narishkina, 1º de agosto de 1917. *Poslednie novosti* (Paris), 10 de maio de 1936.

59. "Instruções" de Kerenski à guarda, 31 de julho de 1917. GARF, f.601, op.2, d.14, l.1-1ob. Preservada parte do documento. No documento há a seguinte anotação: "Cópia 2 A. Kerenski."

60. Investigação do Soviete Distrital de Iekaterinburg, enviado ao Soviete de Petrogrado, 5 de agosto de 1917. GARF, f.1235, op.53, d.19, l.91.

61. Diário de Aleksandra, 6-7 de agosto de 1917. GARF, f.640, op.1, d.333, l.111ob-112. Manuscrito. Texto original em inglês.

62. "Uma conspiração contra-revolucionária", *Izvestiia* (Petrogrado), 25 de agosto de 1917.

63. Carta de monarquistas a Nicolau II [agosto de 1917]. GARF, f.601, op.2, d.22, l.1. Manuscrito. Datado por localização dos documentos no arquivo.

64. Resolução aprovada por assembléia geral da tripulação da canhoneira *Bobr*, 6 de setembro de 1917. GARF, f.1244, op.2, d.10. l.7.

65. Telegrama decifrado de Pankratov a Kerenski, 14 de setembro de 1917. GARF, f.1778, op.1, d.279, l.2. Cópia conferida. Erroneamente datado como de 14 de agosto de 1917.

66. Mensagem de Somov a Botkin, 15 de setembro de 1917. GARF, f.601, op.2, d.23, l.38. Manuscrito.

67. Telegrama decifrado de Pankratov a Kerenski, 20 de setembro de 1917. GARF, f.1778, op.1, d.279, l.3. Cópia conferida.

68. Relatório de Pankratov a Kerenski, 30 de setembro de 1917. GARF, f.601, op.2, d.20. l.1-4. Manuscrito.

69. Carta de Aleksandra a Siroboiarskaia, 17 de outubro de 1917. Coleção privada. Publicada em *Skorbnaia pamiatka*, 54-5, e *Pis'ma tsarskoi sem'i iz zatocheniia*, 135-6.

70. Diário de Nicolau II, 5 de setembro–22 de outubro de 1917. GARF, f.601, op.1, d.265,196, d.266, l.2-14. Manuscrito.

71. Carta de Tatiana a Petrov, 23 de outubro de 1917. GARF, f.611, op.1, d.71, l.124-125ob.

72. Carta de Nicolau a Ksenia Aleksandrovna, 5 de novembro de 1917. Coleção particular. Publicada em *Pravoslavnaia zhizn'*, janeiro de 1961: 6-9, e em *Pis'ma tsarskoi sem'i iz zatocheniia*, 143-5.

73. Carta de Olga a Petrov, 23 de novembro de 1917. GARF, f.611, op.1, d.70, l.102-103ob. Manuscrito.

74. "Boatos sobre a Fuga da Segunda Filha de Nicolau Romanov", *Vecherniaia pochta* (Petrogrado), 23 de novembro de 1917.

75. Diário de Nicolau II, 11-26 de novembro de 1917. GARF, f.601, op.1, d.266, l.21-7. Manuscrito.

76. Carta de Gilliard a Petrov, 26 de novembro 1917. GARF, f.611, op.1, d.50, l.25-25ob. Manuscrita. Escrita em francês.

77. Carta de Aleksandra a Siroboiarski, 29 de novembro de 1917. Coleção particular. Publicada em *Skorbnaia pamiatka*, 56-8, e *Pis'ma tsarskoi sem'i iz zatocheniia*, 156.

78. "A Fuga de Nicolau II", *Petrogradskii golos*, 2 de dezembro de 1917.

79. Telegrama do destacamento de finalidade especial a Smolni, 3 de dezembro de 1917. GARF, f.1235, op.53, d.20, l.18. Anotação no documento: "Distribuir imediatamente à imprensa."

80. Relatório dos delegados ao II Congresso dos Sovietes de Representantes de Operários e Soldados da Sibéria Ocidental, 10 de dezembro de 1917. GAOO (Gosudarstvennyi arkhiv Omskoi oblasti), f.658, op.1, d.1, l.109-10. Reproduzido em *Protokoly zasedanii III Zapadno-Sibirskogo s"ezda Sovetov rabochikh deputatov* (Omsk, 1917): 108, e em *Bor'ba za vlast' Sovetov y Tobol'skoi (Tiumenskoi) gubernii (1917-1920 gg.): Sbornik dokumental'nykh materialov* (Sverdlovsk, 1967): 128-9.

81. Carta de Aleksandra a Siroboiarski, 10 de dezembro de 1917. Coleção particular. Publicada em *Skorbnaia pamiatka*, 59-60 e em *Pis'ma tsarskoi sem'i iz zatocheniia*, 176-8.

82. Carta de Aleksei a Petrov, 19 de dezembro de 1917. GARF, f.601, op.1, d.66, l.11. Manuscrito.

83. Carta de Aleksandra a Anna Virubova [16 de dezembro de 1917]. Texto original em inglês. Uma versão do original foi publicada em Anna Virubova, *Memories of the Russian Court* (Londres, 1923), 309-13, e em tradução russa no *Russkaia letopis'* 4 (1922): 207-10, e em *Stranitsy iz moei zhizni* (N.p., 1923), 153-6. Infelizmente, as versões em inglês das cartas de Aleksandra publicadas por Virubova não são transcrições confiáveis. Uma vez que os originais das cartas ainda existem, parece que Virubova ou um editor de texto corrigiram freqüentemente a gramática e a sintaxe de Aleksandra e omitiram numerosos nomes, frases e mesmo passagens inteiras, mesmo que estivessem incluídas nas traduções russas das cartas que Virubova publicou em princípios da década de 1920. Por esse motivo, o texto aqui apresentado é um híbrido, corrigindo a versão inglesa de Virubova com as traduções das versões russas publicadas. Embora o conteúdo da carta seja acurado, o estilo é necessariamente aproximado. Datado pelo conteúdo. Versão publicada datada de 10 de dezembro.

84. Diário de Aleksandra, 24-25 de dezembro de 1917. GARF, f.640, op.1, d.333, l.182ob.-183. Manuscrito. Texto original em inglês.

85. Notícia publicada no jornal *Tobol'skii rabochii*, 27 de dezembro de 1917. *Tobol'skii rabochii*, 6 de janeiro de 1918.

86. Carta de Tatiana a Petrov, 27 de dezembro de 1917. GARF, f.611, op.1, d.71, l.127-8. Manuscrito.

87. Diário de Nicolau II, 31 de dezembro de 1917–3 de janeiro de 1918. GARF, f.601, op.1, d. 266, l.40-2. Manuscrito.

88. Carta de Nicolau a Ksenia Aleksandrovna, 7 de janeiro de 1918. Coleção particular. Publicada no *Pravoslavnaia zhizn'*, janeiro de 1961: 9-10 e *Pis'ma tsarskoi sem'i iz zatocheniia*, 209-10.

89. Carta de Aleksandra a Virubova, 9 de janeiro de 1918. Beinecke Rare Book and Manuscript Library, Universidade Yale, Caixa-forte MS, Prateleiras, Coleção Romanov, caixa l. Manuscrito.

90. Postal de Aleksandra a Siroboiarski, 11 de janeiro de 1918. Coleção particular. Publicado em *Skorbnaia pamiatka*, 82-3, e *Pis'ma tsarskoi sem'i iz zatocheniia*, 220. Ambos os lados do postal são reproduzidos no *Pis'ma tsarskoi sem'i iz zatocheniia*, 446-7.

91. Nota de Aleksandra a Soloviov [24 de janeiro de 1918]. De uma cópia decifrada do original codificado, que o destinatário queimou. Coleção particular. Publicada em S. Markov, *Pokinutaia tsarskaia sem'ia, 1917-18* (Viena, 1928), 255-6, e *Pis'ma tsarskoi sem'i iz zatocheniia*, 260.

92. Carta de Tatiana a Petrov, 26 de janeiro de 1918. GARF, f.611, op.1, d.71, l.130-131ob. Manuscrito.

93. Extraído da ata de uma sessão do SOVNARKOM, 29 de janeiro de 1918. GARF, f.130, op.23, d.7, l.170(a). Cópia conferida.

94. Parte de carta de Aleksandra a Siroboiarski, 13 de fevereiro de 1918. Coleção particular. Publicada no *Skorbnaia pamiatka*, 64-6, e no *Pis'ma tsarskoi sem'i iz zatocheniia*, 278.

95. Extraído de uma sessão do SOVNARKOM, 20 de fevereiro de 1918 (excerto). GARF, f.130, op.23, d.8, l.204. Cópia conferida.

96. Parte de carta de Aleksandra a Anna Virubova, 2 [15] de março de 1918. Beinecke Rare Book and Manuscript Library, Universidade Yale, Caixa-forte MS, Prateleiras, Coleção Romanov, caixa l. Manuscrito.

97. Diário de Nicolau II, 9 de janeiro de 1918–2 [15] de março de 1918. GARF, f.601, op.1, d.266, l.44-66. Manuscrito.

98. Telegrama do Soviete da Sibéria Ocidental a Lenin e Trotski, 28 de março de 1918. GARF, f.130, op.2, d.1109, l.5-6.

99. Memorando de Bonch-Bruevich [data não posterior a 1º de abril de 1918]. GARF, f.1235, op.93, d.77, l.185. Manuscrito. Datado em comparação com o Documento 100.

100. Extraído da ata de uma sessão do Presidium do VTsIK, 1º de abril de 1918. GARF, f.1235, op.34, d.36, l.7-13.

101. Extraído da ata de uma sessão do Presidium do VTsIK, 6 de abril de 1918. GARF, f.1235, op.34, d.36, l.29-31.

102. Carta de Sverdlov ao Soviete Regional dos Urais, 9 de abril de 1918. GARF, f.601, op.2, d.33, l.1. Manuscrito.

103. Telegrama de Tobolski ao VTsIK, 17 de abril de 1918. GARF, f.601, op.2, d.27, l.2.

104. "O julgamento de Nicolau Romanov", extraído do *Golos Kungurskogo Soveta K., R. i S. D.* (Província de Perm), 17 de abril de 1918.

105. Telegrama de Goloshchekin a Kokriakov, 21 de abril de 1918. GARF, f.601, op.2, d.33, l.9-9ob. Escrito a mão em formulário do telégrafo.

106. Reunião geral do destacamento especial que custodiava Nicolau em Tobolski, 22 de abril de 1918. GARF, f.601, op.2, d.33, l.27-8. Manuscrito.

107. Inspeção na Casa da Liberdade, 23 de abril de 1918. GARF, f.601, op.2, d.33, l.54-54ob. Manuscrito.

108. Negociações por telégrafo entre o VTsIK e Iakovlev, [24 de abril de 1918]. GARF, f.601, op.2, d.33, l.67-67ob. Escrito a mão em formulário telegráfico. Datado por conteúdo.

109. Diário de Aleksandra, 10-12 (23-25) de abril de 1918. GARF, f.640, op.1, d.326, l.51ob-52ob. Manuscrito. Texto original em inglês.

110. Diário de Nicolau II, 14 (27) de março–16 (29 de abril) de 1918. GARF, f.601, op.1, d.266, l.71-92. Manuscrito.

111. Telegrama de Iakovlev a Goloshchekin [27 de abril de 1918]. GARF, f.601, op.2, d.33, l.44-8. Escrito a mão em formulário telegráfico. Datado por conteúdo.

112. Negociações por telégrafo direto entre Iakovlev e Sverdlov, 27 de abril de 1918. GARF, f.130, op.2, d.1109, l.54-54ob. Escrito a mão em formulário telegráfico. Nesse documento é encontrada a seguinte anotação: "Recebido por telefone. Fisher."

113. Negociações por telégrafo direto entre Sverdlov e Iakovlev [27 de abril de 1918]. GARF, f.601, op.2, d.32, l.2. Tradução decifrada de fita telegráfica em código Morse. Manuscrito. Datado por conteúdo.

114. Comunicação telegráfica de Iakovlev a Sverdlov [27 de abril de 1918]. GARF, f.601, op.2, d.32, l.17ob, 88ob, 99-100. Escrito a mão em formulário telegráfico. Datado por conteúdo.

115. Pedido de informação por telégrafo, encaminhado pelo Soviete Regional dos Urais a

Lenin e a Sverdlov, 28 de abril de 1918. GARF, f.130, op.2, d.1109, l.19-20. Escrito a mão em formulário telegráfico.

116. Ordens telegrafadas por Sverdlov ao Soviete de Omsk [28 de abril de 1918]. GARF, f.601, op.2, d.32, l.7. Tradução decifrada de fita telegráfica em código Morse. Manuscrito. Datado por conteúdo.

117. Telegrama de Beloborodov a Sverdlov, 29 de abril de 1918. GARF, f.601, op.2, d.27, l.5.

118. Telegrama de Sverdlov ao Comitê Regional de Iekaterinburg do Partido Bolchevista [29 de abril de 1918]. GARF, f.130, op.2, d.1109, l.22. Cópia. Datado por conteúdo e em relação a outros documentos em arquivo.

119. Telegrama de Sverdlov a Iakovlev [29 de abril de 1918]. GARF, f.601, op.2, d.32, l.71. Tradução decifrada de fita telegráfica em código Morse. Datado por conteúdo.

120. Negociações por telégrafo direto entre Iakovlev e Sverdlov, [29 de abril de 1918]. GARF, f.130, op.2, d.1109, l.16-16ob. Escrito a mão em formulário telegráfico. Datado de acordo com a data em que Iakovlev esteve em Omsk.

121. Declaração de Nevolin ao comissário Iakovlev [3 de maio de 1918]. GARF, f.601, op.2, d.33, l.84-85ob. Manuscrito. Datado por conteúdo.

122. "Sobre a Transferência do ex-csar de Tobolski para Iekaterinburg", entrevista de Iakovlev ao *Izvestiia* (Petrogrado), 16 de maio de 1918.

123. Extraído das recordações do comissário Pankratov, setembro a dezembro de 1917. Publicado em V.S. Pankratov, *S tsarem v Tobol'ske: Iz vospominanii* (Com o czar em Tobolski: Recordações) (Leningrado, 1925). A data corresponde aos fatos narrados.

124. Telegrama de Beloborodov a Lenin e Sverdlov, 30 de abril de 1918. GARF, f.601, op.2, d.27, l.6.

125. Carta de Maria, com anotações de Aleksandra e Nicolau, a Olga em Tobolski, 1º de maio de 1918. GARF, f.673, op.1, d.78, l.1-1ob. Manuscrita.

126. Extraído da ata de uma sessão do SOVNARKOM, 2 de maio de 1918 (excerto). GARF, f.130, op.23, d.13, ll.56-62. Cópia conferida.

127. Carta de Aleksandra e Maria a Olga, que estava em Tobolski, 2 de maio de 1918. GARF, f.673, op.1, d.78, l.2. Manuscrito.

128. Telegrama fonado de Sverdlov a Beloborodov, 3 de maio de 1918. GARF, f.601, op.2, d.32, l.136. Escrito a mão em formulário telegráfico. No documento há a seguinte anotação: "Transmitido pessoalmente por telefone às 24h. Sibirev."

129. Telegrama de Beloborodov a Sverdlov [4 de maio de 1918]. GARF, f.1235, op.79, d.5, l.176-8. Escrito a mão em formulário telegráfico. Datado por conteúdo.

130. Carta de Beloborodov a Kokriakov, 6 de maio de 1918. GARF, f.601, op.2, d.32, l.149. Manuscrito.

131. Carta de Anastásia à irmã e aos pais, que estavam em Iekaterinburg, 7 de maio de 1918. GARF, f.685, op.1, d.40, l.4-6ob. Manuscrito.

132. Carta de Maria, com um bilhete de Aleksandra aos filhos que permaneciam em Tobolski, 10-11 de maio de 1918. GARF, f.673, op.1, d.276, l.1-2ob. Manuscrito.

133. Diário de Maria Soloviova [Rasputina], 22 de maio de 1918. GARF, f.601, op.2, d.75, l.20. Cópia conferida.

134. Documento entregue ao Soviete Regional dos Urais e assinado por Nagornyi, 24 de maio de 1918. GARF, f.601, op.2, d.38, l.2. Manuscrito.

135. Carta de Botkin ao Comitê Executivo do Soviete Regional dos Urais, 24 de maio de 1918. GARF, f.601, op.2, d.37, 1-1ob. Manuscrito.

136. Instruções ao comandante da Casa de Finalidade Especial [maio de 1918]. GARF, f.601, op.2, d.34, l.3-8. Esboço manuscrito. Datado por conteúdo.

137. Carta de um "oficial do Exército russo" à família imperial [19 ou 20 de junho de 1918]. GARF, f.601, op.2, d.27, l.25-6. Manuscrito. Escrita em francês. Esta e cartas subseqüentes entre o "oficial" e a família foram datadas por conteúdo, isto é, em relação a fatos conhecidos e a referências nos diários de Nicolau e Aleksandra. Ver a discussão do assunto em Pipes, *Russian Revolution*, 767-70.

138. Resposta à carta do "oficial" [entre 21 e 23 de junho de 1918]. GARF, f.601, op.2, d.27, 26-26ob. Manuscrito. Escrito em francês. Essa nota foi escrita diretamente na carta recebida (Documento 137). Essa e as respostas seguintes da família imperial parecem ter sido escritas a mão por Olga.

139. Carta do "oficial" à família imperial [25 de junho de 1918]. GARF, f.601, op.2, d.27, l.19-20. Manuscrito. Escrita em francês.

140. Resposta à carta do "oficial" [25 de junho de 1918]. GARF, f.601, op.2, d.27, l.20-20ob. Manuscrito. Em francês. Escrita diretamente na carta recebida (Documento 139).

141. Carta do "oficial" à família imperial [26 de junho de 1918]. GARF, f.601, op.2, d.27, l.22-3. Manuscrito. Escrita em francês.

142. Resposta ao "oficial" [27 de junho de 1918], GARF, f.601, op.2, d.27, l.23-23ob. Manuscrito. Escrita em francês. Escrita diretamente na carta recebida (Documento 141).

143. Telegrama de Muraviov ao SOVNARKOM, 28 de junho de 1918. GARF, f.130, op.2, d.1109, l.38.

144. Telegrama da organização dos bolchevistas do distrito de Kolomna ao SOVNARKOM, 3 de julho de 1918. GARF, f.130, op.2, d.1109, l.2.

145. Telegrama de Beloborodov a Sverdlov e Goloshchekin, 4 de julho de 1918. GARF, f.1235, op.1, d.6, l.10.

146. Carta do "oficial" à família imperial [após 4 de julho de 1918], GARF, f.601, op.2, d.27, l.28-28ob. Manuscrito. Escrita em francês.

147. Diário de Nicolau II, 17 [30] de abril–30 de junho (13 de julho) de 1918. GARF, f.601, op.1, d.266, l.92-134. Manuscrito.

148. Telegrama do *National Tidende* (Copenhague) a Lenin, e a resposta deste, 16 de julho de 1918. GARF, f.130, op.2, d.1109, l.40-1. RTsKhIDNI (Rossiiskii tsentr khraneniia i izucheniia dokumentov noveishei istorii [Centro Russo de Preservação e Estudo de Documentos da História Recente]), f.2, op.1, d.6601, l.1. Manuscrito. Texto original em inglês. Resposta da própria mão de Lenin. Na resposta consta uma anotação, em russo: "Devolvido pela agência do telégrafo. Conexão não pôde ser feita."

149. Telegrama de Zinoviev a Lenin e Sverdlov, 16 de julho de 1918. GARF, f.130, op.2, d.653, l.12.

150. Diário de Aleksandra, 11-16 de julho de 1918. GARF, f.640, op.1, d.326, l.91-93ob. Manuscrito. Texto original em inglês.

151. Telegrama do Soviete Regional dos Urais, dirigido a Lenin e Sverdlov, 17 de julho de 1918. GARF, f.601, op.2, d.27, l.8-9.

152. Telegrama decifrado de Beloborodov a Gorbunov, 17 de julho de 1918. Uma fotografia do documento original foi publicada em N. Sokolov, *Ubiistvo tsarskoi sem'i* (O assassinato da família imperial) (Berlim, 1925), página oposta à 249. O texto é decifrado em ibid., 247-8. O original foi encontrado por investigadores do exército Branco na agência dos telégrafos de Iekaterinburg.

153. Extraído da ata da sessão do Presidium do VTsIK, 18 de julho de 1918. GARF, f.1235, op.28, d.24, l.1.

154. Da ata de uma sessão do SOVNARKOM, 18 de julho de 1918. RTsKhIDNI, f.19, op.1, d.158, l.8. GARF, f.130, op.23, d.17, l.62-5. Cópia conferida.

155. "A execução de Nicolau Romanov", folheto do VTsIK [data não anterior a 18 de julho], GARF, f.9550, op.2, d.421, l.1. Impresso.

156. Editorial e notícia no *Pravda*, 19 de julho de 1918.

157. "O enterro de Nicolau, o Sanguinário", *Ural'skii rabochii* (Iekaterinburg), 26 de setembro de 1918.

158. Extraído da análise do interrogatório de Medvedev, 21-22 de fevereiro de 1919. Documentos da Investigação sobre a Morte de Nicolau II (Arquivo Sokolov), Houghton Library, Universidade Harvard, Kilgour Collection, MS Russian 35, vol.2, doc.86. Cópia conferida. Foram introduzidas separações de parágrafos.

159. Nota de Iurovski sobre a execução da família imperial e o ocultamento dos corpos, 1920. GARF, f.601, op.2, d.27, l.31-4. Redigida por solicitação do historiador M.N. Pokrovski. Datilografado, com correções a mão e acréscimos.

160. Extraído da versão de Iurovski, contada em uma reunião de velhos bolchevistas, 1º de fevereiro de 1934. TsDOOSO (Tsentr dokumentatsii obshchestvennykh organizatsii Sverdlovskoi oblasti [Centro para a Documentação das Organizações Sociais da Região de Sverdlov]), f.41, op.1, d.151, l.10-22.

Fotografias

1. Nicolau II, usando traje do século XVII, para um baile de máscaras. São Petersburgo, 1903. *Al'bom kostiumirovnogo bala v Zimnem dvortse v fevral'ia 1903 goda* (São Petersburgo, 1904). Biblioteca Pública de Nova York. Fundações Astor, Lenox e Tilden.

2. Nicolau II ao lado de uma quadra de tênis, próximo à costa da Finlândia, 1912. Fotografia de Anna Virubova. Beinecke Rare Book and Manuscript Library, Universidade Yale, Coleção Romanov, álbum 2.

3. Aleksandra escrevendo uma carta na cama, Tsarskoe Tselo, 1910 ou 1911. Fotografia de Anna Virubova. Beinecke Rare Book and Manuscript Library, Universidade Yale, Coleção Romanov, álbum 7.

4. Nicolau usando uniforme cossaco em Spala, 1912. Fotografia de Anna Virubova. Beinecke Rare Book and Manuscript Library, Universidade Yale, Coleção Romanov, álbum 2.

5. Nicolau II abençoando tropas que partem para a Guerra Russo-Japonesa, Peterhof, 1905. Mikhail Iroshnikov et al., *Sunset of the Romanov Dynasty* (Moscou, 1992), 141.

6. Nicolau II recebendo pão e sal de representantes do povo, durante as comemorações do tricentenário da Casa dos Romanov, Kostroma, 1913. Mikhail Iroshnikov et al., *Sunset of the Romanov Dynasty* (Moscou, 1992), 297.

7. Nicolau e Aleksandra a bordo do iate *Standart*, 1914. Beinecke Rare Book and Munuscript Library, Universidade Yale, Coleção Romanov, álbum 3.

8. Aleksandra como enfermeira de guerra, em companhia de soldados convalescentes, 1914 ou 1915. Beinecke Rare Book and Manuscript Library, Universidade Yale, Coleção Romanov, álbum 3.

9. Nicolau e sua filha Maria sob custódia no palácio de Tsarskoe Selo, 1917. GARF, f.683, op.1, d.125, l.23.

10. Olga, na cama cercada por seus ícones, Tsarkoe Tselo, 1917. GARF, f.683, op.1, d.125, l.23.

11. Nicolau removendo neve de um caminho, Tsarkoe Tselo, março de 1917. GARF, f.611, op.1, d.102,, l.177.

12. Aleksei e Nicolau quebrando gelo em frente ao palácio de Tsarkoe Tselo, março de 1917. GARF, f.683, op.1, d.125, l.23.

13. Aleksei uniformizado, Tsarkoe Tselo, março de 1917. GARF, f.683, op.1, d.125, l.25.

14. Olga, Aleksei, Anastásia e Tatiana descansando depois de trabalharem no jardim, Tsarkoe Tselo, março de 1917. GARF, f.611, op.1, d.102, l.147.

15. Aleksandra bordando enquanto a família (ausente na foto) trabalha na horta, Tsarkoe Tselo, abril de 1917. Beinecke Rare Book and Manuscript Library, Universidade Yale, Coleção Romanov, álbum 3.

16. Tatiana, tendo no colo um cachorrinho de estimação, e Anastásia, com um guarda e serviçais em segundo plano, Tsarkoe Tselo, junho de 1917. Fotografia tirada por Maria. GARF, f.611, op.1, d.102, l.157.

17. Nicolau e Aleksandra no jardim do palácio, Tsarkoe Tselo, junho de 1917. Fotografia tirada por Maria. GARF, f.611, op.1, d.102, l.164.

18. Nicolau fumando no parque do palácio, Tsarkoe Tselo, junho de 1917. Fotografia tirada por Maria. GARF, f.611, op.1, d.102, l.163.

19. As crianças com as cabeças raspadas em virtude da queda de cabelos provocada pelo sarampo, junho de 1917. Fotografia tirada por Pierre Gilliard. GARF, f.611, op.1, d.102, l.166.

20. Aleksei banhando-se perto da "ilha das crianças", na lagoa do palácio, Tsarkoe Tselo, julho de 1917. Fotografia tirada por Maria. GARF, f.611, op.1, d.102, l.158.

21. Tatiana e Anastásia, acompanhadas por guardas, Tsarskoe Tselo, julho de 1917. GARF, f.683, op.1, d.125, l.25.

22. Aleksei e um guarda, Tsarkoe Tselo, julho de 1917. GARF, f.683, op.1, d.125, l.25ob.

23. Nicolau posando ao lado de um toco de árvore que ajudou a derrubar, com guardas em segundo plano, Tsarkoe Tselo, julho de 1917. GARF, f.683, op.1, d.125, l.24ob.

24. Antiga Casa do Governador, em Tobolski, com a cerca de madeira ainda em construção, agosto de 1917. GARF, f.601, op.1, d.2110, l.33.

25. Soldado da guarda em frente à entrada principal da Casa do Governador, Tobolski, inverno de 1917-18. GARF, f.601, op.1, d.2110, l.20.

26. Soldados da guarda ao lado da Casa do Governador, Tobolski, inverno de 1917-8. GARF, f.601, op.1, d.2110, l.26.

27. Nicolau e Aleksei serrando madeira, Tobolski, inverno de 1917-8. Beinecke Rare Book and Manuscript Library, Universidade Yale, Coleção Romanov, álbum 1.

28. Nicolau e filhas no telhado da estufa de plantas na Casa do Governador, Tobolski, início de 1918. Beinecke Rare Book and Manuscript Library, Universidade Yale, Coleção Romanov, álbum 1.

29. Casa Ipatiev, em Iekaterinburg, durante os primeiros dias em que Nicolau e a família ali estiveram presos, primavera de 1918, antes da construção da segunda cerca. Houghton Library, Universidade Harvard, Arquivo Sokolov, vol.3.

30. Representantes do Soviete Regional dos Operários e Soldados dos Urais, Iekaterinburg, 1917. *The Murder of the Romanovs* (Londres, 1935), página oposta à 181.

31. Filip Goloshchekin, comissário militar do Soviete Regional dos Urais. Houghton Library, Universidade Harvard, Arquivo Sokolov, vol.3.

32. Aleksandr Beloborodov, presidente do Soviete Regional dos Urais. Houghton Library, Universidade Harvard, Arquivo Sokolov, vol.3.

33. Iakov Iurovski, comandante da Casa de Finalidade Especial (Casa Ipatiev), julho de 1918. *The Murder of the Romanovs* (Londres, 1935), página oposta à 261.

Índice remissivo

As referências a N. identificam Nicolau II; as referências a A. identificam Aleksandra.

Este livro foi composto por Kraft Computação Gráfica Ltda., em New Baskerville, e impresso, em março de 1997, por Tavares e Tristão Ltda.